Matthias Standke

Freundschaft in Ordensgründerlegenden

Quellen und Forschungen zur Literatur- und Kulturgeschichte

Begründet als

Quellen und Forschungen
zur Sprach- und Kulturgeschichte
der germanischen Völker

von

Bernhard Ten Brink und
Wilhelm Scherer

Herausgegeben von

Ernst Osterkamp und
Werner Röcke

91 (325)

De Gruyter

Freundschaft in Ordensgründerlegenden

Funktionen legendarischen Erzählens in lateinischen und volkssprachlichen Texten des Mittelalters

von

Matthias Standke

De Gruyter

MIX
Papier aus verantwortungsvollen Quellen
FSC® C016439
www.fsc.org

ISBN 978-3-11-055231-7
e-ISBN (PDF) 978-3-11-055437-3
e-ISBN (EPUB) 978-3-11-055371-0
ISSN 0946-9419

Library of Congress Cataloging-in-Publication Data

A CIP catalogue record for this book has been applied for at the Library of Congress.

Bibliografische Information der Deutschen Nationalbibliothek

Die Deutsche Nationalbibliothek verzeichnet diese Publikation in der Deutschen Nationalbibliografie; detaillierte bibliografische Daten sind im Internet über http://dnb.dnb.de abrufbar.

Druck und buchbinderische Verarbeitung: Hubert & Co. GmbH & Co. KG, Göttingen
♾ Gedruckt auf säurefreiem Papier

Printed in Germany

www.degruyter.com

All jenen,
die mit mir eine der diversen Formen
dieser bunt schillernden Sozietät
durchlebt haben respektive
immer noch erleben.

Danksagung

Dieses Buch ist eine geringfügig überarbeitete Fassung meiner Dissertationsschrift *Amicus Dei vel Amicus mei. Freundschaft in legendarischen Erzählungen von heiligen Ordensgründerinnen und heiligen Ordensgründern des 11. bis 14. Jahrhunderts*, mit der ich am 9. November 2016 an der Fakultät für Sprach-, Literatur- und Kulturwissenschaften der Technischen Universität zu Dresden promoviert wurde. Die Dissertation entstand zunächst im Rahmen des Teilprojektes S *Das Ethos der Freundschaft. Diskurse und Narrationen von Gemeinsinn in der mittelalterlichen Literatur* in dem von der Deutschen Forschungsgemeinschaft geförderten Sonderforschungsbereich 804 *Transzendenz und Gemeinsinn*. Mit dem Ende des SFBs im Juni 2014 konnte ich dank eines Stipendiums der Graduiertenakademie der TU Dresden und als wissenschaftlicher Mitarbeiter dieser Universität sowie ab Dezember 2015 als wissenschaftlicher Mitarbeiter der Humboldt-Universität zu Berlin meine Arbeit erfolgreich abschließen.

Auch wenn dieses Buch allein meinen Namen trägt, ist sein Entstehen doch einem weitaus größeren Personenkreis geschuldet. Allen möchte ich an dieser Stelle danken und einigen auch namentlich. Marina Münkler, die ich im Sommersemesters 2010 bei einer Exkursion auf die Wartburg kennengelernt habe, hat zwei Jahre später den Anstoß zu dieser Studie gegeben. Sie war stets vom Gelingen des Projektes überzeugt und hat sich unnachgiebig dafür eingesetzt, mir mit Rat, Geduld und Kritik all jene Freiheiten und den intellektuellen Ansporn zu ermöglichen, die meine Arbeit förderten und eine umsichtige Betreuung ausmachen. Cristina Andenna, die eines der Zweitgutachten übernommen hat, verdanke ich in besonderer Weise jenen Anschluss an die historische Ordensforschung, der die interdisziplinäre Ausrichtung meines Dissertationsprojektes erlaubte und mir zudem immer wieder die Produktivität einer solchen Zusammenarbeit vor Augen führte. Andreas Kraß, an dessen Professur ich meine Arbeit als wissenschaftlicher Assistent abschließen durfte, hat nicht nur ein weiteres Zweitgutachten übernommen, sondern hat dankenswerter Weise wichtige Anregungen zu gendertheoretischen Aspekten meiner Dissertation gegeben.

Fünf Institutionen boten immer wieder Raum für wichtige Diskussionen und prägten das Entstehen der Arbeit. Neben dem interdisziplinären Austausch im Dresdner SFB 804 war dies das diskussionsfreudige Oberseminar von Marina Münkler, die *Forschungsstelle für Vergleichende Ordensforschung* von Gert Melville, das Teilprojekt B16 *Intimität im Wandel* im Berliner SFB 644 *Transformationen der Antike* von Andreas Kraß sowie dessen Doktorandenkolloquium. Die wesentlichsten Freundschaftsdebatten, auch die des Alltags, verdanke ich meiner Dresdner Kollegin Denise Theßeling, wobei wir tatkräftig von Sandra Wiesner unterstützt wurden. Für wichtige Anregungen und Korrekturen ist das Buch bereits seinen ersten Leserinnen und Lesern verpflichtet: Albrecht Dröse, Anne-Katrin Federow, Aiko Fischer, Kay Malcher, Felix-Florian Müller, Antje Sablotny und Peter Somogyi. Ernst Osterkamp und Werner Röcke danke ich für die Aufnahme der Dissertation in die Reihe *Quellen und Forschungen zur Literatur- und Kulturgeschichte* des de-Gruyter-Verlags sowie Elisabeth Kempf und Florian Ruppenstein vom Verlag für die vielen wichtigen Hinweise bei der Drucklegung des Buches.

Schließlich gilt mein Dank denen, die diese Arbeit ganz grundsätzlich erst ermöglichten und über die Jahre mich nicht nur mit familialer, sondern vielmehr freundschaftlicher Ausdauer, Gelassenheit und Hingabe unterstützend anreicherten, meiner Familie.

Klietz im Oktober 2017 M.S.

Inhalt

I. Einleitung

Saints are not made by accident […].[1]
T.S. Eliot (Murder in the Cathedral)

Gegenstand dieser Arbeit sind lateinische und volkssprachliche Legenden, die von heiligen Ordensgründerinnen und Ordensgründern erzählen. Die ausgewählten Texte des 13. bis späten 15. Jahrhunderts berichten neben dem heiligmäßigen Leben und der Heiligwerdung ihrer Protagonisten auch von den jeweiligen Gemeinschaftsgründungen, den späteren Orden sowie den dafür notwendigen Anbindungen an Institutionen (Kirche, Hof etc.).

Ordensgründerlegenden eignet insofern ein komplexes Erzählgefüge, dem nicht allein liturgische Funktionen zukommen, sondern zugleich legitimatorische und gemeinsinnstiftende.[2] Sie sind sowohl eine Heiligenerzählung, wie auch eine Geltungs- und Ursprungsgeschichte. In ihnen spiegeln sich konkurrierende Ansprüche, die auf den Ebenen von *histoire* und *discours* ein immenses Beziehungsgeflecht hervorbringen.[3] Im Mittelpunkt aller Relationen steht die jeweilige Gründerin oder der jeweilige Gründer, für die Analyse werden hier Robert von Molesme, Bruno der Kartäuser, Norbert von Xanten, Dominikus, Franziskus, Klara von Assisi und Birgitta von Schweden berücksichtigt. In der Erzähllogik kommen ihnen neben der Heilsvermittlung auch weitere Mittlerrollen gegenüber ihren Gemeinschaften und weltlichen, wie geistlichen institutionellen Vertretern zu. Diese Rollen sind in dreierlei Erzählzusammenhänge eingebunden und untereinander verwoben.

Obzwar die Protagonisten einer Legende immer schon als heilig gelten, streben sie zunächst nach der Gottesnähe. Erst nach ihrem Tod sind

1 Vgl. Thomas S. Eliot: The Complete Poems and Plays 1909–1950. New York, San Diego und London 1980, S. 199. Der Ausspruch geht auf die Weihnachtspredigt des Erzbischofs von Canterbury, Thomas Becket, im Jahre 1170 kurz vor dessen eigenem Martyrium zurück.

2 In ihrer Studie spricht Edith Feistner vor dem Hintergrund der weiten und dauerhaften Verbreitung der Gattung Legende von deren „Multifunktionalität“. Vgl. Edith Feistner: Historische Typologie der deutschen Heiligenlegende des Mittelalters von der Mitte des 12. Jahrhunderts bis zur Reformation. Wiesbaden 1995, hier S. 1.

3 Narratologisch ist die Arbeit dem analytischen Begriffsinstrumentarium von Gérard Genette verpflichtet. Siehe dazu grundlegend Gérard Genette: Die Erzählung. Stuttgart 2010.

sie tatsächlich Teil der innerhalb der Transzendenz verorteten *communitas sanctorum*. Das heißt erstens, legendarische Erzählungen berichten über ihre Figuren vom sukzessiven Verlassen der immanenten Welt, bei gleichzeitigem Annähern an die Transzendenz.[4] In der Darstellung der Heiligwerdung wird dafür das Narrativ der Gottesfreundschaft bedient. Heilige gehen in diesen Erzählungen eine Freundschaft mit Gott ein. Eine Freundschaft, die exklusiv und absolut verstanden wird.[5] Anders gesagt, Freundin oder Freund Gottes zu sein, heißt, ausschließlich mit ihm befreundet zu sein. Aus dieser Sonderdyade leitet sich der heilscharismatische Status der (zukünftigen) Heiligen ab.

Zweitens verdanken die Protagonisten ihrem Heilscharisma jene faszinierende Wirkung, die ihnen eine zur Nachahmung bereite Anhängerschar gebiert.[6] Diese Frauen oder Männer gehen ebenfalls besondere Bindungen mit den Heiligen ein. Sie werden die Gemeinschaft, der Ursprung des späteren Ordens. Die Legenden erzählen von diesen Gründungen, dem Leben in der Gemeinschaft und sogar besonders hervorgehobenen Gefährtinnen und Gefährten der Gründerfiguren. In jenen Beziehungen spiegelt sich eine Freundschaft zur Ordensgemeinschaft und einzelnen Mitgliedern wider.[7] Immanente Beziehungen, die der transzendent ausgerichteten Gottesfreundschaft der Heiligen zuwiderlaufen. Für die Gemeinschaft stiften diese immanenten Freundschaften der Gründerfiguren jedoch Gemeinsinn.[8]

---

4 So schon Peter Strohschneider: Textheiligung. Geltungsstrategien legendarischen Erzählens im Mittelalter am Beispiel von Konrads von Würzburg Alexius. In: Gert Melville und Hans Vorländer (Hrsg.): Geltungsgeschichten. Über die Stabilisierung und Legitimierung institutioneller Ordnungen. Köln, Weimar und Wien 2002, S. 109–147.

5 Eine entsprechende Analyse für die *Alexiuslegende* Konrads von Würzburg bietet Katja Lasch: Die Gabe des Heiligen und die Gabe Gottes. In: Marina Münkler, Antje Sablotny und Matthias Standke (Hrsg.): Freundschaftszeichen. Gesten, Gaben und Symbole von Freundschaft im Mittelalter. Heidelberg 2015, S. 305–327.

6 Die Zusammenhänge von Charisma, Faszination und Gemeinschaftsbildung sowie die Arten des Charismas hat bereits Max Weber dargestellt; siehe dazu Max Weber: Wirtschaft und Gesellschaft. Grundriß der verstehenden Soziologie. Besorgt von Johannes Winkelmann. Tübingen 1972, hier S. 180–200.

7 Eine erste Untersuchung anhand der lateinischen Franziskuslegenden hat Marina Münkler vorgelegt; siehe Marina Münkler: Amicus Dei: Konstruktionsformen des Heiligen am Beispiel der Franziskuslegenden. In: Hans Vorländer (Hrsg.): Transzendenz und die Konstitution von Ordnungen. Berlin und Boston 2013, S. 374–394.

8 Das hier zugrunde gelegte Verständnis von Freundschaft als Gemeinsinnressource einer Gemeinschaft geht auf den Forschungsansatz des von Marina Münkler geleiteten Teilprojektes zum *Ethos der Freundschaft* im Dresdner Sonderforschungsbereich 804 *Transzendenz und Gemeinsinn* zurück. Siehe dazu einleitend Marina Münkler und Matthias Standke: Freundschaftszeichen. Einige systematische Überlegungen zu Gesten, Gaben und Symbolen von Freundschaft. In: Münkler, Sablotny und Standke (Hrsg.): Freundschaftszeichen, S. 9–32.

Schließlich gilt es drittens, sowohl die Heiligkeit, als auch die Gemeinschaft zu legitimieren. Dafür spannen die legendarischen Erzählungen ein weites Netz von Beziehungen der Gründerinnen und Gründer zu institutionellen Vertretern.[9] Diese wiederum immanenten Relationsgefüge sind dabei allen Beteiligten dienlich. Während etwa erst die Beziehungen der Protagonisten zu lokalen Fürsten oder Bischöfen der jeweiligen Gemeinschaft einen Lebensmittelpunkt sichern, können diese institutionellen Vertreter zugleich am Heilscharisma der Heiligen partizipieren. Wenn zudem die Amtskirche ihr Primat auf die Heilshoheit herausstellt, eröffnet eine Beziehung zu den heilscharismatischen Gründerfiguren eine doppelte Absicherung.[10] Die Protagonisten können sich so einerseits sicher sein, dass ihr Charisma und ihre Gemeinschaft nicht dem Vorwurf der Häresie anheimfallen. Andererseits sichert die Kirche ihr Primat und frischt zugleich das verbliebene Amtscharisma der Institution Kirche mit dem faszinierenderen Heilscharisma der Heiligen auf.

Vor dem Hintergrund der aufgezeigten differenten Geltungsansprüche in den Legenden und der damit verknüpften Erzählstränge über die Ordensgründerinnen und Gründer stellt sich die leitende Frage dieser Studie: Wie konstituiert sich das legendarische Erzählen von mittelalterlichen Ordensgründern in den volkssprachlichen und lateinischen Texten? Anders gesagt, welche Narrative und Semantiken ermöglichen ein gleichzeitiges und dabei sinnstiftendes Erzählen von der Heiligwerdung, der Gemeinschaftsgründung und der institutionellen Legitimierung? Wie also prägen diese Legenden die literarische Diskursivierung jener Figuren, die noch heute als heilige Ordensgründerinnen oder Ordensgründer verehrt werden?

Es ist eben kein Unfall oder Zufall, wie es T.S. Eliot und Thomas Becket beschreiben, der diese Heiligen hervorbringt, sondern ein Erzählen, das die Kontingenz und Divergenz der Geschehnisse in einen sinnstiftenden Zusammenhang stellt. Blickt man auf das bereits skizzierte Beziehungsge-

9 Hierfür liegen vor allem historiographische Analysen der lateinischen Ordensgründerlegenden vor, so etwa Cristina Andenna: Dall‘ esempio alla santità. Stefano di Thiers e Stefano di Obazine: modelli di vita é fondatori di ordini? In: Gert Melville und Markus Schürer (Hrsg.): Das Eigene und das Ganze. Zum Individuellen im mittelalterlichen Religiosentum. Münster 2002, S. 177–224; dies.: Heiligenviten als stabilisierende Gedächtnisspeicher in Zeiten religiösen Wandels. In: Peter Strohschneider (Hrsg.): Literarische und religiöse Kommunikation in Mittelalter und Früher Neuzeit. Berlin und New York 2009, S. 526–573; Achim Wesjohann: Mendikantische Gründungserzählungen im 13. und 14. Jahrhundert. Mythen als Element institutioneller Eigengeschichtsschreibung der mittelalterlichen Franziskaner, Dominikaner und Augustiner-Eremiten. Münster 2012.

10 Für das legendarische Erzählen hat dies vor allem Peter Strohschneider festgehalten; siehe Peter Strohschneider: Religiöses Charisma und institutionelle Ordnungen in der Ursula-Legende. In: Franz J. Felten u.a. (Hrsg.): Institution und Charisma. Festschrift für Gert Melville zum 65. Geburtstag. Köln 2009, S. 571–588.

flecht, in welchem die Protagonisten in den Narrationen grundsätzlich verortet werden, kann man zwei Aspekte festhalten: Einerseits lässt sich darin ein wiederkehrendes Element der Ordensgründerlegenden erkennen, andererseits eröffnet sich darin ein Interpretationsansatz.

Grundsätzlich gehe ich davon aus, dass die Narrationen sowohl auf semantische Codierungen, als auch auf narrative Muster zurückgreifen, um die unterschiedlichen Relationen der Figuren abzubilden und überhaupt zu evozieren. Das heißt, die Ordensgründerlegenden verfahren im Modus symbolischer Kommunikation. Die Nahverhältnisse in den Legenden gehen auf einen sinnstiftenden Kommunikationsprozess zurück, der zuallererst die Funktion hat, Anschlussfähigkeit auf den unterschiedlichen Ebenen der Narrationen zu generieren. Um derartig komplexe Prozesse beobachten zu können, kann nicht von einem emphatisch verstandenen Beziehungsverhältnis auf Figurenebene und entsprechenden Begriffen ausgegangen werden. Der Arbeit liegt insoweit ein systemtheoretischer Ansatz zugrunde, der von der Existenz symbolisch generalisierter Kommunikationsmedien ausgeht.[11] Sie erlauben einen komplexen und dabei sinnstiftenden Kommunikationsprozess und ermöglichen zudem dessen Beobachtung. Mit Blick auf die mediävistische Forschung fällt ein mittelalterliches Nahverhältnis auf, das diesen Ansprüchen eines symbolisch generalisierten Kommunikationsmediums durchaus genügt: Freundschaft. Immer wieder wird deren Ambiguität und Polyvalenz und zwar sowohl die semantische, als auch die narrative konstatiert. In ihrer Vielfalt und Offenheit birgt die Freundschaft jedoch das Potential eines symbolisch generalisierten Kommunikationsmediums.[12] Sie ermöglicht unterschiedliche Beziehungsverhältnisse zu stiften, abzubilden und etwaige Asymmetrien oder Konkurrenzen in den Nahverhältnissen zu camouflieren. Ich gehe daher davon aus, dass eine so verstandene Freundschaft für das legendarische Erzählen von Ordensgründerinnen und Ordensgründern konstitutiv ist.[13] Insofern fokussieren die nachfolgenden Analysen und Interpretationen eben jene, bereits erwähnten, Beziehungsverhältnisse der Protagonisten, die sich als Gottesfreundschaft, als Freundschaft zum Orden oder einzelnen Gefährten, und als Freundschaft zu institutionellen Vertretern benennen lassen.

---

11 Zum Begriff des symbolisch generalisierten Kommunikationsmediums siehe einleitend Niklas Luhmann: Einführende Bemerkungen zu einer Theorie symbolisch generalisierter Kommunikationsmedien. In: Zeitschrift für Soziologie 3 (1974), S. 236–255.

12 Zu diesem Ansatz siehe grundlegend Münkler und Standke: Freundschaftszeichen.

13 Erste Überlegungen dazu bietet Marina Münkler: Amicus Dei, S. S. 374–394; sowie Matthias Standke: Freundschaft als Problem von Heiligkeit. Norbert von Xanten als Figur legendarischen Erzählens. In: Münkler, Sablotny und Standke (Hrsg.): Freundschaftszeichen, S. 329–355.

Die Arbeit gliedert sich im Folgenden in vier Teile. Nach der Einleitung, die zunächst noch auf das zugrunde gelegte Verständnis legendarischen Erzählens eingeht und die ausgewählten Textcorpora für die jeweiligen Gründerfiguren samt einer knappen ordenshistorischen Kontextualisierung vorstellt, widmet sich der erste Teil der Freundschaft als analytischer Kategorie. Das bisher umrissene Verständnis von Freundschaft als symbolisch generalisiertem Kommunikationsmedium wird ausführlicher dargestellt. Dafür wird der eigene Ansatz im Feld der soziologischen Freundschaftsforschung verortet. Darauf aufbauend werden die systemtheoretischen Überlegungen Niklas Luhmanns zur symbolischen Kommunikation allgemein und speziell dem symbolisch generalisierten Kommunikationsmedium Freundschaft und seiner Codierungen entfaltet. Da der Mechanismus des Mediums auf der Stiftung von Vertrauen fußt, werden die entsprechenden Semantiken vor diesem Hintergrund skizziert. Dabei geht die Arbeit grundsätzlich davon aus, dass die Semantiken institutionelle und personale Verhältnisse, die auf Bekanntheit, also Vertrautheit beruhen, hervorbringen.[14] Zudem stiften sie stark persönliche, mitunter intime Verhältnisse, die von einer starken Vertraulichkeit zeugen. Neben einer etymologischen Betrachtung der Begriffe *amicitia* und *vriuntschaft*, werden daher die semasiologischen und onomasiologischen Aspekte der mittelalterlichen Freundschaft perspektiviert.[15]

Mit dem zweiten Teil der Arbeit setzt die Interpretation der Ordensgründerlegenden ein. Zunächst richtet sich der Blick auf die Gottesfreundschaft der Protagonisten und im Zentrum stehen folgende Fragen: Welche Formen der Initiierung einer Beziehung zu Gott werden genutzt und inwiefern haben sie Auswirkungen auf das weitere Erzählen? Wie können die Freundschaften zur Transzendenz semantisch und narrativ abgebildet und für die Narration verstetigt werden? Gibt es innerhalb der Erzählungen Möglichkeiten, das exklusive Verhältnis zu Gott auf andere auszuweiten und wie kann diese Spannung erzählt werden? Meine Beobachtungen basieren dafür auf vier Annahmen: Erstens die Beziehung zur Transzendenz ist für das Erzählen der Heiligkeit der Protagonisten konstitutiv. Zweitens besticht ein derartiges, wechselseitiges Verhältnis zur

---

14 Zum hier verwendeten Verständnis der Kategorie Vertrauen siehe Niklas Luhmann: Vertrauen. Ein Mechanismus zur Reduktion sozialer Komplexität. Stuttgart 2000 [zuerst 1968]; sowie zu den Differenzierungen von personaler, institutioneller oder persönlicher Freundschaft Friedrich H. Tenbruck: Freundschaft. Ein Beitrag zu einer Soziologie der persönlichen Beziehungen. In: KZfSS 16 (1964), S. 227–250; und Alois Hahn: Zur Soziologie der Freundschaft. In: Felten u.a. (Hrsg.): Institution und Charisma, S. 617–627.

15 Die Arbeit knüpft hierfür explizit an die Studie von Verena Epp und die von ihr erarbeiteten vier Freundschaftsfelder (personale, klientelistische, politische und geistliche Freundschaft) an; siehe dazu Verena Epp: Amicitia. Zur Geschichte personaler, sozialer, politischer und geistlicher Beziehungen im Frühen Mittelalter. Stuttgart 1999.

Transzendenz durch eine doppelte Asymmetrie. Zum einen nivelliert sie das hierarchische Verhältnis der Figuren untereinander nicht und zum anderen ist immer nur die immanente Hälfte der Freundschaft beobachtbar. Drittens verlangt eine hochgradig exklusive Gottesfreundschaft die Aufgabe aller weiteren immanenten Beziehungen der Protagonisten. Viertens geht die Analyse, trotz der innerhalb des *discours* immer schon unterstellten Gottesfreundschaft der Protagonisten, von einem Prozess aus, der die Gottesfreundschaft als sich sukzessiv intensivierende Vollzugsform entlarvt.

In einem zweiten Interpretationsgang perspektiviert der dritte Teil der Arbeit das Spezifikum der Erzählungen, nämlich die Freundschaften zum Orden und einzelnen Gefährten. Die Freundschaft als Gemeinsinnressource der Ordensgemeinschaft steht der exklusiven und dyadischen Gottesfreundschaft entgegen. Die Beobachtungen orientieren sich dafür an den Fragen: Wie werden die Gemeinschaften innerhalb der Erzählungen gegründet? Haben sie bereits selbst Teil an diesem Prozess oder sind sie nur Profiteure der Handlungen ihrer Gründer? Welche Gemeinsinnevozierungen ergeben sich daraus? Können die narrativ entworfenen Freundschaften der Gründerinnen und Gründer zu ihren Orden stabilisierend oder destabilisierend auf die jeweilige Gemeinschaft wirken und wie werden sie dafür semantisch codiert? Grundsätzlich gehe ich für die Analysen dieses Kapitels davon aus, dass sich gerade innerhalb der Erzählungen von Freundschaften zum Orden oder einzelnen Gefährten eine stete Liminalisierung der Protagonisten offenbart. Dafür verwenden die Erzählungen ein sich inhaltlich auf mehreren Ebenen wiederholendes Muster von Prä- und Absenz der Protagonisten. Vor dem Hintergrund der narrativ und semantisch entworfenen Freundschaftskonzepte stellen diese eine ständige Grenzüberschreitung dar. Transgressionen, die aber wechselseitig die jeweilig funktionale Darstellung der Freundschaftskonzepte und ihrer Geltungsansprüche entweder für die Gemeinschaft oder für die Heiligkeit der Protagonisten stützen.

Im vierten Abschnitt der Arbeit rücken die Freundschaften zu institutionellen Vertretern in den Fokus, die innerhalb der Erzählungen zu Netzwerken ausgebaut werden. Die personalen bis persönlichen Verhältnisse, also vertraute, wechselseitig vertrauende, bis vertrauliche Beziehungen, dienen einer reziproken Legitimation und Absicherung von Geltungsansprüchen.[16] Anders gesagt geht es um die allen legendarischen

16 Zum Konzept der Geltungsansprüche und ihren Legitimationen siehe grundlegend Karl-Siegbert Rehberg: Institutionen als symbolische Ordnungen. Leitfragen zur Theorie und Analyse institutioneller Mechanismen (TAIM). In: Gerhard Göhler (Hrsg.): Die Eigenart der Institutionen. Zum Profil politischer Institutionstheorie. Baden-Baden 1994, S. 47–84; sowie ders.: Die stabilisierende „Fiktionalität" von Präsenz und Dauer. Institutionelle Ana-

Erzählungen inhärente Spannung von Institution und Charisma, den Ansprüchen absoluter Heilshoheit gegenüber individuellem Heilscharisma.[17] Meine Annahme ist, dass sich diese Gegensätze innerhalb der Narrationen nicht allein durch den Einsatz von Freundschaftssemantiken und –narrativen lösen, sondern dass die Erzählungen dafür zugleich auf strukturelle Konzeptionen eines Netzwerkes zurückgreifen. Das heißt also, dass die legendarischen Erzählungen einerseits differente Bindungsintensitäten, wie sie gerade in Netzwerken aufscheinen, für die Auserzählung der problematisierten Spannungen nutzen. Andererseits rekurrieren sie mit Blick auf mögliche genderspezifische Unterschiede auf funktionale Operationen, die der Eigenlogik von Netzwerken unterliegen. Insoweit stellen sich folgende Fragen: Welche mitunter funktionalen Verhältnisse unterhalten die Ordensgründerinnen und Ordensgründer zu institutionellen Vertretern? Mit Hilfe welcher Narrative und Motive werden diese Beziehungen erzählt? Wie können die Institutionen die Heilscharismatikerinnen und Heilscharismatiker an sich binden, nicht nur ohne deren Charisma zu depravieren, sondern um es zugleich für sich selbst nutzbar zu machen? Welche genderspezifischen Narrative und Semantiken lassen sich dabei beobachten?

Am Ende der Arbeit steht ein Resümee, in dem neben einer reflektierten Zusammenfassung der Ergebnisse und Antworten auf die gestellten Fragen eine katalogisierte Darstellung der erarbeiteten Freundschaftssemantiken und -narrative geboten wird. In einem kurzen Überblick werden die wesentlichen Elemente und Transformationen dieses Erzählens innerhalb der lateinischen wie volkssprachlichen Texte präsentiert. Dabei wird keine abschließende Poetologie der Ordensgründerlegende entwickelt. Sehr wohl plädiere ich aber dafür, dass sich das legendarische Erzählen von Ordensgründerinnen und Ordensgründern sowohl in den lateinischen, als auch den volkssprachlichen Texten über die Verwendung von Freundschaftssemantiken und –narrativen konstituiert und in seinen unterschiedlichen Geltungsansprüchen erzählbar hält. Insofern sind es also keine Unfälle oder Zufälle die die Ordensheiligen erschaffen, sondern deren mit Freundschaftssemantiken und –narrativen durchwirkte Legenden. Kurz gesagt und bezogen auf das einleitende Zitat: *Saints are made by friendship*.

lyse und historische Forschung. In: Reinhard Blänkner und Bernhard Jussen (Hrsg.): Institutionen und Ereignis. Über historische Praktiken und Vorstellungen gesellschaftlichen Ordnens. Göttingen 1998, S. 381–407.

17 Siehe nochmals Strohschneider: Religiöses Charisma, S. 571–588.

1. Legendarisches Erzählen

1.1 Legenden: Muster und Narrative

Die Legende als „viten- oder biographieförmige[] Erzählung von einem oder einer Heiligen“ ist,[18] ob ihrer seit der schriftsprachlichen Überlieferung immer wiederkehrenden Präsenz und dem ihr entgegengebrachten kulturellen Interesse, eine der ältesten Textformen. So zumindest das Urteil von André Jolles, der die Legende zu den „einfachen literarischen Formen“ zählt,

> die weder von der Stilistik, noch von der Rhetorik, noch von der Poetik, ja, vielleicht nicht einmal von der ‚Schrift‘ erfaßt werden, die, obwohl sie zur Kunst gehören, nicht eigentlich zum Kunstwerk werden, die, wenn auch Dichtung, so doch keine Gedichte darstellen.[19]

Legenden, so seine Beobachtungen, lassen sich in einem spannungsreichen Feld zwischen Rhetorik und Poetik, zwischen Mündlichkeit und Schriftlichkeit, zwischen religiös-sakraler Praxis und schriftsprachlicher Pragmatik verorten. Jolles Betrachtungen beziehen sich, wie auch die nachfolgenden, ungeachtet der hier nicht weiter ausführbaren Tatsache, dass Legenden auch Teil nichtchristlicher Kulturen und Religionen sind,[20] auf die mittelalterlich christliche Legende, „weil sie [als Teil; M.S.] der abendländischen Kultur als abgeschlossenes Ganzes vorliegt.“[21] Diese Texte sind allerdings bereits innerhalb der christlichen Frömmigkeitspraxis und nicht erst im sie erörternden wissenschaftlichen Diskurs „national-

18 So die Formulierung bei Strohschneider: Textheiligung, hier S. 113. Ähnlich auch Theodor Wolpers, der von einem „vitahaften Grundriß“ spricht; vgl. Theodor Wolpers: Die englische Heiligenlegende des Mittelalters. Eine Formengeschichte des Legendenerzählens von der spätantiken lateinischen Tradition bis zur Mitte des 16. Jahrhunderts. Bonn 1964, hier S. 34.

19 Vgl. André Jolles: Einfache Form: Legende, Sage, Mythe, Rätsel, Spruch, Kasus, Memorabile, Märchen, Witz. Tübingen 1999 [zuerst Halle a.d. Saale 1930], hier S. 10.

20 Einen weitreichenden literaturwissenschaftlich geprägten Einblick von der Steinzeit bis in die Zeit der antiken Hochkulturen (Ägypten) bietet Hans-Peter Ecker: Die Legende. Kulturanthropologische Annäherungen an eine literarische Gattung. Stuttgart und Weimar 1993, S. 41–91. Bezogen auf den Islam oder das Judentum lassen sich vor allem legendarische Erzählungen im Kontext der jeweiligen (mittelalterlichen) mystischen Strömungen finden. Siehe dazu nur einführend Annemarie Schimmel: Mystische Dimensionen des Islams. Die Geschichte des Sufismus. Frankfurt am Main 1995, hier S. 284–302 und 407–567; sowie Gershom Sholem: Die jüdische Mystik in ihren Hauptströmungen. Frankfurt am Main 2000 [zuerst 1957], hier S. 95–98.

21 Vgl. Jolles: Einfache Form, hier S. 23.

übergreifend".[22] So entspringen etwa die christlichen Legenden einer kirchensprachlich-lateinischen Texttradition. Diese führt einerseits zu einer institutionellen Vorrangstellung gegenüber volkssprachlichen Fassungen bis in die gegenwärtige Praxis der kanonischen Heiligenverehrung.[23] Andererseits übt sie eine durchaus Struktur und Form prägende Funktion auf die volkssprachlichen Transformationen der legendarischen Texte aus.

Der explizit der lateinischen Sprache entlehnte Text- und Gattungsbegriff Legende von *legendum* als *zu Lesende* verweist etymologisch weniger auf morphologische Konzeptionen der Narrationen, als vielmehr auf eine geforderte Rezeptionshaltung.[24] Doch auch das, was zu lesen ist, birgt verschiedene Bezüge zur lateinischen Schrift- und Sprachkultur. Offenbar wird dies an den ersten christlichen Legenden, die von Heiligen berichten, die für ihren Glauben einen qualvollen Tod, das Martyrium, erlitten. Diese Erzählungen gehen inhaltlich auf die spätantik-römischen Prozessakten zurück. Sie schildern neben den typisch juristischen Formalia – der *martyros* ist letztlich als Zeuge ein Rechtsterminus – ebenso das Verfahren samt der dazugehörigen Verhöre, Haftbedingungen bis zur eigentlichen Vollstreckung des Todesurteils.[25] Auf diesen Märtyrerakten basieren die Märtyrerlegenden,[26] für die Edith Feistner begrifflich sehr klar formuliert, dass sie nicht nur irgendeiner „locker reihenden Verknüpfungsweise" unterlie-

22 So Gabriel H. Decuble: Die hagiographische Konvention. Zur Konstituierung der Heiligenlegende als literarische Gattung. Unter besonderer Berücksichtigung der Alexius-Legende. Konstanz 2002, S. 12.

23 Die Prozessakten eines kurialen Kanonisationsverfahrens, die zumeist Ausgangspunkt für die Abfassung volkssprachlicher Legenden sind, werden weiterhin in der offiziellen Kirchensprache Latein abgefasst. Zu dem seit dem 2. Vatikanischen Konzil entstandenen und durch das *Motu Proprio Latina Lingua* Papst Benedikts XVI. erneut entfachten Diskurs darüber siehe einleitend Karl Rahner: Latein als Kirchensprache. In: Zeitschrift für Katholische Theologie 84 (1962), S. 257–299; sowie den Text des Apostolischen Schreibens, einsehbar unter: http://w2.vatican.va/content/benedict-xvi/la/motu_proprio/documents/hf_ben_xvi_ motu-proprio_20121110_latina-lingua.html.

24 Siehe zu dieser Einschätzung bereits Marina Münkler: Sündhaftigkeit als Generator von Individualität. Zu den Transformationen legendarischen Erzählens in der Historia von D. Johann Fausten und den Faustbüchern des 16. und 17. Jahrhunderts. In: Strohschneider (Hrsg.): Literarische und religiöse Kommunikation, S. 25–61, hier S. 28. Zur funktionalen Einbindung der Legende gemäß ihrer Etymologie siehe auch die Überlegungen zur „Legendenkommunikation" von Feistner: Historische Typologie, hier S. 49–65.

25 Zur begrifflichen Vorgeschichte des Märtyrers siehe Theofried Baumeister: Zur Entstehung der Märtyrerlegende. In: Peter Gemeinhardt und Johan Leemans (Hrsg.): Christian Martyrdom in Late Antiquity (300–450 AO). History and Discourse, Tradition and Religious Identity. Berlin und New York 2012, S. 35–48, hier S. 35–42.

26 Die älteste überlieferte Märtyrerlegende, die des Polycarp von Smyrna, geht auf einen Brief zwischen zwei Gemeinden zurück, der vom Martyrium und dem diesem vorausgegangenen Prozess berichtet. Siehe dazu die kommentierte Ausgabe des Berichtes von Gerd Buschmann (Hrsg.): Das Martyrium des Polykarp. Göttingen 1998, S. 73–88.

gen.[27] Sie folgen vielmehr einem bestimmten, morphologischen Bauprinzip, dem der „syntagmatischen Verknüpfung".[28] Für dieses bestimmt sie einen Basisnexus von „Verhör – Haft – Hinrichtung", für den ich die vorhergehende Verhaftung als eigenständiges Element ergänze, denn gerade in ihr zeigt sich die erste institutionelle Fest- oder Unterstellung, dass der zu Verhaftende dem christlichen Glauben angehört.[29] Wie eine Klimax steigert sich die Erzählung von der Entdeckung eines Christen oder einer Christin über deren Festnahme und das sich anschließende meist mit Folter verbundene Verhör, dem eine ebenfalls häufig martervolle Haft folgt, die mit dem mitunter langwierigen Tötungsprozess des oder der jeweiligen endet. Innerhalb dieses Schemas – der „*Grammatik* der Legende"[30] – variieren die Einschübe von Wundern oder Bekehrungsversuchen, die sich einerseits bedingen können, vor allem wenn ein Wunder entsprechende Bekehrungen nach sich zieht. Andererseits gibt es aber auch Wunder, die sich erst mittels oder für den Märtyrer ereignen und Bekehrungsversuche, die direkt von diesem ausgehen. Für diese narrativen Versatzstücke und die bereits erwähnte Folter hält Feistner fest:

> Im Unterschied zu den Elementen des Basisnexus, die die Zielrichtung des Geschehens auf syntagmatischer Ebene vorgeben, stehen die Elemente Folter [Bekehrung; M.S.] und Wunder auf einer hierarchisch anderen Stufe: Sie sind nicht nur in ihrer Zahl beliebig addier- und reduzierbar, sondern auch in ihrer Abfolge austauschbar, ohne daß deshalb schon notwendig der Geschehenszusammenhang selbst angetastet würde.[31]

Die Märtyrerlegende verfährt also in ihrem narrativen Kern syntagmatisch, wobei aber durchaus einzelne Elemente des Syntagmas paradigmatisch entfaltet werden können, um deren jeweilige Funktion für die Erzählung zu spezifizieren.

Das zweite von Feistner für die Legende erarbeitete morphologische Bauprinzip, das der „paradigmatischen Reihung",[32] orientiert sich wiederum an der biographischen Grundform der Narrationen und deren punk-

27 Die ältere Forschung hat bereits früh den Schematismus der Legenden erkannt, daraus folgernd allerdings meist literaturästhetische Urteile gefällt und nur selten so ‚zaghaft' narratologische Rückschlüsse, wie sie hier Wolpers formuliert, gezogen. Siehe dazu Wolpers: Die englische Heiligenlegende, S. 33.

28 Vgl. für die folgenden Ausführungen vorrangig Feistner: Historische Typologie, S. 26–33.

29 Ebd., S. 27. Feistner sieht die Verhaftung oder Festnahme als Teil der Vorgeschichte, die sie neben der Nachgeschichte als morphologische Teile der Märtyrerlegende identifiziert. Zu diesen Aspekten ebd., S. 28–30.

30 So bereits die Einschätzung von Hans-Jürgen Bachorski und Judith Klinger: Religiöse Leitbilder und erzählerisches Spiel. In: Kar E. Grözinger und Jörg Rüpke (Hrsg.): Literatur als religiöses Handeln? Berlin 1999, S. 99–133, hier S. 111.

31 Feistner: Historische Typologie, S. 28.

32 Siehe zu dieser im Vergleich zur syntagmatischen Verknüpfung weitaus umfangreicheren Abhandlung wiederum Feistner: Historische Typologie, S. 33–45.

tuellen „Rahmen von Herkunft, Geburt und Tod".[33] Nun mehr stehen all jene Protagonisten im Fokus der Erzählungen, die zwar auch Zeugen des Glaubens sind, aber nicht durch ihren gewaltsamen Tod, sondern durch ihr gelebtes Bekenntnis. Diese sogenannten Bekenner – *confessores* – können im Zuge der Anerkennung des Christentums als ‚Staatsreligion' und dem damit verbundenen Ende ihrer Verfolgungen nur ein *sine cruore martyrium* durchleben,[34] was zu einer Transformation der in Haft und Hinrichtung durchlittenen Qualen in einzelne Lebensweisen führt (Askese, Anachorese, Eremitentum, Jungfräulichkeit etc.).[35] Neben der Tatsache, dass diese Legenden das Leben eines Bekenners zum Inhalt haben, welches episodisch die jeweilige Lebenspraxis vorführt, verdeutlicht vor allem die poetologische Ebene die vitenhafte Erzählform. Feistner zeigt, dass diese Legenden eng an den von der römisch-antiken Rhetorik durchwirkten Aufbau einer Biographie angelehnt sind. Entsprechend dem *genus demonstrativum*, also der Lob- oder Preisrede, offenbart die *dispositio* der Episoden einer Bekennerlegende zwei mögliche Varianten ihrer Anordnung: „erstens die Reihung in chronologischer Abfolge und zweitens die Reihung nach bestimmten Themenbereichen bzw. Tugenden."[36] Partizipieren also die Märtyrerlegenden in ihrem Aufbau am juristischen Formular der Antike, dann folgen die Bekennerlegenden den klassisch-antiken Rhetorikkonzepten eines *ordo naturalis* oder eines *ordo artificialis*.[37] Unter die ohnehin frei verknüpfbaren Elemente der Bekennerlegende sind wiederum die Wunder und Bekehrungsversuche zu summieren, deren Anzahl, wie in der Märtyrerlegende, ebenfalls beliebig erweiterbar oder reduzierbar ist.

---

33 Zu dieser Rahmung siehe Marina Münkler: Amicus Dei, hier S. 379.

34 So die berühmte Formulierung zum asketischen und von der Gesellschaft insofern verachteten Leben des Martin von Tours bei Sulpicius Severus, hier zitiert nach der Ausgabe Sulpicius Severus: Vie de Saint Martin. Introduction, texte et traduction. Hrsg. und übers. von Jacques Fontaine. Paris 1967, hier ep. 2, 12.

35 Eine Einschätzung zu diesem im 4. Jahrhundert stattfindenden Transformationsdiskurs bietet Peter Gemeinhardt: *Vita Antonii* oder *Passio Antonii*? Biographisches Genre und martyrologische Topik in der ersten Asketenvita. In: Gemeinhardt und Leemans (Hrsg.): Christian Martyrdom, S. 79–114, hier S. 79–83. Feistner betont hierzu, dass dieser Legendenform die durch die juristischen Prozessakten geprägten Zuspitzungen einer Märtyrerlegende fehlen, wodurch die Einzelepisoden und der Gesamteindruck als Zeugnis des zur Heiligkeit gereichenden Glaubens dienen. „Die Bekennerlegende konnte anders als die Märtyrerlegende argumentativ wie narrativ ja nicht von einem bestimmten, sogar amtlich protokollierten spektakulären Geschehen ausgehen und war deshalb darauf angewiesen, an die Stelle des Blutopfers eine um so intensivere Rekurrenz von Heiligkeitsbeweisen zu setzen, die so überzeugend waren, daß sie sich mit der erhabenen Großtat des Martyriums messen ließen." Vgl. Feistner: Historische Typologie, S. 34.

36 Ebd. S. 35. Feistner bezieht sich auf die Rhetorik des Quintilian.

37 Zu dieser expliziten Formulierung kommt Münkler: Amicus Dei, S. 379; siehe aber auch siehe Feistner: Historische Typologie, S. 15.

Neben den beiden von Feistner beschriebenen Modi erkennt die Forschung gerade im Wunder einen wesentlichen, morphologischen Bestandteil der Legende. Trotz der möglichen, quantitativen Varianz werden das Wunder oder die wunderbaren Ereignisse einer Legende innerhalb der Forschung zu einem narrativen Legendenmerkmal *par excellence* qualifiziert: „'Ohne Wunder keine Legende', würde die Parole lauten."[38] Darüber hinaus verfügen die Legenden über zwei Ursprungs- oder Initiationsnarrative für die Vermittlung der grundlegenden Eigenschaft ihres Protagonisten – der Heiligkeit. Diese ist zugleich ihr wesentlicher Erzählanlass. Die Heiligwerdung kann entweder von Geburt an oder nach einer reumütigen Konversion,[39] der ein entsprechendes sündiges Leben vorausgegangen ist, narrativ ausgestaltet werden.

Der Ursprung dieser beiden legendarischen Grundmuster, der zugleich legitimatorische Basis und poetologischer Orientierungspunkt ist, findet sich für die christlichen Legenden in den Darstellungen des Leben Jesu. Er ist nicht nur *per se* ein Geburtsheiliger, sondern er lebt einem Bekenner gleich als Asket, der sich in diversen Fastenpraktiken übt; als Anachoret 40 Tage allein in der Wüste; als Eremit zwar allein, aber immer wieder in Kontakt mit Menschen, an denen er Wunder vollbringt oder die er durch sein Auftreten und (rhetorisches) Wirken bekehrt; letztlich auch als Märtyrer, der verhaftet, verhört, inhaftiert und für seinen Glauben hingerichtet wird. Die sich daran orientierenden legendarischen Erzählungen, egal ob von Bekennern oder Märtyrern, zeigen, dass nicht nur eine

38 So zuletzt und sehr pointiert Decuble: Die hagiographischen Konventionen, S. 48. Daneben aber auch mit einem Forschungsüberblick Feistner: Historische Typologie, S. 47–48 (dort auch Anm. 86). Das Wunder als Möglichkeit dienen den „Evidenzmangel" göttlichen Wirkens dennoch sichtbar zu machen, meint Susanne Köbele: Die Illusion der ‚einfachen Form'. Über das ästhetische und religiöse Risiko der Legende. In: PBB 134,3 (2012), S. 365–404, hier S. 399. Ursula Heindrichs sieht dies ebenso, sie nutzt aber eine gewisse Differenz innerhalb der Wunder zu einer gattungsspezifischen Abgrenzung von Märchen und Legende. In Anschluss an Max Lüthi sieht sie die Wunder „im Märchen [als, M.S.] selbstverständlich" an und innerhalb einer Legende (mit Lutz Röhrich) entstehen sie „durch göttliches Wirken, das fromme Andacht verlangt." Vgl. Ursula Heindrichs: Die Legende des Mittelalters und der Versuch einer poetologischen Bestimmung in Abgrenzung zu Märchen und Sage. In: Heinz-Albert Heindrich (Hrsg.): Als es noch Könige gab. Forschungsberichte aus der Welt der Märchen. Kreuzlingen 2001, S. 103–128, hier S. 122–123; einen Überblick über die verschiedenen Arten und Formen des Wunders respektive seines Erscheinens bietet Gabriela Signori: Wunder. Eine historische Einführung. Frankfurt am Main und New York 2007, speziell S. 40–73 und 94–159.

39 Dass gerade diese Differenzierung für die jeweilige Identitätsbildung des Heiligen innerhalb des legendarischen Erzählens bedeutsam ist, betont vor allem Hans Ulrich Gumbrecht mit Bezug auf die philosophische Arbeit Max Schelers (*Zur Ethik und Erkenntnislehre*. Bd. 1, Berlin 1933); siehe dazu Hans Ulrich Gumbrecht: Die Identität des Heiligen als Produkt ihrer Infragestellung. In: Odo Marquard und Karlheinz Stierle (Hrsg.): Identität. München 1979, S. 704-708, hier S. 706 und dort Anm. 4.

Nachfolge Christi möglich ist, sondern entweder eine *imitatio Christi vitae* oder eine *imitatio Christi passionis* respektive Mischformen aus beiden Varianten.[40] Eine literarische Verstetigung finden diese Lebensweisen in den Legenden, die jeweils eine individuelle und insofern auch innovative Transformation des Leben und Leiden Christi darstellen.[41] Die Motive des Lebens und Leidens Christi werden dabei konzeptualisiert und für eine literarische, aber auch diskursive Verarbeitung nutzbar gemacht.[42] Gerade diese Passionskonzepte (Asketentum, Virginität, Anachoretentum etc.) ermöglichen eine symbolische und nicht mehr dezidiert mimetische Be-

40 Eine gute Darstellung der Begriffsgeschichte und des historischen Wandels von der Nachfolge zur *imitatio Christi* bietet Hans Jürgen Milchner: Nachfolge Jesu und Imitatio Christi. Die theologische Entfaltung der Nachfolgethematik seit den Anfängen der Christenheit bis in die Zeit der devotio moderna – unter besonderer Berücksichtigung religionspädagogischer Ansätze. Münster 2004, hier der tabellarische Überblick S. 385–394. Außerdem zu den intertextuellen Bezügen der *passio Christi* und der der Märtyrer vor dem Hintergrund einer imitatio, wie sie bereits die Bibel formuliert, siehe Maarten Taveirne: Das Martyrium als imitatio Christi. Die literarische Gestaltung der spätantiken Märtyrerakten und -passionen nach der Passion Christi. In: Zeitschrift für Antikes Christentum 18,2 (2014), S. 167–203. Taveirne spitzt zu, dass sich „jeder Blutzeuge in gewissem Sinne an der Passion Christi beteiligt: Die *imitatio Christi* ging über das einfache Sterben hinaus und wurde zu einem Sterben *wie* Christus." Ebd. S. 169 (Hervorhebungen im Orig.). Andreas Hammer merkt vor dem gleichen Hintergrund aus literaturwissenschaftlicher Perspektive an: „Die Märtyrerlegenden imaginieren daher nicht nur einen Nachvollzug des Kreuzestodes Christi, auf der paradigmatischen Ebene der Erzählung wird die heilsgeschichtliche Bedeutung dieses Kreuzestodes aufs Neue aktualisiert." Vgl. Andreas Hammer: Erzählen vom Heiligen. Narrative Inszenierungsformen von Heiligkeit im Passional. Berlin und Boston 2015, S. 273.

41 Gerade hierin zeigt sich das vom Berliner SFB 644 *Transformationen der Antike* entwickelte Beschreibungskonzept der Allelopoiese für grundsätzlich reziproke, kulturelle Transformationsprozesse. Vgl. dazu einleitend Lutz Bergemann, Martin Dönike, Albert Schirrmeister, Georg Toepfer, Marco Walter und Julia Weitbrecht: Transformation, Ein Konzept zur Erforschung kulturellen Wandels." In: Hartmut Böhme u.a. (Hrsg.): Transformation. Ein Konzept zur Erforschung kulturellen Wandels. München 2012, S. 39–56, hier S. 39. Siehe dazu auch die exemplarische Arbeit von Julia Weitbrecht zur *peregrinatio* und ihren narrativen Transformationen innerhalb legendarischer Erzählungen von der Spätantike bis zum Mittelalter; Julia Weitbrecht: Aus der Welt. Reise und Heiligung in Legenden und Jenseitsreisen der Spätantike und des Mittelalters. Heidelberg 2011, hier S. 23–28.

42 Eine entsprechende Studie für die Askese und ihre motivgeschichtliche Verarbeitung in der Literatur bietet Ulrich Ernst, der nicht nur 17 verschiedene Askesemuster benennt (Nahrungsmittel-, Sexual-, Hygiene-, Sozial-, Kommunikations-, Besitz-, Kleider-, Schlaf-, (Im)Mobilitäts-, Haltungs-, Arbeits-, Emotions-, Selbsterniedrigungs-, Einsamkeitsaskese, Obdachlosigkeit, Selbstpeinigung, Überwindung von Ekel), sondern auch klar auf den performativen Charakter der dabei auftretenden Körperzeichen verweist. Ernst nutzt allerdings den etwas unpassenden Begriff der Theatralik. Siehe dazu Ulrich Ernst: Der Körper des Asketen. Zur Theatralik von ‚Heiligkeit' in legendarischen Texten von der Spätantike bis zur Frühen Neuzeit. In: Klaus Ridder und Otto Langer (Hrsg.): Körperinszenierungen in mittelalterlicher Literatur. Berlin 2002, S. 275–307, hier S. 276–278 und 284–287.

zugnahme auf die Geschichte Jesu für das Erzählen von Heiligkeit.[43] Damit verbunden ist natürlich auch eine größere Differenzierung der narrativen Muster des legendarischen Erzählens, deren Zergliederung in Bekenner- und Märtyrerlegende zwar zutreffend ist, aber nicht die tatsächliche Vielfalt dieser „einfachen literarischen Form" abbilden kann.[44]

1.2 Heiligentypen und ihre poetologischen Auswirkungen

Legendarius vocatur liber ille ubi agitur de vita et obitu confessorum, qui legitur in eorum festis, martyrum autem in Passionariis [...].[45]

Um 1160 nimmt Johannes Beleth diese definitorische Unterscheidung auf der Ebene kompilierter Textcorpora zwischen Legendaren und Passionalen vor. Er tut dies, um die entstandene Vielfalt liturgischer Texte und sicherlich ebenso die damit verbundene Komplexität für die alltägliche Frömmigkeitspraxis zu verringern. Seine Differenzierung der Legenden basiert auf den zwei darin im Modus des Erzählens vorgestellten, grundlegenden Möglichkeiten, ein heiligmäßiges Leben zu führen. Dies ist entweder ein vollkommenes Leben als Bekenner oder eines, in dem man für seinen Glauben das Martyrium erduldet. Die von Johannes Beleth genannten Corpora der verschriftlichten Heiligenleben, die Legendare und die Passionale werden allerdings schon zu dessen Lebzeiten aufgebrochen, durch die Abfassung größerer Einzellegenden respektive der Zunahme von Prosalegenden gegenüber Verslegenden und ihren jeweiligen Sammlungen.[46] Darüber hinaus bringen aber ganz grundsätzlich die diversen Frömmigkeitspraxen des Mittelalters eine Vielzahl neuer Formen eines

43 Derartige Transformationen verlangen natürlich ein differenzierteres Erzählen und fördern insofern den narrativen Prozess. Siehe dazu auch Hammer: Erzählen vom Heiligen, S. 274. Zu den Konzeptualisierungen und dem damit verbundenen Einzug in das Feld mittelalterlicher Wissensordnungen siehe grundlegend Dina de Rentiis: Die Zeit der Nachfolge. Zur Interdependenz von ‚imitatio Christi' und ‚imitatio auctorum' im 12.–16. Jahrhundert. Tübingen 1996, bes. S. 33–46.

44 In ihrem Resümee verweist schon Feistner darauf, denn „ein Spezifikum der Legende [ist; M.S.]: Daß sich die mittelalterliche Legende zu keiner Zeit auf einen bestimmten Typus reduzieren läßt [...]." Vgl. Feistner: Historische Typologie, S. 355. Hans-Peter Ecker spricht gar von einer „strukturell angelegten [...] Ambivalenz" der Legende, die gemäß seines an Luhmann und Koselleck geschulten historischen Gesellschaftsmodells vor allem in der Moderne zunimmt und er stützt diese Ansicht auf seinen Befund, dass inhaltlich eine „Individualisierung" der Protagonisten erfolgt. Siehe Ecker: Die Legende, S. 193 und 216.

45 Dieses Zitat aus Johannes' Beleth *De divinis officiis* entstammt der philologisch grundlegenden Arbeit zur Hagiographie von Hippolyte Delehaye: The Legends of the Saints. An Introduction to Hagiography. Transl. by Donald Attwater. London 1962 [zuerst *Les Légendes hagiographiques*. Brüssel 1905], hier S. 11.

46 Zu dieser nicht nur volkssprachlichen Tendenz siehe Feistner: Historische Typologie, S. 89–90 und 216–219.

heiligmäßigen Lebens hervor, deren Katalogisierung und Kategorisierung nicht oder nicht mehr einfach nur denen des Bekenners oder Märtyrers entsprechen.[47]

Auch für diese neuen Formen eines heiligmäßigen Lebens sowie den Erzählungen davon dient das Leben Jesu als Archetyp und gleichsam als legitimierende Referenz. Insofern scheinen in ihnen selbstverständlich die auch literarisch institutionell bewährten, morphologischen Prinzipien der syntagmatischen Verknüpfung oder paradigmatischen Reihung auf.[48] Eine poetologische Analyse, die sich allein auf diese Beschreibungskategorien zurückzieht, verkennt allerdings das individuelle Potential der typologischen Erzählungen.[49] Dies vor allem weil sie mitunter zu einer Differenzierung der Texte mittels vorgeprägter Paradigma führt, welche innerhalb eines umfangreichen Institutionalisierungsprozesses der hagiographischen Literatur entstanden sind. Die daran geknüpften Beobachtungen werden zu einem Zirkelschluss, der die externen Kategorien als textimmanente Ergebnisse lediglich perpetuiert. Oder anders gesagt, die morphologische Nähe der legendarischen Erzählungen zu Prozessakten oder Biographien sollte nicht dazu führen, deren Erzählmodus auf die für narrative Texte basalen Grundmuster von Syntagma oder Paradigma zu beschränken.

Morphologisch wirksames Potential birgt indes auch jene wesentliche Eigenschaft der Protagonisten, von der die jeweiligen Legenden berichten, die Heiligkeit.[50] Bereits Johannes Cassian thematisiert in seinem Traktat *Über die Menschwerdung Christi*, dass im Kontext der geforderten *imitatio*

---

47 Zur zunehmenden Vielzahl der Frömmigkeitsbewegungen im Mittelalter siehe immer noch Herbert Grundmann: Religiöse Bewegungen im Mittelalter. Untersuchungen über die geschichtlichen Zusammenhänge zwischen der Ketzerei, den Bettelorden und der religiösen Frauenbewegung im 12. und 13. Jahrhundert und über die geschichtlichen Grundlagen der Deutschen Mystik. Darmstadt 1977 [zuerst Berlin 1935].

48 Feistners Untersuchung arbeitet zum Teil mit dieser an Vladimir Propp (*Morphologie des Märchens*. Frankfurt am Main 1975) orientierten Engführung, um zu Recht gegenüber der älteren Forschung auf den poetologischen Gehalt der Legenden zu verweisen, nennt aber im gleichen Atemzug Ausnahmen, die in ihrer Analyse allerdings nicht vorkämen respektive die sie nur am Rande berücksichtigen würde. Siehe konkret Feistner: Historische Typologie, S. 45–47.

49 An dieser Stelle soll nun keine Umkehrung der Vorwürfe Feistners vor allem gegenüber der Arbeit von Alain Boureau (*La Légende dorée*) erfolgen. Boureau nimmt eine Differenzierung der Heiligentypen vor, die diese entsprechend ihrer Funktion für den Glauben gliedert. Er benennt dabei folgende Funktionen bzw. Typen: Zeugenschaft („les témoins“), Verteidigung („les défenseurs“) und Verkündigung („les prêcheurs“); vgl. Alain Boureau: La Légende dorée. Le système narratif de Jacques de Voragine (+1298). Paris 1984, S. 182–191. Siehe zur Kritik daran Feistner: Historische Typologie, S. 25 vor allem Anm. 13.

50 Ich folge hier insoweit der an Strohschneider angelehnten Differenzierung Hammers, dass die Beobachtungsebenen von *histoire*, samt dem dort phänomenologisch greifbaren Aspekt von Heiligkeit und *discours* samt seiner strukturellen Inszenierung von Heiligkeit für die Analyse getrennt werden müssen. Siehe dazu Hammer: Erzählen vom Heiligen, S. 9–10.

Christi diverse Heiligentypen entstehen. Sein Disput über die Unterschiede zwischen Christus und den Heiligen enthält dabei die wahrscheinlich erste Auflistung von Heiligentypen:

> *Omnes ergo sive patriarchae, sive prophetae, sive apostoli, sive martyres, sive denique sancti omnes habuerunt quidem in se Deum et omnes filii Dei facti sunt* […], *sed diversa utique multo dissimilique ratione.*[51]

Demnach zählen zu diesen neben den alttestamentlich verbürgten Patriarchen (Abraham, Isaak, Jakob und dessen 12 Söhne) und Propheten (Jesaja, Jeremia, Ezechiel etc.), auch die bereits neutestamentlich legitimierten Apostel, also diejenigen, die unmittelbar den Beginn der Nachfolge und *imitatio Christi* markieren. Der offensichtlich heilsgeschichtlichen Chronologie des Heiligwerdens folgend benennt Cassian dann die Märtyrer und gegenüber der vorherigen Aufzählung eher vage alle weiteren Heiligen. Dabei verweist der konzeptuelle Katalog Cassians auf einen Umstand, der sich auch in weiteren Transformationen von Heiligentypen offenbart und den man wohlmöglich mit einer thematisch-motivischen Schwerpunktsetzung innerhalb der narrativierten heiligmäßigen Lebensläufe der jeweiligen Protagonisten vergleichen kann. Otfrid Ehrismann fasst diese Typen wie folgt zusammen: erstens Heilige in „kirchlicher Funktion (z.B. Mönch, Nonne, Kirchenvater, Bischof, Papst, Missionar, Ordensgründer)“, zweitens Heilige gemäß „ihre[s] Stand[es] (Ritter, Adlige[])“, drittens Heilige im Hinblick auf „ihre[] Lebensführung (Büßer, Sünder, Jungfrau)“.[52]

---

51 Ioannes Cassianus: De incarnatione Christi. Hrsg. von J.P. Migne in Patrologia Latina 50. Paris 1846, Lib. 5, cap. 4,2.

52 Vgl. Otfrid Ehrismann: Fabeln, Mären, Schwänke und Legenden im Mittelalter. Darmstadt 2011, S. 103. Einzelne Untersuchungen zu jeweiligen Typen bieten etwa für das kirchliche Amt: Münkler: Amicus Dei; Stephanie Coué: Hagiographie im Kontext. Schreibanlass und Funktion von Bischofsviten aus dem 11. und dem Anfang des 12. Jahrhunderts. Berlin und New York 1997, hier S. 170–176; Roberto Rusconi: Santo Padre. La santità del papa San Pietro a Giovanni Paolo II. Roma 2010, hier S. 15–75; Marc Müntz: Gottfried von Cappenberg. Ritter–Klosterstifter–Heiliger. In: Gabriela Signori (Hrsg.): „Heiliges Westfalen“. Heilige, Reliquien, Wallfahrt und Wunder im Mittelalter. Bielefeld 2003, S. 65–78; gemäß dem Stand: Karl Bosl: Der Adelsheilige. Idealtypus und Wirklichkeit, Gesellschaft und Kultur im merowinger-zeitlichen Bayern des 7. und 8. Jahrhunderts. In: Friedrich Prinz (Hrsg.): Mönchtum und Gesellschaft im Frühmittelalter. Darmstadt 1976, S. 354–386; Stephanie Seidl: Blendendes Erzählen. Narratologische Entwürfe von Ritterheiligkeit in deutschsprachigen Georgslegenden des Hoch- und Spätmittelalters. Berlin und Boston 2012, hier S. 15–37; Joseph Neubner: Die heiligen Handwerker in der Darstellung der Acta Sanctorum. Ein Beitrag zur christlichen Sozialgeschichte aus hagiographischen Quellen. Münster 1929, hier S. 17–34; entsprechend der Lebensweise: Erhard Dorn: Der sündige Heilige in der Legende des Mittelalters. München 1967, hier S. 121–151; Peter Strohschneider: Inzest-Heiligkeit. Krise und Aufhebung der Unterschiede in Hartmanns ‚Gregorius‘. In: Christoph Huber, Burghart Wachinger und Hans-Joachim Ziegeler (Hrsg.): Geistliches in weltlicher, Weltliches in geistlicher Literatur des Mittelalters. Tübingen 2000, S. 105–133; Julia Weitbrecht: Keuschheit, Ehe und Eheflucht in legendarischen Texten: *Vita*

Dass Heiligentypen jeweils eine gewisse Dynamik in der Morphologie ihrer Legenden evozieren, hat vor allem Peter Strohschneider in seiner luziden Studie zum *Heiligen Georg* Reinbots von Durne exemplarisch gezeigt.[53] Diese Legende vom heiligen Georg wird zumeist ob ihres Umfangs und der schon länger konstatierten Brüche innerhalb der Narration von der rezenten Forschung als Ausnahme gehandelt.[54] Auch Edith Feistner nimmt diese Legende in ihre Untersuchung als Märtyrerlegende mit auf, muss dafür allerdings gut ein Viertel der 6134 Verse umfassenden Legende zur „Vorgeschichte" erklären.[55] Damit nivelliert Feistner die basale Bruchstelle des Textes, die nicht nur aufzeigt, dass diese Georgslegende mit zwei Heiligentypen für ihren Protagonisten operiert, sondern dass gerade die typologischen Heiligkeitskonzepte zu einer Funktionalisierung respektive zu bestimmten strukturprägenden Formen des Erzählens von ihnen führen. Indes hält Strohschneider für die beiden Erzählabschnitte und ihre Heiligentypen resümierend fest:

> Zu den Formen des kompliziert verschachtelten mehrsträngigen, iterativen und vorwiegend intradiegetischen Erzählens gehört die Funktion des *miles Georius,* zu diesem aber sodann die Auratisierung des Körpers als eines ritterlichen durch Extension in größte Herrschaftsräume hinein sowie die mündlich-interaktiv weitergegebene *fama.* Demgegenüber verbinden sich in Reinbots ›Heiligem Georg‹ die Formen der einsträngig geradlinigen, singulativen, extradiegetischen *narratio* mit der *martyr*-Funktion des Heiligen. Zu dieser gehört die Entrückung seines Körpers in ein Jenseits der Unterscheidung von vollständiger Versehrtheit und vollkommener Integrität sowie das Protokoll einer autoptisch autorisierten und in gewissem Sinne geheiligten Schrift.[56]

In der Georgslegende treffen also nicht nur zwei Heiligentypen aufeinander, sondern ebenso deren konstitutive Erzählweisen. Der Ritterheilige, dessen geradezu höfische Idoneität in mehreren, auch eigenen Tatenbe-

---

Malchi, *Alexius* und *Gute Frau.* In: Werner Röcke und Julia Weitbrecht (Hrsg.): Askese und Identität in Spätantike, Mittelalter und Früher Neuzeit. Berlin und New York 2010, S. 131–156.

53 Siehe dazu Peter Strohschneider: Georius miles – Georius matyr. Funktionen und Repräsentationen von Heiligkeit bei Reinbot von Durne. In: Matthias Meyer und Hans-Jochen Schiewer (Hrsg.): Literarisches Leben: Rollenentwürfe in der Literatur des Hoch- und Spätmittelalters. Festschrift für Volker Mertens zum 65. Geburtstag. Tübingen 2002, S. 781–811.

54 Siehe zu dieser Einschätzung Feistner, die allerdings den Versuch einer Relativierung unternimmt; Feistner: Historische Typologie, S. 135–136. Gleiches gilt für die *Martina* Hugos von Langenstein, die Feistner als „kompendiös-gelehrten Extremfall" (S. 116) einstuft.

55 Ebd., S. 137. Für Feistner folgt erst darauf der „Hauptteil, der nun in die typischen Bahnen der Märtyrerlegende einmündet" (S. 140), wie sie festhält. Dieses Vorgehen Feistners ist insofern hervorzuheben, als sie kurz zuvor noch gegenüber Klaus Brinker (Formen der Heiligkeit, hier mit Bezug auf S. 95–168) behauptet, er habe für seine Analyse den „'Georg' ganz und gar zu einer Standardlegende glattgebürstet" (S. 135).

56 Vgl. Strohschneider: Georius miles, S. 796 (Hervorhebungen im Orig.).

richten wortwörtlich verkündet wird, steht dem Märtyrer und seinem durch den Erzähler gleichfalls narrativ bezeugtem Glaubenszeugnis gegenüber. Mit seinem Fokus auf den Bruch in der Georgslegende kann Strohschneider exemplarisch vorführen, welche eigentlich allgemeinen Bedingtheiten innerhalb von Legenden zwischen ihrem jeweiligen Protagonisten und der Morphologie des Erzählens von ihm herrschen.[57] Diese werden bestimmt durch die basale Eigenschaft der Protagonisten: ihrer Heiligkeit, zu der bereits Cassian anmerkt, dass *sancti omnes habuerunt* [...], *sed diversa utique multo dissimilique ratione.*[58] Das gilt eben auch für den heiligen Georg in Reinbots Verslegende, der in dieser seinen Helden und dessen Heiligkeit in besonderer Weise präsentiert, indem „er unterscheidbare Manifestationsformen von Heiligkeit [integriert].“[59]

> Das Integral der Heiligkeit *Georis* erscheint im Verlauf der *narratio* bloß als Aggregat. Reinbots Heiliger ist nicht stets zugleich heiliger Ritter und heiliger Märtyrer. Es gibt vielmehr ein Vorher und ein Nachher: nicht zwar im Bezug auf die Heiligkeit *Georis* selbst, wohl aber in Bezug auf ihre Manifestationen, und darin eben bleiben diese als unterschiedene erkennbar.[60]

Die legendarische Erzählung von Georg präsentiert diesen immer als Heiligen, jedoch in zwei klar voneinander differenzierten, narrativen Erzählmustern. Insofern ist die Frage nach dem jeweils vorliegenden Heiligentyp innerhalb einer Legende unabdingbar für ihre poetologische Analyse. Dies heißt nun nicht, dass man in strukturalistischer Manier eine Systematik der Heiligentypen an Hand der einzelnen biographischen Schemata innerhalb der unzähligen Legenden erstellen sollte.[61] Die Erstellung solcher Kataloge ist „*post rem* oder *in re* [...] notwendigerweise immer [eine; M.S.] unabgeschlossene Extension realisierter Figurentypen“, wie Hans-Peter Ecker zu Recht anmerkt und sie verweilt zudem fast ausschließlich auf der Ebene der *histoire*.[62] Viel eher sollte der Fokus sowohl auf der jeweiligen Form

---

57 Man mag sich bei dieser Perspektive sicherlich zu Recht an Foucaults Idee, „die Auswirkung der Unterbrechungen zu entdecken“, erinnert fühlen. Vgl. Michel Foucault: Archäologie des Wissens. Übers. von Ulrich Köppen. Frankfurt am Main 1994 [zuerst im franz. Orig. *L'archéologie du savoir*. Paris 1969], hier S. 10.

58 Vgl. Ioannes Cassianus: De incarnatione Christi. Lib. 5, Cap. 4,2.

59 Siehe dazu erneut Strohschneider, der so vor allem die Frage einer möglichen Hierarchie zwischen den beiden präsentierten Heiligentypen im Hinblick auf die durchgehend vorhandene Heiligkeit als nichtig erachtet; Strohschneider: Georius miles, S. 799–800.

60 Ebd., S. 800.

61 Methodisch unternimmt Irmgard Lensing einen solchen Versuch mittels Vladimir Propps *Morphologie des Märchens* für ein altenglisches Legendencorpus. Siehe Irmgard Lensing: Das altenglische Heiligenleben. Heidelberg 2010, hier S. 141–159.

62 Ecker argumentiert dabei auch empirisch, wenn er zugibt, selbst an einem solchen Katalog für das abgeschlossene Corpus der *Legenda aurea* gescheitert zu sein. Vgl. Ecker: Die Legende, S. 132 und dort auch Anm. 435 und 437. Es geht allerdings auch nicht um die von Ecker entwickelten 12 Kriterien, die über die von ihm von der Antike bis in die Moderne

der erzählten Darbietung – also dem *discours* – von Heiligkeit liegen, als auch den damit verbundenen Aushandlungsprozessen gegenüber anderen, vor allem immanenten Ansprüchen an den Protagonisten auf der Ebene der *histoire*. Dies gilt in Sonderheit auch für die mittelalterlichen Ordensgründer und Ordensgründerinnen, denen legendarische Erzählungen über ihr Leben und ihre Heiligkeit zugeeignet wurden. In ihnen potenziert sich das innerhalb von *discours* und *histoire* auszuhandelnde Spannungsverhältnis auf drei miteinander verwobenen Relationsebenen: erstens dem Verhältnis von Gott und dem Ordensgründer, der Ordensgründerin; zweitens deren Verhältnis gegenüber der eigenen Ordensgemeinschaft respektive einzelnen Mitgliedern des Ordens;[63] drittens wiederum deren Beziehungen mit oder gegenüber immanenten Institutionen, vor allem der Kirche und deren Vertretern.[64] Insgesamt sollen daher strukturelle Ähnlichkeiten der einzelnen Legenden auf der Ebene des Erzählens von ihren Heiligentypen herausgearbeitet werden. Insofern gilt es, zu klären, was Heiligkeit ist, wer sie wie erlangen kann und letztlich welche Prägungen das Erzählen von ihr innerhalb legendarischer Texte aufweist.

1.3 Heiligkeit und Heiligung im Feld religiöser Kommunikation

Die Begriffe *heilig*, *sanctus* und *hagios* respektive *selig*, *beatus* und *makarios* sind Zuschreibungen. Sie entstammen einem religiösen Gebrauchskontext und das jeweils Bezeichnete wird sakral aufgeladen.[65] Bezeichnet werden

und interkulturell konstatierten Transformationsprozesse innerhalb der Gattung Legende hinweg als Konstituenten dieser Texte dienen. Siehe dazu ebd., S. 215–235.

63 Zu diesen Problemen siehe Cristina Andenna: Dall‘ esempio alla santità, S. 177–224; sowie dies: Heiligenviten als stabilisierende Gedächtnisspeicher, hier S. 534–536; sowie Münkler: Amicus Dei, hier S. 380–381.

64 Dass die Legende zwischen institutionellem Heilsanspruch der Kirche und individueller Heiligkeit (Heilscharisma) ihres Protagonisten vermitteln muss, zeigt bereits Strohschneider: Religiöses Charisma, S. 571–588.

65 Diese Einschätzung bietet bereits Rudolf Otto in seiner Definition des *Numinosen* bzw. der „eigentümliche[n] Kategorie des Heiligen". Vgl. Rudolf Otto: Das Heilige. Breslau 1920, hier S. 5 (Hervorhebungen im Orig.). Daneben verweist Carsten Colpe trotz seiner dezidiert phänomenologischen Auffassung des Heiligen zurecht auf die Arbitrarität zwischen Signifikat und Signifikant, die im viel umfangreicheren griechisch-lateinischen Wortschatz offensichtlich ist (*hieros*, *hosios*, *semnos*, *hagios*; *sanctus*, *sacer*), allerdings innerhalb von theologischen und religionswissenschaftlichen Auseinandersetzungen oft nicht nur unbeachtet bleibt, sondern sogar einer terminologischen Kategorisierung unterzogen wird, die zuweilen stark anachronistisch ist. Siehe dazu Carsten Colpe: Die wissenschaftliche Beschäftigung mit „dem Heiligen" und „das Heilige" heute. In: Dietmar Kamper und Christoph Wulf (Hrsg.): Das Heilige. Seine Spur in der Moderne. Bodenheim 1997, S. 33–61, hier vor allem S. 35–40. Peter Gemeinhardt zeigt an Hand der *Vita Antonii*, dass für das Heilige eine bereits fest geprägte Begriffskategorie fehlt und viel eher eine „kommunikative Strategie

Personen, Institutionen, Räume oder Dinge, „die eine kultische, rituelle Weihe empfangen haben, eine Weihe vermitteln und/oder einer anderen kultischen Bestimmung gewidmet sind.“[66] Ihren Ursprung findet die Bezeichnung im hebräischen Wort *qadosch*, das genuin zur Beschreibung Gottes dient.[67] Dies offenbart sich auch mit Blick auf die Etymologie des deutschen Wortes *heilig*. Zurückzuführen ist dies auf *heil*, das zwei Grundbedeutungen aufweist: erstens außerordentlich und zweitens ungeteilt.[68] Die auf mehreren Ebenen angesiedelte Zuschreibungskategorie Heiligkeit,[69] verstanden als *Heil*, drückt also die Einheit mit einer göttlichen Instanz aus und insofern eine Einheit von Transzendenz und Immanenz. Heiligkeit ist somit nicht nur wesentlicher Teil, sondern besteht gerade erst im Vollzug jenes Prozesses, den Niklas Luhmann als religiöse Kommunikation begreift.[70] Für ihn ist nämlich „eine Kommunikation immer dann religiös […], wenn sie Immanentes unter dem Gesichtspunkt der Transzendenz betrachtet.“[71] Innerhalb der religiösen Kommunikation füllt die Immanenz unter diesen Voraussetzungen den „Designationswert“, die

---

[...] flexible[r] Verortung“ vorliegt. Siehe dazu Gemeinhardt: *Vita Antonii* oder *Passio Antonii?*, hier S. 114.

66 Vgl. Berndt Hamm: Heiligkeit im Mittelalter. Theoretische Annäherung an ein interdisziplinäres Forschungsvorhaben. In: Nine Miedema und Rudolf Suntrup (Hrsg.): Literatur – Geschichte – Literaturgeschichte. Festschrift für Volker Honemann zum 60. Geburtstag. Frankfurt am Main u.a. 2003, S. 627–645, hier S. 644.

67 So schon im 3. Buch Mose, das die Lebensweisen und Aufgaben der Priester definiert und in den Kapiteln 17–26 dezidiert „Heiligkeitsgesetze“ formuliert, „die die Relation Heiligkeit Jahwes und Heiligung Israels als Hauptmotiv der Gesetzesobservanz“ wiedergeben. Im 19. Kapitel heißt es: Ihr sollt heilig sein, denn ich bin heilige, der HERR euer Gott. Vgl. dazu einleitend den Artikel von Theodor Seidl: Heiligkeitsgesetz. 2009, online unter: http://www.bibelwissenschaft.de/stichwort/20857/.

68 Siehe auch die Etymologie des englischen Wortes *holy* von *whole*, respektive lateinisch *sanctus*, das auf *sanus* zurückgeht.

69 Die Komplexität dieser Zuschreibungskategorie hat Susanne Köbele luzide an der einfachen Gegenüberstellung von „heilig sein und heilig genannt werden“ ausgearbeitet. Sie unterscheidet dabei folgende Varianten: erstens „Amtsheiligkeit [gegenüber; M.S.] charismatisch-personale[r] Heiligkeit“; zweitens „Exklusivität (aussondernde ‚Elite-Heiligkeit‘) und Gemeinschaftsbezug (*Communio Sanctorum*)“; drittens die daraus folgende Differenzierung in „ein[en] absolute[n] Begriff von Heiligkeit – der kommt nur Gott zu –, und ein[en] relative[n] Begriff von Heiligkeit, der von jenem ersten abgeleitet gedacht ist und sich ausdehnt auf alles, was zur Heiligkeit Gottes in Beziehung steht: auf Personen, Dinge, Gegenstände, Räume, Zeiten, Texte. Dieser zweite, relative Begriff von Heiligkeit, der an dem ersten teilzuhaben beansprucht, gilt zugleich als Normbegriff.“ Vgl. Susanne Köbele: *heilicheit* durchbrechen. Grenzfälle von Heiligkeit in der mittelalterlichen Mystik. In: Berndt Hamm (Hrsg.): Sakralität zwischen Antike und Neuzeit. Stuttgart 2007, S. 147–169, hier S. 148.

70 Grundlegend dazu die posthum durch André Kieserling veröffentlichte Arbeit von Niklas Luhmann: Die Religion der Gesellschaft. Frankfurt am Main 2002; eine erste (mediävistische) Anwendung der Überlegungen Luhmanns bietet der Gumbrecht Schüler Peter-Michael Spangenberg: Maria ist immer und überall. Die Alltagswelten des spätmittelalterlichen Mirakels. Frankfurt am Main 1987, hier S. 95–109.

71 Luhmann: Die Religion der Gesellschaft, S. 77.

Transzendenz den gerade nicht beobachtbaren „Reflexionswert" ihres Codes.[72] Das immanente Ereignis, die Institution oder die Person erfährt also erst durch die spezifische Funktion der Transzendenz eine religiöse Sinnstiftung, die immanent als „Heilscharisma" wahrgenommen und zugeschrieben wird.[73] Bestätigt werden diese Zuschreibungen vor allem durch ein *re-entry* der Transzendenz in die Immanenz in Form des Wunders.[74] Letzteres trägt damit auch zur Verstetigung des genuin flüchtigen Charismas bei. Heiligkeit ist also eine immanente Zuschreibungskategorie. Sie bedarf einer transzendenten Legitimation respektive behauptet sie diese. Unter anderem bezeichnet sie jene Personen, die eine Einheit mit Gott erlangt haben, sei es durch ein der Welt abgewandtes und allein Gott

---

72 Luhmann nutzt diese asymmetrische Codierung in Anlehnung an Gotthart Günther, siehe dazu Luhmann: Die Religion der Gesellschaft, S. 77–92.

73 Grundlegend hat Max Weber diese Aspekte von Charisma im Kontext mit differenten Formen von Herrschaft und ihren Legitimationsstrategien analysiert und definiert. Zum hier vorliegenden „reinen Charisma" hält er fest, es ist eine „als außeralltäglich [...] geltende Qualität einer Persönlichkeit [...], um derentwillen sie als mit übernatürlichen oder übermenschlichen oder mindestens spezifisch außerall-täglichen, nicht jedem andern zugänglichen Kräften oder Eigenschaften oder als gottgesendet oder als vorbildlich und deshalb als ‚Führer' gewertet wird." Vgl. dazu Weber: Wirtschaft und Gesellschaft, hier speziell S. 179; neuere aber klar an Weber orientierte Arbeiten bieten Wolfgang Lipp: Stigma und Charisma. Über soziales Grenzverhalten. Würzburg 2010, hier S. 53; und mit einem Fokus auf nicht personengebundenes Charisma Winfried Gebhardt: Charisma als Lebensform. Zur Soziologie des alternativen Lebens. Berlin 1994, hier S. 36.

74 Wunder sind Teil oder vielmehr sichtbarer, manchmal sogar greifbarer Ausdruck des binären Codes von Transzendenz und Immanenz religiöser Kommunikation. In ihnen offenbart sich Transzendentes innerhalb einer immanenten Welt und Niklas Luhmann begreift sie von daher zurecht als „re-entry" einer zuvor durch den Code ausgeschlossenen Systemumwelt. Wunder als „selbstreferentielle Operationen" sind also ein genuiner Bestandteil der religiösen Kommunikation, insofern sie für das System Religion die „Autopoiesis" ermöglichen und als Bestandteil der Transzendenz zwangsläufig einen Deutungsprozess initiieren. So gesehen, ist das Vorkommen von Wundern innerhalb einer Narration also nur ein Indiz für den Einsatz religiöser Kommunikation, aber noch nicht für eine Funktionalisierung in Bezug auf legendarisches Erzählen. Das bedeutet allerdings auch nicht, dass „das Wunder [...] als Heilssymbol Ereignis gewordenes Wort Gottes [ist]." Hierin liegt kein gravierender, aber doch deutlicher Unterschied zur rezenten Forschungsmeinung, die das Wunder immer wieder zum Konstituens der Legende (s.o. Decuble) macht. In Bezug auf das Phänomen der „Autopoiesis" und die „selbstreferentiellen Operationen" eines Systems siehe Niklas Luhmann: Soziale Systeme. Grundriss einer allgemeinen Theorie. Frankfurt am Main 1984, hier vor allem S. 57–65. Zur Funktion des Wunders als Heiligkeitsbeweis siehe kulturgeschichtlich bereits Eberhard Demm: Zur Rolle des Wunders in den Heiligkeitskonzeptionen des Mittelalters. In: Archiv für Kulturgeschichte 57 (1975), S. 300–344; zum Deutungsbedarf siehe Christoph Dartmann: Wunder als Argumente. Die Wunderberichte in der *Historia Mediolanensis* des sogenannten Landulf Senior und in der *Vita Arialdi* des Andrea von Strumi. Frankfurt am Main u.a. 2000, hier S. 53–68; zur angeblich „symbolischen Konnektivität des Wunders" siehe Hartmut Bleumer: ‚Historische Narratologie?' Metalegendarisches Erzählen im Silvester Konrads von Würzburg. In: Harald Haferland und Matthias Meyer (Hrsg.): Historische Narratologie – Mediävistische Perspektiven. Berlin und New York 2010, S. 231–261, hier S. 246–248.

zugewandtes Leben, sei es durch das im Tod dargebrachte Opfer des eigenen Lebens für Gott.[75] Den so bezeichneten gebührt jeweils eine besondere kultische Verehrung (*admiratio*) und ihr herausragendes Leben besitzt Modellcharakter für die übrigen Gläubigen (*imitatio*), beziehungsweise manifestiert sich an ihrer Lebensgeschichte das tatsächliche und somit auch für die eigene Person mögliche Wirken göttlicher Gnade (*aedificatio*).[76]

Damit stellt sich vordergründig die Frage, wann ein Leben tatsächlich gänzlich Gott zugewandt ist oder welche Kriterien ein Tod erfüllen muss, damit er als Gottesopfer aufgefasst werden kann? Dies sind letztlich Fragen nach der semantischen Füllung des Codes von Immanenz und Transzendenz, beziehungsweise die nach der Art und Weise einer adäquaten narrativen Wiedergabe dieses Codes. Bei genauerer Betrachtung ist damit allerdings eine viel wesentlichere Frage verbunden, die nach der Entscheidungsinstanz und den Funktionsträgern religiöser Kommunikation innerhalb einer Sozietät. Also jene Personen, die eine Heiligung vornehmen, um damit über das Heilscharisma als revolutionär wirkende Vergemeinschaftungsform regulierend zu verfügen.[77] Die Antwort auf diese Fragen

75 Religionswissenschaftlich wird Heiligkeit, als nicht allein christliches Phänomen, immer wieder reflektiert. Einen guten Überblick bietet Peter Gemeinhardt (Hrsg.): Heilige, Heiliges und Heiligkeit in spätantiken Religionskulturen. Berlin 2012. Darin auch der Aufsatz von Gemeinhardt, in dem er über Heiligkeit innerhalb des Christentums referiert und eine dreifache Möglichkeit der Zuschreibung darlegt: 1. „die Gemeinschaft, die sich um das Heilige sammelt, vor allem die die Eucharistie feiernde Gemeinde […]“; 2. „die Gemeinschaft der mehr oder weniger heiligmäßig lebenden, aber durch den Kontakt zu Gott geheiligten Christen (so im Glaubensbekenntnis und seinen Auslegungen) […]“; 3. „die Gemeinschaft der vollendeten Christen, der Märtyrer, Jungfrauen und Asketen, die nach ihrem Tod bereits in den Himmel Einzug gehalten haben.“ Vgl. Peter Gemeinhardt: Die Heiligen der Kirche – die Gemeinschaft der Heiligen, S. 385–414, hier S. 411–412.

76 *imitatio* und *aedificatio* sind feste Bestandteile im Diskurs der Legendenforschung. Bereits Jolles resümiert, dass eine Legende nicht nur die Darstellung eines Heiligen als Exemplum, sondern eine völlige *imitatio* der tätigen Tugend im Wirken des Heiligen darstellt. Wolpers zeigt, dass die Legende in ihrer Abbildung des Göttlichen vorrangig der seelischen Erbauung diene. Eine Zusammenführung beider Ansprüche nimmt Rolf Schulmeister vor, auf der Basis exemplarischer Analysen von Legendenprologen und diskursiven Texten, wobei er eine ausführliche Anwendung seiner Ergebnisse gerade nicht an Legenden, sondern an den de Boor'schen „Erbauliche[n] Abenteuerromanen“ vornimmt. Einen neueren Ansatz bietet Julia Weitbrecht, die vor allem die performativen Strategien für die Anregung zur *imitatio* innerhalb der Legenden hinterfragt und einen guten Überblick über die Transformationen des Forschungsdiskurses gibt. Vgl. daher Jolles: Einfache Formen, S. 36–39; Wolpers: Die englische Heiligenlegende, S. 31; Rolf Schulmeister: Aedificatio und Imitatio. Studien zur intentionalen Poetik der Legende und Kunstlegende. Hamburg 1971, hier S. 53–78 und 79; sowie Julia Weitbrecht: *Imitatio* und Imitabilität. Zur Medialität von Legende und Legendenspiel. In: PBB 134,2 (2012), S. 204–219.

77 Weber spricht Charisma die Fähigkeit der „emotionalen Vergemeinschaftung“ zu und merkt an, dass „Charisma […] die große revolutionäre Macht in traditional gebundenen

muss vor dem Hintergrund eines historischen Transformationsprozesses, der als Institutionalisierung zu begreifen und entsprechend durch historiographisches Material belegt ist,[78] betrachtet werden. Die Zuschreibung von Heiligkeit bedarf *ea ipsa* einer klaren Restriktion, sofern es nicht zu einer Depravierung ihres außerordentlichen Inhaltes – im Sinne einer „Veralltäglichung" des Heils*charismas* –[79] kommen soll. Die in diesem Zusammenhang beanspruchte Deutungshoheit über das Heilige steht diametral zu dessen wesentlicher Eigenschaft und führt insofern zu einer Paradoxie. Als Teil der Transzendenz ist dieses stets unverfügbar und nicht beobachtbar, worin gerade das Moment des Unsagbaren, Unvordenklichen und Unhintergehbaren seines Faszinosums liegt.[80] Die Lösung dieser mitunter prekären Aporie birgt selbst eine Paradoxie. Nach Karl-Siegbert Rehberg erfolgt sie auf der Basis einer „*fiktionale*[n], gleichwohl wirksame[n] und insofern *reale*[n] Herstellung von Geltung".[81] Im vorliegenden Fall der Heiligkeit beruht sie auf der legitimierenden „Eigenschichte" von der schon immerwährenden und vor allem von Gott selbst gegebenen Heilshoheit der Kirche und ihrer institutionellen Vertreter, die über die Authentizität von Heiligkeit urteilen.[82] Vom Frühmittelalter bis weit in die

---

Epochen [ist]." Vgl. Weber: Wirtschaft und Gesellschaft, S. 183 und 185; daneben wiederum Lipp: Stigma und Charisma, S. 55; und Gebhardt: Charisma als Lebensform, S. 50–51.

78 Prägnant zusammengefasst finden sich diese Daten und eine Prozessdarstellung bei Bernhard Schimmelpfennig, der allerdings nicht von einer Institutionalisierung spricht, aber von einer Politisierung der Heiligsprechung durch die sukzessive, kuriale Rückbindung und er gipfelt mit der These: „Erst mit der, von vielen Päpsten geförderten, Ausbreitung der Bettelorden wurden Kanonisationen ein wichtiges Mittel päpstlicher Politik." Siehe dazu Bernhard Schimmelpfennig: Heilige Päpste – päpstliche Kanonisationspolitik. In: Bernhard Schimmelpfennig, Georg Kreuzer und Stefan Weiß (Hrsg.): Papsttum und Heilige: Kirchenrecht und Zeremoniell. Ausgewählte Aufsätze. Neuried 2005, S. 379–408, hier S. 393.

79 Max Weber nutzt den Begriff der Veralltäglichung im Hinblick auf das Heilscharisma, dessen transzendente Legitimation letztlich durch die immanente Zuschreibung von Heiligkeit erfolgt. Siehe dazu Weber: Wirtschaft und Gesellschaft, hier speziell S. 179 und S. 655–656.

80 Max Weber sieht dies aus soziologischer Perspektive in der „außeralltäglichen […] Qualität einer Persönlichkeit". Vgl. Weber. Wirtschaft und Gesellschaft, S. 179. Hingegen verortet Rudolf Otto den „qualitativen Gehalt des Numinosen" phänomenologisch in einer „Kontrastharmonie" eines „abdrängenden tremendum" und dem „eigentümlich Anziehende[n], Bestrickende[n], *Faszinierende*[n]" Faszinosum; vgl. Otto: Das Heilige, S. 39 (Hervorhebungen im Orig.).

81 Vgl. Karl-Siegbert Rehberg: Die stabilisierende „Fiktionalität", hier S. 387 (Hervorhebungen im Orig.).

82 Dazu erneut Rehberg und Peter von Moos, wobei letzterer die Kirche „als Prototyp aller Institutionalität" vor dem Hintergrund der von ihr beanspruchten Heilshoheit exemplifiziert; siehe dazu ausführlich Karl-Siegbert Rehberg: Weltrepräsentanz und Verkörperung. Institutionelle Analyse und Symboltheorien – Eine Einführung in systematischer Absicht. In: Gert Melville (Hrsg.): Institutionalität und Symbolisierung. Verstetigungen kultureller Ordnungsmuster in Vergangenheit und Gegenwart. Köln und Berlin 2001, S. 3–49, hier vor allem S. 9–13. Zu Moos siehe im gleichen Band Peter von Moos: Krise und Kritik der

Zeit des Hochmittelalters liegt diese Deutungshoheit und Zuschreibungsberechtigung von Heiligkeit bei den Bischöfen einer Gemeinde. Sie ist, wie Marina Münkler zu Recht anmerkt, in ihrem Kern nur immanenter „Nachvollzug der durch Gott bereits erfolgten Heiligung eines Menschen [und; M.S.] [a]ls illokutionärer Sprechakt […] wird die Heiligung erst durch den Ritus der kirchlichen Heiligsprechung vollzogen […].“[83] Diese regionale Heiligsprechung durch die rituelle Elevation erfährt indes eine Zentralisierung.[84] Sie ereignet sich im Kontext der kurialen Institutionalisierung und an deren Ende steht ein juristischer Akt, die Kanonisierung, der die lokale Erhebung zu den Altären lediglich folgt.[85] Bereits 1171/72 verfasst Papst Alexander III. die Dekretale *Audivimus*, die die Heiligsprechung als Kanonisation an den päpstlichen Stuhl bindet. Gregor IX. übernimmt dieses mit leichten Veränderungen 1234 in seine eigene Dekretalensammlung *Liber extra*. Deren institutionelle Wirkmächtigkeit wird 1588 durch Papst Sixtus V. mit der Errichtung einer entsprechend zuständigen kurialen Behörde, der Ritenkongregation, gesteigert.[86] Dieser Prozess hat letztlich zu einer semantischen Differenzierung von Heiligkeit und Seligkeit geführt. Er basiert auf der Unterscheidung von gesamtkirchlicher Verehrung, die nur dem Papst obliegt, gegenüber lokaler Verehrung, die weiterhin durch den Ortsbischof erfolgt. Mit der Einrichtung eines eigenständigen und institutionell an die Kurie rückgebundenen Seligsprechungsverfahrens 1662 unter Papst Alexander VII. enden vorerst die Transformationen.[87]

Institutionalität. Die mittelalterliche Kirche als „Anstalt“ und „Himmelreich auf Erden“, S. 293–340, hier vor allem S. 301–320.

83 Vgl. Münkler: Amicus Dei, S. 376.

84 Gerade durch die regionale „Eigenhoheit“ der Bischöfe erfährt die Heiligkeit einen exponentiellen Anstieg, der mitunter zu einer lokalen Konkurrenzsituation mit der sich immer stärker hierarchisierenden Institution Kirche führt und indes auch zu der bereits genannten Depravierung von Heiligkeit.

85 Vgl. Münkler: Amicus Dei, S. 377 und dort vor allem Anm. 9. Die vermutlich erste und in ihrer Wirkmacht für die Eigengeschichte des kurialen Vorrechts einer Kanonisation nicht zu unterschätzende päpstliche Heiligsprechung ist die des heiligen Bischofs Ulrich von Augsburg am 3. Februar 993 durch Papst Johannes XV. Siehe zur wissenschaftlichen Diskussion darüber Bernhard Schimmelpfennig: Afra und Ulrich. Oder: Wie wird man heilig? In: Schimmelpfennig, Kreuzer und Weiß (Hrsg.): Papsttum und Heilige, S. 409–432, hier S. 414–422.

86 Siehe dazu aus kirchenrechtlicher Perspektive Ulrike Markhoff: Das Selig- und Heiligsprechungsverfahren nach katholischem Recht. Münster 2002, S. 30–32; historisch hingegen Thomas Wetzstein: Heilige vor Gericht. Das Kanonisationsverfahren im europäischen Spätmittelalter. Köln, Weimar und Wien 2004; sowie sehr ausführlich Otfried Krafft: Papsturkunde und Heiligsprechung. Die päpstliche Kanonisation vom Mittelalter bis zur Reformation. Köln, Weimar und Wien. 2005, speziell S. 102–105 und 416–421.

87 Zu Vorstufen des Seligsprechungsverfahrens und dessen endgültiger Institutionalisierung siehe erneut Krafft: Papsturkunde und Heiligsprechung, S. 1009–1013, dort auch Anm. 377. Zu den Neuerungen des 20. Jahrhunderts vor allem im Kontext des Zweiten Vatikani-

Heiligkeit als Zuschreibungskategorie bedarf bestimmter Verfahrensmodi, die diesen Vorgang nicht nur regeln, sondern im Ergebnis ebenso die Außeralltäglichkeit der Kategorie bewahren. Damit partizipieren beide am Akt religiöser Kommunikation. Entweder sind sie deren „Sinnform", die in sich auf die Einheit von Transzendenz und Immanenz verweist oder als Operation, die sukzessive angelagert an Organisationen (wie der Kirche) eine Reproduktion der kontingenten Beobachtung dieser Sinnform sicherstellt.[88] Unbeantwortet ist allerdings immer noch die Frage, was, respektive wie von einer derartigen Heiligung und Heiligkeit erzählt werden kann? Die Wiederaufnahme der vorherigen Frage sinuiert bereits, dass die Legende in ihrem Modus des Erzählens nicht eine bloße Wiedergabe des amtlichen Heiligsprechungsverfahrens als Retrospektive sein kann.[89] Das heißt aber ebenso wenig, dass die Legende den Kanonisationsprozess nur am Rande ihrer Darstellung beachtet oder gar nicht kennt. Viel eher wird das Verfahren spätestens seit seiner institutionellen Etablierung in die Legenden aufgenommen, um mitunter unterschiedliche Legitimationsansprüche zu rechtfertigen oder argumentativ gegenüberzustellen.[90]

1.4 Legendarisches Erzählen zwischen Sujet und Liminalität

Grundsätzlich ist den Legenden und dem sie ausmachenden, legendarischen Erzählen zu Eigen, dass sie – um mit Peter Strohschneider zu sprechen – „im Modus der symbolischen Repräsentation" auf Heiligkeit verweisen.[91] Legendarisches Erzählen knüpft also lediglich an eine bereits

---

schen Konzils und unter Papst Johannes Paul II. siehe Winfried Schulz: Das neue Selig- und Heiligsprechungsverfahren. Paderborn 1988, hier zusammenfassend S. 38–48.

88 Zum Begriff der Sinnform und den Operationen von Organisationen, die Luhmann „als autopoietische Systeme begreift, die Entscheidung aus Entscheidungen reproduzieren", siehe Luhmann: Die Religion der Gesellschaft, S. 34–35 und 247–249.

89 Zu dieser Feststellung siehe bereits Münkler: Amicus Dei, S. 377. Auf den Aspekt des retrospektiven Erzählens von Heiligkeit hebt bereits in seiner Einleitung Hammer ab; siehe dazu Hammer: Erzählen vom Heiligen, S. 2.

90 Strohschneider diskutiert exemplarisch an Hand des *Alexius* Konrads von Würzburg die verschiedenen Geltungsansprüche und damit verbundene Geltungsgeschichten unter dem Schlagwort der Textheiligung, siehe erneut Strohschneider: Textheiligung, bes. S. 136–147.

91 Strohschneider spricht zurecht von der Legende als Repräsentant von Heiligkeit/Transzendenz in der Immanenz „im Modus der symbolischen Verweisung". Für ihn ist eine Legende „eine Geschichte vom Hereinragen der Transzendenz in die Immanenz, von ihrem Wirksamwerden in der Geschichte." Vgl. Strohschneider: Textheiligung, S. 113. Harald Haferland spricht gar von „metonymischen Erzählen" der Legende, welches sich in Form von „metonymischen Manifestationen des Heiligen" auf mehreren Textebenen „kontiguitär" ansiedelt und welches auf der Basis eines allgemeinen „metonymischen Wahrnehmungskonzeptes" aufgeschlüsselt werden kann; siehe dazu Harald Haferland:

bestehende Heiligkeit an, stellt sie aber nicht selbst in einer Narration her.[92] Die narrative Vermittlung von Heiligkeit als Einbruch der Transzendenz in die Immanenz und die Darstellung einer sukzessiven Partizipation des immanenten und zukünftigen Heiligen an der Transzendenz sind die Hauptanliegen der Legende.[93] Anders gesagt, haben Legenden die mitunter widersprüchliche und insofern komplexe Aufgabe auf der Ebene der *histoire* eine biographische Erzählung eines irdischen Protagonisten zu sein und gleichsam dessen Heiligwerdung bzw. dessen Heiligkeit auf der Ebene des *discours* zu vermitteln. Die immanente Kategorie Heiligkeit zeichnet sich im Hinblick auf ihr partizipatives Verhältnis an der Transzendenz, ihrem außeralltäglichen Wesen, durch Liminalität aus. Dieses Faktum ist das potentielle Konstituens legendarischen Erzählens.[94] Dabei fasse ich legendarisches Erzählen sowohl als Teil der *histoire*, als auch als Teil des *discours* auf. Zum einen ist es ein kulturelles Wahrnehmungsmuster und zum anderen auch eine symbolische Vertextungsstrategie religiöser Kommunikation.[95] Dies zeigt sich an zwei korrelierenden und sich bedingenden Aspekten:

Metonymie und metonymische Handlungskonstruktion. Erläutert an der narrativen Konstruktion von Heiligkeit in zwei mittelalterlichen Legenden. In: Euphorion 99 (2005), S. 323–364, hier S. 331–341.

92 „Und das ist freilich keineswegs verwunderlich bei der Annahme eines historischen Konzeptes, das von der präsenzstiftenden Kraft der Hagiographie ausgeht. Legenden erzählen demnach eben von der Gegenwart der Heiligen, gerade nicht aber von der textuellen Herstellung dieser Gegenwart." Vgl. Peter Strohschneider: Weltabschied, Christusnachfolge und die Kraft der Legende. In: PBB 60, 2 (2010), S. 143–163, hier S. 157–158. Strohschneider widerspricht damit klar dem ontologischen Konzept von Jolles, der in der performativen Wirkmacht von Sprache die Möglichkeit einer realen Vergegenwärtigung sieht: „So ist die sprachliche Form nicht nur in der Lage, das Leben eines Heiligen in einer entsprechenden Weise zu vertreten, sondern sie bildet auch Heilige." Vgl. Jolles: Einfache Formen. S. 41. Innerhalb der Legendenforschung ist das Konzept von Jolles immer wieder bekräftigt worden, so zuletzt von Hartmut Bleumer, der die Legende als „eine einfache Erzählung mit einer elementaren Symbolfunktion" begreift, wobei letztere durch eine „mythische[] Konnektivität" von Signifikat und Signifikant geprägt ist. Siehe dazu Bleumer: ‚Historische Narratologie'. S. 239–240 und dort auch Anm. 21–22. Eine methodische Kritik an diesem Ansatz bietet bereits Peter Strohschneider: Höfische Textgeschichten. Über Selbstentwürfe vormoderner Literatur. Heidelberg 2014, hier speziell S. 179–181 und Anm. 119–120.

93 Zu dieser an Niklas Luhmann orientierten systemtheoretischen Darstellung siehe Münkler: Sündhaftigkeit als Generator von Individualität, hier vor allem S. 28–29. Daneben beschreibt Feistner begrifflich unschärfer so den Kern aller legendarischen Erzählungen, siehe Feistner: Historische Typologie, S. 23.

94 In seinen literaturhistorischen Grundzügen zeigt dieses Muster vom familiären Bruch, als sozio-kultureller Weltabkehr in der Welt, die luzide Arbeit von Alessandro Barbero: Un santo in famiglia. Vocazione religiosa e resistenze sociali nell'agiografia latina medievale. Turin 1991, S. 53–55 und 89–124.

95 Zum hier aufscheinenden Verständnis von „symbolischer Textualität" als sinngebender Wirklichkeitsverarbeitung siehe bereits Peter Strohschneider: Kultur und Text. Drei Kapi-

Erstens verlangt die Vermittlung von Heiligkeit und ihrer Liminalität eine bestimmte Erzählstruktur, die sinnstiftend für die in ihr zu Tage tretende religiöse Kommunikation ist. Das heißt, sie muss die Differenz von Transzendenz und Immanenz narrativ vermitteln, indem sie von deren Einheit berichtet, also dem Vorkommen von Transzendenz in der Immanenz oder umgekehrt. Diese Form des Erzählens ist, im Sinne Jurij Lotmans, *sui generis* sujethaft, insofern es eine topologische Grenzüberschreitung darbietet.

> Wenn man das Sujet als Entfaltung eines Ereignisses versteht – nämlich des Übergangs über eine semantische Grenzlinie – so wird seine Reversibilität evident: die Überwindung derselben Grenze innerhalb des gleichen semantischen Feldes kann zu zwei Sujetketten mit gegenläufiger Richtung entwickelt werden. So enthält z.B. ein Weltbild, das die Teilung in Menschen [...] und Nichtmenschen (Götter [...]) voraussetzt [...] potentiell zwei Typen von Sujets: entweder ein Mensch überwindet die Grenze [...] und kehrt mit irgendeiner Beute zurück, oder ein Gott [...] überwindet die Grenze [...], besucht die Menschen und kehrt mit irgendeiner Beute zurück.[96]

Sujethaftigkeit und damit auch das Erzählen entstehen nicht allein in der Gegenüberstellung semantisch codierter Räume, sondern durch das Überschreiten ihrer Grenzen. Dabei werden diese Grenzen mitunter erst im Moment der Transgression sichtbar. Lotmans Idee von der Sujethaftigkeit der Texte, deren Grad sich an der Unwahrscheinlichkeit eines Ereignisses,[97] also dem topologischen Grenzübertritt, bemisst, ist geprägt von einer kultursemiotischen Weltauffassung.[98] Auch das legendarische Erzählen knüpft in Bezug auf die religiöse Kommunikation an eine kulturelle Weltanschauung an. Sie war nicht nur für das Mittelalter prägend, sondern weist eine entsprechende topologische Grenze zwischen Immanenz und

---

tel zur Continuatio des abenteuerlichen Simplicissimi, mit systematischen Zwischenstükken. In: Kathrin Stegbauer, Herfried Vögel und Michael Waltenberger (Hrsg.): Kulturwissenschaftliche Frühneuzeitforschung, Beiträge zur Identität der Germanistik. Berlin 2004, S. 91–130, hier S. 102–104; in Anlehnung an Jan-Dirk Müller kann man hier auch von der „Welthaltigkeit [...] literarischer Texte" sprechen; siehe dazu Jan-Dirk Müller: Literarische und andere Spiele. Zum Fiktionalitätsproblem in vormoderner Literatur. In: Poetica 36 (2004), S. 281–311, hier S. 296–297.

96 Vgl. dazu Jurij M. Lotman: Die Struktur des künstlerischen Textes. Hrsg., übers. und mit einem Nachwort versehen von Rainer Grübel. Frankfurt am Main 1973 [zuerst im russ. Orig. *Struktura chudožestvennogo teksta*, Moskau 1970], hier S. 357–358; siehe ergänzend ders.: Die Innenwelt des Denkens. Eine semiotische Theorie der Kultur. Übers. von Gabriele Leupold und Olga Radetzkaja, hrsg. und mit einem Nachwort versehen von Susi K. Frank, Cornelia Ruhe und Alexander Schmitz. Frankfurt am Main 2010 [zuerst im russ. Orig. *Vnutri mysljascich mirov*. In: *Semiosfera*. Sankt Petersburg 2000], vor allem S. 203–233.

97 Siehe dazu Lotman: Die Struktur des künstlerischen Textes, S. 354–355.

98 „[I]ndem der Mensch Sujettexte schuf, hat er gelernt, Sujets im Leben zu unterscheiden und auf diese Weise sich dieses Leben zu erklären." Vgl. Jurij M. Lotman: Aufsätze zur Theorie und Methodologie der Literatur und Kultur. Kronberg (CZ) 1974, hier S. 62.

Transzendenz auf. Dies vorrangig vor dem Hintergrund eines Weltbildes, welches im Sündenfall den Anlass zu einer klaren Trennung und Grenzziehung zwischen diesen beiden semantischen Feldern sieht.[99] Die grundsätzliche Erwartung der Parusie, also der Wiederkunft Gottes, als mögliche Aufhebung jener Grenze ist indes völliger Kontingenz ausgesetzt. Insofern stellt der transgredierende Heilige eine Reduktion der Ungewissheit dar, ohne die Grenze selbst aufzuheben. Mittels der Figur des Heiligen kann erzählt werden, was unmöglich erscheint und was die Erwartungshaltung einer allgemeinen Teilhabe an der Heiligkeit aufrechterhält. Dementsprechend ist der Heilige nicht nur ein Mediator zwischen Transzendenz und Immanenz, sondern vielmehr einer, der eine mögliche Überwindung jener Differenz *in personam* abbildet. Auf der Ebene der *histoire* wird dies narrativ vorgeführt. Neben der deutlichen Sujethaftigkeit des legendarischen Erzählens wird insoweit auch das besondere, funktionale Interesse an diesem narrativen „Faszinationstyp" offenbar.[100] Im Prinzip ergibt sich das legendarische Erzählen innerhalb der *histoire* als Sujet von Transgressionen zwischen Transzendenz und Immanenz. Im Sinne der allgemeinen poetologischen Struktur von *exile-and-return* durchwirken diese ferner den *discours.*[101] Ursprung und Ziel der grenzüberschrei-

99 Siehe dazu einleitend und mit Bezug auf die Naherwartung der Parusie Arnold Angenendt: Geschichte der Religiosität im Mittelalter. Darmstadt 2009, hier S. 213–223.

100 Hans Ulrich Gumbrecht definiert mit diesem Begriff, bezogen auf hagiographische Texte, „das Verhältnis zwischen einem reflexiv nicht erfaßten Gerichtetsein auf je bestimmte Probleme und Phänomene und der Gesamtheit der struktural verschiedenen Präsentationsformen ebendieser Probleme und Formen [...]. Vom Begriff ‚Faszinationstyp' werden fixierte Einstellungen (statt historisch spezifischer Funktionen) an weite Stoffbereiche (statt determinierter Strukturformen ihrer Präsentation) gebunden." Siehe Hans Ulrich Gumbrecht: Faszinationstyp Hagiographie. Ein historisches Experiment zur Gattungstheorie. In: Christoph Cormeau (Hrsg.): Deutsche Literatur im Mittelalter. Kontakte und Perspektiven. Hugo Kuhn zum Gedenken. Stuttgart 1979, S. 37–84, hier S. 45; daneben auch mit Bezug auf die systemtheoretischen Überlegungen Luhmanns zur Religion nochmals sehr ausführlich und vor dem Hintergrund gesellschaftlicher Komplexitätssteigerung Spangenberg: Maria ist immer und überall, hier S. 79–129, 168–232 und 261–275.

101 Zu diesem poetologischen Konzept siehe allgemein William Thomas Whobrey: Exile and return. Heroic and spiritual journeys in Germanic literature. Stanford 1991, dort S. 7–25. Irmgard Lensing verweist ebenfalls auf diese Grundstruktur legendarischer Erzählungen, allerdings in Anlehnung an die *imitatio Christi.* Sie spricht insofern eher theologisch durchwirkt von einem „exitus-reditus-Schema"; vgl. Lensing: Das altenglische Heiligenleben, S. 229–243, hier S. 236. Lensing knüpft dabei auch an Lotman an (ohne überhaupt seine theoretischen Überlegungen zum Sujet zu nennen). Sie bündelt dies aber mit starken textpragmatischen Zügen, die sie auf die Person eines Autors bezieht. Zu ihrem Schema merkt sie an, dass „es [...] eine generative Sekundär-, d.h. Textgrammatik dar[stellt], die den Erzeugungsprozeß – in diesem Fall von Legendentexten – definiert. Das bedeutet, es beschreibt das Textbildungsverfahren, die gattungsspezifische Vertextungsstrategie der Legende, die in der textlinguistischen Kompetenz des Autors gelegen haben muß." Ebd., S. 235. Lensing vergisst dabei zwei wesentliche Aspekte: Erstens die spezifische Topologie von Immanenz und Transzendenz, denn ansonsten wären alle Erzählungen gemäß *exile-*

tenden Bewegungen der Protagonisten innerhalb der Narrationen ist die Transzendenz, die Immanenz ist lediglich ein zeitlich begrenztes Exil. In der Logik des retrospektiv verfahrenden legendarischen Erzählens geht die Heiligkeit des Heiligen, auch wenn sie sich erst sukzessive an und in ihm offenbart, immer schon von der Transzendenz aus. Sie wird durch ihn bis zu seiner Rückkehr in die Transzendenz, als Einzug in die *communio sanctorum*, immanent repräsentiert.[102] Der Heilige als Explikation eines *homo viator* bildet in seinem Durchschreiten der Immanenz eine andauernde Transgression ab und beendet das dadurch entstandene Sujet, indem er erneut die Grenze zwischen Immanenz und Transzendenz überwindet.[103] Dieser Abschluss dient auf der Ebene der *histoire* als letztgültiger Beweis der Heiligkeit des Protagonisten, strukturell ergibt sich aus dem ausgeführten Sujet die Legende. Bleibt dieser Einzug allerdings aus und das spezifische Sujet innerhalb des *discours* somit offen,[104] dann liegt lediglich legendarisches Erzählen vor.[105] Die Ursachen dafür sind zumeist differente

---

and-return Legenden. Zweitens korreliert damit, dass dies nicht nur auf einer autor- oder gattungsspezifischen Kompetenz beruht, sondern auf dem Modus religiöser Kommunikation und ihrer basalen Vermittlung.

102 Vgl. Strohschneider: Textheiligung, S. 114. Strohschneider bezieht sich für seine Argumentation, dass Legenden wie alle Geltungsgeschichten retrospektiv verfahren, auf den Aufsatz von Gerhard Schönrich und Ulrich Baltzer: Die Geltung von Geltungsgeschichten. In: Melville und Vorländer (Hrsg.): Geltungsgeschichten, S. 1–26, hier bes. S. 4–7. Schönrich und Baltzer führen dort die temporale „Kontinuitätsproblematik" der Historiographie vor, die immer auch Geltungsgeschichten entwirft.

103 Margreth Egidi thematisiert diesen Erzählvorgang vor dem Hintergrund des zirkulären Gabenkonzepts (angelehnt an Derrida). Grundsätzlich zeigt sie dafür ebenso einen Kreislauf von göttlicher Gnadengabe der Heiligkeit und die Selbstaufgabe des Heiligen, der somit wieder in die Transzendenz zu Gott zurückkehrt. Insofern allerdings eher topologische Raumüberschreitungen stattfinden, sieht Egidi in diesem Erzählen keine Raumstruktur, die sie entsprechend nur topographisch versteht. Siehe dazu Margreth Egidi: Verborgene Heiligkeit. Legendarisches Erzählen in der Alexiuslegende. In: Strohschneider (Hrsg.): Literarische und religiöse Kommunikation, S. 607–657, hier S. 625–628. Mit einem Fokus auf den Gabenzyklus als Möglichkeit das Nahverhältnis zwischen Gott und Heiligem darzustellen siehe zudem Lasch: Die Gabe des Heiligen, S. 305–327.

104 Nach Lotman wäre die wesentliche und damit das Sujet bildende topologische Grenze des Textes dann nicht die von Immanenz und Transzendenz. Der entsprechende Text würde also nur Züge legendarischen Erzählens aufweisen, er wäre aber keine Legende. „Das Sujet kann deshalb immer zu einer Grundepisode kontrahiert werden – dem Überqueren der grundlegenden topologischen Grenze in seiner räumlichen Struktur. Da auf der Basis binärer Oppositionen sich ein Stufensystem semantischer Grenzen bildet (und darüber besondere, von der grundlegenden hinreichend autonome Geordnetheiten entstehen können), ergeben sich zugleich Möglichkeiten besondere Überquerungen der verbotenen Grenzen, untergeordnete Episoden, die zur Hierarchie der Sujetbewegungen entfaltet werden." Vgl. Lotman: Die Struktur des künstlerischen Textes, S. 357.

105 Insofern erscheint das legendarische Erzählen als eine textuelle Strategie bzw. in Gestalt der Legende als textuelle Ausformung religiöser Kommunikation. Zu diesen Zusammenhängen und den damit zusammenhängenden differenten Beobachtungsebenen siehe Peter

Modi des Erzählens innerhalb einer Narration, die die Figur mitunter absichtlich in einem immanenten Relationsgefüge verankern und so deren Heiligkeit nicht abschließend vermitteln.[106]

Der zweite Aspekt der in Korrelation mit der Sujethaftigkeit der Narrationen als Konstituens legendarischen Erzählens gelten kann, liegt weniger auf der strukturellen Ebene dieses Erzählens, als vielmehr auf der Ebene seiner inhaltlichen Füllung. Es geht also um die Frage, wie überhaupt der Heilige und seine ihn ausmachende Heiligkeit narrativ gestaltet werden müssen, damit ein sujethaftes Ereignis und daraus folgend legendarisches Erzählen entstehen. Dafür fällt der Blick noch einmal auf die Grundbedeutungen von *heilig* (*sanctus*, *hagios* etc.), die neben ungeteilt auch außerordentlich umfasst. Insofern das ungeteilte Vorkommen von Transzendenz und Immanenz im Heiligen für eine Gemeinschaft eine außerordentliche Erscheinung darstellt, scheint in dieser Bedeutung ein besonderes Potential für die weiteren Beobachtungen auf.[107] Schon Victor W. Turner hält in seinen ethnologischen Beobachtungen zu Ritualen, die soziale Strukturen stabilisieren und hervorbringen, im Hinblick auf *Außerordentliches* fest, dass

> die weit verbreitete soziale Tendenz [besteht; M.S.], das, was außerhalb der Norm ist, entweder zum Anliegen der ganzen Gruppe zu machen oder das außergewöhnliche Phänomen zu zerstören. Im ersten Falle kann man das Anormale sakralisieren, d.h. als heilig betrachten. […] Hier wird die Anormalität, ‚der Stein des Anstoßes', aus der Strukturordnung der Gesellschaft entfernt und zum Repräsentanten der einfachen Einheit der Gesellschaft gemacht – einer Gesell-

---

Strohschneider: Vorbericht. In: ders. (Hrsg.): Literarische und religiöse Kommunikation, S. IX–XIX, hier XII–XIII.

106 Eine häufige und in der Forschung oft diskutierte Variante ist das Zusammenfallen von legendarischen und heroischen Erzählmodi. Siehe dazu bereits in seiner Einleitung Ulrich Wyss: Theorie der mittelhochdeutschen Legendenepik. Erlangen 1973, S. 1–31; aber auch Seidl: Blendendes Erzählen, S. 15–37; genauso die Aufsätze des Sammelbandes von ders. und Andreas Hammer (Hrsg.): Helden und Heilige. Kulturelle und literarische Integrationsfiguren des europäischen Mittelalters. Heidelberg 2010; und Matthias Standke: How to do things with holiness. Legendarisches Erzählen von Karl dem Großen zwischen Macht und Idoneität. In: Klaus Oschema u.a. (Hrsg.): Die Performanz der Mächtigen. Rangordnung und Idoneität in höfischen Gesellschaften des späten Mittelalters. Ostfildern 2015, S. 193–214, hier S. 213–214.

107 Die Möglichkeiten eines solchen kulturanthropologischen Ansatzes thematisiert bereits am Beispiel der Legende des heiligen Albanus mit Bezug auf René Girard (*Das Heilige und die Gewalt*. Düsseldorf und Zürich 1994) Christian Kiening: Zwischen Körper und Schrift. Texte vor dem Zeitalter der Literatur. Frankfurt am Main 2003, S. 35–55. Kiening merkt an: „Das, was die Gemeinschaft absondert, ist zugleich das, was sie heilt. Ausgrenzung und Auszeichnung sind dialektisch verbunden. Legendarisches Erzählen greift auf diese Dialektik immer wieder zurück." Ebd., S. 44.

> schaft, die man nicht als ein System heterogener Sozialpositionen, sondern als homogen betrachtet.[108]

Dieses kulturelle Wahrnehmungsmuster und die daraus resultierende soziale Bewältigungsstrategie, in der die Träger von Heiligkeit als anormal aus der Gesellschaft exkludiert werden oder sich durch ihr Verhalten selbstexkludieren, bieten die Basis für eine narrative Vermittlung von Heiligkeit als Liminalität. Für die betreffende Figur in einer Narration bedeutet Liminalität in Anknüpfung an Turner und dessen ideengeschichtlichen Vorgänger Arnold van Gennep das Durchleben einer „Schwellenphase" oder „Umwandlungsphase".[109] Der Heilige befindet sich auf seinem Weg zur Heiligkeit in genau einer solchen, liminalen Phase. Insoweit ist das legendarische Erzählen weniger eine Erzählung seiner Exklusion durch die Gesellschaft, als vielmehr eine narrative Wiedergabe seiner Selbstexklusion aus der Immanenz, bei gleichzeitiger, sukzessiver Inklusion in die Transzendenz (in Form von gelebter Askese, Anachorese, Virginität etc.).[110] Dieser soziale Interaktionsprozess wird in den Legenden meist unter den Vorzeichen eines „defektiven Stigma", das den Heiligen symbolisch als anormal kennzeichnet, verhandelt oder als prozessuale Stigmatisierung dargestellt, in der „kulpative Stigmata" also begangene oder zugeschriebene Normbrüche des Heiligen vorgeführt werden.[111] Dabei sind die zur Exklusion führenden Normtransgressionen des Heiligen (zumeist) keine Zuwiderhandlungen gegenüber den gesetzten Normen, sondern vorbildliche Normentsprechungen, was gerade auch für den Spezialfall des

---

108 Victor W. Turner: Das Ritual. Struktur und Anti-Struktur (*The Ritual Process. Structure and Anti-Structure*). Hrsg. von Sylvia M. Schomburg-Scherff. Frankfurt am Main 2005, hier S. 52.

109 Grundlegend dazu Arnold van Gennep: Übergangsriten (*Les rites de passage*). Hrsg. von Klaus Schomburg, Sylvia M. Schomburg-Scherff. Frankfurt am Main 1986, hier vor allem die grundlegende Klassifizierung der Riten und Phasen im ersten Kapitel (S. 21–24); sowie Turner, der den „Schwellenphasen" und denen sich darin befindenden „Schwellenwesen" einen für die gesellschaftlichen Systeme besonderen Wert beimisst. Er hebt dabei die „Ambiguität und Unbestimmtheit" der „Neophyten" hervor, die durch den völligen Ausschluss aus der Sozialstruktur erreicht wird; vgl. Turner: Das Ritual, S. 92–127, vor allem S. 95.

110 Diese Doppelbewegung kann man mit Cornelia Bohn als „inkludierende Exklusion" begreifen und gemäß Rudolf Stichweh „[liegt] die Möglichkeit der Exklusion in der Logik der Unterscheidung von Inklusion und Exklusion und [ist] insofern logisch unhintergehbar." Siehe dazu Cornelia Bohn: Inklusion, Exklusion und die Person. Konstanz 2006, hier S. 16 und ausführlicher S. 29–47; sowie Rudolf Stichweh: Inklusion und Exklusion. Studien zur Gesellschaftstheorie. Bielefeld 2005, hier S. 184.

111 Zur sozialen Konstruktion von Stigmata als Symbol devianten Verhaltens siehe Erving Goffman: Stigma. Über Techniken der Bewältigung beschädigter Identität. Übers. von Frigga Haug. Frankfurt am Main 2010 [im engl. Orig. *Stigma. Notes on the management of spoiled identity*. 1963], hier S. 9–13. Zur Unterscheidung und Begriffsprägung von defektivem Stigma und kulpativem Stigma siehe Lipp: Stigma und Charisma, S. 80–83.

Sünderheiligen gilt, da sie in seiner Figuration der *conversio* noch evidenter zu Tage treten.[112] Die Handlungen der *viri et virgines perfecti* sind „in einer der Sünde verfallenen Welt [...] eine so provozierend supererogatorische Leistung, [und insoweit; M.S.] eminente Überwindung der Normalität".[113] Die in der Normübererfüllung narrativ darstellbare Transgression und die daraus folgende Exklusion des Heiligen in die Liminalität gestatten die Vermittlung von dessen Heiligkeit. Daneben eröffnet dieser Modus des Erzählens die Möglichkeit, auf die genuine Exklusivität seiner Partizipation an der Transzendenz zu verweisen.[114] Mittels dieser Momente des legendarischen Erzählens erfolgt letztlich die Identitätsstiftung des Heiligen auf der Basis seiner Heiligkeit. Insofern ist der jeweilige Heiligentypus in seinem Kern prägend für die narrative Struktur seiner Legende.[115] Grundsätzlich muss das legendarische Erzählen, um das exklusive Verhältnis des Heiligen an der Heiligkeit aufrechtzuerhalten, ununterbrochen seine Liminalität in der Narration erneuern.[116] Dies vor allem auch, weil das damit

112 Grundlegend zur Sünderheiligenlegende ist immer noch Erhard Dorn: Der sündige Heilige; daneben Albert Gier: Der Sünder als Beispiel. Zu Gestalt und Funktion hagiographischer Gebrauchstexte anhand der Theophiluslegende. Frankfurt am Main 1977; sowie Strohschneider: Inzest-Heiligkeit. Zum Konversionsschema seinen Transformationen und seinem Wirkungskonzept siehe einleitend Bruno Quast: Lektüre und Konversion. Augustinus, Konrad von Würzburg, Petrarca. In: Beate Kellner, Peters Strohschneider und Franziska Wenzel (Hrsg.): Geltung der Literatur. Formen ihrer Autorisierung und Legitimierung im Mittelalter. Berlin 2005, S. 127–138.

113 Siehe allgemein zum Konzept der Normübererfüllung, der Supererogation, Alois Hahn: Transgression und Innovation. In: Werner Helmich u.a. (Hrsg.): Poetologische Umbrüche. Romanistische Studien zu Ehren von Ulrich Schulz-Buschhaus. München 2002, S. 452–465, hier S. 455–457. Bezogen auf die Legende siehe Münkler: Sündhaftigkeit als Generator von Individualität, hier S. 25–30.

114 Bereits Max Weber verweist auf das Verhältnis von Exklusion und Exklusivität am Beispiel des Judentums, das sich gerade durch seine exkludierte Stellung innerhalb der jeweiligen Gesellschaft als Exklusiv begreift. Vgl. dazu Max Weber: Die Wirtschaftsethik der Weltreligionen. Das antike Judentum. 2. Halbband. Hrsg. von Eckart Otto. Tübingen 2005, hier vor allem die Seiten 692–729; Daneben erarbeitet Robert Castel eine ähnliche Differenzierung an Hand der Analysen Michel Foucaults und er unterteilt die Exklusion folgendermaßen: vollständige Ausgrenzung aus der Gemeinschaft, Ausschluss-Einsperrung und Verleihung eines speziellen Status. Siehe dazu Robert Castel: Fallstricke des Exklusionsbegriffs. In: Mittelweg 36. H. 3 (2000), S. 11–25, hier S. 20–21.

115 Ich verweise hier vorrangig auf Alois Hahn und Cornelia Bohn, die diesen Zusammenhang auch für die (partizipative) Identität eines mittelalterlichen Individuums (Mönches) fruchtbar machen, vgl. dazu Alois Hahn und Cornelia Bohn: Partizipative Identität, Selbstexklusion und Mönchtum. In: Gert Melville und Markus Schürer (Hrsg.): Das Eigene und das Ganze. Zum Individuellen im mittelalterlichen Religiosentum. Münster 2002, S. 3–25, hier S. 14–17. Vor dem Hintergrund der besprochenen Norm(über)erfüllung, aber auch der Sündhaftigkeit diskutiert Marina Münkler den Stellenwert der Transgression für die Legende; vgl. Münkler: Sündhaftigkeit als Generator von Individualität, hier S. 28–29.

116 In diesen prekären Momenten fehlender oder nicht eindeutig wahrnehmbarer Liminalität liegt das Potential einer „Identitätsstiftung durch Infragestellung". Hans Ulrich Gumbrecht hat dies ausgehend von den Kanonisationsakten und der darin bedeutenden Rolle des insti-

zugleich entstehende Charisma des Heiligen – darin liegt die Aporie dieses Erzählens – zu Vergemeinschaftungen führt und somit zu immanenten Inklusionen. Auf struktureller Ebene stören sie die Schließung des Sujets. Um das Erzählen dennoch fortzusetzen, erfordert dies komplexe Narrationen oder den Einsatz ambiger Semantiken.[117]

Nach der Entfaltung mehrerer theoretischer Ansätze, mag man von der Legende mit Susanne Köbele in Anlehnung an den eingangs zitierten André Jolles eher von „der Illusion der einfachen Form" sprechen.[118] Dieser mögliche Überschuss gestattet allerdings ausgehend von systemtheoretischen Überlegungen zur religiösen Kommunikation, das legendarische Erzählen nicht nur als kulturelles Wahrnehmungsmuster sowie symbolischer Vertextungsstrategie dieser Kommunikation zu sehen, sondern dezidiert die dabei wirkenden strukturellen und inhaltlichen Aspekte zu analysieren bzw. deren aporetischen Korrelationen zu beobachten. Erst diese Perspektive gibt den Blick frei auf die komplexen Bedingtheiten einzelner Legenden und in Sonderheit die der Ordensgründerlegenden. In ihnen werden eben nicht allein die Heiligkeit des Ordensgründers oder der Ordensgründerin vermittelt.[119] Dies vor allem, weil die immanenten Beziehungen der Ordensgründerinnen und Ordensgründer, die innerhalb der *histoire* entworfen werden, zu komplexen Erzählsträngen auf der Ebene des *discours* ihrer Legenden führen. Ihr Ziel, die Vermittlung ihrer Heiligkeit, muss mit all jenen Geltungsansprüchen, die im jeweiligen legendarischen Erzählen ebenfalls evoziert werden, vereinbart werden.

---

tutionellen Infragestellers, des *advocatus diaboli*, eindrücklich herausgearbeitet. Insoweit muss das legendarische Erzählen nicht nur einmal Liminalität und die daraus resultierende identitätsstiftende Heiligkeit herstellen, es bedarf der Störungen, um deren Beständigkeit zu repräsentieren. Siehe dazu Gumbrecht: Die Identität des Heiligen, hier S. 706–708.

117 Hierin liegt ein wesentliches und nachfolgend zu besprechendes Problem der Ordensgründerlegenden; siehe dazu Münkler: Amicus Dei; und Standke: Freundschaft als Problem von Heiligkeit.

118 Vgl. Köbele: Die Illusion der einfachen Form, hier S. 402. Dabei geht es Köbele aber um eine Kritik an „Theorie-Implikationen", die sie im Hinblick auf die Legendenforschung folgendermaßen formuliert: „Wer eine Legende liest, wird nicht sogleich an narrativ produzierte, symbolisch reduzierte kognitive Diskrepanz zwischen Immanenz und Transzendenz denken. Gattungsdefinitionen wie diese sind intuitiv unzugänglich, aber nicht falsch. Vergleichbar kontraintuitiv wirkt die perspektivische Inversion, mit der die Legende als Erzählen vom fortwährend verhinderten Scheitern von Heil gelten kann." Ebd., S. 382.

119 Siehe dazu beispielsweise die Selbstaussage einer volkssprachlichen Franziskuslegende innerhalb des *Heiligenleben* Hermanns von Fritslar, die mittels des legendarischen Erzählens vom Ordensgründer dezidiert auch die Geschichte der Ordensgemeinschaft vermitteln möchte (*Sancte Franciscus Tac*, S. 213): *Wie dirre orden her komen si daz merket.*

2. Textcorpus und Kontext

Das folgende Kapitel dient einer zweifachen Kontextualisierung. Zum einen stehen die legendarischen Erzählungen in ihren Überlieferungen im Mittelpunkt. Zum anderen werden neben der philologisch ausgerichteten Übersicht der hier analysierten lateinischen und volkssprachlichen Textzeugen deren Protagonisten ordenshistorisch verortet. Keineswegs wird dabei eine eigenständige und umfassende Darstellung angestrebt, wie sie die vergleichende Ordensgeschichtsforschung aktuell leistet.[120] Viel eher gilt es, historisch knapp die Figuren, Handlungen und ihre Texte in einen historischen Zeitrahmen zu stellen.

Grundsätzlich ist die Geschichte der Ordensgemeinschaften keine Geschichte des Mittelalters und schon gar keine Geschichte der Orden. Sie ist zudem keine spezifische Geschichte der katholischen Kirche. Vielmehr ist es eine Geschichte, die unter anderem bereits in der ‚europäischen' Antike mit einer Idee zu einer religiosen Lebenspraxis begann. Aus ihr entwickelten sich einzelne Gemeinschaften, die sich später in Klöstern und dann sogar in Klosterverbänden zusammenschlossen.[121] Einerseits offenbart sich im historischen Vergleich, dass die dafür zugrundeliegende Idee einer religiosen Lebensweise und die daran geknüpften Vergemeinschaftungen kein ‚europäisches' und ebenso kein allein christliches Phänomen sind. Man denke hier beispielsweise an die monastisch geprägten Gemeinschaften im Judentum, Buddhismus oder Islam. Andererseits zeigt sich bereits innerhalb der hier fokussierten, christlichen Entwicklung, dass die ursprüngliche Idee einen Spielraum für Interpretationen bietet. Die Zahl der sich daraus ergebenden, unterschiedlichen Lebenspraktiken, also den Ausformungen einer *vita religiosa*, ist entsprechend groß.[122] Grundsätzlich wird ein gottgefälliges Leben aber als Nachfolge Jesu verstanden. Die christliche Gottesnachfolge orientiert sich insofern an einem göttlich be-

120 Neben den vielen historisch selbstreflexiven Organen der Orden und Klöster in Form von Fachzeitschriften und Tagungen, zeigt sich dieser Umstand in der 2005 gegründeten und von Gert Melville geleiteten *Forschungsstelle für vergleichende Ordensgeschichte*. Deren Publikationen in der Reihe *Vita Regularis* bilden sehr deutlich die beschriebene Breite ab. Vor allem der die eigenen Ansätze hinterfragende Band zur vergleichenden Ordensgeschichte sei hier exemplarisch genannt: Gert Melville und Anne Müller (Hrsg.): Mittelalterliche Orden und Klöster im Vergleich. Methodische Ansätze und Perspektiven. Münster 2007.

121 Siehe hierzu einleitend in die unterschiedlichen Entwicklungen innerhalb des Früh- und Hochmittelalters die Aufsätze des Sammelbandes von Hagen Keller und Franz Neiske (Hrsg.): Vom Kloster zum Klosterverband. Das Werkzeug der Schriftlichkeit. München 1997; sowie Gert Melville: Die Welt der mittelalterlichen Klöster. Geschichte und Lebensformen. München 2012, S. 131–141. Melville skizziert dort eindrücklich die Entwicklung des ersten Ordens, den Zisterziensern.

122 Grundlegend zur Geschichte der Orden und der damit verbundenen *vita religiosa* siehe Melville: Die Welt der mittelalterlichen Klöster, S. 13–18 und 23.

stätigten ‚Erfolgsmodell', der *imitatio Christi.*[123] Diese *imitatio* erfährt schon in der unmittelbaren Nachfolge der Jünger Christi eine Nobilitierung. Fortan steht sie als *vita religiosa* nicht allen Gläubigen offen, sondern nur denen, die nach einem *vollkommenen* Leben streben.[124] Neben der sich darin abzeichnenden Differenzierung von Klerikern und Laien, offenbaren sich zudem die zwei Pole der *vita religiosa.* Die Nachfolge changiert zwischen einer *vita contemplativa* und einer *vita apostolica.*[125] Sie werden auf die verschiedenen Lebensweisen Christi,[126] die in den Evangelien verbirgt sind, zurückgeführt.[127] Weltflucht und Verkündung bilden den Rahmen für ein

---

123 Dies ist vor allem ein Erfolgsmodell, weil Christus, als Gottessohn, diese Lebensweise erfolgreich vorgelebt hat. Einen Höhepunkt innerhalb der Frömmigkeitspraxis stellt das im Kontext der *devotio moderna* 1441 entstandene und Thomas von Kempen zugeschriebene Werk *De Imitatio Christi* dar. Die vier Bücher des spätmittelalterlichen Werkes sind Auslegung des neutestamentlichen Gotteswortes und Anleitung zur Nachfolge zugleich. Das Leben Jesu dient dabei der selbstreflexiven Betrachtung und Korrektur des eigenen Lebens. *Qui sequitur me non ambulat in tenebris, dicit Dominus. Hæc sunt verba Christi, quibus admonemur quatenus vitam ejus et mores imitemur: si velimus veraciter illuminari, et ab omni cæcitate cordis liberari. Summum igitur studium nostrum sit: in vita Iesu Christi meditari.* Der lateinische Text folgt Thomas von Kempen: De Imitatione Christi. Libri quatuor. Hrsg. von P.-J. Hanicq. Mechelen 1831, S. 1–2. Eine gute Darstellung der Begriffsgeschichte und des historischen Wandels von der Nachfolge zur *imitatio Christi* bietet Milchner: Nachfolge Jesu und Imitatio Christi.

124 Siehe dazu etwas metaphorisch aber pointiert das Vorwort bei Melville: Die Welt der mittelalterlichen Klöster, S. 11–12; sowie den einleitenden Aufsatz von Peter Dinzelbacher in der „Kulturgeschichte der christlichen Orden", in dem er auf die anzustrebende Vollkommenheit des Menschen verweist: Peter Dinzelbacher: Mönchtum und Kultur. 1. Mittelalter. In: ders. und James Lester Hogg (Hrsg.): Kulturgeschichte der christlichen Orden. In Einzeldarstellungen. Stuttgart 1997, S. 1–18, hier S. 1.

125 Georg Schwaiger und Manfred Heim sprechen von einer „spannungsgeladenen Polarität zwischen Weltüberwindung oder Weltflucht einerseits und Verchristlichung der Welt andererseits." Vgl. Georg Schwaiger und Manfred Heim: Orden und Klöster. Das christliche Mönchtum in der Geschichte. München 2004, S. 9. Für die Nachfolge Christi verweisen daneben nicht ganz so pointiert auf diesen antithetischen Umstand auch: Leonhard Holtz: Geschichte des christlichen Ordenslebens. Zürich 1991, S. 43–44; sowie Angenendt: Geschichte der Religiosität, S. 121–122.

126 Arnold Angenendt benennt nicht nur diverse Rollen (Mittler, Thaumaturg und Exorzist, Lehrer und Prophet, Hirt, Arzt und Retter, Priester und König, Richter sowie Bräutigam), sondern zeichnet eine historische Entwicklung nach: „Langzeitlich gesehen, stehen im Altertum eher die Erlöser- und Heilandsgestalt im Vordergrund, dann von der Spätantike bis zum 12. Jahrhundert der ‚deus et iudex' (Gott und Richter) und zuletzt im Hoch- und Spätmittelalter der Bräutigam und der Leidende." Vgl. Angenendt: Geschichte der Religiosität, S. 123.

127 Die Interpretationen und Argumentationen haben auch eine ikonographische Umsetzung erfahren, die Giles Constable herausgearbeitet hat. Basierend auf den beiden Figuren Maria und Martha von Bethanien zeigt er die typologische Darstellung der *vita contemplativa* (Maria) und *vita activa/apostolica* (Martha). Neben den biblischen Figuren werden auch die Farben der Gewänder allegorisch ausgelegt, während die Mönche in der zurückgezogenen Trauer über den Tod und das Leiden Jesu schwarz tragen, preisen die Regularkanoniker in ihren weißen Gewändern seine Auferstehung. Siehe dazu Giles Constable: The Interpreta-

religioses Leben, auch eines in Gemeinschaft.[128] Normiert durch die Regeln der Mönchsväter Benedikt und Augustinus entstehen spezifische Formen der vergemeinschafteten Nachfolge,[129] einerseits die *vita monastica* in Klostern,[130] andererseits die *vita canonica* in Stiften.[131] Die Übergänge dieser Lebensweisen sind jedoch fließend und bieten den späteren Ordensgründerinnen und -gründern Anlass und Möglichkeiten für eine eigene Auslegung.[132] Die Ideen, Regeln und spezifischen Ausformungen des

---

tion of Mary and Martha. In: ders.: Three Studies in Medieval Religious and Social Thought. Cambridge 1995, S. 1–141.

128 Brian Patrick McGuire nennt die ersten Gemeinschaften, die in der gewählten Selbstexklusion, diametral zur dann doch gemeinschaftlichen Lebensweise entstehen „desert friendships" und merkt an: „Desert friendships are not friendships in the sense of close human contacts recognized and accepted as such by the surrounding community. Desert society consisted either in the groups of hermits' cells, or else in cenobitic monasteries, with hundreds of monks, who still spent most of their time in individual cells. Both situations left little or no room for the cultivation of what we would call personal relationships. We read about moments of hospitality, many embraces and even kisses, and an endless stream of words of wisdom and advice given in an atmosphere of mutual concern. In all of these encounters, however, the individual was not encouraged to seek out one or more friends on a basis of equality. His most intense relationship was with the spiritual father, a vertical bond, while horizontal links were looked upon as either secondary or downright dangerous." Vgl. Brian Patrick McGuire: Friendship and Community. The monastic Experience 350–1250. Itahca NY 2010 [zuerst 1988], S. 5–6.

129 Die Darstellung von Benedikt und Augustinus sowie ihren Rollen bei der Entstehung des Mönchwesens sind stark historisch und literarisch überformt. Die Konzeptualisierung dieser Figuren setzt bereits im frühen Mittelalter ein und führt im Falle Benedikts zum Urteil, lediglich eine „Textspur" in den Viten Gregors des Großen zu sein. Siehe dazu Melville: Die Welt der mittelalterlichen Klöster, S. 31–35 und sehr prominent Johannes Fried: Der Schleier der Erinnerung. Grundzüge einer historischen Memorik. München 2004, S. 344–355.

130 Darstellungen der Vergemeinschaftung von weltflüchtigen, sich vereinzelnden Asketinnen und Asketen als erste Mönchsgemeinschaften bieten Hubertus Lutterbach: Monachus factus est. Die Mönchwerdung im frühen Mittelalter. Zugleich ein Beitrag zur Frömmigkeits- und Liturgiegeschichte. Münster 1995, hier bes. S. 25–32; sowie Albrecht Diem: Das monastische Experiment. Die Rolle der Keuschheit bei der Entstehung des westlichen Klosterwesens. Münster 2005, bes. S. 46–65.

131 Zur Differenz der beiden Lebensweisen und der daraus resultierenden Konkurrenz siehe Klaus Schreiner: Ein Herz und eine Seele. Eine urchristliche Lebensform und ihre Institutionalisierung im augustinisch geprägten Mönchtum des hohen und späten Mittelalters. In: Gert Melville und Anne Müller (Hrsg.): Regula Sancti Augustini. Normative Grundlage differenter Verbände im Mittelalter. Paring 2002, S. 1–47. Schreiner fasst die Problematik wie folgt zusammen: „Kanoniker behaupten: Das Leben der Kanoniker ist apostelgleiches Leben (vita canonicorum vita est apostolica) und in seiner Verbindung von kontemplativem und aktivem Leben der Lebensform der Mönche überlegen. Zum Kriterium wahrer Apostolizität machten Kanoniker nicht die Verzichtleistungen der Mönche, die, wenn sie Profess ablegen, sich zu einem armen, keuschen und gehorsamen Leben bekennen. Den Kern des Apostolischen bildete ihrer Ansicht nach das seelsorglich-missionarische Wirken im Dienste der Gesamtkirche." Ebd., S. 18.

132 Die Geschichtsschreibung spricht im Kontext der sich im 7.–9. Jahrhundert vollziehenden Bildung von monastischen und klerikalen Gemeinschaften von einer „Mischregelepoche".

alltäglichen Beisammenseins der späteren Ordensgemeinschaften orientieren sich aber immer wieder an diesen etablierten Formen der *vita religiosa*. Sie werden nicht nur für die Orden zum argumentativen Bezugspunkt für ihre jeweilige Gemeinschaft, sondern mit dem IV. Lateran Konzil (1215) auch für die sie legitimierende Institution der Kirche.[133] Der hier allgemein formulierte Dreischritt von Idee und Ausformung einer *vita religiosa*, der Vergemeinschaftung und ihrer abschließenden Legitimierung wird im Folgenden, bezogen auf die Geschichte der Gründerinnen und Gründer, spezifiziert und den Textcorpora vorangestellt.

Gegenüber der historischen Verortung führt die sich jeweils anschließende Textauswahl vor Augen, dass es der Analyse um legendarisches Erzählen von Ordensgründern geht. Das heißt, neben Prosa- und Verslegenden werden ferner Viten und weitere Primärtexte untersucht, die von der historiographischen Forschung mitunter nicht als Legende gelesen werden. Gerade darin liegt die Differenz des Ansatzes, der das legendarische Erzählen fokussiert und nicht Texte, die dem Konstrukt einer bestimmten Gattungsnorm unterliegen.[134] Insofern eine vergleichende Analyse dieses Erzählmodus von Ordensgründerinnen und Ordensgründern erarbeitet werden soll, erfolgt die Textauswahl der lateinischen wie volkssprachlichen Erzählungen exemplarisch und deckt dabei einen etwa 350 bis 400jährigen Zeitraum ihrer Verschriftlichung ab. Die Untersuchungen dienen zuallererst einer allgemeinen Darstellung legendarischen Erzählens von Ordensgründerinnen und Ordensgründern des 12. bis 14. Jahrhunderts und nicht einer spezifischen Aufarbeitung des Erzählens von einzelnen Ordensgründern.[135] Ausgehend von der Textauswahl kann also bei-

---

Karl Suso Frank merkt dazu an: „[…] Kanoniker, eigentlich in Gemeinschaft lebende Kleriker, konnten zu Mönchen werden, wo sie auf persönlichen Besitz verzichteten und sich an die Benediktinerregel hielten. Andererseits konnten Mönchsgemeinschaften zur Kanonikergruppe werden, wo sie die persönliche Armut aufgaben und statt der monastischen Regel sich an die Kanonikerordnung hielten." Vgl. Karl Suso Frank: Geschichte des christlichen Mönchtums. Darmstadt 2010, S. 56. Siehe außerdem Cosimo Damiano Fonseca: Constat ... monasterium esse tam canonicorum quam et monachorum. Le influenze monastiche sulle strutture istituzionali delle Canoniche e delle Congregazioni canonicali. In: Neiske und Keller (Hrsg.): Vom Kloster zum Klosterverband, S. 239–251.

133 Die immer noch umfassendste Arbeit zum Problem der Legitimation von Ordensgemeinschaften stammt von Herbert Grundmann: Religiöse Bewegungen im Mittelalter.

134 Die im weiteren Verlauf der Arbeit auftretende Verwendung der Begriffe Legende und Vita erfolgt also immer eingedenk des bereits ausführlich dargelegten narrativen Modus legendarischen Erzählens.

135 Solche Arbeiten entstehen vorrangig zu den lateinischen Texten und historiographischen Fragestellungen. Eine gewisse Popularität weisen dabei Franziskus, Dominikus und Klara von Assisi auf. Siehe dazu etwa Marco Guida: Una leggenda in cerca d'autore. la Vita di santa Chiara d'Assisi. Studio delle fonti e sinossi intertestuale. Brüssel 2010; Luigi Canetti: L'invenzione della memoria. Il culto e l'immagine di Domenico nella storia die primi Predi-

spielsweise kein generalisierbares Urteil über das legendarische Erzählen von Franziskus erfolgen, allenfalls eröffnen sich punktuelle Einblicke respektive zeigen sich mögliche Tendenzen.

Die wohlmöglich größte Willkür im Hinblick auf die exemplarische Auswahl mag viel eher in einem anderen Umstand liegen, der Verfügbarkeit. Aus praktikablen Gründen einer ersten, vergleichenden Arbeit auf diesem Feld werden nur Textzeugen in bereits edierter oder digital zugänglich gemachter Form berücksichtigt. Für eine derartige Arbeit, die noch dazu exemplarisch verfährt, ist dies eine durchaus hinnehmbare Praxis, die zudem Möglichkeiten einer weiterführenden oder an bestimmte Textzeugen geknüpften Analyse eröffnet. Die tatsächliche Überfülle einzelner Textcorpora von lateinischen und volkssprachlichen Ordensgründerlegenden kann in einer solchen, grundsätzlich einführenden Arbeit nicht detailliert betrachtet werden und es ist auch nicht ihr Ziel. Die absichtliche Offenheit der Textauswahl gestattet also einerseits zuallererst Aussagen im Hinblick auf den gewählten Analysefokus, das legendarische Erzählen von Ordensgründerinnen und Ordensgründern, und begrenzt natürlich andererseits deren generalisierbaren Gehalt.

Neben den bibliographischen Angaben gibt es Verweise auf die Provenienz sowie mögliche Abhängigkeits- oder Transformationsverhältnisse zwischen einzelnen Übertragungen und deren Textzeugen, soweit diese bereits in textkritischen Arbeiten erschlossen wurden. Diese Angaben werden mitunter in den Analysen vor dem Hintergrund spezifischer Geltungsansprüche, die in den Erzählungen aufscheinen, interessant. Sie bieten nämlich relevantes Kontextwissen zu den möglichen, intentionalen Inhalten der Texte, sie stehen aber nicht im Mittelpunkt der Untersuchungen. Dennoch ist die grundsätzliche Annahme, dass sich die mittels Freundschaftssemantiken und -narrativen vermittelten Gemeinsinnevozierungen der legendarischen Erzählungen vielleicht bestimmten Gemeinschaften zuordnen lassen respektive von etwaigen Verfassern gezielt für eine solche Gemeinsinnstiftung einzelner Gemeinschaften genutzt wurden.[136] Mit der Kontextualisierung werden zugleich die im Weiteren verwendeten Siglen eingeführt. Sie erlauben einerseits eine kürzere Verweispraxis bei Primärtextzitaten und andererseits eine praktikable Lesart, im Sinne einer eindeutigen Zuordnung. Letzteres ist vor allem im Kontext einer vergleichenden Analyse von identisch benannten Legenden von

catori. Spoleto 1996; Jacques Dalarun: La Malaventura di Francesco d'Assisi. Per un uso storico delle leggende francescane. Mailand 1996.

136 Diese Frage kann natürlich ob der fehlenden Angaben zu vielen Textzeugen im Hinblicke auf ihre Provenienz und den Verfasser nicht immer beantwortet werden respektive lässt die exemplarische und vergleichende Analyse eine genaue Verortung aller Legenden gar nicht zu.

Nöten, wobei eine solche Namensgleichheit sowohl innerhalb einzelner als auch zwischen unterschiedlichen Corpora auftritt.

2.1 Robert von Molesme (1028–1111)

Die Weltabkehr als *imitatio Christi*, eine asketische Selbstexklusion als Eremit ist zentral für das Leben Roberts von Molesme, ebenso wie der Versuch dabei eine Gemeinschaft Gleichgesinnter zu errichten. Robert wird 1028 als Sohn einer Adelsfamilie in der Champagne geboren. Als jüngerer Sohn ist ihm eine direkte Nachfolge verwehrt und er tritt 1043 in das benachbarte und vermutlich mit der Familie verbundene Benediktinerkloster Montier-la-Celle ein. Ausgangspunkt für seine Form der *vita religiosa* war die *vita monastica*, die klösterliche Gemeinschaft von Mönchen, die sich „Armut, Gehorsam und Maßhaltung" den *evangelischen Räten* verschrieb.[137] 1070 wird er, mittlerweile Prior seines Klosters, zum Abt des Klosters Saint Michele-de-Tonnere ernannt, um die dortige Gemeinschaft wieder zu einer strengeren Lebensweise zuführen. Die Reformversuche als Abt schlagen fehl und Robert kehrt in das Kloster von Montier-la-Celle zurück. 1072 wird er erneut, diesmal als Prior, in ein reformbedürftiges Kloster von Saint-Aiyoul versetzt. Im Kontext dieser Verwendung gründet er gemeinsam mit sieben eremitisch lebenden Mönchen 1075 das von Papst Gregor VII. anerkannte Kloster Molesme in Burgund. Das neue Kloster und sein Abt Robert haben ob der strengen Lebensweise eine faszinierende Wirkung und die Gemeinschaft wächst rasch an. Die Bemühungen Roberts um eine noch stärker asketisch-eremitische ausgerichtete Lebensweise ließen ihn 1098 erneut mit 21 Gleichgesinnten seine bisherige Gemeinschaft verlassen. Im entlegenen Cîteaux legte er den Grundstein für ein Kloster und die spätere Ordensgemeinschaft der Zisterzienser. Schon 1099 musste Robert auf Anweisung Papst Urbans II. wieder als Abt nach Molesme zurückkehren. Die Gemeinschaft in Cîteaux war zunächst auf sich gestellt. Drei Faktoren prägten in der Folge die Ausdifferenzierung des Zisterzienserordens: erstens eine sehr strenge Regelobservanz; zweitens ein durch die Weltabkehr propagiertes Armutsideal und drittens die Betonung der Gemeinschaft vor dem Hintergrund des absenten Gründers. Eine strenge Regelobservanz hatten bereits die cluniazensischen Reformklöster gefordert und so war es gerade deren Observanz, von der man sich abheben wollte.[138] Neu und gänzlich prekärer war hin-

---

137 Zur Ausformung der *vita monastica* an Hand der auf Christi zurückgeführten *evangelischen Räte* siehe Lutterbach: Monachus factus est, S. 28, bes. auch Anm. 9.

138 Siehe dazu Klaus Schreiner, der die Argumentation Bernhards von Clairvaux (1090–1153) für die „von den Zisterziensern beanspruchten und gepflegten *Regulae puritas*" darstellt.

gegen die Idealisierung der Armut.[139] Sie bedeutete ein „Ausscheren aus dem *sensus communis*“ und damit ein „Leben nach eigenem Recht“ jenseits institutioneller Normen.[140] Um nicht dem kirchlichen Diktum der Häresie oder der Polemik anderer Ordensgemeinschaften ausgesetzt zu sein, entwickelten die Zisterzienser ein eigenes Konzept, indem

> „sie die strukturelle Maßlosigkeit einer durch Armut geleiteten Heilssuche mit dem Maß einer etablierten, freilich erst jetzt wieder korrekt gelebten Ordnung verband[en] - also die religiöse Aufbruchsenergie mit institutionell bewährter Festigkeit in Einklang brachte[n], ohne das eine für das andere aufzugeben.“[141]

Armut wurde bei ihnen zu einem ‚geregelten‘, in die institutionellen Strukturen eingebundenen und durch die strenge Observanz überwachten Teil ihrer *vita monastica.* Seinen wesentlichen Ausdruck fand dieses Bekenntnis neben den schlichten Klosterbauten in der Tatsache, dass die Mönche sich gänzlich der *vita contemplativa* im Gebet widmeten und ökonomische Verwaltungsvorgänge, die außerhalb der Klostermauern zu verrichten waren, abgaben an Konversen und Laien.[142] Jene strukturellen Neuerungen innerhalb der Gemeinschaftsverwaltung waren nicht nur ein institutionelles Differenzmerkmal der Zisterzienser gegenüber anderen Orden, vielmehr war es prägender Teil ihrer eigenen Gemeinsinnstiftung. Das Fehlen des charismatischen Gründers, Robert von Molesme, wurde strukturell ausgeglichen, indem man die notwendigen Rahmenbedingungen für eine verstärkte Regelobservanz schuf. So ließ man Raum für die Faszination einer *vita monastica* gemäß der *Regula Benedicti.*[143] Die Basis dafür war die unter

---

Klaus Schreiner: *Observantia regularis.* Normbildung, Normenkontrolle und Normwandel im Mönchtum des hohen und späten Mittelalters. In Klaus Schreiner und Gert Melville (Hrsg.): Gemeinsam Leben. Spiritualität, Lebens- und Verfassungsformen klösterlicher Gemeinschaften in Kirche und Gesellschaft des Mittelalters. Berlin 2013, S. 331–371, hier S. 358.

139 Gerade im Vergleich zu Cluny merken Franz Metzger und Karin Feuerstein-Praßer an, „der Erfolg der Klosterreform hatte Cluny und viele seiner Töchter so reich gemacht, dass das Armutsgelübde des einzelnen Mönchs geradezu als Hohn erscheinen musste. Die Klöster kontrollierten ausgedehnten Grundbesitz, sie hatten die mächtigsten Kirchen, die schönsten Messgeräte, sie feierten den Gottesdienst mit Prunk und Gloria, die Gläubigen strömten herbei, und ihre Spenden ließen den Klosterschatz weiter anschwellen […].“ Siehe Franz Metzger und Karin Feuerstein-Praßer: Die Geschichte des Ordenslebens. Von den Anfängen bis heute. Freiburg u.a. 2006, S. 73.

140 So Melville: Die Welt der mittelalterlichen Klöster, S. 128–129.

141 Ebd., S. 130.

142 Melville betont das strukturell und symbolisch notwendige Vorgehen der Zisterzienser, zur Wahrung der eigenen Authentizität im Hinblick auf das geforderte Armutsideal. Melville: Die Welt der mittelalterlichen Klöster, S. 130–131. Leonard Holtz sieht in dieser Handhabung ganz pathetisch die Rückbesinnung auf die eigentlichen Aufgaben der Mönche innerhalb der Mauern. Holtz: Geschichte des christlichen Ordenslebens, S. 118–119.

143 Das Fehlen eines Charismatikers merkt allein Melville an, wobei er allerdings der Benediktinerregel keine Faszinationswirkung zuspricht, lediglich der *carta Caritatis.* Siehe Melville:

dem dritten Abt von Cîteaux, Stephan Harding (1059–1134), erstmals verschriftlichte *Carta Caritatis* (ca. 1115).[144] In ihr wurde eine einheitliche *vita monastica* gemäß der Benediktsregel für einen erst im Verlauf des 13. Jahrhunderts gemeinschaftlichen Klosterverband von Nonnen und Mönchen festgeschrieben.[145] In Anlehnung an die Studien von Jean-Berthold Mahn bezeichnet Gert Melville die *carta Caritatis* „als erstes Verfassungsdokument des Mittelalters überhaupt" und mit Bezug auf den Weggang Roberts, dem heilscharismatischen Gründer, merkt er an, „der Text war nun die Verkörperung der charismatischen Idee."[146] Trotz dieser problematischen Stellung Roberts bemühte sich der Orden um seine Heiligsprechung, die 1222 durch Papst Honorius III. erfolgte.

Die Ausführungen zur Wahrnehmung Roberts als Ordensgründer und der verstärkte Bezug auf die *carta Caritatis* lassen schon erahnen, dass der Umfang der legendarischen Erzählungen in diesem Fall gering ist. Das lateinische Textcorpus geht auf eine dem *ordo naturalis* verpflichtete Vita Abt Odos II. von Molesme zurück. Die in mehreren Handschriften überlieferte Vita wurde vermutlich anlässlich der Kanonisation Roberts verfasst.[147] Die beiden hier analysierten Fassungen *D* (VRo) und *P* (SVRo)

Die Welt der mittelalterlichen Klöster. S. 131–133. In den meisten Personen orientierten Darstellungen zur Ordensgeschichte wird zum Ausgleich für den fehlenden charismatischen Ordensgründer auf den durchaus wichtigen Bernhard von Clairvaux verwiesen. Dieser wird dort allerdings neben den ersten drei auch heiliggesprochenen Äbten (vor allem Stephan Harding) von Cîteaux als zentrale Person sowie eigentliche ‚Gründergestalt' des Ordens genannt und die Geschichte der Zisterzienser wird mit seinem Wirken und Leben verwoben. So bspw. Schwaiger und Heim: Orden und Klöster, S. 35–37. Aber auch Metzger und Feuerstein-Praßer: Die Geschichte des Ordenslebens, S. 72–79; Peter Dinzelbacher spricht ausgehend von der mentalitätsgeschichtlichen Bedeutung Bernhards und in Anlehnung an eine überlieferte Selbsteinschätzung des Heiligen gar von einer „Bernhardinischen Epoche", siehe Peter Dinzelbacher: Die „Bernhardinische Epoche" als Achsenzeit in der europäischen Geschichte. In: Dieter Bauer und Gerd Fuchs (Hrsg.): Bernhard von Clairvaux und der Beginn der Moderne. Innsbruck 1996, S. 9–53, hier S. 9–10.

144 Eine erste päpstliche Approbation erfolgte bereits 1119 durch Calixtus II. (1060–1124). Zur Kodifizierung und weiteren Verschriftlichung der *carta Caritatis* siehe Florent Cygler: Ausformung und Kodifizierung des Ordensrechts vom 12. bis 14. Jahrhundert. Strukturelle Beobachtungen zu den Cisterziensern, Prämonstratensern, Kartäusern und Cluniazensern. In: Gert Melville (Hrsg.): De ordine vitae. Zu Normvorstellungen, Organisationsformen und Schriftgebrauch im mittelalterlichen Ordenswesen. Münster 1997, S. 6–58, bes. S. 9–13 und 17–20.

145 Die institutionelle Eingliederung von Frauenklöstern erfolgte erst im Verlauf des 13. Jahrhunderts, siehe zu den vorhergehenden ‚Partnerschaften' mit Frauenklöstern und teilweise ganzen Verbänden Franz Josef Felten: Verbandsbildung von Frauenklöstern. Le Paraclet, Premy, Fontevraud mit einem Ausblick auf Cluny, Sempringham und Tart. In: Neiske und Keller (Hrsg.): Vom Kloster zum Klosterverband, S. 277–341.

146 Melville: Die Welt der mittelalterlichen Klöster, S. 132 und 133.

147 Siehe zu diesen Einschätzungen die textkritischen Einführungen bei Kolumban Spahr: Das Leben des heiligen Robert von Molesme. Eine Quelle zur Vorgeschichte von Cîteaux. Freiburg in der Schweiz 1944, hier S. XV–XVI.

liegen in einer kritischen Edition von Kolumban Spahr vor. Die Fassung *D* ist vermutlich die älteste, die sogenannte *Vita beati Roberti*. Für die textkritische Edition hat Spahr auf eine mehrere Heiligenleben umfassende Pergamenthandschrift der Abtei Cîteaux, heute Dijon, Bibliothèque publique, ms. n 646, fol. 312ra–327va, zurückgegriffen.[148] Daneben bietet Spahrs Edition aber auch die kürzere und an einigen Stellen abweichend berichtende *Vita Roberti* (SVRo).[149] Dabei handelt es sich um eine Papierabschrift der verschollenen Vitensammlung des Priors von Bonnevaux aus dem Jahr 13. Jahrhundert, die 1755 angefertigt wurde, heute Paris, Archives Nationales, L 991 n2. Die vorgenommene Kapitelzählung folgt der verwendeten Textausgabe.

Eine deutschsprachige Übertragung der lateinischen Viten befindet sich im Sondergut der *Elsässischen Legenda Aurea*. Es handelt sich dabei um eine deutlich gekürzte, aber zugleich um die einzige volkssprachliche Legende von Robert von Molesme. Unter dem Titel *Von sant Ruprecht* (ELARo) überliefert die aus dem badischen Zisterzienserinnen Kloster Lichtenthal stammende Papierhandschrift, entstanden zwischen 1450 und 1475, die *Elsässische Legenda Aurea*, samt der Legende Roberts, heute Straßburg, National- und Universitätsbibliothek, ms. 2542, 124v–126r.[150] Diese ebenfalls dem *ordo naturalis* unterliegende Übertragung weist deutliche Bezüge zur lateinischen *Vita beati Roberti* auf und wurde vermutlich zur Tischlesung gebraucht.[151]

2.2 Bruno von Köln (1030–1101)

Weltflucht und eremitische Lebensweise stehen auch im Mittelpunkt der Geschichte Brunos von Köln und seiner Gemeinschaft. Der wohl noch heute im deutschen Sprachraum bekannteste Gründer einer streng eremitischen Gemeinschaft entstammte vermutlich der Kölner Patrizierfamilie

148 Zum Text siehe Vita beati Roberti. In: Spahr: Das Leben des heiligen Robert von Molesme, S. 1–31.

149 Zum Text siehe: Vita Roberti. In: Spahr: Das Leben des heiligen Robert von Molesme, S. 37–43.

150 Zum Text siehe Von sant Ruprecht. In: Die Elsässische „Legenda Aurea“. Bd. II. Das Sondergut. Hrsg. von Konrad Kunze. Tübingen 1983, S. 135–138; außerdem http://www.handschriftencensus.de/5837.

151 Siehe dazu Konrad Kunze: Regulas Bearbeitung der „Legenda aurea“ für die Tischlesung in Kloster Lichtenthal. Werk- und wortgeschichtliche Beobachtungen. In: Anna Keck und Theodor Nolte (Hrsg.): *Ze hove und an der strâzen.* Die deutsche Literatur des Mittelalters und ihr ‚Sitz im Leben‘. Festschrift für Volker Schupp zum 65. Geburtstag. Stuttgart und Leipzig 1999, S. 84–94, hier S. 84–85 und 87.

Hardefust.[152] Im Gegensatz zu Robert von Molesme suchte Bruno seine Vervollkommnung nicht in der *vita monastica*, sondern in der *vita canonica.* Wann Bruno Chorherr im renommierten Domkapitel zu Reims wurde, lässt sich nicht genau belegen. Da er aber bereits mit 26 Jahren nicht nur als Professor (*magister*) erwähnt wird, sondern vom Erzbischof Gervasius de Château-du-Loire ferner zum Leiter der Domschule ernannt wird, muss auch er früh in den geistlichen Stand getreten sein und seine Studien sowohl rasch, als auch erfolgreich abgeschlossen haben.[153] In dieser Position soll Bruno ein Konversionserlebnis gehabt haben. Dafür exemplifizieren die legendarisch erzählenden Dokumente mögliche realhistorische Gründe wie Simonie oder schismatische Lehren in der Person eines bekannten und mit Bruno verkehrenden Pariser Theologieprofessors.[154] Dieser Professor berichtet als wundersame Erscheinung, er ist bereits aufgebahrt, öffentlich von seiner Verdammnis. Die sich anschließende radikale Abkehr, die Bruno als Professor der Theologie und Chorherr beging, vollzog sich schrittweise. Bruno kehrte sich von der Welt in zwei historisch belegbaren Schritten ab. Zunächst trat er in das neugegründete Benediktinerkloster Roberts in Molesme ein, um von dort bereits kurze Zeit später im Bistum Grenoble mit eigenen Gefährten die ‚Große Kartause' zu gründen.[155] Bruno gewann seine ersten, sieben Gleichgesinnten mit der Idee eines radikalen Eremitentums. Kartäuser leben seither zwar in Gemeinschaft, allerdings in jeweils abgeschlossenen Einzelzellen. Diese Idee fand ihre materielle Verwirklichung in einem neuartigen Klosterbau, der den Bedürfnissen entsprach und für jeden Bruder eine entsprechende Zelle vorsah.[156] Somit wurden nicht nur die externen Kontakte mit der ‚Welt' minimiert, sondern auch die internen. Die Faszination, die von dieser radikalen Entsagung ausging, blieb nicht aus und die Ge-

152 Zu diesen Fakten siehe den Bruno Biographen Gerardo Posada: Der heilige Bruno. Vater der Kartäuser. Sohn der Stadt Köln. Übers. von Hubertus Maria Blüm. Köln 1987 [zuerst im span. Orig. *Maestro Bruno, Padre de Monjes. Por un Cartujo.* Madrid 1980], S. 46

153 Dass Bruno Kleriker und Mitglied eines Kapitels war, ist unumstritten. Allerdings bleibt die Frage nach seinem Weihegrad innerhalb der Reimser Chorherrengemeinschaft unbeantwortet, da die Quellen insgesamt differente, nur indirekte oder gar keine Angabe dazu machen. Siehe Posada: Der Heilige Bruno, hier S. 59–62. Zur historischen Figur Brunos siehe auch Annick Peters-Custot: Bruno en Calabre Histoire d'une fondation monastique dans l'Italie normande. Rome 2014, S. 11–19.

154 Zur Konstruktion dieses Wundereinschubs aus Caesarius' von Heisterbach Dialogus miraculorum siehe James Hogg: Bruno und die Kartäuser. In: Josef Weismayer (Hrsg.): Mönchsväter und Ordensgründer. Männer und Frauen in der Nachfolge Jesu. Würzburg 1991, S. 87–107, hier S. 90–91.

155 Siehe dazu Peters-Custot: Bruno en Calabre, S. 1–19.

156 Zur Konstruktion siehe Melville: Die Welt der mittelalterlichen Klöster, S. 96–97; sowie Posada: Der Heilige Bruno, S. 101–109.

meinschaft des späteren Kartäuserordens wuchs rasch an.[157] Eine erste institutionelle Absicherung erfuhr die Gemeinschaft 1090. Der ehemalige Schüler Brunos, Papst Urban II. (1035–1099), stellte die eremitische Gemeinschaft unter seinen Schutz.[158] Der päpstliche Schutzbrief fällt mit Brunos Berufung zu dessen Berater zusammen. Das Streben nach einer weltabgewandten Lebensweise führt Bruno bereits ein Jahr später in die kalabrischen Einöden. Während Bruno das angebotene Bistum von Reggio ausschlägt, gründet er in La Torre parallel zur ersten Kartause eine weitere Gemeinschaft. 1101 starb der Gründer der Gemeinschaften in Kalabrien ohne noch einmal zu seiner ursprünglichen Gemeinschaft zurückzukehren. Trotz dieser Umstände blieb Bruno, wohl auch dank seines charismatischen Wirkens, der Bezugspunkt für die Gemeinsinnstiftung des Ordens und „der [jeweilige; M.S.] Prior der Grande Chartreuse besaß als würdiger Nachfolger Brunos an der Spitze der originären Bergeremitage unbestreitbare Autorität und Ausstrahlung."[159] Bereits der vierte Prior Guigo (1086–1136) schuf mit der Verschriftlichung (1121–1127) der chartreuser Lebenspraxis, die er explizit an Bruno knüpfte, eine Verstetigung seines Charismas und eine normative Basis für den Orden.[160] Mit der päpstlichen Approbation 1133 durch Papst Innocenz II. (1088–1143) wurden diese *consuetudines* zu einem institutionell legitimierten Regulativ, das die Gemeinschaft als Eremitenorden legitimierte. Während Bruno ordensintern eine gewisse Verehrung zuteilwurde, strebte man eine offizielle Kanonisation erst im Kontext reformatorischer Bewegungen zu Beginn des 16. Jahrhunderts an. Papst Leo X. sprach ihn 1514 heilig.

Das für die Analysen verwendete, lateinische Corpus der Brunolegenden entstammt der umfangreichsten Edition legendarischer Erzählungen den *Acta Sanctorum* der Bollandisten (AS)[161] In dieser Ausgabe sind drei sich eng an den *ordo naturalis* anlehnende Viten des Ordensgründers ent-

157 Den Zusammenhang von eremitischer Lebensweise, faszinierendem Charisma und der gemeinschaftsstiftenden Wirkung hat für Ordensgeschichte vor allem Henrietta Leyser beschrieben. Siehe dazu Henrietta Leyser: Hermits and the New Monasticism. A Study of Religious Communities in Western Europe 1000–1150. London 1984, S. 27–35.

158 Zu den institutionellen Legitimierungsvorgängen siehe zusammenfassend Melville: Die Welt der mittelalterlichen Klöster, S. 97–98.

159 Siehe zu dieser Einschätzung Florent Cygler: Ausformung und Kodifizierung, hier S. 29.

160 Florent Cygler weist daraufhin, dass die *consuetudines* durchaus offen formuliert wurden, um Raum für mögliche Anpassungen zu lassen. „Guigo [regte] zugleich all seine Observanzbrüder dazu an, in einen gemeinsamen Diskurs einzutreten, um das einst von Bruno bestimmte propositum besser zu leben, auszuformen und zu respektieren." Cygler zeigt dazu nachfolgend die kartäusische Diskurspraxis an Hand verschiedener Kapitel. Cygler: Ausformung und Kodifizierung, S. 29–32.

161 Hier die Ausgabe De S. Brunone Confessore. In: Cornelius Byeus (Hrsg.): Acta Sanctorum Oktoberis Tom. III. Antwerpen 1790, S. 491–803.

halten,[162] die *Vita Prima* oder *Antiquior* (BrI), die *Vita Altera* oder *Secunda* (BrII) und die *Vita Tertia* (BrIII). Zur Entstehung der ältesten und anonym überlieferten *Vita Prima* lassen sich nur Vermutungen anstellen. Sie stammt wohl aus der Bibliothek der Kölner Kartause und entstand dort sehr wahrscheinlich erst in der Mitte des 13. Jahrhunderts.[163] Die *Vita Secunda* wurde vom 34. Generalprior der Kartäuser verfasst, François Du Puy (+ 1521), der sich für die Kanonisierung Brunos durch Papst Leo X. 1514 einsetzte. Die in den *Acta Sanctorum* verwendete Textgrundlage geht auf den Basler Druck der Schriften Du Puys von 1515 aus der Offizin von Johann(es) Amerbach zurück.[164] Du Puys Kompendium stellt eine Sammlung von Zeugnissen dar, die Brunos Heiligkeit bestätigen sollen. Neben zwei Holzschnitten, die einleitend den Ursprung des Ordens in einem Stammbaum auf Bruno zurückführen und die Gründung der Großen Kartause in neun Episodenbildern darstellen, enthält der Druck unter anderem auch einige Carmina Sebastian Brants. Eine Bearbeitung der *Vita Secunda* durch den Prior der Kölner Kartause Petrus Blomevenna (entstanden wohl um 1516) diente gemeinsam mit der *Vita Secunda* als Vorlage für die vom Kölner Kartäuser und Hagiographen Laurentius Surius etwa 1575 verfasste *Vita Tertia*.[165]

Das hier analysierte deutsche Corpus besteht ebenfalls aus drei, dem *ordo naturalis* folgenden Texten. Erstens dem Text der Münsteraner Handschrift 894, fol. 28v–52v- (MBr), die als Digitalisat vorliegt.[166] Zweitens wird auf die bereits edierte Legende, *Wie der karthúser ordens habe angefangen*, Frauenfeld, Kantonsbibliothek, Cod. Y 80, fol. 44r–45v (FBr), zurückgegriffen.[167] Drittens wird die ebenfalls edierte Fassung *daz ist der anfang*

162 Im Grunde stellt lediglich die Disposition des Wunderberichts über den dem Gottesgericht überstellten Pariser Meister eine Brechung dieses biographischen Erzählens dar, sofern der Bericht nicht sowieso der Legende Brunos vorangestellt ist.

163 Siehe zu diesen Einschätzungen bereits Byeus (Hrsg.): De. S. Brunone Confessore, S. 706. Zum Text siehe Vita Antiquior. In: Byeus (Hrsg.): De S. Brunone, S. 703–707.

164 Einen kurzen Einblick zur Textgenese bietet Ulrike Otto: Die Münsteraner Handschrift 894. Leben der hl. Hugo und Bruno. Salzburg 1997, hier S. 47–48. Zum Text siehe Vita Altera Auctore Francisco à Puteo Cartusiae Majoris Priore. In: Byeus (Hrsg.): De S. Brunone, S. 707–724. Entgegen Otto benennt der Bibliothekskatalog der Universitätsbibliothek Basel die Offizin von Johann Froben als Druckort, siehe dazu http://www.ub.uni bas.ch/cmsdata/spezialkataloge/poeba/poeba-003100068.html.

165 Zu diesen Angaben siehe einerseits die Kommentare bei Byeus (Hrsg.): De S. Brunone Confessore, S. 724. Außerdem Otto: Die Münsteraner Handschrift 894, hier S. 46–48 und 79. Zum Text siehe Vita Tertia E Vitis per Puteanum et Blömenvennam scriptis, à Surio collecta. In: Byeus (Hrsg.): De S. Brunone, S. 724–736.

166 Siehe entsprechend Otto: Die Münsteraner Handschrift 894.

167 Zum Text siehe *Wie der karthúser ordens habe angefangen*. In: Cobie Kuné: Geistliche Texte aus einer spätmittelalterlichen Handschrift. ‚Frauenfelder Passionsgedicht' – ‚Die fünf Herzeleid Mariä' – ‚Cordiale' – Die Gründungsgeschichte des Kartäuserordens und weitere Texte

carthuser ordens, Berlin Staatsbibliothek, Hs. mgq 1131, fol. 1r–3v (BBr), berücksichtigt.[168] Alle Textzeugen wurden zudem bereits einer ausführlichen kodikologischen Analyse unterzogen. Die Untersuchungen zur Münsteraner Handschrift von Ulrike Otto zeigen, dass dieser um 1522/23 entstandenen Brunolegende die Vita des Petrus Blomevenna als Vorlage diente. Blomevennas Vita ist eine Bearbeitung der *Vita Secunda* und mit ihr Vorlage für die *Vita Tertia*.[169] Die Handschrift enthält neben der Legende Brunos die Legende eines weiteren heiliggesprochenen Kartäusers, Hugo von Lincoln, sowie Kurzbiographien verschiedener Kartäusermönche.[170] Ihren Ursprung hat diese umfängliche und vermutlich die Ordensmoral in Zeiten der Reformation stärkende Brunolegende in der Kölner Kartause St. Barbara.[171] Die deutlich kürzere Legende (FBr) aus der von Cobie Kuné beschriebenen Frauenfelder Handschrift entstammt einer sogenannten Sammelhandschrift geistlicher und weltlicher Texte entstanden ca. 1460/70.[172] Vermutlich wurde die Legende nach dem Verkauf des ursprünglichen Augustinerstiftes Frauenfeld an den Kartäuserorden 1461 verfasst.[173] Die neugegründete Gemeinschaft bedurfte sicherlich einer volkssprachlichen Fassung der Brunolegende. Diese legendarische Erzählung von Bruno, die mit dem Bau der ersten Kartause bei Grenoble endet, liegt für den deutschen Sprachraum in mehreren parallel überlieferten Fassungen vor.[174] Die Legende der Berliner Handschrift (BBr) ist laut Wolfram Sexauer eine davon, doch weicht sie in entscheidenden Punkten ab. Insofern sie bestimmte Passagen ausführlicher wiedergibt, gehe ich hier von einer eigenen Fassung aus, die aber durchaus eng an die Frauenfelder Fassung (FBr) angelehnt ist. Entstanden ist die Handschrift 1470, wobei der Text der Brunolegende im Schlusssatz auf einen ersten Abfassungszeitpunkt von 1424 schließen lässt.[175] Die jeweiligen lateinischen, wie

---

aus der Kantonsbibliothek Thurgau, Frauenfeld, Ms. Y 80. Edition und Kommentar. Stuttgart 2011, S. 95–98.

168 Zum Text siehe *daz ist der anfang carthuser ordens*. In: Sexauer: Frühneuhochdeutsche Schriften in Kartäuserbibliotheken. Untersuchungen zur Pflege der volkssprachlichen Literatur in Kartäuserklöstern des oberdeutschen Raums bis zum Einsetzen der Reformation. Bern 1978, S. 202–208.

169 Otto: Die Münsteraner Handschrift 894, S. 46–47.

170 Ebd., S. 33–34.

171 Ebd., S. 7–9.

172 Siehe dazu erneut den Handschriftencensus: http://www.handschriftencensus.de/6783. Sowie die Textausgabe von Kuné: Geistliche Texte aus einer spätmittelalterlichen Handschrift, hier S. 95–98.

173 Siehe Kuné: Geistliche Texte aus einer spätmittelalterlichen Handschrift, hier S. 9.

174 Siehe dazu etwa die Studien von Sexauer, der insgesamt 7 Textzeugen benennt; Sexauer: Frühneuhochdeutsche Schriften in Kartäuserbibliotheken, hier S. 200–201.

175 Wiederum Sexauer: Frühneuhochdeutsche Schriften in Kartäuserbibliotheken, hier S. 208, Anm. 1.

volkssprachlichen Zitatangaben folgen den Folioseiten der Codices respektive den Seiten- und Kapitelangaben der verwendeten Ausgaben.

2.3 Norbert von Xanten (1080/85–1134)

Das eingangs beschriebene Changieren der Lebensweisen religioser Gemeinschaften zwischen der *vita contemplativa* in Form der *vita monastica* und der *vita apostolica* in Form der *vita canonica* bot auch Norbert von Xanten die Möglichkeit einer eigenen Interpretation der Nachfolge Christi. Als zweitgeborener Sohn Heriberts und Hedwigs von Gennep trat er noch als Kind in das mit reichlichen Pfründen seiner Familie ausgestattete Chorherrenstift St. Victor in Xanten ein. Anders als Bruno von Köln strebte Norbert im Rahmen der *vita canonica* nicht nach einer akademischen Reputationskarriere, sondern viel eher nach einer höfischen Ämterlaufbahn.[176] Als Subdiakon war er zunächst am Hof des Kölner Erzbischofs Friedrich I., doch schon zum Romzug 1111 König Heinrichs V. ist er Hofkaplan in dessen Gefolge. Der Salier bot ihm 1113 das Bistum Cambrai an, doch Norbert lehnte ab. Im Kontext dieser Vorkommnisse soll Norbert ein Konversionserlebnis zuteilgeworden sein. Im Anschluss bemüht er sich, das Chorherrenstift St. Victor zu reformieren und ihm eine strengere Lebensweise aufzuerlegen. Vorbild ist einerseits die Auslegung der *vita monastica* im Benediktinerkloster Siegburg, andererseits die bereits regulierte *vita canonica* der Abtei Klosterrath. Norbert versucht die Weltabkehr eines Eremiten mit der Predigt eines geweihten Kanonikers auf seiner Wanderschaft zu verknüpfen.[177] Ein Umstand der das Potential des Häresievorwurfs ebenso birgt, wie das eines heilscharismatischen Faszinosums.[178]

176 Zu diesen historischen Zusammenhängen Norberts Leben siehe auch im Folgenden Franz Josef Felten: Zwischen Berufung und Amt. Norbert von Xanten und seinesgleichen im ersten Viertel des 12. Jahrhunderts. In: Giancarlo Andenna u.a. (Hrsg.): Charisma und religiöse Gemeinschaften im Mittelalter. Akten des 3. Internationalen Kongresses des „Italienisch-deutschen Zentrums für Vergleichende Ordensgeschichte". Münster 2005, S. 103–149; sowie grundlegend Wilfried Grauwen: Norbert, Erzbischof von Magdeburg (1126–1134). Übers. und bearb. von Ludger Horstkötter. Duisburg-Hamborn 1986.

177 Siehe dazu Franz Josef Felten: Norbert von Xanten. Vom Wanderprediger zum Kirchenfürst. In: Kaspar Elm (Hrsg.): Norbert von Xanten. Adliger, Ordensstifter, Kirchenfürst. Köln 1984, S. 69–158, hier S. 86–92.

178 Siehe dazu Grundmann: Religiöse Bewegungen im Mittelalter, hier S. 41–46. Zu den sich dennoch etablierenden Gemeinschaften, die häufig auch regulierte Frauenklöster schufen merkt Grundmann außerdem an, dass diese Neugründungen „Versuche [waren; M.S.], eine sich außerhalb der Klöster abspielende Bewegung in neue Formen des klösterlichen Lebens zu fassen", die Männer und Frauen betraf. „Die Frauenklöster oder Doppelklöster, die auf diese Weise aus der Wanderprediger-Bewegung entstanden, waren die ersten und für lange Zeit die einzigen Stätten, in denen die von der religiösen Bewegung ergriffenen

Wiederholt muss sich Norbert vor institutionellen Vertretern, wie dem Diözesanbischof von Laon und selbst vor Papst Gelasius II. auf dem Konzil von Reims 1119 verantworten. Der Versuch, Norbert als Reformator für das Laoneser Chorherrenstift St. Martin zu gewinnen, scheitert am Unwillen der dortigen Kanoniker. Die von Norbert angestrebte Lebensweise erscheint ihnen zu radikal. Um den Charismatiker Norbert und sein inzwischen anwachsendes Gefolge dennoch einzubinden, schenkt der Bischof von Laon 1120 auf Anraten Papst Calixtus II. Norbert Land für eine Klosterneugründung. In der Einöde von Prémontré entsteht so die Gemeinschaft der späteren Prämonstratenser. Die Gemeinschaft legte gegenüber ihrem Gründer ein Gelübde auf die Augustinusregel und die *evangelischen Räte*, Armut, Gehorsam und Maßhaltung ab, die sie an einen Ort band (*stabilitas loci*). Norberts Idee der *vita canonica* mischte also Prinzipien der *vita contemplativa* und der *vita apostolica*, was sich auch in der für die Mitglieder der Gemeinschaft wichtigen Seelsorgeverpflichtung zeigte.[179] Ein Leben nach der *vita canonica*, wie es Norbert und seine Anhänger einforderte, führte zu einer klaren Differenzierung. Fortan unterschied man zwischen Säkularkanonikern, also solchen, die weiterhin einem Bischof unterstanden und durchaus nicht bereit waren Reformen ihrer Lebensweise anzuerkennen und solchen, die die Reformen anerkannten, den Regularkanonikern.[180] Neben dem Prämonstratenserorden entstanden so die streng regulierten Augustiner-Chorherren und Chorfrauen, die aus reformwilligen Chorstiften hervorgingen und die sich klar gegenüber den Säkularkanonikern abgrenzten.[181] Nachdem Norbert den Grundstein für seine Gemeinschaft gelegt hat, die bereits 1126 als Orden von Papst Honorius II. approbiert wurde, verlässt er diese und steigt zugleich wieder in der Ämterlaufbahn auf. Auf dem Hoftag von Speyer im Frühjahr 1126 wird Norbert das Amt des Erzbischofs von Magdeburg angetragen, welches er bereits am 18. Juli desselben Jahres antritt. Um die Gemeinschaft von Prémontré zu stabilisieren, lässt Norbert 1128 seinen Schüler, Hugo von Fosses, zu seinem Nachfolger wählen. Zugleich gründet er aber 1129 im Magdeburger Stift Unser Lieben Frauen eine weitere Gemeinschaft.

Frauen ein Gemeinschaftsleben in strenger Askese und Ordenszucht führen konnten." Ebd., S. 46–47.

179 Siehe mit einer deutlichen Betonung der Besitzlosigkeit der Prämonstratenser und auch der Regularkanoniker Stefan Weinfurter: Norbert von Xanten als Reformkanoniker und Stifter des Prämonstratenserordens. In: Elm (Hrsg.): Norbert von Xanten, S. 159–183.

180 Zu dieser Entwicklung siehe Frank: Geschichte des christlichen Mönchtums, S. 80–82.

181 Zur Bedeutung der dabei wichtigen Augustinerregel für die Reformbewegung der Regularkanoniker allgemein und im Speziellen für die Prämonstratenser siehe Werner Bomm: Augustinusregel, professio canonica und Prämonstratenser im 12. Jahrhundert. Das Beispiel der Norbert-Viten, Philipps von Harvengt und Anselms von Havelberg. In: Melville und Müller (Hrsg.): Regula Sancti Augustini, S. 239–294, hier S. 293–294.

Diese Chorherrengemeinschaft gehört zwar auch den Prämonstratensern an, aber sie versteht sich in ihren Anfängen und den teilweise abweichenden Gebräuchen als eigenständig.[182] Als Erzbischof von Magdeburg konnte Norbert jedoch den Einfluss seines neuen Ordens insgesamt stärken. So setzt er 1129 seinen Schüler Anselm als Bischof von Havelberg ein und gründete im Bereich seiner Erzdiözese weitere, vor allem missionarisch tätige Klöster seines Ordens. Nach seinem Tod wurden zudem sein Schüler Wigger 1138 Bischof von Brandenburg und Evermod 1154 Bischof von Ratzeburg. Norbert selbst steigt auf dem Romzug Lothars III. 1132–1133 noch einmal in der Ämterlaufbahn auf und wird Reichskanzler für das *regnum italicum*. Bei der Rückkehr nach Magdeburg am 6. Juni 1134 stirbt der Gründer, Hugo von Fosses bleibt indes bis zu seinem Tod 1164 Generalabt des Ordens und trägt zu dessen Institutionalisierung bei.[183] Wie Bruno von Köln erfährt auch Norbert zunächst nur eine ordensinterne Verehrung und wird erst im Kontext der Gegenreformation 1582 durch Papst Gregor XIII. heiliggesprochen.

Obwohl Norberts Heiligsprechung erst knapp 450 Jahre nach seinem Tod erfolgte, setzte die literarische Produktion legendarischer Erzählungen früh ein. Vermutlich noch zu Lebzeiten Hugos von Fosses entstand eine lateinische Vita, die heute in zwei Fassungen vorliegt.[184] Die beiden anonym überlieferten lateinischen Fassungen folgen strikt dem *ordo naturalis*. In der Forschung werden sie als *Vita A* und *Vita B* benannt.[185] Der einzig vollständige Textzeuge der *Vita A* (NoA), abgefasst vermutlich in der Prämonstratenserabtei St. Peter in Brandburg, wurde erst im 19. Jahrhundert von Roger Wilmans in der Preußischen Bibliothek Berlin entdeckt, heute Berlin, Staatsbibliothek, Ms. theol. lat. 79, fol. 90r–110v.[186] Sie ist mittlerweile in zwei Editionen verfügbar, für die Textbetrachtungen wird die kritische Edition von Hatto Kallfelz verwendet und dessen Kapi-

182 Die Forschung bemüht dafür den Begriff Prémontré des Ostens. Siehe dazu Renate Hagedorn und Matthias Puhle: Einleitung. In: dies. (Hrsg.): Prémontré des Ostens. Kloster Unser Lieben Frauen vom 11. bis 17. Jahrhundert. Oschersleben 1996, S. 5–7.

183 Die Entwicklung des Ordens unter ihrem ersten Generalabt skizziert Kaspar Elm: Hugo von Fosses. Erster Abt von Prémontré und Organisator des Prämonstratenserordens. In: Irene Crusius und Horst Flaschenecker (Hrsg.): Studien zum Prämonstratenserorden. Göttingen 2003, S. 35–56.

184 Siehe Hatto Kallfelz: Einleitung. In: ders. (Hrsg.): Lebensbeschreibungen einiger Bischöfe des 10. bis 12. Jahrhunderts (Vitae quorundam episcoporum saecolorum X, XI, XII). Darmstadt 1973, S. 445–450.

185 Den immer noch umfassendsten Überblick über die Viten und weitere hagiographische oder archivalische Texte zu Norbert bietet Grauwen: Norbert, Erzbischof von Magdeburg, S. 1–27.

186 1972 wurde zudem ein Fragment der *Vita A* in Hamburg entdeckt: Hamburg, Staats- und Universitätsbibliothek, Scrin. 17, Fragment 21.

telzählung übernommen.[187] Während die *Vita A* innerhalb der Ordensforschung dem Umfeld der Magdeburger Gemeinschaftsgründung Norberts zugeordnet wird, wird die länger bekannte *Vita B* (NoB), die ebenfalls dem 13. Jahrhundert entstammt, der Gemeinschaft von Prémontré zugewiesen.[188] Die *Vita B* weist an einigen Passagen umfangreichere Beschreibungen auf, die mitunter ein detailreicheres Bild von Norbert liefern. Zudem besitzt sie einen Anhang legendarischer Erzählungen von Norbert, die aus dem Prämonstratenserstift Cappenberg stammen und die der *Vita A* fehlen.[189] Für die Analysen wird auf die Edition der *Acta Sanctorum* zurückgegriffen und auch deren Kapitelzählung verwendet.[190]

Für Norbert von Xanten liegen keine deutschen volkssprachlichen Legenden aus dem Mittelalter vor. Erst nach seiner offiziellen Heiligsprechung 1582 entstanden deutsche Legenden, die in der vorliegenden Analyse zum Teil berücksichtigt werden und insoweit hier ebenfalls Erwähnung finden. Zum einen handelt es sich um einen Nürnberger Druck von 1670 aus der Offizin der Gebrüder Endtern. Der Text wurde vom Prämonstratenserabt des österreichischen Stifts Schlägl, Benedikt Fischer, 1670 neben einer lateinischen Fassung der Legende in den Druck gegeben.[191] Ein Exemplar des volkssprachlichen Drucks ist in der Sächsischen Staats-, Landes- und Universitätsbibliothek in Dresden einsehbar, die Zitation folgt der dortigen Seitenzählung. Zum anderen ein Druck des Augsburger Verlags Strötter von 1735.[192] Dieser Text orientiert sich an den sogenannten lateinischen *aurea dicta* Norberts und ist eingebettet in die übersetzte Legendensammlung des Jesuiten Par Amable Bonnefons. Der Textzeuge

187 Vita Sancti Noberti. In: Kallfelz (Hrsg.): Lebensbeschreibungen einiger Bischöfe, S.451–541. Kallfelz bietet auch einen kurzen Abriss zu quellenkritischen Fragen und den einzelnen Editionen, siehe dazu Kallfelz: Einleitung, S. 445–450.

188 Zu dieser Zuordnung, die vor allem auf der Basis inhaltlicher Interpretationen beruht, siehe grundlegend Grauwen: Norbert, Erzbischof von Magdeburg, S. 21–27.

189 Zu diesen Beobachtungen siehe erneut Grauwen: Norbert, Erzbischof von Magdeburg, S. 4–5 und 21–27.

190 *Vita B* in De S. Noberto. Hrsg. von Daniel Papenbroich. In: Acta Sanctorum. Juni I. Antwerpen 1695, S. 819–858.

191 Siehe dazu Benedikt Fischer: Das Leben und der Todt Des heiligen Vatters Norbert Des heiligen Praemonstratenser Ordens-Stiffter und Erzbischoffens zu Magdeburg. Gedruckt und verlegt von Michael und Joh. Fridrich Endtern. Nürnberg 1670.

192 Siehe Par Amable Bonnefons: Kurtze, Aber außerlesneste Leben der lieben Heiligen GOttes/ Wie auch deroselben Geist=reiche Sitten=Lehren und Geistliche Spruech/ Sambt beygefuegter Nachdenk= oder Betrachtung über dero Herrlichere und Loeblichere Werk/ und Thaten/ So da dienen kann. Fuer eine Meditation, oder Betrachtung. Auf jeden Tag das Jahr hindurch. Denen zu Lieb, und Nutzen, so einen heiligen Lebens=Wandelzu führen im Sinn haben. Sambt einem Summarischen Anhang, oder Zusatz der Leben Der Heiligen Ordens=Stifter und Stifterinnen Ihrer Instituten und Reformierungen. Zweyter Theil. Haltet in sich die drey Monath: Aprill, May/ und Juni, oder Brachmonath. Augsburg Verlag Strötter, Gastel und Ilger 1735, S. 619–623.

kann als Digitalisat der Bayrischen Staatsbibliothek eingesehen werden.[193] Beide Legenden folgen größtenteils dem *ordo naturalis*, allerdings verknüpft der Augsburger Druck die Lebensstationen Norberts zum Teil thematisch und überschreibt sie mit einleitenden Zitaten des Heiligen, den *aurea dicta*. Das volkssprachliche Textcorpus der nachfolgenden Analysen wird aber im Wesentlichen bestimmt durch die einzige volkssprachliche Legende Norberts, die 1440 entstand.[194] Dieser, in einer illuminierten Handschrift, mehr als 100 Jahre vor Norberts Kanonisierung verschriftlichte Text, heute San Marino, Huntington Library, Ms. HM 55, wurde von dem englischen Chronisten und Augustiner Mönch John Capgrave verfasst. Es handelt sich dabei um eine Übertragung der *Vita B* für den Prämonstratenserabt von West-Dereham John Wygenhale.[195] Der Text der Verslegende ist strophisch gegliedert und mit *The Life of St. Norbert* (NoVL) überschrieben. Die 4109 Verse umfassende Legende folgt in ihrer Struktur der lateinischen *Vita B*.[196] Die Verszählung innerhalb der Zitation stützt sich auf die kritische Edition von Smetana.

2.4 Dominikus (1170–1221)

Das Leben und Wirken des Gründers der Dominikaner, Domingo de Guzmán Garcés,[197] ist eng verknüpft mit den sozioökonomischen Neuerungen seiner Zeit. Für das 12. und 13. Jahrhundert kann man für fast alle Lebensbereiche sowohl Innovationen und Differenzierungen ausmachen, wie auch die wechselseitige Bedingtheit der zunächst laikalen Frömmigkeitsbewegungen und dem sozioökonomischen Wandel.[198] Mit der wach-

193 http://reader.digitale-sammlungen.de/de/fs1/object/display/bsb11061631_00220.html.

194 Der Text folgt der Ausgabe The Life of St. Norbert by John Capgrave. Hrsg. von Cyril L. Smetana. Toronto 1977, S. 19–156.

195 Eine vorerst abschließende Diskussion der Datierungsfrage bietet Joseph A. Gribbin: The Premonstratensian Order in Late Medieval England. Woodbridge 2001, S. 248–250.

196 Zum Aufbau und den Bezügen des Textes siehe Cyril L. Smetana: Introduction. In: The Life of St. Norbert, S. 7–16.

197 Die Frage, ob Dominikus dieser Familie entstammt, diskutiert neuerdings Paul D. Hellmeier: Dominikus begegnen. Augsburg 2007, S. 20–22.

198 Zu diesen Prozessen siehe überblicksartig Hagen Keller: Das frühe 13. Jahrhundert. Spannungen, Umbrüche und Neuorientierungen im Lebensumfeld Elisabeths von Thüringen. In: Dieter Blume und Matthias Werner (Hrsg.): Elisabeth von Thüringen – eine europäische Heilige. Bd. 1. Petersberg 2007, S. 15–26. Außerdem merkt Hans-Joachim Schmidt aus mentalitätsgeschichtlicher Perspektive und mit Bezug auf die neuen Bettelorden an: „Das Bewusstsein von einer unmittelbar hereinbrechenden Krise fand indessen ein Gegengewicht in einer zukunftsoptimistischen Sicht, die dem Wirken von Franz von Assisi und von Dominikus einen wesentlichen Anteil an der Rettung der westlichen Christenheit zuerkannte." Vgl. Hans-Joachim Schmidt: Legitimität von Innovation. Geschichte, Kirche und neue Orden im 13. Jahrhundert. In: Franz J. Felten und Nikolas Jaspert (Hrsg.): Vita

senden Bedeutung von Städten als Macht- und Wirtschaftszentren und dem damit eihergehenden Bevölkerungszuwachs innerhalb dieser Städte etablierte sich ein neuer Funktionsträger in der stratifikatorisch-ständischen Gesellschaft des Mittelalters – die Bürger und Hinter- oder Beisassen.[199] In den ('deutschen') Städten führte diese Bevölkerungszunahme „zunächst zu einer religiös-seelsorglichen Krise", denn die vorhandenen Bischofs- oder Klosterkirchen waren institutionell-sozial an den Adel gebunden und die für die bürgerlichen Städter notwendige Pfarrkirche lag vor den Toren der Stadt.[200] Vor allem die Bürger als städtische Oberschicht strebten danach, der Stadt als sich neu gerierende Institution neben einer eigenen innerstädtischen Pfarrkirche ferner „religiöse Legitimierung und Heiligung" zu verschaffen.[201] Auch die Stadt und mit ihr vorrangig die dort lebenden Kaufleute und Handwerker wollten durch Stiftungen von eigenen Kirchen und Klöstern teilhaben am Heil, welches bisher der Adel für sich beanspruchte.[202] Die entscheidende Rolle dieses Wandlungsprozesses kam dabei einer absoluten Armut und Entsagung zu.

Religiosa im Mittelalter. Festschrift für Kaspar Elm zum 70. Geburtstag. Berlin 1999, S. 371–391, hier S. 376.

199 Ich verweise an dieser Stelle auf Karl-Siegbert Rehberg, der im Anschluss an die theoretischen Diskussionen des Deutschen Historikertags 2008 (Dresden), die besondere Art der mittelalterlichen und frühneuzeitlichen Stratifizierung in Form von Ständen hervorhob. Siehe dazu auch die publizierten Beiträge der von Barbara Stollberg-Rilinger geleiteten Sektion „Soziologische Ungleichheitstheorien und die ständische Gesellschaft der Frühen Neuzeit", hier vor allem der Beitrag von Rudolf Schlögl: Hierarchie und Funktion. Zur Transformation der stratifikatorischen Ordnung in der Frühen Neuzeit. In: Marian Füssel (Hrsg.): Soziale Ungleichheit und ständische Gesellschaft / Theorien und Debatten in der Frühneuzeitforschung [die Ergebnisse des 47. Deutschen Historikertags in Dresden im Oktober 2008]. Frankfurt am Main 2011, S. 47–63.

200 Zum institutionell-sozialen Problem der städtischen Kirchen und ihrer Entwicklung siehe vor allem Isnard Wilhelm Frank: Kirchengeschichte des Mittelalters. Düsseldorf 2005, S. 123–129, hier S. 125; außerdem an einem exemplarischen Beispiel Oliver Auge: Stiftsbiographien. Die Kleriker des Stuttgarter Heilig-Kreuz-Stifts (1250–1552). Leinfelden-Echterdingen 2002, hier S. 25–40.

201 Frank: Kirchengeschichte, S. 127; daneben siehe vor allem die neuen Studien von Jörg Oberste zur Sakralisierung des städtischen Raumes respektive der Entwicklung neuer städtischer Eliten. Jörg Oberste: Gibt es eine urbane Religiosität des Mittelalters? In: Jörg Oberste und Susanne Ehrich (Hrsg.): Städtische Kulte im Mittelalter. Regensburg 2010, S. 15–36.

202 Natürlich ist die Rückführung der städtischen Gründungen von Bettelordenskonventen allein auf die Heilsteilhabe der Bürgerschaft monokausal und reduziert, wie Armand Baeriswyl in seiner exemplarischen und vornehmlich archäologischen Studie betont und er zeigt die Komplexität der individuellen Gründungszusammenhänge. Ohne sein Plädoyer für eine interdisziplinäre Erschließung dieser Multikausalität in Frage zu stellen, konzentriere ich mich lediglich auf den Grund der Heilsteilhabe, da dieser ein Gesamtphänomen widergibt. Siehe Armand Baeriswyl: Klöster am Stadtrand? Einige Überlegungen zur Lage von Bettelordensklöstern in der mittelalterlichen Stadt. In: Anne-Marie Hecker und Susanne Röhl (Hrsg.): Monastisches Leben im urbanen Kontext. München 2010, S. 25–39, hier S. 39.

Auf der Suche nach einer religiosen Identität jenseits der klösterlichen Mauern entstand eine breite Laienbewegung, die zum einen radikale und von der Kirche als häretisch gebrandmarkte Positionen vertrat, wie die Katharer, und zum anderen erste Gemeinschaften hervorrief, die teilweise die notwendigen seelsorglichen Aufgaben innerhalb der Städte übernehmen konnten.[203] Dominikus selbst ist nicht Teil dieser Laienbewegung, aber aufmerksamer Beobachter. Geboren im spanischen Caleruega studiert er Theologie und Philosophie in Palencia. Während seines Studiums wird er immer wieder mit den sozioökonomischen Nöten der Städter konfrontiert und er entschließt sich 1196 selbst besitzlos als Regularkanoniker im Domstift von Osma zu leben. 1201 wird Dominikus Subprior dieser Gemeinschaft und er begleitet seinen Bischof Diego de Acebo (+1207) auf mehreren missionarischen Reisen durch Südfrankreich. Dabei kam er zum einen in Kontakt mit den starken häretischen Gemeinschaften der Katharer und den heidnischen Kumanen, zum anderen erkannte er, das von diesen Bewegungen gestillte Bedürfnis der Gläubigen nach einer idealiter vorgelebten apostolischen Armut.[204] Nach dem Tod des Bischofs versucht Dominikus diese Ansprüche auch innerhalb seines Stiftes umzusetzen. Im Ergebnis etablierte er 1215 in Toulouse eine neue Gemeinschaft, die wie die Regularkanoniker der Augustinusregel unterworfen war, zudem aber in völliger Besitzlosigkeit und nur auf der Basis des erlaubten Bettels,[205] nicht mehr ortsgebunden lebte und predigte.[206] Schon 1216 wurde die Gemeinschaft im Nachhall des 4. Lateranums von Papst Innozenz III. als Orden bestätigt. 1217 wurden die bettelnde (*mendicare*) und predigende (*praedicantes*) Gemeinschaft erstmals als Orden der

---

203 Gert Melville verweist, vor dem Hintergrund der umfassenden Studie von Jörg Oberste, auf diese Entwicklungen häretischer Bewegungen im städtischen Raum Norditaliens und Südfrankreichs. Die geduldete Laienfrömmigkeit siedelt er mit den Beginen und Begarden in den Städten der Niederlande und des Rheinlands an. Melville: Die Welt der mittelalterlichen Klöster, S. 168–169. Zu den Studien von Oberste zur städtischen Predigt und alltäglichen Seelsorge siehe Jörg Oberste: Heiligkeit und Häresie. Religiosität und sozialer Aufstieg in der Stadt des hohen Mittelalters. 2 Bd. Köln u.a. 2003, Bd. 1, S. 212–281 und Bd. 2, S. 207–260.

204 Melville verweist auf die „offensichtliche[n] Misserfolge […] zur Rückgewinnung der Menschen“ ohne eine vorgelebte strenge Armut. Melville: Die Welt der mittelalterlichen Klöster, S. 202.

205 Zu den Vorbehalten gegenüber dem gelebten Ideal der Armut siehe Grundmann: Religiöse Bewegungen im Mittelalter, S. 13–18.

206 Melville und Cygler verweisen in diesem Kontext noch einmal ausdrücklich auf die Differenz von Ordensregeln und *constitutiones*. Außerdem hätte Dominikus mit seiner Wahl der Augustinerregel einen „Joker“ gezogen, da „erstens diese Regel so flexibel gehandhabt wurde wie irgend möglich und daß sie zweitens nahezu beliebig zu ergänzen war.“ Florent Cygler und Gert Melville: Augustinusregel und dominikanische Konstitutionen aus der Sicht Humberts de Romanis. In: Melville und Müller (Hrsg.): Regula Sancti Augustini, S. 419–454, hier S. 453.

Prediger (*Ordo Praedicatores*) benannt.[207] Der neue Orden breitete sich gemessen an der stetig wachsenden Zahl neuer Konvente für Männer und Frauen rasch aus. Dominikus blieb bis zu seinem Tod am 6. August 1221 Oberhaupt seines Ordens, er schuf jedoch eine Verwaltungsstruktur an dessen Spitze in seiner Nachfolge der Ordensmeister und zudem ein jährlich stattfindendes Generalkapitel standen. Bereits sein Nachfolger, Jordan von Sachsen, der erste Ordensmeister verfasste eine chronikale, aber auch hagiographische Erzählung über die Anfänge des Ordens und seines Gründers. 1234 wurde Dominikus auf Betreiben des Ordens und des Papstes Gregor IX. heiliggesprochen. Letzterer war bereits als Kardinal, Hugolino d'Ostia, ein Förderer des neuen Bettelordens.[208]

Für Dominikus zeichnet sich gegenüber den schon dargestellten Gründerfiguren und deren Textcorpora eine umfangreichere, hagiographische Textproduktion ab. Dies hat entsprechende Auswirkungen auf die hier vorzunehmende Textauswahl, die insofern nur auf einen exemplarischen Bruchteil der lateinischen, wie volkssprachlichen legendarischen Erzählungen von Dominikus eingehen kann. Das lateinische Textcorpus dieser Untersuchungen besteht aus fünf Texten, die alle noch im 13. Jahrhundert abgefasst wurden. Enthalten ist dabei die älteste lateinische Vita, die Jordans von Sachsen. Seine spätestens 1233 verfasste, legendarische Erzählung *Libellus de principiis ordinis Praedicatorum* (JDo) dient als chronikale Eigengeschichte des Dominikanerordens und zugleich als erste biographisch legendarische Erzählung von Dominikus.[209] Die heute in fünf Textzeugen vorliegende Legende liegt in einer kritischen Edition vor.[210]

---

207 Siehe zur Geschichte dieser Modifikation, die auch philologisch an Hand der Bulle *Gratiarum omnium* nachweisbar ist, Florent Cygler: Zur institutionellen Symbolizität der dominikanischen Verfassung im Mittelalter. In: Gert Melville und Jörg Oberste (Hrsg.): Die Bettelorden im Aufbau. Beiträge zu Institutionalisierungsprozessen im mittelalterlichen Religiosentum. Münster 1999, S. 385–428, hier S. 392–394.

208 Zur Bedeutung Hugolinos, seiner Funktion während der Institutionalisierungsprozesse der Mendikanten und der Transformation seines Amtes siehe grundlegend Cristina Andenna: Il cardinale protettore. Centro subalterno del potere papale e intermediario della comunicazione con gli ordini religiosi. In: dies. u.a. (Hrsg.): Die Ordnung der Kommunikation und die Kommunikation der Ordnungen. Bd 2: Zentralität: Papsttum und Orden im Europa des 12. und 13. Jahrhunderts. Stuttgart 2013, S. 229–260.

209 Zur Frage der Entstehung siehe vor allem Simon Tugwell, der davon ausgeht, dass Jordan bereits 1221, also vor seiner Zeit als Provinzial, den Text verfasste und dann 1233 im Zuge der Kanonisation des Dominikus überarbeitete und veröffentlichte. Simon Tugwell: Notes on the life of St. Dominic. In: Archivum Fratrum Praedicatorum 68 (1998), S. 5–116, hier S. 20–33. Dass in diesem Text institutionelle Eigengeschichte sowie Hagiographie zusammenfließen, wurde innerhalb der historiographischen Forschung oft diskutiert. Einen Überblick bietet Wesjohann: Mendikantische Gründungserzählungen, S. 378–379.

210 Zum Text siehe Jordan von Sachsen: Libellus de principiis ordinis Praedicatorum. Hrsg. von Heribert Scheeben. In: Monumenta Historica Sancti Patris Nostri Dominici. Bd. 2. Rom 1935, S. 25–88. Dieser Ausgabe wurde auf Grund ihrer Kompilation aller hier ver-

Grundlage der Edition ist der Textzeuge Venedig, Bibliotheca Marciana, Ms. lat. app. 61. Diese Fassung enthält Zusätze über die Vorgänge der Kanonisation und Elevation des Dominikus sowie Wundererzählungen, welche vermutlich nicht von Jordan verfasst wurden.[211] Die vier weiteren lateinischen Texte wurden etwa zwischen 1240 bis 1264 verschriftlicht. Alle unterliegen zunächst dem *ordo naturalis* und kombinieren ihn dann mit einer systematischen Darbietung der Tugenden und Wunder des Dominikus. Dabei ist die Dominikuslegende des Dominikaners Petrus' Ferrandus (PFDo), entstanden vor 1242, der wohl älteste, rein legendarisch von Dominikus erzählende Text.[212] Die *Legenda Sancti Dominici* des Petrus' Ferrandus liegt in kritischer Edition vor, Leithandschrift ist der Bologneser Textzeuge, entstanden nach 1242, heute Göttingen, Universitätsbibliothek, Cod. theol. 109, 1v–34v.[213] In dieser Legende erscheinen zum ersten Mal bestimmte Visionen und Wundererzählungen, die in Jordans Text noch fehlen, nachfolgend aber zum Repertoire gehören.[214] Der dritte Text *Legenda Sancti Dominici* (KODo) wurde 1246/47 als Auftragsarbeit von Konstantin von Orvieto für seinen Generalmagister Johannes von Wildeshausen, dem vierten Nachfolger des Dominikus, verfasst.[215] Konstantins von Orvieto legendarische Erzählung fußt auf der des Petrus' Ferrandus, ergänzt den Text aber vor allem um die auf dem Generalkapitel der Dominikaner von 1245 zusammengetragenen Wunderberichte.[216] Auch dieser Text liegt in kritischer Edition vor, der als Leithandschrift dienende Textzeuge war vermutlich für den Chorgebrauch bestimmt und

---

wendeten Texte (bis auf die *Legenda Aurea*) und ihrer kritischen Kommentierung der Vorzug gegenüber den beiden umfangreichen von Simon Tugwell jeweils einzeln herausgegebenen kritischen Editionen der Vitae des Petrus' Ferrandus (2015) und der Humbertus' de Romanis (2008) gegeben.

211 Siehe dazu bereits den Kommentar der Edition von Heribert Scheeben: Libellus Jordani de Saxonia. Einführung, hier S. 12–19.

212 Zur Textgenese siehe bereits Fritz Bangemann: Mittelhochdeutsche Dominikuslegenden und ihre Quellen. Halle 1919, hier S. 8. Er datiert die Legende angelehnt an van Ortroy auf 1238–39. Zum Text siehe Petrus Ferrandus: Legenda sancti Dominici. Hrsg. M. Hyacinthis Laurent. In: Monumenta Historica Sancti Patris Nostri Dominici. Bd. 2. Rom 1935, S. 208–260. Dieser Ausgabe wurde auf Grund ihrer Kompilation aller hier verwendeten Texte (bis auf die Legenda Aurea) und ihrer kritischen Kommentierung der Vorzug gegenüber der von Simon Tugwell herausgegebenen kritischen Editionen der Vita des Petrus' Ferrandus (2015) gegeben.

213 Zu diesen Angaben siehe M. Hyacinthis Laurent: Introduction. In: Monumenta Historica Sancti Patris Nostri Dominici. Bd. 2. Rom 1935, S. 197–208.

214 Siehe dazu ausführlich die Forschung reflektierend Wesjohann: Mendikantische Gründungserzählungen, S. 388–389.

215 Ebd. S. 390–391. Zum Text siehe Konstantin von Orvieto: Legenda sancti Dominici. Hrsg. von Heribert Scheeben. In: Monumenta Historica Sancti Patris Nostri Dominici. Bd. 2. Rom 1935, S. 286–352.

216 Wesjohann: Mendikantische Gründungserzählungen, S. 391–392.

wurde zwischen 1255 und 1260 verfasst, heute Göttingen Universitätsbibliothek, Cod. theol. 108, 1r–51r.[217] Eine aus diesen beiden Texten hervorgehende *Legenda maior* ist die des fünften Generalmagisters Humbertus de Romanis (HRDo). Im Kontext der ordensinternen Liturgiereform verfasst er eine für alle Konvente fortan allein gültige, legendarische Erzählung von Dominikus für das Lektionar von 1260.[218] Die hier verwendete kritische Edition der Legende greift auf den als „Prototyp" benannten Textzeugen, heute Rom, Dominikanisches Generalarchiv, XIV L I zu.[219] Die fünfte und letzte der hier betrachteten lateinischen Erzählungen entstammt der wohl bekanntesten und am weitesten verbreiteten, mittelalterlichen Legendensammlung, der *Legenda aurea. De sancto Dominico* (LADo) wurde etwa 1264 vom Dominikaner Jakobus de Voragine verfasst.[220] Neben den bereits genannten lateinischen Dominikuslegenden nutzt Jakobus außerdem den legendarisch erzählenden Text der *Vitas fratrum* von Geraldus de Fracheto, einem Kompendium dominikanischer Biographien und Wundererzählungen.[221] Die Zitation der Dominikuslegenden folgt den Kapitel- und Seitenzählungen der verwendeten kritischen Editionen.

Das Corpus der volkssprachlichen Dominikuslegenden besteht aus vier Texten des 14. bis 15. Jahrhunderts. Entgegen der lateinischen Legenden weisen alle eine stärkere Tendenz zum *ordo artificialis* auf. Die biographischen Daten rahmen lediglich das Erzählen. Drei der Texte sind in Legendensammlungen überliefert. Die Textkritik der zugrunde gelegten Editionen hat bereits Abhängigkeiten gegenüber den lateinischen Fassungen erarbeitet. Die älteste mittelhochdeutsche Fassung, *Hie sprichet das buch*

217 Nach zwei Leerseiten folgt die Kanonisationsbulle, zu diesen Angaben siehe Heribert Scheeben: Einfuehrung. In: Monumenta Historica Sancti Patris Nostri Dominici. Bd. 2. Rom 1935, S. 263–285.

218 Ebd., S. 394–398. Bangemann merkt an, dass diese Legende mit der Aufnahme in das Lektionar zur allein gültigen wurde, siehe dazu Bangemann: Die Mittelhochdeutschen Dominikuslegenden, hier S. 9. Zum Text siehe Humbertus de Romanis: Legenda sancti Dominici. Hrsg. von Angelus Walz. In: Monumenta Historica Sancti Patris Nostri Dominici. Bd. 2. Rom 1935, S. 369–433. Der *Legenda maior* geht eine ebenfalls von Humbertus verfasste *Legenda prima* voran. Auch sie ist innerhalb des ersten Lektionars der Dominikaner überliefert. Zur Textgenese und den Abhängigkeiten siehe vor allem Simon Tugwell: Introduction. In: Humberti de Romanis: Legendae Sancti Dominici. Hrsg. von Simon Tugwell. Rom 2008, S. 1–407, hier S. 53–71 und 211–248.

219 Zu diesen Angaben siehe Angelus Walz: Einfuehrung. In: Monumenta Historica Sancti Patris Nostri Dominici. Bd. 2. Rom 1935, S. 355–368.

220 Siehe dazu die von Grässer herausgegebene Ausgabe De Sancto Domenico. In: Jacobus de Voragine: Legenda aurea. Hrsg. von Johann G. Th. Grässer. Leipzig 1890, S. 466–483.

221 Angelehnt an Alain Boureau spricht Wesjohann von einer „Gruppenhagiographie". Siehe dazu und einer weiteren Einschätzung der Textgenese Wesjohann: Mendikantische Gründungserzählungen, S. 399–401 und 405–409. Außerdem

von sante Dominico, die des *Passional* (PDo),[222] entstand circa um 1300 und stellt eine versifizierte Adaptation der lateinischen *Legenda aurea* dar.[223] Inwieweit diese volkssprachliche Legendensammlung im Umfeld des Deutschen Ordens entstand, ist in der neueren Forschung mittlerweile umstritten, eine genauere Zuordnung steht noch aus.[224] Die zweite hier verwendete Fassung, *Dominikus*, ist die der *Elsässischen Legenda Aurea* (ELADo). Die vorliegende, textkritisch editierte Fassung geht auf eine illuminierte Pergamenthandschrift, heute München, Bayrische Staatsbibliothek, cgm 6, 133r–135r, von 1362 zurück.[225] Nach Williams Krapp stammt der Verfasser zwar aus dem geistlichen Umfeld, ob er jedoch einem Orden oder dem Weltklerus angehörte ist nicht eruierbar.[226] Demgegenüber wird die Fassung, *Von sant Dominico dem prediger*, des in den 1390er Jahren entstandenen *Der Heiligen Leben* (HLDo), direkt auf das Nürnberger Dominikanerkloster zurückgeführt.[227] Der Textzeuge der kritischen Edition wurde vermutlich im ersten Jahrzehnt des 15. Jahrhunderts für ein Dominikanerinnenkloster verfasst, heute Oxford, Bodleian Library, Ms. Laud. 443, 139rb–150vb.[228] Die vierte volkssprachliche, alemannische Erzählung *Dis ist das leben des heiligen vaters sant Dominicus* (ADo) stammt aus dem zur Zeit ihrer Abfassung dominikanischen Reuerinnenkloster in Freiburg.[229] Der um 1465 verfasste Textzeuge, heute Freiburg, Stadtar-

222 Als Textgrundlage wird die Edition der ehemaligen Königsberger Hs. 3050.19 von Köpke genutzt, siehe Hie sprichet das buch von sante Dominico. In: Das Passional. Eine Legenden-Sammlung des dreizehnten Jahrhunderts. Hrsg. von Friedrich Karl Köpke. Leipzig und Quedlinburg 1852, S. 353–374.

223 Zu dieser Frage siehe die ausführliche Einleitung zur Edition der Bücher I und II des *Passional* von Martin Schubert: Einleitung. Bd. 1. In: Annegret Haase, Martin Schubert und Jürgen Wolf (Hrsg.): Das Passional. Buch I und II. Berlin 2013, S. VII–LII, S. XXV–XXIX.

224 Auch zu diesem strittigen Punkt siehe Martin Schubert: Das ‚Passional' und der Deutsche Orden. In: Ralf G. Pasler und Dietrich Schmidtke (Hrsg.): Deutschsprachige Literatur des Mittelalters im östlichen Europa. Heidelberg 2006, S. 139–155, hier S. 151–154.

225 Zur Textausgabe siehe Dominikus. In: Die Elsässische Legenda Aurea. Bd. 1. Das Normalcorpus. Hrsg. von Ulla Williams. Tübingen 1980, S. 498–505.

226 Zu dieser Einschätzung siehe Werner Williams-Krapp: Die deutschen und niederländischen Legendare des Mittelalters. Studien zu ihrer Überlieferungs-, Text- und Wirkungsgeschichte. Tübingen 1986, hier S. 35–36 und 40.

227 Zu dieser Frage und einer Diskussion der Forschungsgeschichte siehe erneut Williams-Krapp: Die deutschen und niederländischen Legendare, S. 189.

228 Als Textausgabe dient hier: Von sant Dominico dem prediger. In: Der Heiligen Leben – Sommerteil. Bd. 1. Hrsg. von Margit Brand u.a. Tübingen 1996, S. 333–357. Zu den Fragen der Textgenese siehe Werner Williams-Krapp: Die deutschen und niederländischen Legendare, S. 282.

229 Eine entsprechende Einschätzung unternimmt bereits Werner Williams-Krapp: Kultpflege und literarische Überlieferung. Zur deutschen Hagiographie der Dominikaner im 14. und 15. Jahrhundert. In: André Schnyder (Hrsg): Ist mir getroumet mîn leben? Vom Träumen und vom Anderssein. Festschrift für Karl-Ernst Geith zum 65. Geburtstag. Göppingen 1998, S. 147–173, hier S. 149–155.

chiv, Hs. B1 159, 1–48, liegt in edierter Form vor und geht im Wesentlichen auf die Legende des Petrus Ferrandus zurück.[230] Für die volkssprachlichen Erzählungen wird bei der Zitation auf die Seitenzählung ihrer Editionen zurückgegriffen.

2.5 Franziskus (1181–1226)

Der sozioökonomische Wandel und die ihn bedingende neue, vor allem laikale Frömmigkeit des 13. Jahrhunderts sowie die häretischen Bewegungen in Südfrankreich und Norditalien waren der Nährboden für den „zahlenmäßig größten Orden des Mittelalters."[231] Während Dominikus aus seinen Beobachtungen dieser Umstände die *vita canonica* in eine mendikantisch geprägte *vita religiosa* wandelte, entstammte Franziskus den Schichten, die die Frömmigkeitsbewegung prägten.[232] Giovanni Battista Bernardone wurde 1180/81 als Sohn eines Tuchhändlers aus Assisi geboren. Sein Vater Pietro Bernardone schickte ihn zur Schule, damit er als zukünftiger Kaufmann lesen und schreiben konnte. Im Jahr 1202 beteiligte sich Giovanni an den Auseinandersetzungen Assisis mit Perugia, die im Kontext der staufisch-welfischen Machtkämpfe ausgetragen wurden. Die Niederlage Assisis brachte Giovanni zwei Jahre Geiselhaft ein und er musste freigekauft werden. Trotz dieser Erfahrungen schloss sich Giovanni bereits wenige Monate nach seiner Rückkehr im Zuge der päpstlichen Konflikte mit den Staufern in Süditalien dem Heer Walters III. von Brienne an. Giovanni kehrte jedoch um und betätigte sich in der Folge mittels des

230 Zur Ausgabe siehe Joseph König: Legende in Mittelhochdeutscher Sprache. In: Freiburger Diözesan Archiv 8 (1874), S. 333–359. Eine Einschätzung zur Textgenese liefert bereits Bangemann: Die Mittelhochdeutschen Dominikuslegenden, S. 31–36.

231 Zu dieser Einschätzung und auch den weiteren historischen Zusammenhängen siehe Melville: Die Welt der mittelalterlichen Klöster, hier S. 181.

232 Kasper Elm merkt bereits in seiner Freiburger Antrittsvorlesung von 1968 an: „Franz und Dominikus! Wenn der eine, der bürgerliche Laie, der wissenschaftsferne *Idiota*, getragen von einer Welle antihierarchischen Reformwillens, die vollkommene Hingabe der ersten Mönche und den ursprünglichen Radikalismus des Evangeliums der Kirche wieder ins Bewusstsein rief, dann hat der andere, der adelige, der gelehrte Kanoniker *in medio ecclesiae* die Regenerationskraft eines in ihrer Tradition der Herrschaft stehenden Klerus bewiesen. Wenn der eine noch einmal das Abenteuer des ‚Alles oder Nichts' begann, dann wies der andere die Richtung, in der sich die *vita religiosa* weiter entwickeln sollte, zeigte er in aller Deutlichkeit, dass nicht mehr in einem einzigen Orden, geschweige denn in einem einzigen Menschen, sondern allein in der funktionsgerechten Vielfalt der Orden die radikalen, oft widersprüchlichen Forderungen des Evangeliums verwirklicht und die Gaben des Heiligen Geistes realisiert werden könnten." Kaspar Elm: Franziskus und Dominikus. Wirkungen und Antriebskräfte zweier Ordensstifter. In: Dieter Berg (Hrsg.): Vitasfratrum. Beiträge zur Geschichte der Eremiten- und Mendikantenorden des zwölften und dreizehnten Jahrhunderts. Werl 1994, S. 121–142, hier S. 137.

väterlichen Vermögens im Almosenwesen und der städtischen Armutsbewegung.[233] Sein Auftreten war dabei einerseits gekennzeichnet von einer radikalen Askese und eremitischen Rückzügen aus der Stadt. Andererseits wandte er sich direkt monetär, materiell und karitativ den verarmten Schichten der städtischen Bevölkerung zu. Giovanni entwickelte sich so nicht nur zu einem Anhänger der laikalen Frömmigkeitsbewegung, sondern er wurde in Assisi zu einem charismatischen Vorreiter. Giovanni entsagte schließlich seinen weltlichen, vor allem familialen Bindungen und stellte sich als besitzloser Laienbruder Franziskus in den Dienst Gottes. Die öffentlichen Buß- und Armutspredigten verstärkten seine faszinierende Wirkung, die ihm rasch eine Anhängerschar generierte.[234] Mit dieser Gemeinschaft lebte er in der kleinen Kapelle *Portiuncula* nach normativen Grundsätzen, die er aus den Evangelien ableitete. 1209 unternahm er mit seinen Brüdern den ersten Versuch diese Lebensweise durch Papst Innozenz III. anerkennen zu lassen. Zwar wurde die Gemeinschaft noch nicht als Orden anerkannt und auch die Lebensweise nicht als Regel bestätigt, doch zumindest als nicht häretisch anerkannt. Franziskus erhielt die mündliche Erlaubnis, ortsungebunden predigen zu dürfen.[235] Im Kardinal Hugolino d'Ostia fand Franziskus zudem einen wichtigen Fürsprecher an der römischen Kurie und 1218 bestätigte Papst Honorius III. die Rechtmäßigkeit der praktizierten *vita religiosa* der sogenannten Minderbrüder. Obwohl Franziskus auf seinen Reisen 1220 stark erkrankte und die Führung der Gemeinschaft seinem Mitbruder Petrus Catani anvertraute und sie dem Schutz des Kardinalprotektors Hugolino anheimstellte, wuchs sie stetig an. 1221 versuchte Franziskus für die Minderbrüder eine legitime Regel auf der Basis seiner persönlichen Lebensweise zu formulieren. Seine strenge Askese, die völlige Besitzlosigkeit, das Leben vom Bettel und die Bußpredigt, die er als ortsungebundener Laie hielt, sollten als *regula vitae* anerkannt werden.[236] Der Versuch ging als *Regula non bullata* in die Ordensgeschichte ein, doch bereits 1223 legte Franziskus eine dritte Regel vor. Diese war von Hugolino juristisch redigiert worden und fand die päpstliche Akzeptanz. Die Gemeinschaft des Franziskus wurde nun offi-

233 Melville schildert die mehrfache Veruntreuung väterlichen Vermögens durch Franziskus zur Armenspeisung und dem Aufbau von Kirchenruinen (San Damiano und Santa Maria degli Angeli) in den Armenvierteln der Stadt. Melville: Die Welt der mittelalterlichen Klöster, S. 184.

234 Soziologisch-ethnologisch hat die Zusammenhänge von Vereinzelung und charismatischer Wirkung am Beispiel des Franziskus und seiner „communitas" Victor W. Turner exemplarisch dargelegt. Siehe dazu Turner: Das Ritual, hier S. 136–148.

235 Siehe dazu Melville: Die Welt der mittelalterlichen Klöster, S. 185–186.

236 Siehe Kaspar Elm: Die Entwicklung des Franziskanerordens zwischen dem ersten und letzten Zeugnis des Jakob von Vitry. In: Berg (Hrsg.): Vitasfratrum, S. 173–193, hier S. 192.

ziell zu einem laikal geprägten und missionarisch ausgerichteten Bettelorden, den *fratres minores*.[237] Die wiederholten Bemühungen um eine institutionelle Anerkennung offenbaren den prekären Status der laikalen Bewegung. Gegenüber dem predigenden Dominikus, der seine mendikantische Gemeinschaft durch eine strenge Regelobservanz auf die Augustinusregel legitim führte, stand Franziskus seinen Anhängern, angetrieben durch seinen *spiritus caeli*, als Charismatiker vor. Eine solche Gründerfigur in ein Regelwerk zu übersetzen und dabei den institutionellen Anforderungen gerecht zu werden, hatte 14 Jahre in Anspruch genommen. Der Erfolg dieses Unterfangens zeigte sich nicht zuletzt in der rasanten Heiligsprechung des Franziskus. Schon anderthalb Jahre nach seinem Tod, am 3. Oktober 1226, wird Franziskus von Papst Gregor IX., dem ehemaligen Kardinalprotektor Hugolino d'Ostia, am 18. Juli 1228 heiliggesprochen.[238]

Die charismatische Figur des Franziskus, die in gelebter Armut, Buße und der Absage gegenüber geistlicher Gelehrsamkeit ihr Faszinosum entwickelte, bot auch Anlass für eine immense literarische Produktivität. Unmittelbar nach seinem Tod setzte die hagiographische Verschriftlichung seines Wirkens unter Einbezug seiner eigenen Texte ein. Aus diesem umfangreichen Textcorpus wurden für die nachfolgenden Analysen sieben lateinische und sechs volkssprachliche Franziskuslegenden ausgewählt.[239] Die älteste lateinische und vermutlich erste legendarische Erzählung von Franziskus stammt von einem seiner Gefährten, Thomas von Celano. Die sogenannte *Vita Prima* (CFr1) wurde von Papst Gregor IX. als Auftragswerk im Zuge der Kanonisation des Franziskus verfasst. Celano berücksichtigt dabei deutlich das eigene Wirken Gregors IX. Die ersten beiden Bücher dieser Vita unterliegen dem *ordo naturalis*, während das dritte Buch mit seiner systematischen Darlegung von Wunderberichten und Tugenden dem *ordo artificialis* folgt. Von dem Werk sind heute noch 20 vollständige Textzeugen bekannt,[240] für die Analyse wurde auf die kritische Edition von Enrico Menesto u.a. zurückgegriffen.[241] Thomas von Celano verfasste 1246/47 im Auftrag des Generalministers Crescentius de

237 Siehe zu diesem Institutionalisierungsprozess Erwin Iserloh: Charisma und Institution im Leben der Kirche. Dargestellt an Franz von Assisi und der Armutsbewegung seiner Zeit. Wiesbaden 1977, S. 23–35.

238 Siehe zu den Vorgängen Melville: Die Welt der mittelalterlichen Klöster, S. 189–196.

239 Umfassende Darstellungen der Textcorpora bieten für die lateinischen Texte Wesjohann: Mendikantische Gründungserzählungen, S. 66–130; sowie für deutschen Texte Kurt Ruh: Bonaventura deutsch. Ein Beitrag zur deutschen Franziskaner-Mystik und -Scholastik. Bern 1956, S. 217–251.

240 Zur Überlieferungslage siehe Engelbert Grau (Hrsg.): Thomas von Celano. Leben und Wunder des heiligen Franziskus von Assisi. Einführung, Übersetzung, Anmerkungen. Werl 1995, S. 69–73.

241 Siehe Thomas von Celano: Vita Prima Sancti Francisci. In: Enrico Menesto, Stefano Brufani u.a. (Hrsg.): Fontes Franciscani. Santa Maria degli Angeli. Assisi 1995, S. 259–424.

Jesi ferner die *Vita Secunda* (CFr2).[242] Ihre Struktur unterliegt fast gänzlich dem *ordo artificialis*, um thematisch die Berichte von Augenzeugen und weiteren Erinnerungen in die Narration einzuflechten. Damit trägt die heute nur noch in zwei vollständigen Textzeugen vorliegende Legende vermutlich den Forderungen des Genueser Ordenskapitels von 1244 Rechnung.[243] Dieses hatte in einem Rundschreiben etwaige Berichte von den Brüdern aller Provinzen eingefordert.[244] Nach mehrmaliger Aufforderung des nächsten Generalministers der Franziskaner, Johannes von Parma, verfasste Thomas von Celano 1250/52 den *Tractatus de miraculis beati Francisci* (CFr3).[245] Diese Sammlung von Wundererzählungen ist unikal überliefert, heute Rom, Istituto Storico dei Cappuccini, Archivio generale, AB 23, 40r–73r.[246] Sie folgt gänzlich dem *ordo artificialis* und verknüpft dabei die Wunder des Franziskus mit seiner Ordensgemeinschaft, um eine eschatologische Legitimation für diesen zu evozieren.[247] Im zeitlichen Umfeld der *Vita Secunda* Celanos und vor seinem *Tratatus de miraculis* entstand wahrscheinlich eine weitere Legende, die dem Aufruf Crescentius de Jesi von 1244 in besonderer Weise nachkam.[248] Die sogenannte *Legenda trium sociorum* oder *Dreigefährtenlegende* (GFr) liegt heute in zwei Fassungen vor, die sich vor allem in der Zahl der überlieferten Wunder unterscheiden.[249] Als Verfasser benennt der Text drei enge Vertraute des Franziskus, die bereits in den Legenden des Thomas von Celano eine eminente Stellung einnehmen.[250] Sie verfährt zunächst dem *ordo naturalis* entsprechend

242 Zum Text siehe Thomas von Celano: Vita Secunda Sancti Francisci. In: Menesto, Brufani u.a. (Hrsg.): Fontes Franciscani, S. 441–640.

243 Zur Überlieferungslage siehe wiederum Grau (Hrsg.): Thomas von Celano, S. 69–73.

244 Siehe dazu Helmut Feld: Franziskus von Assisi und seine Bewegung. Darmstadt 1994, hier S. 32. Wesjohann merkt mit Bezug auf die jüngsten Forschungen von Jacques Dalarun an, dass die etwa 1230 abgefasste Chorlegende, von Dalarun auch als „umbrische Legende" bezeichnet, wie die *Vita Secunda* ebenfalls von Celano verfasst wurde. In ihr wird bereits von der Stigmatisierung und der Ordensübertragung an Franziskus berichtet. Sie sei textgenetisch der „missing link". Siehe Wesjohann: Mendikantische Gründungserzählungen, S. 68–69.

245 Zum Text siehe Thomas von Celano: Tractatus de miraculis beati Francisci. In: Menesto, Brufani u.a. (Hrsg.): Fontes Franciscani, S. 641–754.

246 Zur Überlieferungslage siehe wiederum Grau (Hrsg.): Thomas von Celano, S. 69–73.

247 Siehe dazu Wesjohann: Mendikantische Gründungserzählungen, S. 74–75.

248 Siehe zu dieser Frage mit jeweils umfangreichen Forschungsüberblick erneut Feld: Franziskus von Assisi und seine Bewegung, S. 34–38; sowie Wesjohann: Mendikantische Gründungserzählungen, S. 80–85.

249 Zum Text siehe Legenda trium sociorum. In: Menesto, Brufani u.a. (Hrsg.): Fontes Franciscani, S. 1353–1446. Zur Überlieferungslage, die auch zu unterschiedlichen Datierungen der Fassungen geführt hat, siehe wiederum Grau (Hrsg.): Thomas von Celano, S. 69–73.

250 Die Verfasser sind im Einzelnen: Leo der Beichtvater des Franziskus, Rufinus ein Cousin Klaras von Assisi, der sich durch absoluten Gehorsam auszeichnete und Angelus (Tancredi) dem einzigen Zeugen der Stigmatisierung des Franziskus am Berg La Verna. Alle drei nehmen wichtige und für die Entwicklung von Geltungsansprüchen innerhalb des Institu-

biographisch, legt dann jedoch zunehmend Wert auf spezifische Themen, wie die Lebensweise der Brüder im Umfeld des Franziskus, oder die Etablierung Hugolinos d'Ostia als Kardinalprotektor des Ordens. Die Darstellungsweise wechselt also in den *ordo artificialis.*[251] Eine weitere Legende, die durch den Orden, genauer gesagt sein Generalkapitel von Narbonne 1260 in Auftrag gegeben wurde, ist die des Generalministers Bonaventura, die *Legenda maior* (BFr).[252] Sie folgt in ihrem Aufbau der *Vita Prima* und *Secunda* Celanos, wodurch sie zunächst dem *ordo naturalis* und im weiteren Verlauf dem *ordo artificialis* unterliegt.[253] Bonaventura, der als Hagiograph Franziskus nicht mehr selbst kannte, behauptet von seinen Texten höchste Authentizität und camoufliert dabei ihre Nähe zu seinen literarischen Vorläufern. Bestärkt wird die Wirkung seines Textes durch das Generalkapitel zu Paris 1266, das seinen Text zur allein gültigen Legende erklärt. Tatsächlich setzte eine strukturierte Vernichtung der Vorläuferlegenden ein.[254] In diesen Zeitraum (1264) fällt vom Dominikaner Jakobus de Voragine geschaffene Fassung der *Legenda Aurea* (LAFr), *De sancto Francisco.*[255] Gegenüber der in dieser Legendensammlung ebenfalls enthaltenen Dominikuslegende, verfährt die Erzählung weitestgehend thematisch geordnet und folgt inhaltlich der *Vita Secunda* Celanos.[256] Die letzte hier aufgeführte lateinische Legende firmiert unter der Bezeichnung *Actus Beati Francisci et Sociorum* (AFr).[257] Der zwischen 1327–1340 entstandene Text unterliegt gänzlich dem *ordo artificialis* und verknüpft gängige Motive der ersten Legenden mit weiteren Wundererzählungen, die er neu anordnet.[258]

---

tionalisierungsprozesses wirkmächtige Funktionen ein, die ihnen und den an sie geknüpften Argumenten Legitimität durch Authentizität verleihen. Siehe dazu Münkler: Amicus Dei, S. 385–386.

251 Siehe dazu ebenso Wesjohann: Mendikantische Gründungserzählungen, S. 78–83.

252 Bonaventura verfasste sogar zwei Legenden, besagte *Legenda maior* und eine kürzere für den Chorgebrauch, die *Legenda minor.* Zur Genese siehe Feld: Franziskus von Assisi und seine Bewegung, S. 42–44. Zum Text siehe Bonaventura: Legenda maior. In: Menesto, Brufani u.a. (Hrsg.): Fontes Franciscani, S. 755–962.

253 Siehe dazu erneut Münkler: Amicus Dei, S. 387.

254 Die Vernichtung der vorherigen Legenden war Teil des Generalkapitelbeschlusses und gehörte zu einem strengen Zensurkonzept Bonnaventuras. Dies endete bereits mit den Beschlüssen des Generalkapitels von 1276, wonach wieder weitere Zeugnisse von Franziskus' Leben gesammelt werden durften und sollten, um ein möglichst umfassendes Bild vom heiligen Ordensgründer zu erhalten. Dazu bereits Feld: Franziskus von Assisi und seine Bewegung, S. 43–44; siehe auch Wesjohann: Mendikantische Gründungserzählungen, S. 107–109.

255 Zum Text siehe De sancto Francisco. In: Jacobus de Voragine: Legenda aurea. Hrsg. von Johann G. Th. Grässer. Leipzig 1890, S. 662–674.

256 Siehe dazu bereits Wesjohann: Mendikantische Gründungserzählungen, S. 408–409.

257 Zum Text siehe Actus Beati Francisci et Sociorum. In: Menesto, Brufani u.a. (Hrsg.): Fontes Franciscani, S. 2055–2222.

258 Wesjohann stützt auf diesem Befund einerseits die Aussage, es handele sich nicht um eine Legende und andererseits sei der historiographische Wert besonders gering. Beide Behaup-

Die älteste volkssprachliche Franziskuslegende im deutschen Sprachraum verfasste wahrscheinlich noch vor 1239 der Franziskaner Lamprecht von Regensburg (LFr).[259] Lamprechts Verslegende, *Sante Francisken leben*, fällt in die Zeit zwischen der *Vita Prima* und der *Vita Secunda* Celanos und vor das Zensurverdikt Bonaventuras. Die Fassung liegt in einem Textzeugen vor, heute Würzburg, Universitätsbibliothek, M. p. th. o. 17a, 1v–118r. Lamprecht nutzt offensichtlich die *Vita Prima* als Vorlage, ordnet den Inhalt gegenüber Celano aber gänzlich dem *ordo naturalis* unter. So kann er auch die zu Lebzeiten gewirkten Wunder noch vor der Kanonisation einordnen.[260] Die zweite volkssprachliche, legendarische Erzählung *Sinte Franciscus Leven* von 1280 ist ebenfalls eine Verslegende, sie stammt von dem flämischen Verfasser Jakob van Maerlant (JFr).[261] Dieser verfasste einen streng an Bonaventuras *Legenda maior* angelehnten Text und folgt dessen zunächst biographischer, dann aber zunehmend thematischer Darstellung.[262] Die vorliegende Edition folgt dem Textzeugen, Leiden, Universitätsbibliothek, BPL 101.[263] Eine ebenfalls versifizierte Franziskuslegende *Von sante Francisco* entstammt dem Passional (PFr), das um 1300 entstand.[264] Der Verfasser folgt auch hier weitestgehend der Darstellung Bonaventuras, nutzt aber ebenso Teile der Celano Viten.[265] Eine erste legendarische Prosafassung des Franziskuslebens im deutschen Sprachraum enthält die *Elsässische Legenda Aurea* (ELAFr), *Franziskus*, aus der Mitte des 14. Jahrhunderts.[266] In ihrer knappen Darlegung rahmen zwar biographische Daten das Erzählen, es unterliegt jedoch zumeist einem sehr nüchternen und emotionale Darstellungen vermeidenden *ordo artificialis*.[267] Der kritischen Edition liegt derselbe Textzeuge wie der bereits genannten Dominikuslegende (ELADo) zugrunde, heute München, Bayrische Staatsbibliothek, cgm 6, 171v–173r. Gegenüber dieser Fassung weist

---

tungen sind aus narratologischer Sicht nicht haltbar. Gerade das Konzept des *ordo artificialis* offenbart das legendarische Erzählen. Siehe dazu Wesjohann: Mendikantische Gründungserzählungen, S. 120–121.

259 Zum Text siehe Lamprecht von Regensburg: Sante Francisken leben. Hrsg. von Weinhold. Paderborn 1880, S. 43–260. Für die zeitliche Einordnung siehe die philologische Aufarbeitung möglicher *termini ante* und *post quem* durch Weinhold: Einführung. In: Ebd., S. 4–6.

260 Einen ersten ausführlicheren Textvergleich, auch gegenüber der von Jakob van Maerlant verfassten Legende, unternimmt Feistner: Historische Typologie, S. 195–211.

261 Zum Text siehe Jakob van Maerlant: Sinte Franciscus Leven. Hrsg. von Pater Maximilianus. Zwolle 1954, S. 35–332.

262 Siehe dazu nochmals Feistner: Historische Typologie, S. 195–211.

263 Siehe dazu http://www.handschriftencensus.de/16084.

264 Als Textgrundlage wird die Edition der ehemaligen Königsberger Hs. 3050.19 von Köpke genutzt, siehe dazu Von sante Francisco. In: Das Passional, S. 514–539.

265 Siehe Feistner: Historische Typologie, S. 233.

266 Zum Text siehe Franziskus. In: Die Elsässische Legenda Aurea, S. 665–670. Zur Einschätzung siehe Kurt Ruh: Bonaventura deutsch, S. 297–298.

267 Wiederum Feistner: Historische Typologie, S. 293–294.

Von sant Franciscus aus dem dominikanischen Prosalegendar *Der Heiligen Leben* (HLFr) deutlich emotionalere Einschübe auf.[268] Der Textzeuge der kritischen Edition wurde vom Nürnberger Berufsschreiber Johannes Liebhardt vom Stein um 1431 verfasst und gelangte dann in den rheinfränkischen Raum, zuletzt in den Frankfurter Dominikanerkonvent, heute Frankfurt am Main, Universitätsbibliothek, Ms. Praed. 7, 31vb–39va.[269] Alle Texte der bisher genannten Legendensammelhandschriften nehmen vor allem auf die *Legenda maior* Bezug. Erste umfängliche Prosa Adaptionen entstehen jedoch erst in der Mitte des 15. Jahrhunderts. Eine dieser Fassungen ist die *Legenda maior S. Francisci* (SFr), der Franziskanerschwester Sibilla von Bondorf.[270] Die Lektionarin des Straßburger Klarissenklosters Wörth überträgt Bonaventuras Text in einer illuminierten Handschrift, heute London, British Library, Ms. Add. 15710. Dabei übernimmt sie Bonnaventuras strukturierende und die Thematisierungen eines *ordo artificialis* offenbarenden Kapitelüberschriften.[271] Alle verwendeten Textzeugen folgen in der Zitation den Vers-, Kapitel- oder Seitenangaben der zugrunde gelegten (kritischen) Editionen.

2.6 Klara von Assisi (1193/94–1253)

Eng verbunden mit Franziskus, seiner Gemeinschaft der *fratres minores* und dem Gründungsort Assisi ist auch Klara, die Tochter des Adligen Favarone di Offreduccio di Bernadino. Auch sie strebte nach einem Leben in Vollkommenheit und einer *imitatio christi*. Die Frömmigkeitsbewegung offerierte auch für Frauen neue Formen einer *vita religiosa* jenseits der Konzepte von Nonne oder Kanonissin. Die ersten Gemeinschaften (*Samungen*) dieses laikalen und sogenannten *Semireligiosentums* waren geprägt von einer starken inneren Religiosität. Dies zeigte sich unteranderem in der breiten Rezeption und Produktion mystischer Texte. Die institutionell anerkannten Gemeinschaften, die Beginen, vorrangig bestehend aus Lai-

268 Zum Text siehe Von sant Franciscus. In: Der Heiligen Leben. Winterteil. Bd. 2, S. 50–60. Sowie Feistner: Historische Typologie, S. 295–297.

269 Zu diesen Angaben siehe Williams-Krapp: Die deutschen und niederländischen Legendare, S. 204.

270 Zum Text siehe Sibilla von Bondorf: Legenda Maior S. Francisci. Hrsg. von David Brett-Evans. Berlin 1960, S. 37–182.

271 Dazu die historisch nicht einwandfreie Einleitung von Brett-Evans, der unteranderem behauptet (S. 10), die Legende Lamprechts von Regensburg würde auch Züge der *Vita Secunda* Celanos aufweisen, die zum Zeitpunkt der Abfassung (1239) allerdings noch gar nicht existierte; hier aber David Brett-Evans: Einleitung. In: Sibilla von Bondorf: Legenda Maior S. Francisci, S. 9–36, hier S. 15–19.

innen, mussten jährlich ihr Gelübde als *mulieres religiosae* erneuern.[272] Klara indes war fasziniert von Franziskus' Idee einer radikalen Armut, einem gottgeweihten Leben in völliger Besitzlosigkeit. Sie wollte sich dieser ganz und nicht nur jährlich erneuernd verschreiben. Mit achtzehn Jahren bat sie den Gründer der noch nicht approbierten Gemeinschaft um Aufnahme. Franziskus stimmte dem entgegen der Familie Klaras zu. Anders als die semireligiosen Gemeinschaften der Beginen oder Kanonissinnen leistete Klara ein ewiges Gelübde auf die drei evangelischen Räte (Armut, Gehorsam, Keuschheit). Sie entschloss sich zu einer *vita monastica*, die sich allerdings durch die strenge Armut, Besitzlosigkeit und das Leben vom Bettel von den existierenden monastischen Frauengemeinschaften, den Benediktinerinnen und den Zisterzienserinnen, unterschied.[273] Die neue und radikale Lebensweise Klaras evozierte ihr neben Franziskus ein eigenes Charisma, das weitere Frauen anzog.[274] Neben den Minderbrüdern entstand rasch eine weibliche Gemeinschaft, die sich in der kleinen Kirche von San Damiano niederließ. Dort konnten sie die Bedürfnisse ihrer mendikantisch-karitativen *vita religiosa* gemeinschaftlich ausleben. Eine institutionelle Anerkennung dieser Lebensweise und die damit verbundene Stiftung eines regulierten Ordens erwiesen sich allerdings als langwieriger Prozess. Parallel zur Gemeinschaft des Franziskus erfuhr Klara von Kardinal Hugolino d'Ostia Unterstützung. Dessen Idee eines regulierten Frauenkonvents in nur noch persönlicher Armut und Klausur wurde von Klara abgelehnt. Als Papst Gregor IX. unterstellte er Klaras anwachsende Gemeinschaft 1227 der Seelsorge des franziskanischen Generalministers und kurze Zeit

272 Hierbei gilt es anzumerken, dass sich die Beginen lediglich nördlich der Alpen und vor allem im deutschen und niederländischen Sprachraum ausbreiteten. Fürsprecher dieser laikalen Frauengemeinschaften war kein geringerer als der Kanoniker, Kardinal und Patriarch von Jerusalem Jacques de Vitry (1170–1240). Siehe zu den Beginen und den männlichen Begarden Dinzelbacher: Mönchtum und Kultur. S. 11–12; sowie Melville: Die Welt der mittelalterlichen Klöster, S. 169–172; daneben siehe einleitend Martina Wehrli-Johns: Das mittelalterliche Beginentum – Religiöse Frauenbewegung oder Sozialidee der Scholastik? In: dies. und Claudia Opitz (Hrsg.): Fromme Frauen oder Ketzerinnen? Leben und Verfolgung der Beginen im Mittelalter. Freiburg u.a. 1998, S. 25–51.

273 Zu den Neuerungen gegenüber älteren monastischen Frauengemeinschaften siehe: Maria Pia Alberzoni: Clare of Assisi and the Poor Sisters in the Thirteenth Century. Saint Bonaventure (NY) 2004, hier S. 22–24.

274 Maria Pia Alberzoni geht in Anlehnung an Gert Melvilles Überlegungen zu Franziskus (*Der geteilte Franziskus*) auch für Clara von einem doppelten respektive gewandelten Charisma aus. Siehe dazu Maria Pia Alberzoni: Chiara d´Assisi. Il charisma controverso. In: Andenna u.a. (Hrsg.): Charisma und religiöse Gemeinschaften, S. 319–342, hier vor allem S. 324–326. Zu den Bezügen siehe Gert Melville: Der geteilte Franziskus. Beobachtungen zum institutionellen Umgang mit Charisma. In: Joachim Fischer und Hans Joas (Hrsg.): Kunst, Macht und Institution. Studien zur Philosophischen Anthropologie, soziologischen Theorie und Kultursoziologie der Moderne. Festschrift für Karl-Siegbert Rehberg. Frankfurt und New York 2003, S. 347–363.

später sogar direkt seiner päpstlichen Gewalt. Ein erneute Versuche Klara eine Regel aufzuerlegen, die vor allem die strenge Armut nur noch für die Person, nicht aber für den Konvent und Orden vorschrieb, scheiterten jedoch. Am 9. August 1253 promulgierte Innozenz IV. zwei Tage vor Klaras Tod, deren selbst verfasste Ordensregel und erkannte damit die Gemeinschaft in ihrer Eigenständigkeit an.[275] Die Legenden der 1255 ebenfalls sehr rasch heiliggesprochenen Klara stilisieren diese zur Gründerin und schweigen fast gänzlich über den kirchenpolitisch schwierigen Vorgang der Legitimation. Allein der Ursprung des Anstoßes – die radikale Armut innerhalb der *vita monastica* Klaras und ihrer Schwestern – wird innerhalb der legendarischen Erzählungen bewusst genannt, freilich aus einer unproblematischen, bereits institutionell gesicherten Erzählperspektive.[276]

Für das Corpus der Klaralegenden ergibt sich gegenüber den bisherigen Corpora ein etwas anderer Befund. Es liegt nämlich nur eine eigenständige lateinische, legendarische Prosaerzählung der Heiligen vor.[277] Die Claravita des Thomas von Celano (CCl), die *Legenda Sanctae Clarae Virginis* aus dem Jahr 1256.[278] Celano verfasste die Legende im Auftrag von Papst Alexander IV., der Klara am 15. August 1255 offiziell heiliggesprochen hatte. Die Legende kommt in den ersten Kapiteln bis zu Klaras *conversio* dem *ordo naturalis* nach, in der Folge ordnet sie die Kapitel thematisch. Leithandschrift der Edition dieser vielfach überlieferten Vita ist der Codex 338 der Biblioteca Comunale von Assisi. Der nach 1279 verfasste Codex des Minoriten Konvents in Assisi versammelt neben der Claravita weitere franziskanische Schriften, wie die Vitae des Franziskus oder dessen eigene Texte.

---

275 Siehe dazu Melville: Die Welt der mittelalterlichen Klöster, S. 198–200. Interessant sind dabei vor allem die jeweiligen Argumentationslinien und Legitimationsstrategien, bei denen sowohl der bereits verstorbene und heiliggesprochene Franziskus als auch die charismatische Klara herangezogen werden. Detaillierter dazu Bert Roest: Order and Disorder. The Poor Clares between Foundation and Reform. Leiden und Boston 2013, hier S. 37–74.

276 Die Diversität der hagiographischen Texte zu Klaras Leben und deren funktionale Einbindung hat jüngst Maria Pia Alberzoni herausgestellt und dafür plädiert von mehreren „Clarae" zu sprechen. Siehe Maria Pia Alberzoni (Rez.): Marco Guida: Una leggenda in cerca d'autore. La vita di santa Chiara d'Assisi. Bruxelles 2010. In: Rivista di storia della Chiesa in Italia, 66 (2012), S. 218–224.

277 Neben der Prosalegende ist im Codex 338 der Biblioteca Communale von Assisi (fol. 84c–91d) auch eine lateinische Verslegende (1726 V.) überliefert, die hier aber keine Berücksichtigung findet. Im Kontext einer Klara zentrierten Analyse, wäre es lohnenswert sie für weiterführende Beobachtungen heranzuziehen, zumal sie bisher nur selten untersucht wurde. Siehe einleitend und mit einer Edition des Textes Legenda versificata S. Clarae Assisiensis. In: Menesto, Brufani u.a. (Hrsg.): Fontes Franciscani, S 2341–2399.

278 Zum Text siehe Thomas von Celano: Legenda Sanctae Clarae Virginis. In: Menesto, Brufani u.a. (Hrsg.): Fontes Franciscani, S. 2415–2452.

Das hier untersuchte deutschsprachige Legendencorpus der heiligen Klara umfasst vier Texte. Eine erste, volkssprachliche Adaptation der Celano Vita bietet 1380 das *Sand Claren bvch* (KlV).[279] Neben der Klaralegende sind in ihm fast alle weiteren, damals bekannten volkssprachlichen Textzeugnisse (Briefe, Gebete und weitere Schriften) von und über die Heilige zusammengetragen. Für die Analysen wurde auf die kritische Ausgabe des Textzeugen Bamberg, Staatsbibliothek, cod. hist. 146 zurückgegriffen. Die Handschrift wurde von der Klarissin und mehrmaligen Äbtissin des Nürnberger Klarissenklosters, Katharina Hofmann, verfasst.[280] Der volkssprachliche Text folgt weitestgehend dem Aufbau und der Struktur der Celano Vita, birgt aber Einschübe, die auf Kenntnisse der Prozessakten hinweisen.[281] Eine bereits gekürzte Fassung dieser Klaralegende bietet das *Der Heiligen Leben*, dessen Text *Von sant Clarn* (HLKl) um 1390 im Nürnberger Dominikanerinnenkloster verfasst wurde.[282] Dem Verfasser dieser Klaralegende lag ebenfalls eine Handschrift des im Nürnberger Klarissenkloster entstandenen Klara-Buchs vor. Es handelt sich allerdings um den nach 1380 fertiggestellten Textzeugen, Bamberg, Staatsbibliothek, cod. hist. 147.[283] Wie die Fassung des umfänglichen Klarabuchs unterliegt auch diese Legende zunächst einleitend dem *ordo naturalis*, um dann im *ordo artificialis*, thematisch geordnet, weitere Aspekte aus dem Leben und Wirken der Heiligen zu präsentieren. Eine weitere Celano Übertragung, die ebenfalls um 1400 entstand, aber keine Bezüge zu den Nürnberger Fassungen aufweist, ist das *Klaraleben* der Handschrift: Karlsruhe, Landesbibliothek, cod. St. Georgen 99, 161v–194r, (KKl).[284] Diese Klaralegende fand vor allem im süddeutschen Raum eine starke Verbreitung.[285] Der vorliegende, kritisch edierte Textzeuge wurde erst zu Beginn des 16. Jahrhunderts verfasst. Der Text bricht nach dem Tod der

279 Zum Text siehe Herrad Weiler: St. Clara-Vita. Textkritische Edition und Wortschatzuntersuchung. Innsbruck 1972 [Diss. masch.], S. 73–241.

280 Zu diesen Angaben und der Begründung dieser Leithandschrift gegenüber den weiteren acht Codices, siehe Weiler: St. Clara-Vita, S. 30–64.

281 Dazu bereits einen Überblick über die Forschung gebend Johannes Schneider: Katharina Hofmann. Aus dem „St. Klara-Buch". In: Paul Zahner (Hrsg.): Vena vivida – Lebendige Quelle. Texte zu Klara von Assisi und ihrer Bewegung. Bd. 2,1. Münster 2008, S. 29–64, hier S. 38.

282 Zum Text siehe Von sant Klarn. In: Der Heiligen Leben. Bd. 1, S. 387–397.

283 Zu dieser Frage ausführlich Williams-Krapp: Die deutschen und niederländischen Legendare. S. 274–300.

284 Zum Text siehe Klaraleben. In: Karl Groos: Die alemannische Sprache zu Villingen in Baden am Ende des 15. Jahrhunderts. Bearbeitet nach einer Handschrift der Großhzgl. Bad. Hof- u. Landesbibliothek. Lüttich 1904, S. 14–86.

285 Zu dieser Einschätzung siehe bereits Kurt Ruh: Art. Klara von Assisi. In: Die deutsche Literatur des Mittelalters. Das Verfasserlexikon. Bd. 4. Hrsg. von Wolfgang Stammler. Berlin 1983, Sp. 1172–1183, hier Sp. 1175–1178.

Heiligen ab. Insgesamt werden zwei Drittel der Celano Kapitel, dessen Vitenstruktur folgend, wiedergegeben.[286] Im Freiburger Klarissenkloster entstand 1480 ein weiteres *Klara-Buch*, das eine deutlich freiere Übertragung der Vita Celanos beinhaltet und in seinen zahlreichen Miniaturen unteranderem die Bonaventura Übersetzerin Sibilla von Bondorf präsentiert.[287] Die Schreiberin des nur digital vorliegenden Textzeugen,[288] Karlsruhe, Landesbibliothek, cod. Thennenbach 4, 2r–227v, (TKl), Magdalena Steimerin, war selbst Klarissen im Freiburger Kloster. Vermutlich stand sie in Kontakt mit Sibilla von Bondorf.[289] Neben der Celano Vita lagen Magdalena allerdings weitere franziskanische Quellen vor, wie vermutlich die *Actus* (AFr), die in ihrer Legendenfassung zu einzigartigen Zusätzen geführt haben. Für alle Texte wird die Kapitel- respektive Seitenzählung der Editionen übernommen, die Zitation des Codex Thennenbach 4 folgt seiner Foliozählung.

2.7 Birgitta von Schweden (1303–1373)

Am Ende des 13. Jahrhunderts und spätestens nach dem Attentat von Anagni am 7. September 1303 auf Papst Bonifaz VIII. offenbarte sich, wie stark die Amtskirche zu einer Institution im weltlichen Machtgefüge geworden war und wie umkämpft die Möglichkeiten einer Einflussnahme auf sie waren.[290] Während im Gebiet des Heiligen Römischen Reiches mit dem Ende der Stauferherrschaft (1254) ein sich nur langsam füllendes Machtvakuum entstanden war, gelang es vor allem dem französischen König Philipp IV. (1268–1314) einerseits Frankreich zu einer Großmacht auszubauen, andererseits das Papsttum für eine geraume Zeitspanne an die französische Krone zu binden. Das Exilpapsttum in Avignon, welches von 1309 bis 1377 andauerte, schwächte die Kirche. Das 1378 mit der Doppelwahl eines Papstes einsetzende Abendländische Schisma (bis 1418) war ein deutlicher Beleg für die Schwäche und innere Zerrüttung der Kir-

286 Dazu bereits einleitend Groos: Einleitung. In: Karl Groos: Die alemannische Sprache zu Villingen, S. 11.

287 Siehe dazu http://www.handschriftencensus.de/7682.

288 Das Digitalisat wurde dankenswerter Weise durch die Badische Landesbibliothek zu Karlsruhe zur Verfügung gestellt. Die maschinell erzeugte Abschrift von Jon-Carl Balson war nicht verfügbar. Siehe dazu Jon-Carl Balson (Hrsg.): An Edition of the MS. Thennenbach 4. The Life and Legend of St. Clara of Assisi. A thesis. Chapel Hill 1971.

289 Siehe dazu Susanne Ernst: Magdalena Steimerin. Aus der „Legende der auserwählten Jungfrau St. Klara." In: Zahner (Hrsg.): Vena vivida, S. 137–154, hier S. 137–138.

290 Angenendt gibt dazu einen guten Einblick und hebt vor allem mit Bezug auf die Arbeit von Michele Maccarone (*Vicarius Christi. Storia del Titolo Papale* Rom 1952) die Bulle *Unam sanctam* (1302) hervor, die einen Höhepunkt in den Auseinandersetzungen darstellt. Siehe Angenendt: Geschichte der Religiosität, S. 79–80 und 322–325.

che.[291] Diese vornehmliche Selbstbeschäftigung der Institution Kirche und die von Gert Melville angeführte „Übersättigung" der christlichen Welt durch die bereits bestehende Klosterlandschaft führten zu einer Stagnation in der weiteren Differenzierung der *vita religiosa*.[292] In diesem kirchenpolitischen Kontext hinein wurde die adlige Birgitta als Tochter einer der mächtigsten Familien im schwedischen Herrschaftsraum geboren. Ihr Vater Birger Persson war Vorsitzender Richter in Uppland und ihre Mutter Ingeborg Bengstdotter war eine Nichte Königs Birger Magnusson. Die hochadlige Familie Birgittas mehrte sowohl ihren politischen, als auch kirchlichen Einfluss durch die Übernahme von Ämtern und ein reges Stifterwesen.[293] Birgitta selbst wurde wie ihre Schwester mit einem Sohn Gudmars Magnusson verheiratet, um den politischen Einfluss der Familie zu festigen. Mit ihrem Mann, Ulf Gudmarsson, einem Mitglied des Reichsrates, hatte sie acht Kinder. 1335 wurde Birgitta als Hofmeisterin Königs Magnus Eriksson eine enge Vertraute seiner Frau Königin Blanche von Namur und 1339 Patentante und Erzieherin des Prinzen Erik Magnusson. Schon 1340 scheint das Verhältnis zum Königspaar zerrüttet zu sein, denn Birgitta verlässt nicht nur unter Aufgabe ihrer Ämter den Hof, sondern begibt sich mit ihrem Mann auf eine Pilgerfahrt nach Santiago de Compostela. Auf der Reise erkrankt Birgittas Mann schwer und tritt, vermutlich aus Buße, nach der Rückkehr 1343 in die Zisterzienserabtei von Alvastra als Mönch ein. 1344 stirbt er dort, der *vita monastica* verschrieben und nur wenige Tage darauf erfährt Birgitta ihre erste Vision.[294] Bis 1349 verweilt Birgitta in der Abtei von Alvastra und empfängt als mystische Braut Christi weitere Offenbarungen. Die wichtigste leitete sie zu einer Ordensgründung im 25 Kilometer entfernten Vadstena an und

291 Zur historischen Darstellung und Einschätzung siehe einleitend Frank: Kirchengeschichte, S. 178–182.

292 In seinem Urteil hält Melville fest, „dass der Erdkreis der lateinischen Christenheit im späteren Mittelalter bereits dicht gefüllt war mit klösterlichen Einrichtungen. Was somit als anwachsende Stagnation erscheinen mag, kann vielleicht auf nichts anderes zurückgeführt werden als auf Übersättigung des Bedarfs oder auf Erschöpfung der personellen wie materiellen Ressourcen, die in der Epoche der Großen Pest oder des Hundertjährigen Krieges zudem beträchtlich reduziert wurden." Vgl. Melville: Die Welt der mittelalterlichen Klöster, S. 229.

293 Siehe zu diesen historischen Hintergründen und Einschätzungen Cordelia Heß: Heilige machen im Spätmittelalterlichen Ostseeraum. Die Kanonisationsprozesse von Birgitta von Schweden, Johannes von Linköping und Dorothea von Montau. Berlin 2008, hier S. 100. Stephan Flemmig verweist ohne weitere Argumentation darauf, dass mütterlicherseits die Abstammungsverhältnisse nicht genau geklärt seien, siehe dazu Stephan Flemmig: Hagiografie und Kulturtransfer. Birgitta von Schweden und Hedwig von Polen. Berlin 2011, hier S. 80.

294 Siehe dazu wiederum Heß: Heilige machen, S. 100–101; sowie Flemmig: Hagiografie und Kulturtransfer, S. 83–84.

enthielt zugleich eine monastische Ordensregel.[295] Ihre Brautschaft als Form der *imitatio Christi*, im Sinne einer mit ihm geschlossenen Einheit (*unio mystica*), verlieh ihr Charisma und ließ sie Anhänger finden.[296] Birgitta versuchte ihre monastische Gemeinschaft angelehnt an die Symbolizität der christlichen Urgemeinde zu legitimieren. In ihren Klostergemeinschaften wurden die *vita contemplativa* und die *vita apostolica* einander angenähert. Jedes ihrer Klöster umfasste 85 Personen, Männer und Frauen, Kleriker und Laien. Deren Untergliederung war symbolisch aufgeladen. Erstens waren dies 13 Mönchspriester, die der Zahl der Apostel nach der Aufnahme des Matthias und des Paulus entsprach und die vor allem seelsorgliche Aufgaben der *vita apostolica* übernahmen. Zweitens, geknüpft an die Zahl der 72 Jünger Jesu, waren es 4 Diakone und 8 Laienbrüder sowie 60 Nonnen. Gerade letzteren oblag in der Klausur die Pflege der *vita contemplativa*.[297] Die Leitung eines solchen, nur durch strenge bauliche Trennungen zwischen Männern und Frauen möglichen Doppelklosters war in Anlehnung an die Ordensgründerin und ihrer besonderen Gottesnähe einer Äbtissin vorbehalten.[298] Diese Umstände erschwerten eine Anerkennung der Gemeinschaft. Birgitta, ab 1350 gemeinsam mit ihrer Tochter und einem Beichtvater in Rom lebend, bemühte sich stetig um eine Anerkennung der Lebensweise ihrer Gemeinschaft. Erst die Tochter Birgittas, Katharina von Schweden, erwirkte 1378 die päpstliche Approbation des Erlöserordens (*ordo sanctissimi Salvatoris*) und seiner Form der *vita monastica*. 1391 wurde Birgitta und 1484 auch ihre Tochter Katharina heiliggesprochen.

---

295 Melville ordnet die Gründung sowie die Begründung des Ordens in den Kontext der bisherigen Ordenslandschaft ein, wobei er auf die zugespitzten Formulierungen der Offenbarung eingeht. Siehe dazu ausführlich Melville: Die Welt der mittelalterlichen Klöster, S. 242-243.

296 Otto Langner gibt eine einleitende Darstellung zur *unio* zwischen Gott und Mensch und im Speziellen zur *unio mystica* von irdischer Braut und Christusbräutigam siehe: Otto Langner: Mystische Erfahrung und spirituelle Theologie. Zu Meister Eckharts Auseinandersetzung mit der Frauenfrömmigkeit seiner Zeit. München 1987, S. 127–155. Neuer dagegen die Analysen von Burkhard Hasebrink, der dabei auch „zeig[t], dass die Formel vom ‚einigen Einen' bereits in weltlicher Literatur Verwendung fand […].“ Burkhard Hasebrink: Ein einic ein. Zur Darstellbarkeit der Liebeseinheit in mittelhochdeutscher Literatur. In: PBB 124,3 (2002), S. 442–465, hier S. 450. Zum hohen Stellenwert der Brautmystik im Spätmittelalter siehe wiederum Angenendt: Geschichte der Religiosität, S. 123–143.

297 Zur dargestellten Zusammensetzung eines Birgittenklosters und der Symbolik siehe Melville: Die Welt der mittelalterlichen Klöster, S. 244.

298 Robert von Arbrissel (1045–1116) hatte bereits für seinen gemischten Klosterverband in Fontevraud eine Äbtissin eingesetzt. Deren Legitimation beruhte auf den Worten Jesu, der seine Mutter im Angesicht seines Todes wieder annahm, sogleich aber zwischen ihr und seinem Lieblingsjünger Johannes ein wechselseitiges Verhältnis stiftete (Joh. 19, 26–27). Siehe zu dieser Aufwertung der Frauenrolle Jacques Dalarun: Robert d' Arbrissel. Fondateur de Fontevraud. Paris 1986, S. 90–95.

Für das lateinische Corpus der Birgittalegenden wird auf die überschaubare Edition der *Acta Sanctorum* zurückgegriffen.[299] Diese enthält eine der ältesten Legenden, die sogenannte *Vita Prima* (BiI), die in der Heimat Birgittas entstand. Vermutlich wurde sie im Rahmen der Kanonisationsbestrebungen des Erzbischofs von Uppsala, Birger Gregersson, zwischen 1374 und 1383 verfasst.[300] Birgers Vita folgt in ihrem Aufbau im Wesentlichen den biographischen Daten der Heiligen. Der für die Edition genutzte Textzeuge stammt von Johannes Johannis von Kalmar, Diakon in Vadstena und wurde 1397 abgefasst, heute Lund, Universitätsbibliothek, MS 21 Cod. Falkenberg. Die zweite lateinische Legende durchbricht den *ordo naturalis* immer wieder, zu Gunsten eines systematischen Aufbaus. Sie ist bereits umfangreicher und weist die für die späteren Viten typische Gliederung in drei Bücher auf. Nur das erste Buch enthält allerdings legendarische Erzählungen. Die übrigen vereinen ihre Offenbarungen, eigene Schriften sowie Wundersammlungen. Diese *Vita Altera* oder *Secunda* (BiII) entstand vermutlich parallel zu den *Revelationes* der Birgitta. Sie wurde von Berthold von Rom, einem Mönch der aus dem Birgittenkloster Santa Maria in Paradiso bei Florenz stammte und später in das neugegründete Birgittenkloster Altomünster umsiedelte, verfasst.[301] Textzeuge ist die älteste, überlieferte Handschrift mit birgittinischen Texten von 1372/73 aus dem Kloster Vadstena, heute Uppsala, Universitätsbibliothek, Codex 15, 29r–68v. Die Zitation folgt für beide Viten der Edition der *Acta Sanctorum.*

Das volkssprachliche Corpus legendarischer Erzählungen von Birgitta besteht aus drei Texten. Alle durchbrechen bereits den *ordo naturalis* zugunsten einer thematischen Darbietung. Es handelt sich erstens um eine oberdeutsche Fassung des *Der Heiligen Leben* (HLBi), *Von sant Brigitta.* Diese wurde nicht in die einschlägige Edition von Margit Brand (u.a.) aufgenommen, für die Analysen wird auf eine der vielzähligen Fassungen zurückgegriffen, hier München, Bayrische Staatsbibliothek, cgm 361, 276v–292v. Der Codex wurde 1454 (vgl. 454v) im Nürnberger Dominikanerkloster verfasst und enthält neben *Der Heiligen Leben* (80v–454v) einlei-

299 Zu den Viten siehe De S. Birgitta Vidua. In: Jacobus Bueus (Hrsg.): Acta Sanctorum. Oktober Tom. IV. Brüssel 1780, S. 368–560.

300 Umfangreich informiert über diesen Entstehungsprozess und die dazu vorliegende Forschung Heß: Heilige machen, hier S. 110–115. Zur Ausgabe siehe Vita Sanctae Birgittae a Auctore Birgero archiepiscopo Upsaliensi. In: De S. Birgitta Vidua, S. 485–495.

301 Siehe dazu die philologischen Untersuchungen samt umfassender Handschriftenverzeichnisse von Ulrich Montag: Das Werk der heiligen Birgitta von Schweden in oberdeutscher Überlieferung. Texte und Untersuchungen. München 1968, hier vor allem S. 9–46. Zum Text siehe Vita Sanctae Birgittae ex apographo monasterii S. Altonis in Bavaria Auctore Bertholdo Ordinis S. Salvatoris monacho. In: Bueus (Hrsg.): De S. Birgitta Vidua, S. 495–533.

tend auch das sogenannte *Münchner Apostelbuch* (1r–80r).[302] Zitiert wird nach der Foliozählung des verwendeten Digitalisates.[303] Die beiden weiteren Legenden gehen auf die Kanonisationsakten zurück und sind im weitesten Sinne Transformationen der *Vita Secunda.* Ihre Überlieferung erfolgt in Sammelhandschriften, die gezielt Werke der Heiligen selbst und über diese kompilieren.[304] Es handelt sich dabei zum einen um eine oberdeutsche Fassung, *Leben der heiligen frawen sant Birgitten* (SBi). Die Fassung liegt in einem Textzeugen aus dem oberelsässischen Dominikanerinnenkloster St. Birgitta in Schönensteinbach vor, heute Karlsruhe, Badische Landesbibliothek, St. Peter perg. 42, 72r–147v.[305] Zum anderen eine von Axel Mante edierte niederdeutsche *Birgitta-Legende* (CBi). Mante nutzt dafür einen Textzeugen des Hamburger Beginenklosters aus der Mitte des 15. Jahrhunderts, heute Hamburg, Staats- und Universitätsbibliothek, Cod. Convent 10.[306] Die Zitation beider Handschriften folgt der Foliozählung respektive der für die niederdeutsche Fassung von Mante eingefügten Kapitelzählung.

302 Siehe zu diesen Angaben http://www.handschriftencensus.de/9647.

303 Vgl. http://daten.digitale-sammlungen.de/bsb00103494/image_572.

304 Zu dieser Einschätzung siehe bereits Axel Mante mit einem Bezug auf die Prologe der Texte. Siehe dazu Axel Mante: Einleitung. In: Eine niederdeutsche Birgitta-Legende. Aus der Mitte des XV. Jahrhunderts (Staats- und Universitäts-Bibliothek Hamburg, Cod. Convent 10). Hrsg. von Axel Mante. Lund 1971, hier S. LX–LXI.

305 Siehe dazu erneut den Handschriftencensus: http://www.handschriftencensus.de/5094; sowie zum Text https://digital.blb-karlsruhe.de/blbhs/content/pageview/1004820.

306 Zum Text siehe Eine niederdeutsche Birgitta-Legende, S. 1–292.

II. Freundschaft

1. Idee zu einer analytischen Kategorie

Freundschaft birgt in ihrer synchronen wie diachronen Allgegenwärtigkeit das Potential einer *anthropologischen Konstante.*[307] Die scheinbar stete Notwendigkeit und die Funktionen einer persönlichen Nahbeziehung jenseits familialer oder institutioneller Bindungen in sozialen Gefügen lassen eine solche Behauptung zu. Dies wird umso offensichtlicher, wenn man bedenkt, dass Freundschaft als existenzielle Größe *ea ipsa* eine enorme Diskursivität entwickelt hat. Die analytische Perspektivierung ihrer verknüpfenden *Dispositive* und eine in ihre *epistemische Tiefe* reichende Erarbeitung, im Sinne Michel Foucaults, wäre lohnenswert, erscheint aber in Anbetracht der Vielzahl an *Diskursebenen* überaus komplex.[308] Ein Eindruck, den mittlerweile selbst die rezente Freundschaftsforschung mit Hilfe der

---

307 Alois Hahn relativiert diesen Eindruck durch seine Feststellung, „Freundschaft [sei; M.S.] keine anthropologische Konstante", da nicht alle Gesellschaften Freundschaften aufwiesen. Allerdings gesteht er, dass sich die relativ messbare Relevanz einer „persönliche[n] Beziehung, die zumeist zwei, manchmal auch mehr Personen miteinander verbindet, und zwar in der Regel auf der Basis der Freiwilligkeit", in allen Gesellschaften durchaus offenbart. Siehe dazu Hahn: Zur Soziologie der Freundschaft, hier S. 617. Eine ähnliche Einschätzung bieten auch die Autoren der sozial-anthropologischen Studie zur Funktion und Bedeutung von Freundschaft in Afrika. Sie „gehen davon aus, dass Freundschaft generell ein universales, nicht nur auf eine bestimmte Gesellschaftsform beschränktes Phänomen ist, das in seiner Form und Bedeutung jedoch lokal bzw. kontextuell verschieden gestaltet sein kann." Siehe dazu Tilo Grätz, Barbara Meier und Michaela Pelican: Zur sozialen Konstruktion von Freundschaft. Überlegungen zu einem vernachlässigten Begriff der Sozial-Anthropologie (Working Paper Nr. 53). Halle 2003, hier S. 4.

308 Michel Foucaults Begriffsinstrumentarium unterliegt im Laufe seiner eigenen Arbeiten einem gewissen Wandel, zumal der Begriff des *Dispositivs* in seiner Bedeutung erst später zunimmt. *Diskurs* fasse ich angelehnt an Foucaults *Archäologie des Wissens* als das in der Sprache aufscheinende Verständnis von Wirklichkeit einer jeweiligen Epoche und *Episteme* als Gesamtheit aller Beziehungen, die man in einer gegebenen Zeit innerhalb der Wissenschaften auf Grund von Regelmäßigkeiten analysieren kann. Das Dispositiv, das er vor allem in *Überwachen und Strafen* darstellt, fasse ich als heterogenes Ensemble, das Gesagtes wie Ungesagtes umfasst, also als Netz, das Elemente des Diskurses verknüpft. Vgl. dazu Foucault: Archäologie des Wissens; sowie ders.: Überwachen und Strafen. Die Geburt des Gefängnisses. Übers. von Walter Seitter. Frankfurt am Main 1976 [zuerst im franz. Orig. *Surveiller et punir. La naissance de la prison* Paris 1975]. Foucault bekennt zudem wenige Jahre vor seinem Tod in einem Gespräch, „wenn eine Sache mich heute interessiert, dann ist es das Problem der Freundschaft"; eine systematische Analyse blieb ihm allerdings verwehrt. Siehe dazu Michel Foucault: Dits et Écrits. Schriften. Bd. 4: 1980–88. Frankfurt am Main 2005, hier S. 920.

Schlagworte Ambiguität und Ubiquität der Freundschaft konstatiert.[309] Das Feld wissenschaftlicher Beschäftigung mit dem Phänomen Freundschaft ist weit und reicht allein im Bereich der Geistes- und Sozialwissenschaften von der Theologie und Philosophie bis zur Historiographie und den einzelnen Philologien. Dabei sind die wissenschaftlichen Betätigungen nicht nur auf eine Diskursbeobachtung oder deren Beschreibung beschränkt. Die theologischen und philosophischen Analysen entwerfen mitunter sozialwirksame und ethisch-moralisch genormte Freundschaftskonzepte. Darin offenbaren sie ihren eigenen, diskursprägenden Charakter.[310] Daneben hat die Öffnung der einzelnen Disziplinen gegenüber ethnologischen und kultursoziologischen Fragestellungen den wissenschaftlichen Diskurs über Freundschaft in den letzten Jahrzehnten noch einmal gesteigert.[311] Dies vor allem im Hinblick auf die Frage nach den Grenzen der Freundschaft gegenüber anderen, kulturell gepflegten und gesellschaftlich, institutionalisierten Sozietäten wie Verwandtschaft, Patronage oder Liebe. Grundsätzlich setzt eine solche Fokussierung bereits die Unterscheidung von öffentlichkeits- und privatheitsbezogenen

309 Gerade aus mediävistischer Sicht sehr eindrücklich dazu Gerd Althoff: Freundschaftszeichen. Stärken und Schwächen ihrer Ambiguität. In: Münkler, Sablotny und Standke (Hrsg.): Freundschaftszeichen, S. 33–48. Daneben siehe vor allem im Hinblick auf die Ubiquität auch folgenden soziologischen Sammelband aus dem anglo-amerikanischen Raum: Sandra Bell and Simon Coleman (Hrsg.): The Anthropology of Friendship. Oxford und New York 1999. Bereits im Vorwort hebt Raymond Firth hervor: „Friendship is an important social phenomenon. Among the many issues it raises I consider briefly only its ubiquity, its diversity (even ambiguity) and its practicality." Raymond Firth: Preface. In: ebd., S. xiii–xvi, hier S. xiii.

310 Neben dem theologisch fundierten Konzept der Gottesfreundschaft sei hier nur exemplarisch die Tugendfreundschaft, wie sie etwa in Ciceros Traktatdialog *Laelius* (Cic., Lael.) aufscheint, genannt. Die jeweils entworfenen Konzepte von Freundschaft sind hochgradig exklusiv und an einen Normenkatalog rückgebunden (Siehe: Cicero: Laelius. De amicitia. Hrsg. von Max Faltner. Darmstadt 1993). Siehe zu Ciceros Aufwertung der (Tugend-) Freundschaft aus tagespolitischen Gründen den Aufsatz von Ulrich Gotter: Cicero und die Freundschaft. Die Konstruktion sozialer Normen zwischen römischer Politik und griechischer Philosophie. In: Hans-Joachim Gehrke und Astrid Möller (Hrsg.): Vergangenheit und Lebenswelt. Soziale Kommunikation, Traditionsbildung und historisches Bewußtsein. Tübingen 1996, 339–360, hier vor allem S. 346–353. Zu der vorrangig in der Scholastik diskutierten und konzipierten Gottesfreundschaft siehe immer noch Richard Egenter: Gottesfreundschaft. Die Lehre von der Gottesfreundschaft in der Scholastik und Mystik des 12. und 13. Jahrhunderts. Augsburg 1928; sowie ders.: Die Idee der Gottesfreundschaft im vierzehnten Jahrhundert. In: Albert Lang, Joseph Lechner und Michael Schmaus (Hrsg.): Aus der Geisteswelt des Mittelalters. Studien und Texte Martin Grabmann zur Vollendung des 60. Lebensjahres von Freunden und Schülern gewidmet. Münster 1935, S. 1021–1063; außerdem Johan Chydenius: The Friendship of God and the two Ends of Man: a study in Christian humanism, 1100–1321, Helsinki 1981.

311 Einen kurzen Überblick bietet Werner Faulstich: Was heißt Freundschaft? Anatomie einer Beziehung aus kulturwissenschaftlicher Sicht. In: ders. (Hrsg.): Beziehungskulturen. München 2007, S. 58–70.

Freundschaftsmodellen voraus, wie etwa die Gegenüberstellung einer emphatischen Tugendfreundschaft mit einer utilitaristischen Freundschaft zweier Politiker. Allerdings gelingt eine derartige Differenzierung in politische, ökonomische oder persönliche Beziehungen auf Grund der ubiquitären Verwendung des scheinbar immer gleichen, ambigen Freundschaftsbegriffs eben nur schwer oder gar nicht.[312] Will man als Mediävist und Germanist solchen Formen und Funktionen von Freundschaft innerhalb mittelalterlicher Textcorpora nachgehen und nicht nur die Ambiguität sowie die reflexive Teilhabe der Narrationen am Freundschaftsdiskurs wiederholen und bestätigen, dann bedarf es einer Präzisierung.

Erstens ist die analytische Betrachtung von Freundschaft im Mittelalter kein Novum.[313] Wiederholt haben die Geschichtswissenschaft und die Germanistik das Phänomen Freundschaft unterschiedlich perspektiviert.[314] Freundschaft wurde im Kontext zentraler Fragestellungen analysiert, wie etwa der der mittelalterlichen Vergesellschaftung,[315] ebenso un-

---

312 Die empirische Sozialanthropologie fordert daher: „Der Begriff der Freundschaft muss zudem aus einem zu starren Korsett der engen Unterscheidung zwischen Verwandtschaft und Freundschaft, Patronage und Freundschaft, aber auch ökonomischer Partnerschaft und Freundschaft befreit werden. Freundschaften sind zunächst dyadische Beziehungen, die durch Gruppenzugehörigkeit, geteilte Normen und Austauschregeln bzw. über die Einbeziehung Dritter zu Freundschaftsbünden und sozialen Netzen führen können. Oft erwachsen sie aus institutionalisierten Gruppenbeziehungen (z.B. Gastgeber-Gast- und Scherzbeziehungen). Im Unterschied zu Patron-Klient-Beziehungen impliziert Freundschaft meist die Vorstellung der Gleichwertigkeit der Partner sowie der ausgetauschten Leistungen." Vgl. Grätz u.a.: Zur sozialen Konstruktion von Freundschaft, S. 4–5. Eine kritische Einschätzung neuer Freundschaftsformen im Kontext der globalen Digitalisierung bietet Aleida Assmann. Sie hält fest, dass man „immer öfter zu paradoxen Formeln wie ‚intime Fremde' oder ‚anonyme Freundschaften' [greift], um die neuen Gesellungsformen im Internet zu beschreiben." Vgl. Aleida Assmann: Hier bin ich, wo bist Du? Einsamkeit im Kommunikationszeitalter. In: Mittelweg 36 H. 1 (2011), S. 4–23, hier S. 21 (Hervorhebungen im Orig.).

313 Ich nenne hier die impulsgebenden Forschungen von Gerd Althoff: Verwandte, Freunde und Getreue. Zum politischen Stellenwert der Gruppenbindungen im früheren Mittelalter. Darmstadt 1990; ders.: Amicitiae und Pacta. Bündnis, Einung, Politik und Gebetsgedenken im beginnenden 10. Jahrhundert. Hannover 1995.

314 Einen umfangreichen Überblick über die Freundschaftsforschung und rezente Diskussionen bieten Klaus Oschema: Freundschaft und Nähe im spätmittelalterlichen Burgund. Studien zum Spannungsfeld von Emotion und Institution. Köln 2006, hier S. 73–168; und Caroline Krüger: Freundschaft in der höfischen Epik um 1200. Diskurse von Nahbeziehungen. Berlin und New York 2011, hier S. 1–100.

315 Diskutiert wird über die Frage, wie Freundschaft gegenüber anderen Vergesellschaftungsformen abgegrenzt wird. Siehe dazu Johannes F.K. Schmidt, Martine Guichard und Peter Schuster (Hrsg.): Freundschaft und Verwandtschaft: Zur Unterscheidung und Verflechtung zweier Beziehungssysteme. Konstanz 2007; Gerhard Krieger (Hrsg.): Verwandtschaft, Freundschaft, Bruderschaft. Soziale Lebens- und Kommunikationsformen im Mittelalter. Berlin 2009.

tersuchte man bestimmte Freundschaftskonzepte,[316] ihre sozio-politischen Funktionen,[317] ihre genderspezifischen Ausformungen,[318] ihre (eigenen) Erzählgattungen,[319] ihre Semantiken,[320] Motive,[321] ihre Emotionen[322] sowie ihre performativen Vollzugsformen[323]. Dass Freundschaft aber über ihren personalen bis persönlichen und auf eine bestimmte Beziehung geteilten Bezug hinaus wirksam sein kann, zeigen erst Überlegungen Marina Münklers. Sie legt dar, dass Freundschaft auch als Gemeinsinnressource verstanden werden kann.[324] Dafür wird Freundschaft funktional auf ein Drittes bezogen, das einer Beziehung oder einer Gemeinschaft als axiologische Größe dient. Als auszeichnende wie normative Anspruchska-

316 Siehe Silke Winst: Amicus und Amelius. Kriegerfreundschaft und Gewalt in mittelalterlicher Erzähltradition. Berlin und New York 2009; Jutta Maria Berger: Die Geschichte der Gastfreundschaft im hochmittelalterlichen Mönchtum. Die Cistercienser. Berlin 1999; Klaus van Eickels: Der Bruder als Freund und Gefährte. Fraternitas als Konzept personaler Bindung im Mittelalter. In: Karl-Heinz Spieß (Hrsg.): Die Familie in der Gesellschaft des Mittelalters. Ostfildern 2009, S. 195–222.

317 Zu nennen sind hier Wolfgang Reinhard: Freunde und Kreaturen. ‚Verflechtung' als Konzept zur Erforschung historischer Führungsgruppen. Römische Oligarchie um 1600. München 1979; Claudia Garnier: Amicus amicis inamicus inamicis. Politische Freundschaft und fürstliche Netzwerke im 13. Jahrhundert, Stuttgart 2000; Mario Müller: Besiegelte Freundschaft: die brandenburgischen Erbeinungen und Erbverbrüderungen im späten Mittelalter. Göttingen 2010.

318 Einen Überblick bietet zuletzt Andreas Kraß: Ein Herz und eine Seele. Geschichte der Männerfreundschaften. Frankfurt am Main 2016, bes. S. 147–301.

319 Siehe Edith Feistner: Die Freundschaftserzählungen vom Typ ‚Amicus und Amelius'. In: Klaus Matzel und Hans-Gert Roloff (Hrsg.): Festschrift für Herbert Kolb. Bern 1989, S. 97–130.

320 Grundlegend bleibt Verena Epp: Amicitia; daneben Manuel Braun: Ehe, Liebe, Freundschaft. Semantik der Vergesellschaftung im frühneuhochdeutschen Prosaroman. Tübingen 2001.

321 Siehe Klaus van Eickels: Kuss und Kinngriff, Umarmung und verschränkte Hände. Zeichen personaler Bindung und ihre Funktion in der symbolischen Kommunikation des Mittelalters. In: Jürgen Martschukat und Steffen Patzold (Hrsg.): Geschichtswissenschaft und ‚performative turn'. Ritual, Inszenierung und Performanz vom Mittelalter bis zur Neuzeit. Köln 2003, S. 133–159; Andreas Kraß: Achill und Patroclus. Freundschaft und Tod in den Trojaromanen Benoîts de Sainte-Maure, Herborts von Fritzlar und Konrads von Würzburg. In: LiLi 114 (1999), S. 66–98.

322 Siehe hierzu nochmals Winst: Amicus und Amelius, S. 243–273.

323 Das wechselseitige Erkennen im Kampf und den Vollzug der Freundschaft zeigt bereits Wolfgang Harms: Der Kampf mit dem Freund oder Verwandten in der deutschen Literatur bis um 1300. Kiel 1963; aber auch Burkhard Hasebrink: Erecs Wunde. Zur Performativität der Freundschaft im höfischen Roman. In: Oxford German Studies 38,1 (2009), S. 1–11; Verena Epp: Rituale frühmittelalterlicher ‚amicitia'. In: Gerd Althoff (Hrsg.): Formen und Funktionen öffentlicher Kommunikation im Mittelalter. Stuttgart 2001, S. 11–24.

324 Siehe dazu Münkler: Amicus Dei, S. 388–394; Münkler und Standke: Freundschaftszeichen, S. 11–12; sowie Marina Münkler: L'amicizia come concetto d'individuazione in Aelredo di Rievaulx. In: Giancarlo Andenna und Elisabetta Filippini (Hrsg.): Responsabilità e creatività. Alla ricerca di un uomo nuovo (secoli XI–XIII). Atti del Convegno Internazionale (Brescia 12–14 settembre 2013). Mailand 2015, S. 153–166, bes. S. 164–165.

tegorie vermag Freundschaft dann Gemeinschaften zu stabilisieren und zugleich den einzelnen Mitgliedern einen gemeinsamen Werthorizont zu vermitteln.[325] Diesen Zusammenhängen von Freundschaft und Gemeinsinn widmet sich die Arbeit in Sonderheit, wenn sie die legendarischen Erzählungen von Ordensgründerinnen und Ordensgründern auf ihre Freundschaftsnarrative und -semantiken hinterfragt.

Zweitens zeigt sich, dass eine analytische Betrachtung narrativer Texte, in denen Freundschaft funktional verwendet wird, genauso ertragreich ist, wie die Untersuchung von Freundschaftstraktaten oder anderen diskursiven Texten.[326] Im Akt des Erzählens entfalten narrative Texte Freundschaft und bieten zugleich eine sinnstiftende und insoweit diskursivierende Wirklichkeitsverarbeitung des Phänomens.[327] Das heißt, dass narrative Texte in ihrer semantischen Beschreibungsdichte in vielfältiger Weise die scheinbar allgegenwärtige Freundschaft abbilden und bearbeiten. Neben dem ausgeprägten Typus einer Freundschaftserzählung können die narrativen Texte viel subtiler und weniger explizit auf Freundschaft eingehen. Sie thematisieren etwa nur bestimmte Aspekte ihrer Semantik und Funktion in Narrationen oder instrumentalisieren sie für den Erzählakt. Basis für die Untersuchung ist das vorangestellte Textcorpus lateinischer und volkssprachlicher Ordensgründerlegenden. Die homoge-

325 Siehe Marina Münkler: Freundschaft als symbolisch generalisiertes Kommunikationsmedium. In: Freundschaft. Das Buch. Hrsg. für das deutsche Hygienemuseum von Daniel Tyradellis. Berlin, 2015, S. 78–87, hier S. 87.

326 Diese fokussieren meist Aelred von Rievaulx, siehe etwa Peter Schuster: Aelred von Rievaulx und die amicitia spiritualis. Überlegungen zum Freundschaftsdiskurs im 12. Jh. In: Johannes Altenberend (Hrsg.): Kloster – Stadt – Region: Festschrift für Heinrich Rüthing. Bielefeld 2002, S. 13–26; John Robert Sommerfeldt: Aelred of Rievaulx on friendship. In: Suzanne Stern-Gillet und Gary M. Gurtler (Hrsg.): Ancient and medieval concepts of friendship. Albany 2014, S. 227–244. Daneben werden auch andere Traktate oder Rezeptionen berücksichtigt, siehe Julian P. Haseldine: Understanding the language of amicitia. The friendship circle of Peter of Celle (c. 1115–1183). In: Pergamon 20 (1994), S. 237–260; Gabriela Signori: Über Liebe, Ehe und Freundschaft. Bemerkungen zur Aristoteles-Rezeption im ausgehenden 13. und 14. Jahrhundert. In: Mittellateinisches Jahrbuch 38 (2003), S. 249–266. Umfassende Darstellungen, auch zur Transformation bestimmter Konzepte bieten James McEvoy: The Theory of Friendship in the Latin Middle Ages. Hermeneutics, Contextualization and the Transmission and Reception of Ancient Texts and Ideas, from c. ad 350 to c. 1500'. In: Julian Haseldine (Hrsg.): Friendship in Medieval Europe, Phoenix 1999, S. 3–44; und Andreas Kraß: Im Namen des Bruders. Fraternalität in Freundschaftsdiskursen der Antike, des Mittelalters und der Frühen Neuzeit. In: Behemoth. A Journal on Civilisation 4,3 (2011), S. 4–22.

327 Zur Differenz von diskursiven und narrativen Texten und ihrer jeweiligen Teilhabe an Diskursen siehe Udo Friedrich: Diskurs und Narration. Zur Kontextualisierung des Erzählens in Konrads von Würzburg ‚Trojanerkrieg'. In: Elisabeth Müller-Luckner und Jan-Dirk Müller (Hrsg.): Text und Kontext. Fallstudien und theoretische Begründungen einer kulturwissenschaftlich angeleiteten Mediävistik. München 2007, S. 99–120, hier vor allem S. 100–103.

ne Textauswahl ist zwar lediglich exemplarisch, besitzt aber im Hinblick auf das legendarische Erzählen von Ordensgründerinnen und Ordensgründern sowie den Einsatz von Freundschaftssemantiken und -narrativen einen aussagekräftigen Charakter.

Drittens muss aus der skizzierten Breite der Freundschaftsmodelle und ihrer Konzepte sowie deren wissenschaftlichen Ansätzen eine Auswahl getroffen werden. Erst diese Festlegung ermöglicht eine theoretisch fundierte Untersuchung der Texte mittels Freundschaft als analytischer Kategorie. Dabei führt eine theoretische Zuspitzung keinesfalls zur Disambiguierung des analytischen Freundschaftsbegriffes. Viel eher kann das Potential der ambigen Freundschaft aufgegriffen und innerhalb der zugrunde gelegten Beobachtungskategorien nutzbar gemacht werden. Mit einem soziologischen, im Wesentlichen systemtheoretischen Ansatz, kann Freundschaft differenziert beobachtet und in ihren Funktionsweisen relational beschrieben werden. Nun mag dieser Umstand banal und auf andere Narrationen als die fokussierten Ordensgründerlegenden übertragbar erscheinen, doch gerade innerhalb des legendarischen Erzählens ergibt sich daraus ein grundlegendes poetologisches Problem. Wie bereits erläutert, erzählen Legenden von der Heiligwerdung ihres Protagonisten, also dem Ausscheiden aus der Welt samt der Aufgabe aller sozialer Bindungen. Gleichzeitig berichten sie vom sukzessiven Einzug in die Sphäre der Heiligkeit.[328] Das Erzählen von persönlichen und institutionellen Beziehungen eines Ordensgründers widerspricht insofern der narrativen Eigenlogik seiner Legende. Daher ist es die Absicht der vorliegenden Arbeit, sich dieser poetologischen Eigenheiten der Ordensgründerlegenden anzunehmen und sie mit Hilfe einer analytischen Kategorie der Freundschaft zu untersuchen. Vielleicht verringern deren Polysemien und Polyvalenzen das poetologische Paradox. Anders gesagt, geht es nicht allein darum die verschiedenen Beziehungsrelationen, die innerhalb der legendarischen Erzählungen zu Tage treten, zu ermitteln und vor dem Hintergrund möglicher Freundschaftskonzepte zu benennen. Vielmehr soll ausgehend von der systemtheoretischen Idee eines medialen Einsatzes von Freundschaft für die Generierung, Stabilisierung, Institutionalisierung aber auch Destabilisierung von Sozietäten, das dafür notwendige semantische Feld sowie die jeweiligen Möglichkeiten, Grenzen oder Probleme bei dessen narrativer Funktionalisierung erschlossen werden. Erst auf diese Weise wird Freundschaft vom bloßen Zuschreibungsbegriff in eine analytische Beobachtungskategorie transformiert.

328 Siehe dazu die einleitenden Überlegungen zum legendarischen Erzählen sowie Strohschneider: Weltabschied, hier S. 143–147.

2. Soziologie der Freundschaft

Gemessen am diskursiven Umfang und dem zeitlichen Bestehen ihres Gegenstandes ist die Freundschaftssoziologie klein, sehr jung und steckt, so gesehen, sprichwörtlich noch in den Kinderschuhen. Blickt man auf die Einschätzungen von Friedrich H. Tenbruck und Ursula Nötzold-Linden, stellt man fest, dass in der kritischen Selbstreflexion des Faches dies keinesfalls unbemerkt geblieben ist. So konstatiert Tenbruck schon 1964, dass „dieser Bereich in der Soziologie ein Kümmerdasein []führt“ und Nötzold-Linden wiederholt diese Kritik 30 Jahre später in ihrem „Vorwurf einer äußersten Vernachlässigung des Gegenstandes durch die Soziologie“.[329] Dabei ist, so zuletzt Heinz Bude, „das Thema der Freundschaft [...] in einem gewissermaßen sozialtechnischen Sinne aktuell“ und sollte insofern auch Gegenstand soziologischer Betrachtungen sein.[330] Die wesentlichen Gründe für die bisherige Vernachlässigung benennt bereits Tenbruck und er kritisiert, sie beruhten auf zu rigiden Vorannahmen der Soziologen. Dabei verweist er erstens auf die systemimmanente Perspektivierung gesamtgesellschaftlicher Fragen seiner Fachrichtung, in deren Folge die Soziologen vor allem mit strukturellen Analysen der Gesellschaft gegenüber solchen von einzelnen Personen aufwarten.[331] Seine

329 Vgl. Friedrich H. Tenbruck: Freundschaft, hier S. 230; sowie Ursula Nötzold-Linden: Freundschaft. Zur Thematisierung einer vernachlässigten soziologischen Kategorie. Opladen 1994, hier S. 31. Nötzold-Lindens Diktum von der „Vernachlässigung“ ist bereits bei Tenbruck zu finden.

330 Zu diesem Schluss kommt Heinz Bude: Die Aktualität der Freundschaft. In: Mittelweg 36 H. 3 (2008), S. 6–16, hier S. 8. Eine weniger emphatische Einschätzung bietet Heidrun Friese. Dabei unternimmt sie eine philosophische, soziologische und anthropologische Zusammenschau der Freundschaftsforschung sowie der Konzeptualisierungen von Freundschaft: „Mit der Annahme der Geltung universalistischer Regelungsmechanismen ist die soziale Funktion von Freundschaft in sogenannten modernen Gesellschaften dem Differenzierungsparadigma unterworfen und eingeschränkt worden – damit werden partikulare Beziehungen aber paradoxerweise auch wieder frei für ungeteilte, ungebrochene Beziehungen zu einem singulären Anderen und damit kann Freundschaft erneut zur Frage des politischen werden. Was vor diesem Hintergrund dann aber auch möglich ist, ist einmal eine reflexive Haltung und damit die immer neue Bewegung der Spannungen, die dem Begriff Freundschaft innewohnt.“ Vgl. Heidrun Friese: Freundschaft. Leerstellen und Spannungen eines Begriffs. In: Natalie Binczek und Georg Stanitzek (Hrsg.): Strong ties/Weak ties. Freundschaftssemantik und Netzwerktheorie. Heidelberg, S. 17–38, hier S. 38.

331 Tenbruck: Freundschaft, S. 230–231. Ähnlich auch die Einschätzung von Michael Eve für den anglo-amerikanischen Bereich der Soziologie: „There is, in other words, a genuine ‚paradigm' of what social relations are like in a modern society which makes it difficult for sociologists to accept the idea that friendship might be of ‚structural' significance, a paradigm which leads to a consistent tendency to either marginalize evidence or (more commonly) to simply not collect it, on the assumption that it is of slight significance.“ Vgl. Michael Eve: Is friendship a sociological topic? In: European Journal of Sociology 43,3 (2002), S. 386–409, S. 386.

zweite Vorannahme ist hingegen auf den Gegenstand der Freundschaft bezogen. Von der Forschung wird er in der Individualität der beteiligten Personen verortet und insofern eher philosophisch-psychologisch analysiert.[332] Tenbruck belässt es jedoch nicht allein bei der Feststellung dieser Annahmen und der generellen Problematisierung einer makro- oder mikrosoziologischen Fokussierung von Freundschaft. Vielmehr fordert er eine eigenständige, soziologisch fundierte Auseinandersetzung mit Freundschaft und formuliert eine entsprechende These, nämlich dass

> eine soziologische Theorie der Freundschaft, und übrigens ganz allgemein der persönlichen Beziehungen, möglich ist, und die fraglichen Phänomene wesentlich gesellschaftlich bestimmt sind. [Außerdem; M.S.], daß die Freundschaft, und ganz allgemein die persönlichen Beziehungen gesellschaftlich wichtig sind und zur Struktur der Gesellschaft gerechnet werden müssen.[333]

Freundschaft ist also in einem Spannungsfeld von persönlicher Beziehung und Gesellschaft verortet. Diese soziologisch doppelte Gerichtetheit der Freundschaft, die als persönliche Beziehung sowohl gesellschaftlich geprägt als auch strukturell für eine Gesellschaft prägend ist, versucht das folgende Kapitel in ihren Ursprüngen und soziologischen Ansätzen nachzuzeichnen. Im Anschluss soll dann die systemische Funktion von Freundschaft innerhalb von Sozietäten und ihrer generierenden Kommunikation aufgeschlüsselt werden. Also inwiefern Freundschaft als mediale Komponente für die Evozierung und Stabilisierung von sozialen Gefügen wirkt.

2.1 Freundschaft zwischen Nahbeziehung, sozialer Institution und Gemeinsinn

1887 kommt Ferdinand Tönnies zu dem Schluss, dass „die gemeinschaftlichen ‚Bündnisse‘ […] am vollkommensten als Freundschaften aufgefasst

---

332 Tenbruck verweist selbst überdeutlich auf diesen Umstand, indem er zu Beginn seiner Studie noch einmal auf die Differenz von „persönlichen Beziehungen“ und „personalen Beziehungen“ aufmerksam macht; siehe Tenbruck: Freundschaft, S. 227 sowie 231.

333 Tenbruck: Freundschaft, S. 231. Es ist nicht verwunderlich, dass auch Michael Eve zu einem solchen Ergebnis kommt; siehe wiederum Eve: Is friendship sociological topic? S. 405–408. Innerhalb der Soziologie hat sich vor allem durch die Perspektive auf Netzwerke eine Zusammenschau der makro- und mikrosoziologischen Relationen etabliert. Die Realisierung weitgesponnener sozialer Netze wird vorrangig mit Blick auf eine Sozietät diskutiert, der Freundschaft. Nach Mark Granovetter ist es gerade der „friendship overlap“, der es erlaubt, unterschiedlich stark ausgebildete Beziehungen zu evozieren und innerhalb eines Netzes zu verknüpfen. Siehe dazu Mark S. Granovetter: The Strength of Weak Ties. In: American Journal of Sociology 78,6 (1973), S. 1360–1380.

[werden]".[334] Diesem Urteil geht nicht nur eine Zuordnung der Freundschaft zum Phänomen der Gemeinschaft voraus, sondern die basale Differenzierung zweier soziologischer Kategorien, nämlich die der Gesellschaft gegenüber der der Gemeinschaft. Davon ausgehend, dass beide Kategorien soziale Relationen beschreiben, merkt Tönnies zu seiner Unterscheidung an:

> Die menschlichen *Willen* stehen in vielfachen Beziehungen zu einander; jede solche Beziehung ist eine gegenseitige Wirkung, welche insofern, als von der einen Seite gethan oder gegeben, von der anderen erlitten oder empfangen wird. Diese Wirkungen sind aber entweder so beschaffen, dass sie zur Erhaltung, oder so, dass sie zur Zerstörung des anderen *Willens* und Leibes tendiren: bejahende oder verneinende [...]. Die durch dieses positive Verhältniss gebildete Gruppe heisst, als einheitlich nach innen und nach aussen wirkendes Wesen oder Ding aufgefasst, eine Verbindung. Das Verhältniss selber, und also die Verbindung wird entweder als reales und organisches Leben begriffen – dies ist das Wesen der *Gemeinschaft*, oder als ideelle und mechanische Bildung – dies ist der Begriff der *Gesellschaft*.[335]

Der in dieser Definition bereits aufscheinende und für die Tönnies'sche Theoriebildung basale Begriff des *Willens*,[336] verstanden als ursprüngliche Disposition für eine soziale Relation sowie dem dafür notwendigen sozialen Handeln,[337] erfährt eine axiomatische Konzeption: Einerseits dem

334 Vgl. Ferdinand Tönnies: Gemeinschaft und Gesellschaft. Abhandlung des Communismus und Socialismus als empirischer Culturformen. Berlin 1887, S. 228 (Hervorhebungen im Orig.). Natürlich gibt es auch frühere (soziologische) Reflexionen über Freundschaft, doch eine systematische Einordnung in soziologische Kategorien und deren Fragestellungen erfolgt erst im Kontext der Wahrnehmung einer sich ständig weiter ausdifferenzierenden (sozialen) Welt im 19. Jahrhundert. Gerade das Zeitalter der Industriellen Revolution führt zu einem Wandel der bisherigen sozialen Relationen. Siehe dazu Nötzold-Linden: Freundschaft, S. 56–61; sowie in marxistischer Theorietradition stehend Igor S. Kon: Freundschaft. Geschichte und Sozialpsychologie der Freundschaft als soziale Institution und individuelle Beziehung. Übers. von Valeri Danilow. Hamburg 1979 [im russ. Orig. *Druschba. Istoriko-filosofskij otscherk.* zuerst 1980], hier S. 74–84.

335 Vgl. Tönnies: Gemeinschaft und Gesellschaft, S. 3.

336 Grundlegend erörtert Tönnies den Begriff im zweiten Buch von Gemeinschaft und Gesellschaft, siehe Tönnies: Gemeinschaft und Gesellschaft, S. 97–194, dort einleitend § 1–3.

337 Den Handlungsaspekt für soziale Beziehungen hebt freilich erst Max Weber hervor, er merkt an: „Soziale ‚Beziehung' soll ein seinem Sinngehalt nach aufeinander gegenseitig eingestelltes und dadurch orientiertes Sichverhalten mehrerer heißen. Die soziale Beziehung besteht also durchaus und ganz ausschließlich: in der Chance, dass in einer (sinnhaft) angebbaren Art sozial gehandelt wird, einerlei zunächst: worauf diese Chance beruht." Weber spricht in Anlehnung an Tönnies daher von „‚Vergemeinschaftung' [...], wenn und soweit die Einstellung des sozialen Handelns [...] auf subjektiv gefühlter (affektueller oder traditionaler) Zusammengehörigkeit der Beteiligten beruht" und von „‚Vergesellschaftung' [...], wenn und soweit die Einstellung des sozialen Handelns auf rational (wert- oder zweckrational) motiviertem Interessenausgleich oder auf ebenso motivierter Interessenverbindung beruht." Vgl. Max Weber: Wirtschaft und Gesellschaft, hier Kap. 1 § 3 und 9 (Hervorhebungen im Orig.).

Wesenwillen der Gemeinschaft, also einem am Gemeinwohl orientierten Gemeinsinn aller und andererseits dem *Kürwillen* der Gesellschaft, einem vom individuellen Wohl ausgehenden Sinn am Gemeinen.[338] Zum Normaltyp einer Gemeinschaft zählt Tönnies auch die Freundschaft. Der sie ausmachende Wesenwille entspringt wie bei den anderen Formen dieses evolutionär verstandenen Sozialmodells (Haus-Dorf-Stadt), einerseits dem Konzept der Ähnlichkeit und andererseits dem der Reziprozität (Blut, Wohnort, Beruf oder Interessen).[339] Darüber hinaus ist auch die von Tönnies unterstellte fortlaufende Entwicklung des Verhältnisses von Gemeinschaft und Gesellschaft selbst bedeutsam. Er geht dafür von einer historischen Komplexitätssteigerung der jeweiligen Sozietäten vor dem Hintergrund ihrer zunehmenden Ökonomisierung aus.[340] Während in patriarchalen Gesellschaften zunächst tribale Beziehungsgeflechte, also mehrere kleinere Gemeinschaften (Stämme, Familien etc.), strukturbestimmend sind, nehmen im Zuge kultureller und vor allem ökonomischer Entwicklungen die überindividuellen Verknüpfungen der Gesellschaft gegenüber den individuellen Banden der Gemeinschaft(en), also unter anderem den Freundschaften, zu. In seinem Resümee hält Tönnies im Hinblick auf seine einleitende Unterscheidung von Wesenwille und Kürwille fest:

> Sowie ein individueller Wesenwille das nackte Denken und die Willkür aus sich evolvirt, welche ihn aufzulösen und von sich abhängig zu machen tendirt – so beobachten wir bei den historischen Völkern aus ursprünglichen gemeinschaftlichen Lebensformen und Willensgestalten den Entwicklungsprocess der Gesellschaft und gesellschaftlichen Willkürgebilde, aus der Cultur des Volksthums die Civilisation des Staatsthums.[341]

Gemeinschaftliche Gebilde werden also nicht durch gesellschaftliche ersetzt, aber sie werden sehr wohl sukzessive in gesellschaftliche Strukturen eingebunden. Die erste soziologisch kategoriale Einordnung der Freund-

---

338 Siehe dazu wiederum Tönnies: Gemeinschaft und Gesellschaft, S. 9–95. Zum *Wesenwillen* als gemeinsamen Willen vgl. vor allem § 1–2 sowie 8–10; zum *Kürwillen* als eigennützigen Willen § 19. In dieser Darstellung wird auch die von Herfried Münkler und Harald Bluhm formulierte Vorstellung des Gemeinsinns in seiner doppelten Gerichtetheit greifbar: als individueller Sinn für das Gemeinsame und als gemeinsamer Sinn der Individuen. Siehe dazu Herfried Münkler und Harald Bluhm: Einleitung: Gemeinwohl und Gemeinsinn als politisch-soziale Leitbegriffe. In: dies. (Hrsg.): Gemeinwohl und Gemeinsinn. Historische Semantiken politischer Leitbegriffe. Berlin 2001 (Forschungsberichte der interdisziplinären Arbeitsgruppe „Gemeinwohl und Gemeinsinn" der Berlin-Brandenburgischen Akademie der Wissenschaften Bd. 1), S. 9–30, hier S. 12–13.

339 Speziell zur Freundschaft siehe bei Tönnies: Gemeinschaft und Gesellschaft, 1. Buch § 6.

340 Tönnies führt gerade den Prozess der Ökonomisierung an Hand der „Metamorphose des Kaufmanns" vor; siehe dazu unteranderem Tönnies: Gemeinschaft und Gesellschaft, 1. Buch § 32.

341 Vgl. nochmals Tönnies: Gemeinschaft und Gesellschaft. Anhangsweise, S. 275–294, hier § 3.

schaft als Form der Gemeinschaft zeitigt nach Tönnies so zugleich deren eher nachgestellte Bedeutung in den analytischen Betrachtungen der Soziologie seiner Zeit. Freundschaft ist als individuelle Bezugsgröße innerhalb der überindividuell organisierten Gesellschaft kein Beobachtungsgegenstand für eine Soziologie, die vor allem die gesellschaftlichen Relationen und deren Funktionsweisen fokussiert.

Scheinbar entgegen Tönnies verweist 1908 Georg Simmel mit seinen Analysen zu binären Beziehungstypen wie der Freundschaft (aber auch der Ehe) auf deren doppelte Funktion: So generieren sie einerseits nicht nur gemeinschaftliche – vornehmlich dyadische – Relationen (Simmel selbst spricht von *Gruppen*), sondern diese ganzheitlich verstandenen Beziehungen wirken prägend auf das Individuum zurück.[342]

> Das individuelle Besonderssein der Persönlichkeit und die sozialen Einflüsse, Interessen, Beziehungen, durch die sie ihrem Kreise verbunden ist, zeigen im Lauf ihrer beiderseitigen Entwicklung ein Verhältnis, das an den verschiedensten zeitlichen und sachlichen Abteilungen der gesellschaftlichen Wirklichkeit als typische Form auftritt: jene Individualität des Seins und Tuns erwächst, im allgemeinen, in dem Maße, wie der das Individuum sozial umgebende Kreis sich ausdehnt.[343]

Simmel betont derart, anders als Tönnies, auch die Entwicklung der Individualität innerhalb gemeinschaftlicher, wie gesellschaftlicher Prozesse. Dabei knüpft er deren Ausdifferenzierung an eine stetig heterogener werdende Gemeinschaft oder Gesellschaft. Individualität setzt eine Differenzierung der sich jeweils einschließenden sozialen Relationen voraus.[344] Allerdings kommt Simmel, wie Tönnies, zu dem Schluss, dass Freundschaft eine stark individualisierte und auf geteilte Interessen basierende „Zweierverbindung" ist. Man kann insofern von „differenzierten Freundschaften" ausgehen,[345] die aber insgesamt im Gegensatz zur überindividu-

342 Siehe Georg Simmel: Soziologie. Untersuchungen über die Formen der Vergesellschaftung. Berlin 1983 [zuerst 1908], hier S. 26. Simmel bildet dort in einem Exkurs über die Möglichkeiten von Gesellschaft erste Thesen für seine Analysen: „[J]edes Element einer Gruppe [ist] nicht nur Gesellschaftsteil, sondern außerdem noch etwas […]. Als soziales Apriori wirkt dies, insofern der der Gesellschaft nicht zu gewandte oder in ihr nicht aufgehende Teil des Individuums nicht einfach beziehungslos neben seinem sozial bedeutsamen liegt, nicht nur ein Außer halb der Gesellschaft ist, für das sie, willig oder widerwillig, Raum gibt; sondern daß der Einzelne mit gewissen Seiten nicht Element der Gesellschaft ist, bildet die positive Bedingung dafür, daß er es mit andern Seiten seines Wesens ist: die Art seines Vergesellschaftet-Seins ist bestimmt oder mitbestimmt durch die Art seines Nicht-Vergesellschaftet-Seins."

343 Ebd., S. 527.

344 Siehe dazu vorrangig das 10. Kapitel *Die Erweiterung der Gruppe und die Ausbildung der Individualität* in Simmel: Soziologie, S. 527–573.

345 Das Konzept der „differenzierten Freundschaften" entwickelt Simmel im 5. Kapitel *Das Geheimnis und die geheime Gesellschaft*, siehe Simmel: Soziologie, S. 257–304, zuerst S. 269.

ellen Gesellschaft zu den „soziologisch qualitätslosen Gebilde[n]“ zu rechnen sind.[346]

Tönnies und Simmel konstatieren die Belanglosigkeit der Freundschaft für die Soziologie ausgehend von ihren Analyseergebnissen einer sich sukzessiv differenzierenden Gesellschaft, die mittels überindividueller Verknüpfungen nicht nur eine enorme Heterogenität entwickelt, sondern individuell geprägten Sozietäten wie der Freundschaft auch nicht bedarf. Friedrich H. Tenbruck setzt genau an diesem Punkt an und zeigt, dass für eine heterogene Gesellschaft die Stabilität persönlicher Individualität, wie sie durch Gemeinschaft(en) – also auch Freundschaft(en) – hervorgebracht wird, doch notwendig ist.[347]

> In dieser Situation nun, in der die gegebenen sozialen Beziehungen und Rollen nicht mehr zur Orientierung des Individuums in der ganzen Breite seines Handelns ausreichen, werden die persönlichen Beziehungen wichtig und wird unter ihnen insbesondere Freundschaft wichtig. Denn eben im Freunde nun findet man seine Ergänzung und Bestätigung. Bestätigung meint hier nicht Lob und Anerkennung, die einem auch von beliebigen anderen zuteil werden können. Es meint Verstehen und Teilen in einer geistigen und seelischen Beziehung.[348]

Tenbrucks Auffassung von Freundschaft birgt zweierlei: einerseits erhält bei ihm Freundschaft eine wichtige Funktion für die gesellschaftliche Stabilität, wenn auch auf gemeinschaftlicher Ebene, andererseits offenbart er seine romantische Vorstellung ihrer Wirkweise. Vor allem das Prinzip der „Freiwilligkeit“ bei der Freundeswahl und die wechselseitige „Ergänzung“ erscheinen so als Ideale einer solchen Gemeinschaft. Diese in einer sich stark differenzierenden Gesellschaft von hoch individualisierten Menschen umzusetzen, ist nur schwer oder gar nicht mehr möglich.[349] Insofern allerdings auch andere, durchaus ähnliche Beziehungsformen vorliegen, unterscheidet Tenbruck die Freundschaften. Zum einen „personale“, die dem Ideal entsprechen, zum anderen „institutionalisierte“, die die Freunde funktional und sozial normiert verbinden.[350] Es ist daher nicht verwunderlich, wenn er – ähnlich wie Simmel – der gesellschaftlichen Differenzierung eine Ausdifferenzierung der Freundschaftsformen gegen-

346 Vgl. Simmel: Soziologie, S. 54.

347 Siehe im Kontext seines historischen Freundschaftsabrisses Tenbruck: Freundschaft, S. 234. Tenbruck bezieht sich hier ohne Angabe vor allem auf das 10. Kapitel *Die Erweiterung der Gruppe und die Ausbildung der Individualität* von Simmels *Soziologie*.

348 Vgl. ebd., S. 235.

349 Ebd., S. 243–244.

350 Siehe Tenbruck: Freundschaft, S. 242–243. Die „institutionalisierten Freundschaften“ basieren auf der funktional perspektivierten Auswahl des Freundes, wobei die Beziehung durch soziale Praktiken (Eide, Rituale etc.) garantiert wird.

überstellt, die die Individuen „für die verschiedenen Daseinsbereiche besitzen“.[351]

Alois Hahn, ein Schüler Tenbrucks, schließt sich diesem Standpunkt an und spricht gar von „Polyphilien“. Mit den gleichen Idealvorstellungen seines akademischen Lehrers hält er dabei fest, dass personale „Freundschaften [...] in dem Maße, in dem sie seltener und schwieriger werden, auch überflüssiger [werden].“[352] Ebenso betont er die Freiwilligkeit und Ähnlichkeit in der Freundschaft nach dem „Prinzip der Wahlverwandtschaft“, jedoch konstatiert er in seinen Beobachtungen deutlich genauer, dass das Faktum des Wählens selbst nicht freiwillig ist:

> Dass er überhaupt einen Freund hat, kann aber normativ erwartet werden und unter Umständen sogar überlebenswichtig sein, weil bestimmte lebenswichtige Aufgaben z.B. im Krieg, vor Gericht oder bei der Arbeit nur dann erfüllt werden können. Immer gibt die Gesellschaft einen Rahmen vor, in dem sich diese Zweisamkeit entfalten kann. [...] Auch die Beziehungen zwischen Freunden sind Rollenbeziehungen besonderer Art.[353]

Hahn offenbart, dass der schon von Tönnies beschriebene Konnex von Gemeinschaft (Freundschaft) und Gesellschaft in einer wechselseitigen und vor allem strukturellen Notwendigkeit besteht. Während gemeinschaftliche Sozietäten allgemein zur Stabilität der Gesellschaft beitragen, eröffnet gerade erst die Differenzierung der Gesellschaft die Vielfalt der Freundschaften als noch nicht sozial-funktional normierte Gemeinschaften (bspw. Ehe). Diese übernehmen innerhalb der jeweiligen Gesellschaft dann funktionale und strukturell notwendige Aufgaben, wodurch sie zu einem nicht gänzlich freiwilligen Erfordernis werden. Ein derart ausgeprägter Nexus besteht, laut Hahn, jedoch erst in modernen Gesellschaften, in vormodernen hingegen kommt Freundschaft gegenüber institutionell gesicherten Gemeinschaften (Familie, Nachbarschaft etc.), lediglich

---

351 Vgl. Tenbruck: Freundschaft, S. 247. Vor dem Hintergrund seiner romantisch-idealisierenden Vorstellung von wahrer Freundschaft schließt er an: „Das ist nicht der einzige und vielleicht nicht einmal der beste Grund für die Erklärung der Tatsache, daß Freundschaft in der heutigen Welt vergleichsweise eine so geringe Rolle spielt oder doch jedenfalls die personalisierte Freundschaftsbeziehung die Ausnahme ist.“

352 Siehe Hahn: Zur Soziologie der Freundschaft, S. 618–619 und 622–623. Hahn resümiert dort: „Der Freund wird damit eine Gemütsangelegenheit, der Trost und Unterhaltung sichert. Damit entmaterialisiert sich das Verhältnis. An die Stelle affektiver Bindungen, wie sie Freundschaft charakterisieren, treten affektiv neutrale institutionelle Garantien, statt engster persönlicher Verpflichtungen gelten universale Ansprüche, die gerade von der partikularistischen Dimension aller Freundschaft abstrahieren und abstrahieren müssen. [...] Mit dem einen Freund redet man über Fußball, mit dem anderen über Platon. Interdisziplinarität ist dann selbst eine Spezialität. Ansonsten hat man kompetente Kollegen.“

353 Ebd., S. 617.

als ‚Puffer' bei strukturellen Lücken zum Tragen.[354] Hahn konkretisiert insoweit noch einmal den Zusammenhang von gesellschaftlicher Heterogenität und gemeinschaftlicher „Polyphilie". Dabei bindet er diese Relationen nicht wie Ferdinand Tönnies an eine steigende Ökonomisierung oder wie Friedrich Tenbruck an eine Stabilisierung persönlicher Individualität rück. Er benennt ihn vielmehr als „strukturellen Bedarf" beider Sozietäten.[355]

Neben Alois Hahn knüpft auch der sowjet-russische Soziologe und Sexualwissenschaftler Igor Semjonowitsch Kon an die Analysen Tenbrucks und Tönnies an. Seine 1979 verfasste Studie *Freundschaft. Geschichte und Sozialpsychologie der Freundschaft als soziale Institution und individuelle Beziehung* orientiert sich in ihrer Darstellung zwar durchaus am Historischen Materialismus, doch kann Kon die bisher aufgezeigten soziologischen Aspekte noch einmal erweitern.[356] Für seine Analysen geht er von einer Dreiteilung der zu untersuchenden Quellen und der darin beobachtbaren Beziehungsrelationen aus:

> Wenn wir das heutige Material studieren, sind wir bis zu einem gewissen Grad imstande, zwischen sozialer Stereotypie, kultureller Norm (Ideal) und individuell-psychologischen Varianten zu unterscheiden."[357]

354 „In ländlich-bäuerlichen Gesellschaften freilich waren Freundschaften […] kein tragendes Moment der Sozialstruktur. Hier wirkten Nachbarschaft und Verwandtschaft als überfamiliale Stütze in Notzeiten. Immerhin zeigt sich selbst unter strukturell wenig differenzierten Gegebenheiten wie sie für die sogenannten Naturvölker charakteristisch sind, dass verwandtschaftliche und nachbarschaftliche Institutionen nicht in allen Fällen hinlängliche Absicherung der Stammesintegration sorgen. Man findet dort sehr häufig ‚ritualisierte Freundschaften', die solche strukturellen Vakua bis zu einem gewissen Grad kompensieren." Vgl. Hahn: Zur Soziologie der Freundschaft, S. 623. Auch in der modernen Netzwerktheorie erhält Freundschaft einen solchen Status: „Da ‚Freundschaft' […] eine Restkategorie für freundliche Beziehungen jenseits familialer und partnerschaftlicher Bindungen darstellt, ist diese Beziehungsform relativ offen für Interpretationen und Veränderungen. Die Spielräume werden genutzt, um im Kreise von strukturell Äquivalenten die einzelnen zur Beziehung zugehörigen Facetten auszuhandeln. Das bedeutet, dass Freundschaft nicht gleich Freundschaft ist, denn trotz der zahlreichen vorhandenen Begrenzungen ist die Angabe einer ‚Essenz' von Freundschaft, eine klare und eindeutige Definition dieser Beziehung nicht möglich. Die genauen Inhalte und die Art des Umgangs zwischen Freunden entstehen erst im jeweiligen sozialen Zusammenhang." Vgl. dazu Christian Stegbauer: Weak und Strong Ties. Freundschaft aus netzwerktheoretischer Perspektive. In: ders. (Hrsg.): Netzwerkanalyse und Netzwerktheorie. Wiesbaden 2000, S. 105–119, hier S. 117 (Hervorhebungen im Orig.).

355 Siehe dazu nochmals Hahn und den bereits oben zitierten Abschnitt. Auch hier der Hinweis auf Hahns Resümee, in dem er – allerdings von einer personalen Freundschaft ausgehend – konstatiert, dass Freundschaft heute „nicht strukturnotwendig sei[]." Wobei es, aus meiner Sicht, zu hinterfragen gilt, inwiefern die idealisierte Freundschaft überhaupt strukturnotwendig sein könnte. Siehe Hahn: Zur Soziologie der Freundschaft, S. 623 und 627.

356 Siehe Kon: Freundschaft, S. 15–18.

357 Ebd., S. 18.

Kons Auflistung enthält also die bereits dargestellten Fokussierungen der Freundschaft als soziale Institution und als persönlich-individuelle Nahbeziehung. Darüber hinaus richtet er sein Augenmerk als Sozialpsychologe auf einen dritten, vom Aspekt der persönlich-individuellen Nahbeziehung abgegrenzten Untersuchungsgegenstand. Das „Freundschaftsgefühl", also die „individuellen Gefühle und Bedürfnisse", deren wissenschaftliche Betrachtung er selbst als „ziemlich schwer" einstuft.[358] Diese psychologischen Ansätze sind im Folgenden nicht weiter Bestandteil des hier skizzierten Freundschaftsverständnisses. Dies geschieht nicht allein deshalb, weil das zu untersuchende mittelalterliche Figurenpersonal keine oder nur selten eine so pauschal individualisierende und psychologisierende Perspektivierung zulässt respektive überhaupt kennt.[359] Vielmehr begrenzt der gewählte kommunikationstheoretische Ansatz den verwendeten Freundschaftsbegriff, da er auf deren sinnstiftendes Informationspotential und nicht auf deren Wahrnehmungsgehalt in einer Kommunikation zielt.[360]

Neben der übernommenen Differenzierung von Freundschaft in persönliche Nahbeziehung und soziale Institution sowie der Relation von Gemeinschaft und Gesellschaft lenkt Kon in Anlehnung an die fundamentale Studie von Beth Hess seinen Blick ferner auf das relationale Verhältnis von Freundschaft gegenüber anderen persönlichen oder sozial-

358 Ebd., S. 18.

359 Zu der Problematik siehe schon Clemens Lugowskis Erläuterung zur Figur Herzog Ernsts; Clemens Lugowski: Die Form der Individualität im Roman. Studien zur inneren Struktur der frühen deutschen Prosaerzählung. Frankfurt am Main 1994 [zuerst Berlin 1932], hier S. 74–77. Das Problem der Individualität von narrativen Figuren in mittelalterlichen Texten ist auch vor dem Hintergrund „epochenspezifischer" Subjekt- und Selbstkonstruktionen zu eruieren, die durchaus eine Form der Individualisierung kennen, doch diese Inklusionsindividualität entspricht strukturell nicht der modernen Exklusionsindividualität. Zu diesen soziologisch begründeten Differenzen siehe etwa Münkler: Sündhaftigkeit als Generator von Individualität, S. 36–37.

360 Ohne vorwegzugreifen, verweise ich auf die für die systemtheoretische Vorstellung von Kommunikation basale Differenz von Information, Mitteilung und Wahrnehmung. Siehe dazu einleitend Luhmann: Soziale Systeme, hier S. 210–211 und 560–566. Daneben sei der Aufsatz von Georg Jäger erwähnt, der mittels der Luhmann'schen Theorie gerade für die Literatur der Empfindsamkeit und Romantik darauf abhebt, dass diese ein „Medium der Interpenetration" sei, das „(hoch)individualisierte Verkehrsformen [scil. Freundschaft und Liebe; M.S.] erst ermöglicht und in ihrem Rahmen Subjektivität freisetzt". Jäger fasst Literatur insofern als Informationsquelle auf, die einem entsprechenden Austausch dienen kann. Für die Figurenebene benennt er lediglich ein Identifikationspotential des einzelnen Lesers, womit er auf der Ebene der Wahrnehmung operiert. Siehe dazu Georg Jäger: Freundschaft, Liebe und Literatur von der Empfindsamkeit bis zur Romantik. Produktion, Kommunikation und Vergesellschaftung von Individualität durch kommunikative Muster ästhetisch vermittelter Identifikation. In: SPIEL 9,1 (1990), S. 69–87, hier S. 70–71.

institutionellen Gemeinschaften.[361] Auf diese Weise gelingt ihm eine soziologisch fundierte Theoretisierung durchaus bekannter Freundschaftsfunktionen innerhalb von Sozietäten, die mit Hilfe des analytischen Begriffsinstrumentariums genauer beobachtet und beschrieben werden können. An den Ideen Hess' orientiert hält Kon folgende Relationen fest:

> Die Freundschaft kann u. a. ein Aspekt einer anderen, bedeutenderen, gar zentralen Rolle sein; z. B. setzt die Verwandtschaft in vielen Gesellschaften automatisch Freundschaft und gegenseitige Hilfe voraus, also stellt hier die Freundschaft einen Aspekt der Verwandtschaft (Verhältnis der Fusion) dar. Die Freundschaft kann auch manche fehlenden Funktionen ersetzen: Einer, der z. B. keine Verwandten hat oder sie verlor, intensiviert seinen Umgang mit Freunden (Verhältnis der Substitution). Die Freundschaft kann andere soziale Rollen ergänzen, ohne sie jedoch zu wiederholen; z. B. vermögen selbst die besten Familienverhältnisse den Halbwüchsigen und Jugendlichen nicht die Freundschaft mit Gleichaltrigen zu ersetzen, denn Familien- und Freundschaftsverhältnissen fallen hier grundsätzlich unterschiedliche Funktionen zu (Verhältnis der Ergänzung). Die Freundschaft kann schließlich mit anderen Rollen in Konflikt geraten, wenn sich z. B. die Freundespflicht nicht mit Familien- oder Dienstpflichten in Einklang bringen läßt (Verhältnis des Wettbewerbs).[362]

Dieses abstrakt formulierte Relationsgefüge, in dem Freundschaft steht, eröffnet vor allem eine Zusammenschau der immer wieder problematisierten Vielfalt und Paradoxie der Freundschaft sowie ihrer sozialen Funktionen. Neben dem komplementären und kompetitiven Vorkommen von Freundschaft innerhalb des Sozialgefüges wird der Blick geschärft für zwei weitere Relationen: Fusion und Substitution werden als eigenständige Funktionen benannt und nicht nur als Erscheinungsformen entweder des Wettbewerbs wie im Fall der Substitution oder der Ergänzung wie im Fall der Fusion gesehen.

Der Fokus auf diese sozialen Funktionen der Freundschaft in Vergemeinschaftungs- und Vergesellschaftungsprozessen offenbart, dass Freundschaft mehr sein kann als eine persönliche Nahbeziehung oder soziale Institution. Ohne auf das Konzept einer Tugendfreundschaft zu rekurrieren, kann Freundschaft auch als axiologische Anspruchskategorie für eine bereits bestehende (institutionalisierte) Gemeinschaft fungieren. Das heißt, Freundschaft dient den einzelnen Mitgliedern als funktional bezogenes Drittes bei der gemeinschaftlichen Orientierung. In diesen Gemeinschaften, welche selbst keine Freundschaften sein müssen, ist sie

---

361 Für die erwähnte Studie siehe Beth Bowman Hess: Friendship. In: Matilda White Riley, Anne Forner und Marylin E. Johnson (Hrsg.): Aging and Society. A Sociology of Age Stratification. Bd. 3. New York 1972, S. 357–393, hier S. 362.

362 Vgl. Kon: Freundschaft, S. 17. Zu den einzelnen Typen siehe bei Hess: Friendship, S. 362–367 („Fusion"), S. 367–368 („Substitution"), S. 368–369 („Complementarity") und S. 369–370 („Competition").

einerseits ethischer Normhorizont aller, andererseits kann sie eine Auszeichnung (einzelner) sein. Freundschaft wird zu einem gemeinschaftsstabilisierenden und evozierenden Faktor. Mit Marina Münkler ist Freundschaft dann der Gemeinsinn einer Gemeinschaft, sie ist in ihr Auszeichnungs- und Anspruchskategorie.[363] Dem gemeinsamen und auf die Freundschaft konzentrierten Ethos einer Sozietät nachzukommen und es zu erfüllen, ist Anspruch aller Mitglieder. Die Bezeichnung Freund innerhalb einer solchen Gemeinschaft ist eine erstrebenswerte Auszeichnung für die einzelnen Mitglieder. In dieser Darstellung wird die von Herfried Münkler und Harald Bluhm formulierte Vorstellung des Gemeinsinns in seiner doppelten Gerichtetheit greifbar: als individueller Sinn für das Gemeinsame und als gemeinsamer Sinn der Individuen.[364]

Egal ob als konkrete Gemeinschaft oder abstrakter Gemeinsinn, Freundschaft ist immer Gegenstand, Produkt, aber auch Anlass und leitende Semantik sozialer Kommunikation. Erst in der Aushandlung mit oder gegenüber anderen gemeinschaftlichen wie auch gesellschaftlichen Sozialformen wird Freundschaft präsent, entweder als persönliche Nahbeziehung, als soziale Institution oder als axiologische Orientierung. Im Folgenden gilt es, diese Zusammenhänge sozialer Kommunikation zu theoretisieren. Dafür werden die Funktionsweisen von Freundschaft als symbolisch generalisiertem Kommunikationsmedium skizziert.

2.2 Freundschaft als symbolisch generalisiertes Kommunikationsmedium

> Kommunikation ist unwahrscheinlich. Sie ist unwahrscheinlich, obwohl wir sie jeden Tag erleben, praktizieren und ohne sie nicht leben würden.[365]

Das berühmte Diktum Luhmanns über die Unwahrscheinlichkeit der Kommunikation bezieht sich auf ihr Gelingen und widerspricht insofern nur scheinbar dem Axiom Watzlawicks von der Nicht-nicht-Kommunizierbarkeit.[366] Luhmann versteht Kommunikation als einen

363 Siehe dazu Münkler: Amicus Dei, S. 388–394; Münkler und Standke: Freundschaftszeichen, S. 11–12; sowie Münkler: L'amicizia, bes. S. 164–165, sowie Münkler: Freundschaft als symbolisch generalisiertes Kommunikationsmedium, S. 87.

364 Siehe Münkler und Bluhm: Einleitung: Gemeinwohl und Gemeinsinn, S. 12–13.

365 Zitiert nach: Niklas Luhmann: Die Unwahrscheinlichkeit von Kommunikation. In: Niklas Luhmann. Aufsätze und Reden. Hrsg. von Oliver Jahraus. Stuttgart 2001 [zuerst 1980], S. 76–93, hier S. 78.

366 „Man kann nicht nicht kommunizieren, denn jede Kommunikation (nicht nur mit Worten) ist Verhalten und genauso wie man sich nicht nicht verhalten kann, kann man nicht nicht kommunizieren." Zitiert nach: Paul Watzlawick u.a.: Menschliche Kommunikation. Formen, Störungen, Paradoxien. Bern u.a. 1972, hier S. 53. Auch Luhmann geht von einer ständigen Kommunikation sozialer oder psychischer Systeme aus, die sie zur Differenzzie-

wechselseitigen Austausch von Informationen und teilweise von Wahrnehmungen zwischen sozialen Systemen, die erst und nur durch diesen Kommunikationsvorgang entstehen und bestehen. Da dieser Kommunikationsbegriff höchst voraussetzungsreich ist, stuft er das Gelingen von Kommunikation als prinzipiell unwahrscheinlich ein. Erstens ist es nämlich „unwahrscheinlich, dass einer überhaupt versteht, was der andere meint", zweitens ist es „unwahrscheinlich, dass eine Kommunikation mehr Personen erreicht, als in einer konkreten Situation anwesend sind" und drittens ist es unwahrscheinlich, dass die Kommunikation vom anderen „auch angenommen wird".[367]

Um Luhmanns mitunter komplexes Verständnis von Kommunikation besser nachvollziehen zu können, seien die Grundzüge der von ihm maßgeblich geprägten Systemtheorie auszugsweise in Parenthese gestellt. Die grundlegenden Überlegungen fasst Luhmann zu Beginn der 80er Jahre in seiner soziologischen Arbeit: *Soziale Systeme. Grundriß einer allgemeinen Theorie* zusammen. Darin behauptet er zunächst die Existenz von Systemen in Differenz zu ihrer Umwelt.

> Es gibt selbstreferentielle Systeme. Das heißt zunächst nur in einem ganz allgemeinen Sinne: Es gibt Systeme mit der Fähigkeit, Beziehungen zu sich selbst herzustellen und diese Beziehungen zu differenzieren gegen Beziehungen zu ihrer Umwelt.[368]

Luhmanns Systemverständnis ist insofern relational. Ein System ist nur in Abgrenzung zu seiner Umwelt beobachtbar.[369] Für ihre „Selbstreferenz", das heißt, für die Wahrnehmung ihrer System-Umwelt-Grenze, benötigen Systeme einen „selektiven Kommunikationsprozess", der sie zuallererst

hung gegenüber ihrer Umwelt benötigen. Allerdings betont er, die Differenz von bloßer kommunikativer Signalgabe, wie sie Watzlawick darstellt, und der tatsächlichen Verarbeitung von Signalen im Sinne von Informationsvermittlung oder Wahrnehmung. Diese vermittlungen und Wahrnehmungen sind nämlich nicht *per se* gegeben. Siehe dazu exemplarisch Luhmann: Soziale Systeme, S. 210–211 und 560–566.

367 Siehe wiederum Luhmann: Die Unwahrscheinlichkeit von Kommunikation, S. 77–78.

368 Vgl.: Luhmann: Soziale Systeme, S. 31.

369 Luhmann geht dabei grundsätzlich von zwei Systemtypen aus, einmal den hier fokussierten *sozialen Systemen*, wie der Gesellschaft, samt ihrer *Funktionssysteme*, und den *psychischen Systemen*. Während erstere auf Kommunikation und den Austausch respektive die Verarbeitung von Informationen beruhen, gründen sich die psychischen Systeme auf Bewusstsein und die Wahrnehmung sowie den Austausch von Gedanken. Diese Systeme werden innerhalb der ausgewählten legendarischen Erzählungen nicht oder nur am Rande untersucht. Dies schon allein deshalb, weil sie nur unter bestimmten, in den Legenden nur selten ausgeprägten narrativen Voraussetzungen, wie bspw. einer Figurendarstellung mittels interner Fokalisierung, beobachtbar sind. Im Prinzip bietet aber eine solche Perspektivierung eine mögliche Erweiterung des Analysefokus vor allem im Hinblick auf das Funktionssystem der Intimität und den daran beteiligten psychischen Systemen. Siehe einleitend zum psychischen System, Luhmann: Soziale Systeme, S. 346–376.

hervorbringt und die zuvor beobachtete Komplexität reduziert. Gleichzeitig werden jedoch neue Strukturen geschaffen, also Komplexität wieder gesteigert.[370] Generator einer solchen Kommunikation ist ein „binärer Code“:

> Ein Code ist eine Leitunterscheidung, mit der ein System sich selbst und sein eigenes Weltverhältnis identifiziert. [...] Unter Code soll hier ein strikt binärer Schematismus verstanden werden, der nur zwei Positionen oder ‚Werte‘ kennt und alles weitere im Sinne eines ‚tertium non datur‘ ausschließt.[371]

Luhmann nutzt diese „asymmetrische Codierung“ in Anlehnung an Gotthart Günther, der zwischen „Designationswert“ und „Reflexionswert“ unterscheidet.[372] Die eingeführte Reflexion führt zur „Selbstbeobachtung“ (Beobachtung 2. Ordnung) der systemimmanenten Beobachtung (Beobachtung 1. Ordnung).[373] Das heißt, ein System kann als Beobachter zweiter Ordnung die Anwendung seines Codes, im Sinne der beobachtenden Operation des Systems, beobachten. Ein solcher Vorgang, der wiederum Operationen des Systems hervorruft, ist für das System und seinen Erhalt notwendig. Es sind eben diese „selbstreferentiellen Operationen“, die Luhmann als „Autopoiesis“ benennt.[374] Nur eine ständige Reflexion der eigenen Grenzen und die der viel komplexeren Umwelt, garantieren die Unterscheidung im Sinne einer Selbsterkenntnis, das „Ausschalten von Kontingenz“.[375] All dies basiert auf Kommunikation (selektiven Kommunikationsprozessen). Sie selbst unterliegt dem Diktum der Unwahrscheinlichkeit. Das Gelingen von Kommunikation knüpft Luhmann an Kommunikationsmedien, denn diese steigern die Wahrscheinlichkeit.[376] Grundsätzlich lassen sich drei Medien unterscheiden, die den drei zuvor genannten Unwahrscheinlichkeiten der Kommunikation zugeordnet werden können: „Sprache“, „Verbreitungsmedien“ und „symbolisch generalisierte Kommunikationsmedien“.[377] Sprache macht es wahrscheinlich, dass einer überhaupt versteht, was der andere meint.[378] Verbreitungsmedien machen

370 Ebd., S. 65–68.
371 Vgl. Niklas Luhmann: Die Religion der Gesellschaft, hier S. 65.
372 Ebd., S. 66.
373 Ebd., S. 66–72.
374 Ich beziehe mich im Wesentlichen auf die Abschnitte *Selbstreferenz* und *Autopoiesis* in: Luhmann: Soziale Systeme, S. 57–65.
375 Ebd., S. 301.
376 Einen umfassenden Ein- sowie Überblick bietet Luhmann im 2. Kapitel *Kommunikationsmedien* seines letzten Hauptwerks, Niklas Luhmann: Die Gesellschaft der Gesellschaft. Bd. 1. Frankfurt am Main 1997, S. 190–412, speziell S. 312–332. Eine erste Skizze seiner Überlegen liefert er aber bereits früher; Niklas Luhmann: Einführende Bemerkungen zu einer Theorie symbolisch generalisierter Kommunikationsmedien, S. 236–255.
377 Vgl. Luhmann: Soziale Systeme, S. 216–224.
378 Ebd., S. 220–221.

es wahrscheinlich, dass die Kommunikation mehr als die Anwesenden erreicht.[379] Symbolisch generalisierte Kommunikationsmedien machen es wahrscheinlich, dass die Kommunikation von anderen zudem akzeptiert wird.[380] Sprache und Verbreitungsmedien allein machen nur wahrscheinlich, dass Kommunikation von anderen verstanden wird und sie erreicht. Gleichzeitig steigern sie jedoch allein in ihrer Verwendung die Unwahrscheinlichkeit einer Annahme von Kommunikationsofferten. Symbolisch generalisierte Kommunikationsmedien dagegen steigern die Wahrscheinlichkeit, dass die Kommunikation von anderen akzeptiert wird.[381] Symbolisch bedeutet nämlich, dass die Auswahl, die *ego* für die Kommunikation trifft, von *alter* akzeptiert wird. Beide können ihr einen übereinstimmenden Sinn zuweisen.[382] Generalisiert meint, dass die Kommunikation nicht nur von einem anderen, in einer bestimmten Situation akzeptiert wird, sondern dass sie als Schlüssel für die Beobachtung oder Wahrnehmung von bestimmten, aber sich wiederholenden Situationen dient.[383] An dieser Stelle endet die Parenthese zu Luhmanns Theorieansatz, die auf seinen Kommunikationsbegriff zugeschnitten war und für den er festhält,

> daß es vor allem zwei strukturelle Errungenschaften sind, die wie Autokatalysatoren wirken, nämlich in Kommunikationssystemen erzeugt werden und dann die Chancen kommunikativen Erfolgs im Prozeß der *Selbstselektion* des Systems verstärken: das sind *symbolische Generalisierung* und *binäre Schematisierung* (Code-Bildung).[384]

Diesem Resümee der systemtheoretischen Grundlagen, folgt nun der Blick auf die Freundschaft. Inwieweit wird sie den Anforderungen des Luhmann'schen Medienbegriffs gerecht? Freundschaft scheint vor dem Hintergrund ihrer bereits aufgezeigten Eigenheiten, den Ansprüchen eines symbolisch generalisierten Kommunikationsmediums zu genügen. Erstens besteht sie in der sozialen Interaktion und beruht auf hochgradig semantisierten Sprech- und Handlungsweisen. Zweitens generiert sie Sozietäten, die von der persönlichen Nahbeziehung bis zur sozialen Institution reichen. Drittens kann sie funktional als axiologische Orientierung einer Gemeinschaft als Gemeinsinn dienen. Freundschaft trägt also wesentlich zum Gelingen sozialer Kommunikation bei. Niklas Luhmann begreift

379 Ebd., S. 221–222.

380 Ebd., S. 222.

381 Da diese Medien zum wesentlichen Erfolg einer Kommunikation im Sinne ihres Gelingens beitragen, nennt Luhmann sie in seinem Spätwerk auch „Erfolgsmedien". Vgl. Luhmann: Gesellschaft der Gesellschaft. Bd. 1, S. 203.

382 Ebd., S. 318–320.

383 So schon in Luhmann: Einführende Bemerkungen zu einer Theorie symbolisch generalisierter Kommunikationsmedien, S. 243.

384 Ebd., S. 242–243 (Hervorhebungen im Orig.).

Freundschaft insofern durchaus als symbolisch generalisiertes Kommunikationsmedium. Er geht dabei der Frage *egos* nach: „Wie erlebt mich *Alter*? Oder: Wer kann ich sein, daß mein Handeln die Erlebnisselektionen *Alters* bestätigt?“[385] Die Fragestellung offenbart Luhmanns grundlegendes Verständnis von Freundschaft als soziale Paarrelation. Ihre semantische Differenzierung sieht er in einem komplexen Verhältnis, das er aus pragmatischen Ansprüchen seiner Theorie historisch sehr statisch skizziert:

> Ein dafür geeigneter Komplex kultureller und moralischer Vorschriften läuft seit der Antike unter der Bezeichnung *philia/amicitia*, zunächst im Sinne einer öffentlichen Tugend mit Schwierigkeiten der Differenzierung gegen Politik (Gerechtigkeit), gegen Ökonomie (Nutzfreundschaft) und gegen Religion (Gottesliebe). Problematisch und stärker ausdifferenzierungsbedürftig wird dieses Medium erst seit dem Mittelalter mit zunehmender Individualisierung der Lebensführung, besonders in den höheren Schichten.[386]

Luhmann nimmt durchaus an, dass Freundschaft als symbolisch generalisiertes Medium verwendet soziale Systeme evoziert. Vor allem sieht er aber in ihr einen Anspruchsbegriff. Freundschaft dient in seiner Theorie zunehmend als Wertehorizont bei der Ausdifferenzierung individueller Lebensweisen. Freundschaft verliert also an medialer Wirkmacht zugunsten anderer symbolisch generalisierter Kommunikationsmedien. Deshalb benennt Catrin Kersten Freundschaft bei Luhmann als „Verliererin der semantischen [Ideen]Evolution“.[387] Diese Einschätzung trifft aus systemtheoretischer Perspektive zu. Vor allem weil jedem symbolisch generalisierten Kommunikationsmedium nur ein binärer Code zugeordnet werden darf. Umgekehrt darf ein binärer Code nicht von unterschiedlichen Medien genutzt werden.[388] Nur so kann sichergestellt werden, dass die konsti-

385 Vgl. Luhmann: Einführende Bemerkungen zur Theorie symbolisch generalisierter Kommunikationsmedien, S. 244.

386 Ebd., Luhmann bezieht sich für sein evolutionäres Modell explizit auf die schon vorgestellte Studie von Tenbruck: Freundschaft.

387 Vgl. Catrin Kersten: Orte der Freundschaft. Niklas Luhmann und ‚Das Meer in mir‘. Berlin 2009, S. 15–30. Das Problem beruht auf Luhmanns Verständnis der Vormoderne, der er eine komplexe, weil hochgradig differenzierte Moderne gegenüberstellt. Das Mittelalter erscheint bei ihm insoweit nur ansatzweise differenziert. Zum damit verbundenen Vorwurf, eines nicht objektiven und unterkomplexen Mittelalterbildes, hat sich Luhmann in einem akademischen Schlagabtausch mit Otto Gerhart Oexle selbst geäußert: „Es liegt mir, um nur noch dies zu sagen, ganz fern, den Phänomenreichtum des Mittelalters zu unterschätzen, nur kommt man, wissenschaftlich gesehen, nicht sehr weit, wenn man versucht, all dies unter dem Begriff des Mittelalters zusammenzufassen.“ Vgl. Niklas Luhmann: Mein „Mittelalter“. In: Rechtshistorisches Journal 10 (1991), S. 66–70, hier S. 69; sowie Otto Gerhard Oexle: Luhmanns Mittelalter. In: ebd., S. 53–66.

388 „Ein Code besteht aus zwei entgegengesetzten Werten und schließt auf dieser Ebene (nicht natürlich »im Leben«) dritte und weitere Werte aus. […] Die Codes bezeichnen für ihren jeweiligen Funktionsbereich das zuständige Medium, also eine begrenzte, aber lose Kopplung von Möglichkeiten. Sie wirken an jeder Operation mit, denn anders ließe die Operati-

tutive System-Umwelt-Grenze für soziale Systeme beobachtbar bleibt. Freundschaft – und darauf verweist bereits Luhmanns Zitat – operiert aber mit mehreren Codierungen respektive mit nur einem Code. Allerdings wird dieser Code ebenso vom symbolisch generalisierten Kommunikationsmedium Liebe genutzt. Entweder nutzt Freundschaft also zwei Codierungen: die Unterscheidung von Freund/Feind und die von persönlich/unpersönlich. Oder nur die Unterscheidung von persönlich/unpersönlich, die als Code der Intimität dem symbolisch generalisierten Medium Liebe zugeordnet ist. Daraus ergibt sich nach Luhmann in der (gegenwärtigen) sozialen Interaktion eine kulturell bedingte Konkurrenzsituation zwischen den Medien Liebe und Freundschaft. Außerdem resultiert aus der Pluralität mehrerer Codes für einen Beobachter keine ausreichend differenzierte Kommunikationszuordnung. Das heißt, die Offerten von *ego* werden zwar ausgesandt und vom gegenüber empfangen, aber *alter* benötigt über das Medium hinaus Hinweise für eine genaue Verortung der Offerten. Erst auf diese Weise ergibt sich eine systembildende soziale Kommunikation. Was Luhmann hier indirekt bearbeitet, ist die aristotelische Frage nach der angestrebten Freundschaftsart (Lust-, Nutzen- oder Tugendfreundschaft). Dies scheint auf der Ebene der Beobachtung 1. Ordnung noch leicht zu sein, da die Akteure der kommunikativen Aushandlung auf Störungen oder Missverständnisse reagieren können. Für einen Beobachter 2. Ordnung ist die Zuordnung bereits ein komplexes Problem. So mag beispielsweise eine heutige Freundschaft zwischen zwei Politikern auf einem geteilten Tugendkanon basieren. Für einen Beobachter dieser Freundschaft und der dabei vollzogenen politischen Handlungen ergibt sich vor dem Hintergrund kultureller Normvorstellung möglicherweise das Bild einer Nutzenfreundschaft. Der Beobachter 2. Ordnung könnte aber ebenso eine auf Freundschaft basierende soziale Kommunikation auf das symbolisch generalisierte Kommunikationsmedium Liebe zurückführen. In diesem Fall wäre die beobachtete Interaktion für den Beobachter und dessen Freundschaftsverständnis zu affektiv. Wohlmöglich nimmt er sogar ein erotisches Begehren zwischen den Kommunikationspartnern, den Freunden wahr.[389] Die Bandbreite solcher Über-

---

on sich dem Medium und eventuell dem entsprechenden Funktionssystem nicht zuordnen. [...] Nur sie definieren die Einheit des Mediums und eventuell des Funktionssystems durch eine spezifische Differenz [...].“ Siehe dazu Luhmann: Gesellschaft der Gesellschaft. Bd. 1, S. 359–368, hier S. 360–362 (Hervorhebungen im Orig.).

389 Gerade für das Mittelalter wird ein solcher Fall immer wieder exemplarisch vor der Schablone der biblischen David-Jonathan-Beziehung diskutiert. Es handelt sich dabei um die Beziehung von Richard Löwenherz und dem französischen König Philipp II. August. Ihnen wird im Kontext ihres performativ vorgeführten Friedensschlusses (1189) zuweilen ein homoerotisches Begehren unterstellt. Einen guten Überblick zu diesem Diskurs bietet Klaus van Eickels: Vom inszenierten Konsens zum systematisierten Konflikt. Die englisch-

schneidungen und der damit verbundenen Interpretationen von sozialer Kommunikation ist groß. Er betrifft nicht nur die Beobachtungsebene 2. Ordnung, bereits auf der Ebene 1. Ordnung ergeben sich Missverständnisse durch Interferenzen.[390]

Das bereits konstatierte Changieren von Freundschaft als Sozietät zwischen sozialer Institution, persönlicher Nahbeziehung und dem Gemeinsinn wird auch oder gerade erst in der sozialen Kommunikation offenbar.[391] Anders gesagt, weil das symbolisch generalisierte Kommunikationsmedium Freundschaft die Codierungen zweier unterschiedlicher Medien verwendet, ist eine eindeutige Zuordnung seiner Operationen nicht *per se* möglich. Die Beobachtung 2. Ordnung muss zu dem Urteil kommen, dass Freundschaft geprägt wird von Ubiquität und Ambiguität. Historisch gesehen partizipiert Freundschaft zunächst allein an den binären Codierungen. Erst die Herausbildung weiterer Kommunikationsmedien, samt ihrer festen Zuordnung etwa als Code der Politik oder der Intimität, führen zu jener problematischen Doppeldeutigkeit.[392] Um diese Problematik besser zu verstehen und um einen möglichen Ansatz für die späteren Analysen zu gewinnen, seien die verwendeten Codes und vor allem ihre binären Semantiken vorgestellt.

Erstens der Code der Politik: Nach Carl Schmitt ist die basale Differenz des Politischen, also die Binarität des Codes der Politik,[393]

> die Unterscheidung von Freund und Feind. Sie gibt eine Begriffsbestimmung im Sinne eines Kriteriums, nicht als erschöpfende Definition oder Inhaltsangabe. Insofern sie nicht aus anderen Kriterien ableitbar ist, entspricht sie für das Politische den relativ selbstständigen Kriterien anderer Gegensätze: Gut und Böse im Moralischen; Schön und Häßlich im Ästhetischen usw.[394]

---

französischen Beziehungen und ihre Wahrnehmung an der Wende vom Hoch- zum Spätmittelalter. Stuttgart 2002, hier speziell S. 341–393. Daneben und im Kontext der nachfolgenden Darstellungen siehe Münkler und Standke: Freundschaftszeichen, S. 9–32.

390 Beobachtung ist die wichtigste Operation, erst sie ermöglicht es einen Code anzuwenden und zu differenzieren. Siehe dazu bspw. die komprimierte Darstellung von Beobachtung und Beobachterrollen in Luhmann: Die Religion der Gesellschaft, hier S. 24–32.

391 Luhmann verweist selbst auf dieses Changieren und relativiert wiederholt den statischen Eindruck seines Theoriekonzeptes. Beispielsweise wenn er mit Blick auf die vorliegende gesellschaftliche Differenzierung von einer etwaigen „Dominanz" spricht oder von der „Konkurrenzlage" verschiedener Kommunikationsmedien. Siehe dazu exemplarisch Luhmann: Gesellschaft der Gesellschaft. Bd. 1, S. 371 und 556.

392 Siehe dazu wiederum Münkler und Standke: Freundschaftszeichen, hier S. 9–15.

393 Dies in Differenz zu Luhmanns Code der Politik, der dem politischen System das symbolisch generalisierte Kommunikationsmedium Macht zuordnet, welches die Codierung überlegen/unterlegen aufweist. Siehe dazu exemplarisch Luhmann: Gesellschaft der Gesellschaft. Bd. 1, S. 355.

394 Vgl. Carl Schmitt: Der Begriff des Politischen. Text von 1932 mit drei Corollarien. Berlin 1994, hier S. 26–27.

Luhmann, der ohne einen Verweis auf Schmitt auskommt, benennt die Differenz von Freund/Feind als Antwort auf seine leitende Frage: „Wie ist soziale Ordnung möglich?“[395] Diese Leitdifferenz, so Luhmann, gelte vor allem im Kontext der Entstehung spätarchaischer, segmentärer Gesellschaften, für die er folgendes im Rückgriff auf semasiologische Analysen festhält:[396]

> Das archaische Ethos hatte verlangt, daß man Sympathie und Engagement für das aufbringt, was einem nahesteht: Waffen, Tiere, Frauen, Götter eingeschlossen (und *philós* hatte ursprünglich genau dies bedeutet), während Fernstehende eher indifferent und willkürlich behandelt werden konnten.[397]

Diese Funktion des symbolisch generalisierten Kommunikationsmediums Freundschaft ist in ihrer grundsätzlichen Wirkweise noch sehr nah an der basalen, systembildenden Differenz von Selbst- und Fremdwahrnehmung.[398] Insofern in der Interaktion zwischen dem Eigenem (Freund) und dem Fremden (Feind) unterschieden wird, entsteht eine Sozietät. Um diese Gemeinschaftsform weiter zu differenzieren, muss das Medium auf die systemimmanenten Differenzierungen angepasst werden.[399] Freundschaft als „eine allgemeine, auf die Gesellschaft bezogene Idee der Zusammengehörigkeit“ wird, so Luhmann, im Zuge einer solchen, reflektierten Auseinandersetzung auch in die Gesellschaft „als Intensivform eingebaut.“[400]

> Der Gegenbegriff der Feindschaft tritt zurück (das heißt: es bildet sich ein Code: Freund oder nicht), und das Problem der Kriterien für die Wahl von Freunden tritt in den Vordergrund. Das Nahestehen ist dann nicht mehr Bedingung der Freundschaft, sondern Folge der Wahl eines Freundes.[401]

Freundschaft wandelt sich also von einer Zuschreibungskategorie zu jener Auszeichnungs- und Anspruchskategorie, wie sie etwa als Gemeinsinn vorkommt. Freund meint nicht mehr bloß Teil einer Gemeinschaft zu sein. Vielmehr wird die Teilhabe mit bestimmten Werten und Normen verknüpft. Diese zu erfüllen ist anspruchsvoll und Freund zu heißen, ist

395 Siehe dazu: Niklas Luhmann: Wie ist soziale Ordnung möglich? In: ders.: Gesellschaftsstruktur und Semantik. Bd. 2. Frankfurt am Main 1981, S. 195–285, hier S. 212–221.

396 Zu Luhmanns semasiologischen Behauptungen siehe die Studie von Meinrad Scheller: Vedisch priyá- und die Wortsippe Frei, Freien, Freund. Eine bedeutungsgeschichtliche Studie. Göttingen 1959; sowie das nachfolgende Kapitel *Semantiken der Freundschaft: Ressourcen des Vertrauens*.

397 Vgl. Luhmann: Gesellschaft der Gesellschaft. Bd. 1, S. 326–327.

398 Siehe nochmals Luhmann: Soziale Systeme, hier S. 31.

399 Siehe Luhmann: Wie ist soziale Ordnung möglich?, S. 213–214.

400 Vgl. Luhmann: Gesellschaft der Gesellschaft. Bd. 1, hier S. 327.

401 Ebd..

insofern eine Auszeichnung.[402] Freundschaft differenziert insoweit sowohl gegenüber einer gesellschaftlichen Umwelt, als auch innerhalb der Gesellschaft. Vor dem Hintergrund einer fortschreitenden gesellschaftlichen Evolution, im Sinne einer Komplexitätssteigerung durch Differenzierung, beschreibt dies den eintretenden Wandel des Kommunikationsmediums Freundschaft und die Aufweichung des binären Codes (Freund/Feind).[403] In der Folge fällt der Code allerdings nicht weg. Vielmehr werden die Beobachtungen überblendet bzw. gestört. Für eine stratifikatorisch-ständische Gesellschaft, wie das Mittelalter, ist allerdings eine klare Differenzierung der Straten systembildend.[404] Trotz der voranschreitenden gesellschaftlichen Differenzierung bleibt das Medium Freundschaft mit seinem binären Code Freund/Feind für eine Selbst- und Fremdwahrnehmung systemrelevant.

Zweitens der Code der Intimität: Neben der grundsätzlichen Selbst- und Fremdwahrnehmung, die erst soziale Systeme bildet, beschreibt Luhmann die Möglichkeit, „in einigen Fällen persönliche Beziehungen zu intensivieren“ und „[e]s wird dann ein Systemtyp für Intimbeziehungen geschaffen“.[405] Das Teilsystem der Intimität steht, wie das der Politik, vor dem Problem einer Binnendifferenzierung. Dabei fehlt nicht etwa ein differenzierter Code. Problematisch erscheint vielmehr, dass der Code des

402 Siehe dazu noch einmal Münkler: Freundschaft als symbolisch generalisiertes Kommunikationsmedium, S. 87.

403 Zu Luhmanns systemtheoretischem Evolutionsverständnis siehe einleitend Niklas Luhmann: Gesellschaftsstruktur und Semantik. Bd. 1. Frankfurt am Main 1980, hier S. 9–71. Wie explizit und abrupt Luhmann den Wechsel von einer stratifikatorischen Differenzierung zu einer funktionalen für die Zeit der beginnenden Moderne formuliert, zeigt sich in folgendem Zitat: „Der Begriff der Freundschaft deckt jetzt [i.e. 18. Jhd.] nicht mehr die gesamte Breite des sozialen Verhaltens. Er verliert endgültig seine Funktion als Korrektiv für Not und Gefahr. Seine Dekomposition in Typen wird dadurch entbehrlich. Stattdessen wird Freundschaft zur Perfektionsform sozialer Beziehungen, die angesichts der so lange diskutierten Diskretionsprobleme ins Private zurückgezogen wird. Damit verlagert die Sozialität ihren Kulminationspunkt aus dem Öffentlichen ins Private, es geht ihr jetzt nur noch um die interpersonale Interpenetration als solche, um die Steigerung von Glückseligkeit in der Beziehung zum anderen.“ Vgl. Luhmann: Wie ist soziale Ordnung möglich?, S. 228.

404 Luhmann unterscheidet segmentäre, stratifikatorische und funktional differenzierte Gesellschaften, siehe wiederum Luhmann: Gesellschaftsstruktur und Semantik. Bd. 1, hier S. 21–35.

405 Vgl. Niklas Luhmann: Liebe als Passion. Zur Codierung von Intimität. Frankfurt am Main 1982, hier S. 13 und 15. Luhmann selbst setzt diese Entwicklung deutlich später an und versteht sie als Teil der Ausdifferenzierung moderner Gesellschaften. Ich beobachte insofern einen Prozess, den Luhmann zwar ebenfalls beschreibt, aber historisch später (zweite Hälfte des 17. Jahrhunderts und dann um 1800) ansetzt. Vgl. dazu ebd., S. 50–53. Außerdem sehr ausführlich zu dieser differenten Verortung gegenüber Luhmann Andreas Kraß: Kämpfende Freunde. Symbiotische Mechanismen im *Erec* Hartmanns von Aue. In: Uta Fenske und Gregor Schuhen (Hrsg.): Geschichte(n) von Macht und Ohnmacht. Narrative von Männlichkeit und Gewalt. Bielefeld 2016, S. 71–82, hier S. 72–74.

Teilsystems von zwei symbolisch generalisierten Kommunikationsmedien gleichzeitig genutzt wird, der Liebe und der Freundschaft. Beide Medien nutzen für den entstehenden „Bereich […] höchstpersönliche[r], intimvertrauliche[r] Kommunikation“ den Code der Intimität, der auf „der Differenz von persönlich und unpersönlich“ basiert.[406] Bezieht sich das Medium Freundschaft auf den Code der Intimität, dann etabliert die soziale Interaktion kein institutionelles Freundschaftsverhältnis, sondern ein persönliches Nahverhältnis – mitunter eine die Zweisamkeit betonende Sonderdyade. Blickt man dabei auf das wirkmächtige semantische Feld der Loyalität, zeigt sich zugleich eine nicht minder problematische Skalierung von Freundschaft. Der Code erlaubt nämlich zwischen mehreren Freundschaftsrelationen zu werten.[407] Um die Konkurrenzsituation der symbolisch generalisierten Kommunikationsmedien Freundschaft und Liebe genauer zu erfassen, bedarf es einer erweiterten Zusammenschau von Gemeinsamkeiten und Unterschieden. Gemein ist beiden Medien die grundsätzliche Funktion, die Luhmann zumindest für das Medium Liebe definiert hat:

> Liebe selbst ist kein Gefühl, sondern ein Kommunikationscode, nach dessen Regeln man Gefühle ausdrücken, bilden, simulieren, anderen unterstellen, leugnen und sich mit all dem auf die Konsequenzen einstellen kann, die es hat, wenn entsprechende Kommunikation realisiert wird.[408]

Das heißt, beide Medien evozieren mit hoher Wahrscheinlichkeit soziale Systeme, weil sie sinnstiftende und verbindliche Kommunikationsofferten erlauben. Dabei eignet ihnen eine hohe *Inflationstendenz* und *Inflationstoleranz*, wodurch sie scheinbar allgegenwärtig für die „erhebliche[n] Strukturlasten für den Aufbau, die Differenzierung und Stabilisierung des sozialen Systems“ verantwortlich zeichnen.[409] Zugleich offenbart sich darin ein grundlegender Unterschied in ihrer spezifischen Wirkweise und Reichweite.

---

406 Ebd., S. 18.

407 Zu diesem schon in der antiken Philosophie diskutierten Problem (Cic., *Lael.*) siehe aus soziologischer Sicht Robert Paine: Friendship: The Hazard of an Ideal Relationship. In: Bell and Coleman (Hrsg.): Anthropology of Friendship, S. 9–58, bes. S. 44–46.

408 Vgl. Luhmann: Liebe als Passion, S. 23.

409 Vgl. Münkler und Standke: Freundschaftszeichen, S. 10. Die Begriffe Inflationstendenz und Inflationstoleranz entstammen der Luhmann'schen Terminologie, der damit den Umstand beschreibt, dass die durch symbolisch generalisierten Kommunikationsmedien möglich erscheinenden Unwahrscheinlichkeiten, zu einer Motivation führen und insofern gehäuft zum Einsatz gelangen. Zugleich ist die Wirkmacht einiger Medien davon scheinbar unabhängig, die Medien tolerieren also ihren inflationären Gebrauch. Siehe Luhmann: Die Gesellschaft der Gesellschaft. Bd. 1, S. 385–386.

> Liebe ist ein exklusiver Kommunikationscode, Freundschaft dagegen ein inklusiver, der steigerbar ist, das heißt es sind unterschiedliche Arten von Inklusion möglich.[410]

Systemimmanent ermöglichen beide Medien soziale Systeme, im Sinne eines persönlichen, nicht institutionellen Nahverhältnisses, zu stiften. Der dafür von beiden verwendete Code der Intimität führt allerdings zu zwei dichotomen Beziehungen. Die Nahverhältnisse, die mittels des Mediums Freundschaft und dem Code von persönlich/unpersönlich entstehen und ihn weiterhin anwenden, sind durchaus höchstpersönlich, aber nicht exklusiv. Hingegen sind die Nahverhältnisse, die mittels des Mediums Liebe und dem Code von persönlich/unpersönlich entstehen und ihn weiterhin anwenden, nicht nur höchstpersönlich, sondern hochgradig exklusiv. Diese Differenz von Inklusivität und Exklusivität kann bereits auf der Beobachterebene 1. Ordnung problematisch sein. Grundsätzlich verlangt diese Überschneidung in der weiteren, systemimmanenten Kommunikation nach klareren Kriterien entweder für einen inklusiven oder exklusiven Fortgang. Außerhalb des betroffenen sozialen Systems ist diese Überschneidung nicht weniger prekär für die Beobachtung 2. Ordnung. Das gleichzeitige Partizipieren der Kommunikationsmedien Freundschaft und Liebe am Code der Intimität erfordert eine die Komplexität reduzierende Differenzierung. Diese erfolgt zumindest für das Mittelalter normativ. Sie ist gekennzeichnet durch die Stigmatisierung von erotischem Begehren und Sexualität. Freundschaft bleibt vorrangig homosozialen Nahbeziehungen vorbehalten und Liebe heterosozialen. In diesen ist abweichend vom Nahverhältnis der Freundschaft ein erotisches Begehren möglich, aber nicht notwendig.[411] Restriktiv reguliert wird vor dem Hintergrund einer gesellschaftlich wirkmächtigen heteronormativen Matrix das homosoziale Nahverhältnis.[412] Dieses Verhältnis könnte nämlich durch die

---

410 Vgl. Münkler: Freundschaft als symbolisch generalisiertes Kommunikationsmedium, S. 87.

411 Luhmann verweist in diesem Kontext auf die „höfische Liebe" und die damit verbundenen *minne*-Konzeptionen. Siehe Luhmann: Liebe als Passion, S. 52.

412 Zum Begriff der Heteronormativität und ihrer gesellschaftlichen Konstruktion wie Rückwirkung vgl. die einleitende Definition von Peter Wagenknecht: „Der Begriff benennt Heterosexualität als Norm der Geschlechterverhältnisse, die Subjektivität, Lebenspraxis, symbolische Ordnung und das Gefüge der gesellschaftlichen Organisation strukturiert. Die Heteronormativität drängt die Menschen in die Form zweier körperlich und sozial klar voneinander unterschiedener Geschlechter, deren sexuelles Verlangen ausschließlich auf das jeweils andere gerichtet ist. Heteronormativität wirkt als apriorische Kategorie des Verstehens und setzt ein Bündel von Verhaltensnormen. Was ihr nicht entspricht, wird diskriminiert, verfolgt oder ausgelöscht (so in der medizinischen Vernichtung der Intersexualität) – oder den Verhältnissen in ästhetisch-symbolischer Verschiebung dienstbar gemacht. In der Subjekt-Konstitution erzeugt Heteronormativität den Druck, sich selbst über eine geschlechtlich und sexuell bestimmte Identität zu verstehen, wobei die Vielfalt möglicher Identitäten hierarchisch angeordnet ist und im Zentrum der Norm die kohärenten hetero-

Verwendung des Codes der Intimität homoerotische Züge erhalten.[413] Eine solche Begehrenszuschreibung trifft natürlich auch heterosoziale Nahbeziehungen. Dem Verdacht des erotischen Begehrens können heterosoziale Nahbeziehungen, die mittels des symbolisch generalisierten Kommunikationsmediums Freundschaft evoziert wurden, ebenso unterliegen, vor allem wenn das Medium mit dem Code der Intimität eingesetzt wird.

Luhmann erweitert im Kontext der Einwirkung sozialer Systeme auf die beteiligten Körper (nicht Menschen) seine Differenzierung und führt unterhalb der Medien und ihrer Codes eine weitere Funktions- und Beobachterebene ein. Die *symbiotischen Mechanismen* verknüpfen das jeweilige System mit den betroffenen Körpern.[414] System spezifisch bedient sich das Medium der Politik der Gewaltausübung und das System der Intimität der Sexualität.[415] Wird also Gewalt angewandt, ist das Teil einer Kommunikation des sozialen Systems der Politik. Sexuelle Handlungen verschränken hingegen diejenigen, die eine Liebesbeziehung unterhalten mit dem System der Intimität.[416] Diese Mechanismen verweisen in ihrer Funktion bereits auf die differenzierten Teilsysteme der Politik oder Intimität, wie sie für das Mittelalter noch nicht angenommen werden können. Das heißt auch, sie gehen bereits von einer Differenzierung der symbolisch generalisierten Kommunikationsmedien Liebe und Freundschaft aus. Dennoch ist der Verweis auf die symbiotischen Mechanismen wichtig für die nachfolgenden Analysen. Vor allem da die Sexualität, und mit ihr das erotische Begehren, zu jenem Differenzierungsproblem zwischen Freundschaft und Liebe führen, das sich in der mittelalterlichen Literatur und bildenden Kunst immer wieder beobachten lässt. Insofern werden die Mechanismen in ihrer Funktion bei den semantischen Textanalysen berücksichtigt. Im Fokus steht allerdings die doppelte Codierung des Mediums Freundschaft.

---

sexuellen Geschlechter Mann und Frau stehen. Zugleich reguliert Heteronormativität die Wissensproduktion, strukturiert Diskurse, leitet politisches Handeln, bestimmt über die Verteilung von Ressourcen und fungiert als Zuweisungsmodus in der Arbeitsteilung. Heteronormativität ist sämtlichen gesellschaftlichen Verhältnissen eingeschrieben; auch Rassismus und Klassenverhältnisse sind heteronormativ geprägt und prägen ihrerseits die kulturellen Bilder und konkreten Praxen heteronormer Zweigeschlechtlichkeit." Vgl. Peter Wagenknecht: Was ist Heteronormativität? Zu Geschichte und Gehalt des Begriffs. In: Jutta Hartmann u.a. (Hrsg.): Heteronormativität. Empirische Studien zu Geschlecht, Sexualität und Macht. Wiesbaden 2007, S. 17–34, hier S. 17.

413 Siehe dazu vor allem die Arbeiten von Andreas Kraß: Freundschaft als Passion. Zur Codierung von Intimität in mittelalterlicher Literatur. In: Sibylle Appuhn-Radtke und Esther Pia Wipfler (Hrsg.): Freundschaft: Motive und Bedeutungen. München 2006, S. 97–116, hier S. 100–101; sowie ders.: Die kämpfenden Freunde, S. 72–74.

414 Vgl. Luhmann: Soziale Systeme, S. 337–339.

415 Vgl. Kraß: Die kämpfenden Freunde, S. 72.

416 Ebd..

Die zweifache Bereitstellung eines Codes mag die Komplexität und Ambiguität des mittelalterlichen Freundschaftsbegriffes, wie ihn die rezente Forschung wiederholt konstatiert, begründen. Sie ist aber immer auch Ausweis der hohen Flexibilität eines Soziabilität stiftenden Kommunikationsprozesses. Vor allem in einer noch personal strukturierten und sich erst sukzessiv institutionalisierenden sowie funktional differenzierenden Gesellschaft ist ein solches Medium von großer Bedeutung.[417] Freundschaft fungiert als symbolisch generalisiertes Kommunikationsmedium,[418] das Bindungen auch jenseits institutionell gesicherter Sozietäten schafft und damit die Verbindlichkeit der Kommunikation sowie die Begründung stabiler Sozialbeziehungen wahrscheinlich macht. Diese Sozialbeziehungen können sowohl homosozial als auch heterosozial codiert sein. Wahrscheinlicher ist vor dem Hintergrund einer heteronormativen Matrix die homosoziale Codierung, weil hier eine mögliche Verwechslung von Freundschaft und Liebe geringer ist.[419] Außerdem, das sei nochmals hervorgehoben, ist Freundschaft kein Gefühl, sondern ein Kommunikationscode, nach dessen Regeln man Gefühle ausdrücken, aber auch bilden, simulieren, anderen unterstellen oder leugnen kann.[420]

---

417 Aus historischer Sicht formuliert dies mit Bezug auf den Personenverbandsstaat in Anlehnung an die Studien von Heinrich Mitteis sehr prägnant Althoff: Verwandte, Freunde und Getreue, hier speziell S. 5–9. Daneben ergänzend aus soziologischer Perspektive die Analysen von Hahn: Zur Soziologie der Freundschaft, hier S. 623.

418 Dass Freundschaft auch selbst als soziales System aufgefasst werden kann, zeigt Jan A. Fuhse in seiner kleinen systemtheoretischen Studie von sozialen Netzwerken (amerikanische Straßengangs) – im Sinne Mark Granovetters. Nach Fuhse sind Freundschaftsdyaden soziale Systeme, die die „Bindungen (bzw. Kanten)" eines Netzwerkes, das selbst kein soziales System ist, darstellen. Systembildend sei für Freundschaften, dass ihre „gegenwärtige Kommunikation auf Vergangenem aufbau[t]" und sie so „ihr eigenes Gedächtnis und ihre eigenen Strukturen [ausbilden]" unabhängig von den beteiligten Individuen. Netzwerke sind hingegen lediglich „interrelational" und bilden keine eigene Systemgrenze aus. Sie können dies aber im Kontext einer identitätsstiftenden und somit Sinn erzeugenden Differenzsetzung, die von allen „Kanten" des Netzwerkes getragen wird. Siehe dazu Jan A. Fuhse: Systeme, Netzwerke, Identitäten. Die Konstitution sozialer Grenzziehungen am Beispiel amerikanischer Straßengangs. Stuttgart 2003, hier vor allem S. 5–13.

419 Zu dieser Einschätzung nochmals Andreas Kraß. Er diskutiert diese Gegenüberstellung der Nahverhältnisse und ihre narrativen Bearbeitungen in der mittelalterlichen Novellistik. Dabei zeigt er die sozial konstruierte Matrix sowie die semiotische, aber auch strukturelle Bearbeitung abweichender Narrative. Siehe Andreas Kraß: Das erotische Dreieck. Homosoziales Begehren in einer mittelalterlichen Novelle. In: ders. (Hrsg.): Queer denken. Gegen die Ordnung der Sexualität. Frankfurt am Main 2003, S. 277–297, hier S. 293–294.

420 Vgl. dazu Luhmanns bereits zitierte, analoge Formulierungen zum symbolisch generalisierten Kommunikationsmedium Liebe; Luhmann: Liebe als Passion, S. 23.

3. Semantiken der Freundschaft: Ressourcen des Vertrauens

Freundschaft, verstanden als symbolisch generalisiertes Kommunikationsmedium, ermöglicht eine wichtige und zumeist alltägliche Komplexitätsreduktion innerhalb der Gesellschaft. Indem Freundschaft Selektionen offeriert, die grundsätzlich Erwartbarkeit und Verlässlichkeit konstituieren, ermöglicht und stiftet sie zuallererst soziale Systeme. Diese umfassen in ihrer konkreten Ausformung sowohl institutionelle, als auch persönliche Nahverhältnisse. Daneben kann Freundschaft sogar als gemeinschaftliche Orientierung, als Gemeinsinn einer Sozietät fungieren. Voraussetzung dafür sind symbolische Kommunikationsprozesse. In diesen werden binäre Codes eingesetzt, die zu einer Differenzierung und damit Systembildung beitragen. Die Codes des Mediums Freundschaft entstammen den sozialen Teilsystemen der Politik und der Intimität. Es handelt sich also um dichotome Semantiken, die entweder ein soziales System als Gemeinschaft konstituieren, oder innerhalb einer bereits bestehenden Gesellschaft zu einer Differenzierung beitragen. Es geht um die Unterscheidung von fremd/eigen bzw. vertraut/unvertraut und der Unterscheidung von persönlich/unpersönlich. Beide Codierungen entstammen dem weiten semantischen Feld des Vertrauens. Der Fokus auf diesen zentralen Mechanismus sozialer Kommunikation führt zu einer nachgeordneten Beobachtung der sich ebenfalls erst differenzierenden symbiotischen Mechanismen von Politik und Intimität, der Ausübung von Gewalt bzw. dem gemeinsamen Vollzug sexueller Handlungen.[421] Die Sinnstiftung der symbolischen Kommunikation des Mediums Freundschaft besteht darin, Vertrauen, im Sinne von Erwartbarkeit und Verlässlichkeit, in der jeweiligen Kommunikationssituation zu evozieren.[422] Das symbolisch generalisierte Medium Freundschaft erlaubt in der sozialen Interaktion Vertrautheit als Bekanntes, wechselseitiges Vertrauen als Verlässlichkeit, aber ebenso Vertraulichkeit als Exklusivität zu vermitteln. Niklas Luhmann versteht Vertrauen insofern als Mechanismus der Komplexitätsreduktion, als Förderer von Verlässlichkeit und Erwartbarkeit in einer Welt kontingenter Kommunikationsofferten.

> In vertrauten Welten dominiert die Vergangenheit über Gegenwart und Zukunft. In der Vergangenheit gibt es keine ‚anderen Möglichkeiten' mehr, sie ist stets schon reduzierte Komplexität. Die Orientierung am Gewesenen kann daher die Welt vereinfachen und verharmlosen. Man unterstellt, daß das Vertraute bleiben,

421 In diesem Punkt widersprechen sich der vorliegende Ansatz und der von Andreas Kraß zwar nicht, sie weichen jedoch voneinander ab. Diese Studie verfolgt das Frageinteresse nach den gemeinschafts- und gemeinsinnstiftenden Mechanismen und nicht die der Stiftung von Intimität. Siehe dazu Kraß: Kämpfende Freunde, S. 72–73.

422 Zu dieser Einschätzung siehe Münkler und Standke: Freundschaftszeichen, hier S. 10.

> das Bewährte sich wiederholen, die bekannte Welt sich in die Zukunft hinein fortsetzen wird. [...] Demgegenüber ist Vertrauen in die Zukunft gerichtet. Zwar ist Vertrauen nur in einer vertrauten Welt möglich; es bedarf der Geschichte als Hintergrundsicherung. Man kann nicht ohne jeden Anhaltspunkt und ohne alle Vorerfahrungen Vertrauen schenken. Aber Vertrauen ist keine Folgerung aus der Vergangenheit, sondern es überzieht die Informationen, die es aus der Vergangenheit besitzt und riskiert eine Bestimmung der Zukunft. Im Akt des Vertrauens wird die Komplexität der zukünftigen Welt reduziert. Der vertrauensvoll Handelnde engagiert sich so, als ob es in der Zukunft nur bestimmte Möglichkeiten gäbe. Er legt seine gegenwärtige Zukunft auf eine künftige Gegenwart fest.[423]

Vertrauen basiert also auf einem komplexen Prozess, der zwischen gemachten Erfahrungen und in die Zukunft prolongierten Erwartungen changiert. Die Komplexität der Ungewissheit wird in eine nur angenommene Gewissheit gewandelt, die dabei wahrgenommene Reduktion der Komplexität bestärkt allerdings die getroffene Entscheidung. Freundschaft dient in ihrem Kern einer solchen Festlegung, weil die dabei explizit oder implizit geäußerte Berufung auf sie innerhalb sozialer Interaktionen ein bestimmtes Beziehungsverhältnis generiert. In seiner Folge haftet diesem Verhältnis das prinzipiell flüchtige Vertrauen in Form von Loyalität an.[424] Loyalität besteht aus der wechselseitigen Erwartungshaltung, die zwei Individuen miteinander bezogen auf innere Einstellungen und äußere Handlungen teilen und das ohne bereits in ein institutionalisiertes Beziehungsverhältnis eingebunden zu sein.[425] Das heißt, anders als bei der Ehe,

---

423 Vgl. Niklas Luhmann: Vertrauen, hier S. 20. Vergleiche aber auch seinen kürzeren, aus dem Englischen übersetzten, Aufsatz; Niklas Luhmann: Vertrautheit, Zuversicht, Vertrauen. Probleme und Alternativen. In: Martin Hartmann und Claus Offe (Hrsg.): Vertrauen: die Grundlage des sozialen Zusammenhalts. Frankfurt am Main 2001, S. 143–160, nachfolgend S. 144. „Vertrautheit ist eine unvermeidbare Tatsache des Lebens; Vertrauen ist eine Lösung für spezifische Risikoprobleme. Jedoch muss Vertrauen in einer vertrauten Welt erlangt werden, und in den vertrauten Zügen der Welt können sich Veränderungen ergeben, die sich auf die Möglichkeit auswirken, Vertrauen in zwischenmenschlichen Beziehungen zu entwickeln."

424 Dass Vertrauen als Selektionsform gemäß bestimmter kultureller Mechanismen Komplexität reduziert, aber durchaus selbst Komplexität in Form neuer Kontingenzen evoziert, zeigt für die mittelalterliche Literatur Werner Röcke: Regeln des Vertrauens. Reduktion von Kontingenz und Stabilisierung des Verhaltens im ‚Prosa-Lancelot'. In: Claudia Garnier und Hermann Kamp (Hrsg.): Spielregeln der Mächtigen. Mittelalterliche Politik zwischen Gewohnheit und Konvention. Darmstadt 2010, S. 247–264.

425 Siehe zu dieser Definition von Loyalität den Handbuchartikel von Matthias Iser: Loyalität. In: Stephan Gosepath (Hrsg.): Handbuch der politischen Philosophie und Sozialphilosophie. Bd. 2 (N–Z). Berlin 2008, S. 731–732. Speziell für das Mittelalter siehe eine erste, vor allem semasiologische Studie von Dorothea Weltecke: Gab es Vertrauen im Mittelalter? Methodische Überlegungen. In: Ute Frevert (Hrsg.): Vertrauen. Historische Annäherungen. Göttingen 2003, S. 67–89. Ergänzend für das Spätmittelalter die Studie von Petra Schulte: Vertrauen im Florenz des 15. Jahrhunderts. In: Das Mittelalter 2 (2015), S. 380–394.

der Familie oder dem Vasallentum wird die soziale Kommunikation nicht bereits gerahmt oder durch bestimmte Erwartungen überformt. Insoweit fungiert Freundschaft als symbolisch generalisiertes Kommunikationsmedium, das sich auf Semantiken des Vertrauens stützt. Zweierlei ist für die Analysen insofern unabdingbar: Erstens müssen die jeweils verwendeten Freundschaftssemantiken in ihrer spezifischen Funktionsweise als Ressourcen des Vertrauens dargestellt werden. Zweitens bedürfen diese Semantiken einer diachronen wie synchronen Gegenüberstellung, im Sinne der historischen Semantik.[426] Nur so können die Brüche und Transformationen der Freundschaftssemantiken und ihrer Funktionen für die Vertrauensstiftung in symbolischer Kommunikation offenbart werden.[427] Dabei wird die Semantik der Freundschaft sowohl semasiologisch als auch onomasiologisch fokussiert, was „insofern nicht nur […] eine präzisere Analyse des jeweiligen *Gegenstandsbereichs*, sondern auch […] eine präzisere Bestimmung der Modalitäten ihrer eigenen *Gegenstandskonstitutionen*" gestattet.[428] Zeichentheoretisch erfolgt die Erschließung der Semantik also ei-

426 Die Historische Semantik oder besser gesagt die ihr vorausgegangene Begriffsgeschichte ist spätestens seit den prägenden Arbeiten von Reinhart Koselleck ein viel diskutierter Begriff und eine mehrfach reflektierte Methode verschiedener geistes- und sozialwissenschaftlicher Disziplinen. Siehe einleitend Reinhart Koselleck: Vergangene Zukunft. Zur Semantik geschichtlicher Zeiten. Frankfurt am Main 1965, S. 130–175; ders.: Begriffsgeschichten. Frankfurt am Main 2006, S. 32–98; eine kritische Einschätzung bietet Hans Ulrich Gumbrecht: Dimension und Grenzen der Begriffsgeschichte. München 2006, S. 7–36; für fachlich reflektierten Über- wie Einblick im Bereich der sprach- und literaturwissenschaftlichen Analysen siehe Andreas Blank: Einführung in die lexikalische Semantik für Romanisten. Tübingen 2001, hier S. 69–101; für die Mediävistik zudem Christian Kiening: Gegenwärtigkeit. Historische Semantik und mittelalterliche Literatur. In: Scientia Poetica 10 (2006), S. 19–46; und Bernhard Jussen: Historische Semantik aus der Sicht der Geschichtswissenschaft. In: Jahrbuch für Germanistische Sprachgeschichte Bd. 2 (2011), S. 51–61.

427 Ich verwende bewusst den Begriff der Transformation abgrenzend von dem der Rezeption und der damit verbundenen Vorstellung von historischen Kontinuitäten. Das vom Berliner SFB 644 „Transformationen der Antike" entwickelte analytische Instrumentarium offeriert Beobachtungsmöglichkeiten diachroner wie synchroner Diskontinuitäten und der wechselseitigen Veränderungsprozesse. Hartmut Böhme merkt dazu an: „Leitend sind darum zwei Untersuchungsrichtungen: In den Rezeptionszeugnissen wird zum einen die ‚Antike' erst hervorgebracht, wobei die ‚antike Kultur' zunehmend im Quellen- und Monumentbestand angereichert und in den Interpretationen und Bildern vielfältiger wird. In diesen Transformationen der Antike konstruieren sich zum anderen die Rezeptionskulturen selbst: Indem die Antike zum privilegierten oder polemischen Objekt von Wissensprozessen, künstlerischen Adaptionen oder politischen Aushandlungen wird, funktioniert das dabei entworfene Antike-Bild als Selbstbeschreibung der jeweiligen Rezeptionskultur. Für diese Wechselwirkung von Referenzbereich und Aufnahmebereich von Transformationen wurde der neue Begriff der Allelopoiese geprägt." Siehe Hartmut Böhme: Einladung zur Transformation. In: Hartmut Böhme u.a. (Hrsg.): Transformation. Ein Konzept zur Erforschung kulturellen Wandels. München 2012, S. 7–37, hier S. 9.

428 Vgl. Kiening: Gegenwärtigkeit, S. 22 (Hervorhebungen im Orig.); daneben mit einer luziden Darstellung der beiden methodischen Fragestellungen von Onomasiologie und Semasiologie Blank: Einführung in die lexikalische Semantik, S. 119–127.

nerseits ausgehend von dem vorliegenden Begriff Freundschaft samt seiner anhängenden Lexeme, deren Bedeutungen bestimmt werden. Andererseits wird beginnend bei dem beobachteten Gegenstand – also dem bereits umrissenen weiten Feld einer auf Vertrauen basierenden personalen, wie persönlich-intimen, bis institutionell gesicherten Nahbeziehung – dessen jeweilige Bezeichnung eruiert. Nachfolgend wird für das semantische Feld der Freundschaft nicht weniger versucht, als die „Entfaltung von Bedeutung zwischen Kollokation, Text und Diskurs, zwischen Lexikographie, Interpretation und Diskursanalyse" offenzulegen.[429]

Insoweit neben den mittelhochdeutschen und frühneuhochdeutschen Ordensgründerlegenden ebenso die lateinischen Fassungen analysiert werden, wird nachfolgend sowohl das lateinische als auch das volkssprachliche Lexem der Freundschaft berücksichtigt. Der kulturelle Ursprungsraum des Lateinischen war prinzipiell zwei- respektive mehrsprachig. Neben dem Lateinischen galt das Griechische als bildungssprachliches Gut. Eine ausführliche Untersuchung des griechischen Lexems *philia* und seiner Semantik kann hier indes nicht erfolgen, lediglich einzelne Verweise können die zu berücksichtigende Dimension eines weiteren Kulturraums andeuten.[430] Im Prinzip umspannt das lateinische Wort *amicitia* wie auch das griechische *philia* den wohl schon in der Antike weitesten Rahmen von Vertrauen stiftenden Bezeichnungen für eine wechselseitige Beziehung. Diese konnte durchaus von Erwartungshaltungen oder Anspruchskategorien durchwirkt sein. Die normativen Rahmungen bestimmen allerdings auch die Felder der semantisch abgrenzbaren Lexeme von lateinisch *libido* und griechisch *eros*, mit Begehren verbundene Beziehungen, respektive von lateinisch *caritas* und griechisch *agape*, mit Tugendansprüchen verknüpfte Verhältnisse. Etymologisch sind sowohl *amicitia* als auch *philia* nur schwer zu verortende Begriffe. In ihrem Kern weisen sie zwei wesentliche Bedeutungen auf: Erstens *eigen* im Sinne einer naturgegebenen Zugehörigkeit, einer Vertrautheit. Zweitens *lieb* im Kontext einer

429 Vgl. Burkhard Hasebrink: Vorwort. In: Burkhard Hasebrink, Susanne Bernhardt, Imke Früh (Hrsg.): Semantik der Gelassenheit. Generierung, Etablierung, Transformation. Göttingen 2012, S. 7. Dass die Ergebnisse einer solchen Analyse auch die „Dissonanzen des Textes" hervorheben, die in einer literaturwissenschaftlichen Auseinandersetzung berücksichtigt werden können, betont Manuel Braun: Historische Semantik als textanalytisches Mehrebenenmodell. Ein Konzept und seine Erprobung an der mittelalterlichen Erzählung Frauentreue. In: Scientia Poetica 10 (2006), S. 47–65, hier S. 65.

430 Zur Semantik von *philia* siehe unteranderem Peter Schulz: Freundschaft und Selbstliebe bei Platon und Aristoteles. Semantische Studien zur Subjektivität und Intersubjektivität. Freiburg und München 2000, bes. S. 25–40 und 148–173; Jean-Claude Fraisse: Philia. La notation d'amitié dans la philosophie antique. Vrin 1974; W. Joseph Cummings: Eros, epithymia, and philia in Plato. In: Apeiron 15,1 (1981), S. 10–18; prägend immer noch die Dissertationsschrift von Franz Dirlmeier: Philos und Philia im vorhellenistischen Griechentum. München 1931.

angenehmen, vertrauten bis vertraulichen Wahrnehmung.[431] Diese Bedeutungen werden auch im ältesten, kulturell geformten Beziehungsinstitut, der Gastfreundschaft, greifbar. In segmentären Gesellschaften regelte diese Freundschaftsform den prinzipiell notwendigen Umgang mit Fremden oder eben nicht Zugehörigen, also dem Unvertrauten. Sie gestattete (rituelle) Umgangsformen mit dem Fremden, und minderte so soziale Spannungen.[432] Innergesellschaftlich stehen die Grundbedeutungen aber auch für „eine Fülle von Verbindungen, die von der engen Vertrautheit persönlicher Freundschaft bis zum wohlwollenden Konsens in der Verfolgung politischer Ziele oder gar zum höflichen Umgang der Standesgenossen reichen."[433] Die lateinisch-griechischen Freundschaftssemantiken umspannen ein weites Feld, das sich teilweise mit dem des deutschen Freundschaftsbegriffes deckt.

Für das heutige Lexem *freund* gibt das Universalwörterbuch des Dudenverlags, insgesamt vier Bedeutungsmöglichkeiten:[434] Erstens meint *freund* eine Person, die ein Nahverhältnis zu einer anderen unterhält. Zweitens kann ein *freund*, eine Freundin mit dem oder mit der man ein Nahverhältnis pflegt auch Lebensgefährte(in) oder Mitbewohner(in) einer gemeinschaftlichen Wohnung sein. Drittens bezeichnet *freund* eine Person

---

431 Zu diesen Etymologischen Beobachtungen siehe Manfred Landfester: Das griechische Nomen ‚philos' und seine Ableitungen. Hildesheim 1966, hier S. 34–41; John T. Fitzgerald: Friendship in the greek world prior to Aristotle. In: ders. (Hrsg.): Greco-Roman Perspectives in Friendship. Atlanta 1997, S. 13–34; Wilhelm Kierdorf: Freundschaft und Freundschaftskündigung. Von der Republik zum Prinzipat. In: Gerhard Binder (Hrsg.): Saeculum Augustum 1: Herrschaft und Gesellschaft. Darmstadt 1987, S. 223–245; mit einer reichen Materialsammlung zudem die etymologische Untersuchung zur griechischen Namensgebung mittels *philos* Heikki Solin: Zur Geschichte der Namensippe *philos* in der griechischen Anthroponymie. In: Michael Peachin und Maria Laetizia Caldelli (Hrsg.): Aspects of friendship in the Graeco-Roman world. Portsmouth 2001, S. 51–62.

432 Siehe begrifflich und konzeptuell einleitend Otto Hiltbrunner: Gastfreundschaft in der Antike und im frühen Christentum. Darmstadt 2007, bes. S. 9–25 und 157–207. Grundsätzlich lässt sich gerade an Hand der Gastfreundschaft eine Transformation der Freundschaftsanbahnung nachzeichnen. Während in segmentären Gesellschaften aus den Fremden, die man unter dem Institut dieser Beziehungsform aufnahm, Freunde werden konnten, sind in modernen Gesellschaften die aufgenommenen Gäste keine Fremden, sondern bereits Freunde. Zu den aber ebenso auftretenden sozialen Spannungen, gerade wenn der Gast das Institut der Gastfreundschaft überstrapaziert und eine Verstetigung in der eigentlich spontanen und zeitlich begrenzten Sozietät zwischen Gast und Gastgeber anstrebt, siehe Georg Mein: Gäste, Parasiten und andere Schwellenfiguren. Überlegungen zum Verhältnis von Hospitalität und Liminalität. In: Peter Friedrich und Rolf Parr (Hrsg.): Gastlichkeit. Erkundungen einer Schwellensituation. Heidelberg 2009, S. 71–88.

433 Vgl. Kierdorf: Freundschaft und Freundschaftskündigung, S. 229.

434 Vgl. Duden: Deutsches Universalwörterbuch. Mannheim 2003, S. 641. Im Grimm'schen Wörterbuch wird das Lemma noch auf sieben Bedeutungen differenziert, die sich allerdings teilweise nur in der grammatischen bzw. syntaktischen Verwendung unterscheiden. Siehe dazu Jacob und Wilhelm Grimm: Deutsches Wörterbuch. Bd. 4. München 1999 [zuerst Leipzig 1878], Sp. 161–164.

die einer Sache oder einer Einrichtung Hochachtung zollt oder Unterstützung leistet beziehungsweise sich ideologisch mit dieser verbunden fühlt. Viertens kann das Lexem *freund* die vertraute Anrede gegenüber einer anderen Person sein. Diesen semantischen Feldern entsprechend ist auch die Anzahl der Synonyme des heutigen Lexems groß und situativ erweiterbar. Generell ließe sich jedoch festhalten, dass das Lexem *freund* immer ein mehr oder weniger bestimmtes Vertrauen konstituierendes Beziehungs- oder Zugehörigkeitsverhältnis ausdrückt. In dieser eher generalisierten Aussage scheint die Nähe zum Vorläufer des heutigen und antiken Freundschaftsbegriffs idg. **prijo* auf. Dessen Bedeutungsvarianten bilden grundsätzlich Zugehörigkeitsverhältnisse ab.[435] Einerseits bezeichnet das idg. Lexem das einschließende Verhältnis des Körpers gegenüber seinen einzelnen Teilen, andererseits ein genetisches Abhängigkeitsverhältnis von Personen, die Blutsverwandtschaft. Offensichtlich wird mit Hilfe des Lexems **prijo* gegenüber den späteren Lexemen ein radikaleres Verhältnis benannt, wozu Meinrad Scheller anmerkt:

> Das gemeinsame und charakteristische Element aller dieser fürs Idg. anzunehmenden Funktionen besteht in der Bezeichnung einer unauflöslichen oder als unauflöslich betrachteten Zugehörigkeit. Diese Sphäre der unauflöslichen Zugehörigkeit bildet für die Anschauung, die Vorstellungs- und Begriffswelt einer früheren menschlichen Entwicklungsstufe eine wichtige Einheit, die sich im rechtlichen wie im magischen Bereich deutlich kundgibt: die Schädigung oder Verletzung dieser ebengenannten Wesenheiten: des menschlichen Körpers, der Blutsverwandten, der Fußspur und des Namens stellt einen Angriff auf die Person selbst dar.[436]

**prijo* rekurriert in seiner Verwendung auf eine sakral-rechtliche und magische Ebene, die eine ontische wie spirituelle Verbundenheit kennzeichnet. Zwischen dem idg. **prijo* und dem nhd. Lexem *freund* steht die Entwicklung innerhalb der germanischen Sprachfamilie. Historisch betrachtet stammt Freund vom alt- bzw. mittelhochdeutschen Lexem *vriunt* und dieses wiederum vom gotischen Verb *frijôn*, das mit lieben übersetzt werden kann.[437] In der gotischen Wulfila-Bibel findet man die früheste schriftliche Überlieferung des Lexems in der morphologischen Form eines Partizip Präsens *frijônds*. Als *der Liebende* oder *der in Liebe Verbundene* übersetzt *frijônds* das altgriechische Substantiv *φιλος* (*philos*), das mit der Bedeu-

---

435 Für die folgenden Ausführungen siehe Scheller: Vedisch priyá-, S. 73–81.

436 Ebd., S. 74.

437 Siehe dazu die lexikalischen Angaben in: Mittelhochdeutsches Wörterbuch. Mit Benutzung des Nachlasses von Georg Friedrich Benecke ausgearbeitet von Wilhelm Müller und Friedrich Zarncke. Bd. 3. Stuttgart 1990 [zuerst Leipzig 1854–1866], S. 411. Eine Zusammenfassung bietet auch Nine Miedema: *vriunt* als Anrede in mittelhochdeutschen Erzähltexten. In: Münkler, Sablotny und Standke (Hrsg.): Freundschaftszeichen, S. 209–228.

tung *eigen* und *lieb* über eine „auffällige semantische Parallele" zu **prijo* verfügt.[438] Demgegenüber weist das althochdeutsche *vriunt* bereits eine semantische Verschiebung auf. Der *Liebende* tritt dort zu Gunsten des „Freund[es], Vertraute[n], Nächste[n], Verwandte[n]" zurück.[439] Umgekehrt heißt dies nicht, dass das althochdeutsche *vriunt* in seiner Semantik gänzlich synonym zum Verwandtschaftsbegriff *mâc* ist. Es handelt sich vielmehr um eine semantische Ausdifferenzierung parallel zu den gesellschaftlichen Ansprüchen.[440] Diese Verschiebung wird für das mittelhochdeutsche *vriunt* noch verstärkt.[441] Das immer noch umfassendste mittel-

---

438 Genau diese Parallele ist es, die Scheller unter anderem zu seiner Abhandlung bewegte; siehe Scheller: Vedisch priyá-. S. 1.

439 Vgl. Althochdeutsches Wörterbuch. Analyse der Wortfamilienstrukturen des Althochdeutschen, zugleich Grundlegung einer zukünftigen Strukturgeschichte des deutschen Wortschatzes. Bd. I, 1. Hrsg. von Jochen Splett. Berlin und New York 1993, S. 366.

440 Zu dieser Einschätzung siehe bereits die semasiologische Analyse von William Jervis Jones: German Kinship Terms (750–1500). Documentation and Analysis. Berlin und New York 1990, S. 93. Jones formuliert in diesem Kontext zugleich einen Ansatz für eine erneute, diachrone und die erkannten Problemstellen genauer perspektivierende Analyse: „Inconclusive though the Old High German material may be, it at least affords no ground for assuming the synonymic equivalence of mâc and vriunt. We cannot, therefore, adopt the easy model of an early semanticunity that later gave way to disjunction in the High Middle Ages; nor may we regard the late medieval evidence for consanguineal vriunt as necessarily a survival from Germanic and early German times. Instead we should look for diachronic changes in the degree of overlap, for clear signs of opposition, and for any indications along the way that vriunt connoted or denoted consanguinity or affinity."

441 Nine Miedema verweist in diesem Kontext auf „das grundsätzliche Problem [...] der historischen Distanz zur Entstehungszeit des Wörterbuchs" im 19. Jahrhundert und mahnt, die angegebenen Bedeutungsvarianten vor dem Hintergrund zeitgenössischer Freundschaftskonzepte erneut zu hinterfragen. Vgl. Miedema: *vriunt* als Anrede, S. 211, hier Anm. 9. Darüber hinaus sind auch die rezenten Forschungsperspektiven zu hinterfragen, die ausgehend von den Beobachtungen der Historiker zumeist nicht nur von einer engen Verknüpfung, sondern häufig von einem Zusammenfallen der Semantiken von Freundschaft und Verwandtschaft ausgehen. So auch Johannes Erben in seinem Resümee zur Entwicklung des Lexems: „Freund und Freundschaft der neuhochdeutschen Schriftsprache im wesentlichen nur im üblichen Sinne von lateinisch *amicus* und *amicitia* erhalten [blieben; M.S.], während andererseits seit dem 15./16. Jahrhundert der/die Verwandte bzw. Verwandtschaft zum Oberbegriff des Wortfelds der Verwandtschaftsbezeichnungen wurde." Vgl. Johannes Erben: Freundschaft – Bekanntschaft – Verwandtschaft. Zur Bezeichnungsgeschichte der Ausdrucksformen menschlicher Verbundenheit im frühen Neuhochdeutschen. In: Klaus J. Mattheier u.a. (Hrsg.): Vielfalt des Deutschen. Frankfurt am Main 1993, S. 111–121, hier S. 113–114. Erben schlussfolgert bereits zuvor, allerdings in offensichtlicher Unkenntnis der Studie Schellers, dass „die scharfe Unterscheidung, die uns noch in dem bekannten Freundschaftslied (L 79, 17–80,2) Walthers von der Vogelweide entgegentritt (*mâgschaft ist ein selbwahsen êre, aber baz gehilfet friuntschaft âne sippe*) [...] im spätmittelalterlichen Sprachgebrauch allmählich aufgegeben [wird], und das Basislexem *vriunt* begegnet zunächst gleichrangig neben mâc. [...] Zuweilen wird es in späteren Handschriften für *mâc* eingesetzt." Seine Vermutung dazu lautet im Anschluss an die Thesen Theodor Frings': „Wahrscheinlicher ist, dass hierbei nur eine alte Gebrauchsmöglichkeit des Wortes erneuert und verstärkt wird, die im Nordgermanischen bewahrt worden ist (vgl. altnordisch *fraendi*

hochdeutsche Wörterbuch von Benecke, Müller, Zarncke gibt folgende drei Varianten, die das Wörterbuch von Matthias von Lexer um eine weitere Bedeutung ergänzt: Erstens guter *freund.* Zweitens *der geliebte* oder *gatte.* Drittens *der verwandte,* bisweilen sind auch *die vasallen* miteingeschlossen. Viertens *kriegs- oder bundesverwan[d]ter.*[442] Grundsätzlich handelt es sich also um Bezeichnungen für Sozietäten, die auf Vertrautheit oder Vertraulichkeit basieren. In den Verwendungen spiegelt sich das Medium Freundschaft mit seinem Mechanismus der Vertrauensstiftung als Komplexitätsreduktion.

Dem ersten Überblick über das semantische Feld der *amicitia* und der *vriuntschaft* sowie ihren etymologischen Wurzeln, folgt eine weiter aufgefächerte Betrachtung. Angelehnt an die Studie von Verena Epp werden im Folgenden vier Bereiche dargestellt, in denen die mittelalterlichen Freundschaftssemantiken funktional als Ressourcen des Vertrauens eingesetzt wurden.[443] Die Skizze der *persönlichen, klientelistischen, politischen* und *geistlichen* Freundschaftssemantiken soll vor allem die späteren Analysen der Ordensgründerlegenden kontextualisieren. Da bisher entsprechende Studien zur Freundschaft in legendarischen Erzählungen fehlen, kann diese Darstellung nur ansatzweise den tatsächlichen semantischen Einsatz von Freundschaft wiedergeben.[444]

„Verwandter"), im Südgermanischen hingegen „unter dem Einfluss von lateinisch *amicus,* provenzalisch *amic,* französisch *ami* zu ‚Freund' und ‚Geliebter'" verändert und durch diese neue Lehnbedeutung im literarischen, besonders höfischen Sprachgebrauch zurückgedrängt worden ist."

442 Vgl. Mittelhochdeutsches Wörterbuch, S. 411. Sowie Mittelhochdeutsches Handwörterbuch. Hrsg. von Matthias Lexer. Stuttgart 1992, Sp. 526. Jones merkt zu den Beispielen mit denen beide Wörterbücher arbeiten kritisch an: „Generally, the standard dictionaries of Middle High German do not seem to have evaluated their loci for vriunt 'kinsman' with sufficient stringency. Both Benecke-Müller-Zarncke and Lexer record vriunt in this sense, basing themselves on examples which, for the Classical period, are suspect." Vgl. dazu die Diskussion der einzelnen Beispiele Jones: German Kinship Terms, S. 98–99.

443 Siehe Epp: Amicitia.

444 Insofern wird teilweise auf Studien zurückgegriffen, die sich nicht auf legendarische Erzählungen beziehen. Die folgenden Unterkapitel versuchen jedoch aussagekräftige Befunde zu präsentieren, die auf einem exemplarischen Textcorpus basieren. Grundlage sind die drei Verslegenden Konrads von Würzburg. Konrads Corpus eignet mit drei Legendentypen (Märtyrer *Pantaleon,* Bekenner *Alexius,* Papst *Silvester*) eine gewisse Varianz. Zudem können für Konrad Bezüge zu lateinischen Vorlagen bzw. den liturgischen Texten und somit den lateinischen Semantiken angenommen werden. Zu Konrad und seinen Legenden siehe einleitend Hartmut Kokott: Konrad von Würzburg. Ein Autor zwischen Auftrag und Autonomie. Stuttgart 1989, S. 106–148; und Herma Kliege-Biller: *...und ez in tiusch getihte bringe von latîne.* Studien zum Silvester Konrads von Würzburg auf der Basis der Actus Silvestri. Münster 2000, S. 11–20 und 139–232. Die Texte werden zitiert nach Konrad von Würzburg: Die Legenden Bd. 1–3. Hrsg. von Paul Gereke. Halle an der Saale 1925–27.

3.1 Persönliche *vriuntschaft/amicitia*

Das semantisch komplexeste Feld von *vriuntschaft/amicitia* birgt die von Verena Epp untersuchte *personale* Beziehung,[445] welche ich im Anschluss an Friedrich H. Tenbruck begrifflich präziser als *persönliche* Beziehung bezeichne. Tenbruck sieht persönliche Beziehungen als eine Spezialform der allgemeinen, eine Gemeinschaft bildenden personalen Beziehungen:

> Klassische Beispiele sind die Familie, das Dorf, die Spielgruppe. Alle stellen personale Beziehungen dar, wie man vielleicht besser sagen könnte, das heißt, die Rollen sind im Bewußtsein der Handelnden auf ihre Mithandelnden in der Fülle ihrer Besonderheiten bezogen. Das gilt nun auch für die persönlichen Beziehungen im zweiten und engeren Sinn des Wortes. Aber während personale Beziehungen sich auch bei zugeschriebener Gruppenzugehörigkeit einstellen können, gehört zu den persönlichen Beziehungen im engeren Sinne die Freiwilligkeit. Man wählt sich seinen Freund, während man Primärgruppen zugeteilt sein kann. Persönliche Beziehungen sind also personale Beziehungen zwischen erst einmal zwei Menschen, sofern sie das Moment der wechselseitigen Wahl in der Gesellung enthalten.[446]

Das Wesen der persönlichen Freundschaftsbeziehungen ist also geprägt von freiwillig eingegangener Reziprozität und sie bezieht sich auf individuelle, interpersonale Loyalitätsbeziehungen. Diese wechselseitigen, individuellen Beziehungen rufen die Polysemanz dieses Beziehungstyps hervor, der auf mehreren Ebenen Differenzierungen verlangt, um die verschiedenen Loyalitäten zu skalieren. Die jeweilige, persönliche Aushandlung einer auf Vertrauen ausgerichteten, personalen Beziehung zwischen Individuen findet immer in einem sozialen Kontext statt. Dieser ist angefüllt mit weiteren personalen Sozialformen. Die Akteure personaler Freundschaftsbeziehungen sind also bereits in einem relationalen (institutionalisierten) Loyalitätsnetz verankert. Es gibt immer soziale Institutionen, wie etwa die Familie, die auf die persönliche *vriuntschaft/amicitia* einwirken. Dabei entwerfen ihre je eigenen Semantiken teilweise konträre Wahrnehmungshorizonte gegenüber persönlichen Nahverhältnissen. Insoweit ist es nicht verwunderlich, wenn Epp gerade für die (früh)mittelalterliche *amicitia* eine semantische Begriffsbestimmung *ex negativo* anführt, die entweder Antonyme aufweist oder mittels einzelner, abgrenzender Epitheta und zuweilen ausführlicher, syntaktischer Ergänzungen operiert.[447] Auffällig ist, dass in dieser Verwendung vor allem eine

445 Siehe dazu im Folgenden das umfangreichste Kapitel bei Epp: Amicitia, S. 28–129.

446 Zu dieser Präzisierung, die den Ideen Epps keineswegs zuwiderläuft, sie nur schärfer konturiert, siehe mit Bezug auf Tönnies und Cooley: Tenbruck: Freundschaft, hier S. 227.

447 Epp versucht also, gerade die Sonderheiten einer persönlichen Beziehung im Feld der übergeordneten personalen Beziehungen herauszuarbeiten, darin zeigt sich die inhaltliche Nähe zum Tenbruck'schen Ansatz.

wertorientierte Beziehung evoziert wird. Mit Bezug auf die Definition Isidors von Sevilla hält Epp fest:

> Das Wesen von *amicitia* wird als gefühlsbetonte, nicht sachbezogene Relation bezeichnet: *Amicus constat affectu, socius re, quia consortio constat.* [und; M.S.] *Amicitia est animorum societas*, eine geistige Gemeinschaft also, die der Nächstenliebe (*dilectio proximi*) entspringt.[448]

Persönliche *amicitia* erscheint bei Isidor als Tugendkonzept oder Anspruchsbegriff. Sie ist frei von Nutzendenken und dient nicht allein einer reziproken Unterhaltung oder Belustigung. Neben dem Antonym *socius*, welches im Gegensatz zum *amicus* der *amicitia* auf eine zweckgebundene, ökonomisierbare Nahbeziehung mit einforderbaren Erwartungen gegenüber der anderen Person verweist, offenbart die Definition, dass es sich um eine auf geteilten Affekten und inneren Einstellungen beruhende Sozietät handelt. Die darin anmutende Spiritualität einer ideellen Bestimmung zeigt sich auch darin,[449] dass die Reziprozität der Beziehung auf der Basis immaterieller *benevolentia* (Wohlwollen) und nicht auf der materieller *beneficia* (Güter) verortet wird.[450] Synonymer Ausdruck für einen an dieser Beziehung teilhabenden ist der *custos animi*, der Seelenwächter. Die Kombination der Lexeme gilt als hypothetische Herleitung des Wortes *amicus*, welches aus eben jenen Derivaten gebildet sei und so an den einforderbaren Erwartungen eines patronalen Schutzgedanken partizipiere.[451]

Ähnliche Befunde weist auch das semantische Feld der *vriuntschaft* auf, allerdings führen die Verbkollokationen zu einer deutlicheren ethischen Wertung des Nahverhältnisses:

> Es zeigt sich, dass durch [interpersonale Verben; M.S.] ganz überwiegend solche Handlungen bezeichnet werden, die sich der Kategorie 'jemandem etwas Gutes

448 Vgl. mit Bezug auf das erste Buch von *De differentiis verborum* des Isidor von Sevillia Epp: Amicitia, S. 32.

449 Insoweit diese Formen vor allem durch Quellen aus dem klerikalen Raum belegt sind, begreift Julian Haseldine solch „spiritual friendship" für das Hochmittelalter auch als „cultivation of friendships among literate elites". Siehe dazu Julian P. Haseldine: Friends or amici? Amicitia and monastic letter-writing in the twelfth century. In: Bernadette Descharmes u.a. (Hrsg.): Varieties of friendship. Interdisciplinary perspectives of social relationships. Göttingen 2011, S. 43–58, hier S. 44. James McEvoy führt den Begriff der *spiritualia amicitia* erst auf Beda Venerabilis zurück; siehe McEvoy: The Theory of Friendship, hier S. 35.

450 Siehe Epp: Amicitia, S. 33. Die Grundlagen eines solchen Konzeptes lassen sich bereits in verschiedenen Ausführungen Ciceros finden, dem es freilich nicht um eine moraltheologische Definition christlicher *caritas* ging, sondern um eine Moralisierung der römisch spätrepublikanischen Machtstrategien und -verhältnisse. Siehe dazu mit Bezug auf Ciceros *De officiis* und *Laelius* den Beitrag von Antje Junghanß: Wohltaten als Freundschaftszeichen. Überlegungen zu Cicero, De officiis, 1,42– 59. In: Münkler, Sablotny und Standke (Hrsg.): Freundschaftszeichen, S. 51–72.

451 Siehe mit Bezug auf Isidor von Sevilla und Ennodius von Pavia Epp: Amicitia, S. 33–34.

> tun' zuordnen lassen, dass es sich mithin bei den [...] formulierten Normen ganz überwiegend um ethische Normen handelt. Das Verhältnis zwischen [dem Handelnden; M.S.] und [dem Handlungsempfänger; M.S.] kann hierbei geschlechtlich, ständisch oder verwandtschaftlich definiert sein.[452]

Vollmann kann mit seinem Verbkatalog zeigen, dass persönliche *vriuntschaft* als Anspruchs- und Auszeichnungsbegriff parallel zur persönlichen *amicitia* verwendet wurde. Dabei unterliegt das gestiftete Verhältnis einem Wertekanon, der wie *minne* ständisch gebunden ist.[453] Die persönliche *vriuntschaft* wird in ein Tugendkonzept gebunden. Gerade durch die für die deutsche Sprache typischen Komposita wie *nôtgeselle*, *nôtvriunt*, *hergeselle*, *trûtgeselle*, *trûtgesellîn* oder *trûtherre* respektive die kollokative Verwendung von *naehsten*, *truiwen*, *lieben*, *guoten* oder gar *minneclichen vriunt* wird die Semantik der persönlichen *vriuntschaft* deutlich überhöht (vgl. *Pantaleon* V. 184–198).[454] Die derart evozierte Vertraulichkeit der jeweiligen Beziehung basiert auf der Teilhabe an zwei semantischen Feldern, entweder dem der Tugend oder dem der Liebe. Einerseits erfolgt diese Aufladung des *vriuntschafts*-Begriffs also durch Wertbegriffe, vor allem dem der wechselseitigen *triuwe* und *êre*. Andererseits werden auch Begriffe verwand, denen eine affektive Affinität eignet, wie *trût*, *lieb*, *minneclich* (*Alexius* V. 212–215).[455] Insgesamt dient diese mit einem Ethos oder Pathos versehene Semantik von *vriuntschaft* der Abbildung eines besonderen, nicht allein personalen, sondern persönlichen, mitunter intimen bis passionierten Loyalitätsverhältnisses.[456]

Für die *amicitia* kann man ähnliche Verknüpfungen mit Lexemen aus dem Bereich der Liebe vermerken. Allerdings wird stärker auf den zum Teil moraltheologisch fundierten Tugendanspruch der persönlichen Nahbeziehung geachtet. Vor allem um *amicitia* als eigenständigen Beziehungsbegriff neben der Liebe zu qualifizieren, muss das semantischen Feld klar abgegrenzt werden. Die Definitionen, die *amicitia* als affektive und wechselseitige Sozialform beschreiben, weisen einen synonymen Gebrauch von *amor*, *dilectio* und *caritas* auf. Hinzu treten Lexeme wie *amator*, *carus sodalis*,

452 Vgl. Justin Vollmann: Wer wen wie behandeln soll. Formelhafte Moraldidaxe in mittelhochdeutscher Epik. In: Henrike Lähnemann und Sandra Linden (Hrsg.): Dichtung und Didaxe: Lehrhaftes Sprechen in der deutschen Literatur des Mittelalters. Berlin 2009, S. 56–72, hier S. 70.

453 Zu dieser Einschätzung siehe etwas Braun: Ehe, Liebe, Freundschaft, S. 315; Münkler und Standke: Freundschaftszeichen, S. 10–12; Kraß: Kämpfende Freunde, S. 72–74.

454 Zu diesen Kollokaten und Komposita siehe Jones: German Kinship Terms, S. 101–104; Braun: Ehe, Liebe, Freundschaft, S. 312–313; sowie Theodor Nolte: Begriff und Motiv der Freundschaft in der Geschichte der deutschen Sprache und Literatur. In: Frühmittelalterliche Studien 24 (1990), S. 126–144, hier S. 140–141.

455 Siehe dazu bereits Braun: Ehe, Liebe, Freundschaft, S. 312.

456 Zum ebenfalls an Luhmann orientierten Begriff der passionierten Freundschaft siehe Kraß: Freundschaft als Passion, S. 97–99.

electus oder Wendungen wie *pars optima mei* und *plusquam dimidium mei*, die eine exklusive Beziehung besonderer Nähe und Vertraulichkeit kennzeichnen.[457] Die Funktion dieser Begriffe für eine persönliche Beziehung ist evident und zugleich prekär, insoweit sie noch in der Antike semantisch eigenständigen Konzepten unterlagen.[458] Differenziert wird auch hier erst durch Kollokationen. Der Zuzug von Begriffen wie *foedus*, *patrocinium* oder *voluntas*, die durch ihre Semantik eine rationale und insofern bewusste Entscheidung zu einer vertraulichen, affektiven *amicitia* gegenüber einer gerade in ihren Affekten irrationalen Liebesbeziehung evozieren, führt zu einer Unterscheidung.[459] Der Wahlcharakter spiegelt sich ebenso in den Synonymen *consortium*, *societas* oder *adiunctio*,[460] die einem juristischen Kontext entstammen und neben einer wechselseitigen Verpflichtung mittels Schwüren (*promissum*) auch die damit verbundene mögliche Einklagbarkeit der Beziehung suggerieren.[461] Dies allerdings nicht auf der Ebene juristischer Verfahren, sondern vielmehr auf der Basis moralischer Appellationen.[462]

Anders als die persönliche *amicitia* partizipiert die persönliche *vriuntschaft* bezogen auf onomasiologische Befunde weitaus stärker an familialen Semantiken. Während die lateinische Semantik deutlich ambiger verfährt

457 Epp: Amicitia, S. 46.

458 Diese synonyme Verwendung ist unter anderem für Gregor den Großen nachweisbar, siehe dazu wiederum Epp: Amicitia, S. 37–39. Unter Verwendung verschiedener, wiederum aus dem klerikalen Raum stammender Briefcorpora belegt dies für das Hochmittelalter auch Julian P. Haseldine, er hält fest: „The first, and crucial, problem is the homogeneity of the language use to express friendship in medieval letters […].“ Vgl. Haseldine: Friends or amici? S. 45; daneben ders.: Understanding the language of amicitia., hier bes. S. 249–258; eine umfangreiche Studie zu diesem Phänomen bietet Brian Patrick McGuire: Friendship and Community, hier S. 38–90. Zuletzt auch Ulrich Köpf: Das Thema der Freundschaft im abendländischen Mönchtum bis zum 12. Jahrhundert. In: Appuhn-Radtke und Wipfler (Hrsg.): Freundschaft, S. 25–44, hier S. 25.

459 Epp: Amicitia, S. 42.

460 Ebd., S. 43.

461 Zum Verpflichtungscharakter auf der Basis wechselseitiger Schwüre innerhalb einer *amicitia* Beziehung siehe erneut Epp: Amicitia, S. 91. Epp verweist auch darauf, dass die wechselseitigen Verpflichtungen nicht zu einer Abhängigkeit führen dürfen. Dafür sprechen ihres Erachtens die juristischen Bestimmungen im Erbrecht, die eine Einschränkung der jeweiligen Freiheit und damit eine mögliche Hierarchisierung der Freunde klar ausschließen. Vgl. dazu ebd. S. 100: „Loyalität, Vertrauenswürdigkeit und wirtschaftliche Unabhängigkeit waren es seit der Antike gewesen, die Freunde auch zu Tutoren der als Erben eingesetzten Kinder prädestiniert hatten. Sie sollten Sorge tragen, daß der Besitz nicht in der nächsten Generation verschleudert wurde. Verarmte der Freund, wechselte er das politische Lager oder durfte er sich Hoffnung auf ein eigenes Legat aus dem Erbe machen, lag darin eine solche Gefahr für die uneigennützige Ausübung des Tutorenamtes, daß der Betreffende nicht für diese Funktion in Frage kam.“

462 Epp: Amicitia, S. 91–92. Damit bleibt auch das personale Vertrauen konstitutiv und nicht das Systemvertrauen auf der Basis institutionell gesicherter und insoweit formal einklagbarer Verträge.

und neben dem Feld der Liebe auch auf die Wortfelder der Politik und Ökonomie zugreift,[463] entstammen die Synonyme der *vriuntschaft* zumeist dem Wortfeld der Verwandtschaft. *künne(-schaft)*, *mâcschaft*, *neveschaft* und *sippeschaft* zählen zu den häufigsten synonym verwendeten Zugehörigkeitsbezeichnungen, um persönliche Nahverhältnisse zu bezeichnen (vgl. *Silvester* V. 1308). Der *amicus* oder die *amica* einer persönlichen *amicitia* werden hingegen mit familialen Lexemen wie *frater*, *soror*, *consanguinus*, *cognatus*, *propinquus* benannt.[464] Eine auf bloße *kuntschaft*, also Bekanntheit/Vertrautheit beruhende Sozietät scheint als Synonym für *vriuntschaft* nur „vereinzelt und spät" auf.[465] Hinzu tritt der Befund, dass auch die häufig verwendeten Epitheta *erborn*, *geborn*, *anerborn*, *gesipt* und *brüederlîch* mitunter den Begriffen *ghalsen*, *erkorn* oder *ûz erlesen* – im Sinne von selbst gewählt – abwertend gegenübergestellt werden (*Gemachet friunt ze nôt bestât, / dâ lihte ein mâc den andern lât*).[466] Der entscheidende Punkt ist jedoch, dass *vriuntschaft* und im speziellen selbst die persönliche *vriuntschaft* nicht Verwandtschaft ist. Sie bezeichnet ein persönliches Nahverhältnis, welches anders als die biologisch vorgegebene Verwandtschaft, für eine mitunter prekäre soziale Stellung einen stabilisierenden Rahmen stiften kann.[467]

463 Johannes Klaus Kipf vermag dies auf der Basis früh- und hochmittelalterlicher Studien wie der von Epp vergleichend auch noch für die Zeit des beginnenden Humanismus zeigen; siehe Johannes Klaus Kipf: Humanistische Freundschaft im Brief. Zur Bedeutung von amicus, amicitia und verwandter Begriffe in Briefcorpora deutscher Humanisten In: Krieger (Hrsg.): Verwandtschaft, Freundschaft, Bruderschaft, S. 491–509, zusammenfassend S. 507–509.

464 Siehe dazu vor allem die Studie von Gerhard Lubich: Das Wortfeld ‚Verwandtschaft' im Mittelalter. Kontextuell-semantisches Arbeiten im historischen Feld. In: Sozialersinn 4 (2003), S. 21–36, hier S. 34–35. Lubich gibt in seinem Aufsatz statistische Angaben zu den genannten mlat. Lexemen, denen er allerdings die nhd. und nicht die mhd. Übersetzungen zuordnet. Er kommt zu dem Schluss, dass das auffällig häufig vorkommende Lexem *propinquitas* „in seiner semantischen Reichweite über den deutschen Begriff der Verwandtschaft hinausgeht" und er fordert daher „die mittelalterliche Verwandtschaftsforschung solle vielleicht zunächst einmal eine *propinquitas*-Forschung […] werden." Einen ersten Schritt dafür liefert er bereits selbst, ohne jedoch weitere semantische Erkenntnisse zu formulieren. Siehe dazu speziell bezogen auf narrative Texte Gerhard Lubich: Verwandtsein. Lesarten einer politisch-sozialen Beziehung im Frühmittelalter (6. –11. Jahrhundert). Köln, Weimar und Wien 2008, S. 122–127. Für volkssprachliche Verwendungen von Freundschaftslexemen aus dem semantischen Feld der Verwandtschaft siehe Guntram A. Plangg: Sulla semantica di Freundschaft e amicizia. In: Luigi Cotteri (Hrsg.): Der Begriff Freundschaft in der Geschichte der Europäischen Kultur. Meran 1995, S. 86–101.

465 Vgl. Erben: Freundschaft, S. 112.

466 Siehe dazu Nolte: Der Begriff und das Motiv des Freundes, hier S. 131–132; sowie Erben: Freundschaft, S. 114; außerdem diskutiert Jones mit Verweisen auf weitere Passagen diese Differenzierung, siehe Jones: German Kinship Terms, S. 96–97. Das Zitat stammt aus Freidank: Bescheidenheit. Hrsg. von Wolfgang Spiewok. Leipzig 1985, Z. 95,16–17.

467 Ganz prägnant formuliert das Wolfgang Harms, auch als Relativierung der auf dem *Nibelungenlied* basierenden lexikalischen Angaben sowohl für den Lexer, als auch das BMZ: „Auch auf relativ kleinem Feld, dem ‚Nibelungenlied', ist für friunt nicht festzustellen, daß

Noch für das Spätmittelalter und die Frühe Neuzeit hält Manuel Braun zu dieser Verwendungspraxis fest,

> [h]äufig muss der gemeinte Freundschaftsbegriff stabilisiert werden, indem der metaphorisch gebrauchte Verwandtschaftsbegriff an seine Seite tritt: *bruoder und freünd*, *Bruoder und gsell*. [...] Der umgekehrte Fall, dass ein Verwandter als Freund bezeichnet wird, ist die Ausnahme [...].[468]

Während die synonym verwendeten Verwandtschaftsbegriffe bereits eine bestimmte konnotative Funktion erfüllen (vgl. *Panataleon* V. 1732), ist der mhd. Begriff *geselleschaft* respektive der *geselle* gegenüber *vriunt* gänzlich synonym und birgt zunächst keine weitere semantische Konnotation.[469]

> [M]hd. *geselle* [bezeichnet] die Gemeinschaft derer, die der Etymologie des Wortes nach in einem Saal schlafen. Das Wort konnotiert also soziale Nähe bzw. stärker noch: soziale Gleichrangigkeit oder Ebenbürtigkeit, die wiederum ein spezifisches Verhalten (etwa [vertrauten oder vertraulichen; M.S.] Umgang) begünstigt.[470]

Ähnliches gilt für den *geverten* (vgl. *Alexius* V. 1159), der als Begleiter durch die Fremde in seiner Semantik ebenso soziale Nähe birgt, aber vor allem ein Ausweis von Vertrautheit in einer unvertrauten, kontingenten Umgebung ist. Persönliche *vriuntschaft* oder *geselleschaft* ist zu allererst ein Beziehungsbegriff, der ganz grundlegend der Differenzierung von fremd/eigen – vertraut/unvertraut – dient und die Generierung von Vertrauen für eine sich reziprok wahrnehmende Gemeinschaft ermöglicht.[471] Explizit wird dieses Verständnis auch in den bereits von Vollmann untersuchten Verbgruppen sowie in den im Alt- bis Frühneuhochdeutschen noch existenten, transitiven Verben *gesten* und mehr noch *vriunden*.[472] Für die lateinischen

---

dieses Wort ein eindeutig bestimmtes oder ob es überhaupt ein Verwandtschaftsverhältnis bezeichnet." Vgl. Harms: Kampf mit dem Freund, S. 98–99. Zu den soziokulturellen Zusammenhängen des *gemachet friunt* durch rituelle Praktiken siehe allgemein Bernhard Jussen: Patenschaft und Adoption im Frühen Mittelalter. Künstliche Verwandtschaft als soziale Praxis. Göttingen 1991, hier S. 17–18.

468 Vgl. Braun: Ehe, Liebe, Freundschaft. S. 314; siehe aber ebenso seine auch auf das Hochmittelalter bezogene Erweiterungsstudie, ders.: Versuch über ein verworrenes Verhältnis. Freundschaft und Verwandtschaft in mittelalterlichen und frühneuzeitlichen Erzähltexten. In: Appuhn-Radtke und Wipfler (Hrsg.): Freundschaft, S. 67–96, hier S. 71–72.

469 Nolte geht sogar davon aus, dass der Begriff *vriunt* gegenüber *geselle* pathetisch aufgeladen sei. Dies scheint mir, wenn überhaupt nur auf der Basis des seinen Analysen zu Grunde gelegten begrenzten Textcorpus der Fall zu sein. Siehe dazu Nolte: Der Begriff und das Motiv des Freundes, S. 133. Nolte verweist auch darauf, dass der Begriff als Bezeichnung für Handwerksburschen erst im frühneuhochdeutschen Sprachgebrauch auftritt.

470 So bereits einleitend Caroline Emmelius: Gesellige Ordnung. Literarische Konzeptionen von geselliger Kommunikation in Mittelalter und Früher Neuzeit. Berlin und New York 2010, S. 1–2.

471 Textstellen für eine solche Kontrastierung benennt Jones: German Kinship Terms, S. 96.

472 Siehe Vollmann: Wer wen wie behandeln soll, S. 70. Heute ist dies nur noch umständlich durch die reflexive Präpositionalphrase *sich jemanden zum Freund machen* ausdrückbar oder

Semantiken einer persönlichen *amicitia* zeigt sich dies gerade für Lexeme der Militärsprache, die auf eine basale Differenz von Freund (vertraut) und Feind (unvertraut) angewiesen sind. Langfristig wirksam waren in diesem Kontext Begriffe wie *contubernales*, *socius*, *collega/collegiatus*, *legatus*, *tutor* und *satelles*.[473]

Gemeinsamkeiten offenbaren sich auch im semantischen Bereich der symbolischen Gesten und Rituale persönlicher *vriuntschaft/amicitia*. Sie sind auf Reziprozität und den Vollzug einer Vertrauen konstituierenden Gemeinschaft angelegt. Ungeachtet der Tatsache, dass manche dieser Gesten und Rituale im Kontext persönlicher *vriuntschaft/amicitia* verstanden als Anspruchs- und Auszeichnungsbegriff einen quasi verpflichtenden Charakter besitzen, ist die Teilhabe und Anwendung dieser nonverbalen Kommunikation individuell. Sie changiert zwischen den semantischen Feldern und reicht vom gemeinsamen, dem familialen Raum entstammenden Essen (*convivium*),[474] über den Austausch materieller wie immaterieller Gaben (*gift*) – gemeint sind etwa Briefe (*litterae*),[475] aber auch das Gedenken (*memoria*)[476] sowie Lob und Kritik, als *condiscipuli*,[477] bis hin zu Gesten vertraulicher Nähe, wie der Umarmung samt Kuss (*halsen/kôsen* vgl. *Pantaleon* V. 185).[478] Während diese Gesten interpersonal nicht nur eine alltägliche Vertrautheit, sondern besondere Vertraulichkeit evozieren, bergen sie für den Beobachter zugleich aber die intrikate Semantik erotischen Begehrens.[479] Hingegen ist vor allem dem materiellen Tausch von Geschenken die prekäre Gabenlogik inhärent, die die wechselseitige *benevolentia* nicht nur in den Austausch von *beneficia* ökonomisieren, sondern

---

aber mit dem Verb *liken*, welches indes eine deutlich weitere Semantik im Feld der digitalen Kommunikation besitzt.

473 Erneut Epp: Amicitia, S. 45–46. Gerade diese Lexeme haben mitunter eine hierarchisierende Wirkung.

474 Epp: Amicitia, S. 85–88. Außerdem mit einem Augenmerk auf die onomasiologischen Aspekte, dieses häufig im politischen Kontext auftretenden Rituals, Althoff: Verwandte, Freunde und Getreue, S. 203–211; sowie Münkler und Standke: Freundschaftszeichen, S. 19–23.

475 Epp: Amicitia. S. 62–64. Für Konrads *Alexius* ließe sich etwa die persönliche und über den Tod hinausreichende Gabe des Testaments anführen. Siehe dazu Strohschneider: Textheiligung, S. 145–147; sowie Lasch: Die Gabe des Heiligen, S. 320.

476 Epp: Amicitia, S. 95–98. Andreas Kraß verweist gerade auf die erlaubte Affektivität der Freundschaft im Totengedenken, siehe dazu Kraß: Achill und Patroclus, S. 73.

477 Epp: Amicitia, S. 65–76, speziell S. 68.

478 Ebd. S. 89–90. Eine umfangreiche Darstellung zu diesem Ritual bietet van Eickels: Kuss und Kinngriff, S. 133–159; außerdem Münkler und Standke: Freundschaftszeichen, S. 15–18.

479 Siehe dazu etwa Klaus van Eikels: Vertrauen im Spiegel des Verrats. Die Überlieferungschance vertrauensbildender Gesten in der mittelalterlichen Historiographie. In: Frühmittelalterliche Studien 39 (2005), S. 377–385, hier S. 383; sowie Kraß: Freundschaft als Passion, S. 100–105.

darüber hinaus zu hierarchischen Abhängigkeiten führen kann. Beide Szenarien gehören nicht zu einer persönlichen *vriuntschaft/amicitia.* Dennoch scheinen sie in Kommunikationssituationen persönlicher Freundschaftsbeziehungen auf. Dies geschieht aber nicht, weil sie in ihrer Ambiguität eine semantische Residualkategorie darstellen, sondern gerade wegen dieser Ambiguität. Trotz ihrer Offenheit liefern die Semantiken ganz grundsätzlich eine Beschreibung für interpersonale, wechselseitige und loyale Nahbeziehungen. Inwiefern diese einer genaueren, zumeist kontextuellen Differenzierung bedürfen, ist eine Frage nach der kulturellen Ambiguitätstoleranz gegenüber solchen Semantiken.[480] Die nachfolgenden Kapitel zeigen, dass der Gehalt bzw. Bedarf einer solchen Toleranz vor allem in bereits institutionalisierten Kontexten gering ist, da in ihnen eine ausreichende Konturierung vorliegt.

3.2 Klientelistische *vriuntschaft/amicitia*

Bereits der Begriff Klientel (*clientes*), die Gefolgschaft, offenbart, dass der Charakter dieses semantischen *vriuntschaft/amicitia* Verhältnisses zwar auf wechselseitigem Vertrauen basiert, dass in ihm aber vor allem Hierarchie und Abhängigkeit prägend sind.[481] Die Loyalität dieser Freundschaftsbeziehungen birgt einforderbare Erwartungen und wird gerade auf Grund

480 Das aus der Psychologie stammende Konzept der Ambiguitätstoleranz hat für die Geistes- und Sozialwissenschaften vorrangig Thomas Bauer geprägt mit seinen Untersuchungen zu arabisch-islamischen Kulturen des 9. bis 16. und im Vergleich am Umbruch des 19. Jahrhunderts. Bauer zeigt darin, dass vormoderne arabisch-islamische Kulturen unter anderem auf dem Feld der Theologie (S. 54–156), dem des Rechts (S. 157–190) und zumindest der literarisch entfalteten Liebe (S. 268–311) eine weitaus höhere Toleranz gegenüber einer synoptischen Darstellung und dem parallelen Auftreten konfligierender Auffassungen hatte als moderne arabisch-islamische Kulturen. Aus mediävistischer Sicht liegt ein Manko in Bauers Analyse gerade in der Gegenüberstellung der arabisch-islamischen Vormoderne und der europäisch-christlichen. Er greift nämlich wiederholt auf starke Stereotypisierungen zurück. Ungeachtet dessen liegt der Mehrwert der Studie im Konzept einer kulturellen Ambiguitätstoleranz vor allem vor dem Hintergrund polysemantischer Begriffe, wie der der *vriuntschaft/amicitia.* Siehe dazu Thomas Bauer: Die Kultur der Ambiguität. Eine andere Geschichte des Islams. Frankfurt am Main 2011. Ich erinnere in diesem Kontext an die von Luhmann beschriebenen Funktionen der Inflationstendenz und Inflationstoleranz von symbolisch generalisierten Kommunikationsmedien, Luhmann: Die Gesellschaft der Gesellschaft. Bd. 1, S. 385–386.

481 So schon die einleitenden und auf Simmel bezogenen Beobachtungen von Emmelius: Gesellige Ordnung, S. 1–4; und Erben: Freundschaft, hier S. 113–114

der wechselseitigen Verpflichtung geschlossen.[482] Gerd Althoff merkt mit Blick auf seine Studien früh- und hochmittelalterlicher Diplomata an:

> Freundschaft war im Mittelalter nicht Ausdruck eines subjektiven Gefühls, sondern hatte Vertragscharakter und verpflichtete zu gegenseitiger Hilfe und Unterstützung in allen Lebenslagen. Sie war auf Dauer angelegt und wurde sogar vererbt. Eingegangen wurde sie mit rituellen Handlungen, unter denen durchaus auch der Eid seinen Platz hatte. *Facti sunt amici*, mit dieser Formel beschreiben die Quellen den Abschluß eines Freundschaftsbündnisses, dessen Stellenwert für den, der es eingegangen war, nicht gering gewesen sein dürfte.[483]

Klientelistische Freundschaft, wie sie hier entworfen wird, prolongierte wechselseitig Erwartungen. Diese in der Zukunft verhafteten Annahmen konnten urkundlich festgehalten werden, wodurch der einklagbare Charakter der Beziehungen unterstrichen wurde. Dem Verständnis einer persönlichen *vriuntschaft/amicitia* gleicht weiterhin ihre Freiwilligkeit. Selbst die Freiheit des Abhängigen wird von diesem Beziehungsverhältnis nicht angetastet.[484] Beide Beteiligten verpflichten sich wissentlich *consensio* auf eine klientelistische Freundschaft. Sie verknüpft dabei durchaus persönliche und politische Interessen und bedarf deshalb einer stärkeren Absicherung als dem bloßen Vertrauen persönlicher Nahverhältnisse.[485] Damit wird aus dem basalen Beziehungsbegriff der persönlichen *vriuntschaft/amicitia*, ein innerhalb der ständischen Werte und Normen rechtlich einklagbarer Anspruchsbegriff. Das semantische Argumentationsfeld dieser Klagen umfasst vorrangig zwei Wertbegriffe und deren Komposita: *triuwe/fides* und *triuwelôs/infides* sowie *staete/constantia* und *staetelôs/inconstantia*.[486] Beide Begriffspaare verweisen auf ein ethisch-normativ

482 In den narrativen Texten zeigt sich dies im Umkehrschluss, denn die Semantik wird innerhalb der literarischen Entwürfe verwand, um die Hierarchien, wenn nicht zu nivellieren, so doch zu camouflieren. Siehe dazu Braun: Ehe, Liebe, Freundschaft. S. 288–289.

483 Vgl. Althoff: Verwandte, Freunde und Getreue, S. 86–87.

484 Siehe Epp: Amicitia, S. 130–131. Gerade darin liegt die Differenz zum Gesindel respektive den tatsächlich als Person unfrei Lebenden, die zur *familia domestica* zählen; ebd. S. 135.

485 Zu diesen Unterschieden und den konsensualen Aushandlungsprozessen siehe Epp: Amicitia, S. 143–144 und 147–149. Zu diesen Aushandlungsprozessen siehe für das Hochmittelalter ebenso Gerd Althoff: Colloquium familiare – Colloquium secretum – Colloquium publicum. Beratung im politischen Leben des früheren Mittelalters. In: Frühmittelalterliche Studien 24 (1990), S. 145–167.

486 Gerade für das semantische Feld der *triuwe*, siehe die Studie von Simone Schultz-Balluff, die zum einen den rechtlichen Aspekt dieses Begriffes aufzeigt und zum anderen umfangreiche Tabellen zu den Kollokationen liefert. Die mit *triuwe* verwendeten Verben (*entbieten*, (*be*)*gunnen*, *phlegen*) zeigen eine deutliche Nähe zu denen der *vriuntschaft*, wie sie Justin Vollmann herausgearbeitet hat, hinzu kommen jedoch noch Verben, die explizit einen Schwur- oder Eidcharakter aufweisen: *leisten*, *geloben*, *geprîsen*, *swern*, *versagen*. Vgl. dazu Simone Schultz-Balluff: triuwe. Verwendungsweisen und semantischer Gehalt im Mittelhochdeutschen. In: Krieger (Hrsg.): Verwandtschaft, Freundschaft, Bruderschaft, S. 271–296, hier S. 282. Jan-Dirk Müller verweist allerdings klar auf die Grenzen dieser Studie, die eine allge-

besetztes Loyalitätsverhältnis, das im ständischen Wertehorizont angesiedelt ist und welches mittels des Negationssuffixes *-lôs* bzw. des Negationspräfixes *in-* als gestört gekennzeichnet werden kann. Im übertragenen Sinne kann der Vorwurf ebenso auf die übergeordnete Semantik der *êre* (vgl. *Pantaleon* V. 508-540) bzw. *fama/honor* bezogen werden durch das entsprechende Kompositum *êrevrî/infamia.*[487] Thematisiert werden diese Beziehungen im Kontext von Vertragsschlüssen, Eidleistungen (vgl. *Silvester* V. 2238–2243) oder (vasallitischen) Dienstverpflichtungen (*umbe* oder *sich zuo einem versprechen*; *eiden*; *eit*; *versprechnisse*; *swuor*).[488] Wahlweise werden sie auch kontrafaktisch evoziert, indem Normbrüche oder Verletzungen von Abmachungen dargestellt werden (*meines swern*; *meineit*; *meinswuor*, *meintât* etc.), wodurch sich gerade auch ihr rechtlicher Charakter offenbart.[489]

In ihrem Kern birgt eine derartige Loyalitätsbeziehung ungeachtet aller Freiwilligkeit ein Machtverhältnis. Der Dienst gegenüber dem Herrn offenbart den Vollzug des Loyalitätsverhätnisses.[490] Dieses gleicht jenem zwischen einem Herrschaftsausübenden und einem Beherrschten, es handelt sich jedoch „nicht um institutionelle Macht, sondern um informelle Autorität [...].“[491] Anders als bei der persönlichen *vriuntschaft/amicitia*, die durch ein horizontales Beziehungsgeflecht gekennzeichnet ist, weist diese

---

meine Lexemübersicht bietet. Siehe Jan-Dirk Müller: Was heißt eigentlich triuwe in Wolframs von Eschenbach ‚Parzival‘. In: Das Mittelalter 2 (2015), S. 311–326, hier 312–313. Für die lateinischen Begriffe siehe Carsten Fischer: Lehnsrechtliche fidelitas im Spiegel des Libri Feudorum. In: Das Mittelalter 2 (2015), S. 279–293, hier S. 280–281.

487 Zu den mhd. Semantiken siehe mit Bezug auf den legendarisch erzählenden Roman Engelhard Konrads von Würzburg: Katja Lasch und Denise Theßeling: Freundschaft, triuwe und êre: ‘: Leitsemantiken und konkurrierende Verpflichtungen im Engelhard und im Prosalancelot. In: Stephan Dreischer u.a. (Hrsg.): Jenseits der Geltung: konkurrierende Transzendenzbehauptungen von der Antike bis zur Gegenwart. Berlin 2013, S. 197–211, hier S. 199–204.

488 Zu dieser semantischen Verwendung siehe die nur randständigen Beobachtungen im legendarischen Corpus der Karlserzählungen von Standke: How to do things with holiness, S. 200 hier bes. Anm. 21.

489 Vgl. Silvester V. 285, dort allerdings in Negation *meinesvrî*. Ungeachtet der problematischen und vor allem anachronistischen Schlüsse und Formulierungen „fränkischer Schwurfreundschaften“ oder „germanischer Treue“ bietet die Studie von Wolfgang Fritze einen guten Über- sowie Einblick zu diesem Verwendungscharakter, den er vor allem an Hand von Glossen zeigt. Siehe dazu Wolfgang Fritze: Die fränkische Schwurfreundschaft der Merowingerzeit. In: Zeitschrift der Savigny- Stiftung für Rechtsgeschichte: Germanistische Abteilung 71 (1954), S. 74–125, hier S. 80–87. Zur ideologischen Kritik an Fritze siehe schon Epp: Amicitia, S. 176–178.

490 Dass gerade der Dienst als Ausdruck der Loyalität dient, zeigt Knut Görich: Fides und fidelitas im Kontext der staufischen Herrschaftspraxis (12.Jahrhunder). In: Das Mittelalter 2 (2015), S. 294–310, hier 296–298 und 307–309.

491 Vgl. Epp: Amicitia, S. 131.

Sozietät eine vertikale Beziehungsstruktur auf.[492] Im Lateinischen schlägt sich das im häufigen Gebrauch subordinierender Präpositionen nieder. *sub* präfigiert die lateinischen Synonyme der *amici* zu: *sub-diti*, *sub-iecti*, *sub-missi* einer *amicitia mandatorum*.[493] Das Deutsche setzt hingegen die Semantiken der Freundschaft als Kollokationen ein, um die Hierarchien und Abhängigkeiten zu camouflieren.[494] Ermöglicht wird dies vor allem durch die fehlende Hierarchie der Termini *vriunt/in*, *geselle/in* und *gevärte/in* gegenüber *herre* oder *vrouwe*.[495]

Die Wechselseitigkeit dieser Beziehungen gründet nicht in einer nutzenfreien *benevolentia*, sondern im Austausch sowie der Vergabe von *beneficia* samt ihrer zur Annahme verpflichtenden Gegenleistungen.[496] Dabei handelt es sich auf der Seite der Verpflichteten um Gehorsam, welchen sie als *vir sublimis/kneht* (Vgl. *Pantaleon* V. 332) ihrem Herrn gegenüber schulden oder um diverse Dienste, die sie als *nuntius suus* in dessen Namen erbringen. Der Verpflichtende – also der *patronus*, *pater*, *dominus/her(re)* oder funktional *susceptus*, *iuris consultor*, – dieser Beziehung zeichnet sich als politisch-juristischer *protector* oder (finanzieller) Unterstützer durch Gunst, Mildtätigkeit (*clementia/milte*; vgl. *Silvester* V. 1159) und Fürsorge (*pietas/pflege*; vgl. *Alexius* V. 612) aus.[497] Die klientelistische *vriuntschaft/amicitia* bedingt insofern eine stete reziproke Zusicherung ihrer Bindung(en),

> durch symbolische Akte, durch zeichenhaftes Handeln, durch Rituale und eben auch durch verbale Ergebenheitsbekundungen. Daher werden zum Beispiel symbolische Gaben aber auch das Medium des Briefwechsels extensiv für Bekundungen der Ergebenheit und der Freundschaft verwandt und können geradezu zu einem Ritual der Kommunikation werden.[498]

Asch betont die performative Gebundenheit klientelistischer Nahverhältnisse, deren Existenz sich gerade auf onomasiologischer Ebene im Vollzug der symbolischen Akte zeigt. Die lateinischen Semantiken sichert

---

492 Ebd., S. 130.

493 Ebd., S. 133–136.

494 Siehe Braun: Ehe, Liebe, Freundschaft, S. 288–289.

495 Zu diesen Verwendungen, gerade auch in heterosozialen Verhältnissen, siehe die Beobachtungen zu den legendarischen Amicus und Amelius Erzählungen von Matthias Standke und Denise Theßeling: Von herrschenden Frauen und befreundeten Männern. Zur Funktionalität genderspezifischer Codierungen in höfischen Erzählungen des Mittelalters. In: Oxford German Studies 43, 3 (2014), S. 191–211, hier S. 196–201.

496 Zu diesem materielle wie immaterielle beneficia umfassenden Verhältnis und den nachfolgend aufgezeigten Lexemen siehe Epp: Amicitia, S. 137–139.

497 Zu diesen Synonymen und den Aufgaben des Verpflichtenden siehe Epp: Amicitia, S. 155–163. Mit einem Fokus auf die lehnsrechtliche Semantik von fides (Loyalität) und ihren Beteiligten siehe Fischer: Lehnsrechtliche fidelitas, hier S. 280–281 und 291–293.

498 Vgl. Ronald G. Asch: Freundschaft und Patronage zwischen alteuropäischer Tradition und Moderne: Frühneuzeitliche Fragestellungen und Befunde. In: Descharmes u.a. (Hrsg.): Varieties of friendship, S. 265–286, hier S. 274.

zudem die Verwendung familialer Semantiken wie *patronus*. Sie helfen, mittels vertrauter Kategorien eine bestimmte *amicitia* Beziehung innerhalb einer noch offenen sozialen Interaktion zu avisieren. Die aufgezeigten Semantiken führen in der Kommunikation nicht zu einer persönlichen *amicitia*, sondern zu einer *amicitia*, die im Hinblick auf den einforderbaren Loyalitätscharakter auch als *gemachte* Familie *compaternitas* verstanden wird.[499]
Die hierarchische oder vertikale Struktur die diese Semantiken der *vriuntschaft/amicitia* aufweisen, können auch gebrochen werden. Einerseits dadurch, dass kontextuell der konsensuelle Charakter der jeweiligen Klientelbeziehung betont wird und die freiwillige Loyalitätsbekundung mehrfach unterstrichen wird. Andererseits kann die Semantik als Auszeichnungsbegriff verwendet werden. In dieser Funktion bildet sie nicht nur ein über die verpflichtende Loyalität hinausgehendes, vertrauliches Nahverhältnis zwischen Patron und Klient ab (*amicus regis/caesaris/imperatoris*),[500] welches sich in den Legenden prominent im *gotes vriunt/amicus dei* wiederspiegelt.[501]

3.3 Politische *vriuntschaft/amicitia*

Wollte man einer ersten Intuition folgend die politisch durchwirkten Semantiken von *vriuntschaft/amicitia* als ein Konglomerat der vorausgegangenen persönlichen und klientelistischen Beziehungen beschreiben, die lediglich auf einer abstrakten, ‚staatlichen' Ebene verhandelt werden, dann verkennt man nicht nur deren Komplexität, sondern unterliegt Anachronismen.[502]
Die Semantiken von *vriuntschaft/amicitia* bezeichnen in den legendarischen Texten keinesfalls ein Verhältnis, das einer modernen Völkerfreundschaft entspräche, auch wenn sich die Semantiken und Lexeme teilweise auf größere Gemeinschaften und Kollektive beziehen. Prinzipiell bezeichnet

---

499 Hier mit deutlichen Bezügen zur Arbeit von Bernhard Jussen (*Patenschaft und Adoption im frühen Mittelalter*) und diversen Studien zu Taufe und Politik von Arnold Angenendt wiederum Epp: Amicitia, S. 150, bes. Anm. 109.

500 Epp: Amicitia, S. 153–154.

501 Siehe zu den konzeptuellen Aspekten einer Erniedrigung etwa Münkler: Amicus Dei, S. 374–376; sowie zur semantischen Verwendung Standke: How to do things with holiness, S. 200 Anm. 21.

502 Eine entsprechende Debatte innerhalb der Forschung vor allem zwischen den Ergebnissen von Mommsen, Heuss, Paradisi und Fritze zeichnet bereits Epp nach; siehe dazu Epp: Amicitia, S. 176–178. Dabei haben Heuss und Paradisi zunächst gegen Mommsen auf die fehlende urkundliche, beiderseitige Bestätigung solcher Verhältnisse abgehoben. Zudem hat Paradisi gegen Fritzes stark völkisch durchsetzte Ansicht einer eigenständigen germanisch-deutschen Treuetradition klar die sakralen, antiken Traditionen solcher Aushandlungsprozesse (Gastmahl und Treueeide) aufgezeigt.

dieses Beziehungsverhältnis die wechselseitige Anerkennung zweier souveräner Herrschaftsbereiche, die sich insoweit nicht mehr als Feinde wahrnehmen, und es dient der konsensuellen Wahrung eines daraus resultierenden friedlichen *status quo*.[503] Beispiele dafür finden sich vor allem in den Märtyrerlegenden, die ein glaubenspolitisch zweigeteiltes Setting für ihre Narration entwerfen. Christen und Heiden stehen sich so als Gemeinschaften gegenüber, die ihre Zugehörigkeit mittels Freundschaftssemantiken markieren (vgl. *Pantaleon* V. 67–99).[504] Die basale Relation von *vriunt* und *vient* sichert und stabilisiert die eigenen Gemeinschaftsgrenzen durch eine damit einhergehende Binnensolidarisierung gegenüber einer äußeren Bedrohung (vgl. *Silvester* V. 2281–2283).[505] Insofern die Semantiken nicht allein Zugehörigkeiten festlegen, sondern die Bezeichneten an eine jeweilige Wertegemeinschaft knüpfen, fordern sie die Einhaltung von Normen. Politische Freundschaftssemantiken evozieren Freundschaft als Anspruchskategorie. Den zunächst noch Fremden *vriuntlîche enphâhen*, gestattet also, ihn nicht mehr als Feind wahrzunehmen und ihn gemäß den eigenen Norm- oder Wertevorstellungen zu behandeln.[506] Dabei ist vor allem die Friedensstiftung und -wahrung in Gemeinschaften hochgradig störungsanfällig. Infolgedessen sind die politischen *vriuntschaft/amicitia* Verhältnisse zumeist an kontraktuelle Verpflichtungen geknüpft. Parallel vollzogene rituelle Praktiken dienen dabei zweierlei: Einerseits laden sie die Verhältnisse sakral auf und sichern sie. Andererseits macht erst ihr ritueller Vollzug die Beziehungen und deren *status quo* einer Öffentlichkeit, der Gemeinschaft, sichtbar.[507] Aus historiographischer Sicht erscheint dieser semantische Einsatz von *vriuntschaft/amicitia* gleich mehrfach problematisch: Erstens wird sie nicht zwischen den Gemeinschaften, sondern zwischen Stellvertretern, meist den Herrschern, geschlossen, wodurch sie

503 „Amicitia ist in [bestimmten; M.S.] Kontexten ein selten beschworener, in der Regel formlos zustandekommender Friedenszustand zwischen zwei politischen Gebilden […].“ Vgl. einleitend Epp: Amicitia, hier S. 190. Klaus Oschema, der diese Verwendungsweisen auch noch für das Spätmittelalter belegt, spricht sogar von einem zeremoniell abgehaltenen loveday zwischen den zuvor verfeindeten Parteien, der die neue Freundschaft performativ zeigen und bekräftigen soll. Siehe dazu Oschema: Freundschaft und Nähe, hier S. 96.

504 Weitaus komplexer erscheint die *Georgslegende* Reinbots von Durne, die durch ihre doppelte Anlage als Bekenner und Märtyrerlegende weitere politische Kollektive enthält. Den Wandel der dafür eingesetzten familialen Semantiken hat bereits Seidl analysiert, siehe dazu Seidl: Blendendes Erzählen, S. 89–125.

505 Siehe dazu mit diversen Textbelegen Jones: German Kinship Terms, S. 96. Er konstatiert darüber hinaus: „In similar fashion, *vriunt* (unlike *mâc*) quite often contrasts formulaically with *vient*.“

506 Siehe dazu erneut die Studie von Vollmann: Wer wen wie behandeln soll? S. 69–71.

507 Epp spricht in diesem Kontext auch von seit der Antike bestehenden „Garantieritual[en]“, die entsprechende Funktionen erfüllten. Vgl. Epp: Amicitia, bes. S. 226.

stark den persönlichen Beziehungsverhältnissen ähnelt.[508] Zweitens hat vor allem Gerd Althoff darauf hingewiesen, dass einem solchen, konsensuellen Verhältnis zwischen zwei Herrschaftsverbünden ein durchaus langwieriger Verhandlungsprozess vorausgeht, der auf der Ebene vertrauter Stellvertreter stattfindet.[509] Drittens ergibt sich gerade daraus die problematische Frage nach der Relation der diplomatischen Verhandlungs- und späteren Vertragspartner, die von Asymmetrien geprägt sein können.[510]

Insgesamt übernehmen die Semantiken von *vriuntschaft/amicitia* vor allem Vertrauen stiftende oder verstärkende Funktionen im politischen Feld. Sie sind damit nicht nur eine „Verstehensfiktion", die grundsätzlich sinnkonstituierend für eine wechselseitige Beziehung wirkt, sondern in besonderem Maße eine „Konsensfiktion".[511] Diese gibt gleich einem Vexierbild, nach je eingenommener Perspektive, eine andere Wahrnehmung des politischen Verhältnisses oder des diplomatisch ausgehandelten *status quo*. Insoweit kann mittels politischer *vriuntschaft/amicitia* ein Aggressor vom Feind zum Freund gewandelt werden.[512] Was innerhalb der diplomatischen Quellen semasiologisch klar geregelt wird, erscheint onomasiologisch deutlich offener zu sein. Die legendarischen Texte beziehen aus dieser semantischen Offenheit von *vriuntschaft/amicitia* ein narratives Potenzial für weitere Erzählungen oder zumindest disambiguierende Einschübe.[513] In diesem Zusammenhang entfalten sie die performativen Praktiken politischer Freundschaften (Schwur, Gabentausch, Gastmahl etc.) in einem größeren Ausmaß.

---

508 Darauf macht bereits Epp aufmerksam, wenn sie etwa die Differenz von *utraque gentes* gegenüber *amicitia nostra* in den von ihr untersuchten Quellen festhält. Zu diesen kollektiven oder personalen Bezeichnungsformen siehe Epp: Amicitia, S. 178.

509 Zu diesen Beobachtungen siehe Gerd Althoff: Die Macht der Rituale. Symbolik und Herrschaft im Mittelalter. Darmstadt 2003, hier S. 16–18; ders.: Vom Inszenierungscharakter öffentlicher Kommunikation, S. 79–93, hier S. 89–91.

510 Claudia Garnier diskutiert diese Asymmetrien umfänglich mit Blick auf horizontale und vertikale Konfliktlösungen, siehe dazu resümierend Garnier: Amicus amicis, S. 295–307.

511 Nach Alois Hahn „handelt es sich also bei dem, was man verstehen nennt, nicht um Einsichten in fremdes Bewußtsein, sondern um Konstruktionen, um Sinnunterstellungen. Deren Funktion besteht vor allem darin Erwartungen für anschließbare oder anschließende Handlungen zu tragen. Die Divergenz zwischen einem ‚Verstehen' und dem wirklich gemeinten Sinn kann uns üblicherweise gar nicht auffallen." Dies gilt verstärkt eben auch für den Konsens, der eine „wohlbegründete[] Gemeinsamkeit auch moralischer Auffassungen" ist, deren erreichen prinzipiell theoretisch bleibt, indes aber immer propagiert wird. Letztlich basiert er aber auf einem „Münchhausen-Effekt [von; M.S.] Verständigungen […]." Vgl. dazu Alois Hahn: Verständigung als Strategie. In: Alois Hahn: Konstruktionen des Selbst, der Welt und der Geschichte. Aufsätze zur Kultursoziologie. Frankfurt am Main 2000, S. 80–96, hier S. 84 und 92.

512 Epp: Amicitia, S. 177.

513 Siehe dazu Standke und Theßeling: Genderspezifische Codierungen, S. 209–210.

3.4 Geistliche *vriuntschaft/amicitia*

Im vierten semantischen Feld von *vriuntschaft/amicitia* stehen das Beziehungsverhältnis der Gläubigen untereinander und ihr jeweiliges bzw. ihr kollektives Verhältnis gegenüber und mit Gott im Mittelpunkt.[514] Die Semantiken dienen auch hier der Darstellung eines auf Vertrauen konstituierten Loyalitätsverhältnisses und der daran geknüpften Beziehungen. Aber weitaus häufiger erscheinen die Semantiken als Auszeichnungs- und Anspruchsbegriffe einer genuinen Wertegemeinschaft, der Gottesfreundschaft.[515] Qualitativ birgt diese Semantik diverse Konzeptualisierungen, die den semantischen Gehalt mehrfach neu konturieren.[516] Den basalen, argumentativen Bezugspunkt für die unterschiedlichen Transformationen innerhalb des Diskurses bildet nach Verena Epp eine Passage des Johannesevangeliums (Joh. 15, 12–17),[517] nachfolgend werden der lateinische und der volkssprachliche Text der *Wien-Zürcher-Bibel* in Parenthese gestellt:

---

514 So umreißt das Feld bereits Epp: Amicitia, S. 234.

515 Nach Epp ist diese Semantik „in den ausgewerteten Texten etwa dreimal so häufig wie d[ie] []politische und ‚herrschaftliche' und steht hinsichtlich der Frequenz allein der persönlichen Freundschaft um etwa ein Viertel nach." Vgl. Epp: Amicitia, S. 234.

516 Den umfangreichsten Über- sowie Einblick in die scholastische Traktatliteratur zur Gottesfreundschaft liefern immer noch die Arbeiten des katholischen Moralphilosophen und Theologen Richard Egenter. Ungeachtet einer berechtigten Kritik gegenüber den üblichen Kontinuitätsvorstellungen in historiographischen Darstellungen seiner Zeit, bilden die Arbeiten Egenters einen geographisch weitgefächerten Diskurs ab, wobei er auch auf rezeptionelle Aneignungsprozesse (hier fehlt noch ein reflektierter Transformationsbegriff) antiker Freundschaftskonzeptionen (vorrangig Aristoteles) eingeht. Siehe dazu Richard Egenter: Gottesfreundschaft; und ders.: Die Idee der Gottesfreundschaft im vierzehnten Jahrhundert. Eine nur dem Datum nach neuere Darstellung, die vor allem die Transformationen des Aristoteles durch Thomas von Aquin herausstellt, stammt von Eberhard Schokkendorff, der ohne einen Verweis auf Egenters Arbeiten auskommt. Siehe dazu Eberhard Schockendorff: Die Liebe als Freundschaft des Menschen mit Gott: das Proprium der Caritas-Lehre des Thomas von Aquin. In: Communio 36 (2007), S. 232–246. Für die von Egenter nicht abgedeckte spätantike und frühmittelalterliche Reflexion des Begriffs des Gottesfreundes liefert Erik Peterson einen basalen Aufsatz, den zuletzt Alois M. Haas um die frühe volkssprachliche deutsche Tradition ergänzte. Beide Aufsätze widmen dem Phänomen jedoch eher ein linguistisch semasiologisches Interesse. Erik Peterson: Der Gottesfreund. Beiträge zur Geschichte eines religiösen Terminus. In: ZKG 42 NF 5 (1923), S. 161–202. Sowie Alois M. Haas: Gottesfreundschaft. In: Ferdinand van Ingen (Hrsg.): Ars et amicitia. Beiträge zum Thema Freundschaft in Geschichte, Kunst und Literatur. Festschrift für Martin Bircher zum 60. Geburtstag am 3. Juni 1998. Amsterdam u.a. 1998, S. 75–86.

517 Zu dieser Einschätzung und der Exegese jener Passage siehe Epp: Amicitia, S. 234–235. Peter Atkinson stützt und erweitert in seinem Essay diese Einschätzung, indem er auch auf die antiken Transformationen des spiritualisierten Freundschaftskonzepts verweist: „Friendship, in the writings of Cicero (for instance) is a rare, refined and noble quality. [...] Yet St. John not only establishes friendship as a central theological image and makes it a principal metaphor for expressing the relationship of redeemed humanity with God: he depicts this ‚noble' gift of friendship as being conferred upon a circle of Galilean fishermen

Hoc est **praeceptum meum** *ut* **diligatis invicem** *sicut* **dilexi vos**. *Maiorem hac* **dilectionem** *nemo habet ut animam suam quis ponat pro* **amicis suis**. **Vos amici mei estis** *si feceritis quae* **ego praecipio vobis**. *Iam* **non dico vos servos** *quia servus nescit quid facit dominus eius vos autem* **dixi amicos** *quia omnia quaecumque audivi a Patre meo nota feci vobis.* **Non vos me elegistis sed ego elegi vos** *et posui vos ut eatis et fructum adferatis et fructus vester maneat ut* **quodcumque petieritis Patrem in nomine meo det vobis**. *Haec mando vobis ut* **diligatis invicem**.[518]

das ist **mein gebot** *das* **ir euch vnteinander lib habt** *als* **ich euch hab lib gehabt** *nymant hat grosser* **lieb** *dan der sein sel setzʒ fire* **sein freund ir seyt mein freunde** *ob ir tut das* **ich euch gebeut** *itʒunt* **werd ich euch nitt nennen knecht** *wan der knecht weiß nicht was sein here tut Aber ʒu euch hab ich gesprochen wan alle ding die ich gehort hab von meinem vater die hab ich euch kunt gethon* **ir habt nicht mich erwelt sundern ich hab euch usserwelt** *vnd hab euch gesetʒt das ir get vnd frucht bringt vnd ewre frucht wirt bleiben vnd* **alles das ir den vater wider bitet in meinem nomen das wirt er euch geben** *diß gebeut ich euch das* **ir lieb habt einander**.[519]

freund/amici sind diejenigen, die sich in einem wechselseitigen (*vnteinander/invicem*) Verhältnis zueinander und gegenüber Gott befinden. Diese Beziehung ist exklusiv von Gott gestiftet (*ich hab euch usserwelt/ego elegi vos*). Die rationale Wahl der persönlichen *vriuntschaft/amicitia* wird hier zur Erwähltheit in ein besonderes Vertrauens- bzw. Vertrautheitsverhältnis. Gott als Erwählender wird durch das familiale Lexem *vater/pater* hervorgehoben. Er wird stilisiert zum mildtätigen, dem Gabentausch verpflichteten Protektor (*das ir* [...] *wider bitet* [...] *wirt er euch geben/petieritis* [...] *det vobis*), welcher über seinen Freunden steht. Dabei betont diese *vriuntschaft/amicitia*, dass sie trotz der familialen und insofern hierarchisierenden Lexik kein Verhältnis der persönlichen Unfreiheit (*werd ich euch nitt nennen knecht/non dico vos servos*) abbilden möchte,[520] auch wenn sie zugleich als Befehl (*mein gebot*, *ich euch gebeut/praeceptum meum*, *ego praecipio vobis*) eingefordert wird. Kern der Beziehung ist die mehrmals angemahnte Nächstenliebe (*ir euch vntereinander lib habt/diligatis invicem*). Eine *caritas*, die bis zur eige-

---

and tax-collectors. And this both sanctifies ‚ordinary' human friendship and transforms it." Vgl. Peter Atkinson: Friendship and the Body of Christ. Croydon 2005, hier S. 8; eine kategorisierende Betrachtung neutestamentlicher Freundschaftskonzepte und Topoi liefert daneben Ekkehard W. Stegemann: Freundschaftstopik im Neuen Testament. In: Appuhn-Radtke und Wipfler (Hrsg.): Freundschaft, S. 9–24.

518 Die Hervorhebungen im lateinischen Text verweisen bereits auf die grundlegenden Semantiken und stammen insoweit von mir. Zitiert nach: Biblia Sacra Vulgata. Editio quinta. Hrsg. von Robert Weber und Roger Gryson. Stuttgart 2007.

519 Zum Vergleich wurde auf die sogenannte Wien-Zürcher-Bibel zurückgegriffen, der Textzeuge entstand vermutlich vor 1465. Für die Wiedergabe wurden die Abkürzungen aufgelöst, ansonsten wurde der Text wortgetreu zitiert nach: Berlin, Staatsbibliothek, mgf 67, 390vb–391ra (online zugänglich unter: http://digital.staatsbibliothek-berlin.de/werkansicht?PPN=PPN673002454&PHYSID=PHYS_0778&DMDID=DMDLOG_0001).

520 Zur hierarchisierenden Verwendung familialer Lexeme und Semantiken im Umfeld geistlicher Freundschaft siehe Kraß: Im Namen des Bruders, bes. S. 14–15.

nen Aufopferung für die Freunde reicht (*sein sel setz fire sein freund / animam suam* [...] *ponat pro amicis suis*). Hinter dem Ansporn zur Selbstaufopferung verbirgt sich zugleich die klare Aufforderung zur *imitatio Christi*, denn dieser hat jenes Opfer bereits für alle Gläubigen vollzogen.

Blickt man nun auf die diversen Konzeptualisierungen in den theologischen Traktaten des Mittelalters, dann erscheint die aufgezeigte *vriuntschaft/amicitia* als Leitsemantik für sinnkonstituierende Beschreibungen zwischenmenschlicher Beziehungen gläubiger Christen sowie jedem möglichen Gott-Mensch-Verhältnis. Selbst gänzlich in der Transzendenz verankerte Beziehungsrelationen, wie der zur Trinität, oder das nicht sichtbare (*invisibiliter*) Verhältnis zwischen menschlicher Seele bzw. der Kirche als Gemeinschaft aller Seelen und Gott, werden mittels dieser Semantiken beschrieben.[521] Dabei bleibt die Verwendung von *vriuntschaft/amicitia* im Sinne der Freund-Feind-Erkennung grundlegend. Sie entwickelt für eine Gemeinschaft, die sich über ihren Glauben als loyale *gotes vriunde/amici dei* identifiziert,[522] eine „Binnensolidarität". Die Gläubigen stehen meist als plural genannte *milites Christi* oder als *ecclesia militans* den *amici diaboli* gegenüber, die in der Volkssprach schlicht in die *getouften* oder *kristen(-heit)* und die *heiden* zusammengefasst werden (vgl. *Pantaleon* V. 67–83).[523] Sichtbarer Ausdruck dieser Differenzierung ist das Ritual der Taufe, durch welche einerseits die *gotes vriuntschaft/amicitia dei* der *amicitia diaboli/heidenschaft* (vgl. *Silvester* V. 51) entgegensetzt wird. Andererseits wird eine Gegenüberstellung von spirituell-sakraler, mit der Taufe einsetzender Freundschaft und der weltlichen, selbstgewählten Freundschaft vorgenommen.[524] Ihren wiederholten Vollzug als wechselseitige Nahbeziehung erfährt diese *vriuntschaft/amicitia* wiederum in der Symbolik des Mahls, in der sakralen Mahlgemeinschaft, aus der ein Ausschluss (*excommunicatio*) im Mittelalter mit einer gesellschaftlichen Verbannung (*Reichsacht*) einherging. Weitere synonyme Wortfelder, die die Vertrautheit der *gotes vriunde/amici dei* abbilden, entstehen vorrangig in Anlehnung an den Diskurs über das Nahverhältnis zwischen Christi und Gott. Neben der bereits erwähnten familialen Lexik, die sich in der Sohnschaft Christi (*filius dei*) gegenüber dem *her(re)/pater familias*, Gott, ausdrückt, prägt vor allem die damit eng verwobene Lexik der Hausgemeinschaft das semantische Feld der geistlichen *vriunt-*

521 Für das Verhältnis zur Trinität führt Epp neben den Akten des 5. ökumenischen Konzils von Konstantinopel (553) vor allem Augustinus an; siehe dazu Epp. Amicitia, S. 238–239 zum Verhältnis der Seele siehe ebd., S. 257–258.

522 Für die lateinischen Semantiken merkt Epp an, dass der Loyalität konstituierenden *fides nostra* zuweilen auch der *vester diabolus* gegenübersteht; siehe ebd. S. 236 und 248.

523 Zu dieser Darstellung der Bipolarität und der daraus resultierenden Gemeinschaftsbildung siehe ebd. S. 247–249 und 258–259.

524 Siehe dazu Kraß: Im Namen des Bruders, bes. S. 14–15, sowie Köpf: Das Thema der Freundschaft, S. 27–29.

schaft/amicitia.[525] Gerade, weil ein *pater familias* nicht nur seiner biologischen Familie vorsteht, sondern allen Personen, die zum *domus* gehören. Christus wird im Bild dieser Hausgenossenschaft als *vriunt/amicus et domesticus dei* verstanden.[526] Da die Lexeme an institutionellen Beziehungsmustern wie der Familie oder der Hausgenossenschaft partizipieren, betonen sie zugleich den verpflichtenden Charakter wechselseitiger Nahverhältnisse. Dies zeigt sich in den besonderen Gaben, den Almosen, Opfern oder der zu gewährenden Gastfreundschaft. Der darin angelegte Tugendanspruch reiner Nächstenliebe normiert die Gaben zugleich.[527] Ihnen nachzukommen ist ‚Freundespflicht' und stabilisiert die Gemeinschaft der Gläubigen.

Neben dieser allgemeinen, missionarischen Inklusionsleistung geistlicher *vriuntschaft/amicitia*, die eine gläubige Vertrauensgemeinschaft Gottes stiftet, eignet den Semantiken ebenso die Möglichkeit zu Binnendifferenzierungen.[528] Diese gehen von der Erwähltheit (*ich hab euch usserwelt/ego elegi vos*) aus, die in einer gesteigerten Nahbeziehung, als besondere Vertraulichkeit mit Gott besteht. Die exklusive Auszeichnung gründet sich auf visuellen und auditiven Offenbarungen Gottes gegenüber den Erwählten. Aus dieser Sonderbeziehung wird darüber hinaus ein ebenso exklusives und insoweit auszeichnendes Heilswissen abgeleitet. Zugleich wird damit ein gesonderter Gehorsamsanspruch gegenüber dem sich offenbarenden Gott erhoben. Vor diesem Hintergrund betonen die Selbstbezeichnungen der Anhänger einer exklusiv verstandenen *gotes vriuntschaft/amicitia dei* vor allem den Gehorsam (*gotes kneht/servus, serva, famulus, famula, ancilla dei*). Selbst das daran geknüpfte Heilswissen hebt ein Abhängigkeitsverhältnis in der *schola Christi* samt ihrer *discipuli* hervor.[529]

Gemeinschaften, die eine solche Vertraulichkeit zu Gott behaupten oder anstreben und als Orte des Heilswissens gelten, sind vor allem die mittelalterlichen Klöster und Orden. In ihrer Selbstbeschreibung verwenden sie vornehmlich familiale Lexeme. Stellvertretend für Christus gründet das hierarchische Verhältnis der *gotes vriuntschaft/amicitia dei* innerweltlich in der jeweiligen Gemeinschaft wiederholt im *vater/abbas* oder der *muoter/abtissa*, denen *suen/filii* als *brueder/fratres* oder *toehter/filiae* als *swe-*

525 Epp: Amicitia, S. 252.

526 Ebd., S. 251–252; außerdem Kraß: Im Namen des Bruders, bes. S. 14–15, sowie Köpf: Das Thema der Freundschaft, S. 27–29.

527 Gerade zur Gastfreundschaft im monastischen Kontext siehe die Studie von Berger: Die Geschichte der Gastfreundschaft, S. 9–11 und 32–35.

528 Diese Doppelbewegung kann man mit Cornelia Bohn als „inkludierende Exklusion" begreifen und gemäß Rudolf Stichweh „[liegt] die Möglichkeit der Exklusion in der Logik der Unterscheidung von Inklusion und Exklusion und [ist] insofern logisch unhintergehbar." Siehe dazu Bohn: Inklusion, Exklusion, hier S. 16 und ausführlicher S. 29–47; sowie Stichweh: Inklusion und Exklusion, hier S. 184.

529 Siehe Epp: Amicitia, S. 261 und 267; sowie Köpf: Das Thema der Freundschaft, S. 30–32.

stern/sorores unterstellt sind.[530] Dabei stabilisiert die familiale Lexik die Gemeinschaft, denn sie verdeckt individuelle Ansprüche einzelner.[531] Dies ist insofern wichtig, weil der Anspruchs- und Auszeichnungscharakter eines Beziehungsverhältnisses zu Gott zu einem Wettbewerb um maximale Vertraulichkeit mit Gott und dem daran geknüpften umfangreicheren Heilswissen führt.[532]

Um dennoch vertrauliche Sonderdyaden zu kennzeichnen, werden Begriffe eines anderen semantischen Feldes gebraucht.[533] Vor allem Lexeme aus dem Bereich der Liebe treten auf, um die Vertraulichkeit mittels affektiv aufgeladener Semantiken zu evozieren.[534] Auch die aus dem juristischen Feld stammenden Begriffe *sponsus* und *sponsa* respektive das *connubium spirituale* werden verstärkt gebraucht. Sie erfahren eine Transformation, insoweit ihre Semantiken affektiv aufgeladen werden. Zunächst benennen diese Begriffe nämlich lediglich das wechselseitige und beeidete Vertrauensverhältnis von Ehepartnern. Dieser Aspekt wird dann auch synonym zur *vriuntschaft/amicitia* als allgemeinem, loyalem Verhältnis der Einzelseele gegenüber der Kirche und gegenüber Gott verwendet. Eine Steigerung im Sinne einer Passionierung erfährt dabei die individuelle vriuntschaft in den sprachlichen Konzeptionen der Mystik. Niklaus Largier merkt an, dass sie „auch als ein spezifisches Phänomen gemeinschaftsbildender religiöser Kommunikation beschrieben werden" können.[535] Dabei wird für die innerweltliche Erfahrbarkeit eines transzendenten Gottes auf bestimmte Aspekte einer bereits existenten und im literarischen Raum vielseitig gebrauchten Liebessprache zurückgegriffen, die sich vorrangig auf unterschiedliche Formen der Wahrnehmung und die damit verknüpften Affekte bezieht.[536]

530 Zur Verwendung dieser Lexik im monastisch-klerikalen Raum siehe Köpf: Das Thema der Freundschaft, hier S. 27–29; außerdem Epp: Amicitia, S. 267–268 und 280–282.

531 Siehe dazu Kraß: Im Namen des Bruders, S. 15.

532 Epp verweist in diesem Kontext vor allem auf die *humilitas* und betrachtet die *contentio amicorum* innerhalb eines Lehrer-Schüler-Verhältnisses als produktiv, bezogen auf die geistlichen Fähigkeiten des Einzelnen. Siehe dazu Epp: Amicitia, S. 276–277.

533 Siehe dazu die exemplarische Studie zu Franziskus als *amicus Dei* von Marina Münkler: Amicus Dei, hier S. 387–394.

534 Siehe für Beispiele Epp: Amicitia, S. 258–261 und 292.

535 Largier fährt fort: „‚Mystik' meint in diesem Zusammenhang zunächst nicht, wie man glauben oder voraussetzen mag, eine private, individuelle, und in diesem Sinne auch immer schwer kommunizierbare Form der Erfahrung, sondern einen Erfahrungsaspekt des religiösen Lebens, der konstitutiv verbunden ist mit der Zirkulation von Texten innerhalb spezifischer Rezipientenkreise, die diese Erfahrung und Erfahrungsproduktion zum zentralen Aspekt der Gemeinschaftsbildung machen." Vgl. dazu Niklaus Largier: Gottesfreundschaft als Figur der Gemeinschaftsbildung. In: Münkler, Sablotny und Standke (Hrsg.): Freundschaftszeichen, S. 271–284, hier S. 282.

536 Eine breite Auswahl dieser vornehmlich der weiblichen Mystik entstammenden Texte diskutiert Ursula Peters: Religiöse Erfahrung als literarisches Faktum. Zur Vorgeschichte

> Um sie kurz zu benennen: Elemente der brautmystischen Tradition (Blicke, Sehnsucht, Distanz, Vertrautheit, dramatische Spannung in Einheit) verbinden sich mit mariologischen Momenten, dem höfischen Motiv minniglicher Treue, der Konstruktion einer intimen Sphäre der Gemeinsamkeit (Dein ..., Dein ..., Dein ...) und schließlich auch der Projektion einer Gemeinschaft, die sich in der Herzensandacht aller seiner Reinen konstituiert.[537]

Largier benennt insoweit sowohl semasiologische als auch onomasiologische Aspekte. Zugleich gestattet diese Form eine weitgefächerte Einbindung des konzeptualisierten Begriffs. Einerseits bildet sie zuallererst einen vertrauten Umgang mit der individuellen und dabei aber höchst vertraulichen Erfahrung der Transzendenz ab und evoziert andererseits auf der Basis eines geteilten kommunikativen Repertoires, im Austausch dieser Erfahrungen, eine immanente und auf persönliche Vertraulichkeit ausgerichtete Gemeinschaft. Drittens wird sie dabei mit Wert- und Normbegriffen verknüpft, die sie als Anspruchskategorie kennzeichnen. *Gotes vriunt* zu sein ist – egal ob im klerikalen, monastischen oder laikalen Raum – mit einem deutlichen Anspruch verbunden und der eigentlich inklusive Begriff der gotesvriunde, der tendenziell allen offensteht, bleibt exklusiv, insofern nur wenige das normative Wertideal dieser spirituellen Sozietät erreichen können.[538] Hier scheint überdeutlich der Erwählungsaspekt auf, bei dem der aktive Part in der Transzendenz verortet ist. Gott erwählt sein sich freiwillig darbietendes Gegenüber.[539]

---

und Genese frauenmystischer Texte des 13. und 14. Jahrhunderts. Tübingen 1988, hier speziell S. 101–188.

537 Vgl. Largier: Gottesfreundschaft. S. 277.

538 Siehe dazu den mit Tauler argumentierenden Largier: Gottesfreundschaft. S. 279–281. Letztlich zeigen dies auch die Analysen für die im 14. Jahrhundert entstehende Gemeinschaft der ‚Gottesfreunde', zu denen Albrecht Dröse die rezente Forschung resümierend anmerkt: „Eine Gruppenidentität als ‚die Gottesfreunde' hat dieses Netzwerk kaum ausgebildet, geschweige denn eine genuine Laienspiritualität, und dies schon deshalb nicht, weil dieses Netzwerk durch klerikale Experten initiiert, angeleitet und maßgeblich bestimmt ist (Tauler z. B. war Rulman Merswins Beichtvater). Die neuere Forschung begreift den Ausdruck ‚Gottesfreund' daher nicht mehr als literatursoziologische, sondern als eine frömmigkeits-geschichtliche Kategorie." Vgl. Albrecht Dröse: Geißelung und Gelassenheit. Inszenierungen der Gottesfreundschaft im *buch von den zwey menschen*. In: Münkler, Sablotny und Standke (Hrsg.): Freundschaftszeichen, S. 285–304, hier S. 289.

539 Dröse merkt dazu an, dass es sogar juristisch-vasallitische Bezeichnungen geben kann. Siehe Dröse: Geißelung und Gelassenheit, S. 292–294.

III. Gottesfreundschaft

Die wohl wichtigste und konzeptuell wesentlichste Freundschaftsrelation einer heiligen Ordensgründerin bzw. eines heiligen Ordensgründers ist, bezogen auf die zu betrachtenden legendarischen Erzählungen, die zwischen ihnen und Gott. In dieser Beziehung manifestiert sich nämlich der konstitutive Aspekt ihrer Heiligkeit.[540] Wie für alle Heiligen gilt dabei zweierlei:[541] Einerseits sind die Heiligen grundsätzlich ein immanentes und dabei hochgradig asymmetrisches, diskursives wie narratives Konstrukt, dessen Asymmetrie sich gerade in der nichtbeobachtbaren Beziehung zur Transzendenz manifestiert.[542] Andererseits verlangt eine solche Sozietät mit der Transzendenz, dass alle immanenten sozialen, institutionellen und wie auch immer gearteten Bindungen gelöst werden müssen. Dieser Vorgang vollzieht sich freilich sukzessiv und in zwei parallelen, aber gegenläufigen Entwicklungsprozessen. Das legendarische Erzählen folgt in seiner narrativen Struktur diesen Bewegungen und vor allem der Einsatz der Freundschaftssemantik und vielmehr noch die mit Freundschaft verknüpften Narrative ermöglichen in vielfacher Hinsicht, diese mitunter aporetischen Strukturen zu erzählen.[543] Gerade in der narrativen Wiedergabe zeigt sich, dass diese Art der Freundschaft als *gerichtet* beschrieben werden kann. Sie wird zunächst zwischen einer immanenten Person und

540 Siehe dazu Münkler: Amicus Dei, S. 374–394; Standke: Freundschaft als Problem von Heiligkeit, S. 329–355; ohne Bezug auf Ordensgründerlegenden Lasch: Die Gabe des Heiligen, S. 305–327.

541 Dazu sehr prägnant die Formulierung Strohschneiders: „Weltflucht und Christusnachfolge, Abschied vom Irdischen und Gottverähnlichung sind hier zwei Dimensionen, zwei Perspektiven eines einzigen Vorgangs. Oder in einer Sprache, die noch vor den Semantiken religiöser Diskurstraditionen haltmacht: Gefordert ist Distanznahme zu all jenen differenziellen Ordnungen, als welche Immanenz sich darstellt, und Ununterscheidbarwerden in jenem Nicht-Differenzierten, das alles Differenzielle transzendiert." Vgl. Strohschneider: Weltabschied, S. 143–144. Zu den literahistorischen Ursprüngen dieses Motives siehe allgemein Barbero: Un santo in famiglia, S. 53–55 und 89–124.

542 Hammer merkt zu Strohschneiders allgemein formulierter These über die Unverfügbarkeit und damit Unbeobachtbarkeit der Transzendenz in legendarischen Erzählungen an, „die These einer prinzipiellen Unverfügbarkeit ist zumindest auf der Handlungsebene dieser Erzählungen zu hinterfragen. Dort nämlich kann der oder die Heilige immer wieder aufs Neue und scheinbar nach Belieben über die Transzendenz, über die Wirkmächtigkeit Gottes verfügen [...]." Hammer: Erzählen vom Heiligen, S. 4.

543 Ich verweise an dieser Stelle auf die bereits erfolgten ausführlichen Darlegungen und Anmerkungen zum *legendarischen Erzählen.*

der Transzendenz eingegangen. Im Verlauf der Nahbeziehung erfolgt aber eine zunehmende Angleichung der vormals immanenten Person an die Transzendenz. Der immanent agierende Heilige *richtet* sich für eine Nahbeziehung mit dem transzendenten Gott auf diesen *aus*. Innerhalb legendarischer Erzählungen vermittelt die Darstellung dieser sukzessiven Partizipation an der Transzendenz bei gleichzeitiger Abnahme der immanenten Verknüpfungen die Heiligkeit, die zum Wesen eines jeden Gottesfreundes gehört. Dabei kann man von folgendem Narrativ ausgehen: Erstens wird die Aufgabe der immanenten Sozialbeziehungen geschildert. Zweitens gibt es eine Phase der zunehmenden Hingabe an die Transzendenz, die zum einen der Entweltlichung dient und daneben das transzendente Einwirken in die Immanenz schildert – in Form von Wundertaten – die gerade die Wechselseitigkeit dieser Freundschaft offenbaren.[544] Abschließend erfolgen drittens mit dem Tod des Heiligen die völlige Abkopplung von der Immanenz und der endgültige Einzug in die Transzendenz.

Grundsätzlich bezeichnet der Begriff, Gottesfreundschaft, sowohl das Beziehungsverhältnis der Gläubigen untereinander als auch ihr jeweiliges oder kollektives Verhältnis gegenüber und mit Gott. Letzteres steht im Kontext der hier betrachteten legendarischen Erzählungen von Heiligen im Mittelpunkt.[545] Dieses exklusive Nahverhältnis zu Gott privilegiert zwar die jeweils immanenten Partner, verlangt aber von diesen, sich durch supererogatorisches Verhalten gegenüber sozialen und religiösen Normen selbst zu exkludieren.[546] Gottesfreundschaft ist insofern eine Beziehung, die in ihrer Zuschreibung zugleich eine Auszeichnung, wie auch einen Anspruch birgt. Gottesfreund zu sein, heißt immer, in einem exklusiven Verhältnis mit der Transzendenz zu stehen, das den Gottesfreund als

544 Für Beobachter dieser Beziehung, wie den Gefährten, zeigt sich deren Wechselseitigkeit nicht nur in den Wundertaten, sondern auch in der heilscharismatischen Wirkung des Erwählten. Seine Anhänger haben durch ihn Teil an der Heilsfürsorge, da sich in ihm Transzendentes offenbart.

545 Zur narrativen und semantischen Komplexität dieses Verhältnisses siehe das entsprechende Kapitel dieser Arbeit. Siehe dort auch die Ver-/Hinweise auf die diversen Konzeptualisierungen in den theologischen Traktaten des Mittelalters, in ihnen erscheint die hier aufgezeigte Gottesfreundschaft als Leitsemantik für sinnkonstituierende Beschreibungen zwischenmenschlicher Beziehungen gläubiger Christen sowie jedem möglichen Gott-Mensch-Verhältnis. Selbst gänzlich in der Transzendenz verankerte Beziehungsrelationen, wie die der Trinität, oder das nicht sichtbare Verhältnis zwischen menschlicher Seele oder der Kirche als Gemeinschaft aller Seelen und Gott werden mittels der Gottesfreundschaft beschrieben. Siehe dazu ausführlich Egenter: Gottesfreundschaft.

546 Für die legendarischen Erzählungen hat Marina Münkler die von Cornelia Bohn und Alois Hahn (*Partizipative Identität*) für das mittelalterliche Mönchtum und Religiosentum konstatierte *Supererogatie* fruchtbar gemacht. Siehe dazu Münkler: Sündhaftigkeit als Generator von Individualität, hier S. 25–30 und 36–38. Daneben neuerdings auch Hammer, der mit nur einem, eher marginalen Verweis auf Münklers Vorarbeiten auskommt; siehe dazu Hammer: Erzählen vom Heiligen, S. 223–230.

besonders kennzeichnet und gegenüber der gläubigen Gemeinschaft auszeichnet. Die für dieses Verhältnis notwendigen normativen oder ethischen Bedingungen, die an den Gottesfreund gestellt werden, prägen das Verhältnis als Anspruchskategorie. Selbstexklusion dient dabei der Assimilation gegenüber dem gänzlich exkludierten, eben transzendenten Gott und evoziert, vor dem Hintergrund einer auf Prinzipien der Ähnlichkeit basierenden Freundschaftskonzeption, jene persönliche Nahbeziehung.[547] Die in den Legenden dargestellte Exklusion führt also zu zwei konstitutiven Aspekten ihrer Protagonisten: Erstens erhalten diese durch ihre liminale Stellung jene heilscharismatische Wirkung, die eine Zuschreibung der Heiligkeit wie auch eine Verehrung durch eine faszinierte Anhängerschar nach sich zieht. Zweitens lassen die Erzähler auf diese Weise ihre Protagonisten bereits an der Transzendenz partizipieren und eine derartige Attribuierung ermöglicht das Erzählen einer auf Gemeinsamkeiten beruhenden Freundschaft. Keinesfalls löst diese Darstellung die Asymmetrien im Hinblick auf die einseitige, eben allein immanente Beobachtbarkeit der Dyade und die Hierarchie innerhalb der reziproken Nahbeziehung zwischen Mensch und Gott. Es sind insofern diese gegensätzlichen Momente und Aspekte einer persönlichen Sozietät zwischen Immanenz und Transzendenz, die innerhalb der legendarischen Erzählungen immer wieder einen Erzählanlass bieten. Der Fokus auf die Semantiken und Narrative der Gottesfreundschaft ist also auch ein Blick auf die poetologischen Bedingtheiten legendarischen Erzählens.

Eines der grundlegenden und ebenso strukturbestimmenden Narrative der Gottesfreundschaft benennt in Anlehnung an Cicero bereits der schottische Zisterzienserabt Aelred von Rievaulx (1110–1167). In seinem in Dialogform verfassten Traktat *De spiritali Amicitia*, postuliert er für die Entwicklung einer Freundschaft vier aufeinanderfolgende Phasen: 1. *electio* – Auswahl, 2. *probatio* – Erprobung, 3. *admissio* – Annahme und 4. *consensio* – Übereinstimmung.[548] Diese einzelnen Abschnitte lassen sich als narrati-

547 Zu den narrativen (auch diskursiven) Freundschaftskonzepten der Ähnlichkeit, die mithin bis zur Ebenbildlichkeit reichen, siehe Andreas Kraß: Ebenbildlichkeit. Symbolik der Freundschaft im *Engelhard* Konrads von Würzburg. In: Münkler, Sablotny und Standke (Hrsg.): Freundschaftszeichen, S. 251–269, hier S. 251–256 und 260–268.

548 Siehe dazu Aelred von Rievaulx: Über die geistliche Freundschaft. Lateinisch – deutsch. Hrsg. von Wilhelm Nyssen. Trier 1978, Lib. 3, 8 (DsA). Daneben nennt diese auch Peter von Blois (1135–1203) in seiner Abhandlung *De Amicitia Christiana et de Charitate Dei proximi Tractatus duplex*, Lib. I. Cap. 12: *Amicitiam enim firmant atque perficiunt electio, probatio, admissio, rerum divinarum et humanarum cum benevolentia et charitate plena consensio* (siehe dazu Petri Blesensis Barthoniensis opera omnia III. Hrsg. John Allen Giles. Oxford 1846, Lib. I, 12.). Die Arbeiten zu Aelreds Freundschaftskonzept sind zahlreich, ich nenne lediglich die neuesten Analysen: aus historiographischer Sicht Sommerfeldt: Aelred of Rievaulx on friendship, S. 227–244; Enrico Piscione: Doctor amicitiae: l'itinerario filosofico-spirituale di Aelredo di

ver Vierschritt der Gottesfreundschaft durchaus in legendarischen Erzählungen beobachten.[549]

Dabei ist dieses Narrativ vom Gottesfreund und seinen darin zwischen Immanenz und Transzendenz changierenden Bindungen keinesfalls ausschließlich dem hier betrachteten mittelalterlichen Christentum, samt seinen kanonischen Heiligen und schon gar nicht allein deren Legenden vorbehalten. Vielmehr scheint darin ein basales Prinzip der narrativen Darstellung von Heiligkeit, im Sinne göttlicher Erwähltheit, und insoweit eben auch religiöser Kommunikation zu liegen. So berichtet beispielsweise die Legende über Siddhartha Gautama bevor er zum wörtlich erwachten Buddha wird von seiner öffentlichen Lossagung von allen immanenten Bindungen:

> Und sich ihm zu Füßen werfend, sprach er / Demutsvoll die wohlerwognen Worte: „Gib mir, Herr, die gnädige Erlaubnis / Ich muß fort, um der Erlösung willen: Es ist Zeit, wir müssen uns verlassen." / […] So verließ er fest und unerschüttert / Seinen teuren Vater und sein Söhnchen Und das Volk, das ihm in Liebe anhing, / Und die königliche Pracht für immer. Dann noch einmal nach der Heimat blickend, / Rief er aus mit einer Löwenstimme: „Eh ich nicht Geburt und Tod vernichte, / Kehr' ich nimmer nach Kapilavastu."[550]

Ausgehend von den persönlichen, familialen Bindungen und zwar denen der vorhergehenden und zukünftigen Generation entsagt Buddha sowohl der wechselseitigen Bindung zu seinem Volk, wie auch der daran geknüpften institutionellen Bindung an seine Herrschaft.

Dem Entsagen folgt die Darstellung einer Nahbeziehung mit Gott. So beschreibt etwa Eleasar Ben Juda von Worms (1176-1238) für den im Mittelalter nicht nur stark ausgeprägten, sondern deutlich mystisch durchwirkten Chassidismus im deutschen Judentum ein sehr affektives und dabei stark auf Vertraulichkeit abhebendes Verhältnis eines heiligen Mannes (*Chassiduth*) zu seinem Gott.[551]

Rievaulx. San Cantaldo 2011, S. 7–35; sowie aus literaturwissenschaftlicher Perspektive Kraß: Im Namen des Bruders. S. 4–22 und Münkler: L'amicizia, S. 164–165.

549 Dieser Vierschritt ist natürlich nicht allein auf die Gottesfreundschaft beschränkt und schon gar nicht auf legendarische Erzählungen. Siehe dazu vor allem die Dissertation von Winst zum *Amicus-und-Amelius* Corpus, die in ihrer Metastruktur den Phasen folgt; Winst: Amicus und Amelius, hier S. 42–44.

550 Vgl. Buddhas Wandel. Açvaghoshas Buddhacarita. Übertr. von Carl Cappeler. Jena 1928, Kap. 5, V. 86–90 und 250–257.

551 Zumeist werden die sogenannten *Chassidei Ashkenaz*, also die deutschen Chassiden (Frommen) in Relation zu den spanischen und orientalischen gesehen und sie erhalten nur eine randständige Einordnung (so bspw. Sholem: Die jüdische Mystik, S. 87–88). Eine neuere und vor allem auf die literarischen Leistungen abhebende Darstellung liefert Tamar Alexander-Frizer: The Pious Sinner. Ethics and aesthetics in the medieval Hasidic narrative. Tübingen 1991, S. 8–17. Er spricht sich vor allem für eine eigenständige Betrachtung der

> Die Seele ist voll der Liebe zu Gott und mit Stricken der Liebe gebunden, in Freude und frohen Herzens. Er – der Chassid – ist nicht wie einer, der seinem Herrn widerwillig dient, sondern selbst wenn man es ihm verwehren will, brennt in seinem Herzen die Liebe zu dienen, und er freut sich, den Willen seines Schöpfers auszuführen [...]. Denn wenn die Seele tief über die Gottesfurcht nachsinnt, so flammt die Lohe der Herzensliebe in ihr auf, und der Jubel innerlicher Freude erquickt das Herz [...]. Und der Liebende bedenkt nicht seinen Vorteil in dieser Welt, er sorgt sich nicht um die Ergötzung seiner Frau, noch um seine Söhne und Töchter, vielmehr ist ihm alles ein Nichts, außer diesem, daß er den Willen seines Schöpfers tue, an anderen Gutes tue, den Namen Gottes heilige [...], und alles Sinnen seiner Gedanken brennt im Feuer der Liebe zu ihm.[552]

Mittels affektiver Semantiken und durch eine, eine enge Bindung evozierende, Metaphorik offenbart der Erzähler eine exklusive Beziehung mit Gott. Deutlich hebt er dabei das Entsagen weltlicher Bindungen hervor, kennzeichnet die Beziehung aber zugleich als Dienst-Lohn-Verhältnis.

Auch im Islam gab und gibt es Strömungen wie das Sufitum, die ein besonderes Nahverhältnis zu Gott kennen. Deutlich wird dies allein schon in der Bezeichnung des Gottesfreundes als *walî*. Es bedeutet, einer Sache nah zu sein, eine wechselseitige Nähe zwischen der immanenten Person und dem transzendenten Gott in Bezug auf Wissen, Macht und Gehorsam.[553] Einer der frühen Sufis war der Ägypter Dhu'n-Nun Al-Misri (gest. ca. 860), dessen Dasein als *walî* erst nach seinem Tod durch ein Wunder offenbart wurde. Eine Legende erwähnt neben einem offensichtlichen Gotteszeichen auch eine Vision, in der der Prophet Mohammed selbst den Status des Verstorbenen als Gottesfreund bestätigt:

> Dann starb er. In der Nacht, da er die Welt verließ, sahen siebzig Personen den Propheten im Traum und, wie sie erzählten, sagte er: „Der Freund Gottes wünschte zu kommen; ich bin hergekommen, um ihn zu empfangen." Als er starb, sah man auf seiner Stirn in grünen Lettern geschrieben: „Dies ist der Freund Gottes, gestorben in der Liebe Gottes [...]."[554]

Das Wunder dient der nachträglichen Bestätigung und erneuten Legitimierung des exklusiven Nahverhältnisses mit Gott. Es steigert zugleich die

---

Texte aus und geht in seinen Analysen von Transformationsprozessen aus, die er exemplarisch an einem Werk (*Sefer Chassidim* – Buch der Frommen / Heiligen) vorführt.

552 Das Zitat findet sich bei Sholem: Die jüdische Mystik, S. 103. Sholem gibt als Stellenvermerk dazu an: Eleasar aus Worms, in dem ‚Prinzip der Liebe' überschriebenen Paragraphen der ‚Halachoth' über ‚Cballidulh'.

553 Siehe dazu die ausführliche Studie und Quellsammlung von Richard Gramlich, der sich dezidiert den Zusammenhängen von Wundertaten und Gottesfreundschaft im Sufismus zuwendet. Richard Gramlich: Die Wunder der Freunde Gottes. Theologien und Erscheinungsformen des islamischen Heiligenwunders. Wiesbaden 1987, hier S. 58–60.

554 Das Zitat aus dem Leben und Sterben Dhu'n-Nuns entstammt der Textsammlung Annemarie Schimmel: Gärten der Erkenntnis. Das Buch der 40 Sufi-Meister. München 1991, S. 22–29, hier S. 29.

Authentizität der persönlichen Bindung und perpetuiert diese gerade durch seine Literarizität.

Der Fokus der folgenden Analysen liegt nun nicht auf einem interreligiösen Vergleich. Dieser sollte lediglich das im Prinzip allgemein praktizierte Schöpfen aus einem Narrativreservoir der Gottesfreundschaft aufzeigen. Im Anschluss werden einzelne Aspekte dieser Narrativierung genauer perspektiviert, so etwa die Formen der Initiierung, der Verstetigung, der Parallelisierung oder Kollektivierung der Gottesfreunde. Sie alle bergen letztlich wie im eben zitierten Falle des *walî*, Formen einer narrativen Privilegierung. An Hand einzelner, vergleichender Studien werden exemplarisch der semantische Einsatz und die narrativen Funktionen der Gottesfreundschaft in Ordensgründerlegenden eruiert.

1. Initiierungen: *conversio*, *electio*, *imitatio*

Gottesfreundschaft als Beziehung zwischen Gott und einem Menschen ist ein Auszeichnungsbegriff, es ist aber zugleich die Bezeichnung einer Anspruchsgemeinschaft, deren Vollzug aufseiten der immanenten Partner an die Befolgung und Einhaltung hoher ethisch-moralischer Grundsätze gebunden ist. Insofern erscheinen der Gottesfreund oder die Gottesfreundin als außerordentlich normkonform, wenn nicht sogar als supererogatorisch, also als Norm übererfüllend.[555] Doch jeder Normerfüllung – selbst der supererogatorischen – geht ein Anfang voraus, der letztlich zum Ausgangspunkt aller nachfolgenden Legitimationen und Perpetuierungen der sich vollziehenden Gottesfreundschaft wird. Die sich anschließende Analyse richtet sich also nicht von ungefähr auf den Prozess der Initiierung, der selbst in der Traktatliteratur zur geistlichen Freundschaft, aber auch in höfischen Freundschaftserzählungen umfangreiche Ausgestaltung erfährt.

Während beispielsweise der bereits zitierte Aelred von Rievaulx in seinem Dialog *De spiritali amicitia* – wohlgemerkt für eine auf Gott hin ausgerichtete Freundschaft zwischen zwei Mönchen – explizit erörtert, welchen eminent wichtigen Stellenwert die Auswahl hat und mehr noch die dafür notwendig zu erfüllenden Kriterien einer geistlichen Freundschaft,[556] ver-

555 Ich verweise hier vorrangig auf Alois Hahn und Cornelia Bohn, die diesen Zusammenhang auch für die (partizipative) Identität eines mittelalterlichen Individuums (Mönches) fruchtbar machen, vgl. dazu Alois Hahn und Cornelia Bohn: Partizipative Identität, S. 3–25; außerdem Münkler: Sündhaftigkeit als Generator von Individualität, S. 25–61.

556 Vor allem im dritten Buch seines Traktatdialogs argumentiert Aelred für eine durchdachte Auswahl, denn sie ist die Basis einer Vertrauensgemeinschaft. *Nam cum amicus tui consors sit animi, cuius spiritui tuum coniungas et applices, et ita misceas ut unum fieri uelis ex duobus; cui te tamquam tibi alteri committas, cui nihil occultes; a quo nihil timeas; primum certe eligendus est qui ad haec ap-*

führt die Freundschaftserzählung Konrads von Würzburg über Engelhard und Dietrich eher implizit. Dort wird der richtige Freund mittels des narrativen Verfahrens der Trigemination ermittelt. Zugleich werden so unterschwellig die innerhalb einer Freundschaft zu erfüllenden Tugenden vorgeführt.[557]

Dies gilt in Sonderheit auch für die narrative Ausgestaltung der Ordensgründerlegenden beziehungsweise ganz allgemein der legendarischen Erzählungen, selbst wenn für diese in gesteigertem Maße Clemens Lugowskis Diktum der „Motivation von hinten" zutrifft.[558] So erzählt die Legende nicht nur von Anbeginn, dass ihr Protagonist oder ihre Protagonistin heilig ist, sie behauptet zugleich unentwegt deren besondere Beziehung zu Gott.[559] Darüber hinaus mag die Differenzierung von Initiierungsformen dieser Sozietät in *conversio*, *electio* und *imitatio* überraschen, denn grundsätzlich sind der Beginn und vielmehr noch die Perpetuierung der Gottesfreundschaft mit einer radikalen und sich stetig aktualisierenden Weltabkehr verbunden. Dies vorrangig auf Grund der mit dem Begriff oder dem Konzept der *conversio* verbundenen Definitionen und allgemeinen Vorstellungen. Die semantische Vielfalt hat Matthias Rein in seiner Studie zur Semantik von *conversio* zusammengefasst:

> *conversio* hatte eine Reihe von technisch-motorischen Verwendungsformen: allgemein ‚Umkehrung [...] auch medizinische Spezialbedeutungen: ‚Umstülpung' [...], logischen Sinn: ‚Konversion', mathematische Bedeutung: ‚Umkehr (der

---

tus putetur, deinde probandus, et sic demum admittendus. [...] *cum summo studio eligendus ist, et cum maxima cautela probandus; admissus autem sic tolerandus, sic tractandus, sic sequendus, ut, quamdiu a praemisso fundamento reuacabiliter non recesserit, ille ita tuus, et tu illius sis, tam in corporalibus quam in spiritalibus, ut nulla sit animorum, affectionum, uoluntatum, sententiarumue divisio.* Vgl. DsA, Lib. 3, 2,6–7.

557 Siehe dazu zuletzt Kraß: Ebenbildlichkeit, hier S. 265–268.

558 Lugowski merkt metaphorisch zu dem von ihm geprägten Begriff an: „Die strenge ‚Motivation von hinten' kennt keinen direkten Zusammenhang zwischen konkreten Einzelzügen am Leibe der Dichtung; der Zusammenhang geht immer über das Ergebnis, und soweit uns heute die vorbereitende Motivation im Blute liegt, sehen wir da nur Zusammenhanglosigkeit. Die ‚Perlenkette' der Aufzählung mit ihren unverbundenen Gliedern und dem herausspringenden Resultat ist nichts als ein erzählerischer Mikrokosmos, der mit dem Makrokosmos der ganzen ergebnisbestimmten Erzählung morphologisch korrespondiert. Die einzelnen Glieder hängen mit dem herausspringenden Resultat notwendiger zusammen als untereinander. Die ganze Erzählung verhält sich zum Mikrokosmos wie der große Kristall zu den kleinen, in die er zerfällt, wenn man ihn zerschlägt, und die von der gleichen Struktur sind wie der große." Vgl. Lugowski: Die Form der Individualität im Roman, S. 79.

559 Beides, darauf beharrt Lugowski zu Recht vehement, bedeutet jedoch nicht, dass hier teleologisch verfahren wird: „Von der ‚physischen' Seite aus kann das zeitlose Sein nur als Ergebnis begriffen werden, von der ‚metaphysischen' aus ist die ‚physische' in ihrer Vorläufigkeit die Aktion des Menschen, der auf völlige Realisierung der Teilnahme am zeitlosen Sein, der ‚ewigen freüd' (dies Wort in einem ganz säkularisierten Sinn genommen!) drängt. Das reine Sein durchdringt aber und beherrscht auch die Sphäre der Vorläufigkeit durch das Medium der ‚Motivation von hinten'." Ebd., S. 80.

> Glieder bei der Multiplikation z.B.)‘, musikalische Verwendung als Übersetzung für griech. *Τρόπος* […]. Als ‚Hinwendung‘ schillert der Sinn von *conversio* bereits zum Konzeptuellen hin […]. Metonymisch konnte das lat. Substantiv alternativ für philosophisch-theologische Begriffe wie Analogie, *imago* (Abbild) und Austauschbarkeit (Synonymie) eintreten. Im übertragenen Sinn kann *conversio* allgemein ‚Umschwung, Umschlag‘, ‚jähes Hineingeraten in etwas‘, ‚Gesinnungswandel‘ oder ‚Umgestaltung‘ (*reformatio*) bedeuten, zweifellos liegt das Schwergewicht hier allerdings auf dem religiös-konzeptuellen Gebrauch, der institutionalistisch als Zuwendung zum christlichen Glauben und zur Kirche bzw. zum priesterlichen oder monastischen Leben und zu einem Orden oder zum Priesteramt und existentialistisch als Zerknirschung, Umkehr, Besserung des Lebens – und eben auch Buße – bestimmt sein kann, oft genug freilich, ohne daß beide Varianten streng geschieden werden. […] Anstelle von *conversatio* schließlich kann es auch – mit deutlichem konzeptuellem Beiklang – auch den ‚Lebenswandel‘ bzw. spezieller das ‚klösterliche Zusammenleben‘ meinen.[560]

Ab- wie auch Umkehr von einem lasterhaften und noch nicht gottgefälligen Leben sowie die gleichzeitige Hinwendung zu Gott und zu einer verinnerlichten, insoweit habitualisierten Gottessicht sind prinzipiell mit dem Begriff der *conversio* verknüpft. Der symbolische Gehalt des Begriffs birgt einerseits soziokulturelle Dispositionen eines religiösen, gottgefälligen Lebens, denen andererseits bereits bestimmte Wahrnehmungs- und Verhaltensmuster für eine stete Realisierung dieser Lebenspraxis eignen.[561] In der alltäglichen Verwendung des Begriffs wird der Moment der wortwörtlichen *conversio* resultativ auf die sich anschließende Lebensweise ausgedehnt. Dies ist durchaus legitim, nachfolgend verstehe ich unter *conversio* jedoch lediglich den Zeitpunkt, an welchem der jeweilige Lebenswandel und damit ein persönliches Nahverhältnis zu Gott einsetzt. Eben jene punktuelle Fokussierung gibt den Blick frei auf die differenten Darstellungsformen dieses momenthaften Ereignisses. Drei dieser narrativen Gestaltungsmöglichkeiten gilt es genauer zu analysieren: Erstens die *conversio* im empathischen, wie auch emphatischen Sinne, deren narrativer Kern sich allein auf den Moment einer radikalen Abkehr konzentriert, die vor allem von Affekten getrieben wird. Zweitens die *electio*, also eine durch göttliche oder transzendente Instanzen herbeigeführte Gottesbeziehung, die keiner weiteren Erörterung einer inneren Umkehr bedarf. Drittens schließlich die *imitatio*. Ähnlich der *conversio* ist sie affektiv aufgeladen. Der

560 Vgl. Matthias Rein: Conversio deutsch. Studien zur Geschichte von Wort und Konzept ‚bekehren‘, insbesondere in der deutschen Sprache des Mittelalters. Göttingen 2012, S. 62–63.

561 Man mag darin Bourdieus „Dialektik von *opus operatum* und *modus operandi*, von objektivierten und einverleibten Ergebnissen der historischen Praxis, von Strukturen und Habitusformen“ erkennen. Siehe dazu Pierre Bourdieu: Sozialer Sinn. Kritik der theoretischen Vernunft. Frankfurt am Main 1987 [zuerst Paris 1980], S. 97–121, hier S. 98 (Hervorhebungen im Orig.).

Moment des Wandels und die vertrauliche Annäherung an Gott vollziehen sich jedoch dezidiert vor einer vorgegebenen Schablone. Dabei werden diese Vorbilder weniger als Argumente für eine *conversio*, als vielmehr als Anleitung für eine Abkehr genutzt.

1.1 *conversio(nes)* Norberts von Xanten

Eine idealtypische Beschreibung einer *conversio* als abrupter innerer Umkehr und Hinwendung zu Gott bietet die *Vita A* des Ordensgründers der Prämonstratenser. Zwar betont die Erzählung, dass Norbert gemäß einer pränatalen Traumvision der Mutter (*quod revelatione accepta in somnis*; NoA, Cap. 1, 3) sich bereits im klerikalen Stand eines Subdiakons und damit in einer institutionell begründeten Beziehung zu Gott befindet (*qui in clericali officio et ordine subdyaconatus*; NoA, Cap. 1, 2), doch seine Lebensart im Umfeld des Kölner Erzbischofs, dem kaiserlichen Kanzler, wird seinem Stand und mehr noch den normativen Ansprüchen einer Gottesbeziehung klar entgegensetzt:

> *Hic cum in aula imperiali, necnon in ecclesia Coloniensi non minimus haberetur, affluentibus sibi rebus et temporalis vitae commodis fruens ad desideria sua, postposito timore Dei ducebatur.* (NoA, Cap. 1, 4)

Norbert verbringt demnach mehr Zeit an einem weltlichen Herrscherhof, wozu der Erzähler den erzbischöflichen Hof in Köln rechnet. Er lebt nicht in der weltlichen Abgeschiedenheit, wie es die von Klerikern gelebte *vita religiosa* verlangt. Ein Umstand den die *Vita B* durch einen biblischen Vergleich noch zu steigern weiß. Dort ergänzt der Erzähler nämlich: *circumferebatur Norbertus in medio Babylonis* (NoB, Cap. 1,5,3). Der zukünftige Heilige wird im Sündenpfuhl, dem Schoße der Hure Babylon, situiert. Sein Lebenswandel ist also deutlich negativ konnotiert. Genau vor diesem Hintergrund vollzieht sich in den Erzählungen dramaturgisch konsequent der Moment der *conversio*. Der Erzähler der *Vita A* drosselt dafür sein Erzähltempo und entwirft eine sehr plastische Szene, die in ihrem Umfang die Hälfte des ersten Kapitels umfasst. Sie wird wahrlich zu „einem Magnetpol[] für alle möglichen Informationen und erläuternden Zusätze", mit der „Bedeutung einer Initiation: sie markiert den Eintritt des Helden in eine neue Welt [...]."[562]

> [...] *accidit una dierum, ut solo assumpto puero festinaret clam ad locum quendam, Frethen nomine, in cultu vestis sericae. Euntem eum occupat nubes umbrosa, de qua micant fulgura, mugiunt tonitrua, eo importunius quia longe aberant villae refugia. Cumque turbaretur ipse si-*

562 Zur hier narratologisch beschriebenen Funktion einer Szene vgl. Genette: Die Erzählung, S. 79 und 80.

mul cum puero comite, repente terribilis auditus et aspectus tonitrui cum fulmine ante eum terram procidit, aperiens eam in profundum quasi ad mensuram staturae hominis. Unde exalabat foetor deterrimus, tam eum quam omnia indumenta eius inficiens. Ipse autem de equo cui insederat prostratus, vocem quasi arguentis se audire arbitrabatur. Per quam ad se reversus et iam ad poenitudinem versus, revolvebat verbum psalmistae dicentis: „Desine a malo et fac bonum", sicque animatus via qua venerat reversus est. (NoA, Cap. 1, 5–10)

Offensichtlich vollführt der Erzähler in diesem Abschnitt die Umkehr Norberts, den Beginn seiner persönlichen Beziehung zu Gott auf mehreren Ebenen im Kontext eines heftigen Wetterumschwungs. Bereits dieses Wetterphänomen wird als Figur eines abrupten Wandels gestaltet. Zunächst betont der Erzähler noch einmal Norberts Weltlichkeit durch den Verweis auf seine teure Kleidung. Sie hebt symbolisch sein Standesbewusstsein hervor, doch wird sie sofort von einem üblen Gestank befallen, der sie wertlos macht. Abbildend stürzt Norbert von seinem Pferd, einer erhöhten Position hinab auf die Erde. Die aufgerufene angstvolle Verwirrung Norberts (*turbaretur*), wandelt (*se reversus*) seine innere Einstellung. Erst nach der vollzogenen inneren – sich implizit am Paulustopos abarbeitenden – Umkehr (*iam* [...] *versus*), erfolgt die für seinen bezeugenden Begleiter nachvollziehbare äußere Umwälzung (*revolvebat*). Sie wird in diesem Fall an einen geäußerten Psalm geknüpft. Abschließend, wieder im szenischen Bild, kehrt Norbert auf dem zuvor beschrittenen Weg um (*venerat reversus est*).

Noch ausführlicher in ihrer Dramaturgie sind die *Vita B* sowie deren altenglische Übertragung, eine Verslegende John Capgraves (1393–1464). Sie ist die einzig bekannte volkssprachliche Norbertlegende des Mittelalters. Neben einer deutlichen Analogiebildung des Erzählers, der Norbert explizit, auf der Ebene des *discours*, zum neuen Paulus stilisiert (*As þouȝ he had be very new Seynt Poule*; NoVL, V. 146), gibt es aber einen entscheidenden Unterschied. Sowohl in der *Vita B* als auch in der altenglischen Verslegende erfolgt die *conversio* nach einem anklagenden Zwiegespräch zwischen Norbert und Gott. In diesen Diskussionen kommt Gott nicht nur der größere Redeanteil zu, sondern er rezitiert selbst den Psalm, um Norbert zur Umkehr anzuhalten:[563]

‚Norbert, Norbert, tende now onto me. / Why pursuest me? Whi art þou inobedient / Onto my counceles, witȝ whech I enspired þe? / Turne aȝen lest þat þou be schent, / And to my seruyse sette more þin entent. / Forsake þis vanyte, if þou wilt me plese, / Thy ioly lif will turne the ton o ese. / Thi body is made fort o seruen me. / Why wringist þiselue thus fro my seruyse? / I wyl þou wite it, ful hard it ist o the / To wynse or grucch aȝens me in ony wyse. / My

563 Zum Vergleich die Passage aus der NoB, Cap. 1, 6,8–7,2: *Norberte, Norberte, quid me persequeris? Corpus aptavi tibi, divitias quibus te ostentas, administravi tibi; mihi servire debueras: cur et alios perdere festinas?* [...] *reversus ad se, tactus dolore cordis intrinsecus, dicere coepit intra se: Domine, quid me vis facere? Et statim, quasi responderetur: Desine a malo, et fac bonum; inquire pacem* [...].

sharp prik is sette in swech a sise, / There may no man scapen my daungere. / Turne aʒen, þerfor, fro þi lif seculere!' / [...] / Thus onto God in hert he gan to speke: / ‚What will I do lord?' He answered, witʒouten lees: / ‚Fle euele, do good and seke pees.' (NoVL, V. 148–175)

Die *Vita B* und John Capgraves Verslegende variieren in ihren Darstellungen vor allem die Beweggründe für Norberts *conversio*. Einer zeichenhaften Kommunikation, die auf die Bildsprache des Erzählers setzt, wird die explizite Kommunikation eines Figurendialogs entgegengesetzt. Während in der zuvor geschilderten *Vita A* vorrangig der eindrückliche Wetterumschwung ausschlaggebend ist, ist es innerhalb der beiden anderen legendarischen Erzählungen der mit Gott geführte Disput. Der Einschub weist bereits auf die besondere Vertraulichkeit hin, die einem Zwiegespräch mit dem transzendenten Gott eignet. Das bedrohliche Unwetter ist in diesen beiden Texten tatsächlich nur szenisches Beiwerk. Es erschreckt vor allem den Begleiter Norberts, zugleich liefert es ihm eine Erklärung der Situation und des inneren Zustands seines Herrn (NoA, Cap. 1, 6,4–7): *Norberte, quo vadis? Domine, quid agis? Revertere pater, revertere: manus enim Domini valida contra te. Clamat servus* [...]. Während in der *Vita A* dem Begleiter Norberts Wandel durch den offenen Ausspruch des Psalms bewusst wird, kann er in den beiden anderen Texten bereits das Gewitter als einen Ausweis der fehlerhaften Lebensweise Norberts deuten. Insofern zeigen die Legenden in ihren Transformationen eine Differenz von direkter und symbolischer Kommunikation, die zudem auf unterschiedlichen Ebenen des Erzählens dem *discours* bzw. der *histoire* angesiedelt werden.

Dass die hier betrachteten, punktuellen *conversiones* Norberts, zu einem tatsächlichen Lebenswandel führen, der erst in der Folge verstärkt und verstetigt wird, betonen alle drei Texte. Sie markieren zugleich den Beginn einer persönlichen und sich noch entwickelnden Gottesbeziehung, die über das bereits bestehende Maß der institutionellen Beziehung als Subdiakon hinausgehen. Die persönliche Gottesfreundschaft steht hier – im Sinne Igor S. Kons – in einer komplementären Relation zum institutionellen Verhältnis.[564] Die persönliche Freundschaft zu Gott wird zu einer Ergänzung der bereits institutionell gesicherten Beziehung, in die Norbert als Subdiakon gestellt wurde. Am deutlichsten offenbart dies jedoch die *Vita B*, die wie die *Vita A* die entflammte Gottesliebe Norberts benennt. Sie verweist jedoch auf den fortschreitenden Charakter einer dem Wandel entspringenden Beziehung:[565]

564 Siehe Kon: Freundschaft, S. 17.

565 Zur Vita A, die vor allem auch die Rolle des Abt Kunos von Siegburg betont, siehe NoA, Cap. 1, 11: *Domi vero positus concepto iam timore Domini spiritu salutis, sub exteriori habitu cilicio indutus est et proponens sibi vitae praeteritae sollicitudinem et poenitentiam, monasterio Segebergensi et*

> *Et ex tunc conceptum divini amoris ignem paulatim augmentans, nec subito mutavit habitum, nec statim reliquit seculum; sed asperitate cilicii membra domabat sub mollibus indumentis, et erigere se contra se praetentabat.* (NoB, Cap. 1, 7,3)

Norbert umfängt eine feurige Gottesliebe, eine Semantik der Intimität, die hier nicht nur die besondere Vertrautheit miteinander, sondern vielmehr die Vertraulichkeit Norberts und Gottes unterstreicht. Trotz dieser Zuschreibung bedarf die nachfolgend bestehende Gottesfreundschaft einer prozessualen Verinnerlichung, einer Habitualisierung.[566] Die geschilderten *conversiones* Norberts sind der narrative Auftakt für seine im legendarischen Erzählen entfaltete Freundschaft mit Gott. Auffallend ist, dass in der Verslegende Capgraves die Gottesliebe und ihre Semantiken der Intimität fehlen. Das Augenmerk der altenglischen Übertragung liegt auf dem schon im dialogischen Disput angepriesenen Dienst gegenüber Gott. Norbert muss diesen erst in einem persönlichen und vertraulichen Lehrer-Schüler-Verhältnis erlernen: *A redy, a good skolere, / To holy ordres he hastith now; in al wise / His stody is now to lerne dyvyne seruyse* (NoVL, V. 180–183). Damit entwirft auch Capgraves Verslegende ein nach der *conversio* einsetzendes, persönliches Nahverhältnis Norberts mit Gott, das nicht institutionell begründet ist. Allerdings impliziert das Lehrer-Schüler-Verhältnis eine hierarchische Beziehung. Insofern sie aber reziprok angelegt ist, betont sie ohne einen Einsatz intimer Semantiken die Vertraulichkeit der Beteiligten. Norbert wird Gottes Schüler und der Lehrer unterrichtet seinen Heiligen.

1.2 *electio* des Dominikus

Zu den wesentlichen Aspekten der Semantik einer geistlichen *vriuntschaft/amicitia* zählen das Erwählen und die daran geknüpfte Erwähltheit einer Person.[567] Die Beziehung zwischen Gott und dem Heiligen wird exklusiv durch Gott gestiftet (*ich hab euch usserwelt / ego elegi vos*; Joh. 15, 16). Die rationale Wahl in einer persönlichen und vertrauensvollen Nahbeziehung wird im Falle der Gottesfreundschaft zu einer Erwähltheit, die ein besonderes Vertrauensverhältnis offenbart. Nicht immer wird Erwähltheit

sanctae conversationis abbati Cononi familiarem se reddidit, cuius doctrinis et institutionibus optimis in timore et amore Domini profecit.

566 Zum Konzept einer mittelalterlichen Habitualisierung im monastischen Raum, etwa im Kontext einer auf Armut basierten *vita perfectionis*, die der narrativen Darstellung einer Gottesfreundschaft dienen kann, siehe Burkhard Hasebrink: Selbstüberschreitung der Religion in der Mystik. ‚Höchste Armut' bei Meister Eckhart. In: PBB 137,3 (2015), S. 446–460, S. 452–459.

567 Siehe dazu auch nochmals die mit dem Johannesevangelium argumentierende Epp: Amicitia, S. 234–235; sowie das Kapitel zur *geistlichen vriuntschaft/amicitia*.

in den legendarischen Erzählungen zu einem eigenständigen Motiv der Initiierung von Gottesfreundschafts, welches narrativ entfaltet wird. In den zuvor besprochenen Legenden Norberts wird die *electio* des Heiligen seiner *conversio* untergeordnet. Die Legenden betonen zwar, dass Norbert im Moment seiner Umkehr bereits von Gott erwählt ist (*Thi body is made for to seruen me.* NoVL, V. 155 und NoB, Cap. 1,6,9: *Corpus aptavi tibi, divitias quibus te ostentas, administravi tibi; mihi servire debueras.*), narrativ entfaltet wird indes nur die *conversio.* Anders verhält es sich, wenn die Erwählung selbst zum Motiv der Initiierung wird. Das Erzählen von der Gottesfreundschaft der Heiligen in den Legenden also mit der Wahl einsetzt und diese entsprechend narrativ entfaltet. In einem solchen Fall fehlt in der Folge die punktuelle und radikale *conversio* in den Erzählungen. Natürlich bedeutet das keineswegs, dass die Heiligen dieser Texte sich nicht dennoch von der Welt abkehren. Es bedarf dafür allerdings keiner inneren Umkehr, denn die Einstellung zu einer vertrauensvollen und vertraulichen Beziehung mit Gott sowie den daran geknüpften Bedingungen einer Selbstexklusion sind genuin an die Erwähltheit gebunden. Die Weltabkehr ist von Geburt an in den Heiligen dieses Typs angelegt. Sie wird kontinuierlich fortgesetzt und gesteigert, wodurch zugleich die Intensität und Vertraulichkeit der wechselseitigen Beziehung zwischen Gott und dem Heiligen zunimmt.

Ein Beispiel für einen solchen Geburtsheiligen, der keiner *conversio* für seine sukzessive Abkehr von der Immanenz bedarf, ist der Gründer des Dominikanerordens. Bereits die älteste legendarische Erzählung von Dominikus, der *Libellus de principiis ordinis Praedicatorum* Jordans von Sachsen, wohl vor oder im Jahr 1233 verfasst,[568] berichtet nach einem einleitenden Prolog gleich im ersten Kapitel über seine Geburt und Jugend:[569]

> […], *ut quem sibi Deus vas electionis futurum previderat, in ipsa adhuc puerili etate velut testa recens imbiberet, a quo nec postmodum immutaretur, sanctitatis odore.* (JDo, Cap. 5,4)

Dominikus wird nicht nur von Gott erwählt, sondern er besitzt nach dieser Darstellung bereits als Kind ein Attribut der Heiligkeit. Der Ruch der Heiligkeit (*sanctitatis odore*) insinuiert eine besondere Gottesnähe. Er verweist etymologisch auf jenes Zeichen, welches unter anderem Heiligkeit offenbart und sich zumeist erst nach dem Tode zeigt, den *odor sanctus* oder *süeze[n] smak.*[570] Letzterer findet sich in den volkssprachlichen Dominikuslegenden tatsächlich erst im Kontext der Translation respektive der Ele-

568 Zur Entstehungsgeschichte siehe Tugwell: Notes on the life of St. Dominic, hier S. 20–33.

569 Der Passage ist lediglich eine kurze Passage über Bischof Diego vorangestellt, der im Leben des Dominikus und der Geschichte des Ordens eine prägende Rolle einnimmt.

570 Eine motivgeschichtliche Untersuchung des *süezen smaks* bietet Bernhard Kötting: Wohlgeruch der Heiligkeit. In: ders.: Ecclesia peregrinans. Das Gottesvolk unterwegs. Gesammelte Aufsätze. Bd. 2. Münster 1988, S. 23–33.

vation seiner Gebeine im Zuge der Kanonisation.[571] Die Erwähltheit des Dominikus wird so explizit, wie sie Jordan in seinem Erzählerkommentar formuliert, einzig vom Erzähler des *Passional* benannt. Allerdings relativiert auch er die Aussage, indem er sie als subjektiven Eindruck kennzeichnet:

> *Nu horet von disem kinde, /* **von dem ich werlich vinde,** */ daz von gote were erkorn, / daz ez zur werlde wart geborn.* (PDo, S. 351, V. 47–50)

Die übrigen volkssprachlichen Dominikuslegenden verfahren implizit, indem sie eine oder sogar beide der bekannten Traumvisionen an den Beginn der Erzählungen stellen. In ihnen wird die Erwähltheit des Dominikus zu einer Gottesfreundschaft bereits vor dessen Geburt offenbart. Es handelt sich dabei entweder um die Vision vom fackeltragenden Hündchen, das der Welt das göttliche Licht bringt, oder um die Vision vom Sternträger, der ebenfalls dazu beiträgt, das göttliche Licht in der Welt zu verbreiten. Bei Jordan fehlen diese Visionen noch gänzlich, lediglich in späteren Abschriften des *Libellus* wurde vor allem die *visio* vom fackeltragenden Hündchen eingefügt.[572] Die Dominikuslegende der *Elsässischen Legenda Aurea* verschränket die Visionen in ihrer Darbietung:

> *Do die můter des kindes swanger ging, do kam ir fúr wi sú eine húndin truege, die hette eine búrnende fackel in iren munde. Vnde do sú uf kam do enzunte sú alle diese welt mit der fackel.*

571 Eindrücklich und narrativ stark ausgestaltet ist die Szenerie im *Alemannischen Dominikusleben*, welches sich an der Dominikuslegende des Petrus Ferrandus orientiert. Die Transformation wird vor allem im Hinblick auf den *süezen smak* deutlich, der in der Vorlage als *odoris fragangtia, aromatum, charismatum apotheca* (PFDo, Cap. 48, 3–6) mehrfach be- oder umschrieben wird. Die volkssprachliche Fassung begnügt sich indes den geringeren Wortschatz mittels Attribuierungen auszugleichen: *Do sin lib vil zittes wz gelegen in dem etrich, da beschahent als vil grosser zeichen do, dz sin heilicheit nit moehte fúrbas heimlich belieben vnd die geloubigen vnd die andahtigen sinen lib woltend erhaben vnd erhoehen an ein ander stat, vnd dz grab kuom wart ufgebrochen mit ysenen hebeln, da gienge dorvs ein solicher súzzer guter gesmack, als ob man hette vfgetan ein zelle voll wurtzen, vnd waz ouch úbertreffende allen gúten gesmak aller naturlichen ding, vnd der gesmak gienge nit allein von sinem heiligen gebein, ouch daz ertrich, in dem der heilige lib wz gelegen, dz behuob den guoten gesmack, so es in verre lant wart getragen, dennoht vil zit vnd an den henden der brúdere, die sin heilige heiltuom hatten angerueret, beleib der gesmack lang, wie viel die hende wúschent zu dirre gezúgnúß.* (ADo, S. 349)

572 Dass diese Passage eingefügt wurde, merkt bereits Wolfram Hoyer an, ohne weitere Belege zu nennen. Siehe Wolfram Hoyer (Hrsg.): Jordan von Sachsen. Von den Anfängen des Predigerordens. Leipzig 2002, hier S. 30 Anm. 4. Ich teile diese Auffassung, denn Jordans *Libellus* bedarf der exemplarischen Visionen nicht und die späteren Legenden, die diese präsentieren, lassen dafür meist Jordans explizite Äußerung zur Erwähltheit weg. Mir scheint hier eine Transformation der Argumentationsstrategie vorzuliegen, die zu Gunsten der intradiegetisch erfahrenen Mirakel ausfällt und die zunehmend heterodiegetische narrative Instanz nur als Kommentator dieser zulässt. Jordan hingegen ist als Weggefährte des Dominikus ohne den Zusatz der Mirakel in seiner Aussage glaubhaft, da er quasi als homodiegetischer Erzähler fungiert.

[...] *Och erschein der frowen die in uf dem tŏffe hůp das er einen sternen an sinre stirnen hette, der lúhtet durch die welt.* (ELADo, S. 499)[573]

Tiergleichnis und Lichtmetapher vermitteln in der legendarischen Erzählungen die Erwähltheit des Protagonisten. Die Visionen der beiden mit Dominikus eng vertrauten Frauen, der biologischen Mutter und der durch die Taufe kulturell hervorgebrachten Mutter des Heiligen, sind in ihrer Symbolizität äußerst prägnant.[574] Sie gehen in der Folge nicht nur in die narrativen Darstellungen des Dominikus ein, sondern prägen die Ikonographie des Heiligen und zum Teil die seines späteren Ordens.[575] Während also in Jordans Fassung dieser selbst als höchste narrative Instanz der Erzählung die Erwähltheit des Heiligen vermittelt, präsentieren die späteren lateinischen wie volkssprachlichen Legenden die Erwähltheit auf der Figurenebene. Jordan tritt dabei als extradiegetisch-homodiegetischer

---

573 Gerade an dieser Passage wird die Wirkmacht der Vorlage, die *Legenda Aurea* des Jakobus de Voragine, überaus deutlich, vgl. LADo, Cap. CXIII, S. 466: *Cujus mater ante ispsius ortum vidit in somniis se catulum gestantem in utero, ardentem in ore faculam bajulantem, qui egressus ex utero, totam mundi machinam incendebat. Cuidam etiam matrone, quae ipsum ex sacro fonte levaverat, videbatur, quod puer Dominicus stellam perfulgidam haberet in fronte, per totum orbem illustrabat.* Daneben bietet auch das *Alemannische Dominikusleben* diese Version (ADo, S. 333).

574 Zu dieser Differenz siehe erneut Jussen: Patenschaft und Adoption, S. 17–18. Zu den Visionen in den unterschiedlichen lateinischen Fassungen siehe Wesjohann: Mendikantische Gründungserzählungen, S. 438–439.

575 Die Dominikaner als die Hunde des Herren zu bezeichnen, ist eine durchaus gebräuchliche Umschreibung, die allerdings weder in den lateinischen noch in den volkssprachlichen legendarischen Erzählungen genutzt wird. Siehe zur Ikonographie des Dominikus' und dabei speziell der als Hund, Willehad Paul Eckert: Der Hund mit der Fackel und andere Attribute des hlg. Dominikus. In: Symbolon. Jahrbuch der Gesellschaft für Wissenschaftliche Symbolforschung 5 (1980), S. 31–40. Allerdings bieten vor allem die weitverbreiteten Fassungen der *Legenda Aurea*, in der volkssprachlichen vorrangig die *Elsässische Legenda Aurea* einleitend Namensauslegungen (ELADo, S. 498): *Domenicus ist gesprochen ein hueter vnsers herren, wenne er die gottelichen gebot het behůt, sine sele hat behůt vor súnden, daȥ cristen folk het in gůten hůten behalten. Oder ist einre der von gotte behůt ist, wenne er von gotte in dem weltlichen lebende behůt wart vnd in dem geistlich fol lebroht. Oder ist gesprochen einre der súnde fúrgit, wenne er allen den fúrgab die wider in dotent, vnd wider in worent. Oder ist einre der goben git, wenne er so milte was daȥ er nút alleine sin gůt, me sich selber hette gerne geben den armen. Oder ist einre der minre git, wenne er sime libe alle ȥit abebrach vnd ime nút gefoelgig was, noch ime folle det noch begirden der naturen.* Vgl. die viel ausführlichere Fassung der *Legenda Aurea* (LADo, Cap. CXIII, S. 466): *Domenicus dicitur quasi domini custos vel a domino custoditus. Vel dicitur Dominicus, quantum ad etymologiam hujus nominis, quod est dominus. Dicitur autem custos domini tribus modis, scilicet custos honoris domini quo ad Deum, custos vineae domini vel gregis domini quo ad proximum, custos voluntatis domini sive praeceptorum domini quo ad se ipsum. Secundo dicitur Dominicus quasi a domino custoditus, dominus enim custovit ipsum quantum ad triplicem statum suum, in quorum primo fuit laicus, in secundo regularis canonicus, in tertio vir apostolicus. Nam in primo eum custodivit faciendo eum laudabiliter incipere, in secundo ferventer proficere, in tertio perfectionem apprehendere. Tertio potest dici Dominicus per etymologiam hujus nominis dominus. Dominus namque dicitur quasi donans minas vel donans minus vel donans munus. Sic beatus Dominicus fuit donans minus per corporis macerationem. quia corpori suo semper minus dabat, quam appetebat, donans munus per libertatis largitionem, quia non solum sua pauperibus tribuit, sed etiam se ipsum pluries vendere voluit.*

Erzähler auf, der selbst als Figur Teil seiner Narration ist,[576] und gegenüber den späteren Erzählungen das legitimierende Potential seiner eigenen Person nutzen kann. Die Erzähler der übrigen legendarischen Erzählungen sind als extradiegetisch-heterodiegetische Erzähler auf andere Legitimierungen angewiesen.[577] Sie können nicht mehr aus eigener Erfahrung legitim behaupten, dass Dominikus erwählt sei. Deutlich zeigt sich das am zuvor zitierten Erzähler des *Passional*, der die Behauptung in Anlehnung an Jordan nur als Eindruck schildert (*von dem ich werlich vinde*; PDo, S. 351 V. 48). Er stellt ihr insofern die *visio* der Mutter voran, so dass seine Worte als Auslegung der *visio* zu verstehen sind. Von der Erwählung des Dominikus zu sprechen, bleibt indes den intradiegetisch-homodiegetischen Figuren vorbehalten. Auf diese Weise können auch die späteren Dominikuslegenden die *electio* des Heiligen als Initiierung seiner Gottesfreundschaft legitim vermitteln. Die Auslegungen der Traumvisionen sind dabei eine weitere narrative Entfaltung des Motivs. Auffallend ist in diesem Kontext die *visio* des *Passional*. In ihr wird das Fackel tragende *hundelin zu einem kindelin* [...] *wol gevuge*, wodurch die *visio* einerseits einen Teil ihres ikonographischen Potentials einbüßt. Andererseits lenkt dies den Blick verstärkt auf die Lichtmetaphorik, wodurch die Fassung des *Passional* nicht mehr auf die zweite *visio* angewiesen ist. Die anschließende Auslegung betont insoweit konsequent die Licht- und nicht die Tiermetaphorik. Dominikus und seine Dominikaner werden noch vor dessen Geburt und vor der Ordensgründung zu Lichtbringern stilisiert.[578] Das sich in diesen Metaphern ausdrückende besondere Vertrauensverhältnis, welches Gott in Dominikus setzt und in welchem sich dessen Erwähltheit und dann auch die seiner Gemeinschaft widerspiegelt, bedarf anders als die Behauptung Jordans einer disambiguierenden Kommentierung. Anders gesagt, der Kommentar des Zeitzeugen Jordan ist in seiner Aussage und Authentizität verständlich und legitim. Hingegen erfordern die metaphorischen Visionen auf der Figurenebene, auf Grund ihres symbolischen Gehalts, eine Auslegung durch die Erzähler. Insoweit ist der Einsatz mimetischer Figurenrede, gegenüber der bloßen Erzählerstimme eine konsequente Transformation. Das zeigt sich auch noch einmal deutlich in der Dominikusle-

576 Siehe dazu vor allem das von seinem Ordenseintritt berichtende Kapitel 57–59 (JDo).

577 Zum verwendeten narratologischen Instrumentarium siehe Genette. Die Erzählung, hier S. 174–181.

578 Im *Passional* kommentiert der Erzähler den Fackelträger wie folgt (PDo, S. 351 V. 16–39): *damite ez begunde / verburnen die welt gemein. /* [...] *ouch truc er in dem munde empor / daz vuer heizer minne, / da durch und darinne / genuger ist mit tugent gebrant. / nu seht, wie witen ist gewant / daz heilige vuer in die lant, / wand der orden ist bekannt / vil nach in allen orten. / die mit heizen worten / die lute burnen und in sagen / wie si in disen armen tagen / die riche vreude mugen eriagen /* [...].

gende des *Der Heiligen Leben*, in der der Erzähler beispielsweise folgende Auslegungen zu den Visionen gibt:[579]

> *Daz huntlein beteuet ain prediger, di flamme, di im aus seim mund ging, betevt daz gots wort, do mit er alle die werlt entzuent mit goetleicher ler.* [...] *Der stern beteuet auch wol, daz er die ketzer mit seiner ler vertilgt vnd di kristenhait do mit erlueht.* (HLDo, S. 333)

Die Lichtmetaphorik wird in der Auslegung des Erzählers klar als Dominikus' Wissen über das Heilsgeschehen und dessen wirkmächtigen Einsatz für die Mission benannt. In ihnen zeigt sich das spätere Movens der Gemeinschaft der Dominikaner, die Predigt als Botschaft göttlichen Wissens und Erkenntnis. Außerdem verknüpfen die Visionsauslegungen die Erwähltheit des Dominikus mit den Erzählungen seiner einsetzenden Weltabkehr. In diesem Übergang zeigt sich noch einmal deutlich, dass Dominikus eben keiner eigenständigen *conversio* für die innere Umkehr und Hinwendung zu Gott bedarf. Anders als Norbert von Xanten steht er bereits in einem vertraulichen Verhältnis zu Gott, welches er fortan intensiviert. In der Dominikuslegende des *Der Heiligen Leben* und ergänzend im *Alemannischen Dominikusleben* heißt es:[580]

> *Daz lib kint wůhs in seiner iugent an zuhten vnd an tugenten. Sein red vnd sein geperde waz als sitig, daz alle di menschen sprachen, di in sahen, ez muest von got sein. Di weil daz kint di ammen het, do wolt ez vnter weiln niht an dem pett slaffen vnd slief auf der erden vnd dint got do mit. Vnd hast leiplichen wollust in seiner kinthait.* (HLDo, S. 333)

> [...] *vnd uon der mynne die er hat zú dem studieren vnd ze lernende die wisheit, do uersuohte er nie kein win in X joren. Vnd da großer hunger was, da uerkoufte er sine buoch vnd sin buochseke vnd gab das gelt den armen* [...]. (ADo, S. 333)

Asketische Weltabkehr im Säuglingsalter und gesteigerter Wissensdrang im Hinblick auf die Heiligen Schriften kennzeichnen das scheinbar in allen Aspekten Gott zugewandte Leben des jungen Erwählten. Dominikus steht von Anbeginn in einer persönlichen, vertrauten und vertraulichen Freundschaftsbeziehung mit Gott. Erst im Anschluss an seine klerikale Ausbildung erlangt diese Beziehung auch einen institutionell gesicherten Charakter. Ob hier allerdings eine Fusion der in Relation stehenden persönlichen Gottesfreundschaft und der institutionellen Beziehung vorliegt oder ob, wie bei Norbert, eine Ergänzung nur in umgekehrter Form erfolgt, ist an diesem Punkt der Erzählungen nicht eindeutig zu klären. Rein funktional wird durch Dominikus' Eintritt in das Domkapitel das persönliche Vertrauensverhältnis zu Gott auch zu einem institutionell geforderten Ver-

---

579 Er folgt damit den ältesten lateinischen Fassungen dieser Kommentare, wie bspw. bei Konstantin von Orvieto (KODo, Cap. 5).

580 Die Angaben sind in allen volkssprachlichen Fassungen zu finden, lediglich die Reihenfolge der Weinaskese und des Buchverkaufs für die Almosengabe variieren.

trauensverhältnis. Darin zeigt sich jedoch noch einmal sehr deutlich, die Differenz zum heiligen Norbert. Dieser stand bereits als Subdiakon in einem solchen institutionellen Verhältnis und gelangte erst durch die *conversio* zu einem persönlichen Vertrauensverhältnis mit Gott.

1.3 *imitatio* Brunos von Köln

Im Prinzip gehört das nachfolgend betrachtete Narrativ der *imitatio* zum grundständigen Repertoire legendarischen Erzählens. Es ist quasi ein unumstößliches Gesetz, dass die Heiligen auf dem Weg ihrer Heiligwerdung eine *imitatio* Christi vollführen, gerade weil sie diesem explizit nachfolgen.[581] Wie die punktuelle *conversio* oder die *electio* kann aber auch die *imitatio* als eigenständiges Eingangsnarrativ für eine Gottesfreundschaft entfaltet werden. Das dabei auftretende semantische Zusammenfallen von Nachfolge (*sequi*) und Nachahmung (*imitari*), das bereits in den lateinischen Begriffen angelegt ist, fasst Dina de Rentiis wie folgt zusammen:

> Die bei der alten Kirche und insbesondere bei Augustinus vorgebildete Äquivalenz, ja Identität von *sequi* und *imitari* im Zusammenhang der Nachfolge/Nachahmung Christi ist für das 12.–16. Jahrhundert bestimmend. Gerade in dieser Zeit besteht die Nachfolge Christi insbesondere in einer Nachahmung von Jesu Leben, seinen Tugenden und Handlungen bzw. Verhaltensweisen. Die Nachfolge Christi lässt sich im 12.–16. Jahrhundert zwar nicht ganz und gar auf ihre mimetischen Komponenten reduzieren, diese Komponenten bilden jedoch insbesondere in dieser Zeit ihren wesensbestimmenden Kern. Bezeichnet wird die Nachahmung Christi im Lateinischen gleichermaßen durch *imitari* und *sequi*.[582]

De Rentiis unterscheidet zunächst zwischen einer Konzept- und einer Inhaltsebene der *imitatio Christi*. Sie zeigt, dass das Konzept der Nachfolge

---

581 Zu diesem Zusammenhang, der selbst wiederum eine *imitatio* befördern kann, merkt Peter Strohschneider an: „Der Nexus von Abschied aus der Welt und imitatorischer Gottverähnlichung, als welcher Heiligkeit hier beschrieben ist, stellt seinerseits selbstverständlich ein *imitabile* dar. Die *imitatio Christi* durch die Heiligen kann ihrerseits wiederholt werden. Diese Struktur der Redundanz, in welcher die *imitatio* von Abschied und *imitatio* erneut Abschied und *imitatio* hervorbringt, kann in der hagiographischen Erzählung in ganz unterschiedlicher Weise explizit werden.“ Marina Münkler ergänzt dabei zu Recht mit Verweis auf Hans Robert Jauß und dessen Betonung der Mediatorfunktion des Heiligen: „Seine irdische Exklusion [scil. des Heiligen; M.S.] ist daher nur die Vorstufe seiner himmlischen Inklusion sowie Ausweis und Versprechen der Inkludierbarkeit auch für diejenigen, die selbst keine Heiligen sein können. Daher ist der Heilige nicht allein auf seine Vorbildfunktion festzulegen: das *venerabile* fordert nicht unbedingt zur *imitatio* auf, sondern ersetzt vielfach die *imitatio* durch die *admiratio*.“ Vgl. Strohschneider: Weltabschied, S. 147; sowie Münkler: Sündhaftigkeit als Generator von Individualität, S. 38.

582 Gerade mit Blick auf diese semantischen Zusammenhänge siehe Dina de Rentiis: Die Zeit der Nachfolge, S. 38.

unterschiedliche, inhaltliche Ausformungen bei der Nachahmung der Lebensweise Christi beinhaltet, etwa Askese, Eremitentum oder Virginität. Die von ihr für das Hoch- und Spätmittealter konstatierte Vielfalt dieser Nachahmungen spiegeln sich unter anderem in den diversen Ausformungen der *vita religiosa*.[583] Der hier angelegte Fokus auf die Initiierung einer Gottesfreundschaft verlangt indes eine genauere Betrachtung. Während im Falle Norberts die Schilderung der *conversio* und das dieser vorausgegangene Leben mit der Aufnahme einer persönlichen Nahbeziehung zu Gott verknüpft werden, perspektivieren die legendarischen Erzählungen des Dominikus dessen pränatal verkündete Erwähltheit zur vertraulichen Gemeinschaft mit Gott. Eine *imitatio Christi* erfolgt bei beiden erst vor dem Hintergrund der Verstetigung und Intensivierung ihrer mit Gott geschlossenen Sozietät.

Ganz anders verfahren die Erzählungen bei der Initiierung der Gottesfreundschaft Brunos von Köln. Dieser ist in den volkssprachlichen und lateinischen Legenden kein von Geburt an Erwählter wie Dominikus, auch wenn der Erzähler der Münsteraner Handschrift proleptisch anmerkt:

> *Wilch kynt hait sich in synê iongê dagen van aller geylicheit ind lichtferdicheit gezogen ind eynê schyn van sich gegevê Dat it eyn groiß wise ind hillich man sulde werden.* (MBr, fol. 31r)

Der Erzähler nutzt in seiner Vorhersage ebenfalls eine Lichtmetapher, um auf den zukünftigen Schein der Heiligkeit Brunos zu verweisen. Erwählt wird Bruno im Gegensatz zu Dominikus so keineswegs. Seine Legenden präsentieren Bruno viel eher als gottesfürchtigen Mann, der wie Norbert ein institutionelles Verhältnis mit Gott eingeht. Bruno ist, wie der Gründer der Prämonstratenser, bereits in einem Weiheverhältnis und damit in einer institutionell gesicherten Nahbeziehung zur Transzendenz. Allerdings ist das Leben als Kanoniker und Theologieprofessor tatsächlich ein gottgefälliges, wenn auch noch kein die Norm übererfüllendes Leben. Dieses setzt erst später ein und wird explizit als *imitatio* entworfen, die zu einer persönlichen Bindung mit Gott führt. Von Bruno erfährt der Rezipient zunächst:

> *do wart he gesant in die hogen schole zo paryß zo leren die seven fryge kunsten In wilchen býnen kursten dagen so volkoemelich ys geleret dat he der ander meyster ind zegent ys worden Da na gaff he sich zo der heilger schrifft ind zo dem geystlichê recht Durch wilche he ys eyn hogelerder doctor worden in der gotheit ind eyn canonich in dem stifft zo remis.* (MBr, fol. 31r)[584]

583 Ich verweise an dieser Stelle auf die Ausführungen im Kapitel *Textcorpus und Kontext*, S. 34–72. Einen Überblick bietet zudem Melville: Die Welt der mittelalterlichen Klöster, S. 271–316.

584 Vgl. dazu auch die in den *Acta Sanctorum* als *Vita Tertia* benannte lateinische Prosalegende (BrIII, Cap. 1,2): *Itaque missus est Lutetiam Parisorum, ut illie literis et disciplinis liberalibus erudire-*

Bruno studiert also nicht allein die Heilige Schrift, wie es die Erzähler über Dominikus berichten, sondern er schlägt die Laufbahn eines Dozenten für Theologie an einer der renommiertesten Universitäten des Mittelalters ein. Es ist vor allem jene prominent dargebotene Gelehrtheit des Kanonikers, die auch in den übrigen volkssprachlichen Erzählungen erwähnt wird. Mit ihr einher geht der Bruno auszeichnende Titel *meister/magister*, der in den Legenden zu seinem Epitheton wird.[585]

Noch eine Parallele fällt auf und zwar zu den Legenden Norberts. In allen Erzählungen wird ausführlich, in den lateinischen Fassungen teilweise über mehrere Kapitel hinweg, von einem Konversionserlebnis berichtet. Genauer betrachtet handelt es sich dabei um eine rhetorisch ausgeschmückte Mirakelgeschichte, die Bruno in seiner Entscheidung zu einer *imitatio* bestärkt. Sie erzählt von einem angeblich befreundeten Professor Brunos, der nach seinem plötzlichen Tod, bei der dreimal angesetzten Totenmesse, sich jeweils von seiner Bahre erhebt und seine Verdammnis verkündet.

> *„mit dem gerechten gerichte gottes bin ich gerueget oder beclagt"* [...] *„Mit dem rechten gerichte bin ich verurteilt."* [...] *„Mit dem rechten gericht gottes bin ich verdampnot."* (FBr, fol. 40v)[586]

Neben der strukturellen Trigemination weist die Erzählung inhaltlich eine Klimax auf.[587] Dadurch wird die ohnehin schon dramatische Szenerie

---

tur. Ubi tantum profecit prae caeteris coaetaneis fuis, ut inter primos philosophos numeraretur, et scholarum magister effectus sit. Ad sacrae quoque Theologiae se conferens, in Theologis doctissimus et celeberimus habitus est, possuntque ei rei testimonium haud vulgare perhibere scripta ejus, quae extant. Fuit vero etiam Rhemensis ecclaesiae canonicus.

585 Vgl. dazu auch die älteste Darstellung zu Brunos Leben aus der sogenannten Magisterchronik, die nicht nur mit dem Titel *magister* einsetzt, sondern ebenso auf die Gelehrsamkeit des Ordensgründers abhebt (*De Magistro Brunone*): *Magister Bruno, natione Teutonicus ex praeclara urbe Colonia, parentibus non obscuris natus, litteris tam saecularibus quam divinis valde munitus, ecclesiae Remensis quae nulli inter Gallicanas secunda est canonicus, et scholarum magister* [...]. Vgl. dazu: Die Magisterchronik. In: Bruno, Guigo, Antelm. Epistulae Cartusianae – Frühe Kartäuserbriefe. Übers. und eingeleitet von Gisbert Greshake. Freiburg u.a. 1992, S. 176.

586 Diese Formulierung bieten alle volkssprachlichen Legenden und sie finden ihre Entsprechungen in den lateinischen Viten Brunos, so bspw. die *Vita Antiquior* (BrI) Cap. 1, 2–4: *„Justo Dei Judicio Accusatus Sum"* [...] *„Justo Dei Judicio Judicatus Sum."* [...] *„Justo Dei Judicio Condemnatus Sum."* (Die Hervorhebungen durch Kapitälchen bietet bereits die Edition in den *Acta Sanctorum*).

587 In der parallelen Konstruktion von Trigemination und Klimax weicht die *Vita Tertia* erneut ab, denn sie erweitert zu Gunsten einer Dramatisierung die direkte Rede des Untoten bei der dritten Verkündigung, wodurch dieser seine Reue über die Fehler und Angst über das bevorstehende Schicksal zu äußern vermag (BrIII, Cap. 5): *„Parcite funeribus, mihi nil prodesse valetis. / Heu infelicem cur me genuere parentes! / Ah miser aeternos vado damantus ad ignes. / Indeque conticuit semper, jacuitque supinus."* Die Virgeln stammen von mir, sie verweisen auf das hier vorliegende Versmaß innerhalb der direkten Rede im sonst prosaischen Text, wodurch nochmals eine Betonung des Redeinhalts erfolgt.

(*Und do er diße wort gesprach do erschrackent alle die da warent* (FBr, fol. 40v)) noch einmal gesteigert. Da in allen Fassungen, sowohl in den volkssprachlichen, als auch in den lateinischen, dieser Mirakelbericht in die legendarische Erzählung von Bruno einleitet, wird in ihnen so der Entschluss zur nachfolgenden *imitatio* begründet. Nicht nur die Frontstellung des Mirakelberichtes, sondern auch die syntaktisch oft lose Verknüpfung führen zu einer geringen Textkohärenz von Bericht und Legende. Ferner wird in den legendarischen Erzählungen auch nur bedingt auf den Mirakelbericht bezuggenommen.[588] Seine Funktion, der *imitatio* ein Konversionserlebnis überzustülpen, ist nur bedingt wirksam.

Das zeigt gerade auch der Vergleich der Brunolegenden, bei dem vor allem die Münsteraner Fassung auffällt. Sie weicht in ihrer Wiedergabe der Szenerie ab, da sie die Episoden nicht paradigmatisch reiht. Sie verfährt vielmehr syntagmatisch und stellt dem Mirakelbericht Brunos bisherige Lebensgeschichte voran.[589] Die Darstellung verknüpft den sonst explorierenden Mirakelbericht mit Brunos schon zuvor dargelegtem gottgefälligen und Gott gänzlich zugewandten Leben. Darüber hinaus stellt sie im Anschluss an die Mirakelszene umfassend die Reflexionen Brunos gegenüber seinen Freunden und Gefährten dar. Diese Rahmung bildet einen Gegenpol zur quasi eigenständigen Mirakelepisode in den übrigen Fassungen.[590] In seiner Unterredung formuliert der zukünftige Ordensgründer ausführlich ein Lebenskonzept, das ihm und den Anwesenden gestatten würde, das Erlebte in einer neuen *vita religiosa* zu verarbeiten.

> „*Dyse dyngê* [scil. Mirakelbericht; M.S.] *last uns in unse hertzen nehmen ind laist uns wyslichê dencken wat wir doin dar wyr sulcher ewiger pynê entghaen Dar tzo och weyß ich ghein besser raet dan dat wir doin als uns leert selvê unse selichmecher cristus dar er spricht Doet penitencien anders moessen ýr alle vergaen Des selvê gelichen spricht och des hilgê evâgely Johânes baptista Doit warafftige penitencie dat rike der hemelen wert uch nehen.*“ (MBr, fol. 33r–33v)

Bezogen auf Christus und die in der Argumentation zu einer Person zusammengefassten Johannes der Täufer und Johannes der Evangelist definiert Bruno zunächst ein Ziel: Durch ein bußvolles Leben der Verdammnis entgehen. Letzteres setzt er mit einer Annäherung an die Transzen-

588 Die so aufscheinende Eigenständigkeit des Mirakelberichts, zumindest in den ersten beiden lateinischen Viten und den meisten volkssprachlichen Legenden, gipfelt im Jesuitendrama *Cenodoxus* Jakob Biedermanns (1609), welches Joachim Meichel schon 1635 in deutscher Übersetzung vorlegte.

589 Damit folgt die Münsteraner Handschrift zwar wiederum der *Vita Tertia*, sie variiert aber dann vor allem in der sich anschließenden und im Folgenden hier besprochenen Argumentation. Vgl. dazu die *Vita Tertia* (BrIII, Cap. 1, 7–11).

590 Eine ähnliche Argumentation, aber nicht so ausführlich bietet die Berliner Handschrift von Brunos Leben. Sie bringt im Wesentlichen die gleichen Argumente, wenn auch anders gereiht und viel kürzer zusammengefasst. Vgl. dazu BBr, fol. 2r–2v.

denz gleich. Die individuelle Buße dient der persönlichen Hinwendung und insofern einer möglichen Nahbeziehung mit Gott. Nach der Zustimmung der Anwesenden wird Bruno mit der Frage konfrontiert, wie dieses Ziel zu erreichen sei. Seine Antwort greift wiederum auf ein prominentes Vorbild zurück:

> „*Der koninclike ppheta david gifft uns dess gude lere und maer exêpel zo penitenciê als dar er spricht end selven dede Ich syn gevluyn van der selschuff der menschen allene zo syn in die wustenye.*" (MBr, fol. 33v)

König David gibt das Beispiel, wie man eine Nahbeziehung mit der Transzendenz aufbaut. Die Figur des Alten Testaments ist bekannt für ihre bußfertige Selbstexklusion aus allen sozialen und institutionellen Bindungen, für eine strenge Anachorese. Bruno belässt es jedoch nicht allein bei diesem argumentativ eingesetzten Exempel des Alten Testaments. Wiederum in Analogie zum eremitischen Dasein Christi ergänzt er weitere Aspekte aus dem Eremitentum des Johannes:

> „*went cristus ouch selves hait den wech der wustenye vor uns gewandelt ind zo penitenciê ingewonit vertzich da ge ind nacht myt velen beden wachen und vasten* [...] *In der wustenye ys Johânes baptista zo sulcher heilicheit gekomê dat he wert ys gewest zo douffen den verlosler der werlt ihm xpm unsen selichmecker.*" (MBr, fol. 33v–34r)

Bruno stellt in seiner Argumentation bereits Christus selbst als Imitator alttestamentlichen Verhaltens dar. Insoweit bedient er sich keiner typologisch überhöhenden Exegese, die Christi Handeln als einzigartig darstellen würde. Christus nachzuahmen heißt vielmehr, dessen Nachahmung zu wiederholen und dabei auf Handlungsweisen zurückzugreifen, die nicht erst mit dem Gottessohn in die Welt kamen. Den Argumentationsschluss Brunos bildet eine Aufzählung weiterer Personen. Sie gehören bereits nicht mehr zu den biblischen Figuren, weder des Neuen Testamentes noch des Alten Testaments, gelten aber als weltabgewandte Imitatoren Christi.

> „*Zo wat hillicheit des ind vullenkomêheit synt in der wustenyen gekomê sent Anthonis Hilarion Matharia Paula der yrst eremite nid der hilger veder vil gelich Dar betzugen wail der wairheit die vill buycher die van ym des geschrivê synt ind die vill groiße ind mânichfeldige tzeichen ind mirakelê.*" (MBr, fol. 34r)

An diesen Exempelkatalog knüpft eine geradezu emphatische, in der Folge programmatisch wirkende, exerzitive Äußerung Brunos: „*Den laist uns na gaig levê broders!*" (MBr, fol. 34r). Mit dieser Aussage vollzieht der Ordensgründer eine illokutionäre Sprechhandlung – also einen Sprechakt, der nicht nur Aussage, sondern auch selbst eine Handlung (Befehl) darstellt. Explizit fordert er zur *imitatio* auf und zugleich soll er als perlokutionärer Sprechakt die Vertrauten in ihren eigenen Entscheidungen beeinflussen.[591] Die reflektierte Auseinandersetzung und eigenständige Suche nach einem Lösungsansatz verschieben vor allem in der Münsteraner Handschrift die Perspektive vom Konversionserlebnis hin zu den dargelegten Ideen einer *imitatio.* Hier erfolgt die Initiierung der persönlichen Nahbeziehung zu Gott auf einer sehr abstrakten Ebene. Dabei scheint die angestrebte persönliche Bindung mit der Transzendenz unproblematisch für die Beteiligten zu sein, denn die Gefährten Brunos willigen sofort ein. Die durch diverse Exempel angereicherte, argumentativ ausführliche Darlegung Brunos legitimiert insoweit, einen aus institutionell-klerikaler Sicht subversiven Lebenswandel. Der angestrebten Anachorese eignet nämlich ein kompetitives Verhältnis von persönlicher Gottesfreundschaft und vorheriger institutioneller Beziehung. Bruno und seine Gefährten verlassen die Universität und ihre jeweiligen Stiftskirchen. Der Aufruf zur beschworenen *imitatio* ist zugleich eine implizite Verteidigung der von Bruno vorgeschlagenen Möglichkeit, einer persönlichen Nahbeziehung mit Gott in einer institutionsfernen *vita eremitica.*

2. Figurationen der Verstetigung

Ob Gottesfreundschaft durch eine *conversio*, eine *electio* oder *imitatio* (narrativ) initiiert wird, ist für das jeweilige Zustandekommen der persönlichen Nahbeziehung mit Gott entscheidend. Die differenten Eingangsnarrative fordern einen unterschiedlichen Umgang mit dem Einsatz der Freundschaftssemantiken, was einerseits durchaus die jeweilige Beziehung des immanenten Gottesfreundes zu Gott prägt und andererseits den Typus der Heiligkeit jenes Beziehungspartners bereits in seinen Grundzügen entwirft. Insoweit aber beide Zuschreibungsbegriffe, die Gottesfreundschaft wie die Heiligkeit, nur als Vollzugsformen existieren, sie also einer steten Wiederholung im Sinne Gumbrecht'scher „re-presentation" ihrer selbst bedürfen, verlangt auch das Erzählen von ihnen Perpetuierungen.[592]

591 Zum hier verwendeten Vokabular der Sprechakttheorie siehe John L. Austin: Zur Theorie der Sprechakte (How to do things with Words). Stuttgart 2002, hier S. 137–152 und 166–183.

592 Den Begriff der „re-presentation" hat Hans Ulrich Gumbrecht vor dem Hintergrund seines binären Konzeptes von einer vormodernen „culture of presence" gegenüber einer modernen „culture of representation", die er später prägnanter als „presence culture" vs. „meaning culture" benennt, geprägt. Zu diesem Ansatz einer Realpräsenz vor allem des Heiligen ergänzt Peter Strohschneider zu Recht aus narratologischer Perspektive, dass Heiligkeit in und vor alle durch Narration nur im „Modus des symbolischen Verweisens" auftritt. Siehe dazu Gumbrecht: Ten brief reflections on institutions and re/presentation, hier S. 70; ders.: Production of Presence, dort vor allem S. 51–90; sowie Strohschneider: Textheiligung, hier S. 113.

Das heißt, gerade für die hier vor allem fokussierte Freundschaft als symbolisch generalisiertes Kommunikationsmedium, dass sie nicht nur in der medialen Vermittlung innerhalb der legendarischen Erzählungen beobachtbar ist, sondern lediglich in diesen Momenten in den Legenden besteht. Eine solche Form der symbolischen Repräsentation ist rituell, denn Rituale sind in Anlehnung an Gunter Gebauer und Christoph Wulf „symbolisch verdichtete, überdeterminierte soziale Handlungen", denen eine Vergegenwärtigung im Vollzug inhärent ist.[593] Insofern ließen sich also rituelle Handlungsmuster wie beispielsweise das Konzept der Gabe mit seinem von Marcel Mauss dargelegten Zyklus von Geben, Annehmen und Erwidern als kulturelle Verstetigungsmuster sozialer Beziehungsgeflechte wie der Freundschaft untersuchen.[594] Im Folgenden werden jedoch nicht allein jene Handlungsmuster perspektiviert, sondern im Fokus stehen vor allem die aus diesen resultierenden und mehr noch an diesen partizipierenden Interdependenzgeflechte der Gesellschaft. Es geht also um jene soziokulturellen Konstrukte, die Norbert Elias als „Figuration" benennt und die sowohl die einzelnen Beteiligten als auch die kulturellen und sozialen Prägungen ihrer individuellen Handlungen berücksichtigen:

> Das Geflecht der Angewiesenheiten von Menschen aufeinander, ihre Interdependenzen, sind das, was sie aneinander bindet. Sie sind das Kernstück dessen, was hier als Figuration bezeichnet wird, als Figuration aufeinander ausgerichteter, voneinander abhängiger Menschen. Da Menschen erst von Natur aus, dann durch gesellschaftliches Lernen, durch ihre Erziehung, durch Sozialisierung, durch sozial erweckte Bedürfnisse gegenseitig voneinander abhängig sind, kommen Menschen, wenn man es einmal so ausdrücken darf, nur als Pluralitäten, nur in Figurationen vor.[595]

Der Elias'sche Begriff der Figuration, der hier deutlich auf die immanente Gesellschaft bezogen ist, kann meines Erachtens ebenso auf die Gottesfreundschaft bezogen werden. Natürlich nur oder weil diese Beziehung lediglich aus immanenter Perspektive beobachtbar ist und ihre Wahrnehmung und Darstellung insoweit auch auf immanente Kategorien und Me-

---

593 Vgl. für diese Ritualauffassung Gunter Gebauer und Christoph Wulf: Spiel, Ritual, Geste. Mimetisches Handeln in der sozialen Welt. Hamburg 1998, hier S. 134.

594 Zu diesem Ansatz siehe den Sammelband von Münkler, Sablotny und Standke (Hrsg.): Freundschaftszeichen; zur Gabentheorie Marcel Mauss: Die Gabe. Form und Funktion des Austauschs in archaischen Gesellschaften (*Essai sur le don*). Hrsg. [übersetzt] von Eva Moldenhauer. Frankfurt am Main 1990. Auf das Konzept der Gabe im Kontext von Freundschaften, gehe ich dezidiert im Kapitel zu den *institutionellen Freundschaftsnetzwerken* ein.

595 Vgl. dazu das einleitende und die Termini aufschlüsselnde Vorwort von Norbert Elias: Über den Prozeß der Zivilisation. Soziogenetische und psychogenetische Untersuchungen. Band 1: Wandlungen des Verhaltens in den weltlichen Oberschichten des Abendlandes. Frankfurt am Main 1976 [zuerst Basel 1937], S. LXVII.

chanismen rekurriert. Gottesfreundschaft ist als immanentes Konstrukt zwar auf die Transzendenz hin ausgerichtet, ihre narrative wie diskursive Vergegenwärtigung und Verstetigung ist jedoch an Semantiken und Konzepte von Freundschaft gebunden, die in der Immanenz vorstellbar und existent sind. Grundsätzlich sind Figurationen aus systemtheoretischer Perspektive analytisch aufschlussreiche Knotenpunkte unterschiedlicher semantischer und symbolischer Aspekte, die innerhalb symbolisch generalisierter Kommunikation funktionalisiert werden können. Sie selbst sind aber kein Medium. Elias erläutert sein Konzept der Figuration mit Hilfe des Bildes vom Gesellschaftstanz, also einem kulturell geprägten Gemeinschaftshandeln einzelner Individuen, bei welchem erst der gemeinsame Vollzug der einzelnen, sozial determinierten Handlungen den jeweiligen Tanz ergibt.[596] Innerhalb der bisherigen Beobachtungen ging es nicht um Gesellschaftstänze, wohl aber um kulturell geprägtes Gemeinschaftshandeln der in den legendarischen Erzählungen dargestellten Figuren, also sowohl der Heiligen, der Ordensgefährten, der institutionellen Vertreter, aber auch Gott. Auf der Ebene der *histoire* ist die Transzendenz durchaus als personifizierte Figur (text)immanent existent. Eine dabei bereits angesprochene Figuration ist die des Leher-Schüler-Verhältnisses, das in der Betrachtung zwischen Norbert von Xanten und Gott vorliegt: [...] *A redy, a good skolere, / To holy ordres he hastith now; in al wise / His stody is now to lerne dyvyne seruyse* (NoVL, V. 180–183). Diesem Nahverhältnis von Norbert und Gott eignet insofern die Funktion einer Figuration, als in ihm erstens ein kulturell geprägtes Gemeinschaftshandeln, nämlich das Lernen und Lehren evoziert wird. Zweitens findet dieses Handeln dezidiert zwischen zwei narrativ entworfenen Individuen statt, wodurch beide in Relation zueinanderstehen. Drittens zeigt sich gerade in der Verslegende der gemeinsame Vollzug im jeweils determinierten Handeln des einzelnen, also Gottes Belehrung gegenüber Norbert und Norberts Lernen der göttlichen Lehre. Die Narration evoziert also ein Nahverhältnis mittels einer Figuration, die zugleich diese Sozietät mit soziokulturell geprägten Verhaltensmustern sowie dazugehörigen Semantiken für das weitere Erzählen fruchtbar macht. Die Figuration dient dabei der Verstetigung, denn sie entwickelt das Bild einer andauernden Sozietät zwischen dem göttlichen Lehrer und seinem Schüler Norbert, deren Verhältnis sich im Lernprozess von dem der anfänglichen Vertrautheit hin zu einem exklusiven und insofern auf Vertraulichkeit basierenden wandelt. Die dabei auftretenden Semantiken der *schola Christi* samt ihrer *discipuli* sind bereits im Kapitel über die Semantik der geistlichen *amicitia* respektive *vriuntschaft* erörtert worden und es zeigte sich, dass sie ein stark auf Abhängigkeit basierendes

596 Siehe Elias: Prozeß der Zivilisation, S. LXVIII–LXIX.

Nahverhältnis abbilden.[597] Semantisch ähnliche Figurationen der Verstetigung bieten die konzeptuell überformten Begriffe *servus* / *serva* / *famulus* / *famula* / *ancilla dei* oder das des *gotes kneht* respektive seiner *maget*, deren symbolischer Gehalt sich nicht allein auf die andauernde Abhängigkeit beschränkt, sondern vor allem den einforderbaren absoluten Gehorsam innerhalb einer solchen Nahbeziehung evoziert. Nachfolgend wird eine solche Figuration genauer fokussiert, die jedoch in ihrer Semantik ein weitaus größeres Potential für die Verstetigung einer vertraulichen Sonderdyade zwischen Gott und dem oder der jeweiligen Heiligen birgt als die Lehrer-Schüler-Beziehung von Norbert und Gott.

2.1 Die Braut Christi: Birgitta von Schweden

Die aus dem „Diskursfeld Ehe" stammende Figuration der (geistigen) Brautschaft eignet einerseits die juristisch-politische Semantik einer institutionellen und verdauernden Loyalitätszusicherung,[598] andererseits aber auch eine Semantik der Intimität, die eine persönliche Vertraulichkeit evozieren kann.[599] Für den höfischen Roman spricht Bruno Quast sogar von einer „*triuwe-gesellescbaft*, ein frei erwähltes Verhältnis der Reziprozität zwischen Mann und Frau, das sich nach innen in der erotischen Begegnung, nach außen im Dienst an der Gesellschaft Ausdruck verschafft."[600] Quast rekurriert damit zum Teil auf das seit dem 12. Jahrhundert propagierte Modell der „Konsensehe", welches den Einfluss von Geschlecht und Familie bei der Eheschließung relativierte und somit die Eheleute als Individuen einer „Liebesehe" stärkte.[601] Der (geistigen) Brautschaft eignet

597 Siehe dazu die entsprechenden Kapitelpassagen sowie Epp: Amicitia, hier S. 261 und 267.

598 Die Bezeichnung „Diskursfeld Ehe" geht auf Hans-Jürgen Bachorski zurück, der wesentlich zur kulturwissenschaftlichen Aufarbeitung (spät)mittelalterlicher Ehekonzeptionen und Praktiken beigetragen hat. Siehe daher grundlegend: Hans-Jürgen Bachorski: Diskursfeld Ehe. Schreibweisen und thematische Setzungen. In: Hans- Jürgen Bachorski (Hsrg.): Ordnung und Lust. Bilder von Liebe, Ehe und Sexualität in Spätmittelalter und Früher Neuzeit. Trier 1991, S. 511–545; eine ausführliche Studie bietet daneben Gabriela Signori: Von der Paradiesehe zur Gütergemeinschaft. Die Ehe in der mittelalterlichen Lebens- und Vorstellungswelt. Frankfurt am Main 2011.

599 Manuel Braun umreisst in Anlehnung an Foucault die Strukturen des Feldes wie folgt: „sie gruppieren sich um Stichworte wie Macht, Bündnis, Genealogie, Schönheit, Reichtum – steuern die feudale Ehepolitik, formen das foucaultsche ‚Allianzdispositiv'." Vgl. Braun: Ehe, Liebe, Freundschaft, hier S. 123–124.

600 So Quast vor dem Hintergrund des Erec Hartmanns von Aue, vgl. Bruno Quast: *Getriuwe wandelunge.* Ehe und Minne in Hartmanns Erec. In: ZfdA 122 (1993), S.162–180, hier S. 179.

601 Zum Modell der Konsensehe und seinen Auswirkungen siehe Arnold Angenendt: Ehe, Liebe und Sexualität im Christentum. Von den Anfängen bis heute. Münster 2015, hier S. 87–89 und 100–104.

mit Blick auf das mittelalterliche Modell der Konsensehe also zweierlei: Einerseits birgt sie Formen einer juristisch-institutionell gesicherten Nahbeziehung und kann auf deren Semantiken rekurrieren.[602] Andererseits fungiert sie als Metapher der Liebe und im Kontext einer Nahbeziehung mit Gott als Metapher der Virginität.[603] Im Anverloben mit Christus gründet das monastische Gelöbnis und ebenso das Versprechen einer Gemeinschaft zwischen Gott und den Gläubigen, die im Bild der Kirche als Braut Christi gipfelt.[604] Dabei treten in der semantischen Struktur der Brautschaft Christi und im Folgenden auch in der der Bräutigamschaft Mariens als Pendant Dichotomien auf. In ihnen lässt sich jene Konkurrenz der symbolisch generalisierten Kommunikationsmedien Liebe und Freundschaft erkennen, die Luhmann beschreibt.[605] Deutlich partizipieren die entworfenen Nahbeziehungen am Code der Intimität, negieren jedoch zugleich den symbiotischen Mechanismus der Liebe, die geteilte Sexualität. Insofern verstehe ich die geistige Brautschaft und Bräutigamschaft als verstetigende Figurationen der Freundschaft. Einer persönlichen Nahbeziehung zu Gott, die ihre Exklusivität und Vertraulichkeit mittels intimer Semantiken ausstellt und zugleich das wechselseitige Vertrauen durch juristisch-performative Akte perpetuiert. Die Figurationen lehnen die performativen Akte stark an die kulturellen Praktiken der weltlichen Eheschließung (Ringtausch, Gelübde etc.) an. Für die literarische Darstellung der intimen Semantiken einer mystischen Brautschaft hat Burkhard Hasebrink auf die programmatischen Aspekte von „heimelicheit" sowie in Anlehnung an Friedrich Ohly auf die „Zueignung […] in der chiastischen Form" verwiesen. Er hält zu dieser literarischen Funktion fest:

> Ihre programmatische Hypostasierung erweist sich vor allem als textgenerierender Faktor, der eben gerade nicht die Einheit, sondern Differenztypen wie Inklusion und Teilhabe, Isomorphie und Nähe, Gleichzeitigkeit und Gegenüberstellung, Umkehrung und Reziprozität zum Vorschein bringt. Auf diese grundlegenden relationalen Bestimmungen kann weder die geistliche noch die weltliche Lite-

602 Siehe dazu die immer noch umfassenden Darlegungen des kanonischen Eherechts von Dieter Veldtrup: Zwischen Eherecht und Familienpolitik. Studien zu den dynastischen Heiratsprojekten Karls IV. Warendorf 1988; außerdem Peter Landau: Papst Innozenz III. und Wilhelmines Ehe. Studien zum possessorischen Verfahren im Eherecht. In: Peter A. Linehan (Hrsg.): Life, Law and Letters. Historical Studies in honour of Antonio Garcia y Garcia. Rom 1998, S. 721–742; und Angegendt: Ehe, Liebe und Sexualität, S. 24–27.

603 Zur Idee der mystischen Brautschaft oder den Bräuten Christi siehe grundsätzlich Josef Schmid: Artikel: Brautschaft, heilige. In: Reallexikon für Antike und Christentum. Bd. 2. Hrsg. von Theodor Klauser u.a. Stuttgart 1954, Sp. 528–564, hier 546–548; daneben Gisela Muschiol: Famula Dei. Zur Liturgie in merowingischen Frauenklöstern. Münster 1994, S. 41–63.

604 Siehe dazu Angegenendt: Geschichte der Religiosität, S. 306.

605 Ich verweise noch einmal auf das Kapitel *Freundschaft als symbolisch generalisiertes Kommunikationsmedium* sowie Kraß: Die kämpfenden Freunde, S. 72–74.

> ratur einen Monopolanspruch erheben [...]. Die Zentrierung auf Einheit korrespondiert mit der dialogischen Entfaltung, einem Zwiegespräch, einem Wechsel, einer Spiegelung, deren stete Erneuerung in der Wiederholung erst die Struktur erzeugt, die sich auf ›Einheit‹ als orientierendes Zentrum bezieht.[606]

Gemeinschaft findet also nicht allein Ausdruck in ähnlichen Semantiken und Narrativen innerhalb der *histoire*, vielmehr erscheint der wechselseitige Bezug auch strukturell auf der Ebene des *discours* und der *narration* in Form der Wiederholung. Dieses Muster literarischer Verstetigung von Reziprozität verweist insofern auf einen gemeinschaftsstiftenden Kern der Erzählung. Die geistige Brautschaft als Figuration einer derartigen Verstetigung perpetuiert in der narrativen Wiederholung dabei nicht allein die gestiftete Sozietät, sie vermag zugleich die Exklusivität des Verhältnisses innerhalb der *histoire* herauszustellen. Dies vor allem weil das evozierte Nahverhältnis strukturbestimmend für das weitere Erzählen ist.

Einen konsequenten und konzisen Einsatz dieser Figuration bietet das Corpus der Birgittalegenden. Die Gründerin des Erlöserordens oder der nach ihr benannten Birgitten, ist vor allem bekannt für die ihr zuteilgewordenen Visionen Christi, die auch in den lateinischen wie volkssprachlichen Legenden enthalten sind. In ihren Legenden wird Birgitta im Grunde dem Dominikus ähnlich als Geburtsheilige entworfen, deren Erwähltheit der Mutter in einer Marienvision verkündet wird. Neben dieser Vision entfalten alle Fassungen das Bild der Brautschaft Birgittas. In der ältesten und in Schweden entstandenen lateinischen Erzählung, der *Vita Prima*, wird dafür proleptisch auf ihren zukünftigen Status als *sponsa Dei* (BiI, Cap. 1,3) verwiesen. Die in Altomünster gefertigte *Vita Secunda* sowie die volkssprachlichen Fassungen im niederdeutschen Sprachraum nennen bereits im Prolog oder Incipit ihrer legendarischen Erzählungen Birgitta als *sponsa Dei* oder eben *brut Christi*, während die oberdeutschen Texte der *Vita prima* folgen.[607] Die von den jeweiligen Erzählinstanzen vorgenommene Prolepse korreliert allerdings mit den biographischen Problemstellen einer Geburtsheiligen, denn Birgitta verliert im Zuge einer standesgemäßen Eheschließung mit Ulf Gudmarsson und den acht daraus hervorge-

---

606 Vgl. dazu Burkhard Hasebrink: Ein einic ein, hier S. 447 und 463–464; daneben Friedrich Ohly: Du bist mein, ich bin dein... In: Ernst-Joachim Schmidt (Hrsg.): Kritische Bewahrung: Beiträge zur deutschen Philologie. Festschrift für Werner Schröder zum 60. Geburtstag. Berlin 1974, S. 145–176. Außerdem und ebenso mit Bezug auf Ohly zum dabei aufscheinenden Freundschaftsideal absoluter Gleichheit siehe Kraß: Ebenbildlichkeit, hier S. 251–256.

607 Allerdings erfolgt der proleptische Einschub in der oberdeutschen Legende (SBi) in einem anderen, sogar späteren Kontext. Dort resümiert der Erzähler über den Beichtvater Birgittas, der seinen Freunden von *diser heiligen braut got* (fol. 76r) berichtet.

henden Kindern den Rang einer *virgo Dei.*[608] Insofern ist die zunächst nur proleptisch einsetzende Andeutung und sofortige Aus- oder Überblendung der Brautschaft als Figuration der Verstetigung nach Birgittas Hochzeit mit Ulf in den Legenden konsequent. Dies vor allem weil die Erzählungen auf diese Weise weiterhin unterschwellig an der Figuration partizipieren. Sie lassen nämlich eherechtlich korrekt das Braut-Bräutigam-Verhältnis zwischen Birgitta und Christus erst nach dem Tod ihres ersten Mannes einsetzen. Sowohl die nieder- als auch die oberdeutsche Fassung (SBi und CBi) heben diesen Umstand hervor, indem sie dezidiert darauf hinweisen, dass Birgittas Mann drei Jahre vor der entsprechenden Vision verstorben sei (CBi, Cap. 12, S. 23 bzw. SBi, fol. 79v).[609] Darüber hinaus bieten beide Erzählungen folgende Szene, die die Bereitschaft der Witwe zu einem nun gänzlich Gott geweihten Leben offenbart. Sie markiert zudem den Beginn der neuen, nun geistigen Brautschaft, die so als substitutive Gottesfreundschaft hervortritt:

> *Do der braut xpî hêr oder man lag in sein letztsten zûge vor dem closter Alvastra do nam er ein vingellein das er pflagk zu tragen an seiner hant Und stiß es an den vinger sant Birgitten und pat sie das ie dester fleissiger dedecht auff sein sel Und darnach aber legt sie das vingerlein von ir hant Und welt es nicht mer tragen Da das geschach da sprachê etzlich und auch namhafftig man das es nicht wer ein zeichen einer grossen lieb das sie das zaichen ihres mans von ir wurff do antwort sie also Do ich begrub meinê man Do begrub ich auch mit im all fleichlich lieb Und wie wol das ich in hab gelibt als mein herz Doch so wolt ich nun nicht mit eim pfenîg sein lebê widen willen gots* […] *Und darumb das mein gemút auff stig alleî zu der lieb gots* […]. (SBi, fol. 95v–96r)[610]

Die Szene dient zweierlei, erstens der öffentlichen und vornehmlich symbolischen Entsagung der nachehelichen Witwenschaft, die Birgitta weiterhin an ihren Mann binden würde. Demonstrativ legt sie dafür das *vingerlein* ihres Mannes ab, dass ihr dieser zuvor noch mit der explizit geäußerten Bitte, ihr weiterhin verbunden zu sein, gegeben hatte. Zweitens kann Birgitta im Zuge dieser performativen Entsagung, auch selbst verbal ihre Abkehr von der Welt artikulieren. Die Reaktionen ihres sozialen Umfeldes gestatten ihr eine Offenlegung ihres Inneren. Birgitta stellt dazu ihr imma-

---

608 Die *Vita secunda* widmet ein komplettes Kapitel (BiII, Lib. 1, Cap. 5) dieser latenten Problematik für die Heiligkeit der Protagonisten, das eher den Charakter eines argumentativen Kommentars besitzt, aber auch die übrigen Legenden bearbeiten narrativ dieses Problem, wie im Folgenden dargestellt. Auffallend ist jedoch, dass die nachfolgend dargestellte und in allen Fassungen fast wortgleiche Erwählungsvision Birgittas zu einer Braut durch Christus in der *Vita Secunda* fehlt.

609 Die mittelniederdeutsche Druckfassung von *Sunte Birgitten Openbaringe* folgt in ihrer Darstellung der *Vita Secunda* und ihr fehlt diese Darstellungsweise. Die *Vita prima* setzt in dem entsprechenden Kapitel mit dem Bericht über den Tod des Mannes ein und stilisiert sie zu einer *altera Judith* (BiI, Cap. 3), einer überaus frommen und keuschen Frau.

610 Vgl. dazu CBi, Cap. 28, S. 66.

nentes Nahverhältnis, das sie mit ihrem Mann unterhielt, dem auf die Transzendenz hin ausgerichteten, spirituellen Nahverhältnis mit Christus gegenüber. Diese Episode erwähnen die beiden untersuchten volkssprachlichen Fassungen jedoch nur in einer deutlich späteren Analepse. Selbst darin kann die problematische Wirkung der geschilderten Handlungen und Auffassung Birgittas in Bezug auf ihre erste, immanente Ehe nur teilweise kaschiert werden. Die Einordnung ihres Bekenntnisses zu einem reziproken Verhältnis mit Gott zwischen dem ewigen Keuschheitsgelübde der Eheleute und dem Tod des Mannes, samt der sich anschließenden Brautwahl Christi erschien offenbar selbst den Verfassern der ansonsten syntagmatisch verfahrenden Erzählungen als zu provokativ.[611] Der Bruch Birgittas mit der Immanenz ist so deutlich gezähmt. Die wiederum als Trigemination geäußerte Offerte Christi, die auch nur in Rücksprache mit ihrem Beichtvater Mathias als solche identifiziert wird, erscheint so überaus sittsam.

> *„Wyuesname! Hore my! Ik byn dyn got vnde will myt dy spreken.“* [...] *„Vruchte dy nicht! Wente ik byn en schepper aller dynk vnde nicht en bedreger.* [...] *Darvmme so hore my, wat ik spreke, vnde gha to meyster Mattya, dyneme bichtuader, de dar yn syk vorsocht heft beyder geste vnderscheit, vnde segghe emme van myner wegene, wat ik dy segghe. Vente du schult werden myne brut vnde myne vrundynne. Vnde* [...] *myn gehst wert blyuende by dy bed in dynen dot.“ Do se desse wort horde, sundergen de lesten clausulen: „Myn ghest wert blyuende by dy bed an dynen [dot]“, do wart se tomale sere gevrouwet.* (CBi, Cap. 13, S. 26)[612]

Es ist gerade die Figur Christi, durch welche die affektiven, von Furcht geprägten Reaktionen und Befürchtungen Birgittas gespiegelt werden. Er ist es, der Birgitta auch zur Rücksprache mit dem Beichtvater anhält. Dennoch spricht Christus in dieser Vision nicht nur selbst zu Birgitta, sondern erwählt sie zu seiner *brut* und er fügt sogleich hinzu *vnde myne vrundynne*. Mit diesem Zusatz wird innerhalb der Erzählung das zunächst rein vertragliche Verhältnis der geistigen Brautschaft von Anbeginn mit einer weiteren Semantik der Vertrautheit und Vertraulichkeit aufgeladen. Der symbiotische Mechanismus der Liebe, die geteilte Sexualität, wird unterminiert und die Gottesfreundschaft zeigt sich in einer Fusion zur performativ institutionell markierten geistigen Brautschaft. Zugleich offenbart sich die Brautschaft als Figuration der Verstetigung, denn sie entwirft einerseits inhaltlich ein bis zum Tode dauerndes Verhältnis und andererseits strukturell durch die sofort einsetzende wortwörtliche Wieder-

611 Das vorsichtige Gebahren der Verfasser mag dem Umstand geschuldet sein, dass alle untersuchten volkssprachlichen Birgittalegenden für Frauengemeinschaften verfasst wurden, deren Mitglieder (gerade bei den Beginen) durchaus ähnliche Biographien aufwiesen. Insofern keine volkssprachliche Birgittalegende einer männlichen Ordensgemeinschaft vorliegt, ist diese Vermutung aber nicht gänzlich belegt.

612 Vgl. dazu SBi, fol. 80v–81r.

holung dieser Aussage. Es bleibt jedoch nicht allein bei dieser Wiederaufnahme und auch nicht bei einer bloßen Verwendung des Begriffes *brut / braut gots* als Epitheton für Birgitta in den sich anschließenden Kapiteln. Vielmehr wird die geistige Brautschaft innerhalb der lateinischen *Vita prima* und den volkssprachlichen Legenden (SBi und CBi) tatsächlich als Figuration entfaltet, die in ihrer Funktion das Nahverhältnis verstetigt. Schon im sich anschließenden Kapitel wiederholt Christus in einer weiteren Vision der Heiligen seine Entscheidung: *„Jk hebbe my dy vterwelet to ener brut. Ik hebbe dy gevoret yn mynen gest, dattu moghest horen vnde sen gestlike dynk, wente id heft my also behaget* [...].*"* (CBi, Cap. 14, S. 31).[613] Dass diese Entscheidung und das daraus resultierende Verhältnis nicht einseitig, sondern reziprok sind, zeigen die Reaktionen Birgittas:

> *desse brut godes* [...] *wart* [...] *so sere entfenget in der leue des almechtigen godes vnde der hemmelschen dynk, dat er bitter wart al de lust, de vp ertrike mochte syn, vnde alle de pyne, de men mochte denken ofte bekennen. De hadde se tomale gerne leden vmme godes willen; ere herte stunt dar alletyd na vnde ok ere ogen yegen den hemmel, also dat se myt ganseme herten begherde, dat se drude mochte kamen to deme ewigen leuende.* (CBi, Cap. 13, S. 29–30)[614]

Die emotional aufgeladene Wahrnehmung Birgittas entwirft ihre Brautschaft mit Christus nicht allein als institutionelles und vertraglich geregeltes Verhältnis, sondern als ein persönliches, das geprägt ist von Exklusivität. Vor allem in der explizit benannten Sehnsucht spiegelt sich das persönliche, auf Semantiken der Intimität rekurrierende Verhältnis Birgittas zu Gott wider und offenbart die Vertraulichkeit der Sozietät. Allerdings wird diese vom Code der Intimität geprägte Darstellung nicht in Form direkter Rede in einem Dialog mit Christus oder in einem monologischen Gebet an ihn wiedergegeben. Allein der extradiegetisch-heterodiegitische Erzähler schildert die Wahrnehmungen seiner Figur. Im Hinblick auf die gemeinsame Brautschaft kann lediglich Christus, als Figur der legendarischen Erzählungen, direkt über dieses heterosoziale Nahverhältnis sprechen. Insbesondere seine Reflexionen über die Beziehung zu Birgitta, kurz vor deren Tod, gestatten einen guten Einblick in den narrativen Umgang mit der Figuration. Christus resümiert:

> *ich hab dir getan als ein breutigam der sich ein weil vpirgt vor seiner braut auff das er dester hitziger werde von ir begert Auch hab ich auch dich nicht besucht diese zeit uber mit gaistlichê versuchung Und darumb das du nun vsucht pist So bereit dich nun Wan es ist ytzûd die zeit das es valbracht schol werdê Das ich dir gelobt hab Und du scholt auch gekleidet werden zu einer nunnê Also das du furpas nicht allein schalt werdê ein braut Sunder auch ein nun vnd muter zu Watzstein* [...]. (SBi, fol. 116r–v)[615]

613 Vgl. SBi, fol. 83r–83v.
614 Vgl. SBi, fol. 81v–82r.
615 Vgl. BiI, Cap. 3, 31 und CBi, Cap. 62, S. 113.

Zwar fehlen hier die von Hasebrink beschriebenen Chiasmen der Einheitsdarstellung, doch die nur Birgitta zu Teil werdende Vision ist Ausweis der exklusiven *heimilicheit*.[616] Außerdem benennt Christus nicht nur Birgitta als *braut*, sondern sich auch als *breutigam*, der wie ein solcher gehandelt habe. Dabei gesteht er seinen Handlungen explizit die Absicht zu, emotional wirksam zu sein, um bestimmte Affekte bei der Braut hervorzurufen. Neben dieser deutlich persönlichen Verwendung der Figuration benennt Christus ebenso den institutionellen Charakter der Brautschaft, indem er auf den Stellenwert eines Gelöbnisses (*Das ich dir gelobt hab*), dessen Terminierung (*es ist ytzûd die zeit das es valbracht schol werdê*) und die zugesicherten Vertragsinhalte (*das du furpas nicht allein schalt werdê ein braut Sunder auch ein nun vnd muter*) rekurriert. Diese letzte narrative Entfaltung der geistigen Brautschaft innerhalb der volkssprachlichen Legenden Birgittas bildet einen Abschluss dieser Figuration der Verstetigung. Sie stellt zugleich einen Übergang dar, denn einerseits endet durch den Tod Birgittas und ihren Einzug in die Transzendenz das immanente Beziehungsverhältnis der Brautschaft mit Christus. Andererseits wird durch die Mutterschaft für den Orden eine neue Sozietät gestiftet. Das eingeleitete Beziehungsverhältnis zum Orden geht mit einer semantischen Umbesetzung einher. Christus und Birgitta werden zum Elternpaar, zu Mutter und Vater der Ordensgemeinschaft. Beide Transformationen fallen allerdings nicht in die hier betrachtete Relation der Gottesfreundschaft.[617]

Die geistige Brautschaft als Figuration der Verstetigung kann wie im Falle Birgittas von Schweden ein institutionelles wie auch persönliches Nahverhältnis zu Gott narrativ entfalten und intensivieren. Institutionell, weil die Narrationen die Figuration mittels der performativen Akte in Anlehnung an die Konsensehe als gesichert darbieten, und persönlich, insofern sie darüber hinaus mittels intimer Semantiken auf Freundschaft rekurrieren. Birgitta ist *brut* und *vrundynne gots* und kurz vor ihrem Tod ermöglicht ihr dieser Status sogar die ebenfalls institutionell gesicherte Nahbeziehung zu Gott als Nonne.[618] Insoweit dient die Figuration der geistigen Brautschaft in den betrachteten Birgittalegenden dem Erzählen von Gottesfreundschaft. Sie entwerfen ein persönliches, stark vertrauliches Nahverhältnis zur Transzendenz und beschreiben zugleich die sukzessive Heiligwerdung der Protagonistin. Die narrative Einbindung der geistigen Brautschaft entfaltet immer wieder Bilder und bietet Anknüpfungspunkte für weitere Semantiken, die ein solches Nahverhältnis zwischen Immanenz und Transzendenz stabilisieren. Dabei scheint dem Ein-

616 Siehe nochmals Hasebrink: Ein einic ein, S. 447.

617 Ich verweise auf das entsprechende Kapitel zur *Gemeinschaftsgründung und Gemeinsinnstiftung*.

618 Siehe dazu und zu dem damit verbundenen Ursprung des monastischen Gelöbnisses noch einmal Muschiol: Famula Dei, S. 41–63.

satz dieser Figuration – zumindest auf abstrakter Ebene – keine Grenze gesetzt zu sein, denkt man etwa an die Brautschaft der *ecclesia* als Gemeinschaft der gläubigen Seelen.[619] Auf personaler beziehungsweise figuraler Ebene birgt die geistige Brautschaft als Figuration der Verstetigung jedoch eine genderspezifische Schranke, selbst wenn Christus gerade in legendarischen Erzählungen durchaus androgyne Züge besitzt und entsprechend ambig eingesetzt wird.[620] Für das persönliche Nahverhältnis auf figuraler Ebene gilt indes eine klare genderspezifische Codierung,[621] wodurch die geistige Brautschaft als Figuration nicht auf männliche Ordensgründerheilige übertragbar ist.

2.2 Der Bräutigam Mariens: Robert von Molesme

Umso interessanter erscheint daher die Erwählungsvision in den legendarischen Erzählungen des Robert von Molesme, der innerhalb dieser Texte zum Ordensgründer der Zisterzienser stilisiert wird. Jenem Orden, dem Bernhard von Clairvaux entstammt, der Wegbereiter einer neuen, stark verinnerlichten Auffassung der geistigen Brautschaft,[622] wie sie etwa in den Birgittalegenden vorliegt. Die *electio* Roberts wird ähnlich der des Dominikus oder der Birgitta gestaltet. Der Mutter Roberts widerfährt eine sich wiederholende Marienvision, die während ihrer Schwangerschaft von der Erwähltheit des noch ungeborenen Kindes kündet. Auffallend ist dabei, dass sowohl der Erzähler der einzigen deutschsprachigen Legende, als auch der der lateinischen Robertvita (VRo.) eine Figuration der Verstetigung in die Vision einbinden. So berichtet die *Elsässische Legenda Aurea*:

---

619 Siehe dazu mit Bezug auf das Markusevangelium und die Paulusbriefe, Angenendt: Geschichte der Religiosität, S. 306.

620 Siehe dazu in einer sehr detaillierten Studie Caroline Walker Bynum: Jesus as Mother. Studies in the Spirituality of the High Middle Ages. London 1982, hier S. 110–169.

621 Natürlich mag es Ausnahmen dieser strikten und die heteronormative Matrix wiederspiegelnde Codeanwendung geben, doch diese sind mit einem erheblichen narrativen Aufwand verknüpft. Der bloße Einsatz divergierender Semantiken würde zu einer gesteigerten Ambiguität führen, die nur in geringem Maße tolerierbar ist. Die konsequente Umsetzung genderspezifischer Rollenmuster zeigt sich gerade in den Birgittalegenden. Im Kontext von Birgittas Rolle als Ehefrau und Mutter erscheint dieser in ihren Visionen fast ausschließlich die als Gottesmutter apostrophierte Maria und diese steht der Protagonistin auch bei der Geburt eines Kindes bei und adoptiert alle Kinder Birgittas, um mit dieser gemeinsam Mutter der Kinder zu sein (CBi, Cap. 9, S. 19–20 und SBi, fol. 78v), vgl. explizit auch die *Vita Prima* (BiI, Cap. 2, 13): *Felix mulier, quae reginam coelorum habere meruit obstetricem; sed feliciores filii, quos merito matris in filios adoptionis eligere voluit Mater Dei!*

622 Zu dieser Einschätzung bereits viel ausführlicher Friedrich Ohly: Hohelied-Studien. Grundzüge einer Geschichte der Hoheliedauslegung des Abendlandes bis um 1200. Wiesbaden 1958, hier S. 146–148.

Da aber sin muter des kindes swandger waȝ. Daȝ ist da disȝ selige kint Rupertus noch in mûter lybe beschlossen waȝ. Da herscheyn siner mûter die vberlöbliche Jungfraw Maria. in dem slaoffe. Sie hatt an irer hant ein güldin vingerlyn. vnd sprach. Emengart. Jch will mit disem vingerlin mir vermeheln dinen sûn. den du in dime lybe tregest. vnd da ȝu hant verswant sie. Da nun die frawe von sloff vffgestund. begund sie dise gesicht flysȝklich betrachten. Me die selige gottes gebereryn. herscheyn diser frawen darnach aber in glicher gesicht als da vor. ȝu einer bestetigung irer glübden. (ELARo, S.135)[623]

Die *vberlöbliche Jungfraw* respektive *gloriosa Dei genitrix virgo Maria* tritt als Werberin auf, die um die Hand des ungeborenen Kindes anhält. Noch bevor Maria ihren Antrag verkündet lenkt der Erzähler seinen und mit ihm den Blick des Rezipienten auf einen goldenen Ring, den sie nach eigener Aussage gegenüber der Mutter bereits als Zeichen ihrer Verlobung mit Robert trägt. Die sogleich anschließende Wiederholung der Vision greift die Funktion der Verstetigung nicht nur strukturell, sondern auch inhaltlich auf. So weist der Erzähler klar auf den juristisch-institutionellen Status dieser Aussagen der Gottesmutter hin, wenn er sie als *glübden* oder *promissio* benennt. Dabei ergänzt der Erzähler der lateinischen Vita legitimierend, dass dieses Vorgehen dem entspräche, welches auch Gott gegenüber dem Propheten Samuel angewandt habe, um sein Versprechen zu bekräftigen.[624] Insgesamt gleicht die hier entworfene Figuration der der Brautschaft Christi, sie ist jedoch mit Blick auf die genderspezifische Codierung transformiert und liegt als Bräutigamschaft Mariens vor. Der Transformationsprozess scheint dabei lediglich die Figuren auszutauschen, nicht jedoch die an sie geknüpften, genderspezifisch codierten Handlungsmuster. Insofern wirbt und erwählt sich Maria als Braut einen Gemahl parallel zu Christus in seiner Rolle als Bräutigam. Dieses Vorgehen entspricht nicht dem gängigen Kulturmuster der Brautwerbung, auch nicht im Modell der Konsensehe und stellt vielmehr eine Inversion dar. Da weder der Erzähler der volkssprachlichen Legende, noch der der lateinischen Vita diese Abwandlung thematisiert, scheint die Figuration in ihrer invertierten Verwendung unproblematisch oder nur bedingt provokant bzw. subversiv zu sein. Der Grund dafür liegt vermutlich in dem gestifteten Nahverhältnis zur Transzendenz, welches grundsätzlich zwar reziprok, aber vorrangig asymmetrisch ist. Maria als *vberlöbliche Jungfraw* und *gloriosa Dei genitrix* ist *per se* ihrem selbstgewählten Gemahl Robert übergeordnet und insoweit kann sie als Braut einem Bräutigam gleich ohne wei-

623 Vgl. dazu die Vita Roberts (VRo, Cap. 1): *Pregnanti etenim matri eius gloriosa Dei genitrix virgo Maria in sompnis apparuit annulum aureum habens in manu sua. Dixitque ei: O Ermengardis, volo filium quem gestas in utero ex isto michi annulo desponsari. In hec verba mulierem dormientem relinquens beata Virgo disparuit; illa vero de sompno eonsurgens animo eepit revolvere visionem. Adiecit autem beata Dei genitrix apparere iterum mulieri sicut olim ad confirmandam promissionem suam Dominus legitur apparuisse denuo Samueli.*

624 Vgl. dazu Samuel 1, 3.

tere Legitimation agieren. Obzwar die Erzähler die Figuration argumentativ geschickt und an prominenter Stelle in die legendarischen Erzählungen Roberts einfügen, wird sie in der Folge nicht mehr berücksichtigt. Die zu Beginn einsetzende, strukturelle und inhaltliche Entfaltung wird nicht fortgesetzt. Die Bräutigamschaft Mariens wird zwar als Figuration der Verstetigung entworfen, jedoch in dieser Funktion nicht genutzt, obwohl die Erzählungen Anknüpfungsmöglichkeiten bieten. Lediglich die lateinische Vita greift nach dem Tod Roberts, in der Überleitung zum Kapitel über seine Wundertaten, die Figuration in einer Paraphrase des ersten Kapitels noch einmal auf:

> *Beata quoque Dei genitrix que sibi desponsaverat virum Dei dum adhuc uteri materni clauderetur angustiis, gratiam quam singulariter accepit a Domino communicare non destitit servo suo.* (VRo, Cap. 18)

In der Wiederholung setzt der Erzähler den Umstand der Verlobung in ein anderes Tempus. Das Plusquamperfekt (*desponsaverat*) verweist überdeutlich auf den abgeschlossenen Status der Bräutigamschaft Mariens und insoweit auch auf eine narrativ ungenutzte Figuration. Der Erzähler der Robertvita entfaltet die einleitend evozierte und selbst im Mirakelbericht erneut paraphrasiert aufscheinende Figuration nicht. Die zisterziensische Legende Roberts tritt hier vermutlich in die ebenfalls nur marginale mariologische Hoheliedexegese des Ordens ein, die auf Bernhard von Clairvaux gründet. Der „Doctor Marianus“ verknüpft Maria lediglich in drei Predigten zu Marienfesten mit seinen Überlegungen zur geistigen Brautschaft.[625] Das Fehlen gemeinschaftlicher Handlungen, wie sie zwischen Christus und Birgitta im Hinblick auf ihre geistige Brautschaft innerhalb der Birgittalegenden entworfen werden, ist in den legendarischen Erzählungen Roberts insofern möglicherweise der ordensinternen Tradition geschuldet. Konsequent versieht der Erzähler seinen Protagonisten daher mit anderen Semantiken, um ein Nahverhältnis von Gott und Robert zu evozieren und dabei narrativ zu verstetigen. So greift der Erzähler noch im selben Satz auf die Figuration des *servus Domini* zurück, deren Entfaltung er einen weitaus größeren Raum zumisst. Vor dem Hintergrund der perspektivierten geistigen Brautschaft zeigen die legendarischen Erzählungen Roberts gegenüber denen Birgittas allerdings explizit, inwieweit Figurationen der Verstetigung selbst einer Entfaltung bedürfen, um wirksam ein institutionelles, aber auch personales Vertrauensverhältnis zu Gott darzustellen.

---

625 „Die mariologische Deutung wird in der Hoheliedexegese nicht bei den Zisterziensern heimisch, sondern bei den Prämonstratensern, den Augustinerchorherren und neben Rupert von Deutz bei Honorius Augustodunensis.“ Vgl. dazu Ohly: Hohelied-Studien, S. 150–151.

3. Geteilte Freundschaft: *communitas sanctorum*

Das nachfolgende Kapitel fokussiert strenggenommen eine Paradoxie, nämlich die immanente Freundschaft von Gottesfreunden. Doch zunächst ganz grundsätzlich: Erstens gibt es eine geteilte Gottesfreundschaft im Sinne einer spirituellen Bezugsgröße, die Anlass und Wesen einer immanenten Freundschaft gerade zwischen Religiosen sein kann. Das heißt also einer immanenten Freundschaft, die im Hinblick auf den transzendenten Gott als Gemeinsames geschlossen wird. Gleich zu Beginn seines Traktatdialogs weist Aelred von Rievaulx in Form einer rhetorischen Frage darauf hin:

> *Ergo quibuscumque fuerit de rebus humanis atque divinis sententia eadem, eademque voluntas cum benevolentia et caritate, ad amicitiae perfectionem eos pervenisse fatebimur?* (DsA, Lib. 1, 13)

Für Aelred ist also der Bezug auf eine gemeinsame (göttliche) Idee, mitunter der gemeinsame Nenner zwischen zwei Individuen, der zwischen diesen ein reziprokes Verhältnis stiftet. Er knüpft damit an Ciceros ebenso elitäre Definition der Tugendfreundschaft an.[626] Innerhalb der Dialoge wird allerdings nicht das Konzept einer spiritualisierten Freundschaft, wie sie auch Cicero entwirft, in Frage gestellt. Lediglich die Füllung einzelner Relate (*benevolentia* oder *caritas*) dieser Aussage sollen in der Diskussion Aelreds mit den Brüdern theologisch grundiert werden. Insofern zeigen also bereits die theologischen Traktate, dass eine immanente Freundschaft zwischen zwei Menschen im Hinblick auf Gott als geteilte Gottesfreundschaft denkbar ist, sie stellt jedoch klar ein elitäres Anspruchskonzept dar. Die auf Gott hin ausgerichtete Beziehung zu einem anderen, verlangt nämlich von beiden die Bereitschaft, zu einer gesteigerten Normerfüllung, Gottesfreundschaft ist insofern eine Anspruchskategorie.

Zweitens ist die *communitas sanctorum* eine Ansammlung vieler, nicht nur im Hinblick auf Gott, sondern direkt mit ihm befreundeter Heiliger. Diese, freilich bereits innerhalb der Transzendenz verorteten, Gottesfreunde unterhielten zuvor in der Immanenz jeweils eine exklusive Sonderdyade mit Gott, die jedoch die Aufgabe aller anderen immanenten Beziehungen, selbst die, die im Hinblick auf Gott geschlossen wurden, verlangte. Die Selbstexklusion ist als Anspruch zu verstehen, der die heilscharismatische Wirkung der Gottesfreunde evoziert und Gottesfreundschaft zu einem Auszeichnungsbegriff werden lässt, für die, die die Ansprüche umsetzen konnten.

---

626 Bei Cicero heißt es (Cic., Lael., Cap. 6): *Est enim amicitia nihil aliud nisi omnium divinarum humanarumque rerum cum benevolentia et caritate consensio.*

Drittens schließlich stellt die in der Immanenz geteilte Gottesfreundschaft zweier Gottesfreunde eine Paradoxie dar. Sie basiert auf dem ihr, zugrundeliegenden Vorgang der Weltflucht, der, wie Peter Fuchs konstatiert, nicht nur selbst eine Paradoxie ist, sondern weitere Paradoxien hervorbringt:

> Apotaxis (Weltflucht) ist Paradoxieeffekt und selbst paradox gebaut. Sie erzeugt unweigerlich, was sie vermeiden will; sie stößt sich von Immanenz ab und produziert sie eben damit. Das Hin zur Transzendenz ist in einem Zuge ein Wegvon-Welt *und* Erzeugung dessen, wovor geflohen wird.[627]

Das heißt jedoch keinesfalls, dass in den Legenden nicht von einzelnen Begegnungen oder längerfristigen Freundschaften zwischen wohlgemerkt jeweils noch immanenten Gottesfreunden im Hinblick auf Gott erzählt werden kann. Ein prominentes Beispiel bietet die *Paulusvita* des Hieronymus, die zwar von einer kurzen, aber doch sehr vertrauten und nicht allein auf Visionen voneinander beschränkten Gemeinschaft des heiligen Antonius und des heiligen Eremiten Paulus in der Wüste berichtet.[628] In den legendarischen Erzählungen pflegen also sehr wohl Gottesfreunde untereinander von Vertrautheit und Vertraulichkeit geprägte Nahverhältnisse.

Die Einbindung dieser paradoxen Form von Gottesfreundschaft in die legendarischen Erzählungen von Ordensgründerinnen und Ordensgründern ist zunächst erwartbar, doch eine genauere Betrachtung zeigt, dass sie eher eine Ausnahme oder zumindest nur randständige Erscheinung ist. Dies vor allem, wenn sich zwischen den beiden Gottesfreunden im Hinblick auf ihre jeweilige Freundschaft zu Gott eher ein gespaltenes als geteiltes Verhältnis einstellt, wie es beispielweise die legendarischen Erzählungen über Norbert von Xanten und Gottfried von Kappenberg andeuten.[629] Gottfried eifert Norbert in der Radikalität der *conversio*. Er trat dafür nicht nur den Prämonstratensern bei, sondern stiftete sein gesamtes gräfliches Vermögen dem Orden. In der Folge gleicht sein Lebenswandel

627 Vgl. dazu den luziden Aufsatz von Peter Fuchs: Die Weltflucht der Mönche. Anmerkungen zur Funktion des monastisch-aszetischen Schweigens. In: Niklas Luhmann und Peter Fuchs (Hrsg.): Reden und Schweigen. Frankfurt am Main 1989, S. 21–46, hier S. 24–25.

628 Der bereits 90jährige Antonius der zunächst in Visionen vom 113jährigen Eremit Paulus erfahren hatte, sucht diesen kurz vor dessen Tod auf. Es entsteht eine kurze aber sehr persönliche Beziehung zwischen den beiden, in deren Verlauf Paulus über seine regulative Lebensweise berichtet und Antonius mit Hilfe von zwei Löwen ihn nach dessen Tod angemessen bestattet. Siehe dazu die *Paulusvita* des Hieronymus, in der zehn der insgesamt achtzehn Kapitel allein dieser Gemeinschaft gewidmet sind. Das Treffen und die fürsorgliche Bestattung des Paulus hat auch mehrfach Einzug in die bildende Kunst gehalten, so beispielsweise in der kolorierten *Elsässischen Legenda Aurea* (Winterteil) Handschrift Ms. germ. fol. 495, 65r.

629 Zum folgenden Abriss siehe bereits Franz J. Felten: Zwischen Berufung und Amt, hier vor allem S. 130–131.

dem Norberts und der Erzähler seiner *Vita Prima* (Cap. 42) berichtet über das Leben Gottfrieds in Prémontré, [...] *ubi et origo nostri ordinis cepit* [...], *ibique quam plurimos angelica sua conversatione roboravit.* Schon fast kontrastiv folgt im Anschluss ein Kapitel über sein letztes Zusammentreffen mit Norbert und über den vorzeitigen Aufbruch aus Norberts Erzbistum Magdeburg:

> *Post annum vero revocatus ad patrem Norbertum iam archiepiscopum, cum seculi pompam vel strepitum sancti viri egre ferret aspectus, domino electum suum remunerare disponente* [...]. (Cap. 43)

Zwar ist die *Vita Prima* Gottfrieds sehr wahrscheinlich vor den Viten Norberts abgefasst worden, dennoch klingt in der Beschreibung des pomphaften, erzbischöflichen Lebens deutlich die bereits besprochene Passage aus den Norbertviten kurz vor dessen eigener *conversio* an.[630] Die damit verknüpfte Anklage und Abwertung Norberts birgt zugleich die Aufwertung der eigenen, gänzlich Gott gewidmeten Lebensweise Gottfrieds. Seine gegenüber Norbert verstärkte Selbstexklusion ist Ausweis seiner eigenen Gottesfreundschaft. Dass diese in den Viten Gottfrieds exklusiv ihm zugesprochen wird, belegen auch die Attribute. Norbert ist lediglich *pater* und allenfalls *archiepiscopus*, während Gottfried als *sancti vir* und *domino electus* klar die Rolle eines Gottesfreundes erhält.

Neben dieser kompetitiven Darstellung zweier immanenter Gottesfreunde, die letztlich in der Privilegierung eines einzelnen Kontrahenten kulminiert, beinhalten die Ordensgründerlegenden ebenso Darstellungen, in denen das Verhältnis komplementär wirkt. Dieser Umstand ist umso interessanter, als manche dieser Erzählungen von geteilten Gottesfreundschaften zwischen Ordensgründern oder Ordensgründerinnen berichten und dies sogar wechselseitig in ihren Legenden thematisiert wird. Eben jene *Gottes-Freundschaftspaare* werden nachfolgend fokussiert. Bereits die Seltenheit solcher Freundschaftspaare deutet daraufhin, dass deren narrative Verwendung innerhalb der Erzählungen in bestimmter Art und Weise funktionalisiert wird. Es gilt also zu fragen, inwieweit diese Funktionalisierungen allein der jeweiligen Darstellung von geteilt vollzogener Gottesfreundschaft dienen oder ob sie bereits im Kontext einer Gemeinsinnstiftung zwischen verschiedenen Orden eingesetzt werden. Letzteres überschreitet allerdings die Grenzen des übergeordneten Kapitels und verweist auf spätere Analysen.

---

630 Das Leben Norberts als Kaplan am erzbischöflichen Hof in Köln wird dabei sogar mit der „Hure Babylon“ verknüpft. Siehe dazu noch einmal Norberts Viten: NobA, Cap. 1,4 sowie NoB, Cap. 1,5,3.

3.1 Franziskus und Dominikus

Die Freundschaft zwischen den beiden immanenten Gottesfreunden und den zu Beginn des 13. Jahrhunderts bedeutendsten Ordensgründerfiguren mag ein literarisches Konstrukt ihrer legendarischen Erzählungen sein, sie findet sich indes sowohl in den Legenden des Dominikus als auch denen des Franziskus.[631] In beiden Textcorpora und dabei auch den volkssprachlichen wie lateinischen Erzählungen wird die auf Gott hin ausgerichtete Freundschaft zwischen den beiden zwar unterschiedlich ausgestaltet und changiert in ihrer Reziprozität, doch sie wird immer vor dem Hintergrund des vermutlich zeitgleichen Romaufenthalts der Heiligen konstruiert. Dabei fällt auf, dass die meisten legendarischen Erzählungen des Franziskus diese Nahbeziehung der beiden Heiligen verhaltener aufgreifen. Sehr formal und ohne ein Zeichen von Vertrautheit oder gar Vertraulichkeit schildern die *Elsässische Legenda Aurea* und parallel das *Passional* das Zusammentreffen am Hofe des Kardinals Hugolino d'Ostia, dem späteren Papst Gregor IX.

> *Jn der stat ʒů Rome stunt Franciscus und Dominicus vor dem cardinal Hostiensi, der sprach: ‚Wir sullen us úwern brůdern bischofe machen, wenne su des in kunsten vnd túgenden wirdig sint.' Antwurt sant Dominicus: ‚Minre bruder sint hoher wirdikeit, do von enlosse ich ir keinen hoher stigen so uil ich sin fúrmag.' Antwurt Franciscus: ‚Mine brůder heissent die minre brůder, do von sullent sú nút merre werden.'* (ELAFr, S. 668)[632]

Sowohl Dominikus als auch Franziskus scheinen nur den Disput mit dem Kardinal führen zu wollen und dabei mit dem jeweiligen Argument den Kardinal und den jeweiligen gegenüber zu düpieren. Während Dominikus anführt, seine Gemeinschaft stehe in ausreichenden Würden, kontert Franziskus geschickt, dass seine Anhänger als *minre brůder* (*fratres minores*) erst gar keiner Würden bedürften. Beide Fassungen entsprechen insoweit der *Legenda Aurea* des Dominikaners Jakobus de Voragine.[633] Eine fast wortgleiche, aber doch eigenständige Erwähnung dieser Szene bietet die dritte und daneben einzige andere deutschsprachige Wiedergabe der Textpassage aus *Der Heiligen Leben*, in dem die Protagonisten eine einheitliche Auffassung bezeugen. Diese äußern sie zudem zeitgleich und gerade dadurch evoziert die Erzählung eine besondere Vertrautheit der beiden zueinander:

631 Den Fragen der Authentizität und dem Aussagegehalt geht vor allem Achim Wesjohann nach, der zudem einen Überblick über die entsprechende historiographische Debatte dieser Passagen für die lateinischen Texte liefert. Siehe Wesjohann: Mendikantische Gründungserzählungen. S. 299–308.

632 Vgl. die parallel gestaltete Versfassung des *Passional* (PFr, S. 524–525).

633 Vgl. LAFr, Cap. 144, S. 668.

Das widerrett sant Dominicus vnd sant Franciscus vnd sprachen: ‚Haben vnder pruder ain seligs leben, so haben sy eren genung vor got. Wir wollen nicht verhengen, das man sy zu kainer wertlicher wirdickeit secz.‘ (HLFr, S. 54)

Gemeinsam widersprechen die Heiligen dem Kardinal, in der Sorge um die Stabilität der jeweiligen Gemeinschaft. Darüber hinaus bergen die lateinischen Franziskuslegenden eine weitere, deutlich vertraulichere Unterredung der beiden Heiligen, die sich innerhalb der Erzählung direkt im Anschluss an die Episode bei Kardinal Hugolino d'Ostia ereignet und zuerst in der *Vita Secunda* des Thomas von Celano erwähnt wird (CFr2, CX, 150).[634] Der Erzähler entwirft eine zumeist in indirekter Rede wiedergegebene Unterhaltung zwischen Dominikus und Franziskus, die in einem reziproken, aber asymmetrischen Tauschverhältnis kulminiert. Dominicus, der bereits auf semantischer Ebene durch die Attribuierung als *beatus* gegenüber dem Franziskus beigestellten *sanctus*, als hierarchisch unterlegen gezeichnet wird, ist im Gespräch der Bittsteller (*rogavit*). Inhalt seiner Bitte ist ein Gebrauchsgegenstand oder besser gesagt, ein Teil der kargen Kleidung des Franziskus (*chordam, qua cingebatur*). Nach inständigem und wiederholtem Bitten (*devotio postulantis*) erhält Dominikus seine Gabe. Vermutlich hat die hier geäußerte übermäßige Privilegierung des Franziskus gegenüber Dominikus dazu geführt, dass die Szene im Kontext der Eintrachtsbemühungen zwischen den Orden fast nicht mehr erwähnt wurde und auch nicht in die volkssprachlichen Texte einzog. Vor allem die im Jahre 1255 in Briefen geäußerten Ermahnungen der Ordensoberen, dem Franziskaner Johannes von Parma und dem Dominikaner Humbertus de Romanis, deuten diese Bemühungen an. Dabei offenbart die Unterredung zwischen Franziskus und Dominikus, wie gezeigt, zunächst einmal ein reziprokes und vor allem sehr persönliches Verhältnis. Dieses trägt jedoch nicht dazu bei, die durch die einseitige Gabe entworfene Asymmetrie zwischen den Gottesfreunden zu überbrücken. Vielmehr evoziert das dargestellte Tauschverhältnis von Bitte, Geschenk, Dank und Lobpreis des Gebenden einen Gabenzyklus, der zu einer einseitigen Abhängigkeit und Überlegenheit führt.[635] Die auf Gott hin ausgerichtete Freundschaft zwischen Dominikus und Franziskus wird – zumindest aus der Perspektive des Dominikus – parallel zum Verhältnis seiner eigenen, zu Gott unterhaltenen Freundschaft gestaltet. Gerade seine im Anschluss an die Un-

634 Parallel wird diese Episode in der Sammlung von Perugia (Cap. 49) und in *Der Spiegel der Vollkommenheit* (Cap. 43) überliefert.

635 Hierin zeigt sich Mauss' „System der totalen Gabe“, das den Beschenkenten dem Schenkenden unterwirft, vor allem wenn die Gabe in ihrem (sozialen, monitären oder symbolischen) Wert nicht oder nur zum Teil erwidert werden kann. Der Zwang zur Gegengabe führt dann zur Abhängigkeit bis der Wert ausgeglichen erscheint. Siehe dazu Mauss: Die Gabe, hier S. 21–23 und 27–36.

terredung und den Gabentausch geäußerten Worte gegenüber seinem Orden offenbaren diese Haltung. Demzufolge vollzieht er nämlich nicht nur eine *imitatio Christi*, sondern ruft auf, Franziskus nachzufolgen (*sequi deberent*). Insgesamt wird dieser Eindruck durch die narrative Anlage der Episode unterstrichen. Von der dialogischen Szene zwischen den Protagonisten wird allein Dominikus' Bitten gegenüber Franziskus und die Lobpreisungen seiner besonderen Heiligkeit in mimetischer Rede dargeboten. Die im Gabentausch symbolisch evozierte Unterwürfigkeit des Dominikus wird so auch auf verbaler Ebene explizit. Insoweit wird der Blick des Rezipienten in der Vita Celanos weggelenkt vom kurz aufscheinenden Bild zweier gleichrangiger (*dixit* [...] *santus sancto*), immanenter Gottesfreunde, die sich innig und höchst vertraulich die Hände reichen (*manus inter manus ponuntur*).

Dieses Bild, zweier ebenbürtiger Gottesfreunde entwerfen hingegen die Dominikuslegenden. Vor allem die Fassung in *Der Heiligen Leben*, die anscheinend parallel zur Freundschaftsepisode in der dortigen Franziskuslegende gestaltet ist. Ausgangspunkt für die Erzählungen von den befreundeten, immanenten Gottesfreunden innerhalb dieser Legenden ist immer eine Vision des Dominikus, die dieser während seines Romaufenthaltes erfährt.[636] Die Vision berichtet vom bevorstehenden Gottesgericht, weil Christus die Verkommenheit der Welt nicht mehr ertragen kann und allein die Gottesmutter Maria appelliert an seine Barmherzigkeit mit dem Vorschlag:

636 Zuerst findet sich diese Vision und die sich anschließende Freundschaftsepisode in der ersten etwa um 1260 entstandenen Fassung der *Vitas fratrum* des Gerardus de Fracheto. Schon Fritz Bangemann weist in seiner quellenkritischen Arbeit zu den mittelhochdeutschen Dominikuslegenden auf die Varianz dieser Episode in den lateinischen Fassungen hin. Er merkt dafür im Hinblick auf die deutlichste Abweichung an: „Während also Gerardus Frachetus Maria dem Herrn Dominicus und Franciscus von vornherein darbietet, nennt sie bei Rodericus [scil. de Cerratensis; M.S.] nur Dominicus, und Christus fordert sie erst auf, dem Dominicus einen Gefährten zu geben." Vgl. dazu mit einer Synopse der lateinischen Passagen Bangemann: Mittelhochdeutsche Dominikuslegenden und ihre Quellen, hier S. 14. Innerhalb der volkssprachlichen Überlieferung scheinen hingegen alle Legenden, wenn sie die Szene wiedergeben, eine Transformation der Fassung des Gerardus de Fracheto zu sein. Dies stimmt mit den Untersuchungen Bangemanns überein, wonach die Fassungen des *Der Heiligen Leben*, des *Passional* und auch der *Alemannischen Dominikuslegende* entweder direkte Transformationen der *Vitas fratrum* darstellen oder durch die *Legenda aurea* des Jakob de Voragine vermittelt wurden. Letztere basiert wiederum auf Gerardus' Text. Die hier ebenso betrachtete *Elsässische Legenda Aurea* wird von Bangemann nicht berücksichtigt. Siehe zu diesen Transformationsprozessen ebd., S. 31–70. Cristina Andenna danke ich an dieser Stelle für den Hinweis, dass gerade diese Vision des Dominikus auch mittels der Predigt schnelle Verbreitung erfuhr, siehe dazu Nicole Beriou: Les sermons et la visite pastorale de Federico Visconti, archevêque de Pise (1253–1277). Rom 2001, speziell § 8–9, S. 673–674.

‚Sun, ich hon ain getrewen capplan, daz ist sant Dominicus, dem enpfilh dein potschaft vnd Francisco, seinem geseln, daz si den menschen sagen, daz si sich von irn suenten bekern vnd dich ern.' Do sprach vnder herr: ‚Müter, di gevallen mir wol, vnd wil si in allev lant senten, daz si di werlt lern, daz si rewe veber ir suent haben. So wil ich mein zorn lossen varn vnd wil di sunder in parmhertzikait fristen.' Do nam di andaht ain ende. Dez morgens kom sant Franciscus von geschiht zu sant Dominicus. Do sagt er im, waz er dez nahtz in seiner andaht gesehen het, vnd sprach zv im: ‚Lieber prüder, dv scholt mein geselle sein, got zu dienen.' Vnd gelobten gesellеschaft zusamen in gantzen trewn in got. (HLDo, S. 237)

Auffallend sind gleich mehrere Aspekte: Erstens wird die Freundschaft der beiden immanenten Gottesfreunde im Hinblick auf Gott bereits in der Transzendenz entworfen. Schon Maria benennt Franziskus als *geseln* des Dominikus. Zweitens nutzt der Erzähler der Legende die mimetische Rede seiner Dominikusfigur, um den Freundschaftsschluss nicht nur zu erzählen, sondern um ihn im Vollzug, als emphatische Anrede darzubieten. Dabei evoziert neben dem Einsatz der familialen Semantik *lieber prüder*, die bereits auf eine gleichrangige Relation verweist, vor allem die verwendete, halbe Zueignungsformel *dv scholt mein geselle sein* eine verbindliche Vertraulichkeit.[637] Drittens hebt der Erzähler jener reziprok gelobten *gesellеschaft* der Gottesfreunde an dieser Stelle explizit hervor, dass sie im Hinblick auf Gott *in gantzen trewn* geschlossen wird. Insgesamt wird so in der Dominikuslegende des *Der Heiligen Leben* eine durchaus ebenbürte Freundschaft zwischen den beiden Gottesfreunden entworfen, bedenkt man die zuvor dargestellten Szenen der Franziskuslegenden. Die dafür aufgezeigten Aspekte innerhalb der narrativen Entfaltung lassen sich ebenso in weiteren volkssprachlichen Dominikuslegenden finden. Sie weisen jedoch deutliche Transformationen auf, die, wie zuvor im Textcorpus der Franziskuslegenden, zu unterschiedlich gewichteten Freundschaftsdarstellungen der immanenten Gottesfreunde führen. Beispielsweise objektiviert der Erzähler des *Alemannischen Dominikusleben* seine Aussagen über die Vision des Dominikus und den anschließenden Freundschaftsbund durch folgende Einleitung (ADo, S. 337): *Es was ein brúder von dem orden der barfuessen, der was vil zit sant Franciscus geselle gewesen, der seit vil brúdern der prediger* [...]. Der Erzähler dieser Dominikuslegende führt sein Wissen also dezidiert auf einen Franziskaner zurück, der als ordensexterner Zeuge fungiert. Dies sicherlich vor allem vor dem Hintergrund des dann abweichend dargestellten Freundschaftsverhältnisses. Die wiederum in der Transzendenz entworfene Gemeinschaft ist nämlich semantisch anders codiert. Maria benennt Dominikus als *ein getrúwen knecht vnd ein frúmmen kempfen*, dem *ein andern knecht* zur Seite gestellt werden soll. Dieser sei aber, wie die Gottesmutter betont, *zu einem hellfer* bestellt, dessen Ebenbürtigkeit erst durch einen Nebensatz ausgedrückt wird, *der dir* [scil.

637 Siehe dazu wiederum Ohly: Du bist mein, ich bin dein, hier S. 381.

Christus; M.S.] *ouch zuo glicher wise wirt dienen* (ADo, S. 338). In der szenischen Repräsentation dieser *kempfen*, die sich vorrangig durch Gehorsam auszeichnen, stützt die Erzählung die entworfene Hierarchie. Maria führt die beiden Gottesfreunde nacheinander vor ihren Sohn, zuerst Dominikus und dann Franziskus. Diese wenigen Umgestaltungen gegenüber der Legende des *Der Heiligen Leben* machen Dominkus zum aktiven Part der Freundschaftsanbahnung und heben seine Gottesfreundschaft gegenüber der des Franziskus hervor. Allerdings evozieren sie dabei kein Abhängigkeitsverhältnis wie es durch den Gabentausch in den Franziskuslegenden entworfen wird. Vielmehr bemühen sich die Erzähler der *Alemanischen Dominikuslegende* und des *Passional* die aufkeimende Hierarchie zu nivellieren. Zugleich unternehmen sie einen Versuch, das sich der Vision anschließende erste Treffen zwischen Franziskus und Dominikus sowie den Freundschaftsschluss zu plausibilisieren:[638]

> *Sant Dominicus beschouwete sinen gesellen gar vlisseclich in der gesicht, vnd den er vor nie hat gesehen, den fand er morndes in der kilchen vnd an alles zeigen do erkant er in vnd vmbfienge in vnd küste in vnd sprach: ‚Werlich du bist min geselle, wir werden miteinander louffen bredien vnd nieman mag wider vns gesin.'* (ADo, S. 338)

Der Erzähler führt das Erkennen des Freundes auf die Vision des Dominkus zurück und entwirft so bereits die Initiierung einer gemeinsamen Gottesfreundschaft der Gottesfreunde als transzendent legitimiert. Neben der Plausibilisierung und Legitimierung führt erst diese Passage die Semantik der *geselleschaft* für die Gemeinschaft der beiden *kempfen*, als immanente Gottesfreunde ein. Blickt man auf die Handlungen des Protagonisten, so scheint dieser ungeachtet eines möglichen Unverständnisses oder einer Zurückweisung, von einem wechselseitigen und höchst vertraulichen Nahverhältnis zu seinem noch unbekannten Gegenüber auszugehen. Nicht nur die besondere Nähe, die sich im zeichenhaften Umarmen und Küssen widerspiegelt,[639] offenbart dies. Auch auf verbaler Ebene weist der *verdiktive Sprechakt* des Dominkus, als Angebot *du bist min geselle*, auf ein wechselseitiges Verhältnis hin.[640] Dominikus‘ Handeln zeigt in dieser Erzählung ein Zusammenfallen von symbolischen Gesten, die eine reziproke Vertrautheit in die Zukunft prolongieren und der bereits auf Zukunftsge-

638 Vgl. PDo, S. 362.

639 Zu diesen symbolischen Gesten und ihrem Einsatz im Kontext einer medialen Freundschaftsvermittlung siehe Münkler und Standke: Freundschaftszeichen, hier 19–23; dort auch ein Überblick über die rezente Forschung dieses Rituals und seines symbolischen Gehalts.

640 Zum Begriff des verdiktiven Sprechaktes siehe erneut Austin: Sprechakte, hier S. 170–173. Zum Vergleich noch einmal die Zueignungsformel aus der Fassung HLDo: *dv scholt mein geselle sein.*

wissheit abstellenden Äußerung.[641] Der Erzähler ist insofern bemüht, die Vorwegnahmen seiner Figur in der *histoire* auch auf der Ebene des *discours* einzulösen. Konsequent kommentiert er die Szene mit einem Zitat aus der Augustinusregel:[642] *dornach hattent si ein hertz vnd ein sel in dem herren* (ADo, S. 338). Franziskus und Dominikus knüpfen also auch in dieser Fassung eine reziproke und untereinander symmetrische Freundschaft im Hinblick auf Gott. Diese Symmetrie weiß der Erzähler des ansonsten fast identisch verfahrenden *Passional*, auch ohne die Augustinusregel zu zitieren, deutlich hervorzuheben. Zudem gelingt ihm eine sich anschließende Übertragung der Freundschaft der immanenten Gottesfreunde auf die Mitglieder ihrer jeweiligen Orden. Er formuliert hierfür vehement ein Gebot und entfaltet Freundschaft als gemeinsinnstiftende Anspruchskategorie der Ordensgemeinschaften:

> *si hetten lieb sich beide / ane alle underscheide / und hiez in nemen des ouch war / ir nachkumenden vil gar, / daz si an vrundes sinnen / sich stete solden minnen / in unserme lieben herren gote / nach ir beider gebote.* (PDo, S. 362)[643]

So wie Dominikus und Franziskus dem Prinzip der Ebenbildlichkeit, nämlich *ane alle underscheide*, als Freunde einander zugetan sind, sollen auch die beiden Ordensgemeinschaften miteinander im Hinblick auf Gott befreundet sein. Diese auf Gott hin ausgerichtete Freundschaft zwischen den Orden der befreundeten Gottesfreunde stellt eine Ergänzung gegenüber den drei Aspekten der Fassung des *Der Heiligen Leben* dar. Auffällig ist vor diesem Hintergrund jedoch die Dominikuslegende der *Elsässischen Legenda Aurea*, denn dort heißt es:

> *Also wart eine grosse fruntschaft vnder in; die gebutten sú iren nochkomen eweklich zů haltende. Do von sint brediger vnd barfüsen noch einander also hǒlt also hunde vnd kaczen.* (ELADo, S. 502)

Die Freundschaft zwischen den Orden wird vom Erzähler ohne weiteren Kommentar mit dem Bild befreundeter Hunde und Katzen verglichen. In dieser Metapher liegt eine klare, vermutlich kritische Einschätzung der tatsächlichen Verhältnisse zwischen den beiden Mendikantenorden. Eine Hassliebe, die der Erzähler aber nicht auf die innig befreundeten Gottesfreunde bezieht. Deren immanente Freundschaft bleibt nicht als Parado-

641 Siehe wiederum Münkler und Standke: Freundschaftszeichen, S. 20–21. Vgl. daneben die einführenden und an Niklas Luhmann orientierten Überlegungen zu Vertrauen im theoretischen Semantikkapitel dieser Arbeit.

642 Dass es sich hierbei nicht allein um ein Zitat der Augustinusregel handelt, sondern auch um ein Sekundär- respektive Tertiärzitat der eigenen *consuetudines* des Ordens zeigen die Untersuchungen Florent Cyglers, der allerdings lediglich die rechtlichen, insoweit lateinischen Texte analysiert. Siehe dazu Cygler: Zur institutionellen Symbolizität der dominikanischen Verfassung, hier S. 413–414.

643 Vgl. dazu das ADo, S. 338: *vnd das gebútten si ouch iren nachvolgern eweclich zebehaltent.*

xie, wohl aber als erstrebenswertes Ideal, eben als Anspruchskategorie für die revalisierenden Orden erhalten. In diesem Ideal liegt das Potential für eine weitreichendere, ordensübergreifende Gemeinsinnstiftung.

3.2 Klara von Assisi und Franziskus

Neben den homosozialen Freundschaftsbeziehungen immanenter Gottesfreunde, wie der einleitend besprochenen zwischen Norbert und Gottfried, aber auch der vorhergehenden zwischen den beiden Ordensgründern Dominikus und Franziskus, beinhalten die Legenden ferner heterosoziale Freundschaftserzählungen. Dies ist vor dem Hintergrund einer dezidiert homosozialen Gesellschaftsmatrix wie der des Mittelalters durchaus bemerkenswert und im Kontext der bereits aufgezeigten Nähe der Semantiken von Freundschaft und Liebe für die legendarischen Erzählungen nicht unproblematisch, vor allem im Hinblick auf die Semantiken der Intimität und dem damit anzitierten symbiotischen Mechanismus der Liebe, die geteilte Sexualität. Der Erzähler einer heterosozialen Freundschaftsnarration muss also neben der Paradoxie der befreundeten Weltentsager, ferner das prekäre und mitunter als subversiv unterstellbare Changieren eines Nahverhältnisses zwischen vertraulicher Intimität und erotischem Begehren bearbeiten.[644] Exemplarisch für ein solches heterosoziales Nahverhältnis wird der Fokus im Folgenden auf Klara und Franziskus gerichtet. Dazu gilt es bereits vorweg anzumerken, dass die analysierten Textcorpora durchaus ähnliche Erzählungen bieten. Dies ist einerseits auf den gleichen Verfasser der jeweils ersten und wirkmächtigen Vita(e) beider Heiligen, Thomas von Celano, zurückzuführen.[645] Andererseits ist dies natürlich der Umstand, dass die beiden Gemeinschaften später als Zweige eines franziskanischen Ordens wahrgenommen werden. Das noch zu betrachtende Zusammenwirken der beiden Heiligen innerhalb ihrer legendarischen Erzählungen im Hinblick auf die Gründung der Gemeinschaft Klaras wird diese, nicht nur literarische Legitimationsstrategie, noch genauer fokussieren. Bezogen auf die beiden Textcorpora muss ferner erwähnt werden, dass zum einen sehr früh ein bewusster Umgang

644 Dies gilt natürlich auch für homosoziale Freundschaftsnarrationen, jedoch vor dem erwähnten Hintergrund einer homosozialen Gesellschaftsmatrix und heteronormativen Grundeinstellungen in einem weitaus geringeren Maße. Siehe dazu ausführlicher das Kapitel *Einhegung und Einbindung des Charismas*, in dem ich auf die Differenzen und Gemeinsamkeiten von homo- und heterosozialen Freundschaftserzählungen im Umgang mit Semantiken der Intimität eingehe.

645 Zur Diskussion der Urheberschaft Thomas‘ von Celano siehe die differenten Ansätze und philologischen Arbeiten zusammenfassend Engelbert Grau und Marianne Schlosser (Hrsg.): Leben und Schriften der heiligen Klara von Assisi. Kevelaer 2001, hier S. 113–116.

mit den legendarischen Texten in den Gemeinschaften einsetzte, der zum anderen dazu führte, dass innerhalb der volkssprachlichen Überlieferung sehr umfangreiche Kompilationen entstanden, die sogenannten Franziskus- oder Klarabücher.[646] In diesen Kompendien gibt es eine sehr eindrückliche Erzählung über die beiden befreundeten Gottesfreunde, die zuerst in den lateinischen *Actus Beati Francisci et Sociorum* (AFr) ausführlich geschildert wird und die in ihrer Gestaltung bereits eine Transformation eines noch älteren heterosozialen Gottesfreundespaars darstellt. Das in der abgelegenen Kirche von Santa Maria degli Angeli abgehaltene Mahl zwischen Franziskus und Klara wird vor der legitimierenden Schablone des Gastmahls des heiligen Benedikts und der heiligen Scholastika beim Kloster von Montecassino erzählt.[647] Dabei entwirft der Erzähler der legendarischen Erzählung von Franziskus und Klara freilich einen ganz eigenen Sinnhorizont für deren Gemeinschaft, der gerade vor dem Hintergrund der perspektivierten Freundschaftsnarrative und -semantiken weitere Transformationen erfährt.

Die lateinischen *Actus* (AFr) berichten von mehreren und fast regelmäßigen Besuchen des Franziskus bei Klara *dum staret Assisii* [...] *frequenter illam* [...] *visitaret* (AFr, Cap. XV, 1) und sie betonen Klaras Wunsch nach einem persönlichem und insofern vertraulichem Mahl *illa rogavit pluries* [...] *semel insimul comederent* (AFr, Cap. XV, 1). Diesem Ansinnen widerspricht Franziskus jedoch und erst nach einer argumentativen Auseinanderset-

646 Zu den Kompendien und ihren vermutlichen Ursprüngen siehe einleitend mit Verweisen auf die einschlägige Forschung Schneider: Katharina Hoffmann, hier besonders S. 32–35.

647 Da der Vergleich sich nicht auf die Legende des heiligen Benedikt richtet, sondern sich auf die Corpora des Franziskus und der Klara beschränkt, gebe ich nur in der Fußnote die entsprechende Passage wieder und hebe die für die Freundschaftssemantik wesentlichen Stellen hervor. *Quadam vero die venit ex more, atque ad eam cum discipulis venerabilis eius descendit frater. Qui totum diem in Dei laudibus sacrisque* ***conloquiis*** *ducentes, incumbentibus iam noctis tenebris, simul* ***acceperunt cibos****. Cumque adhuc ad mensam sederent et inter sacra conloquia tardior se hora protraheret, eadem santctimonialis femina, soror eius, eum rogavit, dicens:* ***‚Quaeso te, ne ista nocte me deseras, ut usque mane aliquid de caelestis vitae gaudiis loquamur.‘*** *Cui ille respondit: ‚Quid est quod loqueris, soror? Manere extra cellam nullatenus possum.‘ Tanta vero erat caeli serenitas, ut nulla in aere nubes appareret. Sanctimonialis autem femina, cum verba fratris negantis audisset, insertas digitis manus super mensam posuit, et caput in manibus omnipotentem Dominum rogatura declinavit. Cumque levaret de mensa caput, tanta coruscationis et tonitrui virtus tantaque inundatio pluviae erupit, ut neque venerabilis Benedictus, neque fratres qui cum eo aderant, extra loci limen quo consederant pedem movere potuissent. Sanctimonialis quippe femina, caput in manibus declinans, lacrimarum fluvios in mensam fuderat, per quos serenitatem aeris ad pluviam traxit. Nec paulo tardius post orationem inundatio illa secuta est, sed tanta fuit convenientia orationis et inundationis, ut de mensa caput iam cum tonitruo levaret, quatenus unum idemque esset momentum et levare caput et pluviam deponere.* [...] *Ipse autem exire extra tectum non valens, qui remanere sponte noluit, in loco mansit invitus, sicque factum est* ***ut totam noctem pervigilem ducerent, atque per sacra spiritalis vitae conloquia sese vicaria relatione satiarent.*** Vgl. Gregor der Große: Der heilige Benedikt. Buch II der Dialoge. Lat./dt. Hrsg. im Auftrag der Salzburger Äbtekonferenz. St. Ottilien 1995, hier Cap. XXXIII, 2–4.

zung mit seinen Brüdern, die als Fürsprecher von Klaras Bitte auftreten, willigt er folgendermaßen ein:

> *Ex quo vobis placet, etiam michi videtur; sed, ut plenius consoletur, volo quod hoc fiat in S. Maria de Angelis. Ipsa enim diu stetit in S. Damiano reclusa; unde letificabitur aliquantulum revidendo locum S. Marie, ubi fuit tonsa et facta sponsa D. Ihesu Cristi; et ibi comedemus simul in nomine Domini.* (AFr, Cap. XV, 6–7)

Der Erzähler nutzt den vorgeschalteten Disput, um die Entscheidung Franziskus' zu einem solchen Treffen mit Klara seines subversiven Potentials zu berauben und zu legitimieren. Für die Dialogwiedergabe bedient er sich mimetischer Rede. Das Placet des Franziskus zu einem vertraulichen Beisammensein mit Klara erscheint auf diese Weise rational und fern jeder affektgesteuerten Entscheidung, die die Unterstellung erotischen Begehrens ermöglichte. Zugleich betont Franziskus, dass das Mahl mit der *sponsa D. Ihesu Cristi* nicht nur ein Gastmahl sei, sondern dezidiert *in nomine Domine* stattfinde. Darüber hinaus verknüpft Franziskus das Mahl mit einem symbolischen Ort, denn neben San Damiano ist Santa Maria degli Angeli oder die sogenannte Portiuncula Kapelle eng mit seinem Wirken als Gottesfreund und Ordensgründer sowie der Aufnahme Klaras in die monastische Gemeinschaft verknüpft. Das Treffen selbst findet im Beisein von Gefährten statt, denn Klara erscheint *cum socia; et, comitantibus eamdem sociis s. patris* (AFr, Cap. XV, 8), die auch während des Mahls anwesend sind *et sedit ipse et beatissima Clara, et unus de sociis s. Francisci cum socia s. Clare; et omnes alii eius socii in mensa illa humili sunt locati* (AFr, Cap. XV, 10). Der Erzähler changiert in seiner Darstellung zwischen einem Beweis exklusiver Vertraulichkeit unter den immanenten Gottesfreunden und der Vermeidung kompromittierender Nähe. Das erweiterte Figurenpersonal des Treffens bezeugt dieses zuallererst und legitimiert die narrative Wiedergabe. Inhaltlich dienen die Gefährten daneben der Abbildung einer Öffentlichkeit, die zwar elitär ist, doch vor allem aber die prekäre Nähe und Intimität des Treffens heterosozialer Gottesfreunde limitiert. Letztlich stellt die Einbindung von Gefährten auf diskursiver Ebene sogar Regelkonformität dar, denn das Verlassen des Klosters ist zumeist nur in Gemeinschaft gestattet.[648] Mit dem gemeinsamen Mahl der Gottesfreunde wird innerhalb der Erzählung jedoch nicht allein die Vertraulichkeit zwischen Franziskus und Klara demonstriert, sondern vielmehr noch deren geteilte Vertrautheit und Vertraulichkeit mit Gott.

---

648 Diese basale Vorschrift beinhaltet bereits die Augustinusregel (5,5), die gerade bei den Gemeinschaften, die der vita canonica folgen, zu denen auch die mendikantischen Orden zählen, in die jeweiligen Regeln oder Consuetudines aufgenommen wurden. Siehe dazu einführend Wolfram Hoyer: Die ‚Ältesten Konstitutionen' des Predigerordens. In: Hoyer (Hrsg.): Jordan von Sachsen, S. 244–322, hier S. 320.

> *Pro primo autem ferculo incepit s. Franciscus loqui de Deo tam suaviter et sancte et tam altissime et divine, quod ipse s. Franciscus et s. Clara* [...] *rapti tanta habundantia gratie Altissimi que eis supervenit.* (AFr, Cap. XV, 11)

In dieser Erzählung ist die Figur des Franziskus in ihrer Gottesnähe gegenüber Klara klar exponiert.[649] Seine Worte führen zu der gemeinsamen Entrückung und visionären Gottesnähe. Klara hat wie die Gefährten nur Teil an diesem Umstand und dem daraus resultierenden Wunder.[650] Denn während die Gottesfreunde und ihre Gefährten derartig entrückt sind (*sedentibus sic raptis*), erscheint der umliegenden Bevölkerung (*homines de Assisio et Betona et undique*) nicht nur die Kirche, sondern die gesamte Gegend um das kirchliche Anwesen herum zu brennen (*S. Maria de Angelis et totus locus* [...] *unus magnus ignis* [...] *preoccupabat*). Die sofort eingeleiteten Löschversuche sind jedoch nicht notwendig, da die herbeieilenden erkennen:

> *Et tunc certitudinaliter adverterunt quod ille erat ignis divinus qui, ob devotionem tam sanctorum et sanctarum dictum locum divini amoris copiosis consolationibus inflammabat. Unde recesserunt valde hedificati et consolati.* (AFr, Cap. XV, 15)

In der *histoire* werden die Wunder als Wahrnehmung der Nebenfiguren vom Erzähler fokussiert. Das Feuer entpuppt sich für sie als Glanz, der der besonderen Gottesnähe der Heiligen entspringt. Die gemeinsame Meditation der Gottesfreunde hat das Wunder bewirkt, das vor allem ihre besondere Nähe und gemeinsame Verbundenheit zu Gott bestätigt.

Das wunderverheißende Bild der in Flammen stehenden Kapelle und der angrenzenden Wälder hat Einzug in die volkssprachlichen Transformationen gefunden, allerdings nur im Corpus der Klaralegenden.[651] Auffällig ist dabei zweierlei, nämlich erstens, dass diese Erzählungen in ihrer textuellen Chronologie der lateinischen *Claravita* Thomas' von Celano und nicht den eben betrachteten *Actus* folgen. Sie verorten also das Treffen

---

649 Die Erzählung entstand wahrscheinlich erst nach der *Claravita* Celanos. In der *Claravita* Thomas' von Celano wird Franziskus zwar auch deutlich hervorgehoben – immerhin ist er der *paranymph*[*us*] (CCl, Cap. 3,7) der Klara ihrem Bräutigam Christus zuführt –, doch fehlt die Entrückung und der Erzähler betont, dass während eines Gesprächs über Klaras Seelenheil sie allein von himmlischen Feuer erfüllt wird (CCl, Cap. 3, 8–10). *Aperitur ei protinus aeternorum intuitus gaudiorum, quorum conspectu mundus ipse vilesceret, quorum desiderio a semetipsa liquesceret, quorum amore ad supernas nuptias anhelaret. Coelesti namque igne succensa, terrenae gloriam vanitatis sic ex alto contempsit, ut nihil iam de mundi applausu eius affectibus inhaereret. Carnis quoque illecebras perhorrescens, iam torum in delicto se nescituram proponit, soli Deo de corpore suo templum facere cupiens et magni regis connubia virtute promereri contendens.*

650 Siehe dazu im Folgenden AFr, Cap. XV, 12–15.

651 In den deutschen volkssprachlichen Franziskuslegenden fehlt eine solche Begegnung zwischen Franziskus und Klara, allerdings berichten sie sehr wohl von dem besonderen Verhältnis zwischen den beiden vor allem im später noch zu betrachtenden Kontext der Gründung der Damianitinnen.

direkt vor Klaras Aufnahme in die Gemeinschaft und stellen es als konkreten Anlass dafür dar. Zweitens erzählen die volkssprachlichen Texte das Treffen der heterosozialen Gottesfreunde ohne Gefährten und selbst das Wunder ohne Zeugen. Während also die *Actus* das Mahl in eine Sukzession von mehreren Treffen der beiden Heiligen einordnen, steht die Zusammenkunft in der Portiuncula Kapelle, ein Mahl wird nicht erwähnt, bei den volkssprachlichen Erzählern und Thomas von Celano eher am Anfang ihrer Freundschaft. Darauf weist bereits die Kapitelüberschrift Celanos hin *De noticia et familiaritate beati Francisci* (CCl, Cap. 3). Andererseits nutzt auch Thomas von Celano die Gefährtenfigur für seine legendarische Erzählung von Klara. Er verknüpft sie indes mit der sozial prekären, legendarisch aber wesentlichen Entscheidung Klaras zur Weltabkehr, die unter dem Einfluss Franziskus' entsteht:

> *Nam unica tantum familiari socia comitante, paternos lares puella egrediens, clandestinos ad virum Dei frequentabat accessus, cuius sibi verba flammantia, cuiusque ultra hominem opera videbantur.* (CCl, Cap. 3, 4)

Eine vertraute Gefährtin begleitet Klara bei ihren heimlichen Treffen mit dem Gottesfreund. Diese Figur löst einerseits die prekäre Spannung erotischen Begehrens innerhalb eines heterosozialen Verhältnisses, wie es zwischen Klara und Franziskus entsteht. Andererseits ermöglicht diese Vertraute nicht nur das Verhältnis, sondern bezeugt es ebenso durch ihre Anwesenheit parallel zum Erzählen der *Actus*.

Die volkssprachlichen Legenden, die Celanos *Claravita* und die *Actus* aufgreifen, verfahren mit der heterosozialen Nahbeziehung demgegenüber anders. Grundlegend erzählen sie zwar durchaus kürzer von der Begegnung und sparen insofern häufig die subversiven Momente eines heimlichen Treffens oder Formulierungen über die Wirkung des Franziskus auf Klara aus.[652] Mitunter nutzen sie aber eine stark affektorientierte Darstellung zur Evozierung einer reziproken Vertraulichkeit. In der Passage des *Der Heiligen Leben* verwendet der Erzähler dafür bezogen auf beide Protagonisten fast identische Phrasen, die mit dem Verb *begern* konstruiert werden. Nachdem Klara von Franziskus und seinem Wirken gehört hat, heißt es:

> *Do von* **begert** *si, das si in sehen scholt. Sant Franciscus hort auch von sant Klaren heiligen leben vnd* **begert** *auch, das er si sehen scholt vnd mit ir gereden moht, vnd kum zu ir. Do*

652 Das prägnanteste Beispiel für eine solche Kürzung bietet die Fassung der Klaravita aus dem *Sand Claren bvch*, dort heißt es knapp (KlV, Z. 222–229): *In der selben zeit, da die selig Junkfrawe Sand Clar dennoch trug werltleicheve klaider, da waz si aines tages pei Sand Franciscen in dem walde pei vnser frawen kirchen, die da haizzet portiuncula, vnd rette si mit im von dem hail irr sel. da ward gesehen daz fewerein strel von den himel her ab gingen veber si paideve, do si stvnden, aber von dem willen gotes getorst niemant so kven sein, der zw in ginge.*

> *ward sant Klar gar fro. Sant Franciscus rett gar sueszekleich mit ir vnd lert si* [...]. *Vnd kum oft zu sant Francisco durch sein gûteve ler vnd* ***begert****, das si got allain moeht gedienen, vnd aht niht aller werltleichen wollust.* (HLKl, S. 387–388)[653]

Dem jeweiligen voneinander Hören folgt ein Begehren, den anderen kennenzulernen. Gerade in diesem Umstand zeigt sich die im Heilscharisma der beiden Figuren begründete Wechselwirkung. Die Faszination führt zu jener Gemeinschaft der Gottesfreunde, die sie im Hinblick auf Gott teilen.[654] Das entworfene wechselseitige Begehren gilt *got allain*, dem vor allem Klara durch die Hilfe des Franziskus näherkommt. Zwischen Franziskus und Klara wird insofern ein spirituelles Nahverhältnis entworfen. Der Erzähler kann hierfür die auf Intimität abzielende Sprache verwenden, weil er bereits zuvor Klaras Absage gegenüber weltlicher Intimität offenbart hat.[655] Gleich im ersten Abschnitt der Legende berichtet der Erzähler des *Der Heiligen Leben* von der Tugendhaftigkeit der Protagonistin und schließt vor der zitierten Passage mit *si* [...] *enpfalh vnderm herrn ir kuesch* (HLKl, S. 387). Insoweit greift der Erzähler am Ende des Absatzes über das wechselseitige *begern* diese Formulierung lediglich noch einmal auf und steigert sie zu *vnd aht niht aller werltleichen wollust.*

Die volkssprachlichen Erzähler haben daneben, wie bereits erwähnt, ein besonderes Interesse am wundersamen Treffen der Gottesfreunde *in dem wald pei vnder frawn kirchen* (HLKl, S. 388). Dieses geben sie allerdings deutlich gekürzt, aber immer noch in Anlehnung an die *Actus* wieder. Der *himelisch glantz oder die fewerein strel von den himel*, die von der geteilten und gemeinsam erlebten Freundschaft zu Gott und eben reziprok von dessen Freundschaft zu beiden Gottesfreunden kündet, ist in den volkssprachlichen Legenden Klaras anders als in den Franziskuslegenden ein häufiges Motiv. Gegenüber den lateinischen Fassungen betonen die volkssprachlichen Legenden jedoch, dass es keine missverstandenen Löschversuche gibt: *Doch rett niemant dor zu, wann es was gotz wille* (HLKl, S. 388). Dieser Zusatz führt zu einer Steigerung der exklusiven Erfahrung und insoweit auch zu einer Intensivierung der erwählten Freundschaft zu Gott. Klara und Franziskus verbleiben insoweit Gott gewollt als einzige in jenem

653 Die Fassung der Klaravita aus dem *Sand Claren bvch*, bringt ebenfalls diese Passage und verwendet dabei auch die begern Phrasen. Allerdings wird sie dort der Vorlage der Vita Thomas' von Celano folgend wiedergegeben und die bereits zitierte, deutlich kürzere Portiunkula Episode wird nachgestellt. Diese wirkt fast wie ein Zusatz, siehe dazu KlV. Z. 163–221. Zu dieser Einschätzung siehe auch Schneider: Katharina Hoffmann, hier S. 43.

654 Gerade im Begehren und der damit verbundenen Faszination zeigt sich das von Max Weber beschriebene Phänomen „emotionaler Vergemeinschaftung" durch Heilscharismatiker. Diese Zusammenhänge, seien hier nur erwähnt, eine detaillierte Darlegung erfolgt in einem späteren Kapitel. Siehe dazu bereits einleitend Weber: Wirtschaft und Gesellschaft, S. 180.

655 Dieser Chronologie folgen auch die weiteren volkssprachlichen Fassungen.

Raum, in dem sie ihm gemeinsam nah sein können. Die fehlende Zeugenschaft bearbeitet die Klaralegende des *Der Heiligen Leben* entgegen anderer Fassungen wie der Klaravita aus dem *Sand Claren bvch* nicht innerhalb des eigenen *discours*. Während das *Sand Claren bvch* parallel zu seiner Vorlage der Vita Thomas' von Celano die legendarische Erzählung bereits durch einen vorangestellten Brief an den Papst legitimiert und dem legendarischen Inhalt Authentizität zuspricht,[656] fehlt eine solche narrative Strategie für die Erzählung des *Der Heiligen Leben*. Diese Legende generiert ihre Authentizität nicht auf der eigenen Textebene von *discours* und *histoire*, sondern speist sie vielmehr aus der Teilhabe an einem Textkompendium legendarischer Erzählungen, die auf der Ebene der *narration* entspringt.

Das umfangreiche Corpus der volkssprachlichen Klaralegenden hält jedoch mit der Erzählung der Klarissin Magdalena Steimerin noch eine weitere Transformation bereit. Sie greift das in den *Actus* beschriebene Mahl auf, lehnt sich ansonsten aber stark an die lateinische Vita Thomas' von Celano an.[657] Die frühneuhochdeutsche Legende enthält, neben der Wunderepisode der Mahlgemeinschaft mit der am Code der Intimität partizipierenden Sprache, noch eine weitere, sehr eigenwillige Bearbeitung der Mahlszene in ihrem Mirakelanhang. Die dort dargestellte Mahlgemeinschaft zwischen den beiden Heiligen findet (ähnlich den *Actus*) im Kreise weiterer Gefährten statt. Diese werden jedoch vom Erzähler ausgeblendet und das wohlgemerkt immanente Mahl wird zu einem der *communitas sanctorum* oder zumindest einem prominenten Teil dieser transzendenten Gemeinschaft umgeformt:

> *Es ward do gesehen dz vnser lieber here do ze tisch sasz zwúschen vnser aller erlichsten můté Sant Claren vnd vnserem seligen vatter Sant Francisz vnd hatt grosse fröid vnd wirtschaft mit inen beden vnd zů der andren siten Sant Claré do sasz vnser liebe fröw vnd wz öch gar frölich vnd innenklich an zesehen vnd hatt grosse fröid mit der seligen můter Sant Claren Es ward öch do gesehé ze sitzen die zwen hohen himelsfúrsten Sant Peter ún Sant Paulus.* (TKl, fol. 135r)

Auf Augenhöhe mit Gott, Maria und den Apostelfürsten Petrus und Paulus wird das Mahl von Franziskus und Klara durch den Erzähler präsentiert. Dabei werden die beiden Heiligen als Vater respektive Mutter semantisch und szenisch als gleichgestelltes, in einer wechselseitigen Beziehung stehendes Paar neben Gott platziert. Dieses narrativ entworfene und in der Handschrift als colorierte Miniatur wiedergegebene Bild verbindet die beiden Heiligen auch performativ mit Gott.[658] Das entstehende Bild

---

656 Vgl. dazu CCl, Prol., 1–9 und KlV, Z. 1–161.

657 Siehe zu diesen Abhängigkeiten und den Entstehungskontext Ernst: Magdalena Steimerin, hier S. 137–139.

658 Die seitenfüllende Miniatur findet sich auf fol. 134v, TKL. Auffällig ist die Blickregie der Darstellung. Während Klara und alle anderen auf den mit Hostien belgten Gabentisch schauen, blicken Christus und die über allen schwebenden Engel auf Klara.

von Gottesfreunden, die in geteilter Freundschaft mit und im Hinblick auf Gott immanent beisammen sind, nötigt jedoch den Erzähler zu einem Kommentar:

> *Vnd do bi wirt vns wöl ʒe verstond geben mit welher gůten berrahtúg vnd worten dʒ edel mol vertribé ward won die an die sie gedohten vnd von denen si seiten die woren öch do ʒe gegm* (TKl, fol. 135r–135v)

Dieser Kommentar ermöglicht die besondere Vertraulichkeit der Gottesfreunde Klara und Franziskus mit Gott sowie weiteren Heiligen herauszustellen. Allein ihre Gedanken und Worte lassen diese besondere Mahlgemeinschaft realiter zustandekommen. Der Kommentar löst jedoch nicht die problematische Frage nach der Authentizität dieser paradoxen Aussagen, die sich gerade in der zurückhaltenden Erzählhaltung offenbart.[659] Zweimal verwendet der Erzähler die unpersönliche Wendung ‚man sah' sowie einmal die infinite Passivkonstruktion des Kommentars ‚wird uns wohl zu verstehen gegeben', in die er sich selbst mit einbezieht. Beides verweist auf seine Distanz gegenüber dem Erzählinhalt. Legitimation erfährt die Episode nur, weil sie paradigmatisch mit einer weiteren Wundererzählung verknüpft ist. In der vorhergehenden Passage der Erzählung wird von einem Brotwunder berichtet, das sich während eines Mahls von Klara und ihrer Gemeinschaft im Beisein von Papst Bonifaz ereignet.[660] Der Erzähler stellt zu Beginn der nachfolgenden Episode fest, dass auch die geschilderte Mahlgemeinschaft mit Franziskus im Kontext dieses ersten Mahles mit Papst Bonifaz stattfand. Insofern lässt er das Mahl konsequent mit der erneuten Erwähnung des wohl wichtigsten Zeugen eines solchen Wunders enden (TKl, fol. 135v): *Do stůnd der bobst uff vnd die andren alle vnd betteten des gracias mit grosser andaht.* Prominent an erster Stelle und als einziger zwischen den *andren alle*[n] betitelt, wirkt der Papst als legitimierende Figur in dieser Erzählung.

Der vergleichende Blick auf die Freundschaft zwischen Klara und Franziskus innerhalb ihrer Textcorpora zeigt, dass sie im Gegensatz zu der zuvor betrachteten Freundschaft von Dominikus und Franziskus *sui generis* weniger kompetitiv gestaltet ist. In Klara und Franziskus stehen sich nicht zwei Ordensgründer zweier mitunter konkurrierender Mendikantenorden gegenüber. Die basale Gemeinsamkeit des Ordens, der sich in ihren Figuren lediglich verzweigt, bedarf innerhalb ihrer Freundschafts-erzählungen keiner gesonderten Diskussion. Viel eher zeigt sich die besondere Nähe

659 Diese Erzählhaltung steht auch im Gegensatz zum einleitenden Prolog des Mirakelteils, in dem der Erzähler seine Aussagen explizit auf Gott zurückführt, der ihn zwingt die *unwiderrüffenlich worheit der geschichten* (TKl, fol. 112r) wiederzugeben.

660 Zur Diskussion, welcher Papst hier gemeint sein könne, siehe erneut Ernst: Magdalena Steimerin, S. 143, vor allem Anm. 17.

und Abhängigkeit Klaras gegenüber Franziskus, die an späterer Stelle noch einmal thematisiert wird. Zudem bergen die volkssprachlichen Transformationen der Klaralegenden gegenüber denen des Franziskus und denen des Dominikus einen deutlich eigenständigeren und keinesfalls pauschalisierbaren Umgang in der Ausgestaltung der Freundschaftsszenen ihrer lateinischen Vorlagen. Sie zeigen dies sowohl im Hinblick auf die spezifische Problematik einer unterstellbaren Subversivität der heterosozialen Freundschaft, als auch gegenüber der Legitimierung und Authentifizierung eines paradoxen Gottes-Freundschaftspaare.

IV. Freundschaft mit Gefährten und Ordensfürsorge

Das zweite Analysekapitel richtet seinen Blick auf ein, wenn nicht das Spezifikum der zugrundegelegten legendarischen Erzählungen von Ordensgründerinnen und Ordensgründern. Ordensgründerlegenden erzählen nämlich nicht allein von einem *amicus dei* oder *gotes frunt* und ihrer Sonderdyade, sondern ebenso von der jeweils gegründeten Gemeinschaft sowie dem Verhältnis zwischen Gründerfigur und Gemeinschaft. Sie berichten von der Idee einer Gründung, den ersten Gefärhtinnen oder Gefährten, den institutionellen Aushandlungsprozessen während der Gründungsphase und natürlich dem gemeinsamen Leben der Gemeinschaft mit ihrer Gründerin oder ihrem Gründer. Die legendarischen Erzählungen können insofern als komplexe Geltungsgeschichten verstanden werden, die eben nicht allein das Heilscharisma der Gründerfiguren in der narrativen Entfaltung ihrer Gottesfreundschaft verstetigen. Sie können zugleich als Gründungserzählung einer Gemeinschaft fungieren, in der Freundschaft narrativ als gemeinsinnstiftende Kategorie entworfen wird.[661]

Bereits in seiner *Nikomachischen Ethik* verweist Aristoteles auf die Soziabilität von Freundschaft. Idealiter ist die für ihn wichtige Sozietät der antiken (attischen) Polis eine Gemeinschaft, die auf Freundschaft gründet: „Alle Gemeinschaften scheinen also Teile der staatlichen Gemeinschaft zu sein, und den jeweiligen Gemeinschaften entsprechen die jeweiligen Freundschaften."[662] Die Gemeinschaft der Freunde wird aber schon in der Antike an ethisch-moralische Vorstellungen rückgebunden, die Freundschaft zu einer Anspruchskategorie transformieren und das Leben in einer an Freundschaft orientierten Gemeinschaft regulieren. So heißt es etwa bei Cicero: *Sed hoc primum sentio, nisi in bonis amicitiam esse non posse.*[663]

661 Siehe dazu grundsätzlich Wesjohann: Mendikantische Gründungserzählungen; Münkler: Amicus Dei; und Matthias Standke: Vom Stiften des Gemeinsinns und Gründen der Gemeinschaft. Textuelle Diskurspraktiken in den Ordensgründerlegenden des Dominikus. In: Sabine von Heusinger, Elias Füllenbach, Klaus-Bernward Springer und Walter Senner (Hrsg.): Die deutschen Dominikaner und Dominikanerinnen 1221-1515. Berlin und Boston 2016, S. 71–95.

662 *πασαι δη φαινονται αι κοινονιαι μορια της πολιτικης ειναι· ακολουθησουσι δ αι τοιαυται φιλιαι ταις τοιαυταις κοινωνιαις*. Vgl. Aristoteles: Nikomachische Ethik. Hrsg. von Rainer Nickel und übersetzt von Olof Gigon. Düsseldorf 2007, hier Buch 8, 11.

663 Cicero ist vor dem Hintergrund seines anspruchsvollen Freundschaftskonzeptes auch skeptisch gegenüber der gemeinsinnstiftenden Wirkung von Freundschaft im Hinblick auf

Nur die Tugendhaften können dem hohen Freundschaftskonzept entsprechen und in einer Gemeinschaft der Tugendhaften leben. Den Ansprüchen zu genügen, macht Freundschaft zu einer Auszeichnungskategorie. Eine derartig spiritualisierte Form der Freundschaft oder sakralisierte Form, wie im Falle der zuvor betrachteten Gottesfreundschaft, kann eine axiologische Wirkung entfalten. Freundschaft wird dann für die Einzelnen zur grundlegenden Orientierung in einer Gemeinschaft. So verstanden, ist Freundschaft eine gemeinsinnige Kategorie.[664] Das gemeinsinnstiftende Potential des sakralisierten Konzeptes einer immanenten Gottesfreundschaft wurde vor allem in monastischen Gemeinschaften des Mittelalters erkannt und diskutiert.[665] Mit merklichen Reminiszenzen an Ciceros Tugendfreundschaft, aber ebenso deutlichen Transformationen, benennt unter anderem Aelred von Rievaulx die Gottesfreundschaft als Sinnträger einer Ordensgemeinschaft. In Anlehnung an das Matthäusevangelium (Mt. 18,20) formuliert Aelred in seinem Dialogtraktat über die geistliche Freundschaft: *Ecce ego et tu, et spero tertius inter nos Christus sit* (DsA, 1,1). Die vertrianguläre Struktur von Aelreds Argumentation birgt nicht nur die Verknüpfung von „kollektive[r] Freundesliebe aller Ordensbrüder“ und „exklusive[r] Freundesliebe zweier Ordensbrüder“,[666] sondern ist zugleich bildhafter Ausdruck für das gemeinsinnstiftende Potential einer Gottesfreundschaft in einer monastischen Gemeinschaft.

Dass ein sakralisiertes Freundschaftkonzept zum Gemeinsinn einer Gemeinschaft werden kann, führt Aelred von Rievaulx in seinem Traktatdialog perfomativ vor. Die legendarischen Texte von Ordensgründerinnen und Ordensgründern müssen diese Funktion von Freundschaft narrativ entwickeln. Grundsätzlich greifen sie dafür parallel zu Aelred auf das Erzählen von der Gottesfreundschaft zurück. Das individuelle Streben nach einer Freundschaft zu Gott und die daran geknüpften Ansprüche bieten einer Gemeinschaft eine überindividuelle Orientierung. Der hierbei evozierte Gemeinsinn ist allerdings relativ unspezifisch im Hinblick auf eine konkrete Gemeinschaft. Insofern modifizieren die Ordensgründerlegenden ihr gemeinsinnstiftendes Erzählen. Erstens greifen sie auf die jeweilige Gründerfigur zurück. Sie erzählen exemplarisch von spezifischen Gottesfreundschaften, nämlich den Gottesfreundschaften der Gründerin-

das römische Gemeinwesen: *Turpis enim excusatio est et minime accipienda, cum in ceteris peccatis, tum si quis contra rem publicam se amici causa fecisse fateatur.* Vgl. dazu Cic. Lael., V,18 und XII,40.

664 Siehe dazu Münkler: Amicus Dei, S. 388–394; Münkler und Standke: Freundschaftszeichen, S. 11–12; sowie Münkler: L'amicizia, bes. S. 164–165, sowie Münkler: Freundschaft als symbolisch generalisiertes Kommunikationsmedium, S. 87.

665 Für diesen Diskurs verweise ich auf das grundlegende Theoriekapitel *Freundschaft* sowie die Einleitung in das vorherige Kapitel zur *Gottesfreundschaft.*

666 Vgl. Kraß: Im Namen des Bruders, S. 15.

nen und Gründer. Ausführlich wird dabei die jeweilige Lebensweise, die zu der hochgradig anspruchsvollen Freundschaft zu Gott geführt hat, narrativ wiedergegeben. Die Legenden bieten den Einzelnen Mitgliedern der monastischen Gemeinschaften in gewisser Weise ein ordensspezifisches Orientierungsprogramm.[667] Dabei erscheint der individuelle Nachvollzug einer bereits als zielführend belegten Lebensweise entlastend und evoziert zugleich ein gemeinsames Streben. Zweitens berichten die Legenden nicht nur von der Idee einer Gemeinschaft, ihrer Gründung und Institutionalisierung, vielmehr entfalten sie das Wirken der Gründerinnen und Gründer für und innerhalb der späteren Orden. Anders gesagt, die legendarischen Erzählungen benennen sowohl die aus dem Leben der Gründerfiguren abgeleiteten Ansprüche zur Orientierung, als auch die Sorge der Gründerin oder des Gründers um die individuelle wie gemeinsame Umsetzung der Ansprüche. Sie erzählen von der Ordensfürsorge. Einerseits sollen so Problemstellen des gemeinschaftlichen Lebens autoritativ bearbeitet werden. Andererseits werden die sich selbstexkludierenden Gründerfiguren immer wieder in die Gemeinschaft eingebunden, was wesentlich zur Stabilität der Gemeinschaft beiträgt. Drittens kennen die legendarischen Erzählungen neben der generellen Ordensfürsorge sogar individuelle Nahverhältnisse zwischen den Gründerinnen oder Gründern und Einzelnen ihrer jeweiligen Gemeinschaft. Diese vertrauten bis vertraulichen Beziehungen werden als konkrete Freundschaften zwischen Gefährtinnen bzw. Gefährten und den Gottesfreunden geschildert. Analog zur erzählten Gottesfreundschaft der Gründerfiguren bieten diese Freundschaften mit den Gottesfreunden eine wichtige Orientierung für die Gemeinschaften. Zudem zeigen diese Erzählungen, dass bereits der Ursprung der Gemeinschaft des jeweiligen Ordens auf Freundschaft gründet. Einer Freundschaft auf personaler Ebene zwischen einzelnen Individuen und einer sakralisierten Freundschaft, die gemeinsinnstiftend wirkt. Die einzelnen Mitglieder der Ordensgemeinschaft können sich insofern als Freunde der Gründerfiguren identifizieren, sofern sie versuchen den bereits erwähnten Ansprüchen des gemeinsamen Lebens nachzukommen.

Ordensgründerlegenden entwerfen nicht allein erbauliche Freundschafterzählungen von den Gründerinnen oder Gründern und ihrer Gemeinschaft. In der narrativen Wiedergabe der Freundschaft evozieren und

---

667 In Anlehnung an Markus Schürers Idee von der „erzählten Institution“ und dem Exemplum als „Medium der Subjektformierung“ ließe sich vom „erzählten“ Gemeinsinn sprechen, den die Legenden im Erzählen von Exempla für eine Gemeinschaft und ihrer Individuen entwerfen. Siehe dazu Markus Schürer: Das Exemplum oder die erzählte Institution. Studien zum Beispielgebrauch bei den Dominikanern und Franziskanern des 13. Jahrhunderts. Berlin 2005, S. 99.

perpetuieren sie Gemeinsinn. Sie sind insofern eine narrative Gemeinsinnressource der späteren Orden. Dabei kollidiert das Erzählen von den Gründerfiguren als selbstexklusive Gottesfreunde mit den inkludierenden Freundschaften zu den jeweiligen Gemeinschaften. Die für das legendarische Erzählen programmatische Explikation des Heiligen als *peregriner homo viator*,[668] steht den Bemühungen von Ordensgründern diametral entgegen. Die Ordensgründerlegenden bergen insoweit ein stetes Erzählen von Liminalisierungen und Grenzüberschreitungen, aber auch von Einhegungen und Konformisierungen. Im Erzählen von Ordensgründern entfaltet sich in besonderer Weise die Sujethaftigkeit der Legenden.[669] Dabei eröffnet die Ambiguität der Freundschaft selbst Möglichkeiten, um diese Form des Erzählens zu perpetuieren und erzählbar zu gestalten. Freundschaft als symbolisch generalisiertes Kommunikationsmedium gestattet das parallele Eingehen von Sozietäten, die noch nicht *per se* institutionell gesichert und insoweit nur bedingt immanent verankert sind.[670] Das Erzählen von immanenten Freundschaften innerhalb oder zur Ordensgemeinschaft trägt nicht *per se* zur problematischen „Veralltäglichung" des Heilscharismas bei.[671] Die verwendeten Freundschaftssemantiken und -narrative erlauben in ihrer Offenheit den Einsatz von unterschiedlichen Modi der Distanznahme und Einbindung.

Im Folgenden werden vornehmlich die vertrauten bis vertraulichen Beziehungen eines Ordensgründers oder einer Ordensgründerin zu Gefährten und ihr Verhältnis zum jeweiligen Orden perspektiviert. Die wiederum vergleichende Analyse der verwandten Semantiken und Narrative fokussiert dabei lediglich exemplarisch bestimmte Aspekte dieser Beziehungen. Diese sind keineswegs willkürlich gewählt, sondern konzentrieren sich aus der Perspektive der Ordensgemeinschaften oder einzelner Gefährten auf konstitutive und den Vollzug der Beziehung wiederspiegelnde Momente. So gilt es zunächst die diversen Formen des Gründens oder Stiftens einer Ordensgemeinschaft samt ihrem spezifischen Gemeinsinn zu betrachten. Das heißt, welche Initiierungen immanenter Verhältnisse

668 Julia Weitbrecht versteht gerade die *peregrinatio* als legendarisches Erzählmuster (neben der *conversio*), das der grundsätzlichen Darstellung einer „dauerhafte[n] Bewährung" des noch immanenten Heiligen dient und dessen zunehmende Partizipation an der Transzendenz als Vollzug einer wiederholenden Bewegung der Weltabkehr präsentiert wird. Siehe dazu Weitbrecht: Aus der Welt, hier speziell S. 17–19.

669 Die hier angestellten Überlegungen zum legendarischen Erzählen habe ich bereits in dem theoretischen Kapitel zu *Legende und Heiligkeit* expliziert. Siehe aber allgemein zu den Ansätzen legendarischen Erzählens von Ordensgründern auch Münkler: Amicus Dei; sowie Standke: Freundschaft als Problem von Heiligkeit; und Andenna: Dall' esempio alla santità.

670 Siehe zu diesen grundsätzlichen Überlegungen meiner Arbeit das theoretische Kapitel zur *Freundschaft*.

671 Siehe nochmals Weber: Wirtschaft und Gesellschaft, hier speziell S. 179 und S. 655–656.

und Gemeinschaftskonzepte lassen sich gegenüber denen der Gottesfreundschaft erkennen? Sodann werden die stabilisierenden, aber möglicherweise auch destabilisierenden Wirkungen einer Freundschaft zum Ordensgründer oder der Ordensgründerin im Hinblick auf die Gemeinschaft und ihren Gemeinsinn fokussiert. Besteht für die Ordensgründer eine Sorgfaltspflicht gegenüber ihren Orden oder reicht ein Gründungsnarrativ aus? Dahinter steht ferner die Frage, inwieweit kann eine solche Freundschaft zur Gründerfigur innerhalb der legendarischen Erzählungen zu einer Verstetigung der eigenen Geltungsbehauptungen des Ordens beitragen oder muss sie sogar auf andere Weise funktionalisiert werden? Letztlich wird ein möglicher Sonderfall dieses legendarischen Erzählens kontrastierend berücksichtigt, nämlich die fehlende Sorgfalspflicht eines Ordensgründers innerhalb seiner Legenden, die sogar den Bruch mit der Gemeinschaft theamtisieren. Welche Semantiken und Narrative von Freundschaft werden dabei eingesetzt, um gerade die destabilisierende Wirkung auf die Gemeinschaft und ihren Gemeinsinn zu camouflieren? Oder ist eine derartige Diegese unter bestimmten Voraussetzungen sogar erzählbar, weil auf der Ebene der *narration* dennoch eine Gemeinsinnevozierung erfolgt, die der Stabilität einer Ordensgemeinschaft zuträglich ist.

1. Gemeinschaftsgründung und Gemeinsinnstiftung

Die wohl wesentlichste Eigenschaft eines (heiligen) Ordensgründers oder besser gesagt, seine ihn auszeichnende Handlung, ist die Gründung einer Gemeinschaft. Diese Gemeinschaft wird im Kontext eines mitunter langwierigen Institutionalisierungsprozesses zu einem Orden.[672] Die legendarischen Erzählungen von Ordensgründern und Ordensgründerinnen partizipieren an diesen Vorgängen und dienen ihrer narrativen Vermittlung. Dabei stilisieren sie die Figur des jeweiligen Heiligen von Beginn an zu einem Ordensgründer oder einer Gründerin. An diese Figuren werden als unverfügbarer Ursprung die „Leitideen" – also Ordensregeln oder *consuetudines* – sowie Geltungsansprüche der jeweiligen Gemeinschaft narrativ geknüpft.[673] Neben der medialen Inszenierung des gemeinsamen Ur-

672 Grundlegend dazu Melville: Die Welt der mittelalterlichen Klöster.

673 Zur Konzeption und Theorie der *institutionellen Leitidee* siehe grundlegend Karl-Siegbert Rehberg: Die Öffentlichkeit der Institutionen. Grundbegriffliche Überlegungen im Rahmen der Theorie und Analyse institutioneller Mechanismen. In: Gerhard Göhler (Hrsg.): Macht der Öffentlichkeit – Öffentlichkeit der Macht. Baden-Baden 1995, S. 181–211, hier einleitend S. 182–183. Bezogen auf die Orden und ihre normativen wie regulativen Texte siehe Gert Melville: Regeln – Consuetudines –Texte – Statuten. Positionen für eine Typologie des normativen Schrifttums religiöser Gemeinschaften im Mittelalter. In: Cristina

sprungs aller Ordensmitglieder wird ferner im Bild der Ordensgründer als *virgo perfecta* bzw. *vir perfectus* ein allen entzogener, aber „gemeinsame[r] Horizont des Handelns und Verhaltens“ entworfen, dem es idealiter zu entsprechen gilt.[674] Es ist das Ziel aller Ordensmitglieder dem heiligen Gründer oder der heiligen Gründerin in ihrer Lebensweise und Gottesfreundschaft nachzufolgen. In der individuellen *imitatio* offenbart sich der Gemeinsinn einer Gemeinschaft. Die sakralisierte Freundschaft zeigt sich in einer doppelten Gerichtetheit sowohl als individueller Sinn für das Gemeinsame als auch gemeinsamer Sinn der Individuen.[675]

> Gemeinsinn kann als motivationale Handlungsdisposition von […] Akteuren begriffen werden, die eine prinzipiell knappe sozio-moralische Ressource darstellt. Sie bildet die ‚subjektive‘ Seite gemeinwohlorientierten Handelns, die nur partiell im Handeln selbst reproduziert werden kann. Gemeinwohl ist das normative Ideal, das uns implizit auch sagt, wieviel Gemeinsinn wir aufbringen müssen […] Es bedarf aber eines Mindestmaßes an Gemeinsinn, damit wir überhaupt motiviert sind, uns für ein normatives Gemeinwohl-Ideal zu interessieren.[676]

Die funktionale Begriffsbestimmung des Gemeinsinns offenbart neben der bereits geschilderten doppelten Gerichtetheit auf den einzelnen und die Gemeinschaft ebenso dessen Ursprung und Fortdauer in sozialen Aushandlungsprozessen. In den legendarischen Erzählungen werden diese Prozesse nicht nur dargeboten, sondern an die Gründerfiguren rückgebunden. Die *consuetudines* oder der *ordo* eines Ordens, die später die institutionell gesicherten Normen und Ziele der Gemeinschaften beinhalten, werden auf diese Weise in das gemeinsinnstiftende Freundschaftskonzept eingebunden.[677] Die individuellen Ansprüche der Freundschaft, die aus

---

Andenna und Gert Melville (Hrsg.): Regulae – Consuetudines – Statuta. Studi sulle fonti normative degli ordini religiosi nei secoli centrali del Medievo. Münster 2005, S. 5–38.

674 Siehe zu dieser Vorstellung eines durch Transzendierung entzogenen, aber dennoch auf eine Gemeinschaft einwirkenden Gemeinsinns Hans Vorländer: Transzendenz und die Konstitution von Ordnungen. Eine Einführung in systematischer Absicht. In: Hans Vorländer (Hrsg.): Transzendenz und die Konstitution von Ordnungen. Berlin und Boston 2013, S. 1–42, hier S. 15.

675 So auch die Formulierung bei Münkler und Bluhm: Einleitung: Gemeinwohl und Gemeinsinn, hier S. 12–13.

676 Vgl. nochmals Münkler und Bluhm: Einleitung. S. 13; hier mit Bezug auf Karsten Fischer: Gemeinwohlrhetorik und Solidaritätsverbrauch. Bedingungen und Paradoxien des Wohlfahrtsstaates. In: Manfred Prisching (Hrsg.): Ethik im Sozialstaat. Wien 2000, S. 131–154, hier S. 139.

677 Ein etwas abweichendes Verständnis von Gemeinsinn und Gemeinwohl für das Mittelalter fromuliert Otto Gerhard Oexle, der allerdings vorrangig *coniurationes* untersucht. Er versteht „Gemeinwohl als Orientierungspunkt für gemeinschaftsrelevantes Handeln und Gemeinsinn als Bereitschaft zur Orientierung am Gemeinwohl vonseiten gemeinschaftsrelevant handelnder Individuen […].“ Insgesamt hält Oexle zu den Mechanismen dieser Sozietäten und ihrer Entstehung fest, dass „in der Dynamik dieser Prozesse […] sich die Form der Gegenseitigkeit gemeinsamen Handelns als eine Form des Zusammenlebens [erweist],

der Lebensweise der Gründerfiguren resultieren, werden zu institutionell ausgeformten Normen. Sie stabiliseren das Gemeinwohl der Gemeinschaft und verstetigen zugleich die gemeinsinnige Orientierung. Für die Vermittlung und Aufrechterhaltung dieses sinnstiftenden Potentials werden diverse soziokulturelle Praktiken und Semantiken (z.B. *fraternitas*, *amicitia*, *unanimitas* respektive *brüederlicheit*, *vriuntschaft*, *geselleschaft*) in den legendarischen Erzählungen verwand. In Anlehnung an Cristina Andenna heißt das, dass die Ordensgründerlegenden nicht nur Gedächtnisspeicher, sondern immer auch narrative Gemeinsinnspeicher sind.[678] Die nachfolgende Analyse will aufzeigen, dass die Legenden innerhalb eines Gemeinsinndiskurses ent- sowie bestehen und mittels der durchaus unterschiedlichen narrativen Gestaltung des Gründungsaktes auch differente Gemeinsinnkonzepte evozieren.

1.1 Dominikus: allein und gemeinsam

Zunächst fällt der Blick auf die legendarischen Erzählungen des Gründers der Dominikaner. Im Fokus steht seine Idee zu einer Gemeinschaft, ihr Zweck sowie die daran anknüpfende Frage ihrer institutionell gesicherten Normierung, das heißt der Wahl und Approbation einer Ordensregel. All dies, sowohl die Idee zu einem Orden und dessen vornehmliche Aufgabe als auch die Setzung einer Regel, sind basale Bestandteile einer Gründungserzählung. In den hier betrachteten Dominikuslegenden erfolgt die Idee für einen Orden,[679] der predigend in der Welt und bezogen auf das göttliche Heilsgeschehen wirkt,[680] mitunter bereits sehr früh. Basal scheint

---

die Individuen handlungsfähig macht und es ihnen ermöglicht, ihre Vorstellungen von Gemeinwohl zu realisieren. Immer geht es dabei wesentlich um die Schaffung eines partikularen, selbstgesetzten Sonderrechts, das *voluntas* oder *consuetudo* genannt wird, und um die Schaffung von Frieden und Sicherheit (*securitas*), nach innen wie nach außen.“ Siehe Otto Gerhard Oexle: Konflikt und Konsens. Über gemeinschaftsrelevantes Handeln in der vormodernen Gesellschaft. In: Münkler und Bluhm (Hrsg.): Gemeinwohl und Gemeinsinn, S. 65–83, hier S. 65 und 73; daneben mit einer weniger spezifischen Verwendung der Begriffe Otto Gerhard Oexle: Konsens, Vertrag, Individuum. Über Formen des Vertragshandelns im Mittelalter. In: Yuri L. Bessmertny und Otto Gerhard Oexle (Hrsg.): Das Individuum und die Seinen. Individualität in der okzidentalen und in der russischen Kultur in Mittelalter und früher Neuzeit. Göttingen 2001, S. 15–37.

678 Siehe zur Funktion des Gedächtnisspeichers Andenna: Heiligenviten als Gedächtnisspeicher, S. 528–534.

679 Das betrifft zumindest die volkssprachlichen Legenden sowie die späteren lateinischen Viten deren Transformationen sie sind. Siehe zum Vergleich ELADo, S. 500; HLDo, S. 336 und ADo, S. 335 sowie HRDo, Cap. 34; KODo, Cap. 25 und LADo, S. 369.

680 Dabei ist gerade auch die Namensgebung der Ordensgemeinschaft relevant, die nicht nur predigende Brüder (*fratres praedicantes*) innerhalb der Welt sein wollten, sondern dezidiert Predigerbrüder (*praedicatores*). Während ersteres zwar die wesensbestimmende Handlung der

die Konfrontation Dominikus' mit den Ketzerbewegungen seiner Zeit zu sein. Schon Jordan von Sachsen merkt an: *Cuius terre incolas cum deprehendisset iam fuisse dudum hereticos, cepit super illusis tam innumeris miserabiliter animabus multa cordis compassione turbari* (JDo, Cap. 15) und das *Passional* hält dezidiert fest:

> *do trachte der gute man* [scil. Dominikus] / *mit allem vlize dar an,* / *wie ein orden mochte wesen* / *an dem amte uzerlesen,* / *daz er schone und offenbar* / *die werlt beide her und dar* / *predigende beliefe* / *unde ouch wider riefe* / *die ketzere an ir secte* / *und mit kunst entecte* / *des valschen ungelouben kraft* [...]. (PDo, S. 358)

In den volkssprachlichen Legenden erkennt Dominikus also auf seinen Reisen die Notwendigkeit einer neuen Ordensgemeinschaft, die sich den Ketzern und ihren blasphemischen Lehren entgegenstellt. Die Gefahr des Sektierens scheint ihm zu stetig zu wachsen.[681] In der zitierten Passage des *Passional* entspringt die Idee zu dieser Gemeinschaft und ihren Aufgaben direkt dem Gründer. Dabei halten die legendarischen Erzählungen auch weitere Episoden bereit, die einen anderen Ursprung nahelegen. So wird etwa die Aufgabe des Ordens dezidiert auf ein transzendentes Einwirken zurückgeführt. Dafür greifen einige Legenden auf das Erzählen einer Vision von Peterus und Paulus zurück, die Dominikus im Petersdom zu Rom wiederfährt.[682] Was innerhalb der Narration als Bruch anmutet, ist letztlich eine jener, für das legendarische Erzählen häufigen „Gabelungen der Geltungsansprüche", die als stabilisierende Spannung fungieren, da sie die Idee mehrfach rückbinden.[683] Im Gegensatz zur eigenständigen Idee des

Gemeinschaft benennt, aber auch die vieler anderer predigender Religiosen, bietet das Nomen eine eigenständige Bezeichnung. Siehe zu diesen Vorgängen der Namenswahl, die maßgeblich beiträgt zur Institutionalisierung des Dominikanerordens, Florent Cygler: Zur institutionellen Symbolizität der dominikanischen Verfassung, S. 392–394. Cygler zeigt dies an Studien zur Bulle *Gratianum omnium*. Mit einem Bezug auf Thomas von Cantimpré siehe daneben Schürer: Das Exemplum oder die erzählte Institution, S. 159–160 und dort vor allem Anm. 109 und 110.

681 Solche Formulierungen fehlen in den ersten lateinischen Fassungen und erst in der Legende Konstantins von Orvieto findet sich die Vorlage für die Transformationen (KODo, Cap. 20). Auffällig ist innerhalb der lateinischen Fassungen jedoch, dass gerade die Gründung des Frauenklosters von Prouille im Jahre 1206 eine nicht geringe Transformation erfährt. Während in der Vita Jordans von Sachsen Diego von Acebo, Bischof von Osma, im Beisein von Dominikus das Kloster gründet (JDo, Cap. 27), hält Humbertus de Romanis in seiner *Legenda* folgendes fest, [...] *beatus Dominicus, monasterium quoddam ad earum susceptionem instituit in loco, qui dicitur Prulianum* [...] (HRDo, Cap. 19).

682 Achim Wesjohann nennt die Vision aus institutionalitätsgeschichtlicher Perspektive „einen Höhepunkt der legitimatorischen Eingriffe des Numinosen". Vgl. dazu Wesjohann: Mendikantische Gründungserzählungen, S. 462.

683 Diese differenten Geltungsansprüche sind allerdings nicht als negatives Faktum einer schlechten Erzählung zu begreifen, sondern sie bilden viel eher ein Immanent Werden institutioneller Prozesse ab. So Karl-Siegbert Rehberg im Anschluss an Arnold Gehlen, der gerade in einer „Gabelung der Legitimitätsgründe" eine „stabilisierte Spannung" für Insti-

Dominikus, die seinen Status als Gründer betont und sein Heilscharisma mehrt,[684] knüpft eine visionsbasierte Idee der dominikanischen Heilsfürsorge an die Transzendenz selbst. Einerseits erscheint die Aufgabe des Ordens so unhintergehbar legitimiert. Andererseits können diejenigen am Charisma partizipieren, die wie Dominikus der Gott gegebenen Aufgabe des Ordens nachkommen. Darüber hinaus ermöglicht die Darstellung der Vision, das Heilscharisma des Gründers an die Heilsinstitution Kirche rückzubinden.[685] Neben dem evozierten Raum der Vision, der Petersdom zu Rom, stehen auch die beiden Apostelfürsten Petrus und Paulus metonymisch für die Institution Kirche. In der narrativen Ausgestaltung der Vision verfahren die Legenden trotz der gleichbleibenden Kernelemente unterschiedlich und sie entwickeln dadurch differente Gemeinsinnkonzepte. So verkünden beispielsweise im *Alemannischen Dominikusleben* Petrus und Paulus, nachdem Dominikus bereits einen Hirtenstab sowie ein Buch von ihnen erhalten hat, gemeinsam folgenden Auftrag:

> *„Gang vnd bredie, wanne du bist ußerwelt von got zú disern dienst." Vnd in der stúnd da dúnhte in, das er sine kint, sin bruedere sehe zerteilet gan dúrch alle die welt vnd bredieten das wort des herren dem volke.* (ADo, S. 336-337)

Die wortwörtliche Aufforderung zur Predigt ergeht in dieser Legende einzig an den auserwählten und bereits durch entsprechende Gaben ausgezeichneten Gründer.[686] Lediglich im Ausklang der Vision sieht er vor

---

tutionen und ihre „Autonomiebehauptungen" sieht. Vgl. daher Karl-Siegbert Rehberg: Weltrepräsentanz und Verkörperung, hier vor allem S. 13–17.

684 Achim Wesjohann thematisiert diese Passage ebenfalls vor dem Hintergrund eines realen und narrativen Heilscharismas des Gründers. Allerdings verknüpft er völlig unzulässig legendarisches Erzählen mit Mythisierung, um an Max Weber und Jan Assmann orientiert einen Zusammenhang von Charisma und Mythos zu konstruieren. Ziel seiner Argumentation ist dabei mittels des Mythosbegriffs sowie Webers Darlegungen zum Amtscharisma das „verhältnismäßig schwache Charisma" (S. 260) des Dominikus zu erklären, das gerade in den hagiographischen Texten nicht schwach ausfällt. Wesjohann verkennt hier eindeutig die Eigenheiten legendarischen Erzählens, die in der Vermittlung des Heilscharismas liegt. Außerdem überträgt er seine Erkenntnisse über die literarische Figur des Dominikus immer wieder auf die historische Person, obwohl er die Texte klar als bewusste, narrative Konstruktionen ansieht. Vgl. Achim Wesjohann: Flüchtigkeit und Bewahrung des Charisma, oder: War der heilige Dominikus etwa auch ein Charismatiker? In: Giancarlo Andenna, Mirko Breitenstein und Gert Melville (Hrsg.): Charisma und religiöse Gemeinschaften im Mittelalter. Münster 2005, S. 227–260. Zu den lateinischen Fassungen, die diese Passage entwerfen, siehe die breit angelegte Studie von Luigi Canetti, der in der Vision und den darin erfolgenden Gaben von Hirtenstab und Buch „gli oggetti-simbolo della sua nuova vocazione universale" sieht. Vgl. Luigi Canetti: L'invenzione della memoria, hier S. 388.

685 Zur Einhegung des Charismas siehe das Kapitel *Institutionelle Freundschaftsnetzwerke*.

686 Deutlicher formuliert dies die Fassung ELADo (S. 501), in der die Gemeinschaft gar keine Erwähnung im Kontext der Vision erfährt. Dort sprechen die Apostel: *„Gang hin vnd bredige durch die welt, wenne du bist von gotte zuo dem ambaht fúrsehen."* und danach endet der Abschnitt zur Vision. Im *Passional* wird die Episode mit kleinen inhaltlichen Variationen gemäß dem

seinem inneren Auge, dass auch seine Gefährten ihn bei seinem Anliegen unterstützen können. Dabei werden diese Gefährten klar durch den Einsatz der familialen Semantik *kint* dem Erwählten im Hinblick auf die Mission untergeordnet. Die lateinischen Dominikuslegenden, die die Szene ebenfalls aufnehmen, rekurrieren dabei auch auf eine hierarchisierende familiale Semantik *filios suos*. In den volkssprachlichen Texten wird die hierarchische Struktur aber durch den familialen Zusatz *sin bruedere* gebrochen. Die Gefährten werden trotz der vertikalen Ausrichtung der Beziehung näher – im Sinne von wechselseitig vertrauter und auch vertrauender – an Dominikus gebunden. Ganz anders formulieren dies die Apostel in der Fassung des *Der Heiligen Leben*:

> *„Ge aus vnd predig in allen landen, dor zu hot dich got erwelt vnd dein prueder." Noch den worten sant er seiner suen ie zwin vnd zwin, daz si peiht schoelten hoeren vnd veber all predigen schoelten.* (HLDo, S. 338)

In dieser legendarischen Erzählung sendet Dominikus zwar auch seine Gefährten als ihm unterstellte *suen* zur Predigt aus, doch diesmal haben sie den Auftrag zur Heilsfürsorge nicht dem Gründer oder seiner Interpretation der Vision zu verdanken. Die Gefährten erhalten den Auftrag mit Dominikus zugleich und zwar als *prueder*. Die Gemeinschaft wird bereits in der Vision und im Hinblick auf die gemeinschaftliche Aufgabe horizontal entworfen. Eine vertikale Ausrichtung erfährt die Beziehung zwischen Gründer und Gemeinschaft erst mit Blick auf die Führungsrolle des Dominikus. Die noch nicht institutionell gesicherten Verhältnisse der jungen dominikanischen Gemeinschaft „zeichnen sich [semanitsch; M.S.] durch die Verschränkung des egalitären Prinzips der Brüderlichkeit mit dem hierarchischen Prinzip der Väterlichkeit aus […]."[687] Die Fassung *Der Heiligen Leben* evoziert geradezu überdeutlich ein anderes Gemeinsinnkonzept als die zuvor genannten Texte. Indem die Legende den Gründer in die Gemeinschaft semantisch inkludiert und die anzustrebende Heilsfürsorge in ihrem Ursprung bereits als gemeinschaftliche Aufgabe darstellt. Auf diese Weise hat die narrativ und semantisch entworfene Anhängerschaft von Anbeginn an eine besondere Nähe zum charismatischen Ordensgründer. Die Legenden bedienen sich klar jener Semantiken, die unter den Figuren der *histoire* ein vertrautes und vertrauendes Nahverhältnis

---

Alemannischen Dominikusleben gestaltet; siehe PDo, S. 360. In den lateinischen Fassungen gibt es diese Vision zuerst bei Konstantin von Orvieto, allerdings mit der hierarchisierenden Semantik *filios suos*. Im 25. Kapitel (KODo) seiner *Legenda* heißt es: […] *addebantque dicentes: ‚Vade, predica, quoniam a Deo ad hoc ministerium es electus.' Moxque in momento temporis videbatur ei, quod filios suos per totum mundum dispersos aspiceret, incedentes binos et binos et verbum Dei populis predicantes.* Wortwörtlich auch in der *Legenda* Humbertis' de Romanis HRDo, Cap. 34 sowie der *Legenda Aurea* des Jakobus de Voragine LADo, S. 369.

687 Vgl. Kraß: Im Namen des Bruders, S. 14.

stiften, welches reziprok (*prueder*), aber durchaus hierarchisch (*suen*) strukturiert ist. Die jeweils entworfene Sozietät zwischen der Gemeinschaft und ihrem Gründer zeigt Dominikus als *primus inter pares* und wahrt insofern seinen, ihn liminalisierenden Heiligenstatus. Dabei können die volkssprachlichen Transformationen gegenüber den lateinischen Fassungen, die nur von *filios suos* sprechen durch den Einbezug der familialen Semantik *bruedere* eine stärkere Vertrautheit und ein größeres Vertrauen zwischen dem Gründer und seiner Gemeinschaft abbilden.

Ein ähnlicher Nuancenreichtum zeigt sich auch bei der im Kontext der Ordensgründung wichtigen Wahl einer Ordensregel. Diese ist für eine monastische Gemeinschaft des Mittelalters nicht allein Teil der institutionellen Leitideen,[688] sondern birgt als Orientierung der Gemeinschaft ein nicht unerhebliches gemeinsinnstiftendes Potential. Die Wahl oder der Erhalt sowie die institutionelle Approbation einer Regel sind insofern einerseits durchaus konstitutiver Bestandteil einer Ordensgründerlegende, andererseits bieten sie gleich in mehrfacher Hinsicht Anlass zur narrativen Ausgestaltung.[689] So kehrt etwa in der Dominikuslegende aus *Der Heiligen Leben* Dominikus nach einem Romaufenthalt, bei dem er den Papst von seiner Idee zu einer neuen Ordensgemeinschaft überzeugt hat, zu seinen Anhängern zurück, um für den entstehenden Orden gemäß päpstlicher Weisung eine Regel zu wählen.

> *Do fuor sant Dominicus wider haim zu Tolus zu sein prüdern, der warn sehzehen, den legt er di sach fuer. Vnd rofften den heiligen gaist an vnd erwelten sant Augustinus regeln vnd mainten prediger zu sein, als er ain lerer ist gewesen der hailigen kristenhait.* (HLDo, S. 357)

Unter Anrufung der Transzendenz erfolgt eine gemeinschaftliche Regelwahl, die in ihrem Ergebnis den Anforderungen des IV. Lateranums entspricht. Die Wahl der Augustinusregel wird indes mit Bezug auf Augustinus' Profession und die des Ordens als Prediger begründet.[690] Gerade in

688 Vgl. im Hinblick auf die Regularien des Dominikanerordens Cygler: Zur institutionellen Symbolizität der dominikanischen Verfassung, S. 385–428.

689 Historisch gesehen ist der Umstand der kurial abgestimmten Regelwahl sowie die vorausgehende päpstliche Legitimierung der Idee zu einer neuen Gemeinschaft von Religiosen in der zweiten Hälfte des 12. Jahrhunderts und definitiv im Anschluss an das 4. Lateranum bereits ‚normal'. Die Institutionalisierung dieses Vorgehens ist damit jedoch noch nicht abgeschlossen, lediglich die Aufnahme der Szenerie in eine legendarische Erzählung von Ordensgründern oder Ordensgründerinnen kann insofern als topisch gelten. Zu den historischen Prozessen siehe Werner Maleczek: Gregor IX. als Kanonist und als Gesetzgeber religiöser Orden. In: Werner Maleczek (Hrsg.): Gregorio IX e gli ordini mendicanti. Spoleto 2011, S. 123–194.

690 Während Karl Suso Frank im Kontext der dominikanischen Regelwahl vor allem die Problematik der Konkurrenzsituation der Orden untereinander im Zusammenhang mit den institutionellen Auswirkungen des IV. Lateranums thematisiert, hebt Gert Melville auch auf die Einflussnahme der Institution Kirche auf die Orden selbst ab und die Differenzen von *ius particulare* der Orden und *ius commune* der Universalkirche. Siehe dazu Karl

der Narration der gemeinsamen Wahl sowie der Semantik gleichrangiger *prüder* liegen die zentralen Momente für das gemeinsinnstiftende Potential dieser Passage. Sie ermöglicht eine wechselseitig vertraute und in ihrer numerischen Begrenzung auch vertrauliche Gemeinschaft zu entwerfen, die in der Darstellung den institutionellen Prozess der Regelwahl vornimmt. Die Beteiligung der Gemeinschaft an einem solchen Vorgang, der prinzipiell über die einzuhaltenden Normen entscheidet, steigert die spätere Akzeptanz der Regel und motiviert zu einer Teilhabe an der Gemeinschaft. Im legendarischen Erzählen werden die akzeptanzstiftenden und motivationalen Faktoren verstetigt und für spätere Generationen wirksam gehalten. Insofern ist die Passage, ob ihrer aufgezeigten Wirkmächtigkeit, Teil aller Dominikuslegenden,[691] ihre Ausgestaltung varriert jedoch. So etwa im folgenden Fall des *Alemannischen Dominikusleben* aus dem Freiburger Reuerinnen Kloster. Der Erzähler der Legende weiß dort die Regelwahl mit Blick auf den Gemeinsinn semantisch zu steigern:

> *Da gienge der selige Dominicus wider zú sinen brúdern vnd seit inen die botschaft des babstes. Nu warent der brúder wol XVI, die von der anrúfúng des heiligen geistes ußerweltent einmueticlich die regel des seligen Augustini des vsgenommen lerers vnd brediers, das sie ouch wúrdent kunftig bredier an dem namen vnd an den werchen.* (ADo, S. 336)

Wiederum erfolgt die Wahl in der vertraulichen Gemeinschaft der 16 Anhänger,[692] doch diesmal werden zwei Aspekte besonders betont. Erstens führt die Anrufung der Transzendenz, die in der vorherigen Legende als reine Formalie erschien, zu einem direkten Einwirken Gottes auf die immanente Wahlgemeinschaft. Zweitens wählt diese Gruppe beseelt vom heiligen Geist zwar auch die Augustinusregel mit entsprechendem Bezug auf die Profession als Prediger, doch diese Wahl ist eine betont einmütige. Der hier innerhalb der Diegese demonstrierte Konsens als gänzlich verstehende Übereinstimmung ist indes eine Fiktion, denn grundsätzlich liegt eine „Unmöglichkeit totalen Verstehens“ vor und es ist „vielfach gerade Verzicht auf Konsens oder Übersehen von Dissens die Basis realer Ver-

Suso Frank: Geschichte des christlichen Mönchtums, hier S. 87; und Gert Melville: Ordensstatuten und allgemeines Kirchenrecht: Eine Skizze zum 12./13. Jahrhundert. In: Peter Landau und Jörg Müller (Hrsg.): Proceedings of the Ninth International Congress of Medieval Canon Law. Città del Vaticano 1997, S. 691–712. Speziell zu den Bezügen der dominikanischen Regel zur Augustinusregel siehe Cygler und Melville: Augustinusregel und dominikanische Konstitutionen, S. 419–454.

691 In der hier ebenfalls untersuchten Fassung der ELADo (S. 501) fällt die Passage viel knapper aus und betont, dass neben der Wahl vor allem auch strengere Gebote für die alltägliche Lebenspraxis eingeführt wurden.

692 Die Anzahl dieser vertraulichen Versammlung von Brüdern bei der Wahl der Ordensregel benennt zuerst die *Legenda* des Konstantin von Orvieto (KODo) im 22. Kapitel: *fratres numero circiter sedecim.*

ständigung".[693] Auch für den vorliegenden Fall ist diese Konsensfiktion als Ausnahme gestaltet, denn sie basiert auf dem transzendenten Einwirken Gottes. Der heilige Geist fungiert als gedachtes Verstehensbindeglied der einzelnen Mitglieder jener Wahlgemeinschaft. Insofern wird die Ordensregelwahl innerhalb dieser Narration in besonderer Weise auf die Gemeinschaft und ihr gemeinsames Handeln bezogen, was natürlich zu einem verstärkten gemeinsinnstiftenden Potential beiträgt.[694] Einerseits partizipiert nämlich in ihr die Gemeinschaft wiederum an den institutionellen Prozessen und andererseits führt die Legende die für den Gemeinsinn wichtige Teilhabe der Gemeinschaft an der Heiligkeit bereits programmatisch vor. Die besondere Betonung lässt sich vielleicht mit Blick auf den konkreten Gebrauchskontext der Legende erklären. Die um 1465 verfasste Legende entstammt dem sogenannten Freiburger Reuerinnenkloster,[695] dass der Maria Magdalena geweiht war. Zwei Aspekte dieser Klostergeschichte bedürfen allerdings besonderer Aufmerksamkeit. Erstens waren die Freiburger Reuerinnen im Zuge der institutionell-kurial vorangetriebenen Einhegungsversuche dieses Frauenordens mit ihrem Konvent bereits 1316 in den weiblichen Zweig des Dominikanerordens inkorporiert worden.[696] Zweitens wurde die Legende in einem Zeitraum verfasst, als das Kloster reformiert wurde und die Gemeinschaft in eine streng klausierte Observanz gezwungen wurde. Das *Alemannische Domini-*

---

693 Zu diesen soziologischen Beobachtungen siehe Hahn: Verständigung als Strategie, hier einleitend S. 80.

694 Im *Passional* wird eine ähnliche Wahl geschildert: *Dominicus der gotes helt / was sin vro, do er ez vernam. / zu sinen bruderen er quam, / die er gutlich zu houfe las. / niwan sehzen ir was. / die wurden vor der mere / der gottes convent gewere / nach siner girde was bereit. / si sprachen gar mit innekeit / ir gebet hin zu gote. / als die selige rote / mit schoner tugende volleist / angerief den gotes geist, / do viel ir ieglich uf daz leben, / das in mit vreuden was ergeben / Augustinus der gewere, / der gotes predigere* [...] (PDo, S. 359).

695 Zur Geschichte des Klosters siehe Ulrike Denne: Die Frauenklöster im spätmittelalterlichen Freiburg im Breisgau. Ihre Einbindung in den Orden und die städtische Kommunität. Freiburg u.a. 1997, hier S. 39–41.

696 Herbert Grundmann diskutiert diese Institutionalisierungen unter dem Aspekt der fehlenden Organisation und der „wirtschaftlichen Absicherung", die durch eine Aufnahme in die dominikanischen Strukturen gegeben war. Siehe dazu Grundmann: Religiöse Bewegungen im Mittelalter, S. 301–303, dort Anm. 230. Neuere Untersuchungen bietet Jörg Voigt: Beginen im Spätmittelalter: Frauenfrömmigkeit in Thüringen und im Reich. Köln u.a. 2012, S. 44–84 und S. 171–198. Arnold Kühl geht sogar von einer Inkorporation im Jahr 1289 aus, also bereits drei Jahre nach der vom Kardinallegaten Giovanni Boccamazza erwirkten temporären Eingliederung der Reuerinnen in den weiblichen Dominikanerzweig und der Unterstellung unter die Visitationshoheit des deutschen Provinzials Hermann von Minden. Siehe dazu Arnold Kühl: Die Dominikaner im deutschen Rheingebiet und im Elsaß während des dreizehnten Jahrhunderts. Mit einem Exkurs über: Die Entwicklung dominikanischer Ordensgeschichtsschreibung. Freiburg 1923 [Diss. masch.], S. 196. Daneben die noch ältere, aber deutlich profiliertere Arbeit von André Simon: L'Ordre des Pénitentes de Ste Marie Madeleine en Allemagne au XIIIme siecle. Fribourg 1918, S. 85–104 und 114–115.

kusleben entstand also innerhalb oder für eine Gemeinschaft, die in ihrem Ursprung nicht dominikanisch war und die durch die aufgezwungene Observanz samt strenger Klausur die Möglichkeiten ihrer vorherigen Heilsfürsorge verlor. Bezogen auf die Beobachtungen zur spezifischen Gemeinsinnevozierung der Legende, lassen die Fakten durchaus auf einen bewussten Umgang mit den Narrationen schließen. So ist die göttlich erwirkte, einmütige Regelwahl ein Umstand, der der Freiburger Frauengemeinschaft nicht gegeben war. Sie hatten die Wahl anderer zu akzeptieren. Die dadurch deutlich betonte Konsensfiktion der Legendenfassung wird zumindest der Generation der an der Reformierung beteiligten Schwestern aufgefallen sein. Die *Alemannische Dominikuslegende* ist insoweit gegenüber der zuvor betrachteten Legende des *Der Heiligen Leben* semantisch deutlich erweitert. Damit steht sie auch den lateinischen Dominikuslegenden näher.[697] Im Prinzip findet die derart geschilderte Regelwahl in den lateinischen Viten und Legenden des Dominikus wenig Varianz. Grundlage bildet die Vita Jordans von Sachsen, dort heißt es:

> *Auditis igitur eis super hac postulatione Romane sedis antistes est fratrem Dominicum, reverti ad fratres suos et, habita cum eis plena deliberatione, cum unanimi omnium eorum consensu regulam aliquam iam approbatam eligere quibus ecclesiam assignaret episcopus, ac demum iis exactis rediret ad papam confirmationem super omnibus accepturus. Itaque celebrato concili revertentes, verbo domini pape fratribus publicato, mox beati Augustini, predicatoris egregii, ipsi futuri predicatores regulam elegerunt* [...]. (JDo, Cap. 41–42)

Während bei Jordan klar auf die *unanimi* der *fratres suos* verwiesen wird, werden sie aber gegenüber den volkssprachlichen Texten anders funktionalisiert. Jordans Erzähler beschreibt mittels der Semantiken nicht die Wahlsituation, sondern gibt eine päpstliche Anweisung wieder, wie die Wahl erfolgen soll. Die dann in den volkssprachlichen Texten aufscheinende Transformation dieses Bezugs findet sich zuerst bei Petrus Ferrandus, der auch die Anrufung des heiligen Geists in seiner *Legenda* einwebt (PFDo, Cap. 28): [...] *invocato Spiritu sancto, regulam beati Augustini, predicatoris egregii, ipsi futuri predicatores, unanimiter elegerunt* [...].

Sowohl die primär betrachteten volkssprachlichen Dominikuslegenden als auch die hier nur partiell herangezogenen lateinischen Erzählungen zeigen, dass das Erzählen von den Gründungsprozessen des Ordens ein genuiner Bestandteil dieses Legenden- bzw. Heiligentyps ist. Die Verwendung der familialen Semantiken verweist auf den noch nicht institutionell gesicherten Status der Gemeinschaft. Damit rekurrieren die Erzählungen auf das symbolisch generalisierte Kommunikationsmedium Freundschaft

697 Wesjohann betrachtet diese semantischen Differenzen nicht und handelt die Szene insofern nur kurz und pauschalisierend ab. Siehe Wesjohann: Mendikantische Gründungserzählungen, S. 474.

nur onomasiologisch. Sowohl die einzelnen Nahbeziehungen als auch die Gemeinschaft werden nicht als Freundschaft bezeichnet, weisen aber die Merkmale und Funktionen dieser Beziehungsform auf. In ihrer Verwendung differenzieren die familialen Semantiken lediglich strukturell das Nahverhältniss zwischen Dominikus und seinen ersten Gefährten und sie stellen in unterschiedlicher Weise gemeinsinnstiftendes Potential bereit. Dabei changieren die legendarischen Erzählungen zwischen einem allein agierenden Gründer, dessen Heilscharisma exponiert wird und einem zum Teil göttlich oder institutionell verordneten gemeinsamen Gründungshandeln der Gemeinschaft. Die narrative Wiedergabe dieser Prozesse evoziert Gemeinsinn in unterschiedlichen Ausprägungen, diese sind dann für die Stabilisierung der je spezifischen Gemeinschaft diskursiv nutzbar.

1.2 Birgitta und Klara: (an)geleitet

In den Legenden Klaras und Birgittas lassen sich weitere Differenzierungen der Gründungserzählungen finden. Beide Ordensgründerinnen bedürfen bei den Gründungsprozessen ihrer Gemeinschaften immer einer gewissen (An)Leitung durch Dritte, also nicht Mitgliedern der eigenen Gemeinschaft. Das Erzählen von der Gründung erscheint vor diesem Hintergrund ein Topos der Ordensgründerlegenden zu sein, dessen prinzipielle Ausformung variiert.

In der oberdeutschen Erzählung des elsässischen Dominikanerinnenklosters St. Birgitta in Schönensteinbach berichtet der Erzähler von der *brut christi*, Birgitta von Schweden, *Sie stifft auch* [...] *ein closter zu einer newen regel* [...] (SBi, fol. 76v).[698] Entsprechend wird sie in einem volkssprachlichen Regeltext ihres Ordens als *stiffterin und pawerin des e genanten ordens sand Salvatoris* bezeichnet.[699] Während die lateinischen Legendenfassungen nicht direkt auf die Funktion Birgittas als Ordensgründerin zu sprechen kommen,[700] merken die Erzähler der volkssprachlichen Texte an, dass Birgitta diese Stiftung und vor allem auch das Aufsetzen einer Regel *vó dé geheiß des hern cristi zu Watstein in Sweden* (SBi, fol. 76v)[701] vornahm. Die volkssprachlichen Erzählungen entwerfen also das Bild einer Gründerin, deren Ideen und Handlungsmotivationen für die Gemeinschaftsstiftung

698 Vgl. die auch im Folgenden parallelen Formulierungen in der niederdeutschen Fassung (CBi, S. 16–17).

699 Ich zitiere hier einen oberdeutschen Regeltext, wie ihn Ulrich Montag im Kontext seiner Textdarstellungen wiedergibt. Vgl. Montag: Das Werk der heiligen Birgitta, S. 215.

700 Sowohl in der *Vita Prima* (BiI) als auch der *Vita Secunda* (BiII) fehlen solche Formulierungen. Birgitta wird dort zwar auch im Kontext des Klosters Vadstena erwähnt, jedoch nur in der bereits genannten Formulierung als *monacha et mater in Watzsteno* (BiI, Cap.3, 31).

701 Siehe dazu parallel die niederdeutsche Fassung CBi, S. 113–115.

im Unterschied zu Dominikus komplett von der Transzendenz ausgehen. *fur lx nunnen vnd xxv múnch* wird von Birgitta eine regulierte Gemeinschaft gegründet, deren Regel – so der Erzähler weiter – *der hér xpûs selber getiht hat vnd sie haist* [...] *Regula sancti saluatoris Das ist die Regel des heiligen seligmachers* (SBi, fol. 76v). Birgitta wird durch ihre Visionen zur Gründung und Regulierung einer Gemeinschaft angeleitet. Dabei begründet Christus, der Bräutigam Birgittas, in weiteren Visionen seine Beweggründe für die mit Birgitta umgesetzte Stiftung eines Doppelordens:

> *Dessen orden gheliket vnse here Christus eneme wyngarden yn ener apenbarynge, de desser hilgen vorstynnen geschen is. Vnde sprekt also vnde claget ok, wo de orden, de syne vrunde ghestichtet hebben, nv nicht also geholden werden, also se scholden.* (CBi, S. 17–19)[702]

Was der Erzähler der niederdeutschen *Birgitta-Legende* des Hamburger Beginenklosters parallel zur oberdeutschen Fassung ankündigt, wird tatsächlich in einer umfänglichen Vision Birgittas wiedergegeben. Mittels des Gleichnisses vom fruchtbringenden Weinberg (Matt. 20, 1–16) eröffnet Christus seiner Braut, dass die bisherigen Orden keinen Erfolg gehabt hätten.[703] Auffallend bei dieser Argumentation ist, dass diese fehlgeschlagenen Gründungen *von vrunde*[*n*] *Gottes* vorgenommen wurden. Demgegenüber will Christus nun durch Birgitta, mit der als *syne brut* eine äußerst vertrauliche Sonderdyade unterhält, dezidiert selbst ordensgründend wirken. Die Semantiken der Intimität, die ihre geistige Brautschaft prägen, dienen den volkssprachlichen Erzählern um Birgittas Freundschaftsverhältnis zu Gott innerhalb der Gemeinschaft von Ordensgründern und Gottesfreunden hervorzuheben. Zudem nutzen die volkssprachlichen Birgittalegenden die schon beschriebene Figuration der geistigen Brautschaft auch für den Gründungsakt. Vor allem in der oberdeutschen Fassung wird Birgitta dafür als *muter* (SBi, fol. 116v) des Klosters von Vadstena und Christus als *vater* (SBi, fol. 77v) benannt. Das Brautpaar – Christus und Birgitta – kommt seinen ehelichen Pflichten nach und gründet eine Familie, die Ordensgemeinschaft der Birgitten. Die jeweilige Klostergemeinschaft des Ordens, die in ihrer Zahlensymbolik der Anzahl der Apostel samt ihrer Urgemeinde entspricht, kann mit dem narrativ entworfenen Elternpaar Christus und Birgitta auf den gemeinschaftlich, spirituel-

---

702 Vgl. die oberdeutsche Fassung, die diese Einschätzung noch am Ende des vorherigen Kapitels bringt, dabei aber nicht explizit auf die Freundschaftssemantik zurückgreift (SBi, fol. 76v–77r): *zu der Regel hat der her selber gebê den antlaß* [...] *Die Regel oder den orden gleicht der her xpûs eim weingartten vnd spricht also in einer offenbarung die geschehen ist sant Birgitté dar in er clagt wie die órden die sein heiligê gestifft habê nicht all gehalten werden als sie scholten.*

703 Die Allegorie vom Weinberg und die Herabstufung der vorherigen Orden findet sich auch im Prolog der Regel des Birgittenordens. Siehe dazu Melville: Die Welt der mittelalterlichen Klöster, S. 243.

len Ursprung in dieser familialen Semantik rekurrieren.[704] Obwohl die Gründung insgesamt nur als ein transzendent angeleiteter Vorgang in Birgittas Visionen erscheint, behaupten die volkssprachlichen Legenden, garantiert erfolgreich zu sein. Das narrativ entworfene Bild einer sogar eschatologisch begründeten, neuen monastischen Gemeinschaft birgt dafür ein starkes gemeinsinnstiftendes Potential. Dennoch nutzen weder die volkssprachlichen, noch die in dieser Hinsicht viel knapper ausgestalteten lateinischen Legenden das Potential und entfalten das entworfene Gründungsnarrativ nicht.[705]

Die Gründungsbemühungen Klaras von Assisi werden ebenfalls als geleitet in den Legenden dargestellt. Die Narrationen entfalten dabei das Gründungsnarrativ weitaus ausführlicher und weisen im Gegensatz zu den Birgittalegenden ferner einen stärkeren Bezug zur Gemeinschaft der Schwestern auf. Zudem obliegt die Anleitung zur Gründung nicht Christus, sondern einem, immanent deutlich exponierten Gefährten, Franziskus von Assisi. Die bereits beobachtete, vertrauliche Freundschaft der beiden Gottesfreunde ist die Basis für diese Erzählungen. Die Gründung der Damianitinnen rekurriert allerdings weniger auf dem skizzierten Lehrer-Schülerin-Verhältnis und entwirft die Beziehung zwischen Franzikus und Klara eher als Ratgeberschaft. Diese Figuration der Verstetigung des besonderen Nahverhältnisses der Gottesfreunde präsentiert die Gründerfiguren als Beratenden und Beratene. Die reziproke Vertraulichkeit der dargestellten Freundschaft entspringt nicht einer institutionell hierarchischen Abhängigkeit voneinander, sondern einer freiwilligen Angewiesenheit aufeinander. Schon in den betrachteten Treffen zum gemeinsamen Mahl wird eine solche Ratgeberschaft angelegt, die nachfolgend der Gemeindschaftsgründung dient. Franziskus berät die zukünftige Heilige und Ordensgründerin dafür bei den wichtigsten Handlungsschritten.[706] So rät er ihr sehr bestimmt zunächst zu einer geistigen Brautschaft mit Christus. Erst in einem zweiten Schritt schlägt er die Gründung einer Gemeinschaft

---

704 Die Gesamtzahl von 85 Mitgliedern eines Klosters, das einer Äbtissin unterstellt war, gliedert sich in 13 Priester (Apostel mit Paulus und Matthias), 4 Diakonen, 8 Laienbrüdern und 60 Nonnen, wobei die letzten drei Gruppen in ihrer Summe der Anzahl der Apostelgemeinde entsprechen. Siehe dazu Melville: Die Welt der mittelalterlichen Klöster, hier S. 244.

705 Insofern die Ordensgründung auf den Visionen Birgittas basiert, wird sie und vor allem die Regel des neuen Ordens in den eigenständig überlieferten Schriften von Birgittas Visionen viel breiter berücksichtigt. Siehe dazu exemplarisch die oberdeutschen Transformationen dieses Schrifttums bei Montag: Das Werk der heiligen Birgitta, hier vor allem S. 212–247.

706 Die häufige Bezeichnung Klaras als *plantula Francisci*, die die Gründung der Gemeinschaft in ihrer Metaphorik stärker Franziskus zuschreibt, lässt sich erst im Testament Klaras finden und dann auch in den *forma vitae*. Die Legende Celanos nutzt dieses Bild, wie auch die volkssprachlichen Fassungen noch nicht. Siehe zu den entsprechenden Textstellen: *Testamentum Sanctae Clarae Virginis*, Cap. 27 und *Forma vitae*, Cap. 1,3.

vor. Sowohl die meisten volkssprachlichen als auch die lateinischen Erzählungen verwenden dafür illokutionäre, genauer exerzitive Sprechakte:[707] *Franciscus manet sü zuo versmächt der welt* (KKl, § 5); *vatter Franciscus hiess sü* (KKl, § 7); *Hortatur eam pater Franciscus* (CCl, Cap. 3,5), *Iubet pater Franciscus* (CCl, Cap. 4,7).[708] Deutlich zeigt das semantische Feld der Verben und ihre grammatikalische Form die Ratgeberrolle des Franziskus an. In der Legende des Karlsruher Codex wird er explizit in seiner Rolle als *laiter* benannt. Im Zusammenhang mit Klaras ebenfalls angeleiteter, ritueller Weltentsagung in der Portiuncula Kapelle berichtet die Erzählung: *Dis ist die statt an der die nüw Ritterschaft der armen frowen angefangen hat, und iren ersten ursprung gehept hat under dem laiter Francisco* (KKl, § 8). Nicht nur der Ursprung im Sinne einer Idee für eine Ordensgründung, sondern auch das Gründen und erste Anleiten der Gemeinschaft wird explizit mit Franziskus verknüpft. Allein die Fassung des *Der Heiligen Leben* verfährt anders und führt bereits die exerzitiven Akte subtiler ein:

> *Sant Franciscus rett gar sueszekleich mit ir vnd lert si, das si di werlt versmeht, vnd sprach, si solt got zu ainem gemaheln haben fuer alle man.* [...] *Sant Franciscus weist sant Klarn, wi si sich von der werlt zihen scholt.* (HLKl, S. 387–388)

Neben der indirekten Anweisung (*sprach, si solt*) sind es erst die mittels mimetischer Rede wiedergegebenen Befehle Franziskus': *Vnd sprach zu ir: ‚Du scholt* [...] *vnd scholt* [...] *vnd ker dich zu got.'* (HLKl, S. 388), die die Sprechakte als exerzitive Rede kennzeichnen. Auch im Hinblick auf den eigentlichen Gründungsakt verfährt diese volkssprachliche Klaralegende offener und damit gegenüber dem restlichen Corpus eigenständiger:

> *Da kom si mit sant Francissen rat zu Damianus kirchen. Da belaib si in ainer engen stat. Da maht si ain samnung vnd ving den orden mit vil iunkfravn an vnd lebt dar inen zwai vnd viertzig ior.* (HLKl, S. 388)

Der erste Satz, Klaras Einkehr in San Damiano, wird zwar als Ratgeberschaft des Franziskus ausgewiesen, doch kann man ihn völlig autark lesen. Die dann im übernächsten Satz erwähnte Gemeinschaftsgründung stünde so allein und bezöge sich auf Klara und die ersten Gefährtinnen (*mit vil iunkfravn*). Lediglich auf Grund der syntaktischen Parallelismen kann man

---

707 Ich greife hier auf das Vokabular Austins zurück, der zu dieser Gruppe der Äußerungen anmerkt: „Eine exerzitive Äußerung besteht darin, daß man für oder gegen ein bestimmtes Verhalten entscheidet oder spricht. Sie ist eine Entscheidung, daß etwas so und so sein solle, und kein Urteil, es sei so; sie ist Befürwortung im Unterschied zur Bewertung; sie ist Anerkenntnis im Unterschied zur Berechnung; sie ist Strafausspruch im Unterschied zum Schuldspruch. [...] Exerzitive Äußerungen können zur Folge haben, daß andere »verpflichtet« oder »ermächtigt« oder »nicht befugt« sind, gewisse Dinge zu tun." Vgl. Austin: Sprechakte, hier S. 173.

708 Parallele Formulierungen finden sich in den volkssprachlichen Texten: KlV, Z. 187 und 241 und TKl, fol. 23v, 24r und 26v.

eine übergreifende Satz-Kontext-Relation unterstellen, die die von Klara und ihren Gefährtinnen vorgenommene Gründung ebenfalls auf *sant Francissen rat* zurückführt. Die Klaralegende des *Der Heiligen Leben* gestattet also auf Grund ihrer offeneren Formulierungen eine unabhängigere Lesart des Gründungsnarrativs, die zudem die Gemeinschaft mit einbezieht und somit ein starkes gemeinsinnstiftendes Potential birgt. Die übrigen, hier betrachteten volkssprachlichen Klaralegenden verfahren hingegen viel expliziter. Wie schon im Falle der exerzitiven Verben lehnen sie sich dafür stark an die Claravita Thomas' von Celano (CCl, Cap. 4) an. Vor allem die Legende des Klarabuchs, einem franziskanischen Kompendium, folgt den lateinischen Narrativen und Semantiken:

> *Nec decuit alibi florigere virginitatis Ordinem ad vesperam temporum excitari, quam in eius aula, quae prima omnium atque dignissima, sola extitit mater et virgo. Hic locus est ille, in quo nova militia pauperum, duce Francisco, felicia sumebat primordia, ut liquido videtur utramque religionem Mater misericordiae in suo diversorio parturire.* (CCl, Cap. 4,8)

> *Ditz ist deve stat an der ainen seligen anvank het die newe ritterschaft der armen bruder der da waz ain fuerste oder ain vorgeer der heilig herre Sand Francisce daz man da bei scheinberleich mag verstan, daz die muter der parmhertzikait ietwedern orden hab geborn vnd erhaben in irem pethavse.* (KlV, Z. 281–286)

Auffällig ist jedoch vor dem Hintergrund der zuvor auch in der Celano Vita beobachteten Ratgeberschaft des Franziskus, dass die Erzähler der Legenden die eigentliche Gründung auf eine transzendente Figur zurückführen. Sowohl Celanos Vita als auch die Legende des Klarabuchs erwähnen Franziskus im Kontext der Ordensgründung als Führer seiner Gemeinschaft, doch diese wird wie auch die Gemeinschaft Klaras auf die Gottesmutter Maria zurückgeführt. In und wörtlich durch deren Kirche fand die jeweilige Gründung statt. Das Bild der Mutterschaft bauen die Erzähler dieser beiden Legenden in der Folge weiter aus. Sie übertragen die Mutterschaft von Maria auf Klara und stilisieren sie so zur alleinigen Gründerin des späteren Ordens:

> *sand Clar* [...] *hat da gebarn ain samnvng vil hoiliger Jvnkfrawen vnsers herren vnd hat gestiftet ain heiliges closter vnd hat auch angevangen den orden, der da haizzet der orden der armen frawen.* (KlV, Z. 339–343)[709]

Klara wird zur Mutter eines besonderen Kindes, nämlich ihrer Gemeinschaft. Diese wächst zu einem Kloster und im Weiteren sogar zu einem Orden heran. Das entworfene Gründungsnarrativ zieht sein Potential für eine Gemeinsinnevozierung aus den Semantiken der Mutterschaft sowie

709 Vgl. CCl, Cap. 5,10.

der rituell gestifteten, geistlichen Verwandtschaft.[710] So heißt es ausdrücklich im Kontext der Gemeinschaftserweiterung:

> *Die mvter zohe vnd laitet ir tohter zv got vnd die tohter die mvter, ain swester raizzet darzv die andern vnd die pase ir niftel. Si begerten alle mit inbrvenstigem ernst, daz si dienten vnserm herren vnd wvenschten, daz si tailheftig wverden ditz engelischen lebens, daz an der heiligen Sand Claren erschinen waz auf ertreich.* (KIV, Z. 375–381)[711]

Die Gemeinschaft und ihre Zunahme werden mit der besonderen Lebensweise Klaras verknüpft. Ihr *engelische*[s] *leben* ist Anlass für den Zuspruch, den die Gemeinschaft erfährt und zugleich gemeinsinnstiftende Orientierung. Teil der Gemeinschaft zu sein, heißt, eine Beziehung mit der Gründerin einzugehen. In der gemeinschaftlichen *imitatio* der Lebensweise Klaras vollzieht sich die Freundschaft, sowohl die der einzelnen Mitglieder, als auch die des gesamten Ordens. Dass es sich bei den dafür eingesetzten familialen Semantiken um eine Codierung vertrauter und mitunter vertraulicher Beziehungen handelt, zeigt die Klaralegende der Thennenbacher Handschrift 4. Dort folgen in der Aufzählung der Gemeinschaftsentwicklung auf *mvter* und *tohter* nicht weitere Verwandschaftsbezeichnungen, sondern die Formulierung *vnd der frúnd den frúnd* (TKl, fol. 36v). Die hier eingefügte Freundschaftssemantik entlarvt die vorherige semantische Codierung. Sie entwirft eine wechselseitige Nahbeziehung im Hinblick auf eine geteilte und insoweit auch gemeinsinnige Spiritualität und rekurriert eben nicht auf bestehende, institutionell gesicherte Relationen zwischen den Mitgliedern.

Im Vergleich der Legenden Klaras und Birgittas fällt dreierlei auf: Erstens, dass die Legenden vor allem familiale Semantiken einsetzen, um die persönlichen Nahverhältnisse bei den Gemeinschaftsgründungen darzustellen. Zweitens, dass sie die jeweilige Ordensgründung meist nur angeleitet vornehmen können. Selbst die später aufscheinenden verselbstständigten Handlungen Klaras in einigen volkssprachlichen Legenden stehen weiterhin im Kontext der zuvor eingeführten Ratgeberschaft des Franziskus. Zum Teil lehnen sie sich an seine zuvor geschilderten Taten an, die für Klara eine Schablone darstellen. Bemerkenswert ist drittens die Einbindung der jeweiligen Gemeinschaft in ihren Gründungsvorgang. Blickt man auf die Erzählungen des Dominikus sowie auf die nun folgenden Norberts von Xanten und Brunos von Köln, fällt diese erstaunlich spärlich aus. So wie die Gründerinnen innerhalb der legendarischen Erzählungen nur angeleitet ihren Orden stiften können und in der Erzähllogik dürfen, scheint auch deren weiblichen Gemeinschaften nur bedingt eine

710 Zum Konzept rituell-geistlicher Verwandschaft siehe bereits Jussen: Patenschaft und Adoption, S. 17–18.

711 Vgl. CCl, Cap. 6; Kürzungen weist die volkssprachliche Fassung KKl, Cap. V, II auf.

aktive Funktion in den Prozessen zuzukommen. Insofern alle volkssprachlichen Legenden von Klara und Birgitta für oder sogar von weiblichen Ordensgemeinschaften verfasst wurden, verstetigen die Texte diese Funktionen. Sie führen den Rezipientinnen das gemeinschaftliche Leben als Voraussetzung zu einer Freundschaft mit den Gründerinnen vor. Sie stiften also narrativ Gemeinsinn. Zugleich regulieren die Legenden mittels dieser narrativen Ausgestaltung die aktive Einflussnahme der weiblichen Gemeinschaften auf ihre spezifische Lebensweise in der alltäglichen *imitatio*.

1.3 Bruno und Norbert: mehrfach

Legendarisches Erzählen von Ordensgründern und Ordensgründerinnen perspektiviert immer die Gründung einer Gemeinschaft, egal ob die Gemeinschaft dabei bereits aktiv mit einbezogen wird oder ob die Idee, sowie das konkrete Vorgehen, einer Anleitung durch Dritte bedürfen. Umso interessanter ist der Umstand, dass einige Gründer diese konstitutive Handlung wiederholt vollziehen. Der Fokus richtet sich daher im Folgenden auf Norbert von Xanten und Bruno von Köln, die in den Legenden ihre Ordensgründungen jeweils doppelt vornehmen und letztlich zwei Gemeinschaften errichten. Damit gewinnt das legendarische Erzählen mit Blick auf die narrativ angelegten Gemeinsinnevozierungen an Komplexität. Diese Ordensgründerlegenden müssen nämlich die nicht unproblematische Dopplung des Ursprungs einer Gemeinschaft plausibilisieren. Das heißt, in ihnen muss das gemeinsinnige Erzählen die Brüche einer mehrfachen Gründung camouflieren und die Wahrnehmung so lenken, dass ein Einheitsgedanke in den einzelnen Gemeinschaften entsteht.

Bereits das älteste Zeugnis von Brunos Leben weiß um die doppelte Gründung. Die Formulierungen dieser Chronik werden zum Teil in den lateinischen Legenden aufgenommen, sie benennen Brunos Gründung der ersten Kartause sowie die gemeinsam mit anderen etablierte Einsiedlergemeinschaft in Kalabrien.[712]

> *Magister Bruno* […] *relicto saeculo heremum Cartusiae fundavit et rexit sex annis.* […] *in Calabriae heremum cui Turris nomen est secessit, ibique laicis et clericis quamplurimis adunatis, solitariae vitae propositum quamdiu vixit exercuit* […]. (*De Magistro Brunone*)

Die Darstellung weist Bruno als alleinigen Gründer der ersten Kartause, dem Ordensursprung in Chartreuse aus. Zugleich kenzeichnet sie ihn als Vorsteher der Gemeinschaft. Demgegenüber wird die zweite Gemein-

712 Eine historische Aufarbeitung dieser nur spärlich belegten Vorgänge bietet Peters-Custot: Bruno en Calabre, S. 11–38 und S. 57–104.

schaft in Kalabrien dezidiert nur als gelebte (*vixit*) und nicht gegründete (*fundavit*) beschrieben, die allerdings ein höheres Maß an Eigenverantwortung trägt. Der kalabrischen Gemeinschaft wird so ein größeres Potential für eine narrative Gemeinsinnevozierung zugestanden, denn sie ist als Gemeinschaft in den Prozess ihrer Gründung integriert. Die Ursprünge für ihr *heremum* sind jedoch an Chartreuse und insoweit vor allem an Brunos erste Idee rückgebunden. Gerade dieser zweite Umstand scheint für die lateinischen wie auch die volkssprachlichen Legenden Brunos wichtig zu sein, denn sie stellen die Gemeinschaften in ihrem Ursprung verknüpft dar. Grundlegend wird dafür das Gründungsnarrativ der ersten Kartause umfänglicher gestaltet.[713] Im Kern besteht dieser Vorgang aus drei Elementen: der Idee zu einer gemeinschaftlichen *vita eremitica*; dem Entschluss sich als Ordensgemeinschaft zu verstehen; die Abwägungen und Vorschläge für einen geeigneten Ort der zukünftigen Gemeinschaft. Die Brunolegende der Berliner Handschrift formuliert die Kernelemente sehr anschaulich:

> *dar um aller liebsten fraûnd und gesellen Sprach maister pruno zu sinen gesellen* […] *So sûllen wir an heben ûn an und nehmen ainen orden der Buoß und der sicherhait mit sölichen ûn öch mit mer andern worten übet er sich und sin gesellen der vorgenant maistr pruno Da antwûrtent sie im ûn sprachent maister in allen ding sind wir ûch berait zü volgê und mit ûch zü tön was ir an hebent Der gesellen wärent sechs und der maister der sübent und wurden ouch mit ain ander ûber ain das sie die bössen welt und alles das in der welt ist gentzlich wollten uff geben und wollten ain volkomes pußwertigz leben an sich nehmen und wollten uß gen und wollten ain wûstý suochen die in der zü gerecht wer ûn da sy wollten alle achtug dieser welt ere und libs gemach uff geben* […] *Nü hettê sie gehört vô grosser hailikait Sant Hugo des bischoffs in purgundýen in der stät graciopels* […] *das sie in sinem pistû möchten finden ain stat die wüst wer und die in ouch dar zü recht wer das sie wen guottê willen ûn fure satz möchten zü den werckê und zü ainem guottê end pringê* […] *und also hûben sich die vorgenantê siben man uff Der maister und sin sechs gesellen ain müttig und ain willig in der stat zü paris und zugê zü dem vorgenant hailigê byschoff gen graciopels* (BBr, fol. 2v–3r)

Bruno wird in dieser Fassung zum alleinigen Ideengeber der Gründung und der gemeinschaftlichen Lebensform des Ordens stilisiert. Er formuliert in einer Ansprache an seine sechs *gesellen* die gemeinsamen Ziele, denen diese in toto zustimmen. Die Gefährten ergänzen lediglich den Ort der Gründung, zu welchem sie dann mit ihrem Gründer *ain müttig* und *ain willig* aufbrechen. Insoweit entwirft die legendarische Erzählung für die Gründung der Kartause und damit dem Ursprung des Ordens durchaus

713 Vor allem die lateinische *Vita Secunda* weitet den Gründungsakt aus, sie hält aber auch die umfänglichste Schilderung der kalabrischen Gründung bereit. Die volkssprachlichen Legenden brechen hingegen zumeist nach der Gründung der ersten Kartause ab. Lediglich die Münsteraner und die Berliner Handschriften berichten von der zweiten Gründung. Bei der Frauenfelder Handschrift kann von einem Fragment ausgegangen werden, während das für die Berliner Handschrift nicht endgültig auszumachen ist.

ein gemeinschaftliches Vorgehen. Die Legende trägt also bereits in ihrer narrativen Darstellung des Gründungsprozesses zu einer bestimmten Gemeinsinnevozierung bei, die auf semantischer Ebene ebenso insinuiert wird. Einerseits ist der immer als *maister* apostrophierte und zumeist namentlich genannte Bruno gegenüber den sechs *gesellen* klar hervorgehoben, wodurch ein hierarchisches Verhältnis abgebildet wird. Andererseits ist Bruno selbst Teil der *gesellechaft*. So betont der Erzähler, der *maister* [sei; M.S.] *der sübent unter ihnen*. Darüber hinaus offenbart auch Bruno in seiner Figurenrede, durch die Wahl zusätzlicher Semantiken, dass neben der Vertrautheit zu den *gesellen* auch Vertraulichkeit zu *seinen aller liebsten fraûnd* vorliegt. Die Darstellung dieser Kernelemente variiert natürlich sowohl innerhalb der volkssprachlichen als auch innerhalb der lateinischen Fassungen. Dabei liegen die wohl wesentlichsten Unterschiede zum einen in der Beteiligung der Gefährten bei der Ideenfindung und Gründung und zum anderen damit eng verbunden deren figurale Ausgestaltung in den Narrationen. Letzteres führt unteranderem dazu, dass die Gefährten in allen lateinischen und den meisten volkssprachlichen Texten namentlich und zum Teil sogar unter Angabe ihres Standes oder ihrer Profession genannt werden. In der *Vita Prima* ergeht sich der Erzähler in einem ausführlichen Lob Brunos im Hinblick auf dessen Begabungen und er fügt dann parallel für die Gefährten an, dass Bruno:

> *habebat autem socios, magistrum Landuinum, qui post cum Prior Cartusiae extitit, duos Stephanos, Burgensem et Diensem (hi sancti Rufi canonici fuerant, sed desiderio vitae solitariae eis, abbate favente, sese conjunxerant) Hugonem etiam, quem cognominabant Capellanum, eo quod solus ex eis sacerdotis fungeretur officio, duos laicos, quos appellamus Conversos, Andream et Guarinum* […]. (BrI, Cap. 1,10)[714]

Diese figurale Ausgestaltung, mit Namen, Herkunft und Profession, gestattet nicht nur einen persönlicheren Einbezug einzelner in die Ursprungsgeschichte des Ordens, sondern ermöglicht beispielsweise die langfristige Etablierung sowie Legitimierung von Brunos Nachfolgern und Stellvertretern. Nicht eine farblose Nebenfigur wird zu seinem Nachfolger, sondern ein eigengeschichtlich ausgearbeiteter Protagonist, mit dem sich weitere (legitimierende) Erzählungen verknüpfen lassen. So stimmen in der Münsteraner Handschrift nicht einfach alle Anhänger Brunos Idee zur Weltflucht und Ordensgründung zu, sondern der Erzähler bündelt diesen gemeinschaftlichen Entschluss gerade in der Figurenrede des ersten Priors der Kartause *meyster laudving*: ‚*O werdiger here wir allen synt bereyt zo doin*

714 Vgl. zu dieser namentlichen Nennung ebenso die lateinischen Lgenden BrII, Cap. 1,7; BrIII, Cap. 1,7; sowei die volkssprachlichen Texte MBr, fol. 34v–35v; FBr, fol. 45r.

penitencie warafftich mochtê wir dair zo komen' (MBr, fol. 33v).[715] Daneben weiß der Erzähler auch die übrigen Figuren einzubinden, vorrangig im Hinblick auf die geeignete Ortswahl. Im Anschluss an Brunos Ankündigung, dass sie gemeinsam einen Platz für die Ordensgründung und das Leben gemäß der *vita eremitica* finden müssten, heißt es:

> *dair up antworden die tzwey ûgenâten steffan Werdiger vader nyet ver van hýn ys die stat grationopel in wilcher regeret biscoff hugo* [...] *Der hait yn sym stifft vil hoger berge tuschen den synt vill wustenyen da selden mynsch yn kurit off begert zo komen Da synt des wol nutze platz zo penitêcie* [...] *Dair na sprack der priester hugo Ich hayn dick mail gehoirt van diesem heilgen buscoff in dem laude dat er ys eyn vullenkomê hillich man des wert er uns helffen alles guden unser begerten laist uns des na em reysen van stunt in vastem gelovê* [...] *Do her hugo so gesprochê hedde do sachten die tzwýen leybroder andres ind guaryn Wir synt ouch bereyt myt uch zo gên ind zo blýnê ind penitencie myt uch zo doin.* (MBr, fol. 34v)[716]

Mit dieser narrativen Ausweitung der kurzen Formel der *ain müttig* und *ain willig* nach Chartreuse aufbrechenden Brüder beteiligt die volkssprachliche Münsteraner Brunolegende die einzelnen Gefährten gegenüber der Berliner Fassung in einem viel persönlicheren Maße. Der in ihr evozierte Gemeinsinn basiert auf einer Konzeption, die zwar auch den Gründer exponiert, zugleich aber das Wirken einer konkreten und nicht nur abstrakt zusammengefassten Gemeinschaft abbildet. Eine solche Gemeinschaft erwähnt die Münsteraner Legende hingegen im Kontext der zweiten Gründung in Kalabrien, von der der Erzähler ansonsten nur wenig berichtet:

> *zhoich er* [scil. Bruno; M.S.] *in calabrien Da vill wuste nye ind hoeberge genoich ind uyß verkoiß da ouch eyn stat neit vil ungelich carthuiß doch er dachte altzyt wedder tzo carthuiß willen komen Er bleiff do da myt synen gesellen die hie der werlt genomen hed* [...] *da bleff also wonende myt synê lievê broderê der hilge vader sent bruno an synê doit mit der selven observancie als er zo carthuiß hed an geheven des hilgen carthusers orden.* (MBr, fol. 49r–51r)[717]

---

715 Noch deutlicher verfährt die lateinische Vita BrII, in der im Anschluss an Bruno *magister Lauduinus* in gut drei Paragraphen noch einmal selbst die Vorteile der Weltflucht darlegt und so seine Position als spiritueller Führer der Gemeinschaft vorbereitet; siehe dazu BrII, Cap. 1,14–16.

716 Vgl. dazu die Darstellungen BrII, Cap. 1,21 und BrIII, Cap. 1,11.

717 Die *Vita Prima* (BrI) ist, in ihrer Formulierung der kalabrischen Gründung, sehr nah an der eingangs zitierten Magisterchronik. Sie betont allerdings Brunos Führungsrolle im neuen Kloster: *Deo et hominibus dilectus et gratus, heremum Cartusiae rexit sex annis, et post, ut praedictum est, a Papa vocatus, et non diu post ad heremum Calabriae, cui Turris nomen est, transiens, ibi, sancto constructo monasterio, multorum Dei servorum anachoretarum rector extitit et minister, et ibidem, felici vitae suae cursu peracto* [...]. (BrI, Cap. 3,24). Die am ausfürhlichsten berichtende *Vita Secunda* begründet vor allem, warum Bruno nicht zu seiner ersten Gründung zurückgekehrt ist und schildert ansonsten das karge barfüßige und in Höhlen zugebrachte Leben der Gemeinschaft, ohne von einer neuerlichen Initiierung in Kalabrien zu sprechen. Siehe dazu BrII, Cap. 3,52–53. Ähnlich auch die *Vita Tertia*, die allerdings nicht mehr so detailreich verfährt, BrIII, Cap. 3,35–36.

Zwar besteht die Gemeinschaft semantisch aus *synê lievê broderê* oder *synen gesellen*, also wiederum aus vertraulichen Nahbeziehungen zwischen Gründer und Gefährten. Zur Entstehung der kalabrischen Sozietät betont der Erzähler aber Brunos alleiniges Wirken, denn er habe seinen Gefährten erst die gemeinschaftlich eremitische Lebenweise auferlegt (*die hie der werlt genomen hed*). Die neue Gemeinschaft hatte keine Wahl und gemeinsame Ideenfindung. Die hiesigen Brüder haben auch nicht das für die erste Gründung ausschlaggebende Pariser Mirakel miterlebt. Insoweit errichtet der Ordensgründer im zweiten Teil der Münsteraner Legende mit den neuen Gefährten *eyn stat neit vil ungelich carthuiß*. Der Ursprung der kalabrischen Gemeinschaft gleicht also nicht nur in seiner Lage dem eigentlichen Ursprungort, sondern er wird vielmehr *mit der selven observancie als er zo carthuiß hed an geheven des hilgen carthusers orden* versehen. Selbst die zur gemeinsamen Orientierung dienenden Statuten stimmen für die zwei von Bruno gegründeten Gemeinschaften überein. Die legendarische Erzählung entwirft für die zweite Gemeinschaft also eine gemeinsinnstiftende Orientierung, die sich nicht nur auf den gemeinsamen Gründer bezieht. Ebenso behauptet sie, dass die zweite Gründung bereits gänzlich in der Tradition der ersten stünde, wodurch Gemeinsinn im Hinblick auf die imitierende Teilhabe an dieser Urgemeinschaft des Ordens evoziert wird. Sowohl die lateinischen als auch die volkssprachlichen Brunolegenden sind bemüht den Bruch, den die zweite Gemeinschaftsgründung innerhalb der Narrationen aufwirft, zu bearbeiten. Sofern die Texte, wie etwa die volksspraliche Frauenfelder Legende, nicht fragmentarisch überliefert wurden oder nach der Gründung der ersten Kartause abbrechen, ohne Brunos Weggang aus Chartreuse und den kalabrischen Aufenthalt zu erwähnen, nutzen sie für die Überblendung bestimmte Narrative und Semantiken. Diese entwerfen vertraute bis vertrauliche Nahbeziehungen zwischen Bruno und der jeweiligen Gemeinschaft, die zum Teil sogar explizit als Freundschaften benannt werden. In der narrativen Entfaltung entwerfen sie ein gemeinsinnstiftendes Potential, das vor allem an die Beweggründe für die erste Gemeinschaftsgründung und die Lebensweise Brunos rückgebunden wird. Diese Faktoren erscheinen in der jeweiligen Wahrnehmung der Gemeinschaften übertragbar und tragen zu einem Einheitsgedanken des Ordens bei.

Der Vergleich mit Norbert von Xanten, einem Ordensgründer, der ebenfalls mehrfach Gemeinschaften stiftete, zeigt, dass auch das Narrativ der wiederholten Gründung differenter Prägungen unterliegt. Diese Differenzen scheinen bereits in den historischen Personen angelegt zu sein. Zwar lassen sich für Bruno und Norbert Parallelen benennen, beide gründen als ehemalige Kanoniker einen Orden im beginnenden 12. Jahrhundert, beide erhalten das Angebot auf ein Erzbistum und beide gründen in diesem Kontext eine weitere Gemeinschaft. Doch gerade im Umgang mit dem angebotenen Erzbistum und der jeweiligen Lebensweise fallen deutliche Unterschiede auf. Während Bruno dieses ablehnt, nimmt Norbert das Angebot an. Betont Bruno vor allem die eremitische Vereinzelung in der Lebensweise seiner Gemeinschaften, hebt Norbert zunehmend auch die missionarische Predigt hervor. Blickt man nun auf die Ausgestaltung der Gründungsnarrative fällt sofort auf, dass Nobert, im Gegensatz zu den bisher betrachteten Darstellungen, im Moment der Gründung keine Gemeinschaft um sich hat. Die Legenden kennen keine Gefährten, die er zu einer Gemeinschaft und einem späteren Orden zusammenführen und legitimieren möchte. Die lateinischen Legenden berichten viel eher davon:

> […] *instinctu episcopi fratres canonici ecclesiae beati Martini in suburbio Laudunensi eligunt eum* [scil. Norbert; M.S.] *sibi abbatem. Petunt et requirunt eum tam ab episcopo quam a summo pontifice.* […] *At cum ostenderetur eis modus euangelicae institutionis, quomodo imitatores Christi, contemptores mundi esse deberent* […], *illi statim ad verbum et aspectum illius perterriti dixerunt: ‚Nolumus hunc super nos, quia talem magistrum nostra non novit nec nostrorum praedecessorum consuetudo.* […] *Liceat nos vivere sic; castigare Deus vult; non mortificare.*‘ (NoA/NoB, Cap. 9)

Eine bereits bestehende Gemeinschaft (*fratres canonici*) erwählt Norbert zu ihrem Abt (*eligunt eum sibi abbatem*). Doch seine Auslegung der bestehenden *vita religiosa* als strenge *vita apostolica* führt sofort (*statim*) zu Ablehnung und Widerstand (*‚Nolumus hunc super nos.‘*). In der Folge gründet Norbert eine eigene Gemeinschaft und wählt einen Ursprungsort für diese, allerdings ohne überhaupt Gefährten um sich zu haben. Dabei kennen die legendarischen Erzählungen bereits einen Gefährten namentlich, doch der spätere Nachfolger Norberts, Hugo von Fosses, ist während des Gründungsaktes nicht anwesend, wie die Legenden betonen:

> […] *solus enim erat et sociorum solatio destitutus. Domnus namque Hugo, quem usque nunc circa natale solum, circa Forense videlicet territorium, socium habuerat,* […] *quasi de rebus et debitis suis aliquid dispositurus, adhuc cum domno Burchardo Kameracensi episcopo, noto eius, Kameracum ab hoc concilio rediit et non reversus usque post biennium; socium vel magistrum suum Norbertum sibimet reliquit.* (NoA/NoB, Cap. 9)

Der erste und engste Gefährte Norberts, der zum Gründer in einem vertraulichen Verhältnis steht, ist bei der entscheidenden Synode von Laon und der anschließenden Gründung der Gemeinschaft nicht anwesend. Über zwei Jahre fehlt der sonst Trost (*solatio*) spendende Hugo an der Seite Norberts, der für ihn *socium vel magistrum* ist. Norbert gründet in der Einöde von Prémontré seinen Orden allein und der Erzähler merkt an *in quo, si quando daret ei Deus socios colligere, se mansurum spospondit* (NoA/NoB,

Cap. 9).[718] Die Erzählungen evozieren gerade durch diese Wendung einen ganz eigenen Gemeinsinn, denn jeder der fortan der Gemeinschaft beitritt und sich der Lebensweise Norberts verschreibt, ist ihr von Gott gegeben worden. Zudem gilt zumindest für die erste Generation, dass sie von Norbert selbst auserwählt wurde. Diese Wahl einzelner – Hugo von Fosses findet weiterhin keine Erwähnung – gestattet den Erzählern Variationen. So berichtet die *Vita A* von der Wahl Evermods gleich im ersten Frühjahr nach der Gründung, dass *in quo ita spiritus eius requievit, ut post decessum suum sepulturae suae locum ei commendaret* (NoA, Cap. 9) und sie fügt an *[p]ost hunc et alios sibi socios ascivit, qui radices et fundamentum fuere futurae multitudinis, quae praefatum virum Dei subsecuta est.* Wie bereits Hugo von Fosses wird der hier genannte Gefährte Evermod, der spätere erste Bischof von Ratzeburg, nicht nur namentlich genannt, sondern auch in einer besonderen Nahbeziehung zum Gründer dargestellt. Das persönliche Verhältnis ist als spirituelles gekennzeichnet, dessen Reziprozität in einer entgegengesetzten Hingabe ihrer selbst im Leben sowie im Tode besteht. Die *Vita B* betont diese Sonderdyade weitaus mehr, denn sie fügt zu Evermod an *[q]ui tanto amoris intimi vinculo ei alligatus est, ut omni tempore vitae suae spiritus viri Dei in eo requiem caperet* [...] (NoB, Cap. 9). Deutlich partizipiert die *Vita B* damit am Code der Intimität, um die auf Gott hin ausgerichtete Freundschaft zwischen Norbert und einem seiner ersten Gefährten gegenüber den späteren *alios socios* herauszustellen. Darüber hinaus bindet die *Vita B* neben dem nur indirekt genannten Hugo von Fosses noch einen weiteren Gefährten, *iuvenem Antonium*, namentlich ein und schafft so eine Trias. Diesen drei Gefährten allein gesteht der Erzähler zu, die Wurzel für die gesamte spätere Gemeinschaft zu sein. Allerdings erwähnt die *Vita B* eschatologisch argumentierend, dass die erste Gemeinschaft insgesamt 13 Gefährten umfasst, sie also der Zahl der Apostel entspricht und dass diese zu Ostern weltentsagend erstmals mit Norbert am Gründungsort der Gemeinschaft verweilen. Legitimiert wird die junge Gemeinschaft dieser Norbertvita durch die vom Erzähler behauptete Unverfügbarkeit des göttlichen Vorgangs:

> *Dei enim dispositioni relinquitur, quod prae nimia altitudine sapientiae et scientiae ipsius occultum ab humanis oculis ignoratur. In hoc, ubi collegerit, vel quomodo socios alios Deus illi contulerit, non est immorandum.* (NoB, Cap. 9)

Insofern evoziert auch die *Vita B* einen Gemeinsinn, der auf ein elitäres Freundschaftsgefüge setzt, in welches man von Gott oder seinem Gottes-

---

718 Ein ähnliches Vorgehen beschreiben auch die Viten des heiligen Stephan von Muret dem Ordensgründer der Grammontenser, einem parallel entstehenden, allerdings heute nicht mehr existenten Reformorden des 12. Jahrhunderts. Siehe dazu speziell die Betrachtungen von Andenna: Dall' esempio alla santità, hier S. 202–203.

freund Norbert erwählt wird. Es erscheint durchaus heikel einer solchen, elitären Gemeinschaft eine andere gegenüberzustellen. Unterminiert doch die zweite Gründung durch den Ordensgründer den Status der Erwähltheit und insoweit das darin begründete Gemeinsinnpotential der bisherigen Gemeinschaft. Die Viten entwerfen insoweit weniger das Bild einer weiteren Gründung, als vielmehr die Etablierung des erwählten Ordens in dem 1126 an Norbert übertragenen Erzbistum Magdeburg.[719] Der Erzähler der *Vita B* lenkt dafür geschickt den Blick seiner Rezipienten, indem er den Fokus auf die Ereignisse in Magdeburg legt und die Gemeinschaft von Prémontré ausblendet. Einen geeigneten Anlass findet er in der Weigerung der Magdeburger Chorherren sich Norbert anzuschließen, gerade dieses Motiv bildet eine auffallende Parallele zum ursprünglichen Gründungsnarrativ.

> *Erat ante palatium episcopale, haud longe sita sed ecclesia quaedam in honore sanctae Dei genitrics Mariae, in qua viginti erant canonici seculares, sub praeposito antiquitus constituti.* [...] *petebat multoties et a rege et a canonicis maioris ecclesiae eiusdemque ecclesiae canonicis, ut alibi ab eo aliis aequa vel meliori conditione reditibus acceptis, illam sibi liberam concederent. Qui omnes una voce contradicebant,* [...]. *Hanc ab his omnibus passus est per aliquot annos repulsam, sed vicit tandem,* [...]. *Expositisque clericis illis et omnibus unumquemque ad suum velle relocatis, fratres sui ordinis sicut diu concupierat in eadem ecclesia imposuit, ubi et eo vivente secundum ordinem institutum, et post discessum ipsius in aeternum servitium Dei habendum ordinavit.* (NoB, Cap. 18)

Anders als bei der Gründung von Prémontré gewinnt Norbert aber die Auseinandersetzung und erhält das Kloster Unser Lieben Frauen für seine zweite Gemeinschaft. Das Kloster und seine Gemeinschaft sind allerdings nicht in einer Einöde angesiedelt, sondern mitten in der Stadt und in unmittelbarer Nähe zum Bischofssitz. Für die Etablierung einer Gemeinschaft nach den Vorstellungen Norberts im Magdeburger Kloster, rekurriert der Erzähler erneut auf die Beharrlichkeit Norberts. Trotz seiner institutionellen Rolle als Erzbischof formt er erneut eine Gemeinschaft von *fratres sui ordinis*. Das gemeinsinnige Potential wird semantisch erneut an die Figur des Ordensgründers und dessen erste Gemeinschaft samt dem bestehenden *ordo* geknüpft. Narrativ wird zudem die Struktur des problematischen ersten Gründungsprozesses bei der Etablierung einer zweiten Gemeinschaft wiederholt. Gerade diese Spiegelung des Gründungsnarrativs birgt ebenfalls ein starkes Gemeinsinnpotential. Die zweite Gründung erscheint so als eine von Norbert angeleitete, ordensinterne

719 Vgl. dazu die knappe Darstellung der Vita NoA, Cap. 18: *Inter multa quae strennue per eum acta sunt, factum est ut ecclesiam beatae Dei genitricis semperque virginis Mariae a domno imperatore et a capitulo maiori nec non a canonicis eiusdem ecclesiae obtineret, in qua fratres sui ordinis sicut diu concupierat locavit, ubi per eos, gratia Spiritus sancti cooperante, divinum servitium devote administratur usque in hodiernum diem.*

imitatio der ersten Gründung. Die minimalen Abwandlungen gestatten der Magdeburger Gemeinschaft allerdings eigenständige Auslegungen. Diese führten zwar nicht in den Legenden, wohl aber in anderen historiographischen Zeugnissen, zu Auseinandersetzungen zwischen Prémontré und Magdeburg.[720]

2. (De)Stabilisierung der Gemeinschaft

Gründungsnarrative bergen ein wesentliches Potential für gemeinsinnstiftendes Erzählen und tragen somit zur narrativ gestifteten Stabilität einer Gemeinschaft bei. Sie stellen dafür die Beziehungen zwischen den Gründerfiguren und einzlnen Gefährten bzw. der Gemeinschaft als vertraute bis vertrauliche Nahbeziehungen dar. Die in ihnen entworfene Freundschaft wird als Anspruchskategorie zu einer Orientierung für die Einzelnen einer Gemeinschaft. Zugleich erlaubt der differente und vor allem wiederholte Einsatz des Gründungsnarrativs in den legendarischen Erzählungen, auch unterschiedliche Gemeinsinnkonzepte selbst innerhalb eines Ordensgründerlegendencorpus zu entfalten. Die entstehenden Brüche werden zumeist narrativ bearbeitet und camoufliert, denn sie können zu Destabilisierungen der Gemeinschaft beitragen. In ihnen spiegeln sich jene Prozesse sozialer Kommunikation, die Gemeinschaft und dabei vor allem auch ihr jeweiliges Verhältnis zu ihrem Initiator als Vollzugsform entlarven. Dass dabei der Intensitätsgrad der Nähe durchaus variiert – mal von einer eher anonymen und lediglich personalen Bekanntheit bis hin zu einer exklusiven und insofern persönlichen Vertraulichkeit – weist auf den Einsatz ambiger Semantiken und polyvalenter Narrative hin, die unterschiedliche Konzeptualisierungen vermuten lassen. Keinesfalls allerdings bietet dieses Variieren einen Anlass, die Nahverhältnisse in der Analyse zu ignorieren oder als willkürlich zu betrachten, denn ein mögliches Ausbleiben ihrer narrativen Darstellung liegt gerade nicht vor. Das Erzählen von graduell unterschiedlichen Nahverhältnissen zu einem heiligen Ordensgründer scheint, in der Notwendigkeit und Wirkmächtigkeit seiner Person für die entsprechenden Gemeinschaften und ihr Bestehen zu liegen. Das hieße, dass die Freundschaften zum Ordensgründer oder der Ordensgründerin vor allem komplementär wären, egal ob sie ganz neu eingegangene Beziehungen wären oder als Substitution bzw. als Fusion zu vorherigen Beziehungsverhältnissen bestünden. Der Einsatz von Freundschafts-

720 Das Problem der zwei Gemeinschaften innerhalb eines neuen Ordens diskutiert aus historiographischer Sicht Jörg Oberste: Zwischen ‚uniformitas' und ‚diversitas'. Zentralität als Kernproblem des frühen Prämonstratenserordens (12./13. Jahrhundert). In: Crusius und Flaschenecker (Hrsg.): Studien zum Prämonstratenserorden, S. 225–250.

narrativen und vor allem familialen Semantiken, die die Freundschaftsverhältnisse evozieren, diente dann der internen Stabilisierung von Gemeinschaften, die anscheinend einen „strukturellen Bedarf" aufweisen.[721]

In den Ordensgründerlegenden liegt dieser Bedarf vor allem im Hinblick auf den prekären institutionellen Status der sich neu konstituierenden Gemeinschaften vor. Ihnen fehlen noch gesicherte Mechanismen zur strukturellen Selbsterhaltung. Die Legenden führen daher vor, welche Stabilisatoren der jeweiligen Gemeinschaft nützen, wie sie funktionieren und wie man sie etabliert. Dazu perspektiviert das legendarische Erzählen scheinbar diametral die auf Vertrauenssemantiken basierden Wechselbeziehungen zwischen Ordensgründer und Ordensgemeinschaft in zweifacher Ausrichtung. Einerseits liegt der Fokus zentralisierend auf der Figur des heiligen Gründers, aus dem die Gemeinschaft und deren strukturelle Mechanismen der Stabilisierung legitim entspringen. Andererseits wird das Verhältnis zwischen dem Gründer, einzelnen Gefährten und schließlich dem Orden als Ganzem sukzessive dezentralisiert. Anders gesagt, die hier fokussierte Spezifik der Ordensgründerlegende liegt darin, dass sie eine durch einen Heilscharismatiker gestiftete Gemeinschaft in eine zwar am Heil des Gründers weiter partizipierende, aber ohne dessen persönliches Charisma strukturell bestehende Gemeinschaft transformiert.[722] Das heißt, die Narrationen explizieren, wie der Orden durch seine spezifische Heilsfürsorge weiterhin an der Heiligkeit des Gründers Teil hat und wie diese Teilhabe der „Veralltäglichung des Charismas" mitunter auch strukturell entgegenwirkt.[723]

Den basalen Zusammenhang, dass das (Heils-)Charisma zu einer „emotionalen Vergemeinschaftung" führt,[724] hat bereits Max Weber dargelegt und er hält zum vorliegenden „reinen Charisma" der Ordensgründerlegenden fest, es ist eine

> als außeralltäglich [...] geltende Qualität einer Persönlichkeit [...], um derentwillen sie als mit übernatürlichen oder übermenschlichen oder mindestens spezifisch

721 Zu den soziologischen Überlegungen, die sich auf den gesellschaftlichen Bedarf an gemeinschaftlichen Beziehungen beziehen, siehe Hahn: Zur Soziologie der Freundschaft, S. 623.

722 Diese Transformationen beziehen sich auf die innere Struktur einer Ordensgemeinschaft, daneben sind auch solche zu beachten, die sowohl den Ordensgründer als auch seine Gemeinschaft innerhalb der Gesellschaft strukturell legitimieren und institutionell sichern. Diese Transformationen werden allerdings erst im letzten Kapitel zu den *Institutionellen Freundschaftsnetzwerken* analysiert. Zu den legendarischen Funktionen der institutionellen Legitimation und der im Folgenden fokussierten strukturellen Leistungen für eine Ordensgemeinschaft siehe Andenna: Heiligenviten als Gedächtnisspeicher; speziell mit dieser Perspektive auf den Begriff des Charismas, in Sonderheit des Heilscharismas und seiner Übertragung siehe Münkler: Amicus Dei, S. 380–387.

723 Vgl. Weber: Wirtschaft und Gesellschaft, S. 182.

724 Vgl. ebd., S. 180.

> außeralltäglichen, nicht jedem andern zugänglichen Kräften oder Eigenschaften [begabt] oder als gottgesandt oder als vorbildlich und deshalb als ‚Führer' gewertet wird.[725]

Webers Definition zielt auf die charismatische Herrschaft und rückt vor allem die Legitimation der jeweiligen Macht, deren Inhaber sowie die möglichen Transformationsprozesse in den Mittelpunkt. Diese Fragen sind durchaus auch für das legendarische Erzählen von Gründerfiguren von Interesse. Denn sie lenken den Blick darauf, dass Macht nur als Interaktion zwischen einer Gemeinschaft und ihrem Führer bzw. Gründer besteht.[726] Umgekehrt existiert die Gemeinschaft samt ihrem Führer oder Gründer nur im Vollzug sozialer Interaktionen in einem reziproken Verhältnis. Dieser Umstand ist für eine sich durch das Charisma ihres Führers zuallererst konstituierende Gemeinschaft wesentlich. Insofern lässt sich Webers Perspektive auf den Machthaber ergänzend ebenso auf die ihm machtverleihende Anhängerschaft ausweiten:

> Erkennen diejenigen, an die er sich gesandt fühlt, seine Sendung nicht an, so bricht sein Anspruch [und mitunter die Gemeinschaft selbst; M.S.] zusammen. Erkennen sie ihn an, so ist er ihr Herr [und sie sind eine Gemeinschaft; M.S.], solange er sich durch „Bewährung" die Anerkennung zu erhalten weiß. Aber nicht etwa aus ihrem Willen, nach Art einer Wahl, leitet er dann sein „Recht" ab, - sondern umgekehrt: die Anerkennung des charismatisch Qualifizierten ist die Pflicht derer, an welche sich seine Sendung wendet.[727]

Bezogen auf die legendarischen Erzählungen heißt das, dass sie eben von solchen Bewährungen erzählen müssen, um das Charisma des Gründers und die daran geknüpfte Stabilität der Gemeinschaft zu offenbaren. Zugleich müssen sie vor dieser narrativen Schablone eben jene Mechanismen in die Erzählungen einflechten, die einerseits den Bestand der Gemeinschaft auch ohne den Charismatiker ermöglichen und andererseits jenes Charisma auf die Gemeinschaft selbst übertragen. Letztlich leisten die Ordensgründerlegenden – wie Marina Münkler konstatiert – die Transformation einer innerweltlichen Sozietät in „eine spirituelle Gemeinschaft [...], deren Gemeinsinnigkeit sich einerseits im gemeinsamen Versuch der Nachahmung Christi konstituiert, andererseits in der Jüngerschaft gegenüber einem charismatischen Visionär [...]."[728]

---

725 Vgl. ebd., S. 179 (Hervorhebungen im Orig.).

726 Ich verweise an dieser Stelle noch einmal auf Luhmanns Konzept der symbiotischen Mechanismen. Der symbiotische Mechanismus des gemeinschaftsbildenden Teilsystems der Politik ist das Ausüben von Macht. Siehe dazu mit Blick auf die Konstitution freundschaftlicher Nahbeziehungen Kraß: Die kämpfenden Freunde, S. 72–74.

727 Vgl. Weber: Wirtschaft und Gesellschaft, S. 655 (Hervorhebungen im Orig.).

728 Vgl. Münkler: Amicus Dei, S. 381.

Mit Hilfe des gewählten Fokus auf Freundschaftssemantiken und Narrative lassen sich solche Transformationen der Interaktionsprozesse beobachten, das haben die Analysen zum gemeinsinnstiftenden Potential des Gründungsnarrativs gezeigt. Da die Semantiken und Narrative von Freundschaft in ihrer symbolisch generalisierten Verwendung ein hohes Maß an Ambiguität und Polyvalenz bergen, gestatten sie, die vorgängigen Transformationsprozesse des legendarischen Erzählens fast ohne Brüche aufzuzeigen. Das heißt allerdings nicht, dass die legendarischen Darstellungen von Ordensgründerfiguren und ihren Gemeinschaften frei wären von Erzählungen, die ein destabilisierendes Potential für den Orden oder auch das Charisma der Gründerinnen und Gründer beinhalten. Letzteres – das haben die Kapitel zur Gottesfreundschaft bereits ausführlich dargelegt – bedarf einer steten Erneuerung, die sich in der unentwegten Liminalisierung des heiligen Ordensgründers beweist. Gerade vor diesem Hintergrund der notwendigen Distanzierung der heiligen Gründerinnen und Gründer können Freundschaftserzählungen die Gemeinschaft des Ordens häufig nicht nur stabilisieren, sondern sie können ebenso destabilisieren. Einerseits weil das schon konstatierte Changieren des Intensitätsgrades etwaiger Nahverhältnisse zu prekären Formen der Privilegierung führen kann. Dass also stark vertrauliche Sonderdyaden zwischen dem Gründer oder der Gründerin und einem Gefährten bzw. einer Gefährtin auserzählt werden. Andererseits kann möglicherweise ein, wohlgemerkt nur zeitweiliges, Ausbleiben von Freundschaftserzählungen im Kontext der Liminalisierungen zwischen der Gemeinschaft und ihrem Gründer in den Legenden destabilisierende Wirkung entfalten. Dies vor allem im Kontext struktureller Erzählmuster, die die Figur eines Gründers oder einer Gründerin als funktionalen Kern ihrer auf den Ebenen von *discours* und *histoire* entworfenen Ordnung gestalten. Deren Fehlen würde in einer solchen Erzählanlage *sui generis* destabilisierend wirken. Insoweit gilt es, eben solche Passagen zu untersuchen, die erstens das Heilscharisma des Gründers als konstituierendes Moment der Gemeinschaft präsentieren; die zweitens versuchen, das Heilscharisma auf den Orden und dessen Heilsfürsorge zu übertragen; und die drittens strukturelle Mechanismen einflechten, die die Gemeinschaft über die persönliche Wirkmacht des Charismatikers hinaus stabilisieren, also auch in Momenten seiner Absenz.

2.1 Bruno und Norbert zwischen Absenz und Präsenz

Dass ein Heilscharismatiker, wie die Ordensgründer, seine ursprüngliche Gemeinschaft tatsächlich im Sinne Webers emotional vergemeinschaftet, zeigt sich insbesondere im affektiven Gebaren der Anhänger in Momenten, denen eine strukturelle Prägung der Sozietät folgt. Euphorie und ausgelassene Freude können beispielsweise in einem Augenblick der gemeinsamen Heilserfahrung wesentlicher Teil der Narrativierung des Verhältnisses von Ordensgemeinschaften und ihrer Gründerfigur sein. Aber auch Furcht, Angst und Frustration können das Erzählen prägen, wie die folgende Passage der Münsteraner Brunolegende zeigt:

> *Met die guderen brudere alle worden dess seer bedrufft ind sprachen schruende wo he van en tzoge geynerleye wyss woldan sy da allene blyvê in der wilden wustenyen Sy hatten yn allene up erden uyss verkoren vuir yren vader wa er bleve da wulden sy ouch blyvê die al die werlt samtlich hetten over gegevê myt em ind all wat sy hetten sy wolden ouch nu by em blyvê zo leven ind zo sterven.* (MBr, fol. 46v)

Der bevorstehende Weggang Brunos aus Chartreuse löst bei den Brüdern seiner Gemeinschaft klar Affekte aus,[729] sie schreien, weinen und sind ratlos, was ihre Gefühlslage noch steigert. Der Erzähler markiert dabei den Gründer als emotionalen Stabilitätsgarant der noch jungen Sozietät, denn diese ist *in geynerleye wyss bereit, allene* [zu; M.S.] *blyvê.* In der Figur des Gründers bündelt die legendarische Erzählung die Zuversicht der Gemeinschaft auf ein Heil generierendes Leben in der von ihm vorgelebten *vita eremitica.* Diese Perspektive kulminiert in der semantischen Darstellung Brunos als *vader*, der seine hervorgehobene Stellung und Funktion für die Gemeinschaft erst in der Interaktion mit dieser erhalten hat, denn *Sy hatten yn allene up erden uyss verkoren.* Dass der Weggang Brunos zu affektiven Handlungen führt und sich die Gemeinschaft ferner emotional in ihm verankert fühlt, findet sich bereits in der lateinischen Vorlage der volkssprachlichen Legende. In der *Vita Secunda* wendet sich dafür allerdings die Gemeinschaft mit einer Stimme und in direkter Rede an Bruno. Während zunächst der Erzähler einleitend die emotionale Lage umreißt, folgen dann teils anklagende Fragen an den Gründer:

> *Tunc omnes cum lachrymis et ejulatu magno clamare coeperunt dicentes: Cur nos, Pater, deseris, aut cui nos desolatos relinquis? Tu es enim post Deum omnis spes nostra, totumque refugium. Tu nobis in adversis, praesidium, in prosperis solatium, in temptatione consilium, in infirmitate subsidium. Quid igitur, recedente, faciemus, aut ad quem, te absente, recurremus? Erimus profecto sicut oves errantes non habentes pastorem. Si igitur te ad Romam Pontificem obedientia*

---

729 An dieser Stelle verweise ich nur kurz und das ohne die Komplexität der Emotionsforschung, gerade auch der mediävistischen in Frage zu stellen, auf die von mir verwendeten Begriffe Emotion und Affekt. Ich verstehe Affekte als Ausdrucksformen der Emotionen und insoweit finden sich innerhalb der *histoire* zumeist affektive Darstellungen, die auf Emotionen schließen lassen. Durchaus kann diese Interpretation der Affekte bereits auf der Ebene des *discours* durch eine Erzählinstanz erfolgen, sie ist aber nicht zwingend notwendig. Zu den unterschiedlichen Ansätzen der Emotionsforschung und der methodischen wie terminologischen Debatte siehe einleitend Elke Koch: Bewegte Gemüter. Zur Erforschung von Emotionen in der deutschen Literatur des Mittelalters. In: Literaturwissenschaftliches Jahrbuch. NF 49 (2008), S. 33–54.

> *trahat, trahet nos tecum supereminens charitas, quae est in Christo Jesu, quam separare non poterit, neque mors, neque vita, neque creatura aliqua.* (BrII, Cap. 46)[730]

Die Vita entwickelt in ihrer Rhetorik eine ganz eigene Steigerung der Emotionalität, durch die abwechselnden Frage- und Aussagesätze, die in ihrer endlos anmutenden Reihung wie Anklagen auf den Gründer niederprasseln. Ausdrücklich verbalisieren sie die Ängste der Gemeinschaft. Hinzu tritt die gehäufte Gegenüberstellung der Personalpronomina *tu/te* und *nos/noster/nobis*, die den hier als *pater* apostrophierten Bruno auch grammatisch alleinstehend und nicht nur gemäß der Semantik als hierarchisch übergeordnet markieren. Allerdings löst die Vita diese Spannung ebenfalls auf grammatischer Ebene. Die futurische Wendung des letzten Satzes *separare non poterit* offenbart die Zuversicht der Klagenden. Die Lösung, oder besser gesagt der Grund, für die stabilisierende Annahme, liegt in der Konkretisierung seiner heilscharismatischen Wirkung. Sie entspringt Christus. Damit ist die Basis der Gemeinschaft auf spiritueller Ebene perpetuiert und zugleich unverfügbar gestellt. Die volkssprachliche Transformation in der Münsteraner Handschrift bedarf einer anderen Lösung, betont sie doch vielmehr das Wirken Brunos. Die direkte Rede kommt in dieser Legende insofern auch nicht der Gemeinschaft zu, sondern dem Gründer. In mimetischer Rede lässt der Erzähler Bruno zu seinen Anhängern sprechen, um ihnen ihre Ängste und Befürchtungen zu nehmen.

> *‚lieff brudere syt nyet so vill bedrofft myns affschedes van uch went des machen yr myr bedroffnissen over bedroffnissen Mer blyvet ir hie in dieser wustenye da ir van gode zo vorkorn syn in zo wonen Ich hoffen in got den herê myt syner gotlichen benediccie ind den paeß wedder balde by uch zo komen zo uren groißen vrouden Asdan trecke ich nu myt dem licham van uch myn hertze doch blyfft allzyt by uch.‘* (MBr, fol. 46v–47r)

Der zuvor als *vader* höhergestellte Bruno nivelliert mit seiner Anrede *lieff brudere* die Hierarchie, wobei er ebenso eine familiale Semantik verwendet. Durch den Zusatz *lieff*, der dem Code der Intimität entstammt, zeigt er zudem an, dass es nicht nur um eine wechselseitig vertraute, sondern vielmehr vertrauliche Beziehung geht. Der Gründer rückt so selbst von seiner exponierten Stellung ab. Zudem offenbart er, dass er nicht nur Teil der Gemeinschaft ist, sondern auch deren Leid teilt, obwohl er es selbst verursacht. Insofern betont die volkssprachliche Legende, dass Bruno einerseits der Ursprung seiner Gemeinschaft ist und andererseits die Basis ihrer emotionalen Verfasstheit. Um diese zu stabilisieren, bedarf es seiner Zuversicht, die parallel zur lateinischen Vita futurisch (infinit) gewendet ist. Die Wendung wird im Verlauf der volkssprachlichen Brunolegende zu einer redundanten Formulierung. Immer wieder wird sie in die Reden des

730 Vgl. auch BrIII, Cap. 29.

Gründers eingeflochten, um dessen Zuversicht und emotionale Teilnahme zu bestätigen: *Ich hoffen* [...] *wedder balde by uch zo komen zo uren groißen vrouden.* Jedwedes Wohl der Gemeinschaft ist in dieser Legende an ihren Gründer geknüpft und erscheint nur durch dessen Realpräsenz stabil. Die Zuspitzung, die in der lateinischen Vita fehlt, veranlasst den volkssprachlichen Erzähler die realpräsentische Strukturleistung der Stabilisierung in eine symbolische zu transformieren. Die sprichwörtliche Trennung von Körper und Herz (*myt dem licham* [...] *uch myn hertze*) gestattet der volkssprachlichen Erzählung die Stabilität der Gemeinschaft auf symbolischer Ebene zu generieren und steigert ihr gemeinsinniges Potential. Der Sprechakt – rhetorisch hochstilisiert – dem Gründer in direkter Rede vorbehalten bleibt, ist bezogen auf die strukturelle Anlage der Münsteraner Brunolegende konsequent. So folgt der symbolischen auch eine konkrete Handlung. Bruno setzt einen Abt als Stellvertreter für die Zeit seiner Absenz ein. Der Abt ist allerdings Angehöriger der Gemeinschaft und wird seiner Stellvertreterrolle nicht gerecht. Indirekt offenbart die Erzählung das Versagen des Stellvertreters, indem sie von der eiligen und dem Gründer nachfolgenden Romreise der Brüder berichtet.[731] Die wiedergewonnene Nähe kann die Sozietät zwar zusammenhalten und stabilisieren, doch zugleich wirkt die neue Umgebung destabilisierend. In Rom fehlt der Gemeinschaft die Möglichkeit sich ihrer gemeinsamen und ihren Gemeinsinn auszeichnenden, eremitischen Lebensweise hinzugeben.[732] An dieser Stelle der legendarischen Erzählung findet eine unauffällige, aber doch wesentliche Transformation gegenüber den drei lateinischen Brunoviten sowei den übrigen volkssprachlichen Legenden statt. Der spätere Prior, *meyster laudwyn*, wird von der Gemeinschaft selbst zum Nachfolger Brunos gewählt und nicht wie zumindest in den lateinischen Viten durch den Gründer dazu bestimmt (*ordinaverat*)[733]: *damet tzogen sy wedder van rome na carthuiß ind nmen meyster laudwyn eynê van den sievê irsten personê in sent bruno stat vur yren oeversten ind prior* (MBr, fol. 47v). Die eigenmächtig anmutende Wahl eines Nachfolgers wird jedoch in ihrer Brisanz aufgefangen. Einerseits, weil die Erzähler die Zugehörigkeit des ersten Priors zur Urgemeinschaft betonen und andererseits, weil sie flankierende Bemühungen Brunos hinzusetzen. Es ist nämlich Bruno, der letztlich die päpstliche und insoweit institutionelle Approbation des Ordens erwirkt. Zudem gibt er der Gemeinschaft

731 *Bald da na quemen syn broder na em van carthuiß als sy em gesacht hetten zo hoven wa hie bleve leven dich ind doit da wulden sy ouch levê ind sterven* (MBr, fol. 47r).

732 *die anderen bruders worden des regimentz balde muede ind begerdten widder da sy waren zo voren in de wustenye* (MBr, fol. 47v).

733 Vgl. dazu die entsprechenden Formulierungen der lateinischen Viten (BrII, Cap. 48 und BrIII, Cap. 31), wobei die BrI, Cap. 20 eher von einer zeremoniellen Einsetzung spricht und seine Befugnisse auch auf die Kalabrischen Brüder überträgt: *Praedictum autem fratrem Lauduinum magister Bruno Priorem ordinaverat Cartusiae, antequam ad patres Calabriae transmearet.*

spirituellen Halt, da er *meyster laudwyn* mit Briefen an die Gemeinschaft zurück nach Chartreuse schickt. In jenen Briefen,[734] die in den volkssprachlichen Legenden nur als *schrifften* benannt werden, manifestiert sich Brunos Entkopplung von Herz und Körper, von körperlicher Absenz und geistig-spiritueller Präsenz. Seine Briefe dienen der innerlichen Erbauung, denn seine Gemeinschaft soll auch ohne ihn *vulherdich* [...] *blyvê*. Der Erzähler erweitert in diesem Kontext die bisher typische Bezeichnung der Gemeinschaft zu *lieven broder ind geistlich kynder* (MBr, fol. 48r). Die paradoxe Verknüpfung der familialen Semantiken ist Ausweis der zuvor geäußerten, metaphorischen Aufteilung des Gründers. Einerseits betonen die *lieven broder* dabei ein horizontales und symmetrisches Nahverhältnis besonderer Vertraulichkeit. Andererseits offenbart die Wendung die *geistlich kynder*, dass das Verhältnis hierarchisch strukturiert und nur auf eine spirituelle, nicht reale Nähe und Wechselseitigkeit bezogen ist.[735] Die Münsteraner Legende führt insoweit programmatisch vor, dass die Stabilität einer Gemeinschaft an ihren Gründer geknüpft ist. Zugleich zeigt sie, dass die Verschriftlichung seines Wirkens und seiner Weisungen die stabilisierende Wirkung narrativ perpetuieren kann. Sie offenbart also in ihrer eigenen Narration, welche Funktion sie selbst beansprucht und leistet. Von einem Moment der Destabilität ausgehend präsentiert sie zum einen, dass die Gemeinschaft strukturelle Probleme durchaus selbst lösen kann und dass zum anderen die fehlende Realpräsenz des Gründers durch eine textuelle, nur symbolische Vergegenwärtigung ausgleichbar ist. Die vorgeführten Prozesse evozieren dabei immer auch Gemeinsinn. Die narrative Form seiner Memorierung erlaubt der Ordensgemeinschaft eine quasi unendliche Wiederholbarkeit. Als *zu lesender Text* wird die Legende zu einem Stabilitätsgaranten der Gemeinschaft, der zudem immer auf den legitimierenden Ursprung verweist, die Rede Brunos.[736]

Vergleichend sei der Blick auf die legendarischen Erzählungen von Norbert von Xanten gerichtet. Dieser verlässt wie Bruno seine Gemeinschaft, die dadurch einen Moment der Destabilisierung erfährt. Zudem

734 Zu jenen überlieferten Briefen und der Frage ihrer Authentizität siehe Posada: Der heilige Bruno, S. 161–166; sowie Bruno, Guigo, Antelm. Epistulae Cartusianae, S. 31–33 und 41–43.

735 Siehe dazu bereits die Ausführungen im Semantikkapitel, außerdem Epp: Amicitia, S. 254–255 sowie 261 und 267.

736 Die Rede Brunos erhält als Selbstaussage des Heiligen einen reliquienhaften Status, der die Aussage nicht nur sakral, sondern auch als legitim kennzeichnet. Dies vorrangig auf Grund der Tatsache, dass die Unverfügbarkeit der Aussage unangetastet bleibt, insofern sie von einem an der Transzendenz partizipierenden ausgesprochen wird. Siehe zu diesen Überlegungen Peter Strohschneider, der allerdings das Phänomen der Textheiligung erörtert und zwar mittels eines Autographs des heiligen Alexius; Strohschneider: Textheiligung, S. 140–147.

gründet er in diesem Kontext ebenfalls eine zweite Gemeinschaft und auch dieser Umstand wirkt destabilisierend. Dass diese Momente in der narrativen Darbietung vor allem mit Emotionen und Affekten verknüpft werden, hat die exemplarische Analyse der Münsteraner Brunolegende gezeigt. Wie unterschiedlich die Zuschreibung dieser Emotionen und Affekte ausfallen kann, soll nachfolgend an Hand der Norbertlegenden gezeigt werden. In der altenglische Verslegende Norberts werden Emotionen und Affekte durchaus im Kontext destabilisierender Vorgänge dargestellt. So erfolgt etwa die Vergemeinschaftung in Prémontré emotional und wird eng an die charismatische Gründerfigur gekoppelt. Im Vergleich zur volkssprachlichen Brunolegende führt Norberts Weggang allerdings weniger zu affektiven Ausbrüchen, als vielmehr zu einer Infragestellung des von ihm regulierten Lebens der Gemeinschaft:

> *The innocent flok whech oure fadere left / At Premonstrate, Þei gunne to falle In dwere, / Because here heed was Þus fro hem reft. / For now are runne the dayis of too ȝere, / Sith Þat Norbert to hem, both leef and dere, / Cam not there. Wherfore sum men seyde / That ilk reule to whech thei were teyde* [...] */ Mith not lest withoute a gouernoure. / Summe seyde Þis: Þat he schuld come ageyn. / "Who schul Þe scheep doo in storm and stoure, / Who schul Þei doo in wyndis and in reyn / But if here schepperd he witȝ hem?" Þus Þei seyn. / Summe seid it was best for to chese anothir. / Thus is Þere differens betwix brothir & brothir.* (NoVL, V. 3326–3339)

Der Weggang des Gründers entlarvt die Gemeinschaft als nicht mehr allein charismatisch konstituierte. Dies zeigt sich einerseits in der direkten Infragestellung der schon vorhandenen Regeln und andererseits vor allem in der Metapher von der Schafsherde ohne Hirten. Während das Bild der führerlosen Herde offensichtlich auf das Wegbrechen der charismatischen Führung verweist, offenbart der fehlende Gehorsam gegenüber den Regeln ein strukturelles Legitimitätsdefizit. Beide Faktoren sind destabiliserend und eng miteinander verknüpft. Auch die Regel bezieht ihre Legitimität zunächst aus dem Heilscharisma des Gründers. Erzählerisch konsequent berichten die altenglische Verslegende, wie auch die beiden lateinischen Viten nach derartigen Momenten der Destabilisierung dezidiert von Stabilisierungsbemühungen. Wie die Münsteraner Brunolegende konzentrieren sie sich dabei auf strukturelle Lösungsansätze, allerdings mit durchaus entgegengesetzten Handlungsmustern. Die *Vita A* zentriert nämlich das Geschehen und den narrativen Einsatz von Emotionen und Affekten auf Norbert. Dieser nimmt als umsorgter Gründer die instabile Lage seiner Gemeinschaft selbst wahr und handelt:

> *Inter haec et alia pater Norbertus primae plantationis suae in ecclesia Praemonstratense non immemor, ne forte fratres ibidem per eum aggregati absque pastore pereclitarentur, missis illo legatis liberam eis pastoris electionem indulsit* [...]. (NoA, Cap. 18)

Norbert weiß also um die Probleme seiner ersten Gemeinschaft, wie sie deutlich emotionaler in der volkssprachlichen Fassung dargelegt werden. In der Folge gestattet er in allen Legenden die Wahl eines Nachfolgers, die das strukturelle Gehorsamsproblem lösen soll. Die *Vita B*, die der volkssprachlichen Fassung als Transformationsvorlage dient, betont anders als die *Vita A* bereits das Zerbrechen der Gemeinschaft. Zudem scheint der Gründer entgegen der Erzählung in der *Vita A* davon überrascht zu sein, zumindest deutet darauf seine affektive Reaktion hin:

> *Quod cum Viro Dei relatum fuisset, timens ne aresceret, quod a Deo per eum plantatum fuerat, si adhuc rore divini consilii non perfunderetur; advocatis ad se quibusdam ex prioribus et majoris et sanioris consilii Fratribus, perquirebat ab eis, quid facto opus esset.* (NoB, Cap. 16)[737]

Norbert ist über die Entwicklung in Prémontré nicht nur überrascht, sondern erschrocken. Die Angst, seine erste Gründung könnte zerbrechen, treibt ihn an, eine Lösung gemeinsam mit den Brüdern zu finden. Im Moment der instabilen Lage seiner ersten Gemeinschaft beweist sich Norbert also entweder wie in der *Vita A* als aktiv und allein entscheidend Handelnder oder wie in der *Vita B* und der altenglischen Verslegende als emotional Reagierender, der die Gemeinschaft in die Problemlösung miteinbezieht. Das von diesem Problem nicht nur eine kleine Gruppe von ungehorsamen Brüdern betroffen ist, sondern die Gemeinschaft als ganze, macht besonders der Erzähler der altenglischen Verslegende deutlich. Er hält fest, dass Norbert einen *affray* (NoVL, V. 3340) bemerkt, also eine klare Störung der gemeinschaftlichen Ordnung. Diese Störung wird durch sein Fernbleiben von Prémontré forciert. Alle drei betrachteten legendarischen Erzählungen Norberts präsentieren den Gründer jedoch als Stabilitätsgarant der Gemeinschaft. In der *Vita A* ist er der umsorgte, aber sofort handelnde Initiator der Wahl. Zu dieser unterbreitet er lediglich einen Wahlvorschlag, dem die Wahlgemeinschaft durch transzendente Fügung folgt: *adhibito consilio suo super ydonea et probatae religionis persona, in quam convenit amabilis Deo fratrum unanimitas* (NoA, Cap. 18). Die *Vita B* und die volkssprachliche Verselegende präsentieren hingegen einen emotionalen Gründer. Norbert kann in diesen Fassungen erst nach einer Beratung mit einzelnen Brüdern eine Wahl als optionale Lösung an den Orden weiterleiten. Die dafür ausgesandten Boten, so die Erzähler, verkünden in den einzelnen Niederlassungen des Ordens jedoch nicht nur die bevorstehen-

737 Zum Vgl. die entsprechende Verse der volkssprachlichen Transformation (NoVL, V. 3340–3346): *Whan Þat Norbert herd of Þis affray, / He was aferd lest Þan Þat trauayle / Whech he had planted schul now drye away. / Therfor with gouernaunce he will hem now rayle. / Withouten ledere per may no man saile, / This wist he weel. Therfor he dede calle / Off Þis religio(un) Þe saddest and wisest alle.*

de Wahl, sondern entgegen der *Vita A* auch eine klare Weisung, wer zu wählen sei: *qui* [scil. die Boten; M.S.] *et eligendi nuntiarent facultatem, et de electione suam indicarent voluntatem* (NoB, Cap. 16).[738] Im Ergebnis geht die Wahl in allen Erzählungen gleich aus. Es wird ein Nachfolger bestimmt, der in einem besonderen Nahverhältnis zum Gründer steht und an dessen Charisma partizipiert.[739] Die vertrauliche Nähe wird durch eine eingeschobene Vision betont. In ihr wird der Erwählte von Norbert an Christus übergeben. Die Vision untermauert einerseits die umsorgende Rolle des Gründers und andererseits legitimiert sie die Nachfolge als von der Transzendenz akzeptierte.

> *Electus autem ille tunc temporis cum patre Norberto morabatur, et die illo quo in eum fratres convenerant de electione sua nocturna edoctus fuerat visione. Asserebat namque, per visionem se cum patre Norberto stetisse coram domino nostro Iesu Christo, receptumque se dextera Salvatoris de manu Norberti* [...]. (NoA, Cap. 18)

Anders als in den Brunolegenden wird der Nachfolger jedoch nicht namentlich genannt, er bleibt der *electus* (NoA, Cap. 18; NoB, Cap. 16) oder in der altenglischen Verslegende *Þat man whech was chose* (NoVL, V. 3375). Damit eröffnen die legendarischen Erzählungen eine narrative Leerstelle. Sie besitzt zugleich eine hohe diskursive Wirkmächtigkeit, da sie allen späteren Nachfolgern Norberts ermöglicht, sich in die Leerstelle einzufügen. Somit steht jeder spätere Ordensobere der Prämonstratenser in einem besonderen Nahverhältnis zum Gründer. Die Leerstelle der legendarischen Erzählungen lässt sie in besonderer Weise an seinem Charisma partizipieren und legitimiert sie zugleich in ihrer Funktion als *electus*.[740] Die Norbertlegenden verknüpfen in ihrer Narration die Amtssukzession, bei der das ursprüngliche, reine Charisma abnimmt,[741] mit einer symbolischen Legitimation durch ihren Gründer und Christus. Sie verstetigen narrativ

---

738 Die Verslegende gibt diesen Umstand resultativ wieder, vgl. NoVL, V. 3373: *Thei chose a man aftir his owne entent.*

739 Gerade in diesen persönlichen Nahbeziehungen der potentiellen Nachfolger zum Heilscharismatiker sieht bereits Max Weber jene Möglichkeiten zur Transformation („Veralltäglichung") des ursprünglichen Charismas in bürokratische Bahnen in Form der „Designation" oder der „Vorwahl". Siehe dazu Weber: Wirtschaft und Gesellschaft, S. 182–188.

740 Die Kommentierung der Handschriften und vor allem ihrer Editionen verdeckt diese narrative Strategie, da Randglossen wie in den *Acta Sanctorum* oder Fußnoten sofort auf den historisch verbürgten Nachfolger Hugo von Fosses verweisen. Institutionsgeschichtlich verarbeiten die Legenden an dieser Stelle das sogenannte Problem der zweiten Generation, die sich gegenüber der Kirche aber auch innerhalb des Ordens legitimieren muss, um in ihrer Funktion anerkannt zu werden, die Gemeinschaft weiterhin zu stabilisieren und gegenüber der Amtskirche zu behaupten. Siehe dazu Gert Melville: Brückenschlag zur zweiten Generation Die kritische Phase der Institutionalisierung mittelalterlicher Orden. In: Jörg Rogge (Hrsg.): Religiöse Ordnungsvorstellungen und Frömmigkeitspraxis im Hoch- und Spätmittelalter. Korb 2008, S. 77–98.

741 Zu dieser Problematik siehe bereits Weber: Wirtschaft und Gesellschaft, S. 655.

das Heilscharisma für die Ordensgemeinschaft, indem sie eine personale Übertragung erlauben. Der fehlende Name eines Nachfolgers gestattet also, eine innerweltliche und im Weber'schen Sinne alltägliche Wahl als außerweltliche oder außeralltägliche zu erzählen. Ihnen gelingt somit, Charisma im Modus symbolischer Repräsentation zu tradieren.[742] Zudem knüpfen die Norbertlegenden nicht allein die erfolgreiche und insofern stabilisierende Verstetigung des Heilscharismas an die Wahl. Alle Erzähler offenbaren in diesem Zusammenhang proleptisch, dass von Norbert fortan eine prosperierende und stabile Ordensgemeinschaft ausgeht, die bis in die Zeit eines jeweiligen, selbst zukünftigen Rezipienten reicht: *Exinde multiplicati sunt fratres ordinis illius, quem venerabilis pater Norbertus instituit, ubique terrarum usque in praesentem diem* (NoA, Cap. 18).[743]

Zusammenfassend lassen sich folgende auffällige Gemeinsamkeiten der betrachteten Bruno- und Norbertlegenden festhalten: Erstens erfolgt die Darstellung der gemeinschaftlichen Stabilität *ex negativo*, nämlich ausgehend von einem instabilen Moment.[744] Zweitens erweist sich der Gründer als Ursache sowohl für die gemeinschaftlich prekäre Destabilisierung, als auch für deren neuerliche Stabilisierung. In allen Legenden wird die problematische Lage der Gemeinschaft mit dem Weggang des Gründers verknüpft. Drittens offenbaren die Erzähler die prekäre Situation mittels Affektdarstellungen, die die emotionale Verfasstheit der jeweiligen Gemeinschaft und ihre Angewiesenheit auf einen Heils-charismatiker zeigen. Für den Sonderfall, der jeweils zweiten Gemeinschaft, die Norbert und Bruno gründen, gilt das nicht. Insofern die Gründer bei diesen Gemeinschaften verweilen, beklagen sie auch nicht dessen Absenz. Viertens wird in den Narrationen auf Briefe oder Boten zurückgegriffen, die als persönliche und insofern vertrauliche Kommunikatoren stabilisierend auf die Gemeinschaft wirken, inofern sie den Gründer symbolisch *re-präsentieren*.[745] Fünftens sind die Lösungsstrategien, um die Instabilität der Gemeinschaft

742 Zu dieser Funktion der Ordensgründerlegende am Bsp. von Robert von Turlande, Stephan von Obazine und Stephan von Muret siehe einleitend Andenna: Heiligenviten als Gedächtnisspeicher, S. 534–536.

743 Vgl. ohne Bezug zu Norbert NoB, Cap. 101: *Et exinde multiplicati sunt ubique terrarum, sicut voces et actus eorum et opera usque in praesentem diem testantur.* Siehe ebenso auch die Transformation NoVL, V. 3455–3459: […] *Thus with very grace / Began Þis ordre his braunches to brace, /* […] / *That al Þe world is ful of hem now.*

744 Ein solches Erzählmuster findet sich ebenso in der höfischen Literatur, vor allem in den Artusromanen. Die Stabilität des Artushofes ist an die Figur des Königs geknüpft. Siehe dazu einleitend und etwaige Brüche dieses Erzählens erörternd Klaus Grubmüller: Der Artusroman und sein König. Beobachtungen zur Artusfigur am Beispiel von Ginovers Entführung. In: Walter Haug und Burghart Wachinger (Hrsg.): Positionen des Romans im Spätmittelalter. Tübingen 1991, S. 1–20, hier S. 2–3 und 14–16.

745 Zur Idee der *Re-presentation* siehe nochmals Gumbrecht: Ten Brief Reflections on Institutions and Re/Presentation, S. 70.

zu beheben, grundsätzlich strukturell. Immer versuchen die Legenden einen Nachfolger zu etablieren und zu legitimieren.

2.2 Franziskus und Dominikus: (un)geteiltes Wissen

Die narrative Darstellung von Präsenz und Absenz birgt eine eminente Funktion für die Vermittlung von gemeinschaftlicher Stabilität in Ordensgründerlegenden.[746] Neben Momenten expliziter Absenz der Gründerfiguren kennen die Legenden aber auch weitere Defizite oder destabilisierende Faktoren, die man als Modi der Distanznahme bezeichnen kann. Grundlegend dafür ist, dass in den Legenden die Gründer die Ordnung und Stabilität immer vor der Schablone der dazu noch nicht selbst fähigen Gemeinschaften konfigurieren.[747] Die Legenden sind insofern Geltungsgeschichten der Gründer, sie sind zugleich aber immer auch Geltungsgeschichten der Gemeinschaft.[748] Ordensgründerlegenden sind dies vor allem im Hinblick auf die narrative Einbindung der Gemeinschaft in jene Prozesse, die eben nicht nur strukturelle Ordnung und legitime Geltung(sansprüche) generieren, sondern auch Gemeinsinn evozieren.[749]

Im Folgenden richtet sich der Fokus auf die Darstellung stabilisierender oder destabilisierender Wissensteilhabe. Dies vor allem, weil der Teilhabe eine Funktion der Nähestiftung eignet und die fehlende Teilhabe

746 Die Erzählungen partizipieren auch in dieser Hinsicht am historischen Diskurs, wie verschiedene Studien belegen. Dabei zeigt sich eine umfangreiche Problematisierung, denn die Gründerfigur kann nicht nur kurzzeitig fehlen oder muss nach ihrem Tod ersetzt werden, es kann sogar gar keinen Gründer geben. Die daraus resultierenden Schwierigkeiten bei der Legitimierung und institutionellen Verstetigung der Gemeinschaft diskutieren unter anderem für die, in dieser Arbeit nicht berücksichtigten, Ritterorden die Studien von Herbert Houben: Ein Orden ohne Charismatiker: Bemerkungen zum Deutschen (Ritter-)Orden im Mittelalter. In: Andenna, Breitenstein und Melville (Hrsg.): Charisma und religiöse Gemeinschaften, S. 217–225; sowie für die ebenfalls nicht berücksichtigten Karmeliten Cristina Andenna: La costruzione dell'identità nella vita religiosa. L'esempio degli agostiniani e dei carmelitani. In: Religiosità e civiltà. Identità delle forme religiose (secoli X-XIV). Settimane internazionali della Mendola. Nuova serie. Milano 2011, S. 65–101.

747 Exemplarisch zeigt Andenna diese Zusammenhänge für Stefan von Obazine und dessen Gemeinschaft. Sie hebt dabei auch die Funktion der legendarischen Erzählungen von Stefan hervor, die dessen Leben quasi als regulierende Anweisungen für die Gemeinschaft verstetigen. Siehe dazu Andenna: Dall' esempio alla santità, hier vor allem S. 216–222.

748 Siehe zu dieser Einschätzung bereits Wesjohann: Mendikantische Gründungserzählungen, S. 14–18. Außerdem zu einem Grundverständnis historischer Geltungsgeschichten innerhalb der Ordensgeschichte vgl. Gert Melville: Geltungsgeschichten am Tor zur Ewigkeit. Zu Konstruktionen von Vergangenheit und Zukunft im mittelalterlichen Religiosentum. In: Melville und Vorländer (Hrsg.): Geltungsgeschichten, S. 75–108.

749 Zu den Funktionsweisen von Geltungsansprüchen gerade im Kontext von Prä- und Absenz institutioneller Rahmungen siehe erneut Rehberg: Die stabilisierende „Fiktionalität" von Präsenz und Dauer, S. 381–407.

oder Wissensverweigerung eine Distanz markiert. Nachfolgend wird nicht allein die jeweilige Wissensdistribution betrachtet, sondern ferner die Formen der Teilhabe, ihre narrative Wiedergabe sowie die Funktionalisierungen des jeweilig geteilten Wissens. Dabei gehe ich davon aus, dass die Wissensbestände der Gründerfiguren grundsätzlich als Heilswissen in den Legenden inszeniert werden. Dies verleiht den Wissenden wiederum Heilscharisma und stellt die von der Transzendenz ausgehenden Wissensinhalte unverfügbar. In dieser Annahme steckt bereits eine erste Wissensdistribution, die zwischen Transzendenz und immanenter Gründerfigur. Im Mittelpunkt der nachfolgenden Analysen steht indes gewissermaßen eine Distribution zweiter Ordnung, nämlich die zwischen den Gründerinnen oder Gründern und ihren Gemeinschaften. Insofern die legendarischen Erzählungen als Gründungs- und Geltungsgeschichten fungieren, vermitteln sie sowohl historische Wissensbestände, als auch pragmatisches Wissen über das jeweilige, gemeinschaftliche Leben. Sie bieten also neben chronikalen Aspekten der Eigengeschichte auch eine narrative Wiedergabe der *consuetudines* oder des *ordo*. In den Legenden wird das für die Heilsgewissheit der Gemeinschaft wichtige und sie stabilisierende Wissen über den eigenen Ursprung, die spezifische *vita religiosa* und die Normen nicht diskursiv, sondern narrativ entfaltet. Die Legenden können so ordensspezifisches Wissen in komplexer Weise darbieten und in der Narration mit eschatologischen Aussagen versehen.[750] Die unterschiedlichen Grade der Teilhabe an diesen Wissensbeständen der Gründerfiguren evozieren in den Erzählungen differentes Gemeinsinnpotential. Vor diesem Hintergrund ist das Erzählen von un-/geteiltem Wissen auf Semantiken und Narrative angewiesen, die die differenten Nähegrade von vertraut, wechselseitig vertrauend bis vertraulich abbilden, um die jeweilige Wissensteilhabe zu markieren und gegenüber den Ausgeschlossenen zu plausibilisieren. Zugleich lassen sich Priviligierungen, aber auch Generalisierungen bei der Wissensweitergabe in ihrer stabilisierenden wie destabilisierenden Wirkung beschreiben. Exemplarisch werden im Folgenden zum einen der Umgang mit pragmatisch-normativen Wissensbeständen in den Dominikuslegenden und zum anderen die priviligierte Teilhabe an Heilserfahrungen des Gründers in den Franzikuslegenden analysiert.

Die volkssprachlichen wie auch die späteren lateinischen Dominikuslegenden halten eine Episode bereit, die ein wahres Konglomerat an

750 Zu denken wäre hier etwa an die bereits analysierte Wahl eines Nachfolgers in den Bruno- und Norbertlegenden. Die narrativen Texte bilden nicht nur die Wahl und ihr Ergebnis ab, sondern auch die Wahlumstände, mögliche Probleme und Reaktionen. Zudem stellen die Narrationen das abgebildete Wissen in einen größeren Sinnzusammenhang, sie bieten die Transformation einer Amtsszukzession in eine heilscharismatische Nachfolge.

pragmatischem Wissen der Ordensgemeinschaft bietet.[751] In der Passage erhält Dominikus als Ordensgründer Besuch vom Teufel. Der Teufel wird auf der Ebene der *histoire* als unbekannte Person dargestellt und erst auf der Ebene des *discours* benannt. Zwischen Dominikus und dem Teufel lassen die Erzähler ein Gespräch entspringen, das in der narrativen Wiedergabe mitunter sogar mimetische Redeanteile besitzt. Im Verlauf der Disputation verteidigt Dominikus gegenüber dem Teufel nicht allein die Formen des religiosen Zusammenlebens, sondern er präsentiert bei einem Rundgang durch den Konvent die institutionellen Mechanismen, die der Sicherung und Stabilisierung der Ordensgemeinschaft dienen. Dabei obliegt die tatsächlich Wissenswiedergabe dem Teufel, den Dominikus' Fragen zu diesen Auskünften zwingen. Die Erzählung ist dafür relativ schlicht gebaut und folgt einem Frage-Antwort-Muster, in dem Dominikus vom Teufel explizit die destabilisierenden Maßnahmen erfahren möchte, die dieser in den einzelnen Lebensbereichen des Konventes bewirkt. Den Auftakt bildet eine Normüberschreitung, in deren Kontext dem Gründer selbst eine Normverletzung vorgeworfen wird. Sie dient in der Erzähllogik jedoch nur der Bestätigung der Legitimität und Autorität des Dominikus für den nachfolgenden Disput.

> *Do sant Dominicus ze Bononie wz* [...], *do erschine im der vigent in der gliehnúß eins bruders, und wont sant Dominicus, es were ein bruder vnd winckt im, dz er nider gienge schloffen. Do wincket er im wider spotlich, er wolte es nit tuon. Do wolt sant Dominicus wissen, wer er were, der sin gebotte versmohete, vnd enzunte ein kertzen vnd sah im vnder dz antlit, vnd zehand erkand er, dz es der vigent was vnd bestraffet in herteclich. Do spottet sin der vigent vnd sprach, er hette sin swigen gebrochen. Do sprach sant Dominicus, er hette vrloub mit den brudern ze redende vnd zwange do den vigent, dz er im seit, womit er die bruder versuochte* [...]. (ADo, S. 346)[752]

Der Erzähler des *Alemannischen Dominikusleben* präsentiert szenisch, auf der Ebene der *histoire*, ein reguliertes Leben im Konvent. Es ist Nacht und alle Brüder schlafen im dafür vorgesehenen Schlafsaal, allein der Gründer beaufsichtigt die ruhende Gemeinschaft. Seinen Rezipienten zeigt der

751 Die im Folgenden untersuchte Erzählung von Dominikus und dem Teufel erscheint erst in den *Vitas Fratrum* des Gerardus de Fracheto und fast zeitgleich in der *Legenda aurea* des Jacobus de Voragine, siehe dazu die synoptische Darstellung bei Bangemann: Mittelhochdeutsche Dominikuslegenden, S. 57. Da die Analyse lediglich die Fassung der *Legenda aurea* im Feld der späteren lateinischen Dominikuslegenden berücksichtigt. Bietet sich vor allem ein Vergleich der volkssprachlichen Fassungen an.

752 Ebenso ausführlich und mit mimetischem Redeanteil des Dominikus in der ELADo, S. 503; ohne den Verweis auf die Erlaubnis der Brüder und das Recht zur Ermahnung HLDo, S. 343; außerdem ähnlich der ELADo. Mit direkter Rede, aber ausführlicherer Begründung PDo, S. 368: *‚O waz ich daz wol vermac', / sprach zu im der gotes helt, / ‚wand ich zu houbte bin erwelt, / dar an ich mit gewalde lebe / und urloub den andern gebe / von ordenunge, die wir han.'*

Erzähler Wissen über die Observanz, aber auch Wissen über den Umgang mit dem Teufel. Diesem ist gerade in der Einhaltung der Regeln beizukommen. Das zeigt sich in der Figur des Dominikus als bevollmächtigtem Regelhüter. Zugleich wird in seinem Auftritt sein Wissen über die funktionalen Zusammenhänge der Regeln und des gemeinschaftlichen Lebens präsentiert. Die Narration führt programmatisch pragmatische Wissensbestände einer Ordensgemeinschaft und deren Anwendung durch den Ordensgründer vor. Auf diese Weise wird ein spezifisches Wissen im Erzählen vom Ordensgründer mit-/geteilt. Die Szene ist jedoch lediglich der Auftakt für eine weitaus detailliertere Wissenspräsentration. An ihrem Beginn steht, etwa wie in der Fassung des *Passional*, Dominikus' direkte Frage an den Teufel:

> ‚*nu saltu mich wizzen lan, / [...] / welch ist din ubelliche site, / da du nach gewonheit mite / die bruder pfligest irren / und von genaden virren, / als dich leret din valsch iagen?*' (PDo, S. 368)

Der Gründer will selbst wissen, welche Möglichkeiten sich dem Teufel für eine Störung der Gemeinschaft bieten. Es schließt sich ein Rundgang durch den Konvent an, der fünf feste Stationen in allen volkssprachlichen Fassungen und auch in der der lateinischen *Legenda aurea* besitzt.[753] Neben dem Wissen über das Leben in der regulierten Ordensgemeinschaft werfen die legendarischen Erzählungen dabei fast beiläufig weitere Wissensbestände ein. Sie vermitteln in der Narration ein Wissen über den Aufbau bzw. die wichtigsten Bestandteile eines Dominikanerkonventes und deren Bezeichnungen. Die ausführlichste Schilderung des Disputs in der Dominikuslegende der *Elsässischen Legenda Aurea* (hier ELADo, S. 503–504) führt die beiden Figuren erstens zum *chore*, zu dem die Brüder *spote koment vnd schiere widder uf lǒffent*; zweitens in das *schloffehus*, in dem *sú lange schloffent vnd spote uf stount vnd do von daȥ ambaht fürsument*; drittens in den *refentor*,[754] in welchem der Teufel dafür sorgt, *daȥ einre so uil isset das er trege wirt, der ander so wening das er in gottes dienest nút harren mag*; und viertens zum *barlatorium* oder in das *spreche hus*, von dem der Teufel behauptet: ‚*Dis ist gar min hus, wenne die brůder dienent mir hie uil dicke mit uppigen reden vnd boesen worten.*'[755]

753 Lediglich in der volkssprachlichen Fassung des *Der Heiligen Leben* weicht die Reihenfolge ab, hier debattieren der Teufel und Dominikus zuerst über das *slofhaus* und dann erst über den *kor*; vgl. HLDo, S. 343-344.

754 Allein an der dritten Station gibt der Teufel voller Freude eine Antwort, noch bevor Dominikus ihn überhaupt fragt. Die Szene wird so zu einem Scharnier, was auch durch die gerahmte Nachfrage des Dominikus deutlich wird.

755 Nur in der Fassung ELADo wird der Ort zuerst mit dem lateinischen und dann dem volkssprachlichen Begriff benannt, wobei in der lateinischen LADo (S. 478) der Begriff *locutorium* verwandt wird. Gerade in dieser lexikalischen Gegenüberstellung innerhalb der Legende zeigt sich eine Wissensvermittlung.

Am Ende des Rundgangs steht das *capittelhus*, das als Ort der individuellen, wie gemeinschaftlichen Reflexion *sui generis* dem Erhalt der Gemeinschaft dient und in dem der Teufel über keine Macht verfügt. Die Wissensrepräsentation über diesen Ort ist besonders umfänglich. Die narrative Ausgestaltung der einzelnen Legenden varriert insofern. Die wohl drastischste Darstellung bietet das *Alemanische Dominikusleben*. Das Wissen über das *capittelhus* wird vom Teufel nur mit Mühe hervorgebracht und der Erzähler zeichnet ihn mittels affektiver Äußerungen und Handlungen als gänzlich machtlos und einer inneren Ohnmacht nahe:

> *‚Ich wil niemer darin gan, wanne es ist ein verflúchte stat vnd ist mir ein helle, wanne ich verlúre hie gentzlich, waz ich an andern steten gewinne, wanne so ich machen, dz etlich brúder durch etliche versumung sundent, zuo hant so si koment an diß verfluocht stat, so werdent si gelúteret von der versumunge vnd gebent sich schúldig vor innen allen. Hie werdent si gemanet, hie verziehent si, hie werdent si gerueget, hie werdent si geslagen, hie werdent si absolviert vnd also wird ich trúrig, dz ich hie gentzlich verlúre des ich mich froewt, dz ich anderswo hat gewunnen.‘*
> (ADo, S. 347)

Dem abgebildeten Wissen über Kapitel eignet in besonderer Weise ein gemeinsinnstiftendes Potential. Es ist der Ort gemeinschaftsinterner Störungsregulierung mittels öffentlicher Schuldbekenntnisse und Bußerklärungen. Die Figur des Teufels, als Allegoration der Gemeinschaftsstörungen, ist diesem Ort diametral entgegengesetzt und er kann ihn in der Logik der Wissenspräsentation nicht betreten. Konsequent endet diese Episode in allen Fassungen auf der Ebene des *discours* mit dem resignierenden Eingeständnis des Teufels. Auf der Ebene der *histoire* kann man zudem sein endgültiges Verschwinden bemerken. Die Legenden führen also in einem destabilisierenden Moment stabilisierende, vor allem pragmatische Wissensbestände für die Gemeinschaft vor. Sie knüpfen die Vermittlung an das Erzählen vom Gründer, der seine Gemeinschaft am Wissen teilhaben lässt. Die Wissensteilhabe trägt in der narrativen Entfaltung nicht nur zur Stabilisierung der Gemeinschaft bei, sondern stellt auch eine Heilsteilhabe dar. Im Disput mit dem Teufel demonstrieren die Legenden den richtigen Umgang mit ihm und zeigen, dass die Normen der Gemeinschaft und ihre Einhaltung gegen den Teufel dauerhaft wirksam sind. Insofern die Legenden die Wissensteilhabe an die Figur des Dominikus rückbinden und als eine für die gesamte Gemeinschaft wesentliche präsentieren, betonen sie die besondere Ordensfürsorge des Gründers. Dies fällt umso mehr auf, als dass alle Fassungen außer die des *Der Heiligen Leben* die Episode mit dem bevorstehenden Tod des Dominikus verknüpfen. Dadurch stellen die Legenden den Ordensgründer kurz vor seinem Ableben noch einmal als *defensor ordinis* und Heilscharismatiker seiner Gemeinschaft dar. Zugleich verweisen sie dank der Wissensteilhabe auf die bereits bestehenden institutionellen Mechanismen, wie das Kapitelhaus, die die

Gemeinschaft fortan auch ohne Gründer stabilisieren. Die abweichende Dominikuslegende des *Der Heiligen Leben* sowie die späteren lateinischen Dominikuslegenden kennen zwar ebenso den Disput mit dem Teufel, ordnen die Szene allerdings innerhalb der paradigmatischen Reihung anders ein. In diesen Fassungen wird die Auseinandersetzung chronologisch weit vor dem Tod des Ordensgründers angesetzt. Sie wird aber immer innerhalb weiterer Erzählungen von Versuchungen des Teufels geschildert (bspw. HLDo, S. 341–345). Dominikus tritt darin als Beschützer einzelner Mitbrüder oder des gesamten Ordens auf. Das Verschwinden des Teufels am Disputende ist insofern nicht wie in den übrigen volkssprachlichen Versionen endgültig. Diese Legenden bedürfen daher weiterer, stabilisierender Erzählungen vom Wirken des Gründers. Die Wissensteilhabe in diesen Legenden stellt insoweit vielmehr den Heilscharismatiker in seiner Authentizität dar und befähigt weniger die Gemeinschaft zur regelkonformen Selbstständigkeit. Im Vergleich bergen diese Legenden also ein geringeres gemeinsinnstiftendes Potential.

Gegenüber der fokussierten allgemeinen Wissensteilhabe in den Dominikuslegenden sollen nun in den Franziskuslegenden etwaige Einschränkungen oder sogar Ausschlüsse der Teilhabe analysiert werden. Der Generalisierung von Wissen wird eine Privilegierung bei der Wissensteilhabe entgegengestellt. Die Untersuchungen sollen zeigen, inwiefern dieses Erzählen als Modus der Distanznahme allein destabilisierend auf Gemeinschaften wirkt oder auch stabilisierend. Im Fokus steht dabei ein spezifisches Wissen des Franziskus, das sich aus seiner Heilserfahrung am Berg La Verna speist.[756] Die Heilserfahrung des Franziskus, die ebenfalls eine Wissensvermittlung darstellt, findet in einem hochgradig exklusiven Moment statt. Das erworbene Heilswissen des Franziskus kennzeichnet seine besondere, stark vertrauliche Gottesnähe. Dem Gottesfreund Franziskus wird während einer asketischen Meditation an einem abgelegnen Ort eine Vision zuteil. In der Legende des *Der Heiligen Leben* erscheint der *engel Seraphin* (HLFr, S. 56), der mit seinen sechs Flügeln nicht nur in Kreuzform über ihm schwebt, sondern *des engels armm waren aufgespant an crewz vnd was daran genagelt, vnd sein fuß vnd sein hent waren jm durchstochen als vnderm hernn Jhesu Cristi* (HLFr, S. 56). Der Erzähler des *Der Heiligen Leben* reichert die wundersame Erfahrung mit Heilswissen an, welches Franziskus dank seiner Freundschaft zu Gott zu Teil wird:

756 In den hier verwendeten lateinischen Legenden findet sich diese Szene in folgenden Texten: CFr1, Cap. 89–96 und 102, 112–113; CFr3, Cap. 4–5; BFr, Cap. XIII 1–5 und 8, XV 2–4; GFr, Cap. 68–70. In den volkssprachlichen Fassungen in: HLFr, S. 56; ELAFr, S. 367; LFr, V. 3368–3482; PFr, S. 529–531; JFr, V. 6849–7408.

Do das Franciscus sahe, do ward er erleucht mit vil genoden. Vnd nam war in seinem herczen [...] *vnd betracht dy wunderlichen gut gots des vaters, das er seinen aingeporen sun wolt lassen sterben durch vns* [...]. (HLFr, S. 56)

Im Kontext dieser als Gnade deklarierten Wissensvermittlung erhält Franziskus zudem die Stigmata Christi auch am eigenen Leib.[757] Grund dafür ist seine besondere Anteilnahme an den Leiden des Gottessohnes (*das jm dy mynne versnaid sein hercz vnd leip* (HLFr, S. 56)), die seine bisherige *imitatio Christi*, als wahrliche Leidensnachfolge präsentiert.[758] Zugleich offenbaren die empfangenen Wunden – immerhin blutet Franziskus' Seite auch für andere wahrnehmbar – symbolisch die Heilserfahrung und das darin begründete exklusive Heilswissen. Dieses Wissen möchte Franziskus in den legendarischen Erzählungen nicht teilen, respektive nur ausgewählten Gefährten mitteilen. Die narrative Gestaltung dieser privilegierenden Wissensteilhabe erlaubt Transformationen im Corpus der volkssprachlichen und lateinischen Franziskuslegenden. So kennt die Fassung des *Der Heiligen Leben* keine Teilhabe einzelner Gefährten. Viel eher schweigt der Ordensgründer über die Ursache der Blutflecken *vnd parg allczeit hent vnd fuß vnd bedeckt sy mit den ermeln* (HLFr, S. 56). Ebenso verfährt der Erzähler des *Passional*, der sogar anmerkt *er liez in die nehe / die ermele wol enge nen / uf daz ot nieman konde sen / waz er von Seraphin erwarb* (PFr, S. 531). Lamprecht von Regensburg benennt in seiner Verslegende sogar die dafür ausschlaggebenden Beweggründe des Franziskus: *daz s'im der werlde lop iht staele / wan swer der werlde lobes gert, / der ist niht solher êren wert* (LFr, V. 3437–3439). Die Gefahr des Selbstrühmens lässt den Gründer also Abstand von einer Weitergabe seines Wissens nehmen. In den volkssprachlichen Legenden des *Der Heiligen Leben* und des *Passional* wird die verweigerte Wissensteilhabe erst post mortem offenbar, wenn man am Körper des toten Gründers die Male als Zeichen der Heilserfahrung findet: *do er gestarb, do sahen dye wunden alle menschen* (HLFr, S. 56).[759] Die *Elsässische Legenda Aurea* kennt zwar ebenso Franziskus' Vorgehen in diesem Kontext, sie benennt aber Aus-

757 Grundsätzlich unterzieht sich Franziskus einer Selbststigmatisierung in der *imitatio Christi*, wie sie bereits mehrfach thematisiert wurde. Siehe dazu Lipp: Stigma und Charisma. S. 303–328; sowie mit narratologischem Fokus auf die Darstellungen im *Passional* Hammer: Erzählen vom Heiligen, hier besonders S. 250–255.

758 Am deutlichsten formuliert dies die *Legenda Maior* Bonnaventuras (BFr, Cap. XIII, 5), die dabei verstärkt auf den Code der Intimität zurückgreift, um die herausragende Vertraulichkeit zwischen Franziskus und Christus zu offenbaren: *Postquam igitur verus Christi amor in eamdem imaginem transformavit amantem* [...]. In dieser Formulierung Bonnaventuras mag man den Gipfel der von Marina Münkler aufgezeigten klimatischen Darstellung der *imitatio Christi* gegenüber den übrigen Franziskuslegenden sehen, für die sie zugleich eine Transformation bzw. Annäherung des Sünderheiligenmodells an das des Geburtsheiligen für Franziskus konstatiert; siehe dazu Münkler: Amicus Dei, S. 387.

759 Vgl. ebenso das PFr, S. 531.

nahmen. Dafür rekurriert der Erzähler auf die Semantik der Vertraulichkeit, um die dargestellten Freundschaftsverhältnisse als exklusiv auszuweisen. In der Erzählung ist das Wissen über die Wunden und das daran geknüpfte Heilswissen für Franziskus *heimmeliche in sime lebende* (ELAFr, S. 667). Er teilt es insofern lediglich *mit sime heimelichen fründe* (ELAFr, S. 667). Die Privilegierung der Einzelnen zeigt sich noch einmal in der Legende der *Elsässischen Legenda Aurea*, wenn sie vom Bekanntwerden der Stigmata nach dem Tod des Gründers berichtet. Dabei setzt sie der *heimmelichen* Wissensteilhabe und den *heimelichen fründen* geradezu antithetisch ein *erschein dis offenlich an sime libe* (ELAFr, S. 667) gegenüber.[760] Allein die Verslegende Lamprechts von Regensburg benennt die *heimelichen fründe*, denen Franziskus sein Wissen mitteilt:

> *Nu wart sîn innen, ich weiz wie, / der saelge bruoder Helias, / der im vil wundernheimlich was / und ouch der guote Ruffinus. / der wart sîn innen alsus: / eins mâles do er dem süezen man / sîn hût jucken began, / als er im in den buosem greif, / sîn hant im ûf die sîten sleif / dâ diu wunde ûfe lac* (LFr, V. 3445–3455)

Den volkssprachlichen Transformationen ist damit eine ähnliche Tendenz bei der Wissensteilhabe dieser Umstände inhärent wie den lateinischen Legenden. Während die erste lateinische Franziskuslegende, die *Vita Prima* des Thomas' von Celano, die Freunde Elias und Rufinus noch erwähnt,[761] spricht die dritte Vita Thomas' nur noch von *[p]lures nobiscum fratres, dum viveret sanctus, id aspexerunt* (CFr3, Cap. 2,5). Zugleich verknüpft der Erzähler der dritten Celano Vita diese nur wenigen Ungenannten, denen die Wissensteilhabe vorbehalten ist mit der allgemeinen Offenbarung der Male nach Franziskus' Tod. Noch im gleichen Satz fügt er an: *in morte vero ultra quam quinquaginta cum innumeris saecularibus venerati sunt.*

Allein die *Vita Prima* Celanos, die als die erste legendarische Erzählung des Franziskus gilt, nennt noch namentlich Gefährten. Ihnen wird so eine Privilegierung zu Teil, die den Status ihrer besonderen Nähe zu und persönlichen Vertraulichkeit mit Franziskus kennzeichnet. Im volkssprachlichen Corpus gibt es dieses Vorgehen nur in den Legenden, die sich direkt auf die erste Celano Vita beziehen. Sukzessive blenden sowohl

---

760 Auch in Lamprechts sowie Jakobs von Maerlant Verselegenden wird die Semantik eingesetzt, allerdings nicht in der gleichen antithetischen Wendung der ELAFr, vgl. dazu LFr, V. 3442–3444; mehrfach im angegebenen Abschnitt bei JFr, V. 6849–7408.

761 Innerhalb der lateinischen Fassungen bietet neben CFr1, 95 nur noch die Vita Julians von Speyer (Cap. 63) die namentliche Erwähnung. Die übrigen Viten tendieren zu einem namenlosen Verweis auf zwei oder mehrere Brüder, selbst die *3 Gefährtenlegende* spricht nur von *familiaribus sociis* (GFr, Cap, 69) denen sich Franziskus anvertraute. Die volkssprachliche Legende Lamprechts von Regensburg ist also mit hoher Wahrscheinlichkeit eine Transformation der *Vita Prima* des Thomas' von Celano respektive der Vita Julians von Speyer, die selbst eine Transformation der *Vita Prima* darstellt.

die späteren lateinischen Viten, als auch die übrigen volkssprachlichen Legenden die Namen und dann auch die anonyme Erwähnung einiger Freunde aus. Die privilegierte Wissensteilhabe wird zu Gunsten einer generellen Offenbarung der Stigmata und das daran geküpfte Wissen um Franziskus' Heilserfahrung aus den Erzählungen gestrichen. Zwei Gründe lassen sich dafür anführen. Erstens verweist das Ausblenden der privilegierten Wissensteilhabe auf die Bearbeitung einer anscheinend problembehafteten Szene. *Ex negativo* lässt sich aus dem Vorgehen schließen, dass die Bevorzugung einzelner, selbst nur anonym eingeführter Figuren in den Legenden, ein destabilisierendes Moment für die Gemeinschaft und ihren Gemeinsinn darstellt. Zweitens zeigt sich in der Bearbeitung ein spezielles Problem, nämlich das des gescheiterten Nachfolgers. Während die ersten Legenden Elias, der von 1226 bis 1239 dem properierenden Orden vorstand, in der privilegierten Wissensteilhabe zum Nachfolger stilisieren, fällt er in den späteren Legenden einer *damnatio memoriae* anheim.[762] Die problematische Stellung des Elias als Nachfolger des Ordensgründers entwikkelte sich im Kontext des ordensinternen Armutsstreites. Spätestens mit seiner Absetzung 1239 und seiner im Jahr darauf folgenden kirchlichen Verbannung bedurfte es einer anderen Darstellung. Elias war nicht mehr Teil der Ordensgemeinschaft und konnte somit nicht mehr Teil der legendarischen Erzählungen des Franziskus sein. Sein Name stand für eine Instabilität des Ordens und ihn weiterhin zu erwähnen hätte eine destabilisierende Wirkung auf die Gemeinschaft. Die Versuche die Wissensteilhabe in den legendarischen Erzählungen von Franzikus zu transformieren scheitern. Anders als in den Dominikuslegenden wirkt das geteilte Wissen subversiv und das Erzählen von ungeteiltem Wissen birgt ein gemeinsinnstiftenderes Potential. Indes kann auch dieses Potential nur seine Wirkung entfalten, insofern die Legenden ihre Rezipienten immer zu Mitwissern machen.

2.3 Klaras Barmherzigkeit: wundersame Ordensfürsorge

Die Fürsorge der Gründerfiguren gegenüber der jeweiligen Gemeinschaft narrativ zu entfalten, ist konstitutiv für ihre Legenden. Das Erzählen greift dabei entweder auf Modi der Distanznahme zurück, die sich im Narrativ von Absenz und Präsenz beziehungsweise dem un-/geteilten Wissen offenbaren, oder auf Wunder. Die legendarischen Erzählungen spitzen dafür alltägliche Situationen des gemeinschaftlichen Lebens dramatisch zu.

762 Zu den historischen Aspekten siehe Ramona Sickert: „Difficile tamen est iudicare alieni cordis occulta ...". Persönlichkeit oder Typus? - Elias von Cortona im Urteil seiner Zeitgenossen. In: Melville und Schürer (Hrsg.): Das Eigene und das Ganze, S. 303–338.

Mangel an Nahrung, Kleidung, Gesundheit und Akzeptanz gegenüber Fremden oder Sündern werden immer wieder zu Motiven der (paradigmatischen) Erzählungen. Allein die Gründerinnen und Gründer können die Gemeinschaft von ihren Problemen befreien oder die prekären, destabilisierenden Situationen abwenden. Die Lösung wird stets nicht nur mit dem persönlichen Einwirken der Gründerfiguren verknüpft, sondern mit einem durch sie gewirkten Wunder.

Poetologisch gesehen dienen solche Wunder zunächst nur dem besseren Erzählen von Heiligkeit oder anders gesagt, bilden sie das sichtbare und in diesem Fall erzählbare Wirken der Transzendenz in der Immanenz symbolisch ab.[763] Wunder sind damit allerdings zuallererst Ausdruck des binären Codes von Transzendenz und Immanenz religiöser Kommunikation.[764] In ihnen offenbart sich Transzendentes innerhalb einer immanenten Welt und Niklas Luhmann begreift sie von daher zu Recht als „re-entry“ einer zuvor durch den Code ausgeschlossenen Systemumwelt. Wunder als „selbstreferentielle Operationen“ sind also ein genuiner Bestandteil der religiösen Kommunikation, insofern sie für das System Religion die „Autopoiesis“ – also ihre aus sich selbst heraus erfolgende Perpetuierung – ermöglichen und als Bestandteil der nicht beobachtbaren Transzendenz zwangsläufig einen immanenten Deutungsprozess initiieren.[765] So gesehen ist das Vorkommen von Wundern innerhalb einer Narration also nur ein Indiz für den Einsatz religiöser Kommunikation, aber noch nicht für eine Funktionalisierung in Bezug auf legendarisches Erzählen, das im Modus symbolischer Repräsentation auf Heiligkeit verweist.[766] Letzteres bedeutet gerade nicht, dass „das Wunder [...] als Heilssymbol Ereignis gewordenes Wort Gottes [ist].“[767] Hierin liegt ein, wenn nicht gravierender, so doch sehr deutlicher Unterschied zur rezenten Forschungsmeinung, die das Wunder immer wieder zum Konstituens der Legende macht und als realpräsentisches Aufscheinen Gottes in den literarischen Texten versteht.[768]

---

763 Zu dieser Funktion siehe grundsätzlich Strohschneider: Textheiligung, S. 113–115.

764 Siehe zu diesem Ansatz Luhmann: Die Religion der Gesellschaft.

765 In Bezug auf das Phänomen der „Autopoiesis“ und die „selbstreferentiellen Operationen“ eines Systems siehe Niklas Luhmann: Soziale Systeme, hier vor allem S. 57–65; zur Funktion des Wunders als Heiligkeitsbeweis siehe kulturgeschichtlich bereits Eberhard Demm: Zur Rolle des Wunders in den Heiligkeitskonzeptionen des Mittelalters, S. 300–344; zum Deutungsbedarf siehe Christoph Dartmann: Wunder als Argumente, hier S. 53–68.

766 Zu dieser prägnanten Formulierung siehe erneut Strohschneider: Textheiligung, S. 113.

767 Zur angeblichen „symbolischen Konnektivität des Wunders“ siehe Hartmut Bleumer: ‚Historische Narratologie?‘, hier S. 246–248 (dort Anm. 21–22); und die konzise Kritik an dieser Position formuliert Strohschneider: Höfische Textgeschichten, hier speziell S. 179–181 und Anm. 119–120

768 „‘Ohne Wunder, keine Legende‘, würde die Parole lauten.“ So zuletzt und sehr pointiert Decuble: Die hagiographischen Konventionen, S. 48. Daneben aber auch mit einem For-

Die legendarischen Erzählungen stilisieren nun alltägliche Vorkommnisse innerhalb der Gemeinschaften zu schwerwiegenden, schier unlösbaren und eben allein durch transzendentes Einwirken behebbaren Problemen. Sie transformieren dabei das Erzählen vom Alltagsleben der Religiosen zu einem von Extremen. Dies fällt umso mehr ins Gewicht, als dass die prekären Situationen der Ordensgemeinschaften vor einer topischen Schablone entfaltet werden. Blickt man auf die bereits kategorial erwähnten Mangelerscheinungen (Hunger, Durst, Obdachlosigkeit etc.), in denen die Ordensgründerinnen und -gründer wundersam tätig werden, dann zeigt sich, dass diese zu den Werken der Barmherzigkeit zählen. Die später in leibliche und geistige differenzierten und theologisch fundierten Gebote stellen Verhaltensimperative dar, die auf das Leben und Wirken Jesu Christi zurückgeführt werden.[769] Im Kontext seiner eschatologischen Weltgerichtspredigt benennt Christus diese gemeinsinnigen Orientierungspunkte einer gottgerechten Lebenspraxis,[770] die nicht allein allgemeine Bedeutung

---

schungsüberblick Feistner: Historische Typologie, S. 47–48 (dort auch Anm. 86). Das Wunder als Möglichkeit dienen den „Evidenzmangel" göttlichen Wirkens dennoch sichtbar zu machen, meint Susanne Köbele: Die Illusion der ‚einfachen Form', hier S. 399. Ursula Heindrichs sieht dies ebenso, sie nutzt aber eine gewisse Differenz innerhalb der Wunder zu einer gattungsspezifischen Abgrenzung von Märchen und Legende. In Anschluss an Max Lüthi sieht sie die Wunder „im Märchen [als, M.S.] selbstverständlich" an und innerhalb einer Legende (mit Lutz Röhrich) entstehen sie „durch göttliches Wirken, das fromme Andacht verlangt." Vgl. Ursula Heindrichs: Die Legende des Mittelalters und der Versuch einer poetologischen Bestimmung in Abgrenzung zu Märchen und Sage, hier S. 122–123; einen Überblick über die verschiedenen Arten und Formen des Wunders respektive seines Erscheinens bietet Gabriela Signori: Wunder, speziell S. 40–73 und 94–159.

769 Siehe dazu einführend Angenendt: Geschichte der Religiosität, S. 595.

770 Vgl. dazu die rhetorisch hochgradig durchwirkte Rede Jesu bei Matt. 25, 34–46, die als Basis der leiblichen Werke der Barmherzigkeit die Verhaltensimperative gerade durch die Parallelisierung und Wiederholung prägnant dem Rezipienten präsentiert und zugleich memoriert: „Da wird dann der König sagen zu denen zu seiner Rechten: Kommt her, ihr Gesegneten meines Vaters, ererbt das Reich, das euch bereitet ist von Anbeginn der Welt! Denn ich bin hungrig gewesen und ihr habt mir zu essen gegeben. Ich bin durstig gewesen und ihr habt mir zu trinken gegeben. Ich bin ein Fremder gewesen und ihr habt mich aufgenommen. Ich bin nackt gewesen und ihr habt mich gekleidet. Ich bin krank gewesen und ihr habt mich besucht. Ich bin im Gefängnis gewesen und ihr seid zu mir gekommen. Dann werden ihm die Gerechten antworten und sagen: Herr, wann haben wir dich hungrig gesehen und haben dir zu essen gegeben, oder durstig und haben dir zu trinken gegeben? Wann haben wir dich als Fremden gesehen und haben dich aufgenommen, oder nackt und haben dich gekleidet? Wann haben wir dich krank oder im Gefängnis gesehen und sind zu dir gekommen? Und der König wird antworten und zu ihnen sagen: Wahrlich, ich sage euch: Was ihr getan habt einem von diesen meinen geringsten Brüdern, das habt ihr mir getan. Dann wird er auch sagen zu denen zur Linken: Geht weg von mir, ihr Verfluchten, in das ewige Feuer, das bereitet ist dem Teufel und seinen Engeln! Denn ich bin hungrig gewesen und ihr habt mir nicht zu essen gegeben. Ich bin durstig gewesen und ihr habt mir nicht zu trinken gegeben. Ich bin ein Fremder gewesen und ihr habt mich nicht aufgenommen. Ich bin nackt gewesen und ihr habt mich nicht gekleidet. Ich bin

für die Gläubigen besitzen, sondern das Bemühen um eine alltägliche Umsetzung verlangen. Die Ordensgründerlegenden brechen gerade diese Alltäglichkeit zumindest im Hinblick auf ihre Erfüllbarkeit. Die heiligen Gründerinnen und Gründer bringen ihre herausgehobenen Werke der Barmherzigkeit auf diese Weise speziell gegenüber ihren Orden zum Einsatz. Einerseits haben diese so erneut teil an der Heiligkeit ihrer Gründer. Andererseits offenbaren die Heiligen so zugleich ihre eben grenzenlose und bei Bedarf selbst auf die Transzendenz rekurrierende Ordensfürsorge. Die Narrationen können durch eine derartige Darstellung der Sorge um und Verpflichtung gegenüber den Anhängern, nicht nur die außeralltägliche Fähigkeit der supererogatorischen Gründerfiguren in ihrer *imitito Christi* präsentieren, sondern vielmehr auch deren Verbundenheit zur Gemeinschaft. Die von ihnen dank göttlicher Unterstützung vollbrachten Werke der Barmherzigkeit gegenüber dem Orden werden in den legendarischen Erzählungen zu symbolischen Gesten und Gaben ihrer Freundschaft. In den außeralltäglichen und durch Wunder als solche bekräftigten Handlungen zeigt sich die Sorge um das Wohl der gegründeten Gemeinschaft. Die erzählten Wunder überhöhen die eigentlich alltäglichen und allgemein erwarteten Verhaltensimperative der Barmherzigkeit und führen die so geheiligten Ordensgründer als außeralltägliche Stabilisatoren ihrer Gemeinschaften vor. Die Reziprozität dieser Freundschaftsbeziehung wird gerade in der Angewiesenheit des Ordens auf den Gründer und der dabei gleichzeitigen Verpflichtung desselben gegenüber seiner Gemeinschaft greifbar. Diese Erzählungen besitzen für die Ordensgründerlegenden ein immenses gemeinsinnstiftendes Potential, insofern sie sowohl von der orientierungstiftenden Lebensweise in den Werken der Barmherzigkeit berichten, als auch die Heilsteilhabe der Gemeinschaft im Vollzug der Freundschaft darstellen.

Für die folgenden examplarischen Beobachtungen dieser narrativen Funktionalisierungen in den Klaralegenden, sei noch erwähnt, dass die Werke der Barmherzigkeit zwar einen topischen Rahmen bilden, doch keinen Anspruch auf Vollständigkeit beanspruchen. Im Gegenteil zeigt sich, dass durchaus nicht alle Werke in den Narrationen aufscheinen, dass aber die für den Orden vollbrachten Wunder immer vor dem Hintergund der Barmherzigkeit evoziert werden. Das Erzählen von einer wundersamen Ordensfürsorge ist insoweit ein konstitutives Narrativ der Ordens-

krank und im Gefängnis gewesen und ihr habt mich nicht besucht. Dann werden sie ihm auch antworten und sagen: Herr, wann haben wir dich hungrig oder durstig gesehen oder als Fremden oder nackt oder krank oder im Gefängnis und haben dir nicht gedient? Dann wird er ihnen antworten und sagen: Wahrlich, ich sage euch: Was ihr nicht getan habt einem von diesen Geringsten, das habt ihr mir auch nicht getan. Und sie werden hingehen: diese zur ewigen Strafe, aber die Gerechten in das ewige Leben. “

gründerlegenden. In seiner Wechselwirkung dient es sowohl der symbolischen Repräsentation der Heiligkeit der Gründer, als auch der Stabilisierung der Gemeinschaft. In den lateinischen wie volkssprachlichen Klaralegenden wird dafür auf eine gewisse Auswahl entsprechender Passagen zurückgegriffen, die in den diversen Transformationen immer wieder aufscheint und zu einer gewissen Gewichtung führt. Diese ist durchaus beabsichtigt, denn sie evoziert programmatisch die basalen Ansprüche Klaras an die alltägliche Heilsfürsorge ihres Ordens. Anders gesagt, die vor der Schablone der Barmherzigkeit erfolgende Ordensfürsorge Klaras, dient der Gemeinschaft als Vorlage zum einen für die ordensinternen Werke der Barmherzigkeit und zum anderen für die Heilsfürsorge gegenüber den Gläubigen. Im Kern präsentieren die Legenden dafür vorrangig Klaras Sorge um Hungernde und Durstige, um Kranke, aber auch Trost Suchende, denen sie eben nicht allein beisteht oder Nahrung spendet.

Das erste Wunder, das Klara in ihren Legenden bewirkt, bietet den Auftakt für die sich anschließenden Beobachtungen. Die Szene setzt direkt nach den bisher analysierten Episoden der Klaralegenden ein, nämlich nach der Entfaltung des Freundschaftsverhältnisses zu Franziskus und ihrer spezifischen Armutsidee. Diese Reihenfolge geht auf die Claravita Thomas‘ von Celano zurück, er setzt das Speisewunder wohl nicht unabsichtlich an den Beginn. Der Verfasser der ersten Claravita stellt seine Protagonistin auf diese Weise vielmehr bewusst in eine Tradition, denn auch das erste Wunder Jesu bei der Hochzeit von Kanaa zählt zu den Speisewundern. Zwar wandelt Klara nicht Wasser in Wein, sie mehrt das Brot der Gemeinschaft, aber die Gestaltung der Szene birgt durchaus inhaltliche parallelen zum Wunder Jesu. Das zehnte Kapitel der Claravita Celanos setzt damit ein, dass sich die Gemeinschaft um Klara zum Essen versammelt und feststellt, dass nur noch ein einziges Brot für alle vorhanden ist (*unicus erat in monasterio panis*). Diese prekäre Ausgangssituation wird jedoch noch gesteigert und zwar durch Klara selbst. Sie befiehlt, *panem dividere, partemque fratribus mittere, partem intus pro sororibus retinere.* Wie dramatisch dieses Vorgehen ist, offenbart der Erzähler zum einen durch genaue Zahlenangaben, so seien zum Mahl fünfzig Schwestern anwesend und auf die solle das halbe Brot aufgeteilt werden. Zum anderen merkt die mit dem Teilen beauftragte Schwester gegenüber Klara an: *necessaria hic forent antiqua Christi miracula, ut tam modicum panis quinquaginta reciperet sectiones.* Der Schwester kommt, auch durch ihre Aussage markiert, die Rolle Marias zu, die auf der Hochzeit von Kanaa ihren Sohn um ein entsprechendes Wunder bittet und zunächst abgewiesen wird. In der Vita fehlt die direkte Abweisung, aber in genau jener Szene wechselt die verwendete Semantik, die das Nahverhältnis zwischen Klara und ihren Anhängern abbildet. Während die Anhängerinnen zuvor als gleichrangige Schwestern (*sorores*) in einer Wechselbeziehung zur Gründerin stehen, rekurriert im Folgenden Klara und auch der Erzähler auf ein zwar reziprokes, aber klar hierarchisches Mutter-Tochter-Verhältnis. Klaras Reaktion gegenüber der Brot austeilenden Schwester erinnert dennoch stark an die Belehrung Mariens. Fast unwirsch mahnt die Ordensgründerin die zwischen Zweifel und Unbill gefangene Anhängerin: *Fac, filia, secura quae dico.* Die Legende offenbart jedoch unmittelbar, dass sowohl die Schwester, als auch Klara bemüht sind, den an sie gestellten Anforderungen nachzukommen. Deutlich weist der anaphorische Parallelismus (*Properat filia* […] *Properat mater* […]) in den Sätzen darauf hin. Für Klara heißt das, die ihr zugedachte Ordensfürsorge als Mutter auszuüben und die prekäre Lage der Töchter mit Gottes Hilfe zu beheben (*ad Christum suum pia pro filialibus destinare suspiria*). Das erwirkte Wunder (*Crescit divino munere* […] *parva illa materia*) stillt nicht nur den Hunger der Anhängerinnen, was insoweit die problematische Situation löst, es führt zugleich zu einem erneuten Wechsel der verwendeten Semantik. Nicht die Töchter werden gesättigt, sondern das Brot genügt explizit *cuilibet de conventu*, wodurch der Erzähler eine Gemeinschaft ohne weitere semantische Unterscheidungen betont. Blickt man auf die volkssprachlichen Transformationen, dann stellt man fest, dass gerade die darin wechselnden semantischen Unterschiede und der Einsatz stilistischer Feinheiten immer mehr abnehmen. Das obwohl sie dazu dienen, Klara einerseits als die allein Fürsorgende und andererseits als die die gesamte Gemeinschaft Stabilisierende darzustellen. Sukzessive nimmt die beobachtete Ausgestaltung der Szene in den volkssprachlichen Transformationen ab und gipfelt in der Fassung des *Der Heiligen Leben.*[771]

> *Ains mols warn hunger iar, do heten di fravn alle nevr ain prot. Do gepot sant Klar, das man daz prot von ain ander tailt vnd es den prüdern halbs geb. Vnd his aus dem andern tail fueftzig stuk machen, das ieder fravn ain stuk wuerd, vnd sprach, man schölt di stuek denn auf den tisch legen. Do sprach di kelnerin: „Es wer not, das es vnder herr mert, schueln aus ainem halben prot füfczig stuek werden." Do sprach sant Klar: „Tu, als ich dich hais!" Vnd růft do vndern herrn mit ernst an vnd pat in, das er si fuerseh. Vnd di weil di kelnerin das prot tailt, do wůhs es ir in irn henden, das si alle genuk gewunnen.* (HLKl, S. 389)

Die Passage scheint mit der der lateinischen Claravita übereinzustimmen, doch blickt man auf die bereits markierten Semantiken und darüber hinaus auf einzelne Aussagen und Handlungsweisen der Figuren, dann fallen deutliche Abweichungen auf. Zwar ist auch in dieser Fassung die Ausgangssituation – Klaras Gemeinschaft wird mit einem Mangel an Nahrung konfrontiert – vor der Schablone der Werke der Barmherzigkeit konstru-

771 Die volkssprachliche Klaravita stellt eine wortwörtliche und auch die Satz- sowie zum Teil die Worstellung der lateinischen Vita beibehaltende Übersetzung dar. Vgl. dazu KlV, Z. 544–563. Die Fassung des *Klarabuchs* weist hingegen schon Abweichungen auf, vor allem fehlt der Rückbezug auf den Konvent als Gesamtgemeinschaft, vgl. hier TKl, fol. 47v–48v.

iert, doch gerade der Einbezug des Wunders variiert. Die mit dem Brotausteilen betraute Schwester, evoziert durch ihre Aussage nicht mehr ein Wunderwirken Klaras, viel eher verlangt sie, ob der prekären Lage ein sofortiges Eingreifen Gottes. Klara indes rügt die Zweiflerin ebenso. Ihr weiteres Handeln unterscheidet sich jedoch von der lateinischen Vita, denn der Erzähler hält fest, dass sie nicht nur fromme Seufzer (*pia* [...] *suspiria*) an Gott richtet, sondern ernste Bitten. Für diese Transformation verzichtet der Text sogar auf den anaphorischen Parallelismus. Die Sätze werden lediglich mit einer Konjunktion samt einer temporalen Phrase, die eine gewisse Gleichzeitigkeit suggeriert, verknüpft. Im Kern wird so das Bild einer eigenständig handelnden Mittlerin entworfen, deren Fürsorge sich im sofortigen Eingreifen Gottes zeigt. Das von Klara erwirkte Wunder wird nicht zu einem *antiqua Christi miracula*, sondern zu dem aktuell notwendigen Einwirken der Transzendenz in die Immanenz. Hierin zeigt sich Klaras Heiligkeit, die sie in einem Werk der Barmherzigkeit für die Mangel leidendende Gemeinschaft einsetzt. Dies untermalt die ebenfalls abweichende Semantik. In dieser Version wird die Gründerin namentlich genannt und dabei immer mit dem Epitheton *sant* versehen. Ihre Gemeinschaft wird als *di fravn alle* und *di kelnerin* in ihrer spezifischen Funktion benannt. Beides setzt die Beteiligten nicht in ein direktes Beziehungsverhältnis zur Gründerin, wie die familialen Semantiken der lateinischen Vita es konnten. Diese semantische Transformation unterstützt die Darstellung einer fürsorglichen Heiligen, die sozial nicht mehr in der Immanenz gebunden ist, sehr wohl aber für die dort verhaftete Gemeinschaft notwendige Wunder wirkt. Weil die legendarische Erzählung Klaras im *Der Heiligen Leben* auf die Semantiken einer institutionell geprägten Nahbeziehung verzichtet, kann sie die Heiligkeit der Protagonistin deutlich stärker offenbaren und ihre Handlungen dennoch als stabilisierende Ordensfürsorge gegenüber der Gemeinschaft präsentieren.

Zählt die eben betrachte Sorge um Nahrung zu den leiblichen Werken der Barmherzigeit, so die folgende zu den geistlichen Werken, denn Klara ist bemüht ihrem Orden Trost zu spenden. Die in den Legenden entfaltete Lage ist wiederum prekär, da sowohl Assisi als auch das Kloster San Damiano von Kriegstruppen belagert werden.[772] In dieser durchaus lebensbedrohlichen Situation kommt die bereits schwerkranke Heilige ihrer Ordensfürsorge nach und spendet den Schwestern Trost. Sie selbst erfährt zuvor ebenfalls tröstenden Zuspruch in einer Audiovision Gottes. Das eigentliche Wunder wendet jedoch die Gefahr von Kloster und Stadt ab und lässt die Belagerer fliehen. Auffällig an der szenischen Ausgestaltung

772 Die Szene bieten ohne große Variationen CCl, Cap. 14; TKl, fol. 58v–62v; HLKl, S. 390–391; KlV, Z. 799–864. Im Folgenden wird exemplarisch allein die Version HLKL eingehender betrachtet.

ist, dass das Trösten als performativer Akt von mehreren weiteren Sprechakten begleitet wird. Die Erzähler, sowohl die der lateinischen als auch die der volkssprachlichen Fassungen, verwenden dafür wiedergebene Sprechakte, aber auch die direkte Rede ihrer Figuren: Erstens klagen die Schwestern vor Klara ihr Leid und ihre Angst. Zweitens nimmt sich diese der Klagen an. Drittens befiehlt Klara, dass man sie demonstrativ vor das Tor für ein Gebet trage. Viertens entspringt diesem Gebet eine Unterredung mit Gott. Fünftens spendet dieser zunächst Klara Trost. Sechstens wendet sich Klara wieder an die Schwestern und spendet den ersehnten Trost. Siebtens erlegt Klara den Schwestern noch ein Verbot auf, nicht über die Audiovision zu sprechen, solange sie noch lebe. Diese sieben Sprechakte sind als narrativer wie performativer Kern in allen Fassungen enthalten, sofern sie die Passage erwähnen. Die performativen Akte sind in ihrem Kern, dem Akt des Tröstens, vor allem perlokutionär. Klaras Trösten ist insofern eine Perlokution, als ihr Sprechen eine Handlung darstellt, die eine Wirkung erzielt – nämlich von ihr getröstet zu sein.[773] Grundlegend setzt die Narration in dieser Szene – und auch das sei der weiteren Analyse lediglich vorangestellt – auf das basale Moment der Sprache, Gemeinschaft zu stiften. In der prekären Situation, in der die Schwestern sich dem Feind gegenüber ausgeliefert und alleingelassen fühlen, setzen die Erzählungen auf die soziale Funktion der Sprache, die *sui generis* den Betroffenen das Gefühl gibt, nicht allein zu sein. Bronislaw Malinowski merkt zu dieser von ihm als phatische Kommunion beschriebenen Funktion an:

> *Wir müssen erkennen, dass die Sprache ursprünglich, unter primitiven, nichtzivilisierten Völkern, niemals als bloßer Spiegel reflektierten Denkens gebraucht wurde.* [...] *In ihren primitiven Verwendungsarten fungiert die Sprache als ein Bindeglied konzentrierter, einvernehmlicher menschlicher Tätigkeit, als ein Stück menschlichen Verhaltens. Sie ist ein Handlungsmodus, nicht ein Instrument der Reflexion.*[774]

773 Zur Funktion der Perlokution siehe Austin: Sprechakte, hier speziell S. 149–153.

774 Vgl. Bronislaw Malinowski: Das Problem der Bedeutung in primitiven Sprachen. In: Charles K. Odgen und Ivor A. Richards (Hrsg.): Die Bedeutung der Bedeutung. Eine Untersuchung über den Einfluss der Sprache auf das Denken und über das Wissen des Symbolismus. Frankfurt am Main 1974, S. 323–384, hier S. 346. Gerade der Begriff der „phatischen Kommunion" birgt Malinowskis Idee der sozialen Funktion von Sprache, im Gegensatz zur heute in der Linguistik gebräuchlichen phatischen Kommunikation. Bedeutet doch *phatós* – vom griechischen Verb *phēmí* (*φημι*) sagen, nennen, behaupten – gesagt und verweist so auf die gemeinsame Einheit (Kommunion) im Sprechen. Ein Umstand den die Phrase phatische Kommunikation nicht mehr abbildet und demgegenüber viel eher einen Pleonasmus hervorbringt, der sich gänzlich nur noch auf das gemeinsame Sprechen bezieht. Zu Malinowskis Nomenklatur und Definition siehe erneut Malinowski: Das Problem der Bedeutung, S. 350.

Insofern ist bereits die Gestaltung der Szene als eine Abfolge von Sprechhandlungen tröstend, selbst wenn diese nicht zwischen den einzelnen Sprechern ausgewogen erscheinen.[775] Der Blick fällt allerdings noch einmal genauer auf die Sprechhandlungen Klaras, die zusammengenommen ihre Ordensfürsorge als Werk der Barmherzigkeit symbolisieren. Schon ihre erste illokutionäre Sprechhandlung innerhalb der Szene, also ein Sprechakt, dem eine direkte Handlung inhärent ist,[776] dient dem übergeordneten Ziel, die angsterfüllte Gemeinschaft zu beruhigen und zu trösten: *Do his si sich also siechev ʒu dem tor laiten vnd setʒ sich nider fuer di veint* (HLKl, S. 390). Die exerzitive Äußerung Klaras beinhaltet zwar zunächst lediglich den Befehl, sie vor die Tore des Klosters zu führen,[777] gleichzeitig kann die Ordengründerin derart ihre Rolle als fürsorgliche Mutter der Gemeinschaft präsentieren. Performativ wirksam stellt sich Klara vor ihre Anhängerinnen und wird bereits so zum Trost spendenden Schutzschild. Auch der zweite illokutionäre und diesmal direkt wiedergebene Sprechakt Klaras ist exerzitiv (HLKl, S. 390): *„Herr, ich pit dich durch dein guet, das du dein dirn behuetest in disem leiden."* Einerseits wiederholt diese lehnsrechtlich durchwirkte Gebetsbitte Klaras um Schutz und Schirm ihr performatives vor den Feind treten auf sprachlicher Ebene. Andererseits ist es die direkte Aufforderung gegenüber Gott (*Herr*), seinen ihm verpflichteten Mägden (*dirn*) zu helfen. Das Gebet und vor allem Klaras Niederfallen vor dem Leib Christi wird zu einer *prostratio*, wie sie zum einen in der Liturgie, aber zum anderen eben auch in der lehsrechtlichen Aushandlung als ritueller

---

775 Malinowiski merkt zu dieser Form einer asymmetrischen Reziprozität an: „Bei dieser Art von Sprachgebrauch sind die zwischen Hörer und Sprecher hergestellten Bande nicht ganz symmetrisch; der sprachlich Aktivere heimst den größeren Anteil sozialer Genugtuung und Selbstbestätigung ein. […] und die Gegenseitigkeit wird durch den Rollentausch gewährleistet." Vgl. wiederum Malinowski: Das Problem der Bedeutung, S. 350.

776 Zu diesen Begriffen und ihren Definitionen siehe vor allem die achte Vorlesung John Langshaw Austins, in der er die Begriffe als neue Kategorien einführt und definiert. Die Vorlesungen neun und zehn dienen dann der ausführlicheren Darstellung und erst in der elften Vorlesung kommt Austin auf seine vorherige Dichotomie von performativen und konstativen Aussagen zurück, um nun im Kontext seiner neuen Trias eine Beziehung zwischen diesen herzustellen. Zur achten und hier entscheidenden Vorlesung siehe Austin: Sprechakte, S. 112–125. Außerden diskutiert Austin dort die alltägliche und insofern situative Verwobenheit der Sprechakte vor allem vor dem Hintergrund von möglichen Folgen respektive sogar tatsächlichen Ergebnissen, die aus einer Sprechhandlung resultieren. „Daß man Wörter mit bestimmter Bedeutung äußert, ist ebensowenig eine (physikalische oder andersartige) Folge davon, daß man die Wörter äußert. […] Was wir mit den Bezeichnungen *illokutionärer Akte* einbeziehen, sind keine Folgen (im üblichen Sinne) des *lokutionären Aktes*, sondern die Tatsache, daß die Konventionen für die *illokutionäre Rolle* auf die Äußerung in ihren speziellen Umständen zutreffen." Austin: Sprechakte, S. 131–132 (Hervorhebungen im Orig.).

777 Zu exerzitiven Akten siehe Austin: Sprechakte, S. 173–176.

Akt vorkommt.[778] Das performative Handeln der Heiligen wird in der legendarischen Erzählung also sowohl verbal als auch gestisch präsentiert. Es erwirkt in der performativen Dopplung gestärkt das für die Ordensfürsorge notwendige Wunder. Der als Lehnsherr angesprochene Gott kommt seiner Verpflichtung nach. Mittels eines kommissiven Sprechaktes verspricht er Klara und den Schwestern den ersehnten Schutz (HLKl, S. 390):[779] *„Mein liebev tohter, du schalt dich niht fuerhten, ich wil dich niht lassen. Ich hon dich alle zeit beschirmt vnd wil dich noch beschirmen als mein gemintev vnd alle dein swester."* Neben der kommissiven Äußerung, die die Verpflichtung gegenüber den Bittstellerinnen anzeigt, offenbart der Sprechakt weiteres. Dank der familialen Semantik zeigt er die wechselseitige Vertrautheit zwischen Klara und Gott und der anzitierte Code der Intimität (*gemintev*) steigert das Verhältnis zu einem vertraulichen. Der lehnsrechtliche Rahmen der Kommunikation erlaubt den mitunter problematischen Einsatz der intimen Semantik. Der *Herr* hebt so die vor ihm niederknieende *tohter* metaphorisch auf, ohne die hierarchischen Unterschiede zu verwischen. Entsprechend erhebt sich Klara nach dem Sprechakt und zwar [*d*]*es trostz* […] *gar fro* (HLKl, S. 390). Die Perlokution des Trostes erhält also zunächst Klara. In ihrer von Gott innerlich gestärkten Person spiegelt sich dann für die anwesenden Schwestern perfomativ dessen tröstende Wirkung. Der wiederum exerzitive Sprechakt stützt insofern Klaras Handeln (HLKl, S. 390): *„Gehabt evch wol, ev wirt niht. Getravt got allain!"* Mit diesen performativen Handlungen gelingt es Klara auf die Schwestern perlokutionär einzuwirken und ihnen Trost zu spenden. Während die Gründerin damit bereits dem Werk der Barmherzigkeit gegenüber ihren Anhängerinnen nachgekommt, ereignet sich noch ein weiteres Wunder: *Da half in vnder her, das di haiden veber di maur aus vieln vnd erschraken vnd erplinten all vnd wurden vertriben von irm heiligen gepet* (HLKl, S. 390). Auch dieses Wunder binden die Erzähler an die performative Gebetsbitte Klaras zurück und unterstreichen ihre besondere, eben wunderbare Ordensfürsorge. Gerade die Wunder bestätigen die richtige Erfüllung der Werke der Barmherzig-

---

778 Siehe dazu aus lehnsrechtlicher Sicht: Gerd Althoff: Das Privileg der ‚Deditio'. Formen gütlicher Konfliktbeendigung in der mittelalterlichen Adelsgesellschaft. In: Otto Gerhard Oexle und Werner Paravicini (Hrsg.): Nobilitas. Funktion und Repräsentation des Adels in Alteuropa. Göttingen 1997, S. 27–52; sowie für den liturgischen Gebrauch Rudolf Suntrup: Die Bedeutung der liturgischen Gebärden in lateinischen und deutschen Auslegungen des 9. bis 13. Jahrhunderts. München 1978, hier speziell S. 142–169. Außerdem wird das Wunder, ohne direkten Bezug, mit der Eucharistie verknüpft. Historisch kann diese Verknüpfung im Kontext der allgemeinen Hostienverehrung gelesen werden, die unter Papst Urban IV. (1261–1264) zunahm. Siehe dazu Peter Browe: Die Verehrung der Eucharistie im Mittelalter. In: Peter Browe, Hubertus Lutterbach und Thomas Flammer (Hrsg.): Die Eucharistie im Mittelalter. Liturgiehistorische Forschungen in kulturwissenschaftlicher Absicht. Münster und Berlin 2011, S. 71–82, hier S. 74–76.

779 Siehe Austin: Sprechakte, S. 176–178.

keit und legitimieren zugleich die Lebenspraxis Klaras und ihrer Gemeinschaft. Diese zu stabilisieren ist in der Logik der legendarischen Erzählungen ein Wunder wert.

3. Grenzen der Ordensfürsorge: Roberts eigene Heiligkeit

Legendarisches Erzählen ist immer ein Erzählen vom sukzessiven Verlassen der immanenten Welt zukünftiger Heiliger und ihrer gleichzeitig zunehmenden Teilhabe an der Transzendenz.[780] Diese narrative Grundhaltung führt innerhalb der Legenden immer wieder zu paradoxen Erzählsträngen und in Sonderheit gilt dies natürlich für die Ordensgründerlegenden. In ihnen wird vom stabilisierenden Wirken der Gründer für die immanente Gemeinschaft erzählt. Zugleich berichten sie ausführlich von deren Gottesfreundschaften und der jeweiligen Heiligkeit, welche sich gerade durch ihre diversen Praktiken der Weltabkehr offenbaren. Diese Versuche der Selbstexklusion und Liminalisierung werden von den Narrationen unter anderem im Muster der Absenz und Präsenz der Gründerfiguren wiedergegeben sowie funktionalisiert. Dabei entwerfen die Texte die narrativen Operationalisierungen immer vor der positiv codierten Schablone der Präsenz der Gründer, die lediglich für einen bestimmten, meist kurzen, Zeitraum unterbrochen wird. Diese Momente der Absenz gestatten den Heiligenfiguren liminale Freiräume zur Sicherung ihres Heilscharismas und offenbaren zudem strukturelle Defizite der Gemeinschaft, die destabilisierend wirken. Mit dem Wiedererscheinen der Gründer stellen die Narrationen die Ordnung der Sozietäten wieder her und präsentieren mitunter zugleich funktionsäquivalente Stabilisierungsmechanismen der Ordensgemeinschaften. Die Gründerfiguren fallen in diesen Momenten zurück in immanente Relationsgefüge, was den Erzählern erneut Anlass bietet, von deren Liminalität und Weltabgewandtheit zu berichten. Natürlich gibt es kein Muster ohne Ausnahme oder zumindest ohne gewisse Abweichungen. Im Reigen der ausgewählten Corpora von Ordensgründerlegenden kommt diese abweichende Stellung den Legenden Roberts von Molesme zu, dem Gründer der Zisterzienser.

Bereits ein Blick in die ordenshistorische Forschung offenbart, dass die Bezeichnung Ordensgründer für Robert von Molesme durchaus umstritten ist.[781] Ihm ging es wohl vornehmlich und nicht ganz uneigennüt-

780 Siehe zu diesen allgemeinen poetologischen Überlegungen des legendarischen Erzählens und im Speziellen dem Erzählen innerhalb von Ordensgründerlegenden, das einleitende Theoriekapitel zum *legendarischen Erzählen*.

781 Das gilt, wie bereits an anderer Stelle erwähnt, freilich auch für die übrigen hier betrachteten Personen. Innerhalb ihrer legendarischen Erzählungen werden sie jedoch zu Gründe-

zig, um die Etablierung eines Klosters mit streng benediktinischer Observanz.

> Robert war bis ins hohe Alter hinein (immerhin war er bei der Gründung von Cîteaux bereits circa siebzig Jahre alt) wie seine schon beschriebenen Zeitgenossen von rastloser Unruhe erfüllt, in der Suche nach dem besten Weg zum Heil Gottes - einer Suche, die ohne weiteres den Ortswechsel und das Ausscheren aus institutionellen Rahmungen erfordern konnte, wenn das innerlich gesetzte Gebot nicht mehr zu erfüllen war. Bei Robert war dies der Eid auf die Benediktsregel, der höher stand als die kirchenrechtliche Pflicht der Amtserfüllung. Allein er erschloss den Weg zum Seelenheil.[782]

Gert Melvilles institutionsgeschichtlich geprägter Blick auf den Lebensweg Roberts von Molesme suggeriert, dass der Gründer diverser Klöster, der in der literarischen Verarbeitung nur teilweise zum Gründer eines Ordens stilisiert wird, zu seinen Gemeinschaften nur aus einem verpflichtenden Amt heraus verbunden war. Diese Sichtweise verkennt allerdings gerade die Reziprozität des Heilscharismas Roberts, welches die Anhängerschaft an Robert, diesen aber zur Bestätigung seines Charismas ebenso an die Anhänger knüpft.[783] Daneben relativiert diese Zuspitzung die in der Forschung häufig unterstellte und auch von Melville geteilte These von einer gewissen Unfähigkeit Roberts im Hinblick auf eine solche Amtsführung.[784]

Die legendarischen Erzählungen Roberts stilisieren diesen zwar als Gründer der Gemeinschaft, doch sie nutzen gerade das Muster von Präsenz und Absenz mit entgegengesetzten bzw. gleichbleibend negativen Vorzeichen. Stabilität scheint für die von Robert initiierten Sozietäten nur bedingt an diesen selbst gekoppelt zu sein. Zumeist wirkt seine Anwesenheit und nicht seine Abwesenheit destabilisierend. Insofern wird im Folgenden ein eigenständiger Blick auf die legendarischen Erzählungen

rinnen und Gründern von Orden stilisiert. Ein Umstand der vor dem Hintergrund der anderen Ordensgründerlegenden so dezidiert nicht für die Legenden Roberts von Molesme gilt. Während die anderen Figuren tatsächlich als Gründer, gerade durch ihr institutionelles Wirken, hervorgehoben werden, selbst wenn sie mitunter realhistorisch nicht an diesen Prozessen beteiligt waren, fehlen solche narrativen Einwebungen in den Legenden Roberts. Dies sicherlich auch, weil die historisch verbirgten Akteure dieser Institutionalisierungsprozesse des Zisterzienserordens (bspw. Stephan Harding oder Bernhard von Clairvaux) ordensintern und darüber hinaus einer eigenständigen und weitaus größeren Erinnerungspraxis unterlagen. So wird etwa Bernhard von Clairvaux bereits 1174 heiliggesprochen, Robert hingegen erst 1222.

782 Vgl. Melville: Die Welt der mittelalterlichen Klöster, S. 126.

783 Zur reziproken Wirkung des Charismas beziehungsweise seinen Bedingungen siehe Weber: Wirtschaft und Gesellschaft, S. 655.

784 Melville spricht in diesem Kontext von der Resignation des Abtes Robert gegenüber seiner Gemeinschaft, siehe Melville: Die Welt der mittelalterlichen Klöster, S. 125.

Roberts geworfen, ohne dabei die rahmende Fokussierung der bisherigen Analysen auszublenden.

Grundsätzlich benennen die lateinischen Viten wie die volkssprachliche Legende Robert als Gründer eines Ordens: *vnd ist alsus gewesen ein anfang vnd vff setzer der nůwen pflanʒung disʒ ordens S. Bernhardi* (ELARo, S. 138) beziehungsweise *Sicque illius novelle plantationis institutor* [scil. Robert; M.S.] *existens, eum ad eius arbitrium utriusque monasterii Molismensis videlicet et Cisterciensis ordinatio pertineret* (VRo, Cap. 13).[785] Auf die in beiden Texten aufscheinende Pflanz(en)metaphorik, die Roberts Gründerwirken darstellt, greift im Weiteren vor allem die lateinische Legende zurück.[786] Dabei entfaltet die Erzählung die Metapher auf mehreren Ebenen und illustriert auf diese Weise einerseits den Gründer und andererseits dessen Heiligkeit. Dafür nutzt der Erzähler für Robert sowohl das schon aufgezeigte Bild des aktiven Pflanzers als auch das der Pflanze selbst. Der Erzähler führt es programmatisch zu Beginn des ersten Kapitels ein.

> *Beatus igitur Robertus de Campanie partibus oriundus, quasi quidam flos campi speciosus enituit cuius nimirum decor in honestate morum intuentibus gratus erat et sancte opinionis odor longe lateque diffusus ad imitationem sui plurimos invitabat.* (VRo, Cap. 1)

In diesem Blumenbild ist das charismatische Wirken der Heiligkeit Roberts synästhetisch eingefangen. Es bezieht sich nämlich nicht allein auf den schon in den Dominikuslegenden betrachten *süezen smak/odor*,[787] sondern auch auf die schöne Gestalt des Gründers. Sein Charisma führt zu einer *imitatio*, die in einer Gemeinschaft gipfelt. Im Folgenden greift der Erzähler wiederholt auf diese Metaphorik zurück und erweitert sie, indem er die Pflanze, *beatus Robertus*, als *supra montem Christum radicatus firmiter et fundatus* (VRo, Cap. 4) beschreibt. Um im Bild des Erzählers zu bleiben, erst der Blick auf das Wurzelwerk stellt Robert als Ursprung dar, von dem *rursum ad odorem gratie germinaret taceretque comam quasi cum primum plantatum est* (VRo, Cap 2).[788] Innerhalb der Legenden markieren lediglich diese metaphorischen Wendungen das charismatische Wirken Roberts. Allein diese bildhaften Darstellungen machen ihn zum Ursprung einer Gemeinschaft. Dabei weist die volkssprachliche Transformation, bis auf die einleitend zitierte Passage, sogar keine weiteren Blumenmetaphern auf. In der volkssprachlichen Fassung deutet der Erzähler zudem implizit einen Grund an,

785 Vgl. ebenso den Prolog der Sondervita P, siehe dazu SVRo, Pro.

786 Ich verweise nochmals auf den ähnlichen Einsatz dieser Metaphorik in den *forma vitae* und dem Testament Klaras, siehe dazu Anm. 826.

787 Siehe zu diesem Aspekt nochmals Kötting: Wohlgeruch der Heiligkeit, S. 23–33.

788 Die Metapher wird an dieser Stelle nicht nur ausgeweitet durch den Einbezug einer weiteren Metapher aus dem Bereich der Architektur (*columpnas spiritualis edificii*), sondern bezieht sich auf jene Gemeinschaft, die der Ursprung des Klosters von Molesme ist. Der Erzähler stilisiert sie dafür als Neuerung des gesamten *ordo monasticus*.

der in den lateinischen Viten fehlt. In der Legende *Von sant Ruprecht* wird dem neu gegründeten Orden ein besitzanzeigendes Genitivattribut beigestellt, *S. Bernhardi.* Das eine Ordensgemeinschaft oder deren Anhänger eine solche Nomenklatur aufweisen, ist nicht ungewöhnlich. Im Gegenteil, sie ist mit Blick auf die Norbertiner, Franziskaner, Dominikaner, Klarissinnen und Birgittinnen geradezu erwartbar. Bezeichnenderweise dient allerdings der Gründername als Basis derartiger Namensgebungen.[789] Wie kommt es also zu dieser Distanzierung bzw. nur oberflächlichen Einbindung Roberts als Gründer in seinen Legenden?

Blickt man auf den in den anderen Ordensgründerlegenden typischen Einsatz familialer Semantiken für die Darstellung wechselseitig vertrauter und vertrauender bis vertraulicher Nahverhältnisse zwischen Gründer und Ordensgemeinschaft, stellt man fest, dass sie fast gänzlich fehlen. Zwar benennt die volkssprachliche Legende die Anhänger Roberts ein paar Mal als *brúdere* (ELARo, S. 136–138), doch er selbst ist zumeist der *selige Rupertus* (ELARo, S. 135) oder *der gotes diener* (ELARo, S. 136). Auch innerhalb der *Vita beati Roberti* wird die Gründerfigur mittels einer auf ihn bezogenen familialen Semantik mit seiner Gemeinschaft in Relation gesetzt. Bezeichnenderweise zuerst im Kontext der Gründung von Molesme, deren Vorgang der Erzähler als Zeugung einer wohlgemerkt spirituellen Familie benennt (VRo, Cap. 5): [...] *vite* [...] *active copulatus est ad spiritales filios procreandos* [...]. Während die familiale Semantik sehr deutlich Roberts besonderes Nahverhältnis zu seiner Gemeinschaft und mehr noch deren Ursprung offenbart, verzichtet der Erzähler im Folgenden auf ähnliche Codierungen. Erst bei der Schilderung von Roberts letzter Rückkehr nach Molesme greift er wieder auf die Semantik zurück. Der dreifache Einsatz von *pater* dient dabei jedoch eher einer heteronormativ begründeten Distanznahme gegenüber den affektiven Äußerungen und Handlungen. Zudem zeigen die Anhänger ihre Affekte erst als posthume Anteilnahme.

> *A quibus summa cum devotione susceptus eisdem aliquamdiu paterna sollicitudine prefuit, regulariter ipsorum vitam et mores instituens et semetipsum religionis et honestatis formam exhibens et exemplum.* (VRo, Cap. 12)

> *At ille cum suo* [...] *collegio [...] ingressus, divinam que cuncta, dispensabat in se providentiam tota mentis alacritate magnificans gregem sibi commissum paterno confovebat affectu* [...]. (VRo, Cap. 13)

789 Einen entsprechenden Überblick über die Namensgebung mittelalterlicher Klosterverbände und Orden bietet Gert Melville: Einheit und Vielfalt – Das mittelalterliche Europa der Klöster und Orden. In: Waltraud Schreiber (Hrsg.): Von den Olympischen Spielen bis zur Potsdamer Konferenz. Standardthemen des Geschichtsunterrichts forschungsnah. Neuried 2006, S. 163–186.

Filii autem eius scilicet monachi Molismenses quorum omne gaudium in ipso erat atque solatium, amarissime flentes reverendi patris exequiis devotius insistebant. Qui licet de superna meritorum a eius retributione minime dubitarent et suffragiis sibi per eius merita conferendis, de patris tam presentia sibi ab hac luce subtracta vehementius angebantur. (VRo, Cap. 14)

Die hier aufflammenden Gefühle Roberts zu seiner Gemeinschaft werden im Kontext der Gründung von Cîteaux und seiner allerletzten Wiederkehr zu seiner Gemeinschaft in Molesme kurz vor seinem Ableben geschildert. Der attributive Gebrauch der familialen Semantik (*paterna*/ *paterno*) relativiert jedoch die affektiven Äußerungen innerhalb der Erzählung vor dem Hintergrund einer heteronormativen Matrix.[790] Roberts innige Zuneigung zu und Sorge um seine Anhänger wird zwar zu einer deutlichen Geste der Vertraulichkeit, aber ohne dem Ruch homoerotischen Begehrens zu unterliegen. Außerdem setzt die gewählte Semantik nicht die Hierarchie von Gründer und Gemeinschaft außer Kraft. Nur wenige Sätze später verwendet der Erzähler erneut die familialen Semantiken (*pater* und *filii*), dieses Mal jedoch um auch die Zuneigung der Gemeinschaft zu ihrem Gründer zu demonstrieren. Dessen besondere Rolle für den Orden, wird der Sozietät erst im Moment seines Todes und seiner nun dauerhaften Absenz bewusst (*peresentia* […] *substracta*). Zugleich zeigt sich in diesem spärlichen Einsatz familialer Semantiken erneut jene Distanz zwischen heiligem Ordensgründer und seiner Gemeinschaft. Insoweit scheinen die legendarischen Erzählungen von Robert von Molesme die ordengeschichtlichen Einschätzungen zu seiner Funktion als Ordensgründer zu bestätigen.

Eine mögliche Begründung für diese distanzierte Haltung, die auf der Ebene der *histoire* mit Roberts wiederholtem Verlassen seiner Gemeinschaften einhergeht, liefert der Erzähler der ausführlicheren lateinischen Vita auf der Ebene des *discours* selbst. Sehr deutlich formuliert die legendarische Erzählung, dass Robert von Molesme einen bestimmten Umstand höher schätzt, als die von ihm gegründete Gemeinschaft:

cum videret fratres loci illius ab equitatis tramite declinare, timens ne malignus comes candido et simplici suam rubiginem affricaret et pulchram anime illius faciem deformaret […]. (VRo, Cap. 3)

Videns autem vir Dei quod in corripiendo eos non proficeret et quod discipline regularis observatione postposita unusqisque post pravitatem cordis sui ambularet, statuit illos relinquere, ne dum in eis frustra quereret spiritale lucrum, ipse anime sue faceret detrimentum. (VRo, Cap. 9)[791]

790 Zum hier zu grundegelegten Verständnis von Heteronormativität siehe Wagenknecht: Was ist Heteronormativität?, S. 17–34; außerdem auch die nachfolgenden Kapitel, die verstärkt auf diese Aspekte Bezug nehmen.

791 Während die zuvor zitierte Passage der *Vita Roberti* in der volkssprachlichen Transformation der *Elsässischen Legenda Aurea* fehlt, ist diese vorhanden. Dabei wird die Nebensatzstruktur beibehalten, aber gerade die Negierung des abhängigen *ne*-Satzes wird in der Transfor-

In beiden Passagen fokalisiert der Erzähler intern und präsentiert auf diese Weise den Rezipienten Roberts inneren Gemütszustand. Dabei offenbart der Erzähler, dass der Heilscharismatiker im Kreise seiner Anhänger um seine sein Charisma evozierende, heiligmäßige Lebensweise bangt (*timens* [...] *pulchram anime illius faciem deformaret*). Die in der Fokalisierung zu Tage tretende Reflexion über die Anhänger und das eigene charismatische Wirken zeigen ganz offenkundig, dass das Charisma des Gründers bereits an Wirkung verloren hat. Robert erkennt selbst *fratres loci illius ab equitatis tramite declinare*. Auch die zweite Passage, die sich nicht mehr auf die Gemeinschaft von Saint-Michel Tonnerre, sondern auf die von Molesme bezieht, ist geprägt von jenem Nachdenken Roberts über eine eintretende Machtlosigkeit gegenüber den Anhängern und dem damit einhergehenden Schwinden der eigenen Heiligkeit. Dabei verweist der Erzähler explizit auf Roberts Scheitern eine von ihm vorgelebte Lebensweise durch eine strikte Regulierung des Gemeinschaftslebens institutionell zu sichern (*in corripiendo eos non proficeret et quod discipline regularis observatione postposita unusqisque post pravitatem cordis sui ambularet*). Gerade dieses Misslingen verweist auf einen erneuten Mangel an heilscharismatischer Wirkung.

Dass diese Passagen aus Sicht einer institutionsgeschichtlichen Analyse natürlich ein persönliches Defizit Roberts aufdecken und damit auf die von Max Weber bereits beschriebene problematische Veralltäglichung des charismatischen Führers im Zuge einer Institutionalisierung seiner Anhängerschaft verweisen, steht außer Frage.[792] Vor dem Hintergrund der bereits offengelegten weiteren Distanzierungen Roberts gegenüber seiner Gemeinschaft in den Legenden lassen sich aber auch weitere Aussagen treffen. Diese beziehen sich auf das legendarische Erzählen *eo ipso*, das für diesen Ordensgründer verstärkt von dessen Liminalisierungsbestrebungen und Selbstexklusionen (*statuit illos relinquere*) zum Erhalt der eigenen Heiligkeit (*ne* [...] *ipse anime sue faceret detrimentum*) berichtet. Die Figur Roberts von Molesme wird vor allem auf der Basis seiner anscheinend zwar Faszination vermittelnden, aber mit dem bisher bekannten monastischen Leben nur schwer vereinbarenden Lebensweise zum Heiligen stilisiert. Vor allem

mation kausal gewendet, wodurch die Aussage abgewandelt wird (ELARo, S. 137): *Da aber der gótliche man hersach daȝ sine rede nit verfing sie bestrafende. vnd sach die haltung der reglichen ȝůcht hindan gesetȝt. vnd daȝ iglicher ging nach verkerung sins hertȝen. Da satȝt er jm gentȝlich für sie verlasȝen. vmb daȝ. so er vergebens suchte vnd begerte jren geistlichen gewynn. Daȝ dan er damit siner sel schad vnd hindernisȝ mechte*. Der prognostizierte Schaden am eigenen Seelenheil ließe sich so ganz allgemein auf Handlungen der Ordensfürsorge übertragen und nicht nur auf die, die nicht angenommen werden.

792 Grundsätzlich zu dieser Sichtweise Gert Melville: Stephan von Obazine. Begründung und Überwindung charismatischer Führung. In: Andenna, Breitenstein und Melville (Hrsg.): Charisma und religiöse Gemeinschaften, S. 85-102, hier S. 95–102; und erneut Weber: Wirtschaft und Gesellschaft, S. 655.

die ausführlichere lateinische Vita offenbart sein Streben nach Vollkommenheit (VRo, Cap. 9): *Beatus autem Robertus* [...] *magis ac magis in Deum proficere conabatur, et secundum instituta sancti Benedicti iuste et pie et sobrie conversari.* Absenz von der Gemeinschaft dient in diesen Erzählungen nicht der Darstellung destabilisierender Faktoren, sondern stellt umgekehrt die Gemeinschaft als Destabilisator einer heiligmäßigen Lebensweise dar. Nur wer sich dieser Lebensweise wie Robert in extremo verschreibt, kann mit ihm in wechselseitig vertrauter und vertraulicher Gemeinschaft leben. Entsprechend berichten in der Logik dieser Erzählhaltung die legendarischen Texte nur von einer kleinen Gruppe, der es gelingt, diesen Anforderungen Genüge zu leisten. Hervorgehoben nennen die lateinischen Viten wie die volkssprachliche Legende zwei der vier Mönche namentlich. Betrachtet man die Formulierungen der volkssprachlichen Legende genauer, dann gründen die beiden genannten Cîteaux sogar ohne Robert:

> *Nun warent vnder jne vier brúdere gar starckes geistes. Der ʒweier namen waʒ. einer Alberich. der ander Stephanus genant. dise warent hitʒiger begirden ʒu dem súnderlichen kampf der wústnung. Sie gingent vsʒ von dem múnster Molismen. Vnd kament ʒu einem walde der hiesʒ Cistercium. Da selbst buwtent sie betthusʒ in der ere vnser frawen gottes gebererin Marien.* (ELARo, S. 137)[793]

Vier Anhänger der Gemeinschaft von Molesme verlassen diese und den charismatischen Gründer, um in der gewählten Selbstexklusion gründend tätig zu werden. Zwar stammen diese vier Brüder aus Roberts Gründung Molesme, doch Cîteaux, als späterer Ursprung der Ordensgemeinschaft der Zisterzienser, wird ohne Robert initiiert. Ausgerechnet seine eigenen Ordensgründerlegenden nennen Roberts Nachfolger im Amt des Abtes von Cîteaux, Alberich und Stephan, als eigentliche Gründer der Gemeinschaft. Von ihm heißt es lediglich, dass

> [*d*]*a nun S. Ruprecht iren heilgen wandel vnd fúrsatʒ vernam frewte er sich. vnd nam mit jm XXII brúdere vnd fur ʒu jne in die wústi. daʒ er wer teilhaftig vnd helffer irs heilgen fúrsatʒes.* (ELARo, S. 137)

793 Die lateinische Vita erwähnt dabei noch einen Zwischenaufenthalt an einem nah an Molesme gelegenen Ort. Der Erzähler weist in diesem Zusammenhang nur indirekt auf die subversive Wirkung dieser Gründung hin und berichtet sogar von einer Exkommunikationsandrohung gegenüber den vier Brüdern (VRo, Cap. 10 und 11): *Erant autem inter illos quatuor viri spiritu fortiores, scilicet Albericus et Stephanus et alii duo, qui post claustralis exercitii rudimenta ad singulare certamen heremi suspirabant. Egressi igitur de monasterio Molismensi venerunt ad locum cui Vivicus nomen est, quem eum aliquante tempore incoluissent, ad instantiam Molismensium a viro venerabili Joceranno Lingonensi episcopo, nisi reverterentur excommunicationis sententiam susceperunt.* [11] *Compulsi ergo prefatum locum relinquere, venerunt, ad quamdam silvam Cistercium ab incolis nuncupatam. Ubi in honorem beate Dei genitricis et virginis a Marie oratorium construentes, nec minis, nec precibus a suo deinceps potuerunt proposito revocari, spiritu ferventes et infatigabiliter die ac nocte Domino servientes.*

Der Gründer tritt nur noch als Helfer und nunmehr selbst Faszinierter an die Seite zweier ehemaliger und, wie die lateinische *Sondervita P* zu ergänzen weiß, exkommunizierter Brüder.[794] Genau an dieser Stelle der legendarischen Erzählungen von Robert bricht für einen kurzen narrativen Moment die andauernde Distanznahme Roberts sowie die Problematisierung seiner Lebensweise innerhalb einer Gemeinschaft. Was zunächst paradox erscheinen mag, ist jedoch in der Logik der legendarischen Erzählhaltung, die vor allem auf die Präsentation der heiligmäßigen Lebensweise Roberts setzt, konsequent. Erst das spiegelbildlich liminale Verhalten der Anhänger scheint dem Heiligen die Möglichkeit zu bieten, Teil der Gemeinschaft von Cîteaux zu sein. Wie vertraulich sich diese Reziprozität dann zwischen den ebenfalls selbstexkludierten, liminalen Brüdern und dem sich stets in die Liminalität zurückziehenden Robert gestaltet, offenbaren die Erzähler umgehend.

> *Die enpfingent jn mit grosʒer mynne vnd jnnigkeit. Vnd er was jne etwi lang ʒyt vor. mit veterlichem flisʒ vnd sorgsamkeit. vnd anwysʒte ordelich ir leben vnd sitten. Er herbot sich selbs jn allen eyn form vnd byʒeichen geistlichs lebens vnd aller ersamkeit.* (ELARo, S. 137)

Dabei stellt der Erzähler der *Elsässischen Legenda Aurea* den Empfang Roberts deutlich emotionaler dar und intensiviert insofern das huldreiche sowie demütige *summa cum devotione susceptus* (VRo, Cap. 12) der lateinischen *Vita Roberti*. Grundsätzlich betonen beide Erzähler erstmals innerhalb ihrer Narrationen, dass Robert in besonderer Weise von einer Gemeinschaft empfangen und nicht nur zu deren Vorsteher erwählt wurde. Weil der Erzähler der volkssprachlichen Transformation auf den Code der Intimität für das beginnende Nahverhältnisses zwischen Robert und der Gemeinschaft von Cîteaux zurückgreift, verweist er damit geradezu überdeutlich auf eine vielschichtige Einzigartigkeit. Einzigartig ist nämlich nicht allein das als stark vertraulich gekennzeichnete Verhältnis der Gemeinschaft gegenüber Robert. Einzigartig ist ebenso die dabei entstehende und auf seiner Lebensweise basierende Sozietät, die als Zisterzienserorden Bestand haben wird. Die legendarischen Erzählungen Roberts gewähren ihrem Protagonisten erst relativ spät einen wichtigen Erfolg: Sie erzählen, dass seine Lebensweise und die daran geknüpfte Idee eine monastische Gemeinschaft etablieren konnten. Dies zeigt sich vor allem vor dem Hintergrund der übrigen Ordensgründerlegenden, in denen die Gründerinnen und Gründer bereits im ersten Drittel ihrer legendarischen Erzählungen

794 Während die hier grundlegend betrachtete *Vita Roberti*, den Umstand der Exkommunikation nur als Androhung formuliert, spricht die *Sondervita P* explizit von einem mehrere Jahre andauernden Kirchenbann (SVRo, S. 42): *At illi septem annis penam excommunicationis graviter sustinentes vitam quam ducere ceperant heremiticam deserere noluerunt sed felici perseverantia ibidem pennanserunt.*

eine dauerhafte Gemeinschaft aufbauen. Während in diesen Legenden in unterschiedlicher Weise die (De-)Stabilität der jeweiligen Gemeinschaft auserzählt wird, um die Funktion der Gründerfiguren zu verdeutlichen, fokussieren die Robertlegenden offensichtlich immer wieder ein Scheitern und eine gewollte Distanzierung Roberts von den Gemeinschaften. Die in den Legenden auf semantischer wie narrativer Ebene konstatierte, fehlende Nähe des Heiligen zu Gefährten, prägen das Bild einer distanzierten Figur. Dabei können die Erzähler aber entweder durch eigene Kommentare oder mittels interner Fokalisierungen auf Robert dessen besonders heiligmäßige Lebensweise als Ursache herausstellen. Sie verleitet den Heiligen nicht nur zur Selbstexklusion, sondern ist offensichtlich schwer innerhalb einer Gemeinschaft umsetzbar. Dass es am Ende einer kleinen Gruppe gelingt, die *vita religiosa* Roberts dennoch gemeinschaftlich umzusetzen, zeichnet diese in besonderer Weise aus. Deren dafür notwendige, eigene Selbstexklusion erscheint als imitative Vorleistung, der gegenüber Robert in besonderem Maße aufgeschlossen ist. Ohne einen weiteren Diskurs über mögliche Destabilisierungen gelingt es ihm innerhalb der Erzählungen, diese Gemeinschaft von Cîteaux zu regulieren (*anwysȥte ordelich ir leben vnd sitten*) und vorbildlich nach seiner Lebensweise zu prägen (*jn allen eyn form vnd byȥeichen geistlichs lebens vnd aller ersamkeit*).[795] Erst an dieser Stelle setzen die Legenden Semantiken höchster Vertraulichkeit ein und bilden ein wechselseitiges Nahverhältnis Roberts mit seiner Gemeinschaft ab. Sie unterstreichen derart das erzählte Ereignis, die Gründung von Cîteaux. Zugleich zeigt dieses Erzählen erneut den funktionalen Zusammenhang der Freundschaftsemantiken und –narrative, die auch Robert von Molesme in seinen legendarischen Erzählungen zu einem Ordensgründer stilisieren.

Insgesamt können die Robertlegenden gerade durch jenen umgekehrten Modus legendarischen Erzählens, der von einer immer wieder scheiternden Gemeinschaftsgründung und Distanzierung – im Sinne einer steten Selbstexklusion – berichtet, Robert von Molesme als heiligen Ordensgründer darstellen. Vor allem die besondere Lebensweise des Gründers wird dabei betont und funktionalisiert. Gemeinschaft mit ihm heißt: völlige *imitatio* seiner heiligmäßigen Lebensweise. Einerseits unterstreicht dies seine persönliche Heiligkeit und andererseits eröffnet es die gemeinschaftliche Partizipation an Heiligkeit in der *imitatio*. Gerade in dieser Nachfolge kann der Orden für sich selbst Charisma und eine gemeinsinnige Orientierung evozieren. Die Legenden Roberts und vor allem seine ausführliche lateinische Vita verweisen auf die, für das gemeinschaftliche

795 Zum Vergleich die VRo, Cap. 12: […] *regulariter ipsorum vitam et mores instituens et semetipsum religionis et honestatis formam exhibens et exemplum.*

Ordensleben wesentliche, *imitatio* von Anbeginn an. Sein heilscharismatisches Leben und Wirken, das zu einer solchen Nachfolge anstiftet, zeigt sich im eingangs besprochenen Bild der schönen und wohlduftenden Blume, die eben nur auf fruchtbaren Böden gedeiht. In dieser Metaphorik stilisieren die Legenden neben Robert zugleich diejenigen, die absolut bereit sind, sich ihm anzuschließen, also Nährboden sein möchten für seine *vita religiosa.*

V. Institutionelle Freundschaftsnetzwerke

Heilige Ordensgründerinnen und Ordensgründer stehen innerhalb ihrer legendarischen Erzählungen in einem polyrelationalen Beziehungsgeflecht. Dieses erstreckt sich in der narrativ entworfenen Welt ihrer jeweiligen Diegese sowohl auf die Transzendenz als auch auf die Immanenz. Die Heiligenfiguren sind Freunde und Freundinnen Gottes und sie sind ebenso Freunde ihres Ordens respektive einzelner Gefährtinnen und Gefährten innerhalb dieser Gemeinschaften. Beide Beziehungsformen sind in der narrativen Wiedergabe geprägt von Funktionalisierungen, sei es für den Status der eigenen Heiligkeit der Gründer, sei es für die Übertragung ihres Heilscharismas auf den Orden, sei es für das Evozieren von Gemeinsinn oder für die Etablierung von stabilisierenden Normen und Regulierungen der Gemeinschaft, bis hin zur gesicherten Nachfolgeregelung. Dies sind bei weitem nicht alle funktionalen Verknüpfungen, die die Narrationen offerieren, denn das dafür eingesetzte symbolisch generalisierte Kommunikationsmedium Freundschaft vermag durchaus noch weitere funktionale Sinnstiftungen zu generieren. Dabei sind gleichzeitig die Ambiguität und Polyvalenz dieser Semantik und ihr narrativer Einsatz die wesentlichen Voraussetzungen für ein mögliches Nebeneinander der sich mitunter ausschließenden Beziehungsverhältnisse. Weil die Ordensgründerlegenden auf diesen Modus des Erzählens zurückgreifen, können sie die jeweiligen Heiligen in ein solches Beziehungsgeflecht einweben. Dieses weist zwar auf persönlicher Ebene Verbindlichkeiten auf, jedoch sind diese Verpflichtungen keinesfalls durch äußere und insoweit institutionelle Mechanismen gesichert. Die dargestellten Sozietäten zum oder mit den Heiligen sind in keiner Weise einforderbar und schon gar nicht rechtlich einklagbar. Sie bieten hingegen die Möglichkeit, Argumentationen für etwaige Absicherungen oder Funktionalisierungen zu entwerfen oder auf diesen aufzusetzen. Inwieweit dies gerade für die Beziehungen mit dem Orden, aber auch mit Gott gilt, haben vor allem die vorherigen Kapitel versucht zu zeigen. Im Folgenden stehen nun wiederum immanente Freundschaftsrelationen im Fokus der Analyse, die allerdings außerhalb der Ordensgemeinschaft zu verorten sind. Sie dienen in besonderer Weise dem Heiligen, seinem Orden, aber eben auch jenen immanenten sowohl höfischen als auch klerikalen Vertretern von Institutionen wie der Kirche oder eines Herrschaftsraumes.

Für die sich anschließenden Beobachtungen sind zunächst ein paar einleitende Präzisierungen vorzunehmen, die den Freundschaftsbegriff im Umfeld der Kategorien Institutionalität und Netzwerk reflektieren und genauer verorten. Grundlegend ist für den hier verwendeten Netzwerkbegriff die Studie Mark S. Granovetters *The Strength of Weak Ties*, die in ihrer luziden Darstellung bis heute die Netzwerkanalyse beeinflusst.[796] Innerhalb der Soziologie hat sich vor allem durch die Perspektive auf Netzwerke eine Zusammenschau der makro- und mikrosoziologischen Relationen von Sozietäten etabliert. Die dabei beobachteten Realisierungen weitgesponnener, sozialer Netze werden vorrangig mit Hilfe einer ganz konkreten Beziehungsform diskutiert, der Freundschaft. Nach Granovetter ist es gerade der „friendship overlap", der es erlaubt, unterschiedlich stark ausgeprägte Beziehungen auszubilden und innerhalb eines Netzes zu verknüpfen.

> Consider, now, any two arbitrarily selected individuals – call them *A* and *B* – and the set, *S* = *C*, *D*, *E*, ..., of all persons with ties to either *or* both of them. The hypothesis which enables us to relate dyadic ties to larger structures is: the stronger the tie between *A* and *B*, the larger the proportion of individuals in *S* to whom they will *both* be tied, that is, connected by a weak or strong tie. This overlap in their friendship circles is predicted to be least when their tie is absent, most when it is strong, and intermediate when it is weak.[797]

Blickt man auf die Definition der Bindungsrelationen innerhalb eines sozialen Netzes, wie sie Granovetter formuliert, offenbart sich, warum er Freundschaft als prägendes Gefüge annimmt: „the strength of a tie is a (probably linear) combination of the amount of time, the emotional intensity, the intimacy (mutual confiding), and the reciprocal services which characterize the tie."[798] Granovetters Definition birgt evident basale Bestandteile der Freundschaftssemantik, wie sie bereits mehrfach umrissen wurden, so die Reziprozität oder das Partizipieren am Code der Intimität. In der neueren Netzwerkanalyse hat vor allem Jan A. Fuhse diese Zusammenhänge verstärkt fokussiert. Dass Freundschaft gerade in dieser Perspektivierung soziale Systeme als Teil der sozialen Netze generiert, zeigt er in einer kleinen, aber sehr luziden systemtheoretischen Studie von

796 Granovetter: The Strength of Weak Ties, S. 1360–1380.

797 Vgl. ebd., S. 1362 (Hervorhebungen im Orig.).

798 Vgl. ebd., S. 1361. Anzumerken gilt hier, dass Granovetter bewusst eine vereinfachte Bindungsrelation annimmt, um in der Reduktion eine Einführung in seine Annahmen zu erleichtern: „Ties discussed in this paper are assumed to be positive and symmetrie; a comprehensive theory might require discussion of negative and/or asymmetrie ties, but this would add unnecessary complexity to the present, exploratory comments." Ebd. Anm. 2.

ausgewählten sozialen Netzwerken, amerikanischen Straßengangs.[799] Nach Fuhse sind Freundschaftsdyaden soziale Systeme, die die „Bindungen (bzw. Kanten)" eines Netzwerkes, das selbst kein soziales System ist, darstellen. Systembildend sei für Freundschaften, dass – darin liegt die Nähe Fuhses zu Granovetters „amount of time" – ihre „gegenwärtige Kommunikation auf Vergangenem aufbau[t]" und sie so „ihr eigenes Gedächtnis und ihre eigenen Strukturen [ausbilden]" unabhängig von den beteiligten Individuen. Netzwerke sind hingegen lediglich „interrelational" und bilden keine eigene Systemgrenze aus. Sie können dies aber im Kontext einer identitätsstiftenden und somit Sinn erzeugenden Differenzsetzung, die von allen „Kanten" des Netzwerkes getragen wird.[800] Vor allem die Kombination von mikro- und makrosoziologischer Ebene der Netzwerkanalyse ist mit Blick auf die gesellschaftliche Struktur des Mittelalters als Personenverbandstaat evident hilfreich. Eine stratifikatorisch-ständisch geordnete Gesellschaft ist *sui generis* geprägt von einer Vielzahl unterschiedlicher, aber durchaus miteinander verknüpfter personaler wie gemeinschaftlicher Beziehungsrelationen und sowohl die Bindungen innerhalb einer Strate als auch die zwischen verschiedenen Straten lassen sich strukturell als Netz beschreiben.[801]

Auch der von Karl-Siegbert Rehberg vor allem im Anschluss an Arnold Gehlen, aber ebenso an die Ideen Gerhard Göhlers, nicht allein für die Soziologie erarbeitete Begriff der Institutionalität birgt in seinen Grundzügen ein interrelationales Verhältnis.[802] Rehberg definiert Institutionen, die er gerade nicht als festgefügte und formalisierte Organisationen, wohl aber als Repräsentationsrahmen jener symbolisch generierten Ordnungsmuster von Organisationen begreift, wie folgt:

> Institutionen [sind so verstanden] kulturelle Vermittlungsinstanzen zwischen Sozialstruktur und Sinnproduktion, zwischen kollektiven Ordnungen und den sie bedingenden Menschen, also wirklich der Ort von ‚Wechselwirkungen'; sie sind handlungsleitend und motivbildend.[803]

799 Fuhse: Systeme, Netzwerke, Identitäten.

800 Vgl. ebd., S. 5–13.

801 Ich verweise an dieser Stelle erneut auf Karl-Siegbert Rehberg, der innerhalb der theoretischen Diskussionen des Deutschen Historikertags 2008 (Dresden) auf die besondere Art der mittelalterlichen und frühneuzeitlichen Stratifizierung in Form von Ständen hinwies. Siehe dazu auch die publizierten Beiträge der von Barbara Stollberg-Rilinger geleiteten Sektion „Soziologische Ungleichheitstheorien und die ständische Gesellschaft der Frühen Neuzeit", dabei vor allem den Beitrag von Schlögl: Hierarchie und Funktion, S. 47–63.

802 Siehe dazu grundlegend Karl-Siegbert Rehberg: Eine Grundlagentheorie der Institutionen: Arnold Gehlen. Mit systematischen Schlußfolgerungen für eine kritische Institutionentheorie. In: Gerhard Göhler, Kurt Lenk und Rainer Schmalz-Bruns (Hrsg.): Die Rationalität politischer Institutionen. Interdisziplinäre Perspektiven. Wiesbaden 1990, S. 115–144.

803 Vgl. Rehberg: Die Öffentlichkeit der Institutionen, S. 183.

Man kann also immer dann von Institutionalität sprechen, wenn „Geltungsansprüche" oder „Ordnungsbehauptungen" innerhalb sozialer Gruppen auf der Basis symbolischer Repräsentationen eben nicht nur evoziert, sondern stetig aktualisiert werden.[804] „Das entscheidende Merkmal des Institutionellen ist die folgenreiche Transformation kontingenter Strukturierungen in notwendige Ordnungen."[805] Damit offenbart der Institutionalitätsbegriff nicht nur seinen Prozesscharakter, sondern auch seinen vornehmlichen Status als analytische Kategorie. Im Mittelpunkt derartiger Analysen stehen die Mechanismen der Ordnungs- und Geltungsbehauptung, wie auch die der Stabilisierung von gesellschaftlichen und kulturellen Organisationen samt deren historischen Entwicklungen und Transformationen.[806]

Gerade der hier zu Grunde gelegte Freundschaftsbegriff, verstanden als symbolisch generalisiertes Kommunikationsmedium, der innerhalb der Analyse nicht als ethisch hochstehender Wert verhandelt wird, dessen Pflege man häufig als moralische Pflicht propagiert, eröffnet eine gewinnbringende Zusammenschau der Kategorien Netzwerk und Institutionalität. Freundschaft – im systemtheoretischen Sinne – ist nämlich im Mittelalter ein funktionales Äquivalent neben familiären und vasallitischen, also von Reziprozität bestimmten Beziehungen. Sie bildet im Modus symbolischer Kommunikation sowohl einzelne Bindungen als auch Kanten eines sozialen Netzes aus.[807] Dabei ist sie die Basis entweder für die eigene Orientierung und Verortung innerhalb der jeweiligen sozialen Strukturen oder für die Stabilisierung eben jener sozialen Strukturen, vor allem innerhalb

804 Zur Repräsentation siehe die umfänglichen Überlegungen im Kontext der Symbolisierungsleistungen institutioneller Mechanismen bei Rehberg: Weltrepräsentanz und Verkörperung, hier vor allem S. 3–13 und 29–35; sowie Gumbrecht: Ten Brief Reflections on Institutions and Re/Presentations.

805 Vgl. Karl-Siegbert Rehberg: Institutionelle Ordnungen zwischen Ritual und Inszenierung. In: Christoph Wulf und Jörg Zirfas (Hrsg.): Die Kultur des Rituals. Inszenierungen, Praktiken, Symbole. München 2004, S. 247–265, hier S. 255.

806 Zu dieser zweifachen Fokussierung des Begriffs siehe Peter Strohschneider: Institutionalität. Zum Verhältnis von literarischer Kommunikation und sozialer Interaktion in mittelalterlicher Literatur. Eine Einleitung. In: ders., Beate Kellner, Ludger Lieb (Hrsg.): Literarische Kommunikation und soziale Interaktion: Studien zur Institutionalität mittelalterlicher Literatur. Frankfurt am Main 2001, S. 1–26, hier S. 3–9.

807 Damit erhält Freundschaft eben jenen bereits beschriebenen Status Gumbrechtscher „re-presentation", denn auf sie wird im Kommunikationsakt nicht nur verwiesen, vielmehr wird Freundschaft als Abwesendes erst auf diese Weise im kommunikativen Vollzug real präsent gemacht. Eine solche Form der symbolischen Repräsentation ist rituell, denn Rituale sind in Anlehnung an Gunter Gebauer und Christoph Wulf „symbolisch verdichtete, überdeterminierte soziale Handlungen", denen eine Vergegenwärtigung im Vollzug inhärent ist. Siehe dazu einerseits Gumbrecht: Ten Brief Reflections on Institutions and Re/Presentation, S. 70; andererseits zur Ritualauffassung Gebauer und Wulf: Spiel, Ritual, Geste, S. 134.

der höfisch-feudalen Gesellschaft. Deshalb übernimmt Freundschaft eine wesentliche Schnittstelle in der sich sukzessiv institutionalisierenden und in Teilen funktional ausdifferenzierenden, aber dennoch personal organisierten, mittelalterlichen Gesellschaft.[808] In diesem Kontext ist Freundschaft ein „institutioneller Mechanismus", der „der Herstellung, Stabilisierung und Wandlung von sozialen Ordnungszusammenhängen" dient.[809] Die gewählte Perspektive des sozialen Netzwerkes gestattet insofern, die immanenten Beziehungsrelationen der heiligen Ordensgründer in ihrer genuin losen und nur bedingt bindenden Form auf mehreren innergesellschaftlichen Ebenen zu beobachten, wobei dies natürlich im Hinblick auf die narrative Gestaltung der Texte nur punktuell möglich ist. Erst in der analytischen Zusammenschau eröffnet sich eine Netzstruktur, die Narrationen reflektieren diese freilich noch nicht selbst. Zugleich ermöglicht der dabei ebenfalls vorgenommene Fokus auf Institutionalität, innerhalb jener Relationen den einsetzenden Prozess einer Institutionalisierung respektive die Aushandlung institutionell gesicherter Ordnungsbehauptungen und Geltungsansprüche in den Blick zu nehmen. Insoweit stehen im Folgenden jene Beziehungen der Heiligen zu Vertretern bereits institutionell gesicherter Organisationen wie Bistümern, einzelnen Landesherrschaften, aber auch dem Königshof oder der Kurie im Mittelpunkt, die mitunter in den legendarischen Narrationen in ein soziales Netz des Ordensgründers und seiner Gemeinschaft verwoben werden. Dieses dient dann der institutionellen Sicherung und Stabilisierung im Sinne einer ordnungs- und geltungsstiftenden Eigengeschichte der Orden. Innerhalb solcher Erzählungen könnten alle Kanten und Bindungen des narrativ entworfenen sozialen Netzes einer Leitidee respektive einem sinnstiftenden Code unterworfen sein, der der Stabilisierung und Legitimierung der Ordensgemeinschaft wie auch der übrigen institutionellen Teilhaber des Netzes diente. Dies

808 Siehe dazu noch einmal die Ausführungen Tenbrucks, die sich zwar auf die Moderne beziehen, doch er bekennt ganz allgemein: „Hier [scil.: in einer Freundschaft, M. S.] gelingt in einer sozial heterogenen Welt die Stabilisierung des Daseins durch die Freundschaftsbeziehung. In der persönlichen Beziehung entgeht der Mensch der Desorganisation, mit welcher ihn die Heterogenität seiner sozialen Welt bedroht." Vgl. Tenbruck: Freundschaft, hier S. 236. Noch differenzierter Hahn: „Der strukturelle „Bedarf" an Freundschaften steigert sich massiv in den überlokal organisierten Hochkulturen, zumal in höfischen Gesellschaften, und zwar vor allem für die Oberschichten. Auch hier waren gewiss Familie und Verwandtschaft die primäre Solidaritätsbasis. Im Selbstbehauptungskampf an den Höfen spielt aber zusätzlich Freundschaft eine zentrale Rolle. Sie wird ein strategisches Mittel zum Statusgewinn und zur Statussicherung." Hahn: Zur Soziologie der Freundschaft, hier S. 623.

809 Vgl. Rehberg: Institutionelle Ordnungen zwischen Ritual und Ritualisierung, hier S. 255. Siehe außerdem zur Idee der Freundschaft als institutionellem Mechanismus Standke: Freundschaft als Problem von Heiligkeit, hier S. 338–346.

entspräche dann sogar Fuhses Konzept eines Netzwerkes als sozialem System, das unabhängig von den beteiligten Individuen bestünde.[810]

1. Innerweltliche Charismatiker und ihre Freundschaftsgaben

Erneut rekurriert die Analyse auf den Begriff des Charismas und er wird auch für die folgenden Kapitel zentral bleiben. Allerdings steht dabei nicht die emotionale Vergemeinschaftung eines Ordens auf Grund der heilscharismatischen Wirkung seines Gründers im Fokus und ebenso nicht die daraus resultierenden Probleme der Veralltäglichung von Charisma.[811] Vielmehr perspektivieren die sich anschließenden Unterkapitel sowie die Folgekapitel das innerweltliche Wirken der Heilscharismatiker und die in diesem Kontext auftretenden Probleme vor allem im Hinblick auf das kontrastive Verhältnis von Institution und Charisma.[812]

Während mit Blick auf die emotionale Vergemeinschaftung vorrangig die Abhängigkeit der Charismatiker von ihrer Anhängerschar, die zuallererst das Charisma und damit auch dessen Wirkung anerkennt, beobachtet wurde, sollen nun weitere Abhängigkeitsverhältnisse der Heilscharismatiker aufgezeigt und analysiert werden. Diesen wiederum reziprok vertrauten, vertrauenden bis vertraulichen Beziehungen zu Vertretern institutionell gesicherter Organisationen eignet ebenfalls eine Unterstützungsfunktion der Charismatiker. Gerade die personalen Bindungen zwischen den zukünftigen Heiligen und Repräsentanten einer Institution, die innerhalb der legendarischen Erzählungen mittels Freundschaftssemantiken und Narrativen generiert werden, ermöglichen beiden Partnern dieser Dyaden ihren jeweiligen Status zu wahren. Sowohl die Liminalität des Heiligen, als auch die in der Vertreterrolle verkörperte Institutionalität der institutionellen Repräsentanten, bleiben auf der Basis einer Freundschaftsrelation unangetastet. Zugleich profitieren beide Seiten von der Funktionalisierung der Beziehung. Einerseits gestattet die Freundschaft zum Charismatiker an seinem Heilscharisma zu partizipieren, ohne der emotionalen Vergemeinschaftung zu unterliegen und Teil der Anhängerschar zu werden. Andererseits bieten diese immanenten Freundschaften den heiligen Ordensgründerinnen und -gründern jene basalen Möglichkeiten für die Bewahrung und Bewährung ihres Charismas, deren Notwendigkeit bereits Max Weber

810 Siehe dazu nochmals Fuhse: Systeme, Netzwerke, Identitäten, S. 5–13.

811 Diese Zusammenhänge wurden vor allem mit Bezug auf die Überlegungen Max Webers in den vorherigen Kapiteln zur *(De-)Stabilisierung von Gemeinschaft* erörtert.

812 Zu dieser Problemstelle, die gerade in den Narrationen immer wieder bearbeitet wird siehe hier nur einleitend und dann in den Folgekapiteln ausführlicher Strohschneider: Religiöses Charisma, S. 571–588; sowie Felten: Zwischen Berufung und Charisma, S. 103–150.

formuliert.[813] Dank ihnen können die Gründerinnen und Gründer ihre Selbstexklusion gegenüber der mittelalterlichen Gesellschaft aufrecht halten, da sie ihnen zumeist die Infrastruktur für eine immanente Außerweltlichkeit zur Verfügung stellen. Im Gegenzug leisten auch die Gründerinnen und Gründer eine entsprechende, meist mit Wundern einhergehende Gegengabe. Diese Wunder- oder Gnadengaben ermöglichen auf Grund ihrer transzendenten Überhöhung, den Heiligen nicht nur eine Gegenleistung zu erbringen, sondern zugleich ihr Heilscharisma wirksam zu präsentieren und zu aktualisieren.

Dieses reziproke Wechselspiel eines scheinbar bloßen Gefälligkeitsaustausches zwischen den Heiligen und den Vertretern bestimmter Institutionen birgt Züge einer Ökonomie. Allerdings ist dieser einfache Tausch mit Marcel Mauss eher als „totale soziale Tatsache" zu begreifen, da sich in ihm soziale, magisch-religiöse und rechtliche Aspekte miteinander verknüpfen.[814] Grundlegend ist für Mauss' Betrachtungen der bereits im Kapitel über die *Figurationen der Verstetigung* erwähnte Gabenzyklus von Geben, Annehmen, Erwidern als kulturellem Verstetigungsmuster sozialer Beziehungsgeflechte wie der (Gottes-)Freundschaft.[815] Dabei kommt es eben nicht oder nicht allein auf die Beschaffenheit und den Wert einer Gabe an, sondern auf dass, ob, wie und inwiefern verpflichtend etwas gegeben wird.[816] Mauss' ethnologisch fundierte Gabentheorie hebt auf diese Weise einerseits die Performativität sowie daran geknüpft die Symbolizität der Gabenzirkulation hervor, andererseits betont er aber ebenso die dem Gabenzyklus inhärente Verbindlichkeit. Annehmen und Erwi-

813 „Erkennen sie ihn an, so ist er ihr Herr [und sie sind eine Gemeinschaft; M.S.], solange er sich durch „Bewährung" die Anerkennung zu erhalten weiß." Vgl. Weber: Wirtschaft und Gesellschaft, S. 655 (Hervorhebungen im Orig.).

814 Vgl. Mauss: Die Gabe, S. 20–26; sowie Iris Därmann: Theorie der Gabe. Zur Einführung. Hamburg 2013, S. 16–20; und mit Bezug auf die mittelalterliche Freundschaft wie sie auch im Folgenden dargelegt wird Münkler und Standke: Freundschaftszeichen, S. 23–30, hier bes. S. 23–24.

815 Siehe dazu nochmals das Kapitel *Figurationen der Verstetigung.*

816 Vgl. Mauss: Die Gabe, S. 36–39 und 91–94. In Anlehnung an Mauss weisen Ulf Christian Ewert und Jan Hirschbiegel auf die besondere Bedeutung der Annahme von Gaben im Mittelalter für die Evozierung von Beziehungen hin: „Wechselseitiges Schenken ist jedoch nur die eine Seite reziproker Schenkbeziehungen. Um von wirklichen Beziehungen sprechen zu können, müssen beide Seiten nicht allein in Antizipation eines Gegengeschenkes schenken, sondern auch das Geschenk der jeweiligen Gegenseite annehmen." Ulf Christian Ewert und Jan Hirschbiegel: Gabe und Gegengabe. Das Erscheinungsbild einer Sonderform höfischer Repräsentation am Beispiel des französisch/burgundischen Gabentausches zum neuen Jahr um 1400. In: VSWG 87,1 (2000), S. 5–37, S. 10; außerdem Ulf Christian Ewert: Sozialer Tausch bei Hofe. Eine Skizze des Erklärungspotentials der Neuen Institutionenökonomik. In: Reinhardt Butz, Jan Hirschbiegel und Dietmar Willoweit (Hrsg.): Hof und Theorie. Annäherungen an ein historisches Phänomen. Köln, Weimar und Berlin 2004, S. 77–90, S. 55–76.

dern bilden quasi das strukturelle Merkmal dieser kulturellen Kommunikationsform und beide bergen beziehungsweise führen zu Verpflichtungen und Verbindlichkeiten. Der Annahme eignet insoweit Verpflichtung, als die Ablehnung einer Gabe als persönlich und sozial kränkende Regelverletzung verstanden werden kann:[817] „Sich weigern, etwas anzunehmen, kommt einer Kriegserklärung gleich; es bedeutet, die Freundschaft und die Gemeinschaft verweigern."[818] Demgegenüber kann man die Verbindlichkeit und Verpflichtung des Erwiderns gerade auch als soziale Schuldigkeit verstehen. Der Annehmende wird zum ‚Schuldner' des Gebers und erst dessen Erwiderung stiftet die durch die erste Gabe gestörte Reziprozität zwischen beiden. Anders gesagt, die Restitution des eigenen Status und die Auflösung der im Gabentausch entstandenen Hierarchien motivieren den Zwang zur Gegengabe.[819] Darüber hinaus lassen sich noch zwei weitere Aspekte zur Verbindlichkeit der Erwiderung sagen. Erstens geht diese gerade bezogen auf die Gabe und deren soziokulturellen Bedingtheiten mit einer Verzögerung einher, die sie nicht allein vom Phänomen des Tauschs mit seiner zeitnahen Gegengabe unterscheidet.[820] Vielmehr ist es gerade jenes Verzögern, das eine von Dauer und Stabilität geprägte soziale Bindungserwartung evoziert. Erst im verzögerten Zyklus von Geben, Annehmen, Erwidern gelingt es der Gabe, Verbindlichkeit zwischen den Beteiligten zu stiften.[821] Zweitens – darauf macht vor allem Marcel Mauss aufmerksam – entsteht der Zwang zur Erwiderung nicht erst durch den aus der Annahme resultierenden Statusverlust. Es ist eben auch die Tatsache, dass der Gabe eine Magie zu eigen ist, die ihre bloße Dinghaftigkeit übersteigt und den Gebenden mit seiner Gabe verbindet. Mauss stützt sich dafür auf linguistische Beobachtungen seines Freundes Robert Hertz, die er in seinem Essay wiedergibt:

> Stellen Sie sich vor, sie besitzen einen bestimmten Gegenstand (*taonga*) und geben ihn mir; Sie geben ihn mir ohne festgesetzten Preis. Wir handeln nicht darum. Nun gebe ich diesen Gegenstand einem Dritten, der nach einer gewissen Zeit be-

---

817 Siehe dazu Mauss: Die Gabe, S. 13.

818 Ebd., S. 37.

819 Siehe dazu nochmals Münkler und Standke: Freundschaftszeichen, S. 25–26; dort auch der Verweis auf die Mauss' kritischen, aber auch ergänzenden Anmerkungen Claude Lévi-Strauss'. Lévi-Strauss hebt entgegen Mauss den Tauschvorgang gegenüber der Gabe hervor, um auf den Kommunikationsakt zu verweisen. Siehe dazu Claude Lévi-Strauss: Die elementaren Strukturen der Verwandtschaft. Frankfurt am Main 1991 [zuerst 1949], S. 107–120; dies bereits reflektierend Maurice Godelier: Das Rätsel der Gabe. Geld, Geschenke, heilige Objekte. München 1999, S. 28–46.

820 „Als verzögert läßt sich der Gabentausch insofern bezeichnen, als eine unmittelbare Ablösung der Schuld von Seiten des Nehmers eigentlich nicht erwartet wird, ja im Prinzip dieser Tauschform sogar entgegenläuft." Vgl. Karl-Heinz Kohl: Die Macht der Dinge. Geschichte und Theorie sakraler Objekte. München 2003, S. 133.

821 Siehe dazu erneut Münkler und Standke: Freundschaftszeichen, S. 25.

> schließt, irgendetwas als Zahlung dafür zu geben [...], er schenkt mir irgendetwas (*taonga*). Und dieses *taonga*, das er mir gibt, ist der Geist (*hau*) des *taonga*, das ich von Ihnen bekommen habe und das ich ihm gegeben habe. Die *taonga*, die ich für die anderen *taonga* (die von Ihnen kommen) erhalten habe, muß ich Ihnen zurückgeben. Es wäre nicht recht [...] von mir, diese *taonga* für mich zu behalten, ob sie nun begehrenswert [...] oder unangenehm [...] sind. Ich muß sie Ihnen geben, denn sie sind ein *hau* des *taonga*, das Sie mir gegeben haben. Wenn ich dieses zweite *taonga* für mich behalten würde, könnte mir Böses daraus entstehen, ganz bestimmt, sogar der Tod.[822]

Insoweit spricht Mauss der Gabe mit dem *hau* eine vom Gebenden übertragende „magisch[], religiöse[] und geistige[] Kraft" zu, die die Maori selbst *mana* nennen.[823] Diese Verknüpfung des Selbst mit der Gabe entspricht einer personalen Verdopplung und auf diese Weise kann „die Gabe[] persönliche Verhältnisse, Kommunikations- und Handlungsstrukturen [zwischen den Beteiligten; M.S.] materialisier[en]."[824] Gerade diese Strukturen firmieren zumeist unter dem Begriff der Freundschaft und der Gabe kommt insofern nicht nur die Stiftung von sozialer Verbindlichkeit und Verpflichtung zu, sondern auch von persönlichen bis institutionell gesicherten Nahbeziehungen.[825]

Dieses symbolisch generierte, soziale Potential der Gabe, das hier zunächst theoretisch umrissen wurde, steht im Folgenden im Fokus der Analysen von Brunos und Norberts legendarischen Erzählungen.[826] Dabei geht es vorrangig um den Gabentausch zwischen diesen Heiligen und jenen Vertretern institutioneller Organisationen, die, wie zuvor dargelegt, einen wesentlichen infrastrukturellen Beitrag für das Heilscharisma der Ordensgründer leisten.

1.1 Bruno zwischen Einöde, Hof und Kurie

Der Gründer der Kartäuser, Bruno von Köln, ist durchaus eine der einflussreichsten Personen seiner Zeit oder zumindest mit ebensolchen in freundschaftlichen Beziehungen verbunden, bedenkt man allein seine Beraterrolle an der Kurie Papst Urbans II.

822 Vgl. Mauss: Die Gabe, S. 32–33.

823 Ebd., S. 33.

824 Vgl. dazu die ausführlichen und nicht allein auf die frühe Neuzeit beschränkten Überlegungen von Marion Oswald: Gabe und Gewalt. Studien zur Logik und Poetik der Gabe in der frühhöfischen Erzählliteratur. Göttingen 2004, S. 27.

825 Siehe dazu noch einmal Münkler und Standke: Freundschaftszeichen, S. 26.

826 Es folgt insofern nicht oder nur zu einem geringen Teil den Überlegungen Margreths Egidi, die mit Hilfe der gabentheoretischen Ansätze Derridas eine poetologische Analyse des legendarischen Erzählens vornimmmt. Siehe zu ihrem Ansatz Egidi: Verborgene Heiligkeit, S. 611.

Als der paeß was gekoren satte sich dair na alle ding na vermoge walz o regeren ouch zo verbesseren des vort myt den eirsten syner hulpe dachte er an synen hochgeleirten meyster doctor bruno dat er ghenen wyser man van aller vur sichticheit gotliger wysheit moicht haven die em besser diente in behulp wislichen zo regen die hilge kristliche kirch Scriff (MBr, fol. 46r–46v)

Die Münsteraner Brunolegende behauptet zumindest, dass Papst Urban II. sich bereits kurz nach seiner Wahl zum Stellvertreter Christi an Bruno erinnert, dessen akademische Qualitäten ihn besonders für die zugedachte Beraterfunktion ausweisen. Dieser institutionell gesicherten Beziehung geht jedoch eine persönliche Nahbeziehung der beiden voraus, die wiederum unter den institutionell gesicherten Bedingungen einer Lehrer-Schüler-Beziehung in der Kathedralschule von Reims entstand (*der voirtzyden was eyn discipell gewesen brunonis* (MBr, fol. 46r))[827]. Doch neben dieser prominenten Freundschaft mit dem höchsten Vertreter der Institution Kirche, pflegt Bruno innerhalb seiner legendarischen Erzählungen auch weitere Freundschaftsverhältnisse, wie das zum Bischof Hugo von Grenoble oder das zum normannischen Grafen Roger I. von Sizilien, dem Bruder des Herzogs von Apulien und Kalabrien, Robert Guiskard. Innerhalb der legendarischen Erzählungen Brunos manifestieren sich diese Nahbeziehungen jeweils in einem wechselseitigen Gabentausch.

Bischof Hugo von Grenoble nimmt dabei eine eminente Rolle ein, deren Funktion nicht nur für den Bestand der Ordensgemeinschaft wichtig ist, sondern bereits in den legendarischen Erzählungen von Bruno losgelöst und an die Gemeinschaft des Heilscharismatikers übertragen wird. Es geht hierbei um die Gründung der großen Kartause, dem ersten und ältesten Kloster des Ordens. Wie bereits dargelegt suchen Bruno und seine sechs Gefährten nach den wunderträchtigen Ereignissen in Paris diesen Bischof auf, wobei die Entscheidung dafür je nach Legende entweder Bruno allein oder allen gemeinsam zukommt. Wesentlich scheint in diesem Zusammenhang vor allem folgender Umstand für den Aufbruch in Hugos Bistum zu sein:

Es ist im Burgunde zuo grationoppel ein seiliger böschoff der hett insinem bystuom vil wilder wuestungen zuo demselben söllent wir gän unser sachen anzevachen nach sinem heilgen und wisen rätt. (FBr, fol. 45r)[828]

---

827 Siehe dazu auch die Angaben in den lateinischen Viten: BrI, Cap. 14; sehr ausführlich BrII, Cap. 44; BrIII, Cap. 26.

828 Neben der Fassung im Cod. Y 80 (FBr) berichtet auch die der Berliner Handschrift (BBr, fol. 3r) davon, dass der Bischof neben den Wüstungen auch Rat und Hilfe bieten kann. Die Münsteraner Legende (MBr, fol. 34v) betont hingegen dessen Freigiebigkeit und geht nur auf die guten Bedingen der Buße in den Ländereien des Bistums ein: *Werdiger vader nyet ver van hýn ys die stat grationopel in wilcher regeret biscoff hugo den wyr dick gesien haint und ys eyn hillich man rechtverdich gotfortich ind yn allen duychden vullen komê* […] *der selve hilge buschoff da vermanit dick maill alle mîschen bye m komê zo penitenciê myt den wercken selves as myt den woirden Ind wan wir*

Hugo von Grenoble ist selbst ein Mann, der in der Vorstellung seiner Zeitgenossen und der intradiegetischen Figuren, an Heiligkeit partizipiert. Genau von einem solchen Mann erhoffen sich die Anhänger Brunos Hilfe. Die legendarischen Erzählungen heben in ihrer jeweiligen Darstellung zwei Aspekte hervor, nämlich erstens, dass man den Bischof in der Absicht einer ganz konkreten Gabe aufsucht und zweitens, dass dieser – sofern er dadurch religiöses Streben unterstützen kann – freigiebig solchen Bitten entspricht. Bruno und seine Gefährten kommen also als Bittsteller an den Hof des Bischofs, wo er *enpfieng sie frûntlichen und kust sie all samet* (BBr, fol. 3r)[829]. Diese freundliche Aufnahme evoziert ein vertrauliches und insoweit persönliches Nahverhältnis zu Hugo als Vertreter der Institution Kirche und seines Bistums.[830] Bruno und seine Gefährten stellen daher ihre Bitte, um einen entsprechenden Ort für die Gemeinschaft, gegenüber einem persönlichen Freund, der allerdings zugleich ein institutioneller Repräsentant ist. Hugo von Grenoble versteht sich als Helfer seiner gerade gewonnenen Freunde und entspricht ihrer Bitte ohne zu zögern: *Und sprach Sechent das ist uewer statt* (FBr, fol. 45v)[831]. Dabei gestaltet allein die Münsteraner Brunolegende diese freundschaftliche Gabe gemäß einer mittelalterlichen Schenkungsurkunde:[832]

> *So gheven ich uch ind uren nakomeren die vurgenante wustenye Carthuiß genant myt all yrer fryheit recht ind macht die ich da ýne hayn zo ewigê dagen Woirt alle die anderen die ýmch recht da ýne haym will ich dar zo vermogen uch ouch gutwillich oever zo geven myr gelich zo ewigê dagen Ouch will ich uch ind uren nakomen alle lieffte guntstz ind frûtschaff bewysen so lang ich leven Ind dair zo will ich up der bruggen tuschê den tzwen steyn rutzschen uch eyn huiß buwen up dat uch ýmcheit neit versturt werde Dar durch behyndert sal werden dat noch vrauwen noch*

des zo em komê sal sich genßlich verblyden wan er hont unse beger ind uns dair tzo hilffen vullêbrêgê Dair na sprack der piester hugo Ich hayn dick mail gehoirt van diesem heilgen buscoff in dem laude dat er ys eyn vullenkomê hillich man des wert er uns helffen alles guden unser begerten laist uns des na em reysen van stunt in vastem gelovê. In den lateinischen Erzählungen findet sich die lehnsrechtliche Kollokation *auxilium et consilium* nur ein einziges Mal; vgl. BrI, Cap. 9. Die BrII, Cap. 21 und BrIII, Cap. 12 bemühen sich die Dignität und Gottesfurcht des Bischofs zu betonen, der insofern über eine besondere Idoneität für die Protektion der jungen Ordensgemeinschaft verfügt.

829 Vgl. zur parallelen, aber durchaus variierenden Gestaltung gerade im Hinblick auf die Freundschaftsgeste des Kusses FBr, fol. 45r: *huob sy uff fruentlich*; MBr, fol. 36r: *do nam er sy frûtlichen up ind dede sy by sich sitzen*. Zu den lateinischen Texten siehe BrI, Cap. 11; BrII, Cap. 22–23; und BrIII, Cap. 13.

830 Zur Geste des Kusses und ihrer Symbolizität gerade in politischen Kontexten siehe Klaus van Eickels: Kuss und Kinngriff, S. 137–142; sowie mit einem stärkeren Fokus auf die semasiologischen Zusammenhänge Münkler und Standke: Freundschaftszeichen, S. 19–23.

831 Vgl. dazu MBr, fol. 38r; sowie BBr, fol. 3r. Zu den lateinischen Texten siehe BrI, Cap. 12–13; BrII, Cap. 24; und BrIII, Cap. 14.

832 Die übrigen volkssprachlichen Legenden kennen diese Form nicht. Die lateinischen Viten BrII (Cap. 31) und BrIII (Cap. 16) beschreiben zumindest auch den Ort näher, gestalten dies aber nicht in der diplomatischen Form der Münsteraner Fassung.

> *menne die wapen off harneß dragen by uch mogen komen overlast zo doyn Ouch wilich verbeden dat nyemât in uren gude ind begriff sall iagen myt honden noch myt voegelen noch vischen noch weyden eynige beesten noch da mit durch ure begriff dryven.* (MBr, fol. 38r–38v)

Dezidiert nennt der Text, einer Schenkungsurkunde gleich, alle Gaben, die veräußert werden sollen und an wen sowie zu welchem Zweck und für welchen Zeitraum dies geschieht. Außerdem begründet der Schenkende sogar bestimmte Zusätze, um auf deren etwaige Funktion für den Beschenkten hinzuweisen. Diese diplomatische Form, die vor allem auch auf eine Perpetuierung und Loslösung von persönlichen Nahbeziehungen setzt, wie sie in den Freundschaftsgesten zwischen Hugo und Bruno samt seinen Gefährten zu Tage treten, entspricht einer ersten Institutionalisierung der Gemeinschaft. Hugos Schenkung gilt nämlich nicht nur den Anwesenden, sondern all ihren Nachfolgern, also der sich noch konstituierenden Ordensgemeinschaft.[833] Der Erzähler evoziert auf diese Weise eine zukünftige Freundschaft zwischen dem Orden und dem Bistum auf der Basis eines institutionellen Netzwerkes, das eben nicht mehr auf die individuelle und persönliche Bindung zwischen bestimmten Personen angewiesen ist. Die Gabe des Bischofs, deren Umfang sich gerade in der diplomatischen Präsentation zeigt, erhält indes keine oder nur bedingt eine Erwiderung innerhalb der Erzählungen. Bruno kommt seiner Pflicht zur Gegengabe, die seine – in Anbetracht der bischöflichen Gabe – immense soziale Schuld gegenüber dem Freund und Vertreter einer Institution lösen würde, nicht nach. Die lateinischen Narrationen wie auch ihre volkssprachlichen Transformationen können allerdings diesen Bruch des theoretisch dargelegten Gabenzyklus bearbeiten. Dafür reicht aber nicht allein der topische Verweis auf die außerordentliche Mildtätigkeit des Bischofs Hugo von Grenoble. Diese wird zwar von allen Erzählern gerade im Hinblick auf die Stilisierung Hugos als ebenfalls Heiligem vorgenommen. Auf die erzeugte Spannung innerhalb der Erzählungen wirkt ein anderer Aspekt lösend. Die Narrationen präsentieren in ihrer Darstellung bereits die bloße Anwesenheit Brunos, als Heiligem in Hugos Bistum, als (Gnaden-)Gabe, denn dieser Umstand ermöglicht eine Heilsteilhabe vermittelt durch den Heilscharismatiker. Noch bevor Bruno und seine Gefährten am Hof des Bischofs eintreffen, um ihre Bitte zu äußern, partizipiert Hugo bereits erstmalig an Brunos ausstrahlender Heiligkeit. Alle Erzähler berichten ausführlich von einer vorauseilenden und das Eintreffen Brunos kündenden Vision des Bischofs.

833 Gerade in diesem Umstand einer „Vererbung“ der Freundschaftsgabe mag man jenen von Althoff beschriebenen Vertragscharakter einer klientelistischen *amicitia* oder *vriuntschaft* erkennen. Siehe dazu Althoff: Verwandte, Freunde und Getreue, S. 86–87.

als sy kament in die statt grationoppel do fugt es sich das der byschoff in siner kamer entschlieff und geducht im in dem schläffe wie dis siben sternen fuer sin fuoß nider vielent und wider uff stuondent und ueber die hochen berg giengent bis an ein wilde statt Die verr von den lüten was Und als er erwachet und von den sternen lag zegedencken Do kam meister Bruno mit sinen gesellen und als die siben fir im fuoß vielent do gedächt er in simê hertzen von den siben sternen und huob sy uff fruentlich Und di er sach darumb sy da wärent eigenlich erfuor und verstuond Do sprach er zuo inen ich weiß ein statt die uech vô gott bereit ist und fuort sy mit groser arbeit an die statt da die sternen nider vielent. (FBr, fol. 45r–45v)[834]

Die Vision des Bischofs prophezeit diesem nicht allein die Ankunft einer auserwählten Schar, die sich in seinem Bistum an einer unwirtlichen Statt niederlassen möchte, sie zeigt diesem vor allem auch den genauen Ort. Hugo weiß dies in der sich anschließenden Konfrontation mit Bruno und den sechs anderen zu deuten und erkennt in der Vision nicht nur eine exklusive Heilsteilhabe, sondern eine göttliche Gnadengabe, die ihn zugleich mit einer wichtigen Funktion für den Orden versieht. Der Bischof stilisiert sich in seiner Auslegung der Vision selbst nur zu einem Medium, das die Botschaft einer Gottesgabe übermittelt und allenfalls weitere Hilfe zusichert. Seine großzügige Gabe wird insoweit an Gott rückgebunden und er selbst wird zum Schuldner, der seinem Zwang zur Gegengabe in der urkundlichen Übertragung nachkommt. Bruno erfährt als Heiliger stellvertretend für Gott die Erwiderung Hugos. Der Ordensgründer und seine Gefährten profitieren auf diese Weise vom Gabenzyklus, ohne sich selbst seiner inhärenten Logik und Abhängigkeiten zu unterwerfen.

Auch Brunos zweite Gründung einer Gemeinschaft in Kalabrien unterliegt einem Gabentausch,[835] der eine persönliche und vertrauliche Nahbeziehung materialisiert sowie eine weitere Bindung innerhalb des institutionellen Freundschaftsnetzwerkes abbildet. Diese Bindung besteht zwischen dem Ordensgründer und dem Grafen Roger I. von Sizilien. Entgegen dem Gabentausch mit Bischof Hugo, dient jener Tausch nicht der existenziellen Sicherung etwaiger Grundbedürfnisse der zweiten Gemeinschaft, wie sie die Erzählungen für Chartreuse schildern. Von den Begebenheiten berichtet im Corpus der volkssprachlichen Brunolegenden allein die Münsteraner Legende, die auf die auf eine lateinische Mischvita der *Vita secunda* und *Vita tertia* zurückgeht.[836] Sie berichtet, dass der *greve selffß da iagen mÿt vil geselschaff ind hunden da sy wonten in der wilden wustenye [qwam]* (MBr, fol. 49r–49v) und sogleich dessen *hillicheit ind strengheit des levendes* (MBr, fol. 49v) erkennt. Die Gemeinschaft um Bruno verfügt also

834 Vgl. dazu ebenso sehr ausführlich MBr, fol. 36r–36v und 38r–38v; sowie BBr, fol. 3r. Für die lateinischen Texte vgl. BrI, Cap. 11; BrII, Cap. 21; BrIII, Cap. 13.

835 Zum historischen Schenkungsakt Rogers I. und der Gründung in Kalabrien siehe Peters-Custot: Bruno en Calabre, hier S. 30–37.

836 Vgl. BrII, Cap. 53 und BrIII, Cap. 38.

bereits über eine Grundsicherung, die den Bedürfnissen ihres eremitisch-asketischen Lebens entspricht und die sie nach Aussage Brunos hätten, *so em got dat in gaff* (MBr, fol. 49v). So erhält, wie zuvor der Bischof von Grenoble, auch in diesem Kontext der Graf Roger zuerst eine Gabe. Neben der göttlichen Gnade, die der Graf in dem Umstand erkennt, dass der heilige Bruno sich mit seinen Gefährten gerade in seinem Herrschaftsraum von der Welt zurückzieht, erhält er auch persönliche Gaben. So weiß der Erzähler davon zu berichten, dass Roger selbst durch den Kontakt mit Bruno *vil dorch verbessert wart* (MBr, fol. 49v), aber auch personal als institutioneller Vertreter seiner Herrschaft, denn *er bevoil sich dan ouch stetlich in ir ýnich gebeth da er groiß getruw zo hedde vor sich ind ouch syn lant zo guden friden* (MBr, fol. 49v).[837] Um von der bedeutendsten Gabe Brunos zu berichten, die den Grafen zu einer Gegengabe zwingt (*wulde in groiß gaite da viur geven mânigerleye mer* (MBr, fol. 50v)), fügt der Erzähler zur Steigerung der Authentizität einen Brief Rogers ein (*als dieß nabescriven brieff des grevê klairlichen uyswiseth* (MBr, fol. 49v–50r))[838], wodurch es auch zu einem Erzählerwechsel kommt. Roger als Figur der legendarischen Erzählung Brunos berichtet als intradiegetisch-homodiegetischer Erzähler in einer Metadiegese, seinem Brief, von einer ihn und den Frieden seiner Herrschaft bewahrenden Vision. Während der Belagerung der Stadt Capua plant der von Roger eingesetzte Stadtkapitän einen heimlichen Verrat, doch der Graf berichtet:

> *aß ich do slaiffen ginck qwam mich voir in dem ersten slaiffe eyn gesicht als mir offenbair duchte eyner gestaltnisse wys gelich off idr were mý werdige vader sent bruno als ich meinde der schruede ind weinde bitterlichen aß ich en fragde wair umb er schride antworde zom ersten neit schride doch me ich vragede noch eyns war umb er so yemerlichen schride sprach ich beschryen die edelen sielen der kristene mýschen ind dich myt wo er neit gerisch zon handen komê wert alle doit geslagen* (MBr, fol. 50r)[839]

Im Schlaf begegnet der Fürst einer Visionsgestalt, die der Graf als Bruno identifiziert. Der Heilige erscheint, ob seines Wissens über den Verrat, bereits stark emotional bewegt und die affektiven Handlungen des Weinens und Schreiens, die in der Metadiegese Rogers als Trigemination zu einer dramatischen Steigerung führen, motivieren den Grafen, den Grund dafür zu erfragen. Die Gestalt berichtet daraufhin vom Verrat und dem bevorstehenden Anschlag. So gewarnt trifft der Graf Vorkehrungen und kann den Verrat von sich und der Stadt abwenden. Rogers Dankbarkeit für diese Rettung, die er als Gabe Brunos versteht, kennt keine Grenzen,

837 Vgl. BrII Cap. 54 und BrIII, Cap. 39.

838 Zum Vergleich siehe die *Vita secunda*: *princeps in suis patentibus literis per haec verba testatur* (BrII, Cap., 55). Die lateinische Vita weist ebenso den Erzählerwechsel auf, den auch die *Vita tertia* (Cap. 40–42) kennt, allerdings setzt diese unvermittelt mit dem Brief ein *Ego Rogerius* [...].

839 Vgl. dazu auch BrII, Cap. 56 und BrIII, Cap. 40–42.

doch *sent bruno* [...] *versmeit alle die werlt* (MBr, fol. 50v). Er bestreitet sogar, dass er die Vision hervorgebracht hätte und behauptet viel eher *dat wer gewesen der hilge engel in sodaner gestatnisse in tzo wrnê* (MBr, fol. 50v).[840] Die Reaktion Brunos eignet in ihrer narrativen Wiedergabe, nun wieder vom extradiegetisch-heterodiegetischen Erzähler, par excellence die Bescheidenheitstopik eines Heiligen. Sie ist aber ebenso Ausdruck seiner Weltflucht, insofern ihn eine potentielle Gabe in ein Abhängigkeitsverhältnis mit Roger setzen würde. Bruno bestreitet also für die Vision verantwortlich zu sein, um nicht einem Gabenzyklus mit dem Grafen zu unterliegen, der ihn immanent binden würde. In der Darstellung dieser Szene gibt es zudem eine deutliche Transformation zwischen den lateinischen Viten und der volkssprachlichen Legende. Während in den Viten der Graf als intradiegetisch-homodiegetischer Erzähler auch über diesen Disput von Gabe und Gegengabe sowie den sich anschließenden Tausch berichtet, wechselt die Erzählinstanz in der Münsteraner Handschrift bereits nach der Offenbarung der Vision. Dadurch kann die volkssprachliche Erzählung den tatsächlich stattfindenden Gabentausch sowohl auf der Ebene der *histoire* als auch auf der des *discours* losgelöst von den beteiligten Personen gestalten. Nicht mehr Roger berichtet, wie er persönlich Bruno eine Gegengabe überreicht ([*d*]*onavi enim eidem patri Brunoni* (BrII, Cap. 58)). Viel eher gestaltet der Erzähler diese Gegengabe als Schenkung des institutionellen Vertreters eines Herrschaftsraumes an einen Ordensgründer als institutionellem Vertreter seines Ordens.

> *do er tzitliche gave alle versmeit gaeff em der greve vor sich syne myt broderen ind nakomlingen des orden zo ewigen tziden sent Jacobz cloister myt dem sloiß myt villen anderê guderen ind vryheiden da zo* (MBr, fol. 50v)

Deutlich zeigen sich in dieser nur kurz wiedergegebenen Schenkung parallele Formulierungen zur Gabe Hugos von Grenoble, die die Gründung der ersten Kartause ermöglichte. Klar formuliert der Schenker seine Gabe, den Adressaten und den Zweck der Schenkung. Die Gegengabe des Grafen bindet somit Bruno und dessen Orden institutionell an den Hof Rogers. Das soziale Netzwerk des Ordens umfasst somit nicht nur eine institutionelle Freundschaftsbindung zum Bistum Grenoble und der Kurie, sondern auch zum Herrscherhaus Süditaliens.

Bruno selbst ist auch nach seinem Tod in dem sozialen Netz präsent bzw. profitiert das Netzwerk weiterhin von ihm.[841] Hervorzuheben wäre

840 Vgl. BrII, Cap. 57 und BrIII, Cap. 43.

841 Sita Steckel verortet Bruno ebenfall innerhalb eines Netzwerkes, allerdings weniger als Ordensgründerfigur, vielmehr als Gelehrten. Sie zeigt dafür wie wirkmächtig Brunos Schriften respektive die ihm zugeordneten innerhalb theologischer Diskurse blieben. Siehe dazu Sita Steckel: Kulturen des Lehrens im Früh- und Hochmittelalter. Autorität, Wissenskonzepte und Netzwerke von Gelehrten. Köln 2010, S. 931–932. Außerdem Sita Steckel:

etwa seine Kanonisation 1514. Dass diese späte Erinnerung an einen eremitischen und vor allem stark asketischen Ordensgründer, der innerhalb seines Ordens durchaus bereits eine *memoria* erfuhr,[842] im zeitlichen Umfeld der bevorstehenden Reformation eher funktional war, ist vor allem in der Münsteraner Handschrift (1522/23) offensichtlich. Neben dem innerhalb der legendarischen Erzählung immer wieder betonten Regelverfall des Ordens präsentiert bereits der Prolog, inwieweit der Heilige weiterhin in dem sozialen Netzwerk eingebunden ist:

> *Dar na do maximilianus durchluchtige hertzich van oesterich ind burgûdien dar sceptrû des Roymschen Rychs regerte Ind pais Leo der ziêde die kristliche kirch do hait der selve pais leo den carthuserê gegevê widder umb dat cloister dat sent Bruno der anbegýner des carthuser ordês fundert hatt in calabria gelegen da he begravê was ind by na vierhondert iair verborgen ind versuegen was Want dat selve cloister yn fremde hant komê was ind hait der pais leo dem genantê carthuseren orloff gegeve den vurgenantê brunonê yren anhever ind funderer zo fasten ind zo fyren ind syn fest herlichen ind hoichzydligen zo halden ind van ým mysse all getzyde ind predicaet zo halden ind zo doyn als he dat wail verdient hait gode zo loiff ym zo eren der gantzer werlt zo selicheit ind dem carthuser orden zo groisser freuden* (MBr, fol. 29v)

Nach mehr als vierhundert Jahren, politisch eingeordnet in die Regierungszeit Kaiser Maximilians und das Pontifikat Leos X., erinnert man sich dezidiert an den Gründer der Kartäuser, den man, so der Erzähler, nun kanonisieren möchte. Es bedarf nämlich der päpstlichen Kanonisation, nicht nur um die Heiligkeit festzustellen, sondern auch um dem Heiligen einen festen Feiertag in der Jahresliturgie und damit einen Tag des Gedenkens zuzusprechen. Deutlich wird dabei das Wirken des Papstes und der Nachfolger Brunos benannt, den Kartäusern. Bruno hat in diesem sozialen Netz der Münsteraner Handschrift nur noch einen reliquienhaften Status, den es zu bewahren und institutionell zu sichern gilt. Diese proleptische Schilderung innerhalb des Prologs findet ihre narrative Umsetzung innerhalb der volkssprachlichen Legenden nur in der Münsteraner Übertragung. Die Erzählung entwirft ein soziales Netzwerk, in dem vor-

---

Doctor doctorum. Changing Concepts of 'Teaching' in the Mortuary Roll of Bruno the Carthusian (d. 1101).' In: Hartmut Beyer, Sita Steckel und Gabriela Signori (Hrsg.): Bruno the Carthusian († 1101) and his Mortuary Roll. Studies, text and translations. Turnhout 2014, S. 83–116. Der Aufastz entstammt einem Sammelband, der zudem weitere Forschungen zu Brunos *memoria* im Kontext seines Totenrotulus enthält.

842 Zum Brunokult im Orden siehe einleitend Posada: Der heilige Bruno, S. 262–264. Vgl. auch die in BrII, Cap. 59 zuerst genannte und in MBr, fol. 51v–52r sogar volkssprachlich wiedergegebene Grabinschrift: *Na an sym grave uyss dem latyn na unsê diuschs wart gescreven alsus Dyß wustenye hain ich gebuwt Cristus schaiff die he myr hait betrwit Mit lere ind exempel hain ich geweyt Dat ich sy brecht vam ewigen leyt Doctor bruno was ich van allen genant In francrich ind ytalien vil wail bekannt Collen up dem ryn hait mich gebiert Crystus loff ind dienst hain ich vermeirt Im seste dach des wyn maynß syn ich verscheiden Sprecht all bruno dyn sele moiß got im kleyden imr frouden ind gloriê der ewigê selicheit Da du beschauvest de hoich vulde drivaldicheit.* Speziell zur Grabinschrift siehe Peters-Custot: Bruno en Calabre, S. 239–246.

rangig eine Bindung für den Orden prägend ist, nämlich die zu den institutionellen Vertretern der Kurie. Die eingangs geschilderte persönliche Freundschaft Brunos mit Papst Urban II. wird in eine kontinuierliche Freundschaft des Ordens mit den Urban II. nachfolgenden Päpsten gewandelt. Ein umfangreicher Katalog,[843] der vor allem die Namen von Päpsten aneinanderreiht, zeugt von dieser Verstetigung. Zugleich offenbart diese formelle Präsentation der Päpste, dass die Nahbeziehung zwischen ihnen und dem Orden nicht mehr persönlich, wohl aber personal institutionell ist. Die somit weiterhin enge Bindung innerhalb des narrativ entworfenen, sozialen Netzwerkes erlaubt dem Erzähler den konsequenten Schluss über den Kartäuserorden als Institution: *darumb kann nemant der warheit sayen der orde sy vast wal afirmeret ind aproberet van vil hilgen paisten ind ys ouch sunderaes van gode bovê alle orden hoist ind mest uysvorkoren* (MBr, fol. 45r). Die Gemeinschaft des Heiligen Bruno ist dank ihres Gründers und institutionellen Netzwerkes selbst Teil eines institutionellen Netzwerkes geworden. Zumindest in der narrativen Entfaltung einiger lateinischer wie volkssprachlicher Ordensgründerlegenden Brunos.

1.2 Norbert als Friedensstifter und Brautwerber

Ein abgeschiedener Platz für die Gründung einer Gemeinschaft ist auch für Norbert von Xanten die wohl wichtigste Gabe, die in seinen Legenden präsentiert wird. In beiden lateinischen Norbertviten und in der altenglischen Verslegende berichten die Erzähler dafür von einem Gabentausch zwischen Norbert und dem Bischof Bartholomäus von Laon. Allerdings sucht Norbert den Bischof von Laon nicht explizit wegen der abgelegenen Ländereien auf. Im Gegenteil Norbert möchte viel lieber als Wanderprediger in Laon nur Station machen, wie er es selbst dem anwesenden Papst Calixtus II. mitteilt *ad praedicandum verbum Dei destinatus sum* (NoB, Cap. 9; vgl. NoVL, V. 682). Papst Calixtus II. möchte ihn indes mit dem Bischof Bartholomäus zusammen in Laon halten und lässt ihn von den Kanonikern von St. Martin zum Abt wählen. Als die Kanoniker ihren neuen Abt

843 *Des ys der hilge carthuser orde boven alle ander orden van menîgen paisten approbert ind confirmert bestediget ind bevestiget Des haynt groiß heren prelaten ind doctoren ouch ynser unses orden laßen buwen vil ind genoich Dat it so der warheit is vurder kann men bewysen dorch dyse hilge nabescriben payste als urban der drudde Innocencius der III Honorius der III Honoria der IIII Allexander der IIII Clemens der IIII Innocêcia der IIII Gregoria der IX Clemens der V Gregoria der X Nicolas der IIII Johânes der XXI Johânes der XXII Clemens der VI Innocêcia der VI Urbaen der V Gregoria der XI Clemens der VII Benedicta der XIII Bonifacia der IX Urbana der VI Martina der V Eugenia der IIII Nicolas der V Pius der II Sixta der IIII Innocencia der VIII Allexander der VI Julius der II Leo der X Dyss haint alle den orden confirmeret ind ouch myt groissen privilegien begaifft ind myt vuder scrvêge ind siegelen vil cardinalen ind buschoffen ind ander groiser.* (MBr, fol. 45r).

dann das erste Mal sehen und von seiner asketischen Lebensweise erfahren, die er als Regel auch auf ihren Stift übertragen möchte, widerrufen sie die Wahl voller Entsetzen:[844]

> *[I]lli statim ad verbum et aspectum illius perterriti dixerunt: ‚Nolumus hunc super nos, quia talem magistrum nostra non novit nec nostrorum praedecessorum consuetudo.* […] *Liceat nos vivere sic; castigare Deus vult; non mortificare.*' (NoA/NoB, Cap. 9)[845]

Das Auftreten und die Aussagen des neu gewählten Abtes rufen Zweifel an seiner Lebensweise und Angst vor dem Verlust der eigenen hervor. Für die Chorherren scheint Norberts Anliegen nicht konform mit den gewohnten und in ihrer Aussage an Gott rückgebundenen Lebenspraktiken zu sein. Erst nach diesen Ereignissen setzt der eigentliche Gabenzyklus zwischen dem Heiligen und dem Bischof Bartholomäus ein. Norbert erhält als Gast des Bischofs von Laon (*hospitis sui/his gest*) zunächst einige Zuwendungen, um ihm Linderung von seinen physischen Strapazen der Kasteiung zu verschaffen (*frigore et ieiunio nitebatur reficere*), die die Kanoniker so entsetzt hatten. Die Gegengabe Norberts ist hingegen spiritueller Natur: Er labt den Bischof mit Hilfe seiner Predigten (*refisiebatur spiritali et melliflua verbi Dei relatione*).[846] Durch diese Gabe, die gleichzeitig eine Steigerung innerhalb des Gabenzyklus darstellt, ist nun erneut der Bischof gezwungen, Norbert eine höherwertige Gegenleistung darzureichen.[847] Die öde Landschaft von Prémontré ermöglicht Bartholomäus eine angemessene Vergeltung,[848] denn an diesem Ort wird Norbert den Grundstein für seinen Orden legen (*elegit locum valde desertum et solitarium, qui ab incolis antiquitus Praemonstratum vocabatur. In quo, si quando daret ei Deus socios colligere, se mansurum spospondit.* (NoA, Cap. 9)).[849] Der Heilige sichert durch diese

844 Siehe dazu auch noch einmal ausführlicher die bereits im Kapitel über die mehrfache Gemeinschaftsgründung angestellten Überlegungen *Bruno und Norbert: mehrfach.*

845 Die altenglische Verslegende gibt den Ausspruch der Kanoniker von St. Martin nur indirekt wieder, vgl. NoVL, V. 729–735.

846 In der volkssprachlichen Verslegende wird der Aspekt der Gegengabe noch deutlicher: *This same Norbert made retribucyoun / With noble chaunge in counfort gostely, / For many a holy word & swete consolacyoun* (NoVL, V. 744–746).

847 Mauss spricht in diesem Zusammenhang von einem „Zwangsumlauf von Reichtümern, Tributen und Gaben", der durch die „gleich- oder höherwertige" Gegengabe entsteht. Vgl. Mauss: Die Gabe, S. 34–35.

848 Das Engagement des Bischofs, um das Gelingen der Gabe herbeizuführen, wird vor allem in der Chronik Hermanns *Von den Wundern der heiligen Maria von Laon* betont. Hier nutzt der Erzähler das Mittel der Trigemination, um die Steigerung und damit den Wert der Gabe zu verdeutlichen. Vgl. dazu Gustav Hertel: Leben des heiligen Norbert Erzbischofs von Magdeburg. Leipzig 1881, S. 104–105.

849 Die *Vita B* verzeichnet für diesen Textabschnitt nur unwesentliche syntaktische Inversionen oder vereinzelte phraseologische Abwandlungen, die allerdings nur einer Profilierung der bereits vorhandenen Semantik dienen; vgl. NoB, Cap. 7. Gleiches gilt auch für NoVL, V. 757–774.

persönliche Nahbeziehung zu einer institutionell abgesicherten Person, Bischof Bartholomäus von Laon, die Basis seiner bisher nicht institutionell rückgebundenen Gemeinschaft. Die Freundschaft gestattet Norbert, eine erste Anbindung seines späteren Ordens an die Institution Kirche, ohne sich selbst in institutionelle Verhältnisse zurückzuführen. Gerade diese Dialektik und Vermittlerposition der Freundschaft kann allerdings ferner von Nutzen für eine Institution sein, wenn sie eine aus ihrer Sicht institutionell unzureichend rückgebundene Person, wie Norbert, dennoch einbinden möchte oder sich veranlasst sieht, dies zu tun.[850] Folgt man den Formulierungen des Erzählers, dann drängt Papst Calixtus II. den Bischof Bartholomäus geradezu in eine solche persönliche Nahbeziehung mit Norbert, um diesen institutionell zu überwachen. Damit ist auch der zuvor besprochene reziproke Gabentausch zwischen den Freunden Norbert und Bartholomäus, der Prémontré erst ermöglicht, bereits institutionell legitimiert. Die göttliche (transzendente) Legitimation für eben jenen Gründungsort der Gemeinschaft Norberts hinkt an dieser Stelle hinterher. Erst im Zuge der baulichen Erweiterungen der Klosteranlage kann der Erzähler von einem den gewählten Ort bestätigenden Wunder berichten.

> *Nam ibidem, ubi praesens sita est ecclesia, Dominus noster Jesus Christus sicut in cruce visus est, super quem septem solis radii mirabilis claritatis fulgebant; et a quatuor partibus, sicut in quatuor, introitus loci illius esse dignoscitur in modum crucis, multitudo magna peregrinorum*

850 Diese Phänomene beziehungsweise Funktionalisierungen sind Gegenstand der nachfolgenden Kapitel, ich verweise daher nur im Ansatz auf die auch in den Legenden Norberts vorhandenen Passagen. So berichten die Viten Norberts von einer solchen Zuhilfenahme der Freundschaft durch eine Institution. Nach dem Tod von Papst Gelasius II. (1119) ist es Norberts sehnlichstes Anliegen, seine liminale Lebensweise durch den neuen Papst Calixtus II. wiederum bestätigt zu wissen. Dieser kommt der Bitte Norberts nach, doch beauftragt er zugleich seinen Verwandten, den schon genannten Bischof Bartholomäus von Laon, ein freundschaftliches Verhältnis mit Norbert zu pflegen, um diesen insgeheim zu beaufsichtigen und damit institutionell einzubinden. Die in den Viten angedeutete Verwandtschaft bezieht sich meines Erachtens nicht auf das persönliche Verhältnis von Norbert und Bartholomäus, sondern auf Bartholomäus und Calixtus. Dafür sprechen die genealogischen Linien von Bartholomäus und Calixtus II., beide sind burgundischer Herkunft, wie die tatsächlich schwer zu beziehende Phrase *erat enim ipse ex progenie matris suae, die in beiden Viten vorkommt, offeriert. Audiens autem Norbertus apostolicae sedis dignitatem innovatam esse, ad idem concilium autumpnali tempore nudis pedibus accessit* [...]*de statu suo cum domno papa conferens litteras auctoritatis apostolicae, quas a praedecessore suo Gelasio acceperat, sicut iam dictum est, ab eo renovari postulavit et renovates accepit. Praecepit itaque domnus papa Laudunensi episcopo Bartholomaeo, ut curam eius susciperet. Erat enim ipse* [scil.: Calixtus, M.S.] *ex progenie matris suae* [s.c. Bartholomäus; M.S.] *habens quosdam in episcopate et in eadem civitate propinquos, quorum viscera pietatis affect super eo mota sunt, et eorum instinctu submonitus erat episcopus, humanitatis ei manum licet invite ad aliquod tempus ministrare.* (NoA, Cap. 9 vgl. auch NoB, Cap. 7). In der Verslegende fällt die Szene sehr knapp aus und der Erzähler merkt nur an: *The same Bartholome had kynrod, as I wene, / In that same cyte & in the cuntre aboute* (NoVL, V. 698–699).

> *cum peris et baculis properabat, et flexis genibus adorato suo Redemptore, et pedibus eius dato osculo, quasi per licentiam recessuri revertebantur.* (NoB, Cap. 10)[851]

Die Erscheinung des leuchtenden Kreuzes mit dem gemarterten Christus dient als genaue und göttlich legitimiert Ortsangabe für den Bau der Klosterkirche in Prémontré. Es ist wohl auch bezeichnend, dass sich dieses *re-entry* als göttliche Gabe nicht an Norbert selbst vollzieht, sondern dass sich die wunderbare Erscheinung lediglich einem namentlich nicht genannten Jünger offenbart.[852] Die Gnadengabe bescheinigt insoweit dem Orden sowohl als Gemeinschaft als auch als Institution, trotz seiner Situierung in einem sozialen Netzwerk mit immanenten Institutionen weiterhin an der Heiligkeit zu partizipieren. Zugleich fällt die endgültige Legitimierung des Ordens Gott selbst zu. Die in den lateinischen Norbertviten wiedergegebene Gnadengabe bildet also nicht nur die Nähe Gottes zur Gemeinschaft Norberts ab, sondern stellt diese in ihrem Ursprung narrativ unverfügbar.

In dem Freundschaftsverhältnis zwischen Bartholomäus und Norbert wird offenbar, dass die Gabe und ihr Tausch im Mauss'schen Sinne nicht nur auf Gegenstände zu beziehen sind, sondern dass sie als *totale soziale Tatsache* viel eher als ein wechselseitiges Leistungssystem fungieren.

> Zum anderen ist das, was ausgetauscht wird, nicht ausschließlich Güter und Reichtümer, bewegliche und unbewegliche Habe, wirtschaftlich nützliche Dinge. Es sind vor allem Höflichkeiten, Festessen, Rituale, Militärdienste, Frauen, Kinder, Tänze, Feste, Märkte, bei denen der Handel nur ein Moment und der Umlauf der Reichtümer nur eine Seite eines weit allgemeineren und weit beständigeren Vertrags ist.[853]

Dieses System ritueller oder weiter gefasst performativer Handlungen schließt ebenso eine Predigt oder spirituelle Unterweisungen als Gegengabe ein respektive sind die sogenannten Freundschaftsdienste als reziproke Leistung(en) zu verstehen. Einer der bekanntesten Freundschaftsdienste, der innerhalb des (höfisch) literarischen Diskurses eine umfangreiche Bearbeitung erlebt, ist der des Helfers bei einer Brautwerbung.[854] In den Viten und der Verslegende kommt eine solche, teils heikle Mission auch

851 Vgl. NoA, Cap. 12. In der Verslegende fehlt dieses Mirakel.

852 Die sich im Wunder äußernde Gnadengabe bestätigt zugleich die weiterhin existente Heilsteilhabe des institutionell gesicherten Ordens, dessen endgültige Legitimation in dieser Erzählung Gott zufällt.

853 In der Ausweitung des Gabenbegriffs liegt Mauss' Neuerung; vgl. Mauss: Die Gabe, S. 22.

854 Zur Struktur dieses Erzählschemas siehe aus mediävistischer Sicht grundlegend Christian Schmid-Cadalbert: Der Ortnit AW als Brautwerbungsdichtung. Ein Beitrag zum Verständnis mittelhochdeutscher Schemaliteratur. Bern 1985, S. 83–100. Im Hinblick auf dessen Einsatz innerhalb legendarischer Erzählungen siehe Strohschneider: Religiöses Charisma, hier vor allem S. 578–580. Außerdem mit Bezug auf Strohschneider, aber einem deutlichen Fokus auf die als narratives Basiskonzept behauptete *imitatio Christi*, Hammer: Erzählen vom Heiligen, hier S. 375–379.

Norbert zu. Kein geringerer als Theobald le Grande, Graf der Champagne, einer der bedeutendsten französischen Fürsten jener Zeit, bittet Norbert um diesen Dienst.[855] Es ist vor allem die institutionelle Ungebundenheit (Liminalität) Norberts, die ihn für einen solchen diplomatischen Auftrag mit der gebotenen Neutralität auszeichnet. Deutlich ist das Gelingen der Mission innerhalb der Narration an die Person Norberts geknüpft. Zwar ist den Werbungshelfern des äußerst tugendhaften Grafen zunächst ein schneller Erfolg vergönnt, doch nach der Weiterreise Norberts verzögert sich die Zuführung der Braut. Erst seine erneute Anwesenheit kann alle Zweifel über eine mögliche Täuschung seitens einer der Parteien beseitigen und das Politikum dieser Ehe zu einem glücklichen Abschluss bringen. Auf diese Weise erhält Norbert für seinen nicht unwesentlichen, freundschaftlichen Dienst eine beträchtliche Geldmenge als Gegengabe, die er für die Armenfürsorge in Prémontré (die Viten nennen rund 600 Personen) bestimmt.

> *Reverso postmodum in Franciam patre Norberto, adiit eum princeps quidam nobilissimus Franciae, comes videlicet Theobaldus, de salute sua consilium quaesiturus* [...], *sed consilium dedit, ut incepto opera bono persisteret et contracto matrimonio procrearet heredem* [...]. *Cuius itineris socii facti sunt legati comitis ipsius, qui cum eo Ratisponam usque pervenerunt. Frater episcope civitatis eiusdem erat Engelbertus marchio multae nobilitatis et potentiae, cuius filiam nubile domino suo Theobaldo in coniugio dandam postulaverunt et obtinuerunt, et prospera nunciaturi ad dominum suum reversi sunt.* [...] *Iam tunc tempus advenerat, quo die determinato et loco statuto comes Theobaldus* [...] *sponsae suae et patri eius parentumque multitudini cum amicis suis, invitato etiam patre Norberto, occurrere deberet. Sed sponsa iam aegritudine detenta, ei non occurit causamque suspicionis praestitit, ne forte poenitudinis alicuius vel deceptionis malum huic negotio intervenisset. Unde rogatus est pater Norbertus, coepto itinere progredi et diligenter investigare dilationis huius occasionem. Acquievit homo precibus deprecantium* [...]. *Valefaciens autem fratribus suis Praemonstratensibus, aliquantulum pecuniae quam acceperat transmisit* [...]. (NoA, Cap. 15 und 17)[856]

Dieses Exempel eines Freundschaftsdienstes, die Brautwerbung, zeigt nicht nur die mediale, sondern auch die konstitutive Funktion der institutionell nicht rückgebundenen, persönlichen Beziehung einer Freundschaft für Institutionen innerhalb eines sozialen Netzwerkes mit festen und losen Bindungen. Die normativ beschränkten Parteien, die familiär wie vasallitisch bereits stark in die jeweilige Sozialstruktur eingebunden sind, wählen

---

855 Dass diese Passage natürlich auch ein Gegenexempel für die vorangehenden Ausführungen über den Grafen Friedrich von Westfalen darstellt, macht bereits der kommentierende Erzähler deutlich: *In hoc autem consilio vir Dei multa usus est discretione, quippe qui memoratum principem Westfaliae, raptorem alienorum, propriis renunciare voluit, hunc autem Franciae comitem, qui de facultatibus suis egenos sustentabat, tamquam nichil habentem cunta possidere persuasit.* Hier NoA, Cap. 15; vgl auch NoB, Cap. 12. Etwas kürzer auch NoVL, V. 2780–2786.

856 Vgl. NoB, Cap. 12 und 14. Die Verslegende (NoVL, V. 2787–2835) weicht lediglich in der Angabe der Geldsumme ab, der Erzähler spricht von *Eyte mark of syluyr* (NoVL, V. 2830).

den Umweg über einen Freund (Norbert), um eine neue wechselseitige Beziehung und damit Bindung innerhalb eines sozialen Netzes zu stiften, nämlich die Ehe zwischen Theobald und Mathilde. Dieser zunächst kommunikative Prozess zwischen zwei Institutionen mit Hilfe eines Freundes wandelt sich also sukzessive in einen konstitutiven Vorgang, an dessen Ende die Institution Ehe als feste Bindung steht. Dementsprechend kann Freundschaft, wie sie hier verstanden wird, durchaus ein Medium oder sogar ein Generator von Institutionen sein und in ihr offenbart sich die Möglichkeit sowie Flexibilität zur Ausbildung neuer Bindungen in einem sozialen Netzwerk.

Norbert selbst kommt in diesem Netzwerk eine wichtige Funktion zu, die eng an jene institutionelle Ungebundenheit gekoppelt ist und die in diesem Netz als weiterer Freundschaftsdienst verstanden werden kann. Seine liminale Stellung gewährt ihm nämlich im Kontext machtpolitischer Auseinandersetzungen die erforderliche Neutralität für diplomatische Friedensvermittlungen. In Anlehnung an Christus, dem predigenden Friedensfürst, stilisieren die legendarischen Erzählungen auch Norbert zu einem stets um Eintracht bemühten Prediger.[857]

> *Cumque post celebrationem missae, sicut consueverat, de pace et Concordia sermocinaretur, quosdam discordantes a veteris odii litibus coepit humili exhortatione revocare. Unus autem ex ipsis, multis precibus rogatus cum paci acquiescere nollet, foras exiliit et equo sedens fugam inire temptabat, sed equus licet calcaribus urgeretur fortiter, de loco moveri non poterat. Unde concurrente turba, quibusdam admirantibus, quibusdam subsannantibus, quibusdam vero flentibus, ille confuses ad ecclesiam rediit et prostratus veniamque petens, sicut prius ab eo postulatum fuerat, conditioni pacis gratanter annuit.* (NoA, Cap. 8)[858]

Norberts Predigt und Bitte um Frieden werden begleitet von der wundersamen Erscheinung des störrischen Pferdes, dass den eigentlich Unwilligen zur Zusicherung der Friedensverhandlungen zwingt. Das Misslingen seiner Flucht geht einerseits mit einem öffentlichen Verlachen und dem damit verbundenen Statusverlust seiner Person einher und andererseits legitimiert das Wunder Norberts Ansinnen. Die Begebenheit entbehrt nicht gänzlich einer gewissen Komik, doch in ihrem Kern verweist sie klar auf einen Umstand, den Gerd Althoff in seinen Arbeiten immer wieder betont hat.[859] Der Predigt über den Frieden und die Eintracht, die

857 Zugespitzt sind es vor allem die Kapitel 7–8 der NoA und das Kapitel 6 der NoB (die dortige Überschirft der Editoren lautet: *Discordia sublata et pax firmata*). Derartige paratextuell gestützte Zuspitzung kennt die altenglische Verslegende nicht.

858 Vgl. für die *Vita B*, die den Flüchtenden als *miles* näher beschreibt NoB, Cap. 6. Die Verslegende bleibt wie die *Vita A* vage, vgl. NoVL, V. 624–659.

859 Althoff hat mehrfach darlegen können, dass gerade die mittelalterliche Konfliktbewältigung nicht allein durch den Vollzug öffentlicher Rituale vonstattenging, sondern dass diesen, dezidierte Aushandlungen auch im Hinblick auf den performativen Vollzug vorausgingen. Siehe dazu grundlegend Althoff: Colloquium familiare, S. 145–167.

Norbert hier im öffentlichen Raum und im Beisein der Kontrahenten hält, gehen explizit Verhandlungen voraus, die die genannten *conditioni pacis* begründen. Die lateinischen Norbertviten verknüpfen dabei die Aushandlungen mit Freundschaftssemantiken und der Logik des Gabentauschs.[860] So berichten die Vitenerzähler über Norberts Bemühungen bei einer weiteren Konfliktbewältigung folgendes:

> *Quo advocato amplexus eum vir Dei ait: „Dilecte mi, ego peregrinus et iam hinc transiturus munus a te peto, ut peremptoribus fratris tui veniam tribuas, a Deo mercedem accepturus." Ille statim lacrimis perfusus* [...], *sed etiam obsequium viro Dei praestitit, oportunitatem ei ostendens, quomodo alia odia reconciliarentur et cuncta ex integro pacificarentur.* (NoB, Cap. 7/NoA, Cap. 8)

Sowohl Norberts Geste (*amplexus eum*) als auch seine Anrede (*dilecte mi*) entstammen dem semantischen Code der Intimität und sie dienen der Stiftung einer reziproken Vertraulichkeit zwischen ihm und einem der Kontrahenten. Auf der Basis dieser gerade erst performativ evozierten Nahbeziehung, denn Norbert ist sich seines Status als bis dato unvertrauter (*peregrinus*) bewusst, fordert er eine Gabe für die Friedensstiftung ein (*munus a te peto*). Norberts Auftritt wird indes als Gnadengabe affektiv (*lacrimis perfusus*) vom Gegenüber wahrgenommen, der sich sofort zur hier lehnsrechtlich konnotierten Gegengabe (*obsequium*) verpflichtet sieht. Wie wichtig der Status als *peregrinus* – also eben noch nicht in einer persönlichen und auch nicht institutionellen Beziehung zu einer der Parteien stehend – für den Friedensvermittler ist, zeigt sich innerhalb der legendarischen Erzählungen unmittelbar nach Norberts Wahl zum Erzbischof von Magdeburg. Dieses institutionelle Amt bindet ihn immanent und führt dazu, dass er einerseits seine in der Liminalität begründete Neutralität einbüßt und andererseits selbst in Konflikte geratend, eines neutralen Friedensstifters bedarf. Solange Norbert jedoch noch selbst als Konfliktlöser wie in den eben aufgezeigten Szenen fungiert, knüpft er dank seiner Freundschaftsdienste immer auch Bindungen innerhalb eines sich ständig erweiternden sozialen Netzwerkes. Die persönlichen Beziehungen des Ordensgründers zu Vertretern institutioneller Organisationen, sei es das Bistum Laon oder Cambrai, sei es die Grafschaft der Champagne oder wie auch bei Bruno die Nähe zur Kurie, sie alle dienen in der narrativen Vermittlung der Unterstützung und auch der Legitimierung des jeweiligen Heilscharismatikers. Sie präsentieren Norbert dafür einerseits als herausragenden Vermittler, dem es allein möglich ist, die Probleme und Konflikte zwischen Institutionen respektive ihren Repräsentanten zu lösen. Andererseits resultiert aus dem ihm vergönnten Erfolg die Akzeptanz seiner dafür notwendigen, besonderen liminalen Stellung. Diese Anerkennung

860 Die Szene fehlt in der altenglischen Verslegende.

und Akzeptanz offenbaren sich in den persönlichen Nahbeziehungen zum Heiligen, die ihn zwar in einem sozialen Netzwerk zwischen Institutionen verorten, ihn aber nicht institutionell binden.

2. Einhegung und Einbindung des Charismas

Das Verhältnis von Charisma und Institution ist komplex. Es reicht von einer wechselseitigen Angewiesenheit aufeinander bis zu einer diametralen Ausschließung der jeweils anderen Kategorie. Erschienen die Zusammenhänge zwischen Institution und Charisma im vorherigen Kapitel eher ‚vorteilhaft' und produktiv, dann verweisen die nachfolgenden Beobachtungen auf das konfliktuöse Verhältnis der beiden Kategorien. Dafür wird zunächst das Blickfeld verengt, so dass nur noch eine bestimmte Institution einem bestimmten Charisma gegenübergestellt ist, die Kirche dem Heilscharisma. Zugleich gilt es, die analytische Perspektive theoretisch noch genauer zu fundieren und die angesprochene Problematik im Kontext des legendarischen Erzählens herauszustellen. Inwieweit nehmen die Legenden Bezug auf das problematische Verhältnis und können sie es im narrativen Modus bearbeiten? Welche Möglichkeiten eröffnen dabei die beschriebenen Funktionen eines institutionellen Freundschaftsnetzwerkes gerade auf Figurenebene? Vermitteln die Legenden ihre Figuren als zwischen Institution und Charisma geteilt, wie es Gert Melville für die institutionsgeschichtlichen Prozesse beschrieben hat?[861] Beobachtet werden dafür zum einen homosoziale Verhältnisse zwischen Heilscharismatikern und institutionellen Vertretern und zum anderen heterosoziale Verhältnisse zwischen Heilscharismatikerinnen und institutionellen Repräsentanten.

Ordensgründerinnen und -gründer stellen als Heilscharismatiker ein Problem dar für Institutionen, die ebenfalls am Heil respektive der Heiligkeit partizipieren. Vor allem die Institution Kirche gerät mitunter in eine prekäre Lage, da sie nicht nur eine bloße Teilhabe an der Heiligkeit behauptet, sondern einen exklusiven Hoheitanspruch, der ihre wesentliche Funktion als alleinige Heilsfürsorgerin legitimiert.[862] Insofern stehen die Kirche und die Heiligen oder allgemeiner die Institution und das Heilscharisma in einem konträren Verhältnis. Diese Spannung zeigt sich in den Auseinandersetzungen zwischen einer traditionalen oder rational legitimierten Heilsinstitution und dem situativ auftretenden Heilscharismatiker. Narrativ entfaltet wird es in einem „Negationsverhältnis von etablierter

861 Siehe dazu den, die nachfolgenden Überlegungen immer wieder anregenden, Aufsatz von Melville: Der geteilte Franziskus, S. 347–363.

862 *Extra ecclesiam nulla salus*, so bereits der *Cyprianische Grundsatz* des dritten Jahrhunderts, der im Spätmittelalter zu einem allgemeinen Dogma erhoben wurde.

Ordnung und charismatischem Durchbruch".[863] Anders gesagt, das legendarische Erzählen vom sukzessiven Heiligwerden der Ordensgründerinnen und -gründer steht den kirchlich immanenten Verwaltungsansprüchen über das Heil entgegen: „Dieses Erzählen kann, um den Preis der semiotischen Vermitteltheit freilich, die konflikthaften Spannungen von Institutionellem und Charismatischem sogar in besonderer, dramatischer Zuspitzung zeigen."[864] Peter Strohschneider charakterisiert diese legendarische Peripetie zwar als dramatisch, doch dies meint keinesfalls ein Scheitern der semiotischen Vermittlung. Im Gegenteil scheinen, gerade die in den Ordensgründerlegenden verwendeten Freundschaftssemantiken sowie –narrative ein Auserzählen der Spannungen zu ermöglichen, ebenso wie ein Nebeneinander der unterschiedlichen Geltungsansprüche innerhalb eines narrativ entworfenen Netzwerkes.[865]

Grundsätzlich hat die Institution Kirche ein immenses Interesse an der Heiligkeit und vor allem an der Einhegung immer wieder aufscheinender Heilscharismatiker. Dies obwohl ihr als „hierokratischer Anstaltsbetrieb" – im Weberschen Sinne – ein durchaus bürokratischer Aufbau zueigen ist.[866] Dieser fußt allerdings weiterhin auf einem Charisma, jedoch nicht mehr dem personal gebundenen, reinen Charisma, sondern dem versachlichten Amtscharisma.[867] Weber merkt zu diesem Prozess der Veralltäglichung des Charismas an: „Der Legitimitätsglaube gilt dann nicht mehr der Person, sondern den erworbenen Qualitäten und der Wirksamkeit der hierurgischen Akte."[868] Die Institution Kirche trägt also mit ihrem Verwaltungsapparat und ihren Regularien dafür Sorge, dass ihr ursprüngliches Heilscharisma in den (liturgischen) Handlungen der von ihr eingesetzten Vertreter (Diakone, Priester etc.) weiterhin wirksam ist. Selbst die Einsetzung dieser Repräsentanten wird von ihr nicht nur streng überwacht, sondern stellt bereits selbst einen hierurgischen Akt dar, der die sogenannte Priesterweihe (und ähnliche Vorgänge) als Amtssukzession legitim unverfügbar stellt.[869] Die Ablösung vom genuinen Charisma, das eine religiöse Anhängerschaft hervorruft, hin zum Amtscharisma, das eine

863 Siehe dazu bereits einleitend Strohschneider: Religiöses Charisma, S. 571.

864 Vgl. ebd., S. 573.

865 Ein Umstand, den Strohschneider keinesfalls verneint, jedoch für die Analyse in getrennten Aufsätzen behandelt. Siehe dazu für die Legitimierung des Heilscharismatikers Strohschneider: Textheiligung; und für die Auseinandersetzung mit der Institution Kirche nochmals Strohschneider: Religiöses Charisma.

866 Vgl. Weber: Wirtschaft und Gesellschaft, S. 51 (§17).

867 Vgl. ebd., S. 187.

868 Vgl. ebd., S. 187.

869 Im Sinne Luhmanns handelt es sich dabei um eine autopoietische Operation, die das System erhält und perpetuiert, da sie die Differenzmarkierung religiöser Kommunikation wiederholt und das sogar zum Zweck einer weiteren sinnstiftenden Differenzierung. Siehe dazu Luhmann: Die Religion der Gesellschaft, S. 196 und 226–228.

gläubige Gemeinschaft kontrolliert und zusammenhält, geht mit einer Institutionalisierung der Gemeinschaft einher.[870] Das Auftreten eines Heilscharismatikers wird von einer hierokratischen Institution wie der Kirche als genuiner Störfaktor empfunden. Einerseits entzieht er sich nämlich der durch die Kirche geregelten Heilssukzession. Andererseits setzt er der Institution eine eigene, emotional und nicht bürokratisch vergemeinschaftete Anhängerschaft entgegen.[871] Beides birgt jene „große revolutionäre Macht" die Weber dem Charisma zuspricht und die somit die Legitimität einer Ordnung in Frage stellt und überdies die Stabilität einer darauf gegründeten Gemeinschaft bedroht.[872] Dem gegenüber steht der Bedarf einer hierokratischen Institution, die sie legitimierenden, hierurgischen Akte und das daran geknüpfte Amtcharisma stetig zu aktualisieren, vor allem weil die Institution einen Alleinanspruch auf das Heilscharisma erhebt. Zwei sich wechselseitig bedingende Gründe sind dafür zu nennen: Erstens birgt das genuine Heilscharisma gegenüber dem Amtscharisma in seinem transzendenten Ursprung ein weitaus höheres Maß an gemeinsinnstiftender Wirkmacht und birgt insofern die Möglichkeit Geltungsansprüche der Institution zu potenzieren. Zweitens entlastet die – wenn auch geregelte – Wiederaufnahme des kontingenten Heilscharismas in die institutionellen Abläufe die Gemeinschaft, im Hinblick auf ihr Verlangen nach erfahrbarer Transzendenz, die gerade hinter den abstrakten, bürokratischen Formen einer Hierokratie verschwindet. Insoweit ist die Insitution Kirche daran interessiert, Heilscharismatiker legitim einzubinden, um den eigenen Hoheitsanspruch über die Heilsfürsorge zu behalten und gleichzeitig am Potenzial des Heilscharismatikers zu profitie-

870 Weber hält dazu vor allem auch mit Blick auf die von ihm gesondert betrachtete Ökonomisierung charismatisch gegründeter Gemeinschaften/Herrschaften fest: „Ein treibendes Motiv für die Veralltäglichung des Charismas ist natürlich in allen Fällen das Streben nach Sicherung und das heißt: Legitimierung der sozialen Herrenpositionen und ökonomischen Chancen für die Gefolgschaft und Anhängerschaft des Herren. Ein weiteres aber die objektive Notwendigkeit der Anpassung der Ordnungen und des Verwaltungsstabes an die normalen Alltagserfordernisse und -bedingungen einer Verwaltung. Dahin gehören insbesondere Anhaltspunkte für eine Verwaltungs- und Rechtssprechungs-Tradition, wie sie der normale Verwaltungsstab ebenso wie die Beherrschten benötigt. Ferner irgendwelche Ordnung der Stellungen für die Mitglieder der Verwaltungsstäbe. Endlich und vor allem — wovon später gesondert zu sprechen ist — die Anpassungen der Verwaltungsstäbe und aller Verwaltungsmaßregeln an die ö k o n o m i s c h e n Alltagsbedingungen: Deckung der Kosten durch Beute, Kontributionen, Schenkungen, Gastlichkeit, wie im aktuellen Stadium des kriegerischen und prophetischen Charisma, sind keine möglichen Grundlagen einer Alltags-Dauerverwaltung." Weber: Wirtschaft und Gesellschaft, S. 190 (Hervorhebungen im Orig.).

871 Zu diesen Zusammenhängen der charismatischen Herrschaft siehe erneut Weber: Wirtschaft und Gesellschaft, S. 183–185.

872 Siehe Weber in seinem Resümee zur charismatischen Herrschaft, Weber: Wirtschaft und Gesellschaft, S. 185.

ren, ohne dieses Potenzial durch die damit verknüpften Normierungen zu gefährden.

Im Prinzip erfolgt eine Einhegung der Heilscharismatiker grundsätzlich, denn die Anerkennung der Heiligkeit ist mit der Etablierung eines institutionellen Prozesses, der Kanonisation, an die Kirche bzw. die Kurie rückgebunden.[873] Allerdings gilt für die hier beobachteten Ordensgründerheiligen und ihre Legenden, dass sie in der Phase dieser Prozessetablierung wirkten. Zudem ist ihr Wirken legendarisch bereits in der Zeit der Prozesse festgehalten worden, entspricht also nur teilweise den institutionellen Bedürfnissen. Blickt man auf die hier beobachteten Ordensgründer und Ordensgründerinnen, dann zeigt sich zunächst ein sehr heterogenes Bild. Robert von Molesme wurde 1028 geboren und starb 1111, seine Kanonisation erfolgte 1222. Bruno von Köln lebte und wirkte zwischen 1030 und 1101 seine Kanonisation erfolgte 1514. Norbert von Xanten ist von 1080 bis 1134 urkundlich verbirgt und seine Heiligsprechung war 1582 für den Orden respektive 1621 für die gesamte Kirche. Dominikus lebte von 1170 bis 1221 und wurde 1234 heiliggesprochen. Franziskus wirkte zwischen 1181 und 1226, seine Kanonisation erfolgte 1228. Klara von Assisi lebte von 1193 bis 1253 und ihre Heiligsprechung war im Jahr 1255. Birgitta von Schweden schließlich wirkte von 1303 bis 1373 und sie wurde 1391 kanonisiert. Die Einhegung der Heilscharismatiker und Heilscharismatikerinnen mittels der kurialen Kanonisation liegt zwar für alle vor, doch der Zeitraum zwischen ihrem Tod und der Heiligsprechung variiert erheblich. Im hier evidentesten Fall, Nobert von Xanten – zwischen seinem Tod und der Kanonisation liegen immerhin 448 Jahre – wurden die legendarisch erzählenden Viten bereits zu Lebzeiten seines Gefährten Hugo von Fosses verfasst.[874] Neben diesen etwa in der Mitte des 13. Jahrhunderts entstehenden lateinischen Texten konzipiert John Capgrave seine volkssprachliche Verslegende etwa 1440 und damit ebenfalls gut 100 Jahre vor der Kanonisation.[875] Dass das Moment der kurialen Einhegung durch den institutionellen Kanonisationsprozess tatsächlich

873 Die vermutlich erste und in ihrer Wirkmacht für die Eigengeschichte des kurialen Vorrechts einer Kanonisation nicht zu unterschätzende päpstliche Heiligsprechung ist die des heiligen Bischofs Ulrich von Augsburg am 3. Februar 993 durch Papst Johannes XV. Siehe zur wissenschaftlichen Diskussion darüber Bernhard Schimmelpfennig: Afra und Ulrich, hier S. 414–422. Zum Prozess der Institutionalisierung siehe aus kirchenrechtlicher Perspektive Markhoff: Das Selig- und Heiligsprechungsverfahren nach katholischem Recht, hier S. 30–32; historisch hingegen Wetzstein: Heilige vor Gericht; sowie sehr ausführlich Kraft: Papsturkunde und Heiligsprechung, hier speziell S. 102–105 und 416–421. Daneben verweise ich auf das vorherige Kapitel zum legendarischen Erzählen.

874 Eine ausführliche Diskussion der Abfassungszeiten der Viten bietet Grauwen: Norbert, Erzbischof von Magdeburg, S. 23–24.

875 Zu dieser Einschätzung Gribbin: The Premonstratensian Order, S. 248–250.

eine gesamtkirchliche Bedeutung gewann, lässt sich ebenfalls exemplarisch an an den narrativen Texten, die von Norberts Leben und Wirken berichten, zeigen. Volkssprachliche Legenden, die erst nach Norberts Kanonisation verfasst wurden, erwähnen nämlich,

> [*w*]*eil der heilige Vatter Norbert in seinen Lebs-Zeiten den recht erwaehlten Roemischen Pabsten Innocentium, diß Namens den andern / so eiverig verfochten* [...] *so hat ihn / gleichsamb zur Danckbarkeit / Innocentius der III. Ao. 1215 in die Zahl der Heiligen Gottes einverleibt* [...] *dieweil aber eben dieses damals durch die Christenheit nit publiciert worden / so hat endlich Anno 1582. der gantze heilige Orden / bey Gregorio den XIII. nicht allein die gewoenliche Canonization Heiligsprechung / sondern auch noch darzu so viel erhalten / daß des heiligen Norberts Fest den sechsten Junii offentlich / und mit vollkommenen Ablaß hat doerffen gehalten werden* [...].[876]

Diese Vordatierung der Kanonisation und das angebliche Vergessen der früheren, sind Ausweis, dass der institutionelle Mechanismus im 17. Jahrhundert tatsächlich eine hohe Relevanz besitzt, die auch narrativ umgesetzt werden kann. Im ausgehenden 17. Jahrhundert ist es sowohl für die Nachfolger des Heilscharismatikers als auch für die Institution Kirche von Interesse, dass eine anerkannte Heiligkeit bei diesem Gründer vorliegt. Blickt man allerdings auf die übrigen Gründer des 12. Jahrhunderts, dann scheint die institutionelle Anerkennung durch die Kanonisation überhaupt nur bedingt eine Rolle zu spielen. Erst die Gründerinnen und Gründer des 13. Jahrhunderts werden deutlich eher heiliggesprochen und dabei sind Franziskus und Klara eher herausragende Einzelfälle, als der Normalfall. Im Gegenteil, ihre Kanonisationen fallen gerade in die Zeit der Prozessetablierung. Insofern scheint mir die häufige Frage, etwa der historiographischen Forschung, warum Dominikus im Vergleich zu Franziskus so spät heiliggesprochen wurde, falsch gestellt.[877] Auffällig ist viel eher die mehr als zeitnahe Kanonisation des Franziskus‘ sowie Klaras. Dieses Vorgehen wäre insofern im Vergleich zu weiteren Heiligsprechungsverfahren zu hinterfragen.

Insoweit also der Kanonisationsprozess als institutioneller Mechanismus der Einhegung der Charismatikerinnen und Charismatiker in der Entstehungszeit der legendarischen Erzählungen noch nicht in Gänze abgeschlossen ist und den Verfassern unmittelbar zur Verfügung steht,[878]

876 Vgl. dazu das 39. Kapitel der Norbertlegende aus dem Prämonstratenserkloster Schlögel von Benedikt Fischer: Das Leben und der Todt Des heiligen Vatters Norbert Des heiligen Praemonstratenser Ordens-Stiffter, hier S. 219–220.

877 Eine der diskussionsreichsten Gegenüberstellungen liefert in seiner Freiburger Antrittsvorlesung Elm: Franziskus und Dominikus, hier S. 136–140.

878 Damit möchte ich keineswegs dem Kanonisationsprozess seine basale Funktion für die institutionell gesicherte Anerkennung von Heiligkeit absprechen. Durchaus partizipieren bereits einige der hier analysierten Legenden an diesem Verfahren und nennen es sogar auf der Ebene des *discours* bzw. arbeiten sie den Kanonisationsprozess als Teil der *histoire* mit

bedarf es weiterer Mittel, um die prekäre Situation zwischen kurialem Hoheitsanspruch auf die alleinige Heilsfürsorge und den situativ auftretenden Heiligen zu entspannen. Damit fällt einmal mehr der Blick auf die legendarischen Erzählungen, die als potentieller Raum einer zumindest narrativen Einhegung in Frage kommen. Dies vor allem auch, weil die legendarischen Texte durchaus vor oder im Umfeld des offiziellen Prozesses entstanden und somit Auskunft über einen präinstitutionell gesicherten und zumindest regional anerkannten Heiligenkult liefern. Das heißt, in ihrem Erzählvorgang sind die Legenden Ausweis einer Einhegung des Charismas. In ihnen werden immer wieder nicht institutionell abgesicherte Bindungen zwischen den Heiligen und der Kirche entworfen, die zusammen ein Freundschaftsnetzwerk ergeben und damit das Heilscharisma der Gründerinnen und Gründer immanent einfangen. Gerade die personalen Bindungen zwischen den zukünftigen Heiligen und den Repräsentanten einer Institution, die innerhalb der legendarischen Erzählungen mittels Freundschaftssemantiken und Narrativen generiert werden, ermöglichen beiden Partnern dieser Dyaden ihren jeweiligen Status zu wahren. Sowohl die Liminalität des Heiligen, als auch die in der Vertreterrolle verkörperte Institutionalität der institutionellen Repräsentanten bleiben auf der Basis einer Freundschaftsrelation unangetastet. Zugleich profitieren beide Seiten von der Funktionalisierung der Beziehung. Die Institution Kirche kann sich in der Freundschaft als alleiniger, immanenter Heilsverwalter darstellen, der die Heiligkeit der Heilscharismatiker institutionell sichert und bestätigt. Anders gesagt, in den legendarischen Erzählungen gibt es keinen Heiligen, der nicht in einem relationalen Freundschaftsnetz mit der Institution Kirche und ihren Vertretern eingebunden ist. Die, die es nicht sind, werden institutionell zu Häretikern und nicht zu Heiligen erklärt. Ihnen werden keine legendarischen Texte zuteil, denn sie sind die Feinde der Kirche, die eine andere Freundschaft pflegen, die *amicitia diaboli*.[879]

2.1 Homosoziale Einhegung: Franziskus und Dominikus

Die folgenden Beobachtungen der Franziskus- und Dominikuslegenden fokussieren die umrissene Problematik von Charisma und Institution. Es geht also um die narrativen Verfahren, die innerhalb der legendarischen Erzählungen einerseits das Heilscharisma der Gründer legitimieren und

ein, da sich die Erzähler als agierende Figuren in der Diegese, um ein solches Verfahren bemühen (etwa in Jordans von Sachsen Dominikuslegende JDo, Cap. 124–129).

879 Zu dieser Form der „Binnensolidarität" die mittels einer solchen Semantik offenbart wird siehe Epp: Amicitia, S. 247–249 und 258–259; sowie das Kapitel zu den *Semantiken der Freundschaft*.

andereseits den Hoheitsanspruch der Institution Kirche auf die immanente Heilsfürsorge nicht nivellieren. Grundsätzlich nutzen die Narrationen zur Lösung der in der Konfrontation entstehenden Aporien die losen, eben nicht institutionell gesicherten Bindungsrelationen eines sozialen Freundschaftsnetzwerkes. Die exemplarischen Analysen zu Franziskus und Dominikus dienen als Schablone für die sich anschließenden Untersuchungen zu Klara und Birgitta. Der wechselseitige Bezug der Textbeobachtungen kann auf Gemeinsamkeiten, aber auch auf Differenzen der institutionellen Einhegung der Charismatiker und Charismatikerinnen aufmerksam machen, die in der Unterscheidung homosozial und heterosozial vorweggenommen wird.

Mit Blick auf Dominikus und vielmehr noch auf Franziskus richtet sich der Fokus auf eben jene Heilscharismatiker, die im Kontext der Etablierung der Kanonisation als institutionellem Verfahren heiliggesprochen wurden. Mitunter weisen ihre legendarischen Erzählungen bereits funktionale Bezüge auf, die ein solches Verfahren der Einhegung ihres Charismas belegen. Dies ist jedoch zu Beginn derartig neuer diskursiver Strategien keinesfalls erwartbar. Insofern offenbaren die Texte wohlmöglich weitere Narrative, die solchen Einhegungen oder Einbindungen dienen. Dabei fällt auf, dass die nachfolgend betrachteten Legenden das Motiv der Freundschaft im Hinblick auf institutionelle Vertreter zunächst nur sehr spärlich verwenden. Häufig binden die Erzählungen das charismatische Erscheinungsbild der Gründer lediglich an institutionelle Orte zurück, die dann das Heilscharisma in seinem Ursprung an die Institution Kirche knüpfen.

So erhält beispielsweise Dominikus zusätzlich zu seiner Idee, einen Orden zu gründen, eine Vision. In ihr wird die Aufgabe des Ordens dezidiert auf ein transzendentes Einwirken zurückgeführt, eben jener bereits besprochenen Peter-und-Paul-Vision im Petersdom zu Rom.[880] Was innerhalb der Narration als Bruch anmutet, ist letztlich eine jener, für das legendarische Erzählen häufigen „Gabelungen der Geltungsansprüche", die als stabilisierende Spannung fungieren.[881] Auf diese Weise haben all

880 Die Szene findet sich zuerst in der lateinischen Legende von Konstantin von Orvieto (KODo, Cap. 25). Eine ausführliche Betrachtung der unterschiedlichen Transformationen dieser Szene erfolgte bereits im Hinblick auf die Gemeinsinnevozierung.

881 Diese differenten Geltungsansprüche sind allerdings nicht als negatives Faktum einer schlechten Erzählung zu begreifen, sondern sie bilden viel eher ein Immanent Werden institutioneller Prozesse ab. So Karl-Siegbert Rehberg im Anschluss an Arnold Gehlen, der gerade in einer „Gabelung der Legitimitätsgründe" eine „stabilisierte Spannung" für Institutionen und ihre „Autonomiebehauptungen" sieht. Vgl. daher Rehberg: Weltrepräsentanz und Verkörperung, hier vor allem S. 13–17.

diejenigen Teil am Charisma des Gründers,[882] die der Gott gegebenen Aufgabe des Ordens nachkommen. Darüber hinaus und das ist an dieser Stelle der Beobachtungen wesentlich, wird das Heilscharisma des Dominikus durch die Heilsinstitution Kirche eingehegt. Erstens geschieht dies auf Grund des mehr als repräsentativen Ortes der Institution Kirche, an dem Dominikus die Vision ereilt. Der Petersdeom ist bereits zur Zeit der Abfassung der Legenden eine der wichtigsten Patriachalbasiliken Roms neben dem Lateran und Sankt Paul vor den Mauern. Zweitens sind die auftretenden Mittler der transzendenten Botschaft ausgerechnet jene Apostelfürsten, auf die die Institution ihre Sukzession in der heilscharismatischen Nachfolge und damit ihren alleinigen Hoheitsanspruch in der Heilsfürsorge gründet.[883] Die Legitimation Dominikus' Heilscharisma wird in diesem Narrativ deutlich an die Kirche und mehr noch an den Papst als Nachfolger der Apostelfürsten und oberster Bischof Roms rückgebunden. Dabei ist bereits die Tatsache, dass sich die Vision an einem institutionellen Ort ereignet, Ausweis dafaür, dass Dominikus bereits in die legitimierenden Strukturen der Institution Kirche eingebunden ist. Der außeralltägliche Durchbruch der Transzendenz in die Immanenz ist an den Raum der Institution rückgebunden, die alltäglich das Heil verwaltet. Der Heilscharismatiker wird also bereits räumlich in einen normativen Raum gestellt, in dem er die Vision empfängt. Eine personale Bindung innerhalb eines institutionellen Freundschaftsnetzwerkes wird so indes noch nicht evoziert.

Ähnliches zeigt sich auch in den Franzikuslegenden, bedenkt man etwa die in den Erzählungen häufig erste Audiovision des Franziskus. Diese ereilt den Gründer in der Kirche San Damiano ohne einen personalen Bezug zu institutionellen Vertretern.[884] Allerdings setzen seine Legenden

882 Wesjohann thematisiert diese Passage ebenfalls. Allerdings verknüpft er völlig unzulässig legendarisches Erzählen mit Mythisierung, um an Max Weber und Jan Assmann orientiert einen Zusammenhang von Charisma und Mythos zu konstruieren. Vgl. Achim Wesjohann: Flüchtigkeit und Bewahrung des Charisma, S. 227–260.
Zu den lateinischen Fassungen, die diese Passage entwerfen, siehe die breit angelegte Studie von Canetti, der in der Vision und den darin erfolgenden Gaben von Hirtenstab und Buch „gli oggetti-simbolo della sua nuova vocazione universale" sieht. Vgl. Luigi Canetti: L'invenzione della memoria, hier S. 388.

883 Zu den historischen Vorgängen der Institutionalisierung des Papsttums siehe vor allem Agostino Paravicini Bagliani: Il trono di Pietro. L'universalità del papato da Alessandro III a Bonifacio VIII. Rom 2001, S. 87–93.

884 Dieses Narrativ hat in seiner späteren Dopplung und der Parallelisierung im Traum Innozenz III. eine evident wichtige Funktion für die Einhegung des Charismatikers. Während Franziskus seine erste Vision konkret auf die verlassene Kirche von San Damiano bezieht, dient der Traum Innozenz III. der weiterführenden und in seiner Person institutionell legitimierten Auslegung dieser Vision. So bezieht er nämlich das Wirken des Heilscharismatikers auf die gesamte Kirche, was sich symbolisch im Stützen der Lateranbasilika als höchstem Amtssitz der Institution Kirche zeigt. Siehe zu diesen Passagen CFr2, Cap. 10–11;

von Beginn an stärker auf eine personale Einbindung als die legendarischen Erzählungen des Dominikus. Ein eindrückliches Beispiel dafür bietet die vielfach transformierte Szene Franziskus' öffentlicher Entsagung von der Welt.[885] Nachdem dieser schon mehrfach die Beziehung zu seiner Familie oder genauer gesagt zu seinem Vater gebrochen hat und als sozialliminale Person bereits deutliche Züge eines Heilscharismatikers birgt, eskaliert die Situation vollends. Während der Vater mit einem letzten Versuch scheitert, den Charismatiker durch schlichte Gefangennahme sozial normierend in die Institution Familie einzubinden,[886] berichten die legendarischen Erzählungen sofort von einer Einhegung des Franziskus durch die Institution Kirche. Sowohl in den lateinischen als auch in den volkssprachlichen Transformationen erfolgt diese Einhegung personal durch einen institutionellen Vertreter, den Bischof von Assisi. Im Vergleich der vorliegenden Legenden fällt dabei vor allem eine Variation auf, die von unterschiedlichen Graden einer Einhegung des Heilscharismatikers zeugt. Sie wird grundsätzlich mittels einer personalen, noch nicht institutionell gesicherten Freundschaftsbindung zwischen Franzikus und dem Bischof im Ritual der „Devestitur" evoziert.[887] Die einzelnen Narrative dieser Szene liefert bereits Thomas von Celano in seiner *Vita Prima* und seiner *Vita Secunda*, die hier zunächst nur als Schablone für die dann nachfolgenden Beobachtungen aufgelistet werden. In der *Vita Prima* (CFr1, Cap. 15) wird das Szenario in vier Schritten entfaltet: Erstens wird Franziskus vor

---

CFr3, Cap. 2; BFr, Cap. II, 1; GFr, Cap. 13; JFr, V. 545–586; HLFr, S. 50; PFr, S. 516; ELAFr, S. 665–666.

885 Diese Szene findet sich bereits in der ersten Vita des Thomas von Celano und seine zweite Vita birgt die grundlegenden Variationen für die nachfolgenden Transformationen. Siehe dazu CFr1, Cap.15; CFr2, Cap. 12; BFr, Cap. II,4; GFr, Cap. 19–20; AFr, Cap. 8; LFr, V. 865 ff.; HLFr, S. 50–51; PFr, S. 517.

886 In der Dreigefährtenlegende taucht zudem für die lateinischen Fassungen erstmals das Bemühen des Vaters auf, Franziskus durch weltliche Rechtssprechung wieder in die sozialen Kontexte einzubinden. Die Konsulen der Stadt sehen sich jedoch außer Stande, dem Ansinnen des Vaters nachzukommen. Der Erzähler der Dreigefährtenlegende kann so die Liminalität des Franziskus deutlicher herausstellen und zugleich die Funktion der Institution Kirche als alleinige Verwalterin der Heilsfürsorge präsentieren. Gerade weil der Bischof von Assisi als institutioneller Repräsentant im Gegensatz zu den anderen weltlichen Institutionen der Familie und der kommunalen Verwaltung Franziskus als Heilscharismatiker wieder einbinden kann.

887 Zum Ritual der Devestitur, speziell im Hinblick auf Franzikus, siehe Andreas Kraß: Geschriebene Kleider. Höfische Identität als literarisches Spiel. Tübingen und Basel 2006, S. 196–202. Kraß analysiert die Szene allein für die *Legenda maior* Bonaventuras in Rückgriff auf seine Überlegungen eines „vestimentären Codes". Er hebt dabei vor allem die Umkehr der höfischen Investitur hervor, die sich in der „Opposition von Nacktheit und Kleidung" zeigt und der performativen Veranschaulichung der Selbstexklusion des Heiligen dient. Dazu auch mit klarem Bezug auf die Ideen von Kraß, aber unter Einbezug der Viten Thomas' von Celano, Jörg Seiler: Franziskus. Zur Performanz der Niedrigkeit. In: JMKOG 12 (2016), S. 5–31.

den Bischof geführt (*perductus esset coram episcopo*). Zweitens entsagt Franziskus öffentlich und symbolisch wirkmächtig seiner Familie durch die Rückgabe aller Kleidungsgegenstände (*depositis et proiectis omnibus vestimentis, restituit ea patri*). Drittens bemerkt der Bischof, dass ein solches, radikales Handeln außeralltäglich und insofern von Gott iniziiert sein muss (*intellexit aperte divinum esse consilium*). Viertens schreitet der Bischof als Repräsentant der Heilsinstitution ein und bindet den Heilscharismatiker sofort symbolisch mittels einer Schutzmantelgeste an sich (*inter brachia sua ipsum recolligens, pallio quo indutus erat contexit eum*). Ferner wird diese vom Erzähler mittels intimer, aber ebenso lehnsrechtlicher Semantiken kommentiert (*factus est propterea deinceps adiutor eius, et fovens ipsum atque confortans, amplexatus est eum in visceribus charitatis*). In dieser Darstellung wird vor allem der Entschluss des Franziskus auf einen göttlichen Ursprung zurückgeführt, wodurch sein Handeln heilscharismatisch wirkt und Faszination ausübt. Der Bischof von Assisi erkennt als institutioneller Verwalter des Heils die Zusammenhänge und knüpft durch seine performativen Akte den Heilscharismatiker demonstrativ an seine Person, ohne ihn tatsächlich institutionell gesichert zu binden. Ganz anders die szenische Zusammen- und Umsetzung in der *Vita Secunda* (CFr2, Cap. 12), die wiederum aus vier narrativen Elementen besteht: Erstens übergibt Franziskus das vom Vater entwendete Geld (*resignat patri pecuniam*). Zweitens weist der Erzähler analeptisch darauf hin, dass diese Handlung auf Anraten des Bischofs von Assisi zurückgeht (*suadente hoc illi episcopo civitatis*). Drittens entsagt Franziskus in direkter Rede öffentlich seinem Vater und erwählt im selben Augenblick Gott zu seinem neuen Vater (*„Ampdo“ inquit, „dicam e libere: Pater noster qui es in caelis, non pater Petrus Bernardonis* […]“). Viertens entkleidet sich Franziskus wiederum demonstrativ, allerdings trägt er bereits ein Bußgewand unter seiner väterlichen Habe (*cilicium tunc portare sub vestibus*). In dieser Fassung wird das performative Handeln des Charismatikers von seinen illokutionären Sprechakten überboten. Dabei werden seine Beweggründe für die charismatisch wirkenden Handlungsweisen teilweise auf den institutionellen Vertreter, den Bischof, zurückgeführt. Eine Einbindung des Franziskus erfolgt also bereits vor dem faszinierenden Auftritt, was durch die analeptische Wiedergabe unterstrichen wird. Die Institution wird so zum souveränen Initiator und nicht erst durch die Aktion des Charismatikers zu einer Reaktion gezwungen. Bereits Bonnaventura verknüpft in seiner *Legenda Maior* die Elemente der beiden Fassungen, lässt allerdings die Initiatorrolle des Bischofs von Assisi weg. Eine alle Narrative kompilierende Transformation bietet hingegen die *Dreigefährtenlegende* (GFr, Cap. 19–20), die zudem weitere Narrative ergänzt und insgesamt aus fünf

Eelementen besteht:[888] Erstens lädt der Bischof Franziskus zu sich ein (*episcopus* […] *vocavit eum debito modo*) und dieser willigt in direkter Rede ein. Dafür erkennt er im institutionellen Vertreter seinen spirituellen Vater („*Ad dominum episcopum veniam quia est pater et dominus animarum.*"). Zweitens berät der Bischof wiederum in direkter Rede Franziskus, den er als Sohn apostrophiert und dabei klar dessen familiale Probleme benennt („*pater tuus est contra te turbatus et scandalizatus valde* […]") sowie zu bestimmten Handlungen („*redde illi pecuniam*") und vor allem Gottvertrauen („*habeas, fili, fiduciam in Domino* […]") als Lösung rät. Franzikus nimmt das dankend an (*laetus et confortatus in verbis episcopi*). Drittens entkleidet sich Franziskus in einer Kemenate des Bischofs (*cameram episcopi*), um dann demonstrativ nackt vor die Öffentlichkeit zu treten (*nudus foras exivit*) und in einer erklärenden Ansprache seinem leiblichen Vater zu entsagen sowie Gott als neuen Vater zu erwählen:

> „*Audite omnes et intelligite. Usque modo Petrum Bernardonis vocavi patrem meum, sed, quia Deo servire proposui, reddo illi pecuniam pro qua erat turbatus et omnia vestimenta quae de suis rebus habui, volens amodo dicere: Pater noster qui es in caelis, non pater Petre Bernardonis.*"

Viertens offenbart sich der emotional stark bewegten Öffentlichkeit (*pietate commoti, coeperunt fortiter lacrimari*), dass Franziskus ein Bußgewand trägt (*cilicium habere ad carnem*). Dem Bischof wird hingegen gerade in Anbetracht der Reaktionen der gläubigen Gemeinschaft das außeralltägliche Handeln des Franziskus bewusst (*intelligebat enim aperte facta ipsius ex divino esse consilio et agnoscebat ea quae viderat non parvum mysterium continere*). Fünftens schreitet der Bischof als institutioneller Repräsentant sofort ein und bindet den Heilscharismatiker symbolisch mittels der Schutzmantelgeste an sich (*ipsum inter brachia sua recolligens, operiens eum pallio suo*). Die Handlung wird wiederum vom Erzähler mittels intimer und lehnsrechtlicher Semantiken kommentiert (*factus est eius adiutor exhortando et fovendo ipsum ac dirigendo et amplexando in visceribus caritatis*). Die Verknüpfung der narrativen Elemente, die bereits die Legenden Thomas' von Celano entworfen hatten, eröffnet der *Dreigefährtenlegende* eine gesteigerte Möglichkeit, den Heilscharismatiker innerhalb der Narration in ein personales, wenn nicht gar persönliches Nahverhältnis mit einem institutionellen Vertreter der Kirche zu setzen. Dieses dient der Einhegung des Charismatikers und es zeichnet sich einerseits durch rahmende Handlungen und andererseits durch eine parallel

888 Ob die *Legenda Maior* (BFr) dem oder den Verfassern der *Dreigefährtenlegende* als Vorlage diente oder umgekehrt, ist hier nicht von Belang, zumal beide Text auch unabhängig voneinander auf die Viten von Thomas von Celano zurückgehen können. Zur Diskussion dieser Abhängigkeitsverhältnisse siehe Leonhard Lehmann: Die Dreigefährtenlegende. Einleitung. In: Franziskus-Quellen, S. 602–610, hier S. 602–607.

eingesetzte semantische Codierung aus. Aus der *Vita Secunda* wird die initiatorische Funktion des Bischofs von Assisi für die sozialen Entsagungen des Franziskus mit dessen performativen Akten einer abschließenden Aufnahme in eine spirituelle Gemeinschaft aus der *Vita Prima* verknüpft. Zugleich benennt Franziskus zu Beginn der Szene den Bischof als spirituellen Vater und dieser spricht den Charismatiker als Sohn an. Die familiale Semantik expliziert das Nahverhältnis, das in seiner hierarchischen Strukturierung durch die Schutzmantelgeste sowie die anschließende Aussage nicht nur Helfer, sondern ferner Leiter des Heilscharismatikers zu sein, untermauert wird. Das gewonnene Verhältnis, das mittels der intimen Semantiken nicht nur als hierarchisch, sondern auch vertraulich gekennzeichnet wird, bleibt jedoch auf den performativen Vollzug angewiesen. Die personale Bindung zwischen dem Heiligen und dem Bischof erhält keinen institutionell gesicherten Status und ist auf eine stete Perpetuierung der performativen Akte angewiesen. Innerhalb der lateinischen wie auch volkssprachlichen legendarischen Erzählungen von Franziskus ist es gerade jene lose Bindung zu einem institutionellen Vertreter, die den Beginn eines sich narrativ um den Charismatiker entfaltenden sozialen Netzwerks der Institution Kirche darstellt.

In den volkssprachlichen Fassungen findet sich diese Szene allein in der Verslegende Lamprechts von Regensburg, der klar der Darstellung der Vita Prima folgt. Für die übrigen hier untersuchten volkssprachlichen Legenden gilt der Befund so pauschal nicht. Sowohl die Fassung des *Passional*, der *Elsässischen Legenda Aurea* als auch des *Der Heiligen Leben* kennen zwar die Konfrontation mit dem Vater, jedoch nicht die mit dem Bischof von Assisi. Vielmehr transformieren sie eine andere Szene, die zuerst in der *Vita Secunda* aufscheint (CFr2, Cap. 12: *Advocat itaque servus Dei quemdam virum plebeium et simplicem satis, quem loco patris suscipiens, rogat ut cum pater eius maledicta congeminat, ipse sibi e contrario benedicat.*). In dieser sucht sich Franziskus einen Ersatzvater innerhalb der städtischen Bevölkerung. Eindrücklich gestaltet dies vor allem der Erzähler des *Der Heiligen Leben*, der die Szene als Dialog in Figurenrede wiedergibt (HLFr, S. 51): „*Mein vater wil mein nicht zu ainem kind von des posen guts wegen. Dauon pit ich dich durch got, das du mein vater seist.*“ *Do enpfing er jn lieplichen vnd sprach:* „*Daz wil ich geren tun.*“ Franziskus erfährt in diesen Fassungen eine andere institutionelle Einhegung. So knüpfen die Erzähler der drei genannten volkssprachlichen Narrationen die Legitimation seiner Predigttätigkeit sowie seiner neuen Ordensregel an die eben zitierte Passage, die als ein erstes Exempel seiner besonderen Bußfertigkeit präsentiert wird. Legitimiert wird die Gründerfigur dieser Texte durch den Zuspruch institutioneller Vertreter zu seinem Handeln. Dabei offenbart sich zumindest für einige Vertreter der Institution Kirche eine Verschränkung von Charisma und Institution, denn sie treten in die noch nicht bestätigte Gemeinschaft des Franziskus ein. Eine päpstliche Approbation des Ordens und der Regel erfolgt erst im Anschluss und bezeichnenderweise dient eine Semantik der Initimität als Begründung:

> *Do komen vil guter maister vnd pfaffen in den orden, dye enpfing er gutlichen. Vnd het in der pabst Jnnocencius gar liep vnd bestetigt jm den orden, wy er wolt. Do gepot er seinen prudern, das sy armm durch got weren.* (HLFr, S. 51)

Der Heilscharismatiker Franziskus übt eine faszinierende Wirkung auch auf institutionelle Vertreter aus. Er bindet sie in seine Gemeinschaft und selbst der höchste Repräsentant der Kirche, Papst Innozenz III., ist ihm in besonderer Weise zugetan. Zwar offenbart der volkssprachliche Text, dass der Heilscharismatiker einer institutionellen Anerkennung bedarf, doch diese erfolgt ganz nach seinen Wünschen.

Neben der bisher nur bedingt personalen Einbindung des Dominikus und der eben besprochenen, mitunter sogar persönlichen Einhegung des Franziskus in Nahverhältnisse zu Vertretern der Institution Kirche sei im Folgenden noch eine weitere Freundschaftsdyade fokussiert, die im Kontext instutioneller Freundschaftsnetzwerke sogar als Triade fungiert. Die Rede ist von einem Beziehungsgeflecht zwischen den jeweiligen Heilscharismatikern und einem der höchsten Repräsentanten der Institution Kirche, Kardinal Hugolino d'Ostia, dem späteren Papst Gregor IX.[889] Gerade in seiner Person als Figur der legendarischen Erzählungen werden die Grenzen der einzelnen Narrationen überschritten und insoweit sogar ein intertextuelles Freundschaftsnetzwerk zwischen Dominikus, Franziskus und dem Repräsentanten der Institution Kirche entworfen.[890] Dabei fällt im Vergleich der Textcorpora vor allem ein Umstand auf, nämlich der Einbezug von Freundschaft im Kontext performativer Akte, denen vor der Kanonisation genuin die legitime Anerkennung und symbolische Repräsentation der Heiligkeit eignet. Gemeint ist die Elevation, also die Er-

889 Marina Münkler hat die Figur Hugos von Ostia für die Franziskuslegenden im Hinblick auf dessen narrativ entworfene Freundschaft zu Franziskus untersucht und sie hält fest: „Die Freundschaft zwischen dem heiligen Ordensgründer und dem Protektor des Ordens schafft eine persönliche Bindung zwischen der Institution der Amtskirche und dem charismatischen Ordensgründer. Die Spannung zwischen Institution und Charisma, zwischen Amtskirche und charismatischem Ordensgründer wird in der über das Kommunikationsmedium Freundschaft grundierten affektiven Beziehung ausbalanciert, ohne dass dazu die Freundschaftsbeziehung auserzählt werden müsste. Damit repräsentiert sie zugleich Freundschaft als Transzendenzfigur, die nicht für jedermann, sondern nur für besonders Gleichgesinnte verfügbar ist und hebt den Kardinalprotektor und späteren Papst auf eine Ebene, auf der er an der Heiligkeit des Ordensgründers partizipiert." Vgl. Münkler: Amicus Dei, S. 390.

890 Grundsätzlich zeigt sich ein solches intertextuelles Freundschaftsnetzwerk vor allem in den jeweils ersten lateinischen Legenden von Franziskus und Dominikus.

hebung der Gebeine eines verstorbenen Heilscharismatikers zur Ehre der Altäre. Die Elevation fungiert nach der Etablierung des Kanonisationsprozesses nur noch als dessen symbolische Ergebnissicherung. Die im Folgenden betrachteten jeweils ersten lateinischen Legenden des Franziskus und Dominikus offenbaren gerade vor dem Hintergrund der Nahbeziehungen zwischen Papst Gregor IX. und den Ordensgründern die noch fehlende Legitimität des Kanonisationsverfahrens. Eine Einhegung der Charismatiker erfolgt im Wesentlichen durch das persönliche Eintreten des höchsten institutionellen Vertreters, der allerdings in einer personalen bis persönlichen Beziehung zu den Ordensgründern steht.[891]

In der *Vita Prima* des Thomas von Celano wird folgendes Szenario entworfen. Papst Gregor IX. flüchtet vor den aufständischen Römern nach Assisi, da *ubi sibi gloriosum depositum conservatur, ut in eo passio universa et tribulatio ingruens exturbetur* (CFr1, Cap. 123). Diesen Trost findet das Kirchenoberhaupt am Grab des Franziskus. Der Erzähler offenbart durch den Einsatz affektiver Beschreibungen, dass der Besuch der Grabstätte dem besonderen Andenken eines Freundes dient: *et in primo descensu sepulcrum sancti Francisci reverenter alacriterque salutato. Ingeininat suspiria, pectus tundit, lacrimas fundit, et uberiore devotione reverendum caput inclinato* (CFr1, Cap. 123). Freundschaft zeigt sich hier im Gestus der Totenklage, wie sie Andreas Kraß unter anderem für den mittelhochdeutschen Antikenroman, aber auch für Aelreds Freundschaftstraktat gezeigt hat.[892]

> [I]n den Erzählungen des homosozialen Typs [wird] die Situation des Todes als Anlaß der Rede über die Freundschaft privilegiert, denn der Tod bietet eine Lizenz zum Gefühlsausdruck; im Modus der Trauer und Klage erweist sich die affektive Zuneigung, die der Freund zu seinem verstorbenen Partner empfindet, als gesellschafts- und literaturfähig. Freundschaft als Passion hat somit einen doppelten Sinn: zum einen ist damit die affektive Dimension der Freundschaft bezeichnet, zum anderen die Darstellung der Freundschaftsgeschichte als einer Leidensgeschichte.[893]

Diesem schon antiken Erzählmuster einer besonders engen Freundschaft, die sich gerade in den expressiven Affektdarstellungen der Trauer zeigt, folgt auch Thomas von Celano. Die sich am Grab des Franziskus vollziehende *compassio* Gregors IX. präsentiert dessen persönliches Nahverhältnis zum Heilscharismatiker, dem er in der Folge in besonderer Weise seine

891 Melville verweist auf die Widersprüchlichkeit Gregors IX. gerade vor dem Hintergrund der Kanonisationsbulle für Franziskus von 1228, die Franzikus als Heilscharismatiker par excellence präsentiert und der zwei Jahre später ebenfalls von Gregor verfassten Bulle *Quo elongati*, die als Testament des Franziskus fungiert und ihn institutionell einbindet. Siehe dazu Melville: Der geteilte Franziskus, S. 347–349.

892 Siehe dazu Kraß: Achill und Patroclus, hier vor allem S. 69–72 und ders.: Freundschaft als Passion, vor allem S. 103–104 und 107.

893 Vgl. Kraß: Freundschaft als Passion, S. 107.

instutionell begründete Aufmerksamkeit schenkt. In der einleitenden Trauerszene eröffnet nämlich nicht allein der institutionelle Repräsentant, Papst Gregor IX., das Kanonisationsverfahren für irgendeinen Heilscharismatiker, sondern Gregor IX. als Freund des Franziskus (*fit interea de sancti canonizatione solemnis collatio*). Von diesem Prozess berichtet der Erzähler eher knapp und verfällt in eine kurze „summarische Erzählung", in der sich die narrative Dauer ändert und „die auf Konventionen beruhende Pseudozeit der Erzählung" kleiner ist als die „Zeit der Geschichte", von der sie erzählt.[894] In diesem Summary wird der Kanonisationsprozess auf seine wesentlichen verfahrenstechnischen Akte reduziert: Erstens wird die *miracolorum maxima multitudo* (CFr1, Cap. 123) durch den Papst und ein Kardinalsgremium *approbantur, verificantur, audiuntur, recipiuntur.* Zweitens wird auf der Basis dieses Materials die Heiligkeit des Charismatikers institutionell festgestellt und anerkannt ([...] *super hanc causam in camera domini papae venerabilium cardinalium celebratur sacer conventus. Concordant pariter, et dicunt idipsum omnes* [...].). Der Fokus des Erzählers liegt jedoch auf der nachfolgenden Szene, in der die narrative Dauer wieder deutlich zunimmt. Bereits die Aufzählung der für die Elevation anwesenden Gäste umfasst ein ganzes Kapitel, in dem der Erzähler zugleich ein Abbild der ständischen Gesellschaft zeichnet, die sich in toto unter der Führung des omnipotenten Papstes (*dominum omnis orbis* (CFr1, Cap. 124)) zu diesem Ereignis versammelt. Gregor IX. steht neben dem Heilscharismatiker im Mittelpunkt des narrativen Geschehens, wodurch der Erzähler die Gleichgesinnten in ihrer erzählerisch evozierten Freundschaft präsentiert. Zugleich hebt gerade die ausführliche Beschreibung Gregors darauf ab, ihn nicht nur als Freund, sondern als Amtsperson darzustellen. Er ist der Papst, der als institutioneller Vertreter der Amtskirche, mit den entsprechenden Insignien gekennzeichnet, den performativen Akt der Elevation vollzieht. Dabei ist die Performanz auf eben jene Insignien und die Amtsperson angewiesen, damit der Akt tatsächlich wirksam ist.[895] Um das Heilscharisma des Franziskus legitim einzuhegen, offenbart die Institution Kirche

894 Zu den narratologischen Instrumentarien siehe Genette: Die Erzählung, S. 61–62 und 67–68. Genette hält folgende Funktion für die summarische Erzählung fest (ebd. S. 69): „es [ist] klar, daß das Summary bis zum Ende des 19. Jahrhunderts den normalen Übergang zwischen zwei Szenen bildete, den ‚Hintergrund', vor dem sie sich abheben, und mithin das Bindegewebe par excellence der Romanerzählung, deren Grundrhythmus durch den Wechsel von Summary und Szene definiert ist." Das gilt auch für die vorliegende Legende, in der das Summary von der ausführlichen Trauerszene am Grab des Franziskus und der nachfolgenden Vorbereitung und Durchführung der Elevation (fast drei Kapitel) gerahmt wird.

895 Zu diesen kontextuellen und situativ variablen Bedingungen der Performanz siehe grundlegend Austin. Er begreift sie als Umstände, wobei er in seiner zweiten Vorlesung anmerkt, dass Handlungen durch sie auf Grund der Erfüllung respektive Unterlassung nur glücken oder „verunglücken [unhappy]" können. Austin: Sprechakte, S. 35–45, hier S. 37.

ihren alleinigen Anspruch auf Heilsfürsorge in einem performativen Akt, der bereits selbst ihre Heiligkeit repräsentiert:

> *Adstat pontifex summus, Christi Ecclesiae sponsus,* [...] *et corona gloriae in capite suo signo sanctitatis expressa. Adstat pontificalibus infulis decoratus, et vestibus sanctitatis indutus, in ligatura auri et opere lapidarii sculptilis. Adstat christus Domini in magnificentia gloriae deauratus, et vernantibus figuratisque gemmis coopertus, omnes sollicitat ad videndum.* (CFr1, Cap. 125)

Die narrativ durch die Insignien dargebotene Amtsheiligkeit des Papstes wird durch die anaphorische Reihung (*adstat*) des Erzählers, die mit der Nennung weiterer Amtsattribute verbunden ist, noch unterstrichen. Die auf diese Weise institutionell legitimierte und in ihrer Idoneität herausgehobene Amtsperson hält im weiteren Verlauf der *histoire* eine Predigt, der eine öffentliche Bekanntgabe der anerkannten Wunder des Franziskus folgt. Der Erzähler setzt an dieser Stelle wiederum auf die Wiedergabe der affektiven Reaktionen aller Anwesenden (*Tripudiat pastor Ecclesiae, ac de intimis visceribus longa suspiria, trahens et salutares singultus ingeminans, lacrimarum rivulos educit.* [...] *Plorat denique populus cunctus* [...].), die nicht allein die Emotionalität des Szenarios bezeugen, sondern vielmehr die soeben anerkannte Heiligkeit des Franziskus in ihrer charismatischen Wirkmacht präsentieren. Den Abschluß bildet die vom Erzähler als direkte Rede Gregors IX. gestaltete Anerkennung der Heiligkeit des Franziskus, die zwar der Transzendenz entspringt, aber fortan an die immanente Heilsinstitution Kirche rückgebunden ist:

> *Ad laudem et gloriam omnipotentis Dei* [...] *et ad honorem gloriosae Ecclesiae Romanae, beatissimum patrem Franciscum, quem Dominus glorificavit in caelis, venerantes in terris,* [...] *in catalogo sanctorum decernimus adnotandum, et festum eius die obitus sui celebrari.* (CFr1, Cap. 126)

Franziskus wird eingebunden in die immanente Liturgie, die seiner institutionell anerkannten Heiligkeit zuteilwird und eine entsprechende *memoria* seiner Person erlaubt. Die Wirksamkeit des auf personale Bindungen setzenden institutionellen Freundschaftsnetzwerkes zeigt sich gerade in der, den Tod des Heilscharismatikers überdauernden, Kontinuität der Nahbeziehung zu einem Vertreter der Heilsinstitution. Das Heilscharisma des Franziskus wird dank seiner persönlichen Freundschaft zu Gregor IX. für die Institution Kirche eingehegt und zugleich stellt die immanente Legitimierung seiner Heiligkeit einen letzten Freundschaftsdienst dar. Innerhalb der legendarischen Erzählungen ist es also gerade Gregor IX., der den geteilten Franziskus zusammenhält und zugleich durch sein Handeln auf die Differenz verweist.[896] Das Handeln des Papstes evoziert zudem eine den Tod des Franzikus' überdauernde Freundschaft.

Gregor IX. hat jedoch noch einen weiteren Heilscharismatiker zum Freund, Dominikus. Für diesen erbringt er ebenfalls einen solchen Dienst, wovon vor allem die legendarische Erzählung Jordans von Sachsen berichtet. Noch als Kardinal Hugolino d'Ostia nimmt er als ranghöchster Vertreter der Amtskirche am Begräbnis des verstorbenen Freundes teil. Genauer gesagt leitet er die Totenmesse bewusst selbst, wie die verstärkte Wortwahl zeigt: *eiusque sepulture per semetipsum explevit officium* (JDo, Cap. 96). Der Erzähler der Vita schildert dabei vor allem das innere Bedürfnis Hugolinos, die dessen Vertrautheit mit Dominikus zur Vertraulichkeit steigert. Dafür nutzt er nicht nur familiale Semantiken (*qui valde familiariter eum noverat* (JDo, Cap. 96)), sondern parallel die der Intimität (*multo delixerat amoris affectu*). Der Kardinal erlangt so ein besonderes, nicht institutionell gesichertes Nahverhältnis zum Heilscharismatiker. Gerade in dieser doppelten Funktion als Freund und Amtsperson wird er vom Erzähler im Folgenden für die immanente Legitimierung der Heiligkeit des Dominikus funktionalisiert, wodurch zugleich das Heilscharisma eingehegt wird. Dabei entwirft die legendarische Erzählung ein Szenario, in welchem sich einerseits die Heiligkeit des Dominikus in bereits vollbrachten Wundern offenbart und andererseits ein Vergessen bzw. eine Unachtsamkeit gegenüber dem Heilscharismatiker aufscheinen, die sogar innerhalb seines eigenen Ordens einsetzen. Entschuldigend führt der Erzähler dazu aus:

> *Siquidem visum ets plerisque, non debere receptari miracula, ne sub velamento pietatis speciem questus incurrerent. Sicque dum propriam opinionem inconsiderata sanctitate zelarent, communem ecclesie neglexere profectum et gloriam sepeliere divinam.* (JDo, Cap. 98)

Die hier vom Erzähler gerühmte Demut der Brüder führt jedoch soweit, dass einige Jahre nach dem Tod des Dominikus der Sakralraum über dessen Grab zu Gunsten neuer Unterkünfte für den Orden abgerissen wird (*Novis succedentibus vetera diruuntur et corpus dei famuli sub divo permansit.* (JDo, Cap. 124). Nur wenige der in Bologna lebenden Dominikaner erkennen die Missachtung gegenüber ihrem Gründer und sie beschließen eine legitime, von der Amtskirche bestätigte Umbettung (*ad locum decentiorum transferretur, sed nec hoc absque Romani ponitificis licentia fieri volebant* (JDo, Cap. 124)). Selbst diese Maßnahmen werden von der Ordensgemeinschaft, so der Erzähler, nicht ernsthaft vorangetrieben (*neglectum est* […] *diutius* (JDo, Cap. 125)) und nach genau dieser narrativen Zuspitzung schreitet Hugoli-

896 Die von Melville konstatierte historische Teilung des Franziskus findet also in besonderem Maße ihren diskursiven Niederschlag in der Eigenlogik des legendarischen Erzählens von Ordensgründern. Siehe zu den historischen Überlegungen nochmals Melville: Der geteilte Franziskus, S. 359–363.

no, mittlerweile als Papst Gregor IX., ein. Mit dem Auftritt des Freundes und institutionellen Vertreters der Amtskirche sind zwei Aspekte verbunden, die eben jene doppelte Rollenzuweisung der Figur innerhalb der Dominikuslegende unterstreichen. Erstens tadelt er sofort und quasi einem Affekt folgend an Stelle des verstorbenen Freundes die Gemeinschaft für die unterlassene Ehrerweisung (*durissime illos corripuit* (JDo, Cap. 125)), wodurch er seine enge, persönliche Verbundenheit zu Dominikus über dessen Tod hinaus demonstriert. Gregor IX. handelt also erneut aus emotionalen Beweggründen, wie er es, wie bereits dargelegt, auch gegenüber Franziskus getan hat. Der Erzähler lässt seine Figur dazu in mimetischer Rede folgenden Satz äußern, der erneut die zweifache Rollenzuweisung Gregors zeigt (JDo, Cap. 125): „*Novi virum totius apostolice regule sectatorem, quem et in celis non est ambiguum ipsorum glorie copulatum.*" Weil Gregor IX. Dominikus persönlich kannte, kann er dessen Besonderheit einschätzen und zwar einerseits vor dem Hintergrund institutionell anerkannter Regularien und andererseits im Hinblick auf die Transzendenz, deren immanente Institution von ihm geleitet wird. Der mit Emotionen durchwirkte Tadel birgt also ebenso institutionelle Ansprüche. Diese werden noch durch den zweiten Aspekt verstärkt. Dass nämlich der Leichnahm des Dominikus nicht nur legitim umgebettet wird, *sed et caconica fieret translatio gloriosi* (JDo, Cap. 124) sondern eine mit dem Kanonisationsprozess verknüpfte Elevation erfolgt, ist die Idee des Papstes. In der narrativen Darstellung ist der Freund als Amtsperson nicht nur für die legitime Feststellung und Anerkennung der Heiligkeit des Dominikus zuständig, die dessen Heilscharisma einhegt. Vielmehr geht sogar der Umstand, dass die Transzendenz in die Immanenz einbricht, also Heiligkeit überhaupt sichtbar wird, ebenfalls auf die immanente Institution und ihren höchsten Repräsentanten zurück.

> *Volens itaque omnipotens Deus consilio universalis ecclesie pastoris segnitiei nebulas detegere, apperuit et ipse manum suam de alto, et miraculorum fragore intonuit de celo, ut manifeste daretur intelligi, totam illam celestis Ierusalem curiam immensa tunc letitia exultare et congratulari, gloriam sui magni concivis terrigenis declarari.* (JDo, Cap. 126)

Die hier angedeutete Abhängigkeit des göttlichen Willens vom Beschluss Gregors IX. als Vertreter der Heilstinstitution Kirche offenbart klar deren alleinigen Heilsanspruch. Allein der päpstliche Ratschluss erwirkt göttliches Handeln, das Heiligkeit hervorbringt. Die bestätigenden Wunder werden dann von der Institution als legitim erachtet. Erst das Einschreiten des instituionellen Freundes lässt die Heiligkeit des bereits von Gott Erwählten hervortreten, was der Erzähler durch die passive Wiedergabe des Geschehens unterstreicht (JDo, Cap. 126): *electi dei Dominici sanctitas luculenter demonastratur.*

Gregor IX. wird, wie auch für Franziskus, zum Garant der institutionellen Anerkennung und der damit verbundenen erfolgreichen Einhegung des Heilscharismatikers durch die Instition Kirche. Dabei ist erneut nicht zuallererst seine institutionelle Autorität und Amtspflicht ausschlaggebend, sondern vor allem die persönliche Nahbeziehung zum Heilscharismatiker. Die Freundschaft dient der Institution sowie ihrer Mechanismen als Generator für die sie bestätigenden und perpetuierenden Prozesse. Der Netzwerkcharakter dieser Nahbeziehung(en) zeigt sich dabei gerade darin, dass sowohl die Heilscharismatiker als auch die Institution nicht nur eine Verbindung knüpfen (wie es vielleicht der Modus der Darstellung suggeriert), sondern stetig neue und vielfältige. Grundsätzlich scheinen die Bindungen zur Institution Kirche in der narrativen Wiedergabe jedoch stärker zu sein, als die zu Herrschaftsinstitutionen und man kann hier wohlmöglich die Differenz von „weak ties" und „strong ties" erkennen. Nach Granovetter dienen die sporaden und emotinal wenig unterfütterten „weak ties" eher einer allgemeinen Unterstützung („bridging") und die im Hinblick auf die Kontakthäufigkeit gepflegten und emotional grundierten „strong ties" der Legitimierung eines Außenseiters innerhalb des (institutionellen) Netzwerkes.[897] Im Umfeld der Figur Gregors IX. ergeben sich dabei sogar intertextuelle Vernetzungen, die nicht nur auf der Ebene der *narration* bestehen. Bereits im Kapitel über die *geteilte Gottesfreundschaft* wurde ein innerhalb der *histoire* stattfindendes Treffen von Franziskus und Dominikus in Rom analysiert. Dieses findet am Hof Hugolinos d'Ostia statt und wird im Wesentlichen sogar von diesem iniziiert. Einerseits dient schon jene Szene einer ersten losen Bindung zwischen allen drei Protagonisten, andererseits unternimmt Gregor IX. noch als Kardinal auf diese Weise einen ersten Einhegungsversuch der Ordensgründer. Sein Angebot, einige der Dominikaner oder Franziskaner zu Bischöfen zu weihen und sie damit enger an die Institution zu binden, lehnen allerdings beide Heilscharismatiker ab. Ihre legitime Einschreibung in die *communitas sanctorum* unterliegt indes, zumindest in den beiden hier betrachteten Legenden, dann doch dem institutionellen Freund.

---

897 Vgl. Granovetter: The Strength of Weak Ties, hier S. 1364. Wobei Granovetter die „strong ties" bereits als institutionell gesicherte Bindungen verstehen würde, da es sich um engste („limited"; ebd., S. 1366) Beziehungen innerhalb des Netzwerkes handelt, also Bindungen, die bereits durch die internen Logiken reguliert sind und nicht um Beziehungen zu Außenseitern. Ich behalte mir vor, seine Kategorisierung in der dargelegten Modifizierung für eine differenziertere Beschreibung der Textbeobachtungen trotzdem zu verwenden.

2.2 Heterosoziale Einhegung und homosoziale Kooptation

Die bisherigen Beobachtungen, die unter dem Begriff homosoziale Einhegung des Heilscharismas firmieren, können gerade vor dem Hintergrund der dabei verwendeten analytischen Kategorie des Freundschaftsnetzwerkes als „homosoziale Kooptation" beschrieben werden.[898] Bei dem beobachteten Netzwerk handelt es sich um ein dezidiert männliches, also homosoziales, denn die Verknüpfungen und Bindungen zum und innerhalb des Netzwerkes entstehen auf der Basis sozialer Ähnlichkeit, die in den vorliegenden Fällen auf der Gleichheit des Geschlechts beruht. Sowohl die Heiligen als auch die Vertreter der Institutionen und im Besonderen die Repräsentanten der Amtskirche sind Männer. Grundsätzlich gilt dabei: „Homosozialität ist die vertrauensbildende Maßnahme schlechthin."[899] Das heißt, ein wesentliches Kriterium, um innerhalb eines Netzwerkes agieren zu können oder überhaupt in dieses aufgenommen zu werden, ist die vertrauensstiftende Gleichheit des Geschlechts und das gerade „[w]eil [...] Netzwerke ohne formales Regularium operieren [und hingegen; M.S.] auf individuellen Beziehungen gründen [...]."[900] In sozialen Netzwerken manifestiert sich also jener strukturelle Gegensatz von institutionsbasiertem Vertrauen und dem interpersonalem Vertrauen.[901] Letzteres ist, wie gezeigt, die semantische Grundierung für eine symbolisch generalisierte Kommunikation, die das Medium Freundschaft zur Stiftung persönlicher Sozietäten verwendet. Innerhalb der legendarischen Erzählungen von Ordengründerinnen ergeben sich aus dem bisher Skizzierten zwei reziprok bedingte Aspekte, die narrativ bearbeitet werden müssen, um eine heterosoziale Einhegung der Charismatikerinnen in ein männlich dominiertes Netzwerk darzustellen. Erstens muss das Problem der nicht „selbstähnlichen Individuen" gelöst werden, denn einen „Ver-

898 Siehe einleitend dazu Lutz Ohlendieck: Gender Trouble in Organisationen und Netzwerken. In: Ursula Pasero und Christine Weinbach (Hrsg.): Frauen, Männer, Gender Trouble. Systemtheoretische Essays. Frankfurt am Main 2003, S. 171–185. Homosoziale Kooptation wird vor allem innerhalb soziologisch empirischer Forschungen zu Unternehmens- und Wissenschaftsgemeinschaften festgestellt. Die Analysen bieten einen guten Ansatz für die hier, innerhalb der Narrationen entworfenen, Gemeinschaftsbildungen, die strukturell gleich verlaufen. Siehe zu den methodischen Forschungsansätzen exemplarisch Olga Hoerdt: Spitzenpositionen für Spitzenleistungen? Eine empirische Untersuchung geschlechterspezifischer beruflicher Entwicklungsverläufe in einem Wirtschaftsunternehmen. Wiesbaden 2006, hier vor allem S. 68–79; sowie Elisabeth Maurer: Fragile Freundschaften. Networking und Gender in der wissenschaftlichen Nachwuchsförderung. Frankfurt am Main und New York 2010, hier S. 76–86.

899 Vgl. erneut Ohlendieck: Gender Trouble in Organisationen, S. 177.

900 Vgl. ebd., S. 178.

901 Siehe zu diesen funktionalen Formen des Vertrauens einleitend Luhmann: Vertrauen, hier vor allem S. 27–38.

trauensvorschuß – wie einen idiosynkratisch noch nicht gedeckten Kredit" können die weiblichen Heiligen gegenüber dem homosozial männlichen Netzwerk der institutionellen Repräsentanten allein nicht vorweisen.[902] Die Ordensgründerinnen und Heilscharismatikerinnen stehen vor jenem Problem, das Pierre Bourdieu als gesellschaftlich-institutionell, diskursiv wie individuell performativ erzeugte und bereits habitualisierte *männliche Herrschaft* begreift:[903]

> Das gesellschaftliche Deutungsprinzip konstruiert den anatomischen Unterschied. Und dieser gesellschaftlich konstruierte Unterschied wird dann zu der als etwas Natürliches erscheinenden Grundlage und Bürgschaft der gesellschaftlichen Sichtweise, die ihn geschaffen hat. Wir haben hier eine zirkelhafte Kausalbeziehung, die das Denken der Evidenz von Herrschaftsverhältnissen einschließt, die in die Objektivität in Form von objektiven Einteilungen, und in die Subjektivität in Form von kognitiven Schemata eingezeichnet sind, die, da sie diesen Einteilungen entsprechend strukturiert sind, die Wahrnehmung dieser objektiven Einteilungen organisieren.[904]

Die legitime Basis der hier erwähnten und von Bourdieu als männlich entlarvten Herrschaftsverhältnisse, die eben auch Grundlage der homosozialen Netzwerke sind, liegt in einem habitualisierten Verhalten und Wahrnehmen.[905] Dabei handelt es sich eigentlich um eine subjektive und

---

902 Vgl. Ohlendieck: Gender Trouble in Organisationen, S. 177.

903 Vgl. Pierre Bourdieu: Die männliche Herrschaft. In: Irene Dölling (Hrsg.): Ein alltägliches Spiel. Geschlechterkonstruktionen in der sozialen Praxis. Frankfurt am Main 1997, S. 153–217 [zuerst im franz. Orig. *La domination masculine.* In: Actes de la recherque en sciences sociales 84 (1990), S. 2–31]; sowie die umfangreichere Monographie Pierre Bourdieu: Die männliche Herrschaft. Frankfurt am Main 2005 [zuerst im franz. Orig. *La domination masculine.* Paris 1998]. Bourdieu, der hier an die Überlegungen seines Grundlagenwerkes *Sozialer Sinn* anknüpft, geht es nicht allein um eine „von der feministischen Bewegung geforderte symbolische Revolution [als; Verf.] bloße Umkehrung des Bewusstseins und des Willens" für eine Umkehr der männlichen Herrschaftsverhältnisse. Vielmehr zeigt seine Studie die Durchdringung der sozialen Welt von angeblich „objektiven Herrschaftsstrukturen", die selbst „Dispositionen" zu ihrer Sicherung ausgestalten. Er folgert daher deutlich radikaler, „[...] ein Herrschaftsverhältnis, das der Komplizenschaft der Dispositionen bedarf, hängt, was sein Fortbestehen oder seine Veränderung angeht, zutiefst vom Fortbestehen oder der Veränderung der Strukturen ab, deren Produkt diese Dispositionen sind." Vgl. Bourdieu: Männliche Herrschaft (2005), hier S. 77–78. Die im Folgenden vorgenommenen theoretischen Überlegungen zu Pierre Bourdieu gehen auf einen gemeinsamen Aufsatz von Denise Theßeling und mir zurück, siehe dazu Standke und Theßeling: Von herrschenden Frauen, hier S. 192–194.

904 Bourdieu: Männliche Herrschaft (2005), S. 23. Bourdieu berücksichtigt insofern eine komplexere Zusammenschau, als es die theoretischen Überlegungen des „gendered body" respektive „sexed body" offerieren. Die Konzeption des „gendering body" geht vor allem auf die Überlegungen Judith Butlers zurück. Siehe einleitend zur sozialen Konstruktion der Körper Judith Butler: Gender Trouble: Feminism And The Subversion Of Identity. New York 1999, hier S. 9–18.

905 Bourdieu verweist dazu auf die „androzentrische Sicht [als; M.S.] neutral[e]" und meint, dass „die soziale Ordnung funktionier[e] wie eine gigantische symbolische Maschine zur

damit willkürliche Differenzwahrnehmung des natürlichen Geschlechts. Allerdings ist eben jene Wahrnehmung als „doxische Erfahrung [...] jeder häretischen Infragestellung enthoben [und; M.S.] die uneingeschränkteste Form von Anerkennung der Legitimität."[906] Die dabei vorgenommene Objektivierung ist im Sinne Bourdieus eine „Entnaturalisierung", denn sie schließt die vormalige Relationsebene des Natürlichen aus und lässt den Mann „als Träger des menschlichen Daseins schlechthin" erscheinen.[907] Die sich in diesem Zusammenhang offenbarende Grunddifferenz von „drinnen und verborgen" gleich weiblich gegenüber „draußen und offiziell" gleich männlich wird durch „mythisch-rituelle" und ferner diskursive Praktiken nicht nur immer wieder generiert und habitualisiert, sondern damit gleichzeitig auch legitimiert.[908] Bourdieu fasst diesen dialektischen Gesellschaftsprozess wie folgt zusammen:

> Ihre besondere Kraft zieht die männliche Soziodizee daraus, dass sie zwei Operationen in eins vollzieht: sie legitimiert ein Herrschaftsverhältnis, indem sie es in etwas Biologisches einschreibt, das seinerseits eine biologisierte gesellschaftliche Konstruktion ist.[909]

Innerhalb der mittelalterlichen Legenden gibt es keine narrative Lösung der umrissenen Problematik männlicher Homosozialität, aber eine Strategie, die vielleicht banal erscheint, jedoch selbst in aktuellen empirischen Studien der modernen Gesellschaft als Bearbeitungsmechanismus aufscheint. Olga Hoerdt hält für ihre Untersuchungen fest, dass Frauen auf „strategische Partner" angewiesen seien, um innerhalb eines Netzwerkes aufgenommen zu werden und interagieren zu können.[910] Gerade weil den Frauen gegenüber einem durch die männliche Herrschaft geprägten Netzwerk „die interne Legitimation fehle, seien sie auf diese Protektion der strong ties angewiesen."[911] Für die mittelalterlichen Narrationen heißt das, dass sie die Ordensgründerinnen in ein Freundschaftsverhältnis zu männlichen Figuren setzen und erst über diese Nahbeziehung eine legitime Bindung zu institutionellen Netzwerken narrativ entfalten. Während sich daraus strukturell die wesentliche Eigenheit der heterosozialen Einhegung der Heilscharismatikerinnen ergibt, ist daran zugleich jene rezi-

---

Ratifizierung der männlichen Herrschaft, auf der sie gründet." Vgl. Bourdieu: Männliche Herrschaft (2005), S. 21.

906 Bourdieu: Männliche Herrschaft (1997). S. 159.

907 Ebd., S. 160.

908 Ebd., S. 160–161.

909 Bourdieu: Männliche Herrschaft (2005), S. 44–45. Für die mittelalterliche Kultur, die noch keine Biologie kennt, gilt, dass sie das männliche Herrschaftsverhältnis komplementär dazu durch die von Gott geschaffene natürliche Ordnung legitimiert.

910 Hoerdt: Spitzenpositionen für Spitzenleistungen?, S. 74.

911 Ebd., S. 74.

prok bedingte zweite Problematik geknüpft. Die Protektion des strategischen Partners mag für die Einbindung in ein institutionelles Freundschaftsnetzwerk durchaus wirksam sein, in ihrer narrativen Darstellung partizipiert diese persönliche Nahbeziehung als *strong tie* jedoch am Code der Intimität. Zwar zeigt gerade diese semantische Teilhabe an, dass es sich bei der Beziehung zwischen Ordensgründerin und Protektor eben nicht um ein institutionelles, sondern persönliches Verhältnis handelt, doch die Semantisierung birgt prekäre Deutungsmöglichkeiten, insofern durch sie ebenso erotisches Begehren geäußert werden kann. Erneut steht damit die Ambiguität des symbolisch generalisierten Kommunikationsmediums Freundschaft im Mittelpunkt der Beobachtungen, allerdings weniger im Hinblick auf deren Potential für die Kommunikation, als vielmehr vor dem Hintergrund notwendiger Disambiguierungen. Diesen beiden Problemstellen respektive der strukturellen Eigenheit heterosozialen Einhegens von Charismatikerinnen widmen sich die nachfolgenden Analysen wiederum rein exemplarisch an Hand der Textcorpora Birgittas und Klaras.

2.2.1 Birgitta und die Figur des Beichtvaters

In den legendarischen Erzählungen Birgittas von Schweden wird in allen Fassungen, also sowohl in den lateinischen Viten, als auch in ihren volkssprachlichen Transformationen eine für die Frauenmystik wesentliche Figur greifbar, der Beichtvater.[912] Er ist als institutionell gesicherte Figur – für die Abnahme des Beichtsakraments bedurfte es kirchlicher Weihen – jener Vertraute, der als strategischer Partner für den Eintritt in das institutionelle Netzwerk gelten kann. „[D]ie dominante Figur des Beichtvaters, der als Seelsorger die Spiritualität der *mulier religiosa* begleitet und als Initiator, Berater und Förderer ihr Schreiben ganz wesentlich beeinflußt“, lässt

912 Einleitend und sehr ausführlich zu den Funktionen dieser Figur, gerade vor dem Hintergrund einer Authentifizierung und Legitimierung weiblicher Texte, siehe Ursula Peters: Religiöse Erfahrung als literarisches Faktum, S. 101–188.
Eine zusätzliche institutionell angebundene Legitimierung bietet die Fassung des *Der Heiligen Leben* (HLBi, fol. 278): *Do die heilige Brigitta geporn wart zu dieser werlt daz ein andehtiger priester sah in einê gepet gar ein liechte wolken. Vnd in der sah er sitzen eine junkfrawê die het ein puch in der hant. Vnd do er sich wart sere wundn do sprach ein stýme zu jm Ez ist geporn Brigitta die tocht‘ der stýme wirt noch gehoret in d‘ zukunftigê werlt Vnd durch die wirt got redn.* Die institutionell gesicherte Amtsperson, ein Priester, erfährt in dieser proleptischen Vision also nicht nur von der Geburt Birgittas, sondern zugleich von ihrer besonderen, Gott gegebenen Gabe der Visionen. Das Bild der mit einem Buch ausgestatteten Jungfrau verweist zugleich auf die später verschrifteten Visionen Birgittas. Die legendarische Erzählung sichert insoweit frühzeitig ihre folgenden Ausführungen über die Visionärin ab, deren Taten von Geburt an der Amtskirche bekannt waren.

ihn auch innerhalb der legendarischen Erzählungen als funktionale Figur erscheinen.[913] Ursula Peters hält für die Vielzahl lateinischer wie volkssprachlicher frauenmystischer Literatur, in der die Figur des Beichtvaters zum Einsatz kommt, unterschiedliche Funktionen und Narrativierungen seiner Person fest. Insgesamt kommt sie dabei zu folgender Text, Kontext und auf die Textgenese bezogene Dreiteilung:

> Bei den Frauenviten des 13. bis 16. Jhs. ist normalerweise der Seelsorger als primärer Augenzeuge und intimster Kenner des Gnadengeschehens eine wichtige Figur. Er übermittelt – in mündlichen Berichten oder schriftlichen Aufzeichnungen – die zentralen Informationen über die ihm vertraute Person und tritt entsprechend häufig auch als der eigentliche Initiator ihrer Kanonisation auf. [...] In der deutschsprachigen Vitenliteratur süddeutscher Dominikanerinnen des 14. Jhs. scheint jedoch der Beichtvater diese Autorenrolle abgetreten und sich eher als Initiator und Förderer schriftlicher Aufzeichnungen betätigt zu haben. [...] In den deutschen Texten des 15. Jhs. ist der Beichtvater [...] wieder die beherrschende Figur, wenn er als Seelenführer den streng asketischen und von einem deutlichen Reformwillen getragenen Lebensweg einzelner durch besondere Gnadenerfahrungen ausgezeichneter Frauen begleitet und nach ihrem Tod diese *vita religiosa* der Askese, Ordensdisziplin und Begnadung aufzeichnet.[914]

In allen drei Zusammenhängen, vom 13. bis zum 16. Jahrhundert, wird vor allem die legitimatorische Funktion des Beichtvaters offenbar, der als institutioneller Vertreter die Visionen überwacht, fördert und zugleich für deren adäquate Verbreitung Sorge trägt.[915] Damit kommt dem Beichtvater eine zentrale Rolle bei der Einhegung einer Heilscharismatikerin zu, insofern er bereits prozessual in die das Heilscharisma evozierenden Abläufe, also die Visionen, eingebunden ist.[916] Es ist aber auch erst der narrative

---

913 Zu dieser vor allem an Hand der frauenmystischen Texte des 13. Jahrhunderts gewonnenen Beschreibung kommt Peters: Religiöse Erfahrung als literarisches Faktum, S. 129.

914 Vgl. ebd., S. 181–182.

915 Hierbei sei jedoch auf eine Beobachtung Niklaus Largiers hingewiesen, die die Analysen von Peters im Hinblick auf die volkssprachlichen Texte und deren verbreiterte Produktions- und vor allem Rezeptionsmöglichkeiten redigiert. Largier stellt fest, dass die volkssprachlichen Fassungen eine erweiterte Form der Sinnevozierung hervorrufen können, da die textimmanenten Normierungen, die gerade in den narrativ wiedergegebenen Gesprächen mit dem institutionellen Vertreter, dem Beichtvater, Ausdruck finden, abnehmen. Insoweit eröffnen diese Texte dann ihrem jeweiligen, nicht klerikal oder monastisch gebundenen Rezipienten die Möglichkeit „unabhängig von einem autorisierten Diskurs" Sinndeutungen vorzunhemen. Vgl. Niklaus Largier: Die Phänomenologie rhetorischer Effekte und die Kontrolle religiöser Kommunikation. In: Strohschneider (Hrsg.): Literarische und religiöse Kommunikation, S. 953–968, hier S. 967–968.

916 Cristina Andenna zeigt, dass die Funktion dieser Figur innerhalb hagiographischer Texte auch basal „für die Legitimierung und Integration einer neuen weblichen Spiritualität innerhalb der kirchlichen Strukturen und für die Identitätsstiftung solcher kleinen Gemeinschaften von mulieres religiosae" sei. Vgl. dazu Cristina Andenna: Ein besserer Weg zu Gott. Freundschaftskonzepte und Freundschaftszeichen in den Viten weiblicher Heiliger

Einsatz dieser Figur in den legendarischen Erzählungen, der das prekäre, mitunter subversive Potential einer als intim dargestellten Gottesbeziehung zwischen Gott und der Visionärin markiert und so immer wieder Anlass zur Bearbeitung bietet.[917] Insofern richtet sich im Folgenden der Blick auf Birgittas Beichtvater respektive ihre Beichtväter und die Darstellung der zu ihnen unterhaltenen Beziehung(en), also deren Initiierung, deren Funktionen im Kontext ihrer Gottesfreundschaft und natürlich deren strategische Mittlerrolle bei der heterosozialen Einbindung in ein institutionelles Freundschaftsnetzwerk. Diese wesentlichen Funktionen eines Beichtvaters präsentieren die legendarischen Texte Birgittas bereits unmittelbar bei seiner Einführung in die *histoire*. So merkt beispielsweise der Erzähler der oberdeutschen Legende an (SBi, fol. 76), dass die zukünftige Ordengründerin *ein maister der heiligen geschrifft zu eim peichtvat' hat*, dessen Name Mathias ist. Während dies vor allem qualifikatorische, respektive Authentizität stiftende Fakten sind,[918] werden für die weitere Erzählung zwei wesentliche Aspekte zu dieser Figur ergänzt: *dem was sie gehorsam in allê dingê Vnd er pflag offt zu sprechen zu seinê sunderlichê freunden von dieser heiligen braut got.*[919] Der Beichtvater kontrolliert also die Heilige und er verbreitet ihren charismatischen Eindruck gerade auch unter ihm vertrauten Personen. Die legendarischen Erzählungen Birgittas verzichten indes auf die topische Erwähltheit des Beichtvaters durch Gott.[920] Sehr wohl kennen sie aber die göttlich initiierte Ratgeberfunktion des *maister Mathias*. Auffälligerweise wird diese erst im Kontext der zweiten Christusvision Birgittas notwendig. Während die Heilige zuvor lediglich Marienvisionen

des 13. Jahrhunderts. In: Münkler, Sablotny und Standke (Hrsg.): Freundschaftszeichen, S. 179–206, S. 206.

917 Caroline Emmelius hält fest, dass diese doppelte und in gewisser weise kontrafaktische Funktion auch auf den frauenmystischen Offenbarungstext selbst zutrifft. „[D]er Offenbarungstext [ist] somit nicht allein Zeugnis einer Begnadung, sondern dokumentiert zugleich in der Kontrastierung von Subversion und Autorisierung die immer wieder notwendige Verhandlung über die Unterscheidbarkeit von Begnadung und Besessenheit." Caroline Emmelius: Verborgene Wahrheiten offenbaren. Verschriftlichungsprozesse in frauenmystischen Texten zwischen Subversion und Autorisierung. In: Caroline Emmelius u.a. (Hrsg.): Offen und Verborgen. Vorstellungen und Praktiken des Öffentlichen und Privaten in Mittelalter und Früher Neuzeit. Göttingen 2004, S. 47–65, hier S. 65.

918 Die in Altötting verfasste *Vita secunda* identifiziert den Beichtvater sogar als Kanoniker eines bestimmten Stiftes: *magistro Mathia Lyncopensi canonico* (BiII, Lib. 1, Cap. 1,7).

919 Der hier eingeforderte Gehorsam gegenüber dem Beichtvater wird in analeptischen Einschüben immer wieder erwähnt, so etwa (SBi, fol 88): *An dem anbegynn irer offenbarung ward ir vô got gepoten* […] *das sie gehorsam scholt sein dem maister in der heiligen geschrifft Do ich ee vô gesagt hab.*

920 Cristina Andenna weist unteranderem sehr dezidiert auf die Topik „einer von Gott inspirierten Auserwählung" hin, die das Wirken des Beichtvaters und zugleich das unterhaltene Verhältnis zu einer Visionärin legitimiert und unverfügbar stellt. Siehe dazu Andenna: Ein besserer Weg zu Gott, S. 204-206, hier S. 206.

erhält,[921] also sich in einem homosozial weiblichen Verhältnis zur Transzendenz befindet, tritt Christus zuvor nur ein einziges Mahl in einer Traumvision in Erscheinung. Zu dieser Vision merken die Erzähler jeweils an (hier CBi, Cap. 4, S. 10), *Birgitta sei erst teyn iar olt* und ihr erscheint Christus in besonderer Weise, nämlich als Schmerzensmann (*in sulker wise, ofte he yuton ghecruceget were*). Die von der noch kindlichen Birgitta im Folgenden geäußerten Affekte stehen gänzlich im Kontext der *compassio* und die vertrauliche Nähe zwischen ihr und Gott gelangt insoweit nicht in den Verdacht erotischen Begehrens. Anders hingegen die zweite Christusvision, in der dieser ihr dezidiert die Brautschaft anträgt (CBi, Cap. 13, S. 26-27): *wente du schult werden myne brut vnde myne vrundynne.* Neben Birgitta und dem erscheinenden Christus ist ihr Beichtvater Mathias eine wesentliche und in allen Fassungen auftretende Figur in dieser narrativ hochgradig konstruierten Szene. Die Dramaturgie folgt dabei erneut dem Prinzip der Trigemination. Christus erscheint der gerade verwitweten Birgitta, diesmal nicht in menschlicher Gestalt, sondern lediglich als *lichten wolken*, aus der sie *ene stempne* hört (hier und nachfolgend CBi, Cap. 13, S. 26–27). Von dieser Stimme, die in den Erzählungen in direkter Rede wiedergegeben wird, angesprochen (*„Wyuesname! Hore my!“*), erschrickt sie, da sie *en bedregnisse* befürchtet. An dieser Stelle tritt nun das erste Mal seit seiner Einführung in die *histoire* der Beichtvater auf,[922] zu dem Birgitta Rat suchend flieht. Der Erzähler verweist sofort auf dessen Qualitäten, *wente de was wol vorsocht yn deme gestliken leuende, also dat he wol wiste de vnderschedynge des argen vnde des guden gestes.* Um überhaupt die Vision als Gott gegeben zu erkennen, bedarf Birgitta des Beichtvaters, der über ein notwendiges Differenzierungswissen verfügt. Er entscheidet als erster institutionell über „Begnadung und Besessenheit“.[923] Doch zunächst wiederholt sich die Situation zweimal und Birgitta erhält lediglich strenge Maßregelungen sowie die Eucharistie von Mathias. Bei der dritten Erscheinung spricht die Stimme sie erneut parallel zu den vorherigen Malen an, jedoch ergänzt sie: *„Ik byn dyn got vnde wil myt dy spreken“.* Da die Heilige dennoch erschrickt, fügt die Stimme diesmal noch vor Birgittas Flucht zum Beichtvater hinzu, dass sie genau dies tun solle. Dabei begründet die Gottesstimme sogar diese Anweisung und zwar ebenso wie es zuvor der Erzähler auf der Ebene des

921 Maria erscheint Birgitta dreimal. In der ersten Vision erhält sie von ihr eine Himmelskrone, in der zweiten unterstützt sie Birgitta bei der Handarbeit und in der dritten Vision steht sie ihr bei der Geburt eines ihrer Kindes bei.

922 Dass es sich hier um den ersten Auftritt handelt betonen vor allem indirekt die oberdeutsche und die niederdeutsche Fassung (nicht die des *Der Heiligen Leben*). Ihre Erzähler merken jeweils metaleptisch an, dass es sich bei dem Erwähnten, um jenen handelt, *dar ik van gesecht hebbe in deme soueden cappitele* (hier CBi, Cap. 13, S. 26).

923 Siehe zu dieser auf den Beichtvater übertragenen Funktion des Textes nochmals Emmelius: Verborgene Wahrheiten offenbaren, S. 65

discours getan hat: „[*G*]*ha to meyster Mattya, dyneme bichtuader, de dar yn syk vorsocht heft beyder vnderscheit, vnde segghe emme van myner wegene, wat ik dy segghe!*" Diese Aussage legitimiert nicht nur die Qualifikation des Beichtvaters, sondern vielmehr noch dessen Funktion für die Visionen Birgittas. Mathias wird insoweit innerhalb der legendarischen Erzählungen auch von göttlicher Seite für seine Aufgaben erwählt.[924] Mit dem Beginn des als geistliche Brautschaft Christi repräsentierten Nahverhältnisses Birgittas zu Gott, tritt zugleich Mathias in Erscheinung. Offensichtlich hat die Figur des Beichtvaters nicht allein Authentizität stiftende und legitimatorische Funktionen. Vielmehr repräsentiert er als *Figur des Dritten* eine den Verdacht zu starker Intimität in der heterosozial gestalten Beziehung zwischen Birgitta und Christus unterminierenden Öffentlichkeit. Mittels seiner Figur „wird die duale Konstellation [der Vision(en); M.S.] durch ein Drittes ergänzt, das in eigentümlicher Weise der Zweiheit äußerlich ist und doch in diese hineinreicht."[925] Gerade vor dem Hintergrund der zuvor homosozial weiblich gehaltenen Visionen, die anscheinend kein Potential für subversive Deutungen bergen, ist das Hinzutreten des Beichtvaters bei den heterosozialen Visionen augenscheinlich. Zugleich tritt aber der Beichtvater in ein trianguläres Verhältnis ein, das ihn selbst in eine prekäre Situation bringt und das im „Konzept des erotischen Dreiecks" präzisiert werden kann.[926] Seine Darstellung als vertrauliche Bezugsperson der Visionärin, lässt ihn ebenso als Rivalen gegenüber Christus als Bräutigam erscheinen, respektive als Rivale gegenüber Birgitta und deren Sonderdyade mit dem sich ihr offenbarenden Gott. Jene unterstellbare Rivalität birgt indes das Potential, die Beziehungen der Rivalen zueinander genauso intensiv zu entfalten, wie die zum Objekt der Rivalität.

---

924 Damit wird die von Andenna aufgezeigte Topik der Erwähltheit der Beichtväter direkt mit dessen Funktion verknüpft und insofern nachgeholt. Siehe dazu Andenna: Ein besserer Weg zu Gott, S. 204-206, hier S. 206.

925 So Christian Kiening über die wohl bekannteste *Figur des Dritten* innerhalb der mediävistischen Germanistik, den Boten oder Wächter im Tagelied. Siehe dazu Kiening: Zwischen Körper und Schrift, hier S. 158.

926 Dass die Beichtväter ihre Beziehung zu den religiösen Frauen selbst als prekär empfanden respektive das subversive Potential erkannten, zeigt Cristina Andenna bereits mittels Reflexionen Salimbenes de Adam; siehe dazu Andenna: Ein besserer Weg zu Gott, S. 182. Das Konzept des erotischen Dreiecks („erotic triangle") geht auf Eve Kosofsky Segdwick zurück, die es freilich zur Beschreibung einer durch den gesellschaftlichen Diskurs auftretenden Differenzierung von Homosozialität und Homosexualität und der dabei erzeugten Spannungen respektive der daraus resultierenden Repressalien entwickelt. Siehe dazu einleitend Eve Kosofsky Segdwick: Between men – English Literature and Male Homosocial Desire. New York 1985, hier speziell S. 21–27. Für die germanistische Mediävistik hat vor allem Andreas Kraß diese Konzeption fruchtbar gemacht; siehe dazu rein exemplarisch Kraß: Das erotische Dreieck.

> […] in any erotic rivalry, the bond that links the two rivals is as intense and potent as the bond that links either of the rivals to the beloved […]. For instance […], the choice of the beloved is determined in the first place, not by the qualities of the beloved, but by the beloved's already being the choice of the person, who has been chosen as a rival. In fact, […] the bond between rivals in an erotic triangle as being even stronger, more heavily determinant of actions and choices, than anything in the bond between either of the lovers and the beloved.[927]

Während die Figur des Dritten in der narrativen Repräsentation des Beichtvaters innerhalb der Birgittalegenden also einerseits das subversive Potential der Nahbeziehung von Birgitta und Christus verringert, bringt sie andererseits eben jene Funktion selbst in eine prekäre Situation. Das vertrauliche Verhältnis und die dabei zugleich unterstellbare Rivalität zwischen Birgitta und ihrem Beichtvater generieren in den Narrationen erneut ein zu bearbeitendes Problem erotischen Begehrens. Im narrativ entfalten Dreieck kommt es zu einer Verschänkung homosozialer und heterosozialer Beziehungen und dem ihnen eingeschriebenen Begehren. Grundsätzlich lösen die Erzähler der Birgittalegenden dieses Problem durch narratives Ausblenden und Reduzieren der Beichtvaterfigur auf ein absolutes Minimum. Der in seiner Funktion innerhalb der Erzählungen wesentliche Beichtvater tritt nur selten in den Fokus des Erzählers und letztlich wird er nur, wie bereits beobachtet, im Kontext legitimatorischer Fragen erwähnt. Erstens fokussiert ihn der Erzähler bei der Vernetzung Birgittas mit den hochrangingen Vertretern der Institution Kirche in Schweden, aber auch in Rom. Zweitens findet er wiederholt Erwähnung im Zusammenhang mit der Verschriftung respektive Verschriftlichung der Visionen.[928] Drittens perspektiviert der Erzähler immer auch – quasi *ex negativo* – das Fehlen des Beichtvaters durch die Einführung etwaiger Ersatzfigu-

927 Vgl. mit Bezug auf René Girard, Segdwick: Between men, S. 21.

928 Ursula Peters spricht gar vom „Motiv des Schreibbefehls" innerhalb der Visionsliteratur. Zur Figur des Beichtvaters merkt sie dazu an: „[D]ie Figur des Beichtvaters, der in zahlreichen Werken - im literarischen Motiv des Schreibbefehls – eine wichtige Rolle als Initiator und Förderer des Schreibens der begnadeten Frauen hat und zugleich in seiner vertrauensvollen Kooperation mit der schreibenden Schwester das Neben- und Ineinander von ‚privater' und ‚offizieller' Textentstehung zu garantieren scheint." Vgl. Peters: Religiöse Erfahrung als literarisches Faktum, S. 7. Interessanterweise wird die genaue Funktion des Beichtvaters Mathias im Kontext der textuellen Dokumentation zunächst nicht erörtert. Hingegen gibt gerade die niedereutsche Birgittalegende (CBi, Cap. 19, S. 46-52) Auskunft darüber, dass sie erstens die Visionen bereits in ihrer Sprache festhält, zweitens ihr späterer Beichtvater Peter eine lateinische Fassung anfertigen soll und drittens, dass dies vor allem den Beichtvater Mathias in seinen Aufgaben unterstütze: […] *he scholde scriuen de apenbarynge desser hilgen vrouwen yn dat lattyn. Wente se scref se suluen yn erer sprake, dat was gotlantdesche sprake.* […] *„Darvmme so hore de wort, du broder Petre, vnde scrif se yn latynscher tungen, alle de wort, de se dy van myner wegen secht! Vnde yk will dy geuen vor enen yewelken bokstaf nicht golt noch suluer, sunder enen schat de dar nicht wert vorderuende edder vorghande."* […] *„Wente ik will dy geuen to eneme hulpere mester Mattyam, de dar is en mester yn myneme rechte."*

ren in die *histoire*. Wie wichtig die häufig ausgeblendete Figur des Dritten trotz ihrer problematischen Eigenheiten für die Narration zu sein scheint, zeigt sich gerade im letzten Punkt. Noch bevor Birgitta Schweden verlässt, um nach Rom und später sogar ins Heilige Land zu pilgern, berichten die jeweiligen Erzähler von einem weiteren, ebenso wie Mathias namentlich hervorgehobenen Beichtvater, *magistor Petro* (BiII, Lib. 1, Cap. 3,49).[929]

> *Do se nv vt Sweden gheghan, do bot er de here, dat se scholde korten ere lange bed vnde scholde leren de kunst, de gramatica is genomet. Vnde wart er gegheuen to eneme mestere vnde bichtvader her Peter, dede en werlik prester was* [...]. (CBi, Cap. 45, S. 93)[930]

Peter ist Birgittas Beichtvater für die Reisen und er erhält diese Funktion legitimer Weise als göttliche Gnadengabe.[931] Wie bereits Mathias ist auch er dazu erwählt und qualifiziert durch seine institutionelle Rolle als Weltpriester.[932] Hinzu kommt bei Peter jedoch auch die Aufgabe, Birgitta in der offiziellen Amtssprache der Institution Kirche zu schulen, deren Beherrschung gerade im Hinblick auf die Einbindung in das institutionelle Netzwerk hilfreich ist. Eine erste Einführung in dieses Netzwerk gelingt bereits Birgittas Beichtvater Mathias, allerdings gestalten die Erzähler die Wiedergabe dieser Annäherung als eine Initiative Birgittas. Die gewählte Darstellung mindert zwar zunächst die legitimatorische Funktion des Beichtvaters zu Gunsten einer von Birgitta ausgehenden Anerkennung der Institution Kirche, gerade diese Perspektive erleichtert indes die Einhegung der Heilscharismatikerin. Eine derartige Einhegung stört dabei keineswegs die charismatische Wirkung Birgittas, denn der Heiligen geht es gerade um eine Absicherung des transzendenten Ursprungs ihrer zunehmenden und ihr Charisma evozierenden Visionen.

929 Auch Peter wird namentlich bereits in den lateinischen Legenden erwähnt, hier zuerst in der *Vita secunda* (BiII).

930 Von dieser Darstellung, dass Peter der Lateinlehrer Birgittas sei, weicht allein die Fassung des *Der Heiligen Leben* ab, die Birgittas Sprachkenntnisse nicht nur auf einen transzendenten Befehl zurückführen, sondern auch das Lernen direkt mit der Transzendenz respektive einer ihr entstammenden Lehrperson verknüpfen (HLBi, fol. 287v): *Vnd wart ir auch gepotê wie sie scholt in die schul der kunst die wir heiszen in latein gramatica lern redn latein vnd daz schreybn vnd vsten Vnd zu eim trost wart ir die heilige Agnes der sie schold gehorsam sein vnd von ir lernê Vnd dor vmb wart sie in kurzer zeit so gar wol gelert daz sie wol kond latein redn vnd vsten.* In den übrigen Fassungen tritt die heilige Agnes lediglich als Trostspenderin an die Seite Birgittas, bspw. CBi, Cap. 45, S. 93: *Ok wart er gegeuen van gode de leue Agnes, de hilghe juncvrouwe, to eneme sunderliken troste.*

931 Siehe dazu Andenna: Ein besserer Weg zu Gott, S. 204-206, hier S. 206.

932 Gerade die oberdeutsche Birgittalegende offenbart in ihrer Ergänzung zu den Aufgaben des Beichtvaters Peter, wie notwendig diese institutionell gesicherten Funktionsträger für die Heilige waren. Ihnen kommt letztlich auch die Rolle eines legitimen Vertreters in ökonomischen wie juristischen Fragen zu. Siehe dazu SBi, fol 96v: *der* [scil. Peter; M.S.] *zoch mit ir auß Swedê Vnd nach des willê lebt sie zu Rom Vnd der hett unter im ir gelt vnd regirt ir hauß vnd gesind mit grosser fursichtigkeit* [...].

> *Do nun die offenbarûg begunden ir dick zu geschehen do ließ sie sich nicht genúgen an irem vorgenantten peichtuater Sunder sie legt fur die offenbarûg eim ertzpischoff Vnd andern dreyê pischofen Vnde im abt des reichs von Sweden das sie sie scholten besehen ab sie von got wern oder nicht Also besahen sie sie mit irem vorgenantten peichtuater nach der außweißûg der lerer der heiligê geschrifft* [...] *Do beslossen sie gantz mit eintracht das es wer geschehen von dem gutê gaist* [...] *Vnd das man sie scholt auff nemê vnd nicht vwerffê.* (SBi, fol. 82r)

Genau in dem Moment, in dem Birgittas Visionen deutlich zunehmen, wendet sie sich nicht nur an ihren Beichtvater, sondern explizit auch an hochrangige Vertreter der Institution Kirche. Dabei übernehmen diese im Prinzip die gleiche Funktion, die zuvor schon der Beichtvater innehatte, die Kontrolle und Legitimation der Visionsinhalte. Die Anbindung an diese Repräsentanten der Insititution dient indes einer gleichzeitigen Etablierung und Verbreitung des Charismas und Birgitta ist darin erfolgreich, denn die neuen Partner innerhalb des Netzwerkes ermöglichen eine weitergehende Legitimation und publik Werden ihres Heilscharismas. Ihr Ratschluss legitimiert die Quelle des Heilscharismas und gestattet Birgitta dieses zugleich textuell zu verstetigen. Auffällig ist dabei jedoch die Einbindung des Beichtvaters Mathias. Dieser ist nämlich weiterhin präsent, wie der Erzähler mittels eines umständlichen Einschubs erwähnt, nachdem dessen Funktion kurz zuvor noch in Frage gestellt zu sein schien. Da Mathias und später Peter gerade diese Aufgabe der Legitimation und Authentizitätsstiftung innerhalb der legendarischen Erzählungen für Birgitta nicht einbüßen, verweist die umständliche Erwähnung hier eher auf die Rolle des strategischen Partners im Kontext der heterosozialen Einbindung in ein institutionelles Netzwerk. Die Einbindung in ein solches Netzwerk hochrangiger Vertreter der Amtskirche, das *per se* eine effektivere Legitimation und Authentizitätsstiftung erlaubt, mag durchaus auf Birgitta selbst zurückgehen, die notwendige Rolle des Beichtvaters als strategischem Partner für eine solche Verknüpfung ist indes weiterhin evident.

Hingegen konstatiert gerade die moderne Netzwerkforschung für die Einbindung von Frauen in homosozial männliche Netzwerke, dass der strategische Partner bereits eine hierarchisch höher gestellte männliche Person sei, die sich quasi als Patron um die Förderung der Außenstehenden bemüht.[933] Ähnliches ließe sich für die liminalen Personen wie Franziskus und Dominikus beobachten. Diese gehören zwar prinzipiell zur homosozialen Gruppe des Netzwerkes, doch ihre Lebenspraktiken führen

933 Siehe dazu nochmals Hoerdt: Spitzenpositionen für Spitzenleistungen?, S. 74. „Frauen [benötigen] auf allen Hierarchiestufen und Jungmanager, deren interne Legitimation nicht abgesichert ist, aufgabenorientierte Beziehungen in der eigenen Abteilung und ein hierarchisches Netzwerk, eine starke Beziehung zu einem hochrangigen strategischen Partner, der nicht der direkte Vorgesetzte ist. Da Frauen und Jungmanagern die interne Legitimation fehle, seien sie auf diese Protektion der strong ties angewiesen."

zu Differenzmarkierungen, die eine Einbindung erschweren, aber im Hinblick auf das erzeugte Heilscharisma auch erfordern. Ihre Freundschaft zu Hugolino d'Ostia erscheint so ebenfalls als strategische Partnerschaft und zwar zu einem hierarchisch höhergestellten Vertreter des institutionellen Netzwerkes, wie sie auch die moderne Forschung beobachtet.[934] Im Falle Birgittas werden solche Bindungen jedoch erst durch die Freundschaften zu den kirchenhierarchisch niedrigeren Beichtvätern ermöglicht, die ihr den strategisch wichtigen Einstieg in das institutionelle Netzwerk gestatten.

2.2.2 Klara und der ‚gezähmte' Franziskus

Die Beobachtungen innerhalb der Textcorpora der Birgittalegenden haben gezeigt, dass die heterosoziale Einhegung des Charismas sowie die daran geknüpfte Einbindung der Heiligen in ein institutionelles Freundschaftsnetzwerk auf einen strategischen Partner angewiesen sind. Dies vor allem weil dem Netzwerk eine homosozial männliche Struktur eignet und es insofern dem Prinzip der homosozialen Kooptation für die Generierung neuer Mitglieder unterliegt. Der strategische Partner dient den Heilscharismatikerinnen, aber auch der Institution selbst als vermittelnde Instanz für die Knüpfung von vertrauten und vertrauenden bis vertraulichen Bindungen. Dabei unterhält der strategische Partner selbst ein hochgradig persönliches und von Vertraulichkeit gekennzeichnetes Verhältnis zu der Heilscharismatikerin. Im Falle Birgittas ist dieser strategische Partner ihr Beichtvater Mathias respektive ihr zweiter Beichtvater Peter. Sie füllen innerhalb der legendarischen Erzählungen Birgittas eben jene Vermittlerrolle aus. Sie sichern einerseits die heilscharismatische Wirkung der Ordensgründerin und andererseits gestatten sie eine Einhegung der Charismatikerin in das institutionelle Netz amtskirchlicher Repräsentanten.

Im Folgenden richtet sich der Blick auf die legendarischen Errzählungen Klaras von Assisi, die die Figur eines persönlichen Beichtvaters für die Heilscharismatikerin nicht kennen. Es stellt sich insoweit also die Frage, wen die Klaraviten und Legenden an Stelle dieser Figur als strategischen Partner für die Einhegung und Anbindung entwerfen? Das wohl auffälligste und innerhalb der Textcorpora durchgehend eingearbeitete heterosoziale Verhältnis, das sich für eine solche Analyse anbietet, ist die bereits unter einem anderen Fokus perspektivierte Freundschaft von Klara und Franziskus. Die beiden jeweiligen Gottesfreunde unterhalten eine vertrau-

934 Franziskus und Dominikus entsprechen in ihrer liminalen Position, als Einsteiger in das Netzwerk, den hierarchisch niederangigen „Jungmanagern"; Hoerdt: Spitzenpositionen für Spitzenleistungen?, S. 74.

liche Nahbeziehung zueinander, deren Basis ihre geteilte Freundschaft im Hinblick auf Gott ist. Im ersten Analysekapitel über die *Gottesfreundschaft* wurden bereits die damit verbundenen strukturellen Paradoxien – ein Gottesfreund gibt alle immanenten Bindungen zu Gunsten der mit Gott geteilten auf – erörtert. Nachfolgend gilt es gerade vor diesem Hintergrund zu fragen, inwieweit Franziskus, der ebenfalls als Heilscharismatiker und Gottesfreund in den Legenden entworfen wird, überhaupt als strategischer Partner für die Einbindung in ein institutionelles und insofern immanentes Freundschaftsnetzwerk fungieren kann. Vor allem weil dessen Legenden, wie gezeigt, ihm selbst einen strategischen Partner für die Einbindung in ein Netzwerk zur Seite stellen, Hugolino d'Ostia. Für Klara indes ist Franziskus die wesentliche Bezugsperson für ihre Abkehr von der Welt, was sie an diesem nicht nur bewundert, sondern wozu sie auch von ihm selbst angeleitet wird, wie es die Fassung des *Der Heiligen Leben* prominent formuliert: *Sant Franciscus rett gar suezekleich mit ir vnd lert si, das si di werlt versmeht, vnd sprach, si solt got zu ainem gemaheln haben fuer alle man* (HlKl, S. 388). Das Einverständnis Klaras zu diesen Ratschlägen und über ihr Verhältnis zu Franziskus offenbart vor allem der Erzähler der volkssprachlichen *Klaravita* (KlV, Z. 212–215): *Dar nach enpfalhe si sich gentzleich vnd gar in den rat des heiligen Sand Franciscen, vnd den setzet si nach got zu ainem vor geer irrer verrihtvnge.* Franziskus genießt das absolute Vertrauen der Heiligen und ist ihr ein Vorbild. Doch es ist ferner eben jener Franziskus, der die Charismatikerin einhegt. So schlägt der Gottesfreund für ihre Abkehr von der Immanenz nicht eine abgelegene Klause oder Einöde vor, wie er sie selbst häufig aufsucht, sondern den institutionell gesicherten Raum der kleinen Kirche von San Damiano.[935] Er ist es auch, der die Heilige bei ihren der Selbstexklusion dienenden Askesepratiken maßregelt. Gemeinsam mit einem hochrangigen Vertreter der Institution Kirche hält er Klara davon ab, ihre extreme Nahrungsmittelaskese und die täglichen Kasteiungen fortzusetzen, wodurch sie die Charisma evozierende Lebensweise Klaras beschränken und allein institutionell kontrolliert erlauben (HLKl, S. 390): *Do si irn leip gar vast kestiget, do ward si gar siech. Do gepot ir sant Franciscus vnd der pyschof von Assis, das si kainen vast tag mer gantz vast.*[936] Franziskus tritt in der Legende des *Der Heiligen Leben* beispielhaft für das Corpus der volkssprachlichen Klaralegenden als Instrument der Institution Kirche auf, obzwar er selbst Vorbild für die Lebensweise Klaras ist. Die Erzähler können mittels dieser Lehrer- oder Vorbildfigur des Franziskus, der sich innerhalb der *histoire* um das Wohl seiner Gottesfreundin sorgt, zugleich

935 Vgl. mit unterschiedlichen Ortsangaben HLKl, S. 388; KlV, Z. 290–293; TKl, fol. 30v.

936 Siehe zu dieser Wendung bereits CCl, Cap. 12: *Prohibuere tandem beatus Franciscus et Episcopus Assisii, sanctae Clarae illud trium dierum exitiale ieiunium, praecipientes ut nullum transeat diem, quin saltem unciam et dimidiam panis sumat in pastum.*

eine Einhegung der Charismatikerin vornehmen. Der heilige Franziskus erscheint in den Klaralegenden quasi als Gewährsmann der Institution Kirche und insofern als ‚gezähmter' oder bereits institutionell eingehegter Heilscharismatiker, der seine Mitstreiterin vor prekären Situationen gegenüber der Amtskirche bewahrt. Ihm gegenüber ist Klara, wie das *Klarabuch* formuliert, gehorsam *vnd daz geluebd veber ging sie nie* (KlV, Z. 439–440). Unter dem Deckmantel der Sorge eines Charismatikers um eine befreundete Charismatikerin camouflieren die Erzähler der volkssprachlichen Legenden die institutionelle Einhegung Klaras. Immer wieder heißt es in den legendarischen Erzählungen (hier KlV, Z. 445–446): *Aber der selig Sand Francisce twang si, daz si dennoch mvst* [...]. Die klar erkennbare Unterordnung der Heilscharismatikerin unter eine Figur, die durch ihre intertextuellen Bezüge als ebenso charismatisch bekannt ist, erlaubt eine narrative Einhegung Klaras ohne dabei ihre charismatische Wirkung zu gefährden. Im Gegenteil sind es gerade die Normierungen des Franziskus, die das Heilscharisma der Heiligen vor der Schablone seines bereits legitimen Wirkens in den Legenden bekräftigen und bestätigen. Erst nach diesen institutionellen Bändigungen berichten die Erzähler von persönlichen und von Vertraulichkeit geprägten Bindungen Klaras mit hochrangigen Vertretern der Institution Kirche. Für die legendarischen Erzählungen Klaras lässt sich dabei eine besondere Kommunikationsform zwischen der Heiligen und den Repräsentanten beobachten.

Wie bei Norbert von Xanten, Bruno dem Kartäuser, Dominikus und Franziskus zeigen sich die Nahbeziehungen innerhalb des institutionellen Netzwerkes gerade im Vollzug, also einem reziproken Austausch, der symbolisch das Vertrauen zueinander generiert und dem Leser präsentiert. In der narrativen Darbietung Klaras offenbart sich diese Wechselseitigkeit neben der gegenseitigen Gebetszusicherung vor allem in der medialen Form des Brieftauschs. In diesen, innerhalb der Legenden nur indirekt auftauchenden, Briefen fallen verbale und symbolische Kommunikation zusammen und zugleich dienen sie der öffentlichen Inszenierung persönlicher Vertraulichkeit der beiden Adressaten.[937] Der Brief stiftet dabei einerseits eine kommunikative Nähe zwischen Klara und den institutionellen Repräsentanten und hält andererseits die, für die Heilige wichtige, Distanz im Hinblick auf ihr Heilscharisma sowie unterstellbares erotisches Begehren aufrecht. Im Medium des Briefes zeigt sich insofern eine legitime Form der heterosozialen Einhegung und Anbindung einer Heiligen in ein institutionelles Freundschaftsnetzwerk. Der Austausch von Briefen

937 Siehe dazu Gabriela Signori: Geschenke erhalten die Freundschaft. Freundschaftsideal und Freundschaftspraxis in der mittelalterlichen Briefliteratur. In: Michael Grünbart (Hrsg.): Geschenke erhalten die Freundschaft. Gabentausch und Netzwerkpflege im europäischen Mittelalter. Münster 2011, S. 187–208, S. 191–195.

tritt innerhalb der Klaralegenden strukturell an die Stelle des persönlichen Besuchs institutioneller Vertreter, wie er den männlichen Heiligen in ihren Narrationen möglich ist. Klara reist nicht nach Rom, um für die Anerkennung ihres Ordens samt seiner Regel zu bitten, sondern sie nutzt einen Brief. Deutlich hebt dafür der Erzähler des *Der Heiligen Leben* in diesem Kontext hervor, dass das Antwortschreiben ein päpstlicher Autograph sei: *vnd wolt auch, das das* [scil. die Ordensregel; M.S.] *bestetigt wuerd von dem pobst Innocencio der dritt.* [...] *Des ward er fro vnd schraib die brief selber.* (HLKl, S. 389).[938] Weil das Schreiben als persönlich gekennzeichnet wird, offenbart es die Vertraulichkeit zwischen Klara und dem institutionellen Vertreter. Dabei wirkt diese Vertraulichkeit keineswegs prekär oder ermöglicht etwa die Unterstellung erotischen Begehrens. Vielmehr betont die Schriftsprachlichkeit des Briefes *per se* die Distanz zwischen den Adressaten. In dieser paradoxen Struktur zeigt sich die Freundschaft Klaras zum Papst, nicht aber ein subversives Handeln der beiden. Zu diesen institutionellen Brieffreunden der Heiligen zählt auch Hugolino d'Ostia, jener Repräsentant der Kirche, der bereits in den legendarischen Erzählungen des Franziskus und des Dominikus eine ähnliche Rolle innehatte. Der ranghöchste Kardinal und spätere Papst Gregor IX. ist der Garant für die institutionelle Anerkennung sowie die damit verbundene erfolgreiche Einhegung der beiden Heilscharismatiker durch die Institution Kirche. Das intertextuelle Netz, das sich um seine Person herum in den legendarischen Erzählungen von Dominikus und Franziskus knüpft, schließt auch Klara und deren Legenden mit ein. Dabei ist nicht zuallererst seine institutionelle Autorität und Amtspflicht ausschlaggebend, sondern vor allem die persönliche, durch Briefe gepflegte Nahbeziehung zur Heilscharismatikerin.

> *Der herre, der Babst Gregorius,* [...] *da er halt dennoch pischof waz ze Ostiensi vnd nach den, daz er ward aufgefueret zv der Bebstleichen hoehe vnd wirdikait, so flehet er die selben Junkfrawen mit ainem flehleichen brief vnd pat hilf von ir vnd empfand auch erloesvnge.* (KlV, Z. 1019–1029)

Die Legende des *Klarabuchs* offenbart für das untersuchte Corpus exemplarisch, dass Klara für den Papst eine ratgebende sowie seelsorgende Brieffreundin ist, an die er sich gerade in dringenden Situationen wendet und die ihm den erhofften Trost spenden kann. Dass die Beziehung zu Gregor IX. narrativ nicht nur parallel zu denen von Franziskus und Dominikus gestaltet ist, sondern dass er, wie zu diesen, eine besonders innige Beziehung mit Klara führt, zeigt die semantische Verdichtung auf der

---

938 Vgl. wiederum die bereits bei Thomas von Celano auftretende Formulierung (CCl, Cap. 9): *Pontifex ipse cum hilaritate magna petiti privilegii sua manu conscripsit primam notulam.* Gerade die lateinische Fassung wie auch die volkssprachliche *Klaravita* zeigen, dass es sich nicht nur um eine schlichte Briefkorrespondenz handelt, sondern um diplomatische Privilegien.

Ebene des *discours*. Der Erzähler des *Klarabuchs* benennt Gregor als *der herre von ostiensi* […] *der vater er waz an seinem ampt vnd ir pfleger an seiner sorge vnd ze allen zeiten ir andehtiger frevent mit seiner leutersten begird* (KlV, Z. 1528–1532).[939] Diese semantische Steigerung von vertrauten, institutionell bedingten Relationen bis hin zur vertraulichen und nicht institutionell gesicherten, persönlichen Freundschaft wirkt wie schon bei Dominikus und Franziskus fort. Während Franziskus, als strategischer Partner, Klara zunächst innerhalb des institutionellen Netzwerkes einführt, etabliert sie ihre Stellung darin durch Briefkommunikation mit hochrangigen Vertretern. Wie beständig auch hier die Bindungen sind, zeigen alle legendarischen Erzählungen Klaras. Kein geringerer als der Brieffreund Papst Gregor IX. ist in den Erzählungen Zelebrant ihrer Beerdigungsfeier.

Die heterosoziale Einhegung weiblicher Heilscharismatikerinnen innerhalb der legendarischen Erzählungen hat in beiden Fällen das Problem der homosozialen Kooptation zu bewältigen. Beide Textcorpora der Ordensgründerinnenlegenden weisen dafür die Figur des strategischen Partners auf. Während sich dieser für die Birgittalegenden als Figur des Beichtvaters manifestiert, ist es in den Klaralegenden ein bereits institutionell agierender Franziskus. Das dabei zugleich evozierte Problem subversiven Verhaltens respektive der Unterstellung erotischen Begehrens lösen die Erzählungen durchaus unterschiedlich. Entweder blenden sie die Figur des Beichtvaters strukturell, nur zu bestimmten, legitimatorischen Funktionen ein oder sie bilden die Beziehung zu institutionellen Repräsentanten ebenfalls strukturell lediglich als Briefkommunikation ab. Semantisch verorten sie die persönliche Beziehung zugleich innerhalb eines hierarchischen Gefälles. Nicht nur der Beichtvater birgt bereits eine familialhierarchische Semantik, sondern auch Franziskus oder Gregor IX. werden entsprechend benannt.

939 Vgl. wiederum die lateinische Vorlage Thomas' von Celano (CCl, Cap. 26): *Audito vero eius infirmitatis augmento, properat de Perusio domnitus Ostiensis invisere sponsam Christi, cuius fuerat officio pater, cura nutritius, affectu purissimo semper devotus amicus.*

VI. Freundschaft in Ordensgründerlegenden

Das legendarische Erzählen von Heiligen und vom Heiligen ist different. Es gibt zwar durchaus die makrostrukturelle Unterscheidung in syntagmatisches oder paradigmatisches Erzählen, doch eine generelle Zuordnung dieses Erzählens zu bestimmten Heiligentypen ist mit der innerhalb der Forschung mitunter behaupteten absoluten Passgenauigkeit nicht gegeben. Viel eher zeigt sich in der narrativen Diversität hagiographischer Texte des Mittelalters, dass dem legendarischen Erzählen ein immenses, wenn auch nicht mit dem höfischen Erzählen vergleichbares, kreatives Potential eignet und dieses durchaus in den zahlreichen Viten, Vers- und Prosalegenden entfaltet wird. Dies offenbart sich nicht zuletzt in den immer wieder konstatierten, wechselseitigen Aufnahmen von Erzählmustern oder Motiven innerhalb des höfischen wie legendarischen Erzählens.

Die vorhergehenden Analysen und Beobachtungen haben sich vor diesem Hintergrund mit den in der germanistischen Mediävistik bisher wenig beachteten Ordensgründerlegenden und zwar sowohl den lateinischen als auch den volkssprachlichen Transformationen befasst. Mit dem Blick auf Freundschaftssemantiken und Freundschaftsnarrative innerhalb des legendarischen Erzählens von heiligen Gründerfiguren und ihren Gemeinschaften wurde keine eigenständige Poetologie der Ordensgründerlegende entwickelt. Wohl aber wurden die auf der Ebene des *discours* ausgeprägten, spezifischen Eigenheiten dieses Erzählens herausgearbeitet, die sich gerade in der Fokussierung unterschiedlicher Nahverhältnisse der Protagonisten auf der Ebene der *histoire* offenbaren. Ordensgründerinnen und Ordensgründer werden nämlich narrativ nicht allein in dem spannungsreichen Verhältnis von auf die Transzendenz hin *ausgerichteter* Gottesfreundschaft und immanenten Verhältnissen zu institutionellen Vertretern situiert, wie es basal für das Erzählen von allen anderen Heiligen ist. Die Spezifik dieser Narrationen liegt in der Darbietung einer dritten Relationierung der Protagonisten, der gegenüber ihrem Orden und einzelnen Gefährtinnen und Gefährten.

Jedes dieser Beziehungsverhältnisse birgt eigene und mitunter zuwiderlaufende Geltungsansprüche. Pauschal und etwas abstrakt betrachtet, verhandeln die Narrationen in der Abbildung jener Nahverhältnisse die Gegensätze von Institution und Charisma, transzendenter und immanenter Verortung ihrer Figuren sowie stabilisierender und destabilisierender

Wirkungen auf eine Gemeinschaft und deren Gemeinsinn. Das heißt, dass Freundschaft in den Erzählungen sowohl als Anspruchskategorie als auch als Auszeichnungsbegriff eingesetzt werden kann. Einerseits, weil Freundschaft mit bestimmten Werten und Normen verknüpft zu einem hoch anspruchsvollen, aber auch Orientierung stiftenden Konzept wird. Zu erwähnen wäre etwa das sakralisierte Freundschaftskonzept der Gottesfreundschaft. Andererseits ist es in beonderem Maße auszeichnend, wenn man als Freundin oder Freund vor dem Hintergrund eines solchen Konzeptes benannt wird. In den Legenden gestaltet sich die narrative Entfaltung dieser Freundschaftsaspekte äußerst komplex, denn das legendarische Erzählmuster berichtet von zwei sukzessiv entgegengesetzten Prozessen. Zum einen von der Aufgabe aller immanenten Beziehungen zu Gunsten einer immer stärker werdenden Beziehung zur Transzendenz. Hierin manifestiert sich die Gottesfreundschaft der Gründerfiguren. Während auf der Ebene des *discours* der Protagonist dabei immer schon ein Gottesfreund ist und ihm die entsprechende Auszeichnungskategorie sowie Heiligkeit zugesprochen werden, zeigt sich innerhalb der *histoire* der prozessuale Verlauf der Gottesfreundschaft. Diesem Prozess stehen die übrigen, immanenten Nahverhältnisse der Protagonisten entgegen. So etwa die Bindungen der heiligen Ordensgründerinnen und Ordensgründer gegenüber institutionellen Vertretern, aber auch die Bindungen zu ihrer jeweiligen Gemeinschaft. Zum anderen entfaltet das legendarische Erzählen explizit auch das Eingehen von immanenten Beziehungen, vor allem zur gegründeten Gemeinschaft und insitutionellen Vertretern. Dafür nutzen die Legenden die nicht institutionell gesicherten Formen freundschaftsbasierter Nahbeziehungen. Sie können so die meist funktional ausgerichteten Verhältnisse zwischen den Gründerinnen und Gründern zu ihren Gemeinschaften und den Institutionen erzählen, ohne sie immanent in feste Relationen zu setzen. Das Erzählen von diesen Freundschaftsverhältnissen gestattet bestimmte Werte und Normen, die an die Freundschaft bzw. vor allem an die Lebensweise der Gründerfiguren gekoppelt sind, an die Gemeinschaften zurückzubinden. Es sind also erst jene narrativ entfalteten Nahverhältnisse, die eine gemeinsinnstiftende Orientierung für eine Gemeinschaft vermitteln. Ähnliches gilt für die Nahverhältnisse zu institutionellen Vertreten. In diesen Sozietäten wird vor allem das Problem von Charisma und Institution bewältigt, das sowohl der Veralltäglichung entgegenwirkt als auch eine Einhegung ermöglicht.

Die klar erkennbaren Spannungen dieser erzählten und in den Freundschaftsverhältnissen aufkeimenden Geltungsansprüche der Ordensgründerlegenden werden nicht allein auf der Ebene des *discours* und innerhalb der *histoire* sichtbar. Vielmehr werden sie erst durch die eingesetzten Freundschaftssemantiken und -narrative erzählbar. Im Prinzip ist es gerade die Ambiguität und Polyvalenz der Semantiken und Narrative, die ein derartig gegabeltes Erzählen divergierender Geltungsansprüche ermöglichen. Dabei zeigt sich, dass Freundschaft im Sinne eines symbolisch generalisierten Kommunikationsmediums zu verstehen ist, das mittels seiner ihm eigenen Semantiken auf Vertrauen basierende Nahverhältnisse generiert. Diese Bindungen zeichnen sich zwar vorrangig durch personale und persönliche Vertrautheit, reziprokes Vertrauen sowie Vertraulichkeit aus, nicht aber durch eine institutionelle Sicherung der damit evozierten Beziehungen. Jene Offenheit gestattet daher das parallele Erzählen von divergierenden Geltungsansprüchen und damit verknüpften Erzählmustern innerhalb der Ordensgründerlegenden. Nachfolgend seien daher jene Semantiken und Erzählmuster beziehungsweise Narrative von Freundschaft innerhalb der Ordensgründerlegenden als Ergebnisse dieser Studie zusammengefasst.

1. Freundschaftssemantiken

Grundsätzlich wurden bei den Analysen drei Freundschaftsrelationen berücksichtigt, die das legendarische Erzählen von Ordensgründerinnen und -gründern prägen. Neben der Gottesfreundschaft, also dem konstitutiven Verhältnis der immanenten Heiligen zur Transzendenz, waren das die Nahverhältnisse der Gründerfiguren zu ihren Gemeinschaften und die sich in einem Netzwerk wiederspiegelnden Relationen zu institutionellen Vertretern. Für diese drei Freundschaftsrelationen in den Ordengründerlegenden wurden unterschiedliche semantische Felder berücksichtigt. Alle Semantiken, so die Annahme, dienen der Stiftung von Vertrauen, als basalem Mechanismus der Komplexitätsreduktion. Sie stiften vertraute, wechselseitig vertrauende bis vertrauliche Sozietäten, die der sozialen Stabilisierung dienen sowie Erwartbarkeit in einer generell unbekannten und kontingenten Umwelt generieren. In Anlehnung an die Studie von Verena Epp wurden dafür vier semantische Felder der *amicitia* / *vriundschaft* berücksichtigt, die persönlichen, die klientelistischen, die politischen und die geistlichen Freundschaftssemantiken. Innerhalb der Felder kommt es durchaus zu semantischen Überschneidungen bzw. bietet das Feld der geistlichen Freundschaftssemantiken für das legendarische Erzählen *eo ipso* mehr Varianten. Zudem lassen sich in allen Feldern Semantiken finden, die die Sozietäten in ein horizontales, aber auch in ein vertikales Verhältnis setzen können. Hierarchie in einer Freundschaft ist insofern kein Ausschlußkriterium, sehr wohl aber das Fehlen von Reziprozität. Während Wechselseitigkeit auch in hierarchischen Nahverhältnissen vorkommt (etwa in der Gottesfreundschaft), ist die Vorstellung völlig gleichrangiger

Freunde in der Vormoderne ein Sonderfall, der erst im späten 18. Jahrhundert zu einem bis heute anspruchsvollen Normalfall erklärt wird. Gerade das Fehlen dieses Anspruches birgt das hohe funktionale Potential der Freundschaftssemantiken in der Vormoderne, das sich eben auch innerhalb der legendarischen Erzählungen von Ordensgründerinnen und Ordensgründern zeigt.

Für die persönliche *amicitia* innerhalb der lateinischen Textcorpora lassen sich vor allem Semantiken aus dem politisch ökonomischen Sprachfeld benennen, wie *socius/socia* oder *comes.* Sie sind auf Attribute wie *familiari* oder *cladestinos* angewiesen, um die eigentlich beabsichtige Vertraulichkeit zwischen den Figuren zu evozieren. Anders die volkssprachlichen Legenden, die klar auf synonyme Semantiken zu *vriunt* setzen und häufig *geselle* oder *gespil* verwenden, um die die stark vertraulichen und persönlichen Beziehungen zu beschreiben. Dennoch kennen die volkssprachlichen Legenden Zusätze, die die bereits vertraulichen Semantiken noch einmal steigern, *haimeleiche gespilen.* In beiden Corpora entstammen die Attribuierungen dem Code der Intimität, der in der symbolischen Kommunikation dezidiert der Stiftung höchster Vertraulichkeit dient. So können beide Textcorpora mögliche Hierarchien in diesem semantischen Feld nivellieren oder camouflieren. Das zeigt sich etwa im Bereich der Gastfreundschaft. Während die lateinischen Texte klar über das Lexem *hospes* die entsprechende Relation evozieren können, bilden die volkssprachlichen Legenden derartige Verhältnisse onomasiologisch ab. Die Aufnahme von Gästen wird umschrieben und Fremde werden *frûtlichen up* genommen. Onomasiologisch sind auch die typischen Gaben (Briefe), Gesten (umarmen) oder Dienste (Brautwerbung), die eine persönliche *amicitia* oder *vriuntschaft* kennzeichnen.

Die klientelistischen Bindungen zeichnen sich durch bewusst eingegangene, wechselseitige Abhängigkeitsverhältnisse aus, die ein rechtlich einforderbares Loyalitätsverhältnis hervorbringen. In den legendarischen Erzählungen werden die Heiligen entsprechend der skizzierten Eigenlogik des Erzählens semantisch nur sehr selten in ein rein klientelistisches Verhältnis gesetzt. Ausnahmen bieten vielleicht jene Beziehungen, die noch am Anfang der sukzessiven Selbstexklusion stehen und die später zum Feld der geistlichen Freundschaften gehören. So etwa die in den lateinischen Texten häufige Verwendung von *dominus* und *servus.* In den volkssprachlichen Legenden ließe sich das ebenfalls häufige Lehrer-Schüler-Verhältnis *maister/discipill* oder das Verhältnis der Gründerfigur zu *sinen jungern und schuoleren.* Im Kontext der späteren Gemeinschaftsverwaltung werden klientelistische Freundschaftsverhältnisse semantisch durchaus öfter hervorgebracht. Diese verweisen auf funktionale und strukturelle Aspekte innerhalb der Gemeinschaften und dem Verhältnis zur Gründerfigur. Die Protagonisten werden in den volkssprachlichen Texten als *oeverste*, als *governoure*, als *schepperd*, *hirtten* oder in den lateinischen Texten als *ductore* und *archiepiscopus* bezeichnet. Diese Semantiken beziehungsweise die Amtsbezeichnung verweisen evident auf ein asymmetrisches und durchaus von Abhängigkeit und Gehorsam geprägtes Verhältnis zwischen der Gemeinschaft und ihren Gründern.

Politische Freundschaftsverhältnisse, welche zwar interpersonal geschlossen werden, sich aber vor allem auf eine abstraktere ‚staatliche' Ebenen beziehen und der Stiftung einer gemeinschaftlichen Binnensolidarität dienen, sind innerhalb der legendarischen Erzählungen kaum zu finden. Allenfalls ausgehend von ihrer basalen Rekurrenz auf die Differenz von Freund/Feind (vertraut/unvertraut) sowie den Einbezug des soziokulturellen Instituts der Gastfreundschaft lassen sich einzelne Verhältnisse derart beschreiben. So etwa das in den Analysen nicht berücksichtigte Treffen zwischen Franziskus und dem Sultan von Syrien. Die Erzähler der lateinischen Texte greifen hierfür auf die Differenz von Freund/Feind zurück sprechen klar von *bella inter christianos et paganos fortia et dura ingruerent.* Auch die greifen diese Differenzierung auf *dâ die heiden und kristen / mit urliuge ensament krîsten.* Das wechselseitige Verhältnis zwischen Franziskus und dem Sultan zeigt sich dann in theologischen Disputen über den wahren Glauben. Es besteht auf dem Grundsatz der Gastfreundschaft und endet mit der unbeschadeten Abreise des Franziskus.

Geistliche Freundschaftsverhältnisse liegen im Grunde in zwei Relationen vor: einerseits der Beziehung zwischen Gott und den Heiligen und andererseits zwischen einzelnen oder einem weiter gefassten Kollektiv, die im Hinblick auf eine Gottesfreundschaft vereint sind. Wenig überraschend sind die Menge und der Variantenreichtum der geistlichen Freundschaftssemantiken. Hier können Abhängigkeitsverhältnisse wie etwa bei der Gottesfreundschaft der Heiligen in den lateinischen Texten durch *servus Domini* oder *famula Christi* markiert werden. Die volkssprachlichen Texte kennen den *frúmen knecht*, den *getrúwen knecht vnd ein frúmmen kempfen* und sie wissen ebenso wie die lateinischen Legenden das Verhältnis auch auf der Handlungsebene als hierarchisch zu präsentieren: *Thi body is made fort seruen me* oder *mihi servire debueras.* Das gilt ebenso für Nahverhältnisse die im Hinblick auf Gott geschlossen werden, wie etwa die zwischen den Gemeinschaften und ihren Gründerfiguren. Die Erzählungen nutzen für diese Sozietäten fast ausschließlich familiale Semantiken, die ein hierarchisches Verhältnis evozieren, etwa *pater/vadder*, *mater/muoter*, *filiae/toehter* und *filii/suen*, oder *geistlich kynder.* Demgegenüber betonen die Basissemantiken wie *amicus dei/amica dei* oder *vrundynne gots/vriunt gottes* eine starke, wechselseitige Vertraulichkeit. Diese Semantiken finden sich ausschließlich bei der Darstellung der Gottesfreundschaft der Heiligen. Anzumerken gilt, während in den volkssprachlichen Ordensgründerlegenden *vriunt* eine Übersetzung für das lateinische *amicus* ist, übersetzt *vrundynne* zumeist eine Form des lateinischen *dilecta.* Letzteres verweist wiederum auf den Code der Intimität, der häufig ergänzend eingesetzt wird, um die Vertraulichkeit der Sonderdyade zu betonen: *min geminter*, *mein gemintev*, *dilectus* und *dilecta.* Horizontal gelagerte Nahbeziehungen der Heiligen zu ihren Gemeinschaften oder institutionellen Vertretern werden mit familialen Semantiken markiert, denen eine Symmetrie inhärent ist, etwa *prüeder/swestern* oder *fratres/sorores.* In dieser Symmetrie offenbart sich die besondere Vertraulichkeit, die eben nicht allein auf einem Dienst-Lohn-Verhältnis beruht. Dies unterstreicht auch der häufige und dabei reziproke Einsatz von Possessivpronomen (*min/myne* und *meus/mea*) in der Anrede der Figuren, aber auch in der Zuschreibung durch den Erzähler (*sin/syne* und *suus/sua*). Hinzu kommen attributive Wendungen wie *levê broders*, *sime heimelichen frúnde* oder *familiaribus sociis.* Vor dem Hintergrund einer heteronormativen Matrix, respektive einer möglichen Unterstellung erotischen Behrens innerhalb einer persönlichen Nahbeziehung, bedürfen diese Semantiken umgekehrt ebenfalls einer Relativierung, vor allem jene, die eine verstärkte Intimität ausdrücken. Die lateinischen Erzählungen setzen dafür unter anderem familiale Semantiken attributiv ein: *paterna sollicitudine prefuit / paterno confovebat affectu* oder *maternis blanditiis alleviet vim doloris.* Gleiches gilt auch für die volkssprachlichen Transformationen, siehe etwa *veterlichem* [...] *sorgsamkeit* oder *mit iren mueterleichen zarten geringert iren grozzen smertzen.* Insgesamt kann die im Hinblick auf Gott miteinander geschlossene geistliche Freundschaft in den volkssprachlichen Legenden direkt auf der Figurenebene formuliert und durch den Erzähler kommentiert werden: *‚Lieber průder, dv scholt mein geselle sein, got zu dienen.‘ Vnd gelobten gesellescḥaft zusamen in gantzen trewn in got.* In den lateinischen Texten wird sie hingegen häufig mittels symbolischer Kommunikation evoziert, wie beim *manus inter manus ponuntur*, einer persönlichen, wechselseitiges Vertrauen abbildenden Freundschaftsgeste.

2. Freundschaftsnarrative

Gottesfreundschaft, die Freundschaft zur Ordensgemeinschaft sowie die Freundschaften innerhalb eines institutionellen Netzwerkes boten auch für die Analyse der Freundschaftsnarrative in Ordensgründerlegenden den Beobachtungsrahmen. Grundsätzlich dienen die gefundenen und untersuchten Narrative der Sinnstiftung. Sie entfalten die Semantiken und betten sie in einen komplexeren Zusammenhang. Sie zeigen, dass Freundschaft auf einen performativen Vollzug angewiesen ist, den das Erzählen von Freundschaft perpetuiert. Damit bilden die Narrative – gerade auch im Einsatz der entsprechenden Freundschaftssemantiken – die symbolisch generalisierte Kommunikation ab, die mit Hilfe des Mediums Freundschaft evoziert wird. In ihnen offenbaren sich die Regeln des Kommunikationscodes. Die Narrative zeigen, dass Freundschaft selbst kein Gefühl ist, sie präsentieren aber die Regeln des Codes, mit denen man Gefühle ausdrücken, bilden, simulieren, anderen unterstellen oder leugnen kann. Nachfolgend werden die Narrative, die in den Analysen erarbeitet wurden, systematisch benannt und kurz in ihrer spezifischen Funktion beschrieben.

Für die Gottesfreundschaft der Heiligen habe ich zunächst das Narrativ der Freundschaftsinitiierung untersucht. Obzwar Heilige in ihren Legenden immer schon als heilig dargestellt werden, bedarf es auf der Ebene der *histoire* einer sukzessiven Heiligwerdung. Insofern ist der Beginn dieses Prozesses auch der Beginn des Freundschaftsvollzugs. Seine narrative Entfaltung zeigt sich in drei Formen. Erstens der *electio*, also der Erwähltheit der Heiligen. Dieses Narrativ setzt bereits vor der Geburt der zukünftigen Heiligen ein und stellt sie mittels Visionen anderer Figuren als Gottesfreunde dar. Diese sogenannten Geburtsheiligen beweisen in der sich anschließenden Narration ihre Erwähltheit durch außeralltägliche Handlungen bereits im Säuglingsalter. Zweitens die *conversio*, die abrupte Umkehr der bisherigen Lebensweise. Die Gottesfreundschaft entwickelt sich erst in einem späteren Lebensabschnitt, der mit einem einschneidenden Erlebnis verknüpft wird. Teilweise unterhalten die Ordensgründerfiguren bereits institutionelle Bindungen zu Gott, in Form von klerikalen Weihen. Erst im Moment der *conversio* werden diese Beziehungen durch eine persönliche Nahbeziehung zu Gott substituiert, fusioniert oder in ein komplementäres Verhältnis gesetzt. Drittens die *imitatio*, die nur bedingt auf einem einschneidenden Erlebnis basiert. Wichtiger erscheint vielmehr, dass die Freundschaft in dieser narrativen Darbietung einer bewussten Nachahmung entspringt. Die selbstexklusive Lebensweise, die den Vollzug einer Gottesfreundschaft ausmacht, wird mit Bezug auf eine bestimmte Person gewählt, die selbst bereits eine Freundschaft mit Gott unterhielt. Bereits die Formen der jeweiligen Freundschaftsinitiierung führt zu unterschiedlichen Vollzugsformen der Gottesfreundschaft und damit auch dem Erzählen von ihr.

Initiierungen sind aber auch im Hinblick auf die Freundschaften zu den Ordensgemeinschaften wesentlich. Um Gemeinsinn narrativ zu stiften, sind Gründungsnarrative der jeweiligen Gemeinschaft unablässlich. Ob eine Gemeinschaft allein vom Gründer oder der Gründerin gegründet wird, oder zusammen mit späteren Mitgliedern dieser Gemeinschaft, ist für die Gemeinsinnevozierung durchaus relevant. Ebenso der Umstand, dass manche Gründer sogar mehrfach eine Gemeinschaft innerhalb der Erzählungen gründen oder sogar auf die Hilfe Dritter angewiesen sind. Die Gründungsnarrative, die im legendarischen Erzählen eingearbeitet werden, dienen insofern nicht allein der Erinnerung an den Ursprung einer Gemeinschaft, sondern ferner der Gemeinsinnstiftung. Ordensgründerlegenden sind insoweit sowohl narrative Gedächtnisspeicher als auch Gemeinsinnspeicher. Auffallend dabei war, dass bestimmte Narrative genderspezifischen Codierungen unterliegen. Während die Narrative der eigenständigen, gemeinschaftlichen und mehrfachen Gründung einer Gemeinschaft ausschließlich an männliche Gründerfiguren geknüpft werden, bedürfen Gründerinnen immer der Anleitung durch Dritte. Diese Anleitung (homosoziale Kooptation) erhalten sie entweder von immanenten männlichen Figuren, wie anderen Ordensgründern oder von der Transzendenz. Die späteren Gemeinschaften der Gründerinnen erfahren in den Gründungsnarrativen keine Berücksichtigung. Gemeinsinn bezieht sich in diesen Narrativen allein auf die Gründerin und ihre spezifische Lebensweise, die der Gemeinschaft als Orientierung dienen. In den männlich codierten Narrativen bietet gerade die Beteiligung der Gemeinschaft beim Gründungsakt eine zusätzliche Möglichkeit das gemeinsinnige Potential der Erzählungen zu steigern.

Ein weiteres Narrativ, das gerade im Hinblick auf den performativen Vollzug von Freundschaft, konstitutiv für das Erzählen von ihr ist, ist das der Verstetigung. Freundschaft bedarf der Perpetuierung und bestimmten Narrativen eignet ein hohes Maß an der dafür notwendigen Redundanz. Das heißt, diese Narrative sind nicht punktuell innerhalb einer Erzählung, sondern werden sukzessive und wiederholend entfaltet, sie stiften insofern eine syntagmatische Verknüpfung. Zu diesen Narrativen zählen unter anderem Figurationen im Elias'schen Sinne, wie die geistige Brautschaft oder das Lehrer-Schüler-Verhältnis. Es handelt sich also um Narrative, die sowohl die einzelnen Beteiligten als auch die kulturellen und sozialen Prägungen ihrer individuellen Handlungen berücksichtigen und innerhalb eines längeren Erzählzusammenhangs entfalten. Das Nahverhältnis zwischen Lehrer und Schüler dient beispielsweise der Darstellung der Gottesfreundschaft zwischen einer Gründerfigur und Gott oder dem Verhältnis zwischen einer Gemeinschaft und ihrem Gründer. Dem Narrativ eignet insofern die Funktion einer Figuration, als in ihm erstens ein kulturell geprägtes Gemeinschaftshandeln, nämlich das Lernen und Lehren evoziert wird. Zweitens findet dieses Handeln dezidiert zwischen zwei narrativ entworfenen Individuen statt, wodurch beide in Relation zueinanderstehen. Drittens zeigt sich im Erzählakt der gemeinsame Vollzug im jeweils determinierten Handeln des Einzelnen: Einerseits also Gottes oder des Gründers Belehrung gegenüber dem Schüler und andererseits des

Schülers Lernen der göttlichen Lehre. Die Narration evoziert also ein Nahverhältnis mittels einer Figuration, die zugleich diese Sozietät mit soziokulturell geprägten Verhaltensmustern sowie dazugehörigen Semantiken für das weitere Erzählen fruchtbar macht. Die Figuration dient dabei der Verstetigung, denn sie entwickelt das Bild einer andauernden Sozietät zwischen dem göttlichen Lehrer und seinem Schüler, deren Verhältnis sich im Lernprozess von dem der anfänglichen Vertrautheit hin zu einem exklusiven und insofern auf Vertraulichkeit basierenden wandelt.

Die Figuration der geistigen Brautschaft eröffnet ähnliche Formen der narrativen Verstetigung, da sie ein stark vertrauliches Nahverhältnis abbildet. Sie rekurriert dabei auf kulturelle Praktiken der Eheschließung wie Brautschau, Ringtausch und Eheeid. Zudem erlaubt die Figuration in ihrer weitesten Ausgestaltung den Einbezug der jeweiligen Ordensgemeinschaft, die als geistliches Kind der Ehe entspringt. Im Vergleich der Legenden zeigte sich erneut eine genderspezifische Codierung. Der weiblich codierten geistlichen Brautschaft wird die männliche codierte geistliche Bräutigamschaft zur Seite gestellt. Während in der geistigen Brautschaft Gründerinnen in ein Nahverhältnis zu Christus gesetzt werden, liegt in der geistigen Bräutigamschaft eine Inversion vor. In dieser Figuration werden Gründer mit Maria in ein Nahverhältnis gesetzt, allerdings verbleibt die aktive Rolle bei der transzendenten Figur, ihr kommt die Bräutigamschau, die Gabe des Ringtauschs und das Einfordern eines Eheeides zu.

Dienen die Figurationen der Verstetigung vor allem der narrativen Entfaltung der Freundschaft zwischen den Gründerfiguren und Gott, dann offenbaren die nachfolgenden Narrative den Freundschaftsvollzug der Gründerinnen und Gründer mit ihrer Gemeinschaft oder einzelnen Gefährtinnen und Gefährten. Diese Narrative bieten einen hohen Erklärungswert für das komplexe Verhältnis von Gottesfreundschaft der Heiligen, Selbstexklusion und Konstruktion einer auf die Transzendenz bezogenen Gemeinschaft. Zuerst sind hierfür jene Narrative zu nennen, die Modi der Distanznahme präsentieren, also unterschiedliche Nähegrade abbilden können. Im Erzählen von Präsenz und Absenz der Gründerfiguren offenbaren sich die wechselseitigen Bedingtheiten. Während der Gründer grundsätzlich Momenten der Absenz bedarf, um seine Selbstexklusion umzusetzen und sein Heilscharisma zu bewahren, zeigt sich gerade in jenen Augenblicken seiner Abwesenheit, dass die Gemeinschaft seiner Präsenz bedarf. Die Legenden zeigen dafür, dass die jeweiligen Gemeinschaften in Momenten der Abwesenheit der Gründer nicht mehr in der Lage sind, die Regeln der Gemeinschaft aufrechtzuerhalten und somit auch nicht mehr die spezifische Lebensweise umsetzen. Häufig sind die Gemeinschaften ohne ihre Gründer anfällig für das Einwirken von Störfaktoren, die in der Allegorie des Teufels auftreten. Die Rückkehr der

Gründerfiguren stabilisiert die Gemeinschaft und verdeutlicht darin deren Ordensfürsorge. In diesem Kontext werden zumeist weitere Narrative eingeführt, etwa die des un-/geteilten Wissens. Sie ermöglichen ebenfalls Modi der Distanznahme narrativ abzubilden. Zum einen können sie wichtige, vor allem pragmatische Wissensbestände des gemeinschaftlichen Ordenslebens, an die Gründerfiguren rückbinden und insofern legitimieren und unverfügbar stellen. Zugleich eignet dem geteilten Wissen häufig eine kompensatorische Funktion, die die Abwesenheit der Gründerfiguren nach deren Tod camoufliert. So führen die Gründer die Funktion des Kapitels vor, das der gemeinschaftlichen Überwachung dient und die Einhaltung der Observanz sicherstellt. Ungeteiltes Wissen oder nur wenigen vorbehaltenes Wissen kann hingegen zu einem Störfaktor werden. Entweder, weil bestimmte Wissensbestände den Gemeinschaften fehlen und sich daraus mitunter prekäre Situationen ergeben. Oder, weil das, mit wenigen geteilte Wissen, Einzelne privilegiert und in der Gemeinschaft hervorhebt. Letzteres kann natürlich Nachfolger der Gründerinnen und Gründer legitimieren. Die Legenden zeigen aber auch, dass im Falle eines schlechten Nachfolgers, entsprechende Bearbeitungen der Narrative erfolgen müssen, um die Privilegierung zu tilgen und der Gemeinschaft mögliche Störfaktoren zu nehmen.

Die Repräsentation von Not und die ihr entgegengestellten Werke der Barmherzigkeit stellen ein weiteres Narrativ dar. Die legendarischen Erzählungen spitzen dafür alltägliche Situationen des gemeinschaftlichen Lebens dramatisch zu. Mangel an Nahrung, Kleidung, Gesundheit und Akzeptanz gegenüber Fremden oder Sündern werden immer wieder zu Motiven der (paradigmatischen) Erzählungen. Allein die Gründerinnen und Gründer können die Gemeinschaft von ihren Problemen befreien oder die prekären, destabilisierenden Situationen abwenden. Die Lösung wird stets nicht nur mit dem persönlichen Einwirken der Gründerfiguren verknüpft, sondern mit einem durch sie gewirkten Wunder. Die Legenden transformieren dabei das Erzählen vom Alltagsleben der Religiosen zu einem von Extremen. Dies fällt umso mehr ins Gewicht, als dass die prekären Situationen der Ordensgemeinschaften vor einer topischen Schablone entfaltet werden, den alltäglich zu erfüllenden Werken der Barmherzigkeit. Die Ordensgründerlegenden brechen gerade diese Alltäglichkeit zumindest im Hinblick auf ihre Erfüllbarkeit. Die heiligen Gründerinnen und Gründer bringen ihre herausgehobenen Werke der Barmherzigkeit auf diese Weise speziell gegenüber ihren Orden zum Einsatz. Einerseits haben diese so erneut Teil an der Heiligkeit ihrer Gründer. Andererseits offenbaren die Heiligen so zugleich ihre eben grenzenlose und bei Bedarf selbst auf die Transzendenz rekurrierende Ordensfürsorge. Die Narrationen können durch eine derartige Darstellung der Sorge um und

Verpflichtung gegenüber den Anhängern nicht nur die außeralltägliche Fähigkeit der supererogatorischen Gründerfiguren in ihrer *imitito Christi* präsentieren, sondern vielmehr auch deren Verbundenheit zur Gemeinschaft. Die Reziprozität dieser Freundschaftsbeziehung wird gerade in der Angewiesenheit des Ordens auf den Gründer und der dabei gleichzeitigen Verpflichtung desselben gegenüber seiner Gemeinschaft greifbar. Diese Erzählungen besitzen für die Ordensgründerlegenden ein immenses gemeinsinnstiftendes Potential, insofern sie sowohl von der orientierungstiftenden Lebensweise in den Werken der Barmherzigkeit berichten, als auch die Heilsteilhabe der Gemeinschaft im Vollzug der Freundschaft darstellen.

In der Metapher des Gärtners (Pflanzers) und der Wurzel können die legendarischen Erzählungen ebenfalls die Nähe und Verbundenheit, aber auch eine explizite Distanznahme präsentieren. Diese erscheint aber durch die stete Verbundenheit im Bild der Wurzel grundsätzlich nur als zeitlich begrenzt. Wichtig für die narrative Entfaltung dieser Metapher ist, dass sie fast vollständig die freundschaftlichen und familialen Semantiken ersetzt. Die Metapher vermag aber auch das Erzählen von einer steten Selbstexklusion, die der Veralltäglichung des Heilscharismas entgegenwirkt und den Umstand nicht selbst Gründer zu sein, camouflieren. Dafür betont das Erzählen vor allem die besondere Lebensweise der Gründerfigur. Gemeinschaft mit ihm heißt: völlige *imitatio* seiner heiligmäßigen Lebensweise. Einerseits unterstreicht dies seine persönliche Heiligkeit und andererseits eröffnet es die gemeinschaftliche Partizipation an Heiligkeit in der *imitatio*. Gerade in dieser Nachfolge kann der Orden für sich selbst Charisma und eine gemeinsinnige Orientierung evozieren. In dieser Metaphorik des Pflanzers und der Wurzel stilisieren die Legenden neben dem Gründer zugleich diejenigen, die absolut bereit sind, sich ihm anzuschließen, also Nährboden sein möchten für eine spezifische *vita religiosa*.

Abschließend seien noch zwei Motive genannt, deren narrative Entfaltung ebenfalls der Darstellung des performativen Freundschaftsvollzugs dient. Diese wurden vor allem im Hinblick auf die Einhegung der charismatischen Gründerfiguren in institutionelle Freundschaftsnetzwerke herausgearbeitet. Sie finden aber durchaus auch Anwendung im Erzählen von der Gottesfreundschaft oder der Freundschaft mit dem Orden. Die Motive allein sind noch nicht sinnstiftend für das Erzählen von Freundschaft. Sie bieten aber einen hohen Erklärungswert für spezifische Funktionen oder Eigenschaften der dargestellten Nahverhältnisse. Sie müssen also immer kontextualisiert werden vor dem Hintergrund der auftretenden Semantiken und der sie einbettenden Narrative. Erstens das Motiv des Gabentauschs. Er legt in seiner Logik von Geben, Annehemen und Erwidern die Reziprozität bestimmter Verhältnisse offen. Zudem verweist der

Prozess auf die auf dauergestellte Beziehung. Der Gegenstand des Tausches ist in den Legenden auf Seiten der institutionellen Vertreter meist konkret und materiell, wie die Orte der ersten Gemeinschaftsgründung, auf Seiten der Gründerfiguren eher spirituell, wie erwirkte Wunder oder tröstende Predigten. Zweitens das Motiv der Trauer um den Freund oder die Freundin. In diesem schon antiken Motiv, zeigt sich Freundschaft im Gestus der Totenklage, die emotional stilisiert ist. Sowohl für homosoziale als auch für heterosoziale Beziehungen wird der (übermäßige) Einsatz von Affekten im Moment des Todes eines Freundes oder einer Freundin lizensiert. Freundschaft erscheint im Erzählen dieses Motivs als vertrauliche Sonderdyade, deren besonderes Verhältnis sich gerade durch intime Semantiken zeigt. In diesen Fällen wird Freundschaft geradezu passioniert ohne dem Ruch erotischen Begehrens zu unterliegen.

Sicherlich sind die Semantiken, Narrative und vor allem auch die zuletzt genannten Motive von Freundschaft erweiterbar. Die hier vorgenommenen, exemplarischen Analysen zeigen aber bereits, dass Freundschaft verstanden als symbolisch generalisiertes Kommunikationsmedium sehr wohl eine konstitutive Funktion für das legendarische Erzählen von Ordensgründerinnen und Ordensgründern einnimmt. Zugleich verweisen die Ergebnisse auf ein breites Spektrum von Semantiken und Narrativen, die schon innerhalb einzelner, der hier untersuchten Textcorpora changieren. Weitere Untersuchungen, etwa einzelner Gründerfiguren oder der gezielte Vergleich genderspezifischer Codierungen von Freundschaft sind ebenso denkbar, wie die Erweiterung des Gründercorpus oder der komparatistische Blick auf die Ordengründerlegenden anderer Volkssprachen. Nicht nur vor dem Hintergrund der aufgezeigten homosozialen Kooptation, die die Legenden narrativ entwerfen und perpetuieren, bieten die volkssprachlichen Ordensgründerlegenden ein immenses Potential für Beobachtungen des Gebrauchskontext. Auf diese Weise ließe sich bspw. der in den Texten narrativ evozierte Gemeinsinn in seiner bewusst intendierten, wie unbewussten Wirkweise konkret für einzelne Gemeinschaften beschreiben, wie ich dies nur ansatzweise unternommen habe. Damit sind nur einige Punkte genannt, die hoffentlich zu einem verstärkten Interesse an den volkssprachlichen Ordensgründerlegenden, nicht allein in den mediävistischen Disziplinen, beitragen.

Literaturverzeichnis

Quellen

Allgemein

Aelred von Rievaulx: Über die geistliche Freundschaft. Lateinisch – deutsch. Hrsg. von Wilhelm Nyssen. Trier 1978.

Aristoteles: Nikomachische Ethik. Hrsg. von Rainer Nickel und übersetzt von Olof Gigon. Düsseldorf 2007.

Biblia Sacra Vulgata. Editio quinta. Hrsg. von Robert Weber und Roger Gryson. Stuttgart 2007.

Buddhas Wandel. Açvaghoshas Buddhacarita. Übertr. von Carl Cappeler. Jena 1928.

Gerd Buschmann (Hrsg.): Das Martyrium des Polykarp. Göttingen 1998.

Ioannes Cassianus: De incarnatione Christi. Hrsg. von J.P. Migne in Patrologia Latina 50. Paris 1846.

Marcus Tullius Cicero: Laelius. De amicitia. Hrsg. von Max Faltner. Darmstadt 1993.

Thomas S. Eliot: The Complete Poems and Plays 1909–1950. New York, San Diego und London 1980.

Freidank: Bescheidenheit. Hrsg. von Wolfgang Spiewok. Leipzig 1985.

Gregor der Große: Der heilige Benedikt. Buch II der Dialoge. Lat./dt. Hrsg. im Auftrag der Salzburger Äbtekonferenz. St. Ottilien 1995.

Konrad von Würzburg: Die Legenden Bd. 1–3. Hrsg. von Paul Gereke. Halle an der Saale 1925–27.

Petri Blesensis Barthoniensis opera omnia III. Hrsg. John Allen Giles. Oxford 1846.

Annemarie Schimmel: Gärten der Erkenntnis. Das Buch der 40 Sufi-Meister. München 1991.

Sulpicius Severus: Vie de Saint Martin. Introduction, texte et traduction. Hrsg. und übers. von Jacques Fontaine. Paris 1967.

Thomas von Kempen: De Imitatione Christi. Libri quatuor. Hrsg. von P.-J. Hanicq. Mechelen 1831.

Wien-Zürcher-Bibel: Berlin, Staatsbibliothek, mgf 67, 390vb–391ra.

Robert von Molesme

Kolumban Spahr: Das Leben des heiligen Robert von Molesme. Eine Quelle zur Vorgeschichte von Cîteaux. Freiburg in der Schweiz 1944.

Von sant Ruprecht. In: Die Elsässische „Legenda Aurea“. Bd. II. Das Sondergut. Hrsg. von Konrad Kunze. Tübingen 1983 S. 135–138.

Bruno der Kartäuser

Bruno, Guigo, Antelm. Epistulae Cartusianae – Frühe Kartäuserbriefe. Übers. und eingeleitet von Gisbert Greshake. Freiburg u.a. 1992.

daz ist der anfang carthuser ordens. In: Sexauer: Frühneuhochdeutsche Schriften in Kartäuserbibliotheken. Untersuchungen zur Pflege der volkssprachlichen Literatur in Kartäuserklöstern des oberdeutschen Raums bis zum Einsetzen der Reformation. Bern 1978, S. 202–208.

De S. Brunone Confessore. In: Cornelius Byeus (Hrsg.): Acta Sanctorum Oktoberis Tom. III. Antwerpen 1790, S. 491–803.

Wie der karthúser ordens habe angefangen. In: Cobie Kuné: Geistliche Texte aus einer spätmittelalterlichen Handschrift. ‚Frauenfelder Passionsgedicht‘ – ‚Die fünf Herzeleid Mariä‘ – ‚Cordiale‘ – Die Gründungsgeschichte des Kartäuserordens und weitere Texte aus der Kantonsbibliothek Thurgau, Frauenfeld, Ms. Y 80. Edition und Kommentar. Stuttgart 2011, S. 95–98.

Norbert von Xanten

Par Amable Bonnefons: Kurtze, Aber außerlesneste Leben der lieben Heiligen GOttes/ Wie auch deroselben Geist=reiche Sitten=Lehren und Geistliche Spruech/ Sambt beygefuegter Nachdenk= oder Betrachtung über dero Herrlichere und Loeblichere Werk/ und Thaten/ So da dienen kann. Fuer eine Meditation, oder Betrachtung. Auf jeden Tag das Jahr hindurch. Denen zu Lieb, und Nutzen, so einen heiligen Lebens=Wandelzu führen im Sinn haben. Sambt einem Summarischen Anhang, oder Zusatz der Leben Der Heiligen Ordens=Stifter und Stifterinnen Ihrer Instituten und Reformierungen. Zweyter Theil. Haltet in sich die drey Monath: Aprill, May/ und Juni, oder Brachmonath. Augsburg Verlag Strötter, Gastel und Ilger 1735.

De S. Noberto. Hrsg. von Daniel Papenbroich. In: Acta Sanctorum. Juni I. Antwerpen 1695. S. 819–858.

Benedikt Fischer: Das Leben und der Todt Des heiligen Vatters Norbert Des heiligen Praemonstratenser Ordens-Stiffter und Erzbischoffens zu Magdeburg. Gedruckt und verlegt von Michael und Joh. Fridrich Endtern. Nürnberg 1670.

Gustav Hertel: Leben des heiligen Norbert Erzbischofs von Magdeburg. Leipzig 1881.

The Life of St. Norbert by John Capgrave. Hrsg. von Cyril L. Smetana. Toronto 1977.

Vita Sancti Norberti. In: Hatto Kallfelz (Hrsg.): Lebensbeschreibungen einiger Bischöfe des 10. bis 12. Jahrhunderts (Vitae quorundam episcoporum saeculorum X, XI, XII). Darmstadt 1973, S. 451–541.

Dominikus

De Sancto Domenico. In: Jacobus de Voragine: Legenda aurea. Hrsg. von Johann G. Th. Grässer. Leipzig 1890, S. 466–483.

Dominikus. In: Die Elsässische Legenda Aurea. Bd. 1. Das Normalcorpus. Hrsg. von Ulla Williams. Tübingen 1980, S. 498–505.

Hie sprichet das buch von sante Dominico. In: Das Passional. Eine Legenden-Sammlung des dreizehnten Jahrhunderts. Hrsg. von Friedrich Karl Köpke. Leipzig und Quedlinburg 1852, S. 353–374.

Humbertus de Romanis: Legenda sancti Dominici. Hrsg. von Angelus Walz. In: Monumenta Historica Sancti Patris Nostri Dominici. Bd. 2. Rom 1935, S. 369–433.

Jordan von Sachsen: Libellus de principiis ordinis Praedicatorum. Hrsg. von Heribert Scheeben. In: Monumenta Historica Sancti Patris Nostri Dominici. Bd. 2. Rom 1935, S. 25–88.

Joseph König: Legende in Mittelhochdeutscher Sprache. In: Freiburger Diözesan Archiv 8 (1874), S. 333–359.

Konstantin von Orvieto: Legenda sancti Dominici. Hrsg. von Heribert Scheeben. In: Monumenta Historica Sancti Patris Nostri Dominici. Bd. 2. Rom 1935, S. 286–352.

Petrus Ferrandus: Legenda sancti Dominici. Hrsg. M. Hyacinthis Laurent. In: Monumenta Historica Sancti Patris Nostri Dominici. Bd. 2. Rom 1935, S. 208–260.

Von sant Dominico dem prediger. In: Der Heiligen Leben – Sommerteil. Bd. 1. Hrsg. von Margit Brand u.a. Tübingen 1996, S. 333–357.

Franziskus

Actus Beati Francisci et Sociorum. In: Enrico Menesto, Stefano Brufani u.a. (Hrsg.): Fontes Franciscani. Santa Maria degli Angeli. Assisi 1995, S. 2055–2222.

Bonaventura: Legenda maior. In: Enrico Menesto, Stefano Brufani u.a. (Hrsg.): Fontes Franciscani. Santa Maria degli Angeli. Assisi 1995, S. 755–962.

De sancto Francisco. In: Jacobus de Voragine: Legenda aurea. Hrsg. von Johann G. Th. Grässer. Leipzig 1890, S. 662–674.

Franziskus. In: Die Elsässische Legenda Aurea. Bd. 1. Das Normalcorpus. Hrsg. von Ulla Williams. Tübingen 1980, S. 665–670.

Franziskus-Quellen. Die Schriften des heiligen Franziskus, Lebensbeschreibungen, Chroniken und Zeugnisse über ihn und seinen Orden. Hrsg. von Dieter Berg und Leonhard Lehmann. Kevelaer 2009.Jakob van Maerlant: Sinte Franciscus Leven. Hrsg. von Pater Maximilianus. Zwolle 1954.

Lamprecht von Regensburg: Sante Francisken leben. Hrsg. von Weinhold. Paderborn 1880.

Legenda trium sociorum. In: Enrico Menesto, Stefano Brufani u.a. (Hrsg.): Fontes Franciscani. Santa Maria degli Angeli. Assisi 1995, S. 1353–1446.

Sibilla von Bondorf: Legenda Maior S. Francisci. Hrsg. von David Brett-Evans. Berlin 1960.

Thomas von Celano: Vita Prima Sancti Francisci. In: Enrico Menesto, Stefano Brufani u.a. (Hrsg.): Fontes Franciscani. Santa Maria degli Angeli. Assisi 1995, S. 259–424.

Thomas von Celano: Vita Secunda Sancti Francisci. In: Enrico Menesto, Stefano Brufani u.a. (Hrsg.): Fontes Franciscani. Santa Maria degli Angeli. Assisi 1995, S. 441–640.

Thomas von Celano: Tractatus de miraculis beati Francisci. In: Enrico Menesto, Stefano Brufani u.a. (Hrsg.): Fontes Franciscani. Santa Maria degli Angeli. Assisi 1995, S. 641–754.

Von sante Francisco. In: Das Passional. Eine Legenden-Sammlung des dreizehnten Jahrhunderts. Hrsg. von Friedrich Karl Köpke. Leipzig und Quedlinburg 1852, S. 514–539.

Von sant Franciscus. In: Der Heiligen Leben. Winterteil. Bd. 2. Hrsg. von Margit Brand u.a. Tübingen 2004, S. 50–60.

Clara von Assisi

Jon-Carl Balson (Hrsg.): An Edition of the MS. Thennenbach 4. The Life and Legend of St. Clara of Assisi. A thesis. Chapel Hill 1971.

Klaraleben. In: Karl Groos: Die alemannische Sprache zu Villingen in Baden am Ende des 15. Jahrhunderts. Bearbeitet nach einer Handschrift der Großhzgl. Bad. Hof- u. Landesbibliothek. Lüttich 1904, S. 14–86.

Legenda versificata S. Clarae Assisiensis. In: Enrico Menesto, Stefano Brufani u.a. (Hrsg.): Fontes Franciscani. Santa Maria degli Angeli. Assisi 1995, S 2341–2399.

Thomas von Celano: Legenda Sanctae Clarae Virginis. In: Enrico Menesto, Stefano Brufani u.a. (Hrsg.): Fontes Franciscani. Santa Maria degli Angeli. Assisi 1995, S. 2415–2452.

Von sant Klarn. In: Der Heiligen Leben – Sommerteil. Bd. 1. Hrsg. von Margit Brand u.a. Tübingen 1996, S. 387–397.

Herrad Weiler: St. Clara-Vita. Textkritische Edition und Wortschatzuntersuchung. Innsbruck 1972 [Diss. masch.]

Birgitta von Schweden

De S. Birgitta Vidua. In: Jacobus Bueus (Hrsg.): Acta Sanctorum. Oktober Tom. IV. Brüssel 1780. S. 368–560.

Eine niederdeutsche Birgitta-Legende. Aus der Mitte des XV. Jahrhunderts (Staats- und Universitäts-Bibliothek Hamburg, Cod. Convent 10). Hrsg. von Axel Mante. Lund 1971.

Forschungsliteratur

Maria Pia Alberzoni: Clare of Assisi and the Poor Sisters in the Thirteenth Century. Saint Bonaventure (NY) 2004.

Maria Pia Alberzoni: Chiara d´Assisi. Il charisma controverso. In: Giancarlo Andenna u.a. (Hrsg.): Charisma und religiöse Gemeinschaften im Mittelalter. Akten des 3. Internationalen Kongresses des „Italienisch-deutschen Zentrums für Vergleichende Ordensgeschichte". Münster 2005, S. 319–342.

Maria Pia Alberzoni (Rez.): Marco Guida: Una leggenda in cerca d'autore. La vita di santa Chiara d'Assisi. Bruxelles 2010. In: Rivista di storia della Chiesa in Italia, 66 (2012), S. 218–224.

Gerd Althoff: Colloquium familiare – Colloquium secretum – Colloquium publicum. Beratung im politischen Leben des früheren Mittelalters. In: Frühmittelalterliche Studien 24 (1990), S. 145–167.

Gerd Althoff: Verwandte, Freunde und Getreue. Zum politischen Stellenwert der Gruppenbindungen im früheren Mittelalter. Darmstadt 1990.

Gerd Althoff: Amicitiae und Pacta. Bündnis, Einung, Politik und Gebetsgedenken im beginnenden 10. Jahrhundert. Hannover 1995.

Gerd Althoff: Das Privileg der ‚Deditio'. Formen gütlicher Konfliktbeendigung in der mittelalterlichen Adelsgesellschaft. In: Otto Gerhard Oexle und Werner Paravicini (Hrsg.): Nobilitas. Funktion und Repräsentation des Adels in Alteuropa. Göttingen 1997, S. 27–52.

Gerd Althoff: Die Macht der Rituale. Symbolik und Herrschaft im Mittelalter. Darmstadt 2003.

Gerd Althoff: Freundschaftszeichen. Stärken und Schwächen ihrer Ambiguität. In: Marina Münkler, Antje Sablotny und Matthias Standke (Hrsg.): Freundschaftszeichen. Gesten, Gaben und Symbole von Freundschaft im Mittelalter. Heidelberg 2015, S. 33–48.

Cristina Andenna: Dall' esempio alla santità. Stefano di Thiers e Stefano di Obazine: modelli di vita é fondatori di ordini? In: Gert Melville und Markus Schürer (Hrsg.): Das Eigene und das Ganze. Zum Individuellen im mittelalterlichen Religiosentum. Münster 2002, S. 177–224.

Cristina Andenna: Heiligenviten als stabilisierende Gedächtnisspeicher in Zeiten religiösen Wandels. In: Peter Strohschneider (Hrsg.): Literarische und religiöse Kommunikation in Mittelalter und Früher Neuzeit. Berlin und New York 2009, S. 526–573.

Cristina Andenna: La costruzione dell'identità nella vita religiosa. L'esempio degli agostiniani e dei carmelitani. In: Religiosità e civiltà. Identità delle forme religiose (secoli X-XIV). Settimane internazionali della Mendola. Nuova serie. Milano 2011, S. 65–101.

Cristina Andenna: Il cardinale protettore. Centro subalterno del potere papale e intermediario della comunicazione con gli ordini religiosi. In: Cristina Andenna u.a. (Hrsg.): Die Ordnung der Kommunikation und die Kommunikation der Ordnungen. Bd 2: Zentralität: Papsttum und Orden im Europa des 12. und 13. Jahrhunderts. Stuttgart 2013, S. 229–260.

Cristina Andenna: Ein besserer Weg zu Gott. Freundschaftskonzepte und Freundschaftszeichen in den Viten weiblicher Heiliger des 13. Jahrhunderts. In: Marina Münkler, Antje Sablotny und Matthias Standke (Hrsg.): Freundschaftszeichen. Gesten, Gaben und Symbole von Freundschaft im Mittelalter. Heidelberg 2015, S. 179–206.

Arnold Angenendt: Geschichte der Religiosität im Mittelalter. Darmstadt 2009.

Arnold Angenendt: Ehe, Liebe und Sexualität im Christentum. Von den Anfängen bis heute. Münster 2015.

Ronald G. Asch: Freundschaft und Patronage zwischen alteuropäischer Tradition und Moderne: Frühneuzeitliche Fragestellungen und Befunde. In: Bernadette Descharmes u.a. (Hrsg.): Varieties of friendship. Interdisciplinary perspectives of social relationships. Göttingen 2011, S. 265–286.

Aleida Assmann: Hier bin ich, wo bist Du? Einsamkeit im Kommunikationszeitalter. In: Mittelweg 36 H. 1 (2011), S. 4–23.

Peter Atkinson: Friendship and the Body of Christ. Croydon 2005.

Oliver Auge: Stiftsbiographien. Die Kleriker des Stuttgarter Heilig-Kreuz-Stifts (1250–1552). Leinfelden-Echterdingen 2002.

John L. Austin: Zur Theorie der Sprechakte (How to do things with Words). Stuttgart 2002.

Hans-Jürgen Bachorski: Diskursfeld Ehe. Schreibweisen und thematische Setzungen. In: Hans- Jürgen Bachorski (Hsrg.): Ordnung und Lust. Bilder von Liebe, Ehe und Sexualität in Spätmittelalter und Früher Neuzeit. Trier 1991, S. 511–545.

Hans-Jürgen Bachorski und Judith Klinger: Religiöse Leitbilder und erzählerisches Spiel. In: Kar E. Grözinger und Jörg Rüpke (Hrsg.): Literatur als religiöses Handeln? Berlin 1999, S. 99–133.

Armand Baeriswyl: Klöster am Stadtrand? Einige Überlegungen zur Lage von Bettelordensklöstern in der mittelalterlichen Stadt. In: Anne-Marie Hecker und Susanne Röhl (Hrsg.): Monastisches Leben im urbanen Kontext. München 2010, S. 25–39.

Fritz Bangemann: Mittelhochdeutsche Dominikuslegenden und ihre Quellen. Halle 1919.

Alessandro Barbero: Un santo in famiglia. Vocazione religiosa e resistenze sociali nell'agiografia latina medievale. Turin 1991.

Thomas Bauer: Die Kultur der Ambiguität. Eine andere Geschichte des Islams. Frankfurt am Main 2011.

Theofried Baumeister: Zur Entstehung der Märtyrerlegende. In: Peter Gemeinhardt und Johan Leemans (Hrsg.): Christian Martyrdom in Late Antiquity (300–450 AO). History and Discourse, Tradition and Religious Identity. Berlin und New York 2012, S. 35–48.

Lutz Bergemann, Martin Dönike, Albert Schirrmeister, Georg Toepfer, Marco Walter und Julia Weitbrecht: Transformation, Ein Konzept zur Erforschung kulturellen Wandels.“ In: Hartmut Böhme u.a. (Hrsg.): Transformation. Ein Konzept zur Erforschung kulturellen Wandels. München 2012, S. 39–56.

Jutta Maria Berger: Die Geschichte der Gastfreundschaft im hochmittelalterlichen Mönchtum. Die Cistercienser. Berlin 1999.

Nicole Beriou: Les sermons et la visite pastorale de Federico Visconti, archevêque de Pise (1253- 1277). Rom 2001.

Andreas Blank: Einführung in die lexikalische Semantik für Romanisten. Tübingen 2001.

Hartmut Bleumer: ‚Historische Narratologie?‘ Metalegendarisches Erzählen im Silvester Konrads von Würzburg. In: Harald Haferland und Matthias Meyer (Hrsg.): Historische Narratologie – Mediävistische Perspektiven. Berlin und New York 2010, S. 231–261.

Hartmut Böhme: Einladung zur Transformation. In: Hartmut Böhme u.a. (Hrsg.): Transformation. Ein Konzept zur Erforschung kulturellen Wandels. München 2012, S. 7–37.

Cornelia Bohn: Inklusion, Exklusion und die Person. Konstanz 2006.

Werner Bomm: Augustinusregel, professio canonica und Prämonstratenser im 12. Jahrhundert. Das Beispiel der Norbert-Viten, Philipps von Harvengt und Anselms von Havelberg. In: Gert Melville und Anne Müller (Hrsg.): Regula Sancti Augustini. Normative Grundlage differenter Verbände im Mittelalter. Paring 2002, S. 239–294.

Karl Bosl: Der Adelsheilige. Idealtypus und Wirklichkeit, Gesellschaft und Kultur im merowinger-zeitlichen Bayern des 7. und 8. Jahrhunderts. In: Friedrich Prinz (Hrsg.): Mönchtum und Gesellschaft im Frühmittelalter. Darmstadt 1976, S. 354–386.

Pierre Bourdieu: Sozialer Sinn. Kritik der theoretischen Vernunft. Frankfurt am Main 1987 [zuerst Paris 1980].

Pierre Bourdieu: Die männliche Herrschaft. In: Irene Dölling (Hrsg.): Ein alltägliches Spiel. Geschlechterkonstruktionen in der sozialen Praxis. Frankfurt am Main 1997, S. 153–217 [zuerst im franz. Orig. *La domination masculine.* In: Actes de la recherque en sciences sociales 84 (1990). S. 2–31].

Pierre Bourdieu: Die männliche Herrschaft. Frankfurt am Main 2005 [zuerst im franz. Orig. *La domination masculine.* Paris 1998].

Alain Boureau: La Légende dorée. Le système narratif de Jacques de Voragine (+1298). Paris 1984.

Manuel Braun: Ehe, Liebe, Freundschaft. Semantik der Vergesellschaftung im frühneuhochdeutschen Prosaroman. Tübingen 2001.

Manuel Braun: Historische Semantik als textanalytisches Mehrebenenmodell. Ein Konzept und seine Erprobung an der mittelalterlichen Erzählung Frauentreue. In: Scientia Poetica 10 (2006), S. 47–65.

Manuel Braun: Versuch über ein verworrenes Verhältnis. Freundschaft und Verwandtschaft in mittelalterlichen und frühneuzeitlichen Erzähltexten. In: Sibylle Appuhn-Radtke und Esther Pia Wipfler (Hrsg.): Freundschaft: Motive und Bedeutungen. München 2006, S. 67–96.

Peter Browe: Die Verehrung der Eucharistie im Mittelalter. In: Peter Browe, Hubertus Lutterbach und Thomas Flammer (Hrsg.): Die Eucharistie im Mittelalter. Liturgiehistorische Forschungen in kulturwissenschaftlicher Absicht. Münster und Berlin 2011. S. 71–82.

Heinz Bude: Die Aktualität der Freundschaft. In: Mittelweg 36 H. 3 (2008), S. 6–16.

Judith Butler: Gender Trouble: Feminism And The Subversion Of Identity. New York 1999.

Caroline Walker Bynum: Jesus as Mother. Studies in the Spirituality of the High Middle Ages. London 1982.

Luigi Canetti: L'invenzione della memoria. Il culto e l'immagine di Domenico nella storia die primi Predicatori. Spoleto 1996.

Robert Castel: Fallstricke des Exklusionsbegriffs. In: Mittelweg 36. H. 3 (2000), S. 11–25.

Johan Chydenius: The Friendship of God and the two Ends of Man: a study in Christian humanism, 1100–1321, Helsinki 1981.

Carsten Colpe: Die wissenschaftliche Beschäftigung mit „dem Heiligen" und „das Heilige" heute. In: Dietmar Kamper und Christoph Wulf (Hrsg.): Das Heilige. Seine Spur in der Moderne. Bodenheim 1997, S. 33–61.

Giles Constable: The Interpretation of Mary and Martha. In: Giles Constable: Three Studies in Medieval Religious and Social Thought. Cambridge 1995, S. 1–141.

Stephanie Coué: Hagiographie im Kontext. Schreibanlass und Funktion von Bischofsviten aus dem 11. und dem Anfang des 12. Jahrhunderts. Berlin und New York 1997.

W. Joseph Cummings: Eros, epithymia, and philia in Plato. In: Apeiron 15,1 (1981), S. 10–18.

Florent Cygler: Ausformung und Kodifizierung des Ordensrechts vom 12. bis 14. Jahrhundert. Strukturelle Beobachtungen zu den Cisterziensern, Prämonstratensern, Kartäusern und Cluniazensern. In: Gert Melville (Hrsg.): De ordine vitae. Zu Normvorstellungen, Organisationsformen und Schriftgebrauch im mittelalterlichen Ordenswesen. Münster 1997, S. 6–58.

Florent Cygler: Zur institutionellen Symbolizität der dominikanischen Verfassung im Mittelalter. In: Gert Melville und Jörg Oberste (Hrsg.): Die Bettelorden im Aufbau. Beiträge zu Institutionalisierungsprozessen im mittelalterlichen Religiosentum. Münster 1999, S. 385–428.

Florent Cygler und Gert Melville: Augustinusregel und dominikanische Konstitutionen aus der Sicht Humberts de Romanis. In: Gert Melville und Anne Müller (Hrsg.): Regula Sancti Augustini. Normative Grundlage differenter Verbände im Mittelalter. Paring 2002, S. 419–454.

Iris Därmann: Theorie der Gabe. Zur Einführung. Hamburg 2013.

Jacques Dalarun: Robert d' Arbrissel. Fondateur de Fontevraud. Paris 1986.

Jacques Dalarun: La Malaventura di Francesco d'Assisi. Per un uso storico delle leggende francescane. Mailand 1996.

Christoph Dartmann: Wunder als Argumente. Die Wunderberichte in der *Historia Mediolanensis* des sogenannten Landulf Senior und in der *Vita Arialdi* des Andrea von Strumi. Frankfurt am Main u.a. 2000.

Gabriel H. Decuble: Die hagiographische Konvention. Zur Konstituierung der Heiligenlegende als literarische Gattung. Unter besonderer Berücksichtigung der Alexius-Legende. Konstanz 2002.

Hippolyte Delehaye: The Legends of the Saints. An Introduction to Hagiography. Transl. by Donald Attwater. London 1962 [zuerst *Les Légendes hagiographiques*. Brüssel 1905].

Eberhard Demm: Zur Rolle des Wunders in den Heiligkeitskonzeptionen des Mittelalters. In: Archiv für Kulturgeschichte 57 (1975), S. 300–344.

Ulrike Denne: Die Frauenklöster im spätmittelalterlichen Freiburg im Breisgau. Ihre Einbindung in den Orden und die städtische Kommunität, Freiburg Br. u.a. 1997.

Albrecht Diem: Das monastische Experiment. Die Rolle der Keuschheit bei der Entstehung des westlichen Klosterwesens. Münster 2005.

Peter Dinzelbacher: Die „Bernhardinische Epoche“ als Achsenzeit in der europäischen Geschichte. In: Dieter Bauer und Gerd Fuchs (Hrsg.): Bernhard von Clairvaux und der Beginn der Moderne. Innsbruck 1996, S. 9–53.

Peter Dinzelbacher: Mönchtum und Kultur. 1. Mittelalter. In: Peter Dinzelbacher und James Lester Hogg (Hrsg.): Kulturgeschichte der christlichen Orden. In Einzeldarstellungen. Stuttgart 1997, S. 1–18.

Franz Dirlmeier: Philos und Philia im vorhellenistischen Griechentum. München 1931.

Erhard Dorn: Der sündige Heilige in der Legende des Mittelalters. München 1967.

Albrecht Dröse: Geißelung und Gelassenheit. Inszenierungen der Gottesfreundschaft im *buch von den zwey menschen*. In: Marina Münkler, Antje Sablotny und Matthias Standke (Hrsg.): Freundschaftszeichen. Gesten, Gaben und Symbole von Freundschaft im Mittelalter. Heidelberg 2015, S. 285–304.

Hans-Peter Ecker: Die Legende. Kulturanthropologische Annäherungen an eine literarische Gattung. Stuttgart und Weimar 1993.

Willehad Paul Eckert: Der Hund mit der Fackel und andere Attribute des hlg. Dominikus. In: Symbolon. Jahrbuch der Gesellschaft für Wissenschaftliche Symbolforschung 5 (1980), S. 31–40.

Richard Egenter: Gottesfreundschaft. Die Lehre von der Gottesfreundschaft in der Scholastik und Mystik des 12. und 13. Jahrhunderts. Augsburg 1928.

Richard Egenter: Die Idee der Gottesfreundschaft im vierzehnten Jahrhundert. In: Albert Lang, Joseph Lechner und Michael Schmaus (Hrsg.): Aus der Geisteswelt des Mittelalters. Studien und Texte Martin Grabmann zur Vollendung des 60. Lebensjahres von Freunden und Schülern gewidmet. Münster 1935. S. 1021–1063.

Margreth Egidi: Verborgene Heiligkeit. Legendarisches Erzählen in der Alexiuslegende. In: Peter Strohschneider (Hrsg.): Literarische und religiöse Kommunikation in Mittelalter und Früher Neuzeit. Berlin und New York 2009, S. 607–657.

Otfrid Ehrismann: Fabeln, Mären, Schwänke und Legenden im Mittelalter. Darmstadt 2011.

Klaus van Eickels: Vom inszenierten Konsens zum systematisierten Konflikt. Die englisch-französischen Beziehungen und ihre Wahrnehmung an der Wende vom Hoch- zum Spätmittelalter. Stuttgart 2002.

Klaus van Eickels: Kuss und Kinngriff, Umarmung und verschränkte Hände. Zeichen personaler Bindung und ihre Funktion in der symbolischen Kommunikation des Mittelalters. In: Jürgen Martschukat und Steffen Patzold (Hrsg.): Geschichtswissenschaft und ‚performative turn'. Ritual, Inszenierung und Performanz vom Mittelalter bis zur Neuzeit. Köln 2003, S. 133–159.

Klaus van Eikels: Vertrauen im Spiegel des Verrats. Die Überlieferungschance vertrauensbildender Gesten in der mittelalterlichen Historiographie. In: Frühmittelalterliche Studien 39 (2005), S. 377–385.

Klaus van Eickels: Der Bruder als Freund und Gefährte. Fraternitas als Konzept personaler Bindung im Mittelalter. In: Karl-Heinz Spieß (Hrsg.): Die Familie in der Gesellschaft des Mittelalters. Ostfildern 2009, S. 195–222.

Norbert Elias: Über den Prozeß der Zivilisation. Soziogenetische und psychogenetische Untersuchungen. Band 1: Wandlungen des Verhaltens in den weltlichen Oberschichten des Abendlandes. Frankfurt am Main 1976 [zuerst Basel 1937].

Kaspar Elm: Franziskus und Dominikus. Wirkungen und Antriebskräfte zweier Ordensstifter. In: Dieter Berg (Hrsg.): Vitasfratrum. Beiträge zur Geschichte der Eremiten- und Mendikantenorden des zwölften und dreizehnten Jahrhunderts. Werl 1994, S. 121–142.

Kaspar Elm: Die Entwicklung des Franziskanerordens zwischen dem ersten und letzten Zeugnis des Jakob von Vitry. In: Dieter Berg (Hrsg.): Vitasfratrum. Beiträge zur Geschichte der Eremiten- und Mendikantenorden des zwölften und dreizehnten Jahrhunderts. Werl 1994, S. 173–193

Kaspar Elm: Hugo von Fosses. Erster Abt von Prémontré und Organisator des Prämonstratenserordens. In: Irene Crusius und Horst Flaschenecker (Hrsg.): Studien zum Prämonstratenserorden. Göttingen 2003, S. 35–56.

Caroline Emmelius: Verborgene Wahrheiten offenbaren. Verschriftlichungsprozesse in frauenmystischen Texten zwischen Subversion und Autorisierung. In: Caroline Emmelius u.a. (Hrsg.): Offen und Verborgen. Vorstellungen und Praktiken des Öffentlichen und Privaten in Mittelalter und Früher Neuzeit. Göttingen 2004, S. 47–65.

Caroline Emmelius: Gesellige Ordnung. Literarische Konzeptionen von geselliger Kommunikation in Mittelalter und Früher Neuzeit. Berlin und New York 2010.

Verena Epp: Amicitia. Zur Geschichte personaler, sozialer, politischer und geistlicher Beziehungen im Frühen Mittelalter. Stuttgart 1999.

Verena Epp: Rituale frühmittelalterlicher ‚amicitia'. In: Gerd Althoff (Hrsg.): Formen und Funktionen öffentlicher Kommunikation im Mittelalter. Stuttgart 2001, S. 11–24.

Johannes Erben: Freundschaft – Bekanntschaft – Verwandtschaft. Zur Bezeichnungsgeschichte der Ausdrucksformen menschlicher Verbundenheit im frühen Neuhochdeutschen. In: Klaus J. Mattheier u.a. (Hrsg.): Vielfalt des Deutschen. Frankfurt am Main 1993, S. 111–121.

Susanne Ernst: Magdalena Steimerin. Aus der „Legende der auserwählten Jungfrau St. Klara." In: Paul Zahner (Hrsg.): Vena vivida – Lebendige Quelle. Texte zu Klara von Assisi und ihrer Bewegung. Bd. 2,1. Münster 2008, S. 137–154.

Ulrich Ernst: Der Körper des Asketen. Zur Theatralik von ‚Heiligkeit' in legendarischen Texten von der Spätantike bis zur Frühen Neuzeit. In: Klaus Ridder und Otto Langer (Hrsg.): Körperinszenierungen in mittelalterlicher Literatur. Berlin 2002, S. 275–307.

Michael Eve: Is friendship a sociological topic? In: European Journal of Sociology 43,3 (2002), S. 386–409.

Ulf Christian Ewert und Jan Hirschbiegel: Gabe und Gegengabe. Das Erscheinungsbild einer Sonderform höfischer Repräsentation am Beispiel des französisch/burgundischen Gabentausches zum neuen Jahr um 1400. In: VSWG 87,1 (2000), S. 5–37.

Ulf Christian Ewert: Sozialer Tausch bei Hofe. Eine Skizze des Erklärungspotentials der Neuen Institutionenökonomik. In: Reinhardt Butz, Jan Hirschbiegel und Dietmar Willoweit (Hrsg.): Hof und Theorie. Annäherungen an ein historisches Phänomen. Köln, Weimar und Berlin 2004, S. 77–90.

Werner Faulstich: Was heißt Freundschaft? Anatomie einer Beziehung aus kulturwissenschaftlicher Sicht. In: Werner Faulstich (Hrsg.): Beziehungskulturen. München 2007, S. 58–70.

Edith Feistner: Die Freundschaftserzählungen vom Typ ‚Amicus und Amelius'. In: Klaus Matzel und Hans-Gert Roloff (Hrsg.): Festschrift für Herbert Kolb. Bern 1989, S. 97–130.

Edith Feistner: Historische Typologie der deutschen Heiligenlegende des Mittelalters von der Mitte des 12. Jahrhunderts bis zur Reformation. Wiesbaden 1995.

Helmut Feld: Franziskus von Assisi und seine Bewegung. Darmstadt 1994.

Franz Josef Felten: Norbert von Xanten. Vom Wanderprediger zum Kirchenfürst. In: Kaspar Elm (Hrsg.): Norbert von Xanten. Adliger, Ordensstifter, Kirchenfürst. Köln 1984, S. 69–158.

Franz Josef Felten: Verbandsbildung von Frauenklöstern. Le Paraclet, Premy, Fontevraud mit einem Ausblick auf Cluny, Sempringham und Tart. In: Hagen Keller und Franz Neiske (Hrsg.): Vom Kloster zum Klosterverband. Das Werkzeug der Schriftlichkeit. München 1997, S. 277–341.

Franz Josef Felten: Zwischen Berufung und Amt. Norbert von Xanten und seinesgleichen im ersten Viertel des 12. Jahrhunderts. In: Giancarlo Andenna u.a. (Hrsg.): Charisma und religiöse Gemeinschaften im Mittelalter. Akten des 3. Internationalen Kongresses des „Italienisch-deutschen Zentrums für Vergleichende Ordensgeschichte". Münster 2005, S. 103–149.

Raymond Firth: Preface. In: Sandra Bell and Simon Coleman (Hrsg.): The Anthropology of Friendship. Oxford und New York 1999, S. xiii–xvi.

Carsten Fischer: Lehnsrechtliche fidelitas im Spiegel des Libri Feudorum. In: Das Mittelalter 2 (2015), S. 279–293.

Karsten Fischer: Gemeinwohlrhetorik und Solidaritätsverbrauch. Bedingungen und Paradoxien des Wohlfahrtsstaates. In: Manfred Prisching (Hrsg.): Ethik im Sozialstaat. Wien 2000. S. 131–154.

John T. Fitzgerald: Friendship in the greek world prior to Aristotle. In: John T. Fitzgerald (Hrsg.): Greco-Roman Perspectives in Friendship. Atlanta 1997, S. 13–34.

Stephan Flemmig: Hagiografie und Kulturtransfer. Birgitta von Schweden und Hedwig von Polen. Berlin 2011.

Cosimo Damiano Fonseca: Constat ... monasterium esse tam canonicorum quam et monachorum. Le influenze monastiche sulle strutture istituzionali delle Canoniche e delle Congregazioni canonicali. In: Hagen Keller und Franz Neiske (Hrsg.): Vom Kloster zum Klosterverband. Das Werkzeug der Schriftlichkeit. München 1997, S. 239–251.

Michel Foucault: Archäologie des Wissens. Übers. von Ulrich Köppen. Frankfurt am Main 1994 [zuerst im franz. Orig. *L'archéologie du savoir*. Paris 1969].

Michel Foucault : Überwachen und Strafen. Die Geburt des Gefängnisses. Übers. von Walter Seitter. Frankfurt am Main 1976 [zuerst im franz. Orig. *Surveiller et punir. La naissance de la prison* Paris 1975].

Michel Foucault: Dits et Écrits. Schriften. Bd. 4: 1980–88. Frankfurt am Main 2005.

Jean-Claude Fraisse: Philia. La notation d'amitié dans la philosophie antique. Vrin 1974.

Isnard Wilhelm Frank: Kirchengeschichte des Mittelalters. Düsseldorf 2005.

Karl Suso Frank: Geschichte des christlichen Mönchtums. Darmstadt 2010.

Johannes Fried: Der Schleier der Erinnerung. Grundzüge einer historischen Memorik. München 2004.

Udo Friedrich: Diskurs und Narration. Zur Kontextualisierung des Erzählens in Konrads von Würzburg ‚Trojanerkrieg'. In: Elisabeth Müller-Luckner und Jan-Dirk Müller (Hrsg.): Text und Kontext. Fallstudien und theoretische Begründungen einer kulturwissenschaftlich angeleiteten Mediävistik. München 2007, S. 99–120.

Heidrun Friese: Freundschaft. Leerstellen und Spannungen eines Begriffs. In: Natalie Binczek und Georg Stanitzek (Hrsg.): Strong ties/Weak ties. Freundschaftssemantik und Netzwerktheorie. Heidelberg, S. 17–38.

Wolfgang Fritze: Die fränkische Schwurfreundschaft der Merowingerzeit. In: Zeitschrift der Savigny- Stiftung für Rechtsgeschichte: Germanistische Abteilung 71 (1954), S. 74–125.

Tamar Alexander-Frizer: The Pious Sinner. Ethics and aesthetics in the medieval Hasidic narrative. Tübingen 1991.

Peter Fuchs: Die Weltflucht der Mönche. Anmerkungen zur Funktion des monastisch-aszetischen Schweigens. In: Niklas Luhmann und Peter Fuchs (Hrsg.): Reden und Schweigen. Frankfurt am Main 1989, S. 21–46.

Jan A. Fuhse: Systeme, Netzwerke, Identitäten. Die Konstitution sozialer Grenzziehungen am Beispiel amerikanischer Straßengangs. Stuttgart 2003.

Claudia Garnier: Amicus amicis inamicus inamicis. Politische Freundschaft und fürstliche Netzwerke im 13. Jahrhundert, Stuttgart 2000.

Gunter Gebauer und Christoph Wulf: Spiel, Ritual, Geste. Mimetisches Handeln in der sozialen Welt. Hamburg 1998.

Winfried Gebhardt: Charisma als Lebensform. Zur Soziologie des alternativen Lebens. Berlin 1994.

Peter Gemeinhardt: Die Heiligen der Kirche – die Gemeinschaft der Heiligen. In: Peter Gemeinhardt (Hrsg.): Heilige, Heiliges und Heiligkeit in spätantiken Religionskulturen. Berlin 2012, S. 385–414.

Peter Gemeinhardt: *Vita Antonii* oder *Passio Antonii*? Biographisches Genre und martyrologische Topik in der ersten Asketenvita. In: Peter Gemeinhardt und Johan Leemans (Hrsg.): Christian Martyrdom in Late Antiquity (300–450 AO). History and Discourse, Tradition and Religious Identity. Berlin und New York 2012, S. 79–114.

Gérard Genette verpflichtet. Siehe dazu grundlegend Gérard Genette: Die Erzählung. Stuttgart 2010.

Arnold van Gennep: Übergangsriten (*Les rites de passage*). Hrsg. von Klaus Schomburg, Sylvia M. Schomburg-Scherff. Frankfurt am Main 1986.

Albert Gier: Der Sünder als Beispiel. Zu Gestalt und Funktion hagiographischer Gebrauchstexte anhand der Theophiluslegende. Frankfurt am Main 1977.

Maurice Godelier: Das Rätsel der Gabe. Geld, Geschenke, heilige Objekte. München 1999.

Knut Görich: Fides und fidelitas im Kontext der staufischen Herrschaftspraxis (12.Jahrhunder). In: Das Mittelalter 2 (2015), S. 294–310.

Erving Goffman: Stigma. Über Techniken der Bewältigung beschädigter Identität. Übers. von Frigga Haug. Frankfurt am Main 2010 [im engl. Orig. *Stigma. Notes on the management of spoiled identity*. 1963].

Ulrich Gotter: Cicero und die Freundschaft. Die Konstruktion sozialer Normen zwischen römischer Politik und griechischer Philosophie. In: Hans-Joachim Gehrke und Astrid Möller (Hrsg.): Vergangenheit und Lebenswelt. Soziale Kommunikation, Traditionsbildung und historisches Bewußtsein. Tübingen 1996, 339–360.

Tilo Grätz, Barbara Meier und Michaela Pelican: Zur sozialen Konstruktion von Freundschaft. Überlegungen zu einem vernachlässigten Begriff der Sozial-Anthropologie (Working Paper Nr. 53). Halle 2003.

Richard Gramlich: Die Wunder der Freunde Gottes. Theologien und Erscheinungsformen des islamischen Heiligenwunders. Wiesbaden 1987.

Mark S. Granovetter: The Strength of Weak Ties. In: American Journal of Sociology 78,6 (1973), S. 1360–1380.

Engelbert Grau (Hrsg.): Thomas von Celano. Leben und Wunder des heiligen Franziskus von Assisi. Einführung, Übersetzung, Anmerkungen. Werl 1995.

Engelbert Grau und Marianne Schlosser (Hrsg.): Leben und Schriften der heiligen Klara von Assisi. Kevelaer 2001.

Wilfried Grauwen: Norbert, Erzbischof von Magdeburg (1126–1134). Übers. und bearb. von Ludger Horstkötter. Duisburg-Hamborn 1986.

Joseph A. Gribbin: The Premonstratensian Order in Late Medieval England. Woodbridge 2001.

Jacob und Wilhelm Grimm: Deutsches Wörterbuch. Bd. 4. München 1999 [zuerst Leipzig 1878].

Klaus Grubmüller: Der Artusroman und sein König. Beobachtungen zur Artusfigur am Beispiel von Ginovers Entführung. In: Walter Haug und Burghart Wachinger (Hrsg.): Positionen des Romans im Spätmittelalter. Tübingen 1991, S. 1–20.

Herbert Grundmann: Religiöse Bewegungen im Mittelalter. Untersuchungen über die geschichtlichen Zusammenhänge zwischen der Ketzerei, den Bettelorden und der religiösen Frauenbewegung im 12. und 13. Jahrhundert und über die geschichtlichen Grundlagen der Deutschen Mystik. Darmstadt 1977 [zuerst Berlin 1935].

Marco Guida: Una leggenda in cerca d'autore. la Vita di santa Chiara d'Assisi. Studio delle fonti e sinossi intertestuale. Brüssel 2010.

Hans Ulrich Gumbrecht: Faszinationstyp Hagiographie. Ein historisches Experiment zur Gattungstheorie. In: Christoph Cormeau (Hrsg.): Deutsche Literatur im Mittelalter. Kontakte und Perspektiven. Hugo Kuhn zum Gedenken. Stuttgart 1979, S. 37–84.

Hans Ulrich Gumbrecht: Die Identität des Heiligen als Produkt ihrer Infragestellung. In: Odo Marquard und Karlheinz Stierle (Hrsg.): Identität. München 1979, S. 704-708.

Hans Ulrich Gumbrecht: Dimension und Grenzen der Begriffsgeschichte. München 2006.

Alois M. Haas: Gottesfreundschaft. In: Ferdinand van Ingen (Hrsg.): Ars et amicitia. Beiträge zum Thema Freundschaft in Geschichte, Kunst und Literatur. Festschrift für Martin Bircher zum 60. Geburtstag am 3. Juni 1998. Amsterdam u.a. 1998, S. 75–86.

Harald Haferland: Metonymie und metonymische Handlungskonstruktion. Erläutert an der narrativen Konstruktion von Heiligkeit in zwei mittelalterlichen Legenden. In: Euphorion 99 (2005), S. 323–364.

Renate Hagedorn und Matthias Puhle: Einleitung. In: Renate Hagedorn und Matthias Puhle (Hrsg.): Prémontré des Ostens. Kloster Unser Lieben Frauen vom 11. bis 17. Jahrhundert. Oschersleben 1996, S. 5–7

Alois Hahn: Verständigung als Strategie. In: Alois Hahn: Konstruktionen des Selbst, der Welt und der Geschichte. Aufsätze zur Kultursoziologie. Frankfurt am Main 2000, S. 80–96.

Alois Hahn und Cornelia Bohn: Partizipative Identität, Selbstexklusion und Mönchtum. In: Gert Melville und Markus Schürer (Hrsg.): Das Eigene und das Ganze. Zum Individuellen im mittelalterlichen Religiosentum. Münster 2002, S. 3–25.

Alois Hahn: Transgression und Innovation. In: Werner Helmich u.a. (Hrsg.): Poetologische Umbrüche. Romanistische Studien zu Ehren von Ulrich Schulz-Buschhaus. München 2002, S. 452–465.

Alois Hahn: Zur Soziologie der Freundschaft. In: Franz J. Felten u.a. (Hrsg.): Institution und Charisma. Festschrift für Gert Melville zum 65. Geburtstag. Köln 2009, S. 617–627.

Berndt Hamm: Heiligkeit im Mittelalter. Theoretische Annäherung an ein interdisziplinäres Forschungsvorhaben. In: Nine Miedema und Rudolf Suntrup (Hrsg.): Literatur – Geschichte – Literaturgeschichte. Festschrift für Volker Honemann zum 60. Geburtstag. Frankfurt am Main u.a. 2003, S. 627–645.

Andreas Hammer: Erzählen vom Heiligen. Narrative Inszenierungsformen von Heiligkeit im Passional. Berlin und Boston 2015.

Wolfgang Harms: Der Kampf mit dem Freund oder Verwandten in der deutschen Literatur bis um 1300. Kiel 1963.

Burkhard Hasebrink: Ein einic ein. Zur Darstellbarkeit der Liebeseinheit in mittelhochdeutscher Literatur. In: PBB 124,3 (2002), S. 442–465.

Burkhard Hasebrink: Erecs Wunde. Zur Performativität der Freundschaft im höfischen Roman. In: Oxford German Studies 38,1 (2009), S. 1–11.

Burkhard Hasebrink: Vorwort. In: Burkhard Hasebrink, Susanne Bernhardt, Imke Früh (Hrsg.): Semantik der Gelassenheit. Generierung, Etablierung, Transformation. Göttingen 2012, S. 7.

Burkhard Hasebrink: Selbstüberschreitung der Religion in der Mystik. ‚Höchste Armut' bei Meister Eckhart. In: PBB 137,3 (2015), S. 446–460.

Julian P. Haseldine: Understanding the language of amicitia. The friendship circle of Peter of Celle (c. 1115–1183). In: Pergamon 20 (1994), S. 237–260.

Julian P. Haseldine: Friends or amici? Amicitia and monastic letter-writing in the twelfth century. In: Bernadette Descharmes u.a. (Hrsg.): Varieties of friendship. Interdisciplinary perspectives of social relationships. Göttingen 2011, S. 43–58.

Ursula Heindrichs: Die Legende des Mittelalters und der Versuch einer poetologischen Bestimmung in Abgrenzung zu Märchen und Sage. In: Heinz-Albert Heindrich (Hrsg.): Als es noch Könige gab. Forschungsberichte aus der Welt der Märchen. Kreuzlingen 2001, S. 103–128.

Paul D. Hellmeier: Dominikus begegnen. Augsburg 2007.

Beth Bowman Hess: Friendship. In: Matilda White Riley, Anne Forner und Marylin E. Johnson (Hrsg.): Aging and Society. A Sociology of Age Stratification. Bd. 3. New York 1972, S. 357–393.

Cordelia Heß: Heilige machen im Spätmittelalterlichen Ostseeraum. Die Kanonisationsprozesse von Birgitta von Schweden, Johannes von Linköping und Dorothea von Montau. Berlin 2008.

Otto Hiltbrunner: Gastfreundschaft in der Antike und im frühen Christentum. Darmstadt 2007.

Olga Hoerdt: Spitzenpositionen für Spitzenleistungen? Eine empirische Untersuchung geschlechterspezifischer beruflicher Entwicklungsverläufe in einem Wirtschaftsunternehmen. Wiesbaden 2006.

James Hogg: Bruno und die Kartäuser. In: Josef Weismayer (Hrsg.): Mönchsväter und Ordensgründer. Männer und Frauen in der Nachfolge Jesu. Würzburg 1991, S. 87–107.

Leonhard Holtz: Geschichte des christlichen Ordenslebens. Zürich 1991.

Herbert Houben: Ein Orden ohne Charismatiker: Bemerkungen zum Deutschen (Ritter-)Orden im Mittelalter. In: Giancarlo Andenna, Mirko Breitenstein und Gert Melville (Hrsg.): Charisma und religiöse Gemeinschaften im Mittelalter. Münster 2005, S. 217–225.

Wolfram Hoyer (Hrsg.): Jordan von Sachsen. Von den Anfängen des Predigerordens. Leipzig 2002.

Matthias Iser: Loyalität. In: Stephan Gosepath (Hrsg.): Handbuch der politischen Philosophie und Sozialphilosophie. Bd. 2 (N–Z). Berlin 2008, S. 731–732.

Erwin Iserloh: Charisma und Institution im Leben der Kirche. Dargestellt an Franz von Assisi und der Armutsbewegung seiner Zeit. Wiesbaden 1977, S. 23–35.

Georg Jäger: Freundschaft, Liebe und Literatur von der Empfindsamkeit bis zur Romantik. Produktion, Kommunikation und Vergesellschaftung von Individualität durch kommunikative Muster ästhetisch vermittelter Identifikation. In: SPIEL 9,1 (1990), S. 69–87.

André Jolles: Einfache Form: Legende, Sage, Mythe, Rätsel, Spruch, Kasus, Memorabile, Märchen, Witz. Tübingen 1999 [zuerst Halle a.d. Saale 1930].

William Jervis Jones: German Kinship Terms (750–1500). Documentation and Analysis. Berlin und New York 1990.

Antje Junghanß: Wohltaten als Freundschaftszeichen. Überlegungen zu Cicero, De officiis, 1,42– 59. In: Marina Münkler, Antje Sablotny und Matthias Standke (Hrsg.): Freundschaftszeichen. Gesten, Gaben und Symbole von Freundschaft im Mittelalter. Heidelberg 2015, S. 51–72.

Bernhard Jussen: Patenschaft und Adoption im Frühen Mittelalter. Künstliche Verwandtschaft als soziale Praxis. Göttingen 1991.

Bernhard Jussen: Historische Semantik aus der Sicht der Geschichtswissenschaft. In: Jahrbuch für Germanistische Sprachgeschichte Bd. 2 (2011), S. 51–61.

Hatto Kallfelz: Einleitung. In: Hatto Kallfelz (Hrsg.): Lebensbeschreibungen einiger Bischöfe des 10. bis 12. Jahrhunderts (Vitae quorundam episcoporum saecolorum X, XI, XII). Darmstadt 1973, S. 445–450.

Hagen Keller: Das frühe 13. Jahrhundert. Spannungen, Umbrüche und Neuorientierungen im Lebensumfeld Elisabeths von Thüringen. In: Dieter Blume und Matthias Werner (Hrsg.): Elisabeth von Thüringen – eine europäische Heilige. Bd. 1. Petersberg 2007, S. 15–26.

Catrin Kersten: Orte der Freundschaft. Niklas Luhmann und ‚Das Meer in mir'. Berlin 2009.

Christian Kiening: Zwischen Körper und Schrift. Texte vor dem Zeitalter der Literatur. Frankfurt am Main 2003.

Christian Kiening: Gegenwärtigkeit. Historische Semantik und mittelalterliche Literatur. In: Scientia Poetica 10 (2006), S. 19–46.

Wilhelm Kierdorf: Freundschaft und Freundschaftskündigung. Von der Republik zum Prinzipat. In: Gerhard Binder (Hrsg.): Saeculum Augustum 1: Herrschaft und Gesellschaft. Darmstadt 1987, S. 223–245.

Herma Kliege-Biller: *…und ez in tiusch getihte bringe von latîne.* Studien zum Silvester Konrads von Würzburg auf der Basis der Actus Silvestri. Münster 2000.

Johannes Klaus Kipf: Humanistische Freundschaft im Brief. Zur Bedeutung von amicus, amicitia und verwandter Begriffe in Briefcorpora deutscher Humanisten In: Gerhard Krieger (Hrsg.): Verwandtschaft, Freundschaft, Bruderschaft. Soziale Lebens- und Kommunikationsformen im Mittelalter. Berlin 2009, S. 491–509.

Elke Koch: Bewegte Gemüter. Zur Erforschung von Emotionen in der deutschen Literatur des Mittelalters. In: Literaturwissenschaftliches Jahrbuch. Neue Folge 49 (2008), S. 33–54.

Susanne Köbele: *heilicheit* durchbrechen. Grenzfälle von Heiligkeit in der mittelalterlichen Mystik. In: Berndt Hamm (Hrsg.): Sakralität zwischen Antike und Neuzeit. Stuttgart 2007, S. 147–169.

Susanne Köbele: Die Illusion der ‚einfachen Form'. Über das ästhetische und religiöse Risiko der Legende. In: PBB 134,3 (2012), S. 365–404.

Ulrich Köpf: Das Thema der Freundschaft im abendländischen Mönchtum bis zum 12. Jahrhundert. In: Sibylle Appuhn-Radtke und Esther Pia Wipfler (Hrsg.): Freundschaft: Motive und Bedeutungen. München 2006, S. 25–44.

Bernhard Kötting: Wohlgeruch der Heiligkeit. In: Bernhard Kötting: Ecclesia peregrinans. Das Gottesvolk unterwegs. Gesammelte Aufsätze. Bd. 2. Münster 1988, S. 23–33.

Karl-Heinz Kohl: Die Macht der Dinge. Geschichte und Theorie sakraler Objekte. München 2003.

Hartmut Kokott: Konrad von Würzburg. Ein Autor zwischen Auftrag und Autonomie. Stuttgart 1989.

Igor S. Kon: Freundschaft. Geschichte und Sozialpsychologie der Freundschaft als soziale Institution und individuelle Beziehung. Übers. von Valeri Danilow. Hamburg 1979 [im russ. Orig. *Druschba. Istoriko-filosofskij otscherk* erst 1980].

Reinhart Koselleck: Vergangene Zukunft. Zur Semantik geschichtlicher Zeiten. Frankfurt am Main 1965.

Reinhart Koselleck: Begriffsgeschichten. Frankfurt am Main 2006.

Otfried Krafft: Papsturkunde und Heiligsprechung. Die päpstliche Kanonisation vom Mittelalter bis zur Reformation. Köln, Weimar und Wien 2005.

Andreas Kraß: Achill und Patroclus. Freundschaft und Tod in den Trojaromanen Benoîts de Sainte-Maure, Herborts von Fritzlar und Konrads von Würzburg. In: LiLi 114 (1999), S. 66–98.

Andreas Kraß: Das erotische Dreieck. Homosoziales Begehren in einer mittelalterlichen Novelle. In: Andreas Kraß (Hrsg.): Queer denken. Gegen die Ordnung der Sexualität. Frankfurt am Main 2003, S. 277–297.

Andreas Kraß: Freundschaft als Passion. Zur Codierung von Intimität in mittelalterlicher Literatur. In: Sibylle Appuhn-Radtke und Esther Pia Wipfler (Hrsg.): Freundschaft: Motive und Bedeutungen. München 2006, S. 97–116.

Andreas Kraß: Geschriebene Kleider. Höfische Identität als literarisches Spiel. Tübingen und Basel 2006.

Andreas Kraß: Im Namen des Bruders. Fraternalität in Freundschaftsdiskursen der Antike, des Mittelalters und der Frühen Neuzeit. In: Behemoth. A Journal on Civilisation 4,3 (2011), S. 4–22.

Andreas Kraß: Ebenbildlichkeit. Symbolik der Freundschaft im *Engelhard* Konrads von Würzburg. In: Marina Münkler, Antje Sablotny und Matthias Standke (Hrsg.): Freundschaftszeichen. Gesten, Gaben und Symbole von Freundschaft im Mittelalter. Heidelberg 2015, S. 251–269.

Andreas Kraß: Ein Herz und eine Seele. Geschichte der Männerfreundschaften. Frankfurt am Main 2016.

Andreas Kraß: Kämpfende Freunde. Symbiotische Mechanismen im *Erec* Hartmanns von Aue. In: Uta Fenske und Gregor Schuhen (Hrsg.): Geschichte(n) von Macht und Ohnmacht. Narrative von Männlichkeit und Gewalt. Bielefeld 2016, S. 71–82.

Gerhard Krieger (Hrsg.): Verwandtschaft, Freundschaft, Bruderschaft. Soziale Lebens- und Kommunikationsformen im Mittelalter. Berlin 2009.

Caroline Krüger: Freundschaft in der höfischen Epik um 1200. Diskurse von Nahbeziehungen. Berlin und New York 2011.

Arnold Kühl: Die Dominikaner im deutschen Rheingebiet und im Elsaß während des dreizehnten Jahrhunderts. Mit einem Exkurs über: Die Entwicklung dominikanischer Ordensgeschichtsschreibung. Freiburg 1923 [Diss. masch.].

Cobie Kuné: Geistliche Texte aus einer spätmittelalterlichen Handschrift. 'Frauenfelder Passionsgedicht' - 'Die fünf Herzeleid Mariä' - 'Cor-diale' - Die Gründungsgeschichte des Kartäuserordens und weitere Texte aus der Kanntonsbibliothek Thurgau, Frauenfeld, Ms. Y 80. Edition und Kommentar. Stuttgart 2011.

Konrad Kunze: Regulas Bearbeitung der „Legenda aurea“ für die Tischlesung in Kloster Lichtenthal. Werk- und wortgeschichtliche Beobachtungen. In: Anna Keck und Theodor Nolte (Hrsg.): *Ze hove und an der strâzen*. Die deutsche Literatur des Mittelalters und ihr ‚Sitz im Leben'. Festschrift für Volker Schupp zum 65. Geburtstag. Stuttgart und Leipzig 1999, S. 84–94.

Peter Landau: Papst Innozenz III. und Wilhelmines Ehe. Studien zum possessorischen Verfahren im Eherecht. In: Peter A. Linehan (Hrsg.): Life, Law and Letters. Historical Studies in honour of Antonio Garcia y Garcia. Rom 1998, S. 721–742.

Manfred Landfester: Das griechische Nomen ‚philos' und seine Ableitungen. Hildesheim 1966.

Otto Langner: Mystische Erfahrung und spirituelle Theologie. Zu Meister Eckharts Auseinandersetzung mit der Frauenfrömmigkeit seiner Zeit. München 1987.

Niklaus Largier: Die Phänomenologie rhetorischer Effekte und die Kontrolle religiöser Kommunikation. In: Peter Strohschneider (Hrsg.): Literarische und religiöse Kommunikation in Mittelalter und Früher Neuzeit. Berlin und New York 2009, S. 953–968.

Niklaus Largier: Gottesfreundschaft als Figur der Gemeinschaftsbildung. In: Marina Münkler, Antje Sablotny und Matthias Standke (Hrsg.): Freundschaftszeichen. Gesten, Gaben und Symbole von Freundschaft im Mittelalter. Heidelberg 2015, S. 271–284.

Katja Lasch und Denise Theßeling: Freundschaft, triuwe und êre: ': Leitsemantiken und konkurrierende Verpflichtungen im Engelhard und im Prosalancelot. In: Stephan Dreischer u.a. (Hrsg.): Jenseits der Geltung: konkurrierende Transzendenzbehauptungen von der Antike bis zur Gegenwart. Berlin 2013, S. 197–211.

Katja Lasch: Die Gabe des Heiligen und die Gabe Gottes. In: Marina Münkler, Antje Sablotny und Matthias Standke (Hrsg.): Freundschaftszeichen. Gesten, Gaben und Symbole von Freundschaft im Mittelalter. Heidelberg 2015, S. 305–327.

Irmgard Lensing: Das altenglische Heiligenleben. Heidelberg 2010.

Wolfgang Lipp: Stigma und Charisma. Über soziales Grenzverhalten. Würzburg 2010.

Claude Lévi-Strauss: Die elementaren Strukturen der Verwandtschaft. Frankfurt am Main 1991 [zuerst 1949].

Henrietta Leyser: Hermits and the New Monasticism. A Study of Religious Communities in Western Europe 1000–1150. London 1984.

Jurij M. Lotman: Die Struktur des künstlerischen Textes. Hrsg., übers. und mit einem Nachwort versehen von Rainer Grübel. Frankfurt am Main 1973 [zuerst im russ. Orig. *Struktura chudozestvennogo teksta*, Moskau 1970].

Jurij M. Lotman: Aufsätze zur Theorie und Methodologie der Literatur und Kultur. Kronberg (CZ) 1974.

Jurij M. Lotman: Die Innenwelt des Denkens. Eine semiotische Theorie der Kultur. Übers. von Gabriele Leupold und Olga Radetzkaja, hrsg. und mit einem Nachwort versehen von Susi K. Frank, Cornelia Ruhe und Alexander Schmitz. Frankfurt am Main 2010 [zuerst im russ. Orig. *Vnutri mysljascich mirov.* In: *Semiosfera.* Sankt Petersburg 2000].

Gerhard Lubich: Das Wortfeld ‚Verwandtschaft' im Mittelalter. Kontextuell-semantisches Arbeiten im historischen Feld. In: Sozialersinn 4 (2003), S. 21–36.

Gerhard Lubich: Verwandtsein. Lesarten einer politisch-sozialen Beziehung im Frühmittelalter (6. –11. Jahrhundert). Köln, Weimar und Wien 2008.

Clemens Lugowski: Die Form der Individualität im Roman. Studien zur inneren Struktur der frühen deutschen Prosaerzählung. Frankfurt am Main 1994 [zuerst Berlin 1932].

Niklas Luhmann: Vertrauen. Ein Mechanismus zur Reduktion sozialer Komplexität. Stuttgart 2000 [zuerst 1968].

Niklas Luhmann: Einführende Bemerkungen zu einer Theorie symbolisch generalisierter Kommunikationsmedien. In: Zeitschrift für Soziologie 3 (1974), S. 236–255.

Niklas Luhmann: Die Unwahrscheinlichkeit von Kommunikation. In: Niklas Luhmann. Aufsätze und Reden. Hrsg. von Oliver Jahraus. Stuttgart 2001 [zuerst 1980], S. 76–93.

Niklas Luhmann: Gesellschaftsstruktur und Semantik. Bd. 1. Frankfurt am Main 1980.

Niklas Luhmann: Wie ist soziale Ordnung möglich? In: Niklas Luhmann: Gesellschaftsstruktur und Semantik. Bd. 2. Frankfurt am Main 1981, S. 195–285.

Niklas Luhmann: Liebe als Passion. Zur Codierung von Intimität. Frankfurt am Main 1982.

Niklas Luhmann: Soziale Systeme. Grundriss einer allgemeinen Theorie. Frankfurt am Main 1984.

Niklas Luhmann: Mein „Mittelalter". In: Rechtshistorisches Journal 10 (1991), S. 66–70.

Niklas Luhmann: Die Gesellschaft der Gesellschaft. Bd. 1. Frankfurt am Main 1997.

Niklas Luhmann: Vertrautheit, Zuversicht, Vertrauen. Probleme und Alternativen. In: Martin Hartmann und Claus Offe (Hrsg.): Vertrauen: die Grundlage des sozialen Zusammenhalts. Frankfurt am Main 2001, S. 143–160.

Niklas Luhmann: Die Religion der Gesellschaft. Frankfurt am Main 2002.

Hubertus Lutterbach: Monachus factus est. Die Mönchwerdung im frühen Mittelalter. Zugleich ein Beitrag zur Frömmigkeits- und Liturgiegeschichte. Münster 1995.

Werner Maleczek: Gregor IX. als Kanonist und als Gesetzgeber religiöser Orden. In: Werner Maleczek (Hrsg.): Gregorio IX e gli ordini mendicanti. Spoleto 2011, S. 123–194.

Bronislaw Malinowski: Das Problem der Bedeutung in primitiven Sprachen. In: Charles K. Odgen und Ivor A. Richards (Hrsg.): Die Bedeutung der Bedeutung. Eine Untersuchung über den Einfluss der Sprache auf das Denken und über das Wissen des Symbolismus. Frankfurt am Main 1974, S. 323–384.

Elisabeth Maurer: Fragile Freundschaften. Networking und Gender in der wissenschaftlichen Nachwuchsförderung. Frankfurt am Main und New York 2010.

Marcel Mauss: Die Gabe. Form und Funktion des Austauschs in archaischen Gesellschaften (*Essai sur le don*). Hrsg. [übersetzt] von Eva Moldenhauer. Frankfurt am Main 1990.

James McEvoy: The Theory of Friendship in the Latin Middle Ages. Hermeneutics, Contextualization and the Transmission and Reception of Ancient Texts and Ideas, from c. ad 350 to c. 1500'. In: Julian Haseldine (Hrsg.): Friendship in Medieval Europe, Phoenix 1999, S. 3–44.

Brian Patrick McGuire: Friendship and Community. The monastic Experience 350–1250. Itahca NY 2010 [zuerst 1988].

Ulrike Markhoff: Das Selig- und Heiligsprechungsverfahren nach katholischem Recht. Münster 2002.

Georg Mein: Gäste, Parasiten und andere Schwellenfiguren. Überlegungen zum Verhältnis von Hospitalität und Liminalität. In: Peter Friedrich und Rolf Parr (Hrsg.): Gastlichkeit. Erkundungen einer Schwellensituation. Heidelberg 2009, S. 71–88.

Gert Melville: Ordensstatuten und allgemeines Kirchenrecht: Eine Skizze zum 12./13. Jahrhundert. In: Peter Landau und Jörg Müller (Hrsg.): Proceedings of the Ninth International Congress of Medieval Canon Law. Città del Vaticano 1997, S. 691–712.

Gert Melville: Der geteilte Franziskus. Beobachtungen zum institutionellen Umgang mit Charisma. In: Joachim Fischer und Hans Joas (Hrsg.): Kunst, Macht und Institution. Studien zur Philosophischen Anthropologie, soziologischen Theorie und Kultursoziologie der Moderne. Festschrift für Karl-Siegbert Rehberg. Frankfurt und New York 2003, S. 347–363.

Gert Melville: Regeln – Consuetudines –Texte – Statuten. Positionen für eine Typologie des normativen Schrifttums religiöser Gemeinschaften im Mittelalter. In: Cristina Andenna und Gert Melville (Hrsg.): Regulae – Consuetudines – Statuta. Studi sulle fonti normative degli ordini religiosi nei secoli centrali del Medievo. Münster 2005, S. 5–38.

Gert Melville: Geltungsgeschichten am Tor zur Ewigkeit. Zu Konstruktionen von Vergangenheit und Zukunft im mittelalterlichen Religiosentum. In: Gert Melville und Hans Vorländer (Hrsg.): Geltungsgeschichten. Über die Stabilisierung und Legitimierung institutioneller Ordnungen. Köln, Weimar und Wien 2002, S. 75–108.

Gert Melville: Stephan von Obazine. Begründung und Überwindung charismatischer Führung. In: Giancarlo Andenna, Mirko Breitenstein und Gert Melville (Hrsg.): Charisma und religiöse Gemeinschaften im Mittelalter. Münster 2005, S. 85-102.

Gert Melville: Einheit und Vielfalt – Das mittelalterliche Europa der Klöster und Orden. In: Waltraud Schreiber (Hrsg.): Von den Olympischen Spielen bis zur Potsdamer Konferenz. Standardthemen des Geschichtsunterrichts forschungsnah. Neuried 2006, S. 163–186.

Gert Melville und Anne Müller (Hrsg.): Mittelalterliche Orden und Klöster im Vergleich. Methodische Ansätze und Perspektiven. Münster 2007.

Gert Melville: Brückenschlag zur zweiten Generation Die kritische Phase der Institutionalisierung mittelalterlicher Orden. In: Jörg Rogge (Hrsg.): Religiöse Ordnungsvorstellungen und Frömmigkeitspraxis im Hoch- und Spätmittelalter. Korb 2008, S. 77–98.

Gert Melville: Die Welt der mittelalterlichen Klöster. Geschichte und Lebensformen. München 2012.

Franz Metzger und Karin Feuerstein-Praßer: Die Geschichte des Ordenslebens. Von den Anfängen bis heute. Freiburg u.a. 2006.

Nine Miedema: *vriunt* als Anrede in mittelhochdeutschen Erzähltexten. In: Marina Münkler, Antje Sablotny und Matthias Standke (Hrsg.): Freundschaftszeichen. Gesten, Gaben und Symbole von Freundschaft im Mittelalter. Heidelberg 2015, S. 209–228.

Hans Jürgen Milchner: Nachfolge Jesu und Imitatio Christi. Die theologische Entfaltung der Nachfolgethematik seit den Anfängen der Christenheit bis in die Zeit der devotio moderna – unter besonderer Berücksichtigung religionspädagogischer Ansätze. Münster 2004.

Ulrich Montag: Das Werk der heiligen Birgitta von Schweden in oberdeutscher Überlieferung. Texte und Untersuchungen. München 1968.

Peter von Moos: Krise und Kritik der Institutionalität. Die mittelalterliche Kirche als „Anstalt“ und „Himmelreich auf Erden“. In: In: Gert Melville (Hrsg.): Institutionalität und Symbolisierung. Verstetigungen kultureller Ordnungsmuster in Vergangenheit und Gegenwart. Köln und Berlin 2001, S. 293–340.

Jan-Dirk Müller: Literarische und andere Spiele. Zum Fiktionalitätsproblem in vormoderner Literatur. In: Poetica 36 (2004), S. 281–311.

Jan-Dirk Müller: Was heißt eigentlich triuwe in Wolrams von Eschenbach ‚Parzival'. In: Das Mittelalter 2 (2015), S. 311–326.

Mario Müller: Besiegelte Freundschaft: die brandenburgischen Erbeinungen und Erbverbrüderungen im späten Mittelalter. Göttingen 2010.

Herfried Münkler und Harald Bluhm: Einleitung: Gemeinwohl und Gemeinsinn als politisch-soziale Leitbegriffe. In: Herfried Münkler und Harald Bluhm (Hrsg.): Gemeinwohl und Gemeinsinn. Historische Semantiken politischer Leitbegriffe. Berlin 2001 (Forschungsberichte der interdisziplinären Arbeitsgruppe „Gemeinwohl und Gemeinsinn" der Berlin-Brandenburgischen Akademie der Wissenschaften Bd. 1), S. 9–30.

Marina Münkler: Sündhaftigkeit als Generator von Individualität. Zu den Transformationen legendarischen Erzählens in der Historia von D. Johann Fausten und den Faustbüchern des 16. und 17. Jahrhunderts. In: Peter Strohschneider (Hrsg.): Literarische und religiöse Kommunikation in Mittelalter und Früher Neuzeit. Berlin und New York 2009, S. 25–61.

Marina Münkler: Amicus Dei: Konstruktionsformen des Heiligen am Beispiel der Franziskuslegenden. In: Hans Vorländer (Hrsg.): Transzendenz und die Konstitution von Ordnungen. Berlin und Boston 2013, S. 374–394.

Marina Münkler: L'amicizia come concetto d'individuazione in Aelredo di Rievaulx. In: Giancarlo Andenna und Elisabetta Filippini (Hrsg.): Responsabilità e creatività. Alla ricerca di un uomo nuovo (secoli XI–XIII). Atti del Convegno Internazionale (Brescia 12–14 settembre 2013). Mailand 2015, S. 153–166.

Marina Münkler: Freundschaft als symbolisch generalisiertes Kommunikationsmedium. In: Freundschaft. Das Buch. Hrsg. für das deutsche Hygienemuseum von Daniel Tyradellis. Berlin, 2015, S. 78–87.

Marina Münkler und Matthias Standke: Freundschaftszeichen. Einige systematische Überlegungen zu Gesten, Gaben und Symbolen von Freundschaft. In: Marina Münkler, Antje Sablotny und Matthias Standke (Hrsg.): Freundschaftszeichen. Gesten, Gaben und Symbole von Freundschaft im Mittelalter. Heidelberg 2015, S. 9–32.

Marc Müntz: Gottfried von Cappenberg. Ritter–Klosterstifter–Heiliger. In: Gabriela Signori (Hrsg.): „Heiliges Westfalen". Heilige, Reliquien, Wallfahrt und Wunder im Mittelalter. Bielefeld 2003, S. 65–78.

Joseph Neubner: Die heiligen Handwerker in der Darstellung der Acta Sanctorum. Ein Beitrag zur christlichen Sozialgeschichte aus hagiographischen Quellen. Münster 1929.

Ursula Nötzold-Linden: Freundschaft. Zur Thematisierung einer vernachlässigten soziologischen Kategorie. Opladen 1994.

Theodor Nolte: Begriff und Motiv der Freundschaft in der Geschichte der deutschen Sprache und Literatur. In: Frühmittelalterliche Studien 24 (1990), S. 126–144.

Jörg Oberste: Heiligkeit und Häresie. Religiosität und sozialer Aufstieg in der Stadt des hohen Mittelalters. 2 Bd. Köln u.a. 2003.

Jörg Oberste: Zwischen ‚uniformitas' und ‚diversitas'. Zentralität als Kernproblem des frühen Prämonstratenserordens (12./13. Jahrhundert). In: Irene Crusius und Helmut Flaschenecker (Hrsg.): Studien zum Prämonstratenserorden. Göttingen 2003, S. 225–250.

Jörg Oberste: Gibt es eine urbane Religiosität des Mittelalters? In: Jörg Oberste und Susanne Ehrich (Hrsg.): Städtische Kulte im Mittelalter. Regensburg 2010, S. 15–36.

Otto Gerhard Oexle: Luhmanns Mittelalter. In: Rechtshistorisches Journal 10 (1991), S. 53–66.

Otto Gerhard Oexle: Konflikt und Konsens. Über gemeinschaftsrelevantes Handeln in der vormodernen Gesellschaft. In: Herfried Münkler und Harald Bluhm (Hrsg.): Gemeinwohl und Gemeinsinn. Historische Semantiken politischer Leitbegriffe. Berlin 2001 (Forschungsberichte der interdisziplinären Arbeitsgruppe „Gemeinwohl und Gemeinsinn" der Berlin-Brandenburgischen Akademie der Wissenschaften Bd. 1), S. 65–83.

Otto Gerhard Oexle: Konsens, Vertrag, Individuum. Über Formen des Vertragshandelns im Mittelalter. In: Yuri L. Bessmertny und Otto Gerhard Oexle (Hrsg.): Das Individuum und die Seinen. Individualität in der okzidentalen und in der russischen Kultur in Mittelalter und früher Neuzeit. Göttingen 2001, S. 15–37.

Lutz Ohlendieck: Gender Trouble in Organisationen und Netzwerken. In: Ursula Pasero und Christine Weinbach (Hrsg.): Frauen, Männer, Gender Trouble. Systemtheoretische Essays. Frankfurt am Main 2003, S. 171–185.

Friedrich Ohly: Hohelied-Studien. Grundzüge einer Geschichte der Hoheliedauslegung des Abendlandes bis um 1200. Wiesbaden 1958.

Friedrich Ohly: Du bist mein, ich bin dein... In: Ernst-Joachim Schmidt (Hrsg.): Kritische Bewahrung: Beiträge zur deutschen Philologie. Festschrift für Werner Schröder zum 60. Geburtstag. Berlin 1974, S. 145–176.

Klaus Oschema: Freundschaft und Nähe im spätmittelalterlichen Burgund. Studien zum Spannungsfeld von Emotion und Institution. Köln 2006.

Marion Oswald: Gabe und Gewalt. Studien zur Logik und Poetik der Gabe in der frühhöfischen Erzählliteratur. Göttingen 2004.

Rudolf Otto: Das Heilige. Breslau 1920.

Ulrike Otto: Die Münsteraner Handschrift 894. Leben der hl. Hugo und Bruno. Salzburg 1997.

Robert Paine: Friendship: The Hazard of an Ideal Relationship. In: Sandra Bell and Simon Coleman (Hrsg.): The Anthropology of Friendship. Oxford und New York 1999, S. 9–58.

Agostino Paravicini Bagliani: Il trono di Pietro. L'universalità del papato da Alessandro III a Bonifacio VIII. Rom 2001.

Ursula Peters: Religiöse Erfahrung als literarisches Faktum. Zur Vorgeschichte und Genese frauenmystischer Texte des 13. und 14. Jahrhunderts. Tübingen 1988.

Annick Peters-Custot: Bruno en Calabre Histoire d´une fondation monastique dans l´Italie normande. Rome 2014.

Erik Peterson: Der Gottesfreund. Beiträge zur Geschichte eines religiösen Terminus. In: ZKG 42 NF 5 (1923), S. 161–202.

Enrico Piscione: Doctor amicitiae: l'itinerario filosofico-spirituale di Aelredo di Rievaulx. San Cantaldo 2011.

Guntram A. Plangg: Sulla semantica di Freundschaft e amicizia. In: Luigi Cotteri (Hrsg.): Der Begriff Freundschaft in der Geschichte der Europäischen Kultur. Meran 1995, S. 86–101.

Gerardo Posada: Der heilige Bruno. Vater der Kartäuser. Sohn der Stadt Köln. Übers. von Hubertus Maria Blüm. Köln 1987 [zuerst im span. Orig. *Maestro Bruno, Padre de Monjes. Por un Cartujo.* Madrid 1980].

Bruno Quast: *Getriuwe wandelunge.* Ehe und Minne in Hartmanns Erec. In: ZfdA 122 (1993), S.162–180.

Bruno Quast: Lektüre und Konversion. Augustinus, Konrad von Würzburg, Petrarca. In: Beate Kellner, Peters Strohschneider und Franziska Wenzel (Hrsg.): Geltung der Literatur. Formen ihrer Autorisierung und Legitimierung im Mittelalter. Berlin 2005, S. 127–138.

Karl Rahner: Latein als Kirchensprache. In: Zeitschrift für Katholische Theologie 84 (1962), S. 257–299.

Karl-Siegbert Rehberg: Eine Grundlagentheorie der Institutionen: Arnold Gehlen. Mit systematischen Schlußfolgerungen für eine kritische Institutionentheorie. In: Gerhard Göhler, Kurt Lenk und Rainer Schmalz-Bruns (Hrsg.): Die Rationalität politischer Institutionen. Interdisziplinäre Perspektiven. Wiesbaden 1990, S. 115–144.

Karl-Siegbert Rehberg: Institutionen als symbolische Ordnungen. Leitfragen zur Theorie und Analyse institutioneller Mechanismen (TAIM). In: Gerhard

Göhler (Hrsg.): Die Eigenart der Institutionen. Zum Profil politischer Institutionstheorie. Baden-Baden 1994, S. 47–84.

Karl-Siegbert Rehberg: Die Öffentlichkeit der Institutionen. Grundbegriffliche Überlegungen im Rahmen der Theorie und Analyse institutioneller Mechanismen. In: Gerhard Göhler (Hrsg.): Macht der Öffentlichkeit – Öffentlichkeit der Macht. Baden-Baden 1995, S. 181–211.

Karl-Siegbert Rehberg: Die stabilisierende „Fiktionalität" von Präsenz und Dauer. Institutionelle Analyse und historische Forschung. In: Reinhard Blänkner und Bernhard Jussen (Hrsg.): Institutionen und Ereignis. Über historische Praktiken und Vorstellungen gesellschaftlichen Ordnens. Göttingen 1998, S. 381–407.

Karl-Siegbert Rehberg: Weltrepräsentanz und Verkörperung. Institutionelle Analyse und Symboltheorien – Eine Einführung in systematischer Absicht. In: Gert Melville (Hrsg.): Institutionalität und Symbolisierung. Verstetigungen kultureller Ordnungsmuster in Vergangenheit und Gegenwart. Köln und Berlin 2001, S. 3–49.

Karl-Siegbert Rehberg: Institutionelle Ordnungen zwischen Ritual und Inszenierung. In: Christoph Wulf und Jörg Zirfas (Hrsg.): Die Kultur des Rituals. Inszenierungen, Praktiken, Symbole. München 2004, S. 247–265.

Matthias Rein: Conversio deutsch. Studien zur Geschichte von Wort und Konzept ‚bekehren', insbesondere in der deutschen Sprache des Mittelalters. Göttingen 2012.

Wolfgang Reinhard: Freunde und Kreaturen. ‚Verflechtung' als Konzept zur Erforschung historischer Führungsgruppen. Römische Oligarchie um 1600. München 1979.

Dina de Rentiis: Die Zeit der Nachfolge. Zur Interdependenz von ‚imitatio Christi' und ‚imitatio auctorum' im 12.–16. Jahrhundert. Tübingen 1996.

Bert Roest: Order and Disorder. The Poor Clares between Foundation and Reform. Leiden und Boston 2013.

Werner Röcke: Regeln des Vertrauens. Reduktion von Kontingenz und Stabilisierung des Verhaltens im ‚Prosa-Lancelot'. In: Claudia Garnier und Hermann Kamp (Hrsg.): Spielregeln der Mächtigen. Mittelalterliche Politik zwischen Gewohnheit und Konvention. Darmstadt 2010, S. 247–264.

Kurt Ruh: Bonaventura deutsch. Ein Beitrag zur deutschen Franziskaner-Mystik und -Scholastik. Bern 1956.

Kurt Ruh: Art. Klara von Assisi. In: Die deutsche Literatur des Mittelalters. Das Verfasserlexikon. Bd. 4. Hrsg. von Wolfgang Stammler. Berlin 1983, Sp. 1172–1183.

Roberto Rusconi: Santo Padre. La santità del papa San Pietro a Giovanni Paolo II. Roma 2010.

Meinrad Scheller: Vedisch priyá- und die Wortsippe Frei, Freien, Freund. Eine bedeutungsgeschichtliche Studie. Göttingen 1959.

Annemarie Schimmel: Mystische Dimensionen des Islams. Die Geschichte des Sufismus. Frankfurt am Main 1995.

Bernhard Schimmelpfennig: Heilige Päpste – päpstliche Kanonisationspolitik. In: Bernhard Schimmelpfennig, Georg Kreuzer und Stefan Weiß (Hrsg.): Papsttum und Heilige: Kirchenrecht und Zeremoniell. Ausgewählte Aufsätze. Neuried 2005, S. 379–408.

Bernhard Schimmelpfennig: Afra und Ulrich. Oder: Wie wird man heilig? In: Bernhard Schimmelpfennig, Georg Kreuzer und Stefan Weiß (Hrsg.): Papsttum und Heilige: Kirchenrecht und Zeremoniell. Ausgewählte Aufsätze. Neuried 2005, S. 409–432.

Rudolf Schlögl: Hierarchie und Funktion. Zur Transformation der stratifikatorischen Ordnung in der Frühen Neuzeit. In: Marian Füssel (Hrsg.): Soziale Ungleichheit und ständische Gesellschaft / Theorien und Debatten in der Frühneuzeitforschung [die Ergebnisse des 47. Deutschen Historikertags in Dresden im Oktober 2008]. Frankfurt am Main 2011, S. 47–63.

Christian Schmid-Cadalbert: Der Ortnit AW als Brautwerbungsdichtung. Ein Beitrag zum Ver- ständnis mittelhochdeutscher Schemaliteratur. Bern 1985.

Johannes F.K. Schmidt, Martine Guichard und Peter Schuster (Hrsg.): Freundschaft und Verwandtschaft: Zur Unterscheidung und Verflechtung zweier Beziehungssysteme. Konstanz 2007.

Hans-Joachim Schmidt: Legitimität von Innovation. Geschichte, Kirche und neue Orden im 13. Jahrhundert. In: Franz J. Felten und Nikolas Jaspert (Hrsg.): Vita Religiosa im Mittelalter. Festschrift für Kaspar Elm zum 70. Geburtstag. Berlin 1999, S. 371–391.

Carl Schmitt: Der Begriff des Politischen. Text von 1932 mit drei Corollarien. Berlin 1994.

Johannes Schneider: Katharina Hofmann. Aus dem „St. Klara-Buch“. In: Paul Zahner (Hrsg.): Vena vivida – Lebendige Quelle. Texte zu Klara von Assisi und ihrer Bewegung. Bd. 2,1. Münster 2008, S. 29–64.

Eberhard Schockendorff: Die Liebe als Freundschaft des Menschen mit Gott: das Proprium der Caritas-Lehre des Thomas von Aquin. In: Communio 36 (2007), S. 232–246.

Gerhard Schönrich und Ulrich Baltzer: Die Geltung von Geltungsgeschichten. In: Gert Melville und Hans Vorländer (Hrsg.): Geltungsgeschichten. Über die Stabilisierung und Legitimierung institutioneller Ordnungen. Köln, Weimar und Wien 2002, S. 1–26.

Klaus Schreiner: Ein Herz und eine Seele. Eine urchristliche Lebensform und ihre Institutionalisierung im augustinisch geprägten Mönchtum des hohen und späten Mittelalters. In: Gert Melville und Anne Müller (Hrsg.): Regula Sancti Augustini. Normative Grundlage differenter Verbände im Mittelalter. Paring 2002, S. 1–47.

Klaus Schreiner: *Observantia regularis.* Normbildung, Normenkontrolle und Normwandel im Mönchtum des hohen und späten Mittelalters. In Klaus Schreiner und Gert Melville (Hrsg.): Gemeinsam Leben. Spiritualität, Lebens- und Verfassungsformen klösterlicher Gemeinschaften in Kirche und Gesellschaft des Mittelalters. Berlin 2013, S. 331–371.

Martin Schubert: Das ‚Passional' und der Deutsche Orden. In: Ralf G. Pasler und Dietrich Schmidtke (Hrsg.): Deutschsprachige Literatur des Mittelalters im östlichen Europa. Heidelberg 2006, S. 139–155.

Martin Schubert: Einleitung. Bd. 1. In: Annegret Haase, Martin Schubert und Jürgen Wolf (Hrsg.): Das Passional. Buch I und II. Berlin 2013, S. VII–LII.

Markus Schürer: Das Exemplum oder die erzählte Institution. Studien zum Beispielgebrauch bei den Dominikanern und Franziskanern des 13. Jahrhunderts. Berlin 2005.

Rolf Schulmeister: Aedificatio und Imitatio. Studien zur intentionalen Poetik der Legende und Kunstlegende. Hamburg 1971.

Petra Schulte: Vertrauen im Florenz des 15. Jahrhunderts. In: Das Mittelalter 2 (2015), S. 380–394.

Simone Schultz-Balluff: triuwe. Verwendungsweisen und semantischer Gehalt im Mittelhochdeutschen. In: Gerhard Krieger (Hrsg.): Verwandtschaft, Freundschaft, Bruderschaft. Soziale Lebens- und Kommunikationsformen im Mittelalter. Berlin 2009, S. 271–296.

Peter Schulz: Freundschaft und Selbstliebe bei Platon und Aristoteles. Semantische Studien zur Subjektivität und Intersubjektivität. Freiburg und München 2000.

Winfried Schulz: Das neue Selig- und Heiligsprechungsverfahren. Paderborn 1988.

Peter Schuster: Aelred von Rievaulx und die amicitia spiritualis. Überlegungen zum Freundschaftsdiskurs im 12. Jh. In: Johannes Altenberend (Hrsg.): Kloster – Stadt – Region: Festschrift für Heinrich Rüthing. Bielefeld 2002, S. 13–26.

Georg Schwaiger und Manfred Heim: Orden und Klöster. Das christliche Mönchtum in der Geschichte. München 2004.

Eve Kosofsky Segdwick: Between men – English Literature and Male Homosocial Desire. New York 1985.

Stephanie Seidl: Blendendes Erzählen. Narratologische Entwürfe von Ritterheiligkeit in deutschsprachigen Georgslegenden des Hoch- und Spätmittelalters. Berlin und Boston 2012.

Jörg Seiler: Franziskus. Zur Performanz der Niedrigkeit. In: JMKOG 12 (2016), S. 5–31.

Gershom Sholem: Die jüdische Mystik in ihren Hauptströmungen. Frankfurt am Main 2000 [zuerst 1957].

Ramona Sickert: „Difficile tamen est iudicare alieni cordis occulta ...“. Persönlichkeit oder Typus? - Elias von Cortona im Urteil seiner Zeitgenossen. In: Gert Melville und Markus Schürer (Hrsg.): Das Eigene und das Ganze. Zum Individuellen im mittelalterlichen Religiosentum. Münster 2002, S. 303–338.

Gabriela Signori: Über Liebe, Ehe und Freundschaft. Bemerkungen zur Aristoteles-Rezeption im ausgehenden 13. und 14. Jahrhundert. In: Mittellateinisches Jahrbuch 38 (2003), S. 249–266.

Gabriela Signori: Wunder. Eine historische Einführung. Frankfurt am Main und New York 2007.

Gabriela Signori: Geschenke erhalten die Freundschaft. Freundschaftsideal und Freundschaftspraxis in der mittelalterlichen Briefliteratur. In: Michael Grünbart (Hrsg.): Geschenke erhalten die Freundschaft. Gabentausch und Netzwerkpflege im europäischen Mittelalter. Münster 2011, S. 187–208.

Gabriela Signori: Von der Paradiesehe zur Gütergemeinschaft. Die Ehe in der mittelalterlichen Lebens- und Vorstellungswelt. Frankfurt am Main 2011.

Georg Simmel: Soziologie. Untersuchungen über die Formen der Vergesellschaftung. Berlin 1983 [zuerst 1908].

André Simon: L'Ordre des Pénitentes de Ste Marie Madeleine en Allemagne au XIIIme siecle. Fribourg 1918.

Heikki Solin: Zur Geschichte der Namensippe *philos* in der griechischen Anthroponymie. In: Michael Peachin und Maria Laetizia Caldelli (Hrsg.): Aspects of friendship in the Graeco-Roman world. Portsmouth 2001, S. 51–62.

John Robert Sommerfeldt: Aelred of Rievaulx on friendship. In: Suzanne Stern-Gillet und Gary M. Gurtler (Hrsg.): Ancient and medieval concepts of friendship. Albany 2014, S. 227–244.

Peter-Michael Spangenberg: Maria ist immer und überall. Die Alltagswelten des spätmittelalterlichen Mirakels. Frankfurt am Main 1987.

Matthias Standke und Denise Theßeling: Von herrschenden Frauen und befreundeten Männern. Zur Funktionalität genderspezifischer Codierungen in höfischen Erzählungen des Mittelalters. In: Oxford German Studies 43, 3 (2014), S. 191–211.

Matthias Standke: Freundschaft als Problem von Heiligkeit. Norbert von Xanten als Figur legendarischen Erzählens. In: Marina Münkler, Antje Sablotny und Matthias Standke (Hrsg.): Freundschaftszeichen. Gesten, Gaben und Symbole von Freundschaft im Mittelalter. Heidelberg 2015, S. 329–355.

Matthias Standke: How to do things with holiness. Legendarisches Erzählen von Karl dem Großen zwischen Macht und Idoneität. In: Klaus Oschema u.a. (Hrsg.): Die Performanz der Mächtigen. Rangordnung und Idoneität in höfischen Gesellschaften des späten Mittelalters. Ostfildern 2015, S. 193–214.

Matthias Standke: Vom Stiften des Gemeinsinns und Gründen der Gemeinschaft Textuelle Diskurspraktiken in den Ordensgründerlegenden des Dominikus. In: Sabine von Heusinger, Elias Füllenbach, Klaus-Bernward Springer und Walter Senner (Hrsg.): Die deutschen Dominikaner und Dominikanerinnen 1221-1515. Berlin und Boston 2016, S. 71–95.

Sita Steckel: Kulturen des Lehrens im Früh- und Hochmittelalter. Autorität, Wissenskonzepte und Netzwerke von Gelehrten. Köln 2010.

Sita Steckel: Doctor doctorum. Changing Concepts of 'Teaching' in the Mortuary Roll of Bruno the Carthusian (d. 1101). In: Hartmut Beyer, Sita Steckel und Gabriela Signori (Hrsg.): Bruno the Carthusian († 1101) and his Mortuary Roll. Studies, text and translations. Turnhout 2014, S. 83–116.

Christian Stegbauer: Weak und Strong Ties. Freundschaft aus netzwerktheoretischer Perspektive. In: Christian Stegbauer (Hrsg.): Netzwerkanalyse und Netzwerktheorie. Wiesbaden 2000, S. 105–119.

Ekkehard W. Stegemann: Freundschaftstopik im Neuen Testament. In: Sibylle Appuhn-Radtke und Esther Pia Wipfler (Hrsg.): Freundschaft: Motive und Bedeutungen. München 2006, S. 9–24.

Rudolf Stichweh: Inklusion und Exklusion. Studien zur Gesellschaftstheorie. Bielefeld 2005.

Peter Strohschneider: Inzest-Heiligkeit. Krise und Aufhebung der Unterschiede in Hartmanns ‚Gregorius'. In: Christoph Huber, Burghart Wachinger und Hans-Joachim Ziegeler (Hrsg.): Geistliches in weltlicher, Weltliches in geistlicher Literatur des Mittelalters. Tübingen 2000, S. 105–133.

Peter Strohschneider: Institutionalität. Zum Verhältnis von literarischer Kommunikation und sozialer Interaktion in mittelalterlicher Literatur. Eine Einleitung. In: Peter Strohschneider, Beate Kellner, Ludger Lieb (Hrsg.): Literarische Kommunikation und soziale Interaktion: Studien zur Institutionalität mittelalterlicher Literatur. Frankfurt am Main 2001, S. 1–26.

Peter Strohschneider: Georius miles – Georius matyr. Funktionen und Repräsentationen von Heiligkeit bei Reinbot von Durne. In: Matthias Meyer und Hans-Jochen Schiewer (Hrsg.): Literarisches Leben: Rollenentwürfe in der Literatur des Hoch- und Spätmittelalters. Festschrift für Volker Mertens zum 65. Geburtstag. Tübingen 2002, S. 781–811.

Peter Strohschneider: Textheiligung. Geltungsstrategien legendarischen Erzählens im Mittelalter am Beispiel von Konrads von Würzburg Alexius. In: Gert Melville und Hans Vorländer (Hrsg.): Geltungsgeschichten. Über die Stabilisierung und Legitimierung institutioneller Ordnungen. Köln, Weimar und Wien 2002, S. 109–147.

Peter Strohschneider: Kultur und Text. Drei Kapitel zur Continuatio des abenteuerlichen Simplicissimi, mit systematischen Zwischenstücken. In: Kathrin Stegbauer, Herfried Vögel und Michael Waltenberger (Hrsg.): Kulturwissenschaftliche Frühneuzeitforschung, Beiträge zur Identität der Germanistik. Berlin 2004, S. 91–130.

Peter Strohschneider: Religiöses Charisma und institutionelle Ordnungen in der Ursula-Legende. In: Franz J. Felten u.a. (Hrsg.): Institution und Charisma. Festschrift für Gert Melville zum 65. Geburtstag. Köln 2009, S. 571–588.

Peter Strohschneider: Vorbericht. In: Peter Strohschneider (Hrsg.): Literarische und religiöse Kommunikation in Mittelalter und Früher Neuzeit. Berlin und New York 2009, S. IX–XIX.

Peter Strohschneider: Weltabschied, Christusnachfolge und die Kraft der Legende. In: PBB 60, 2 (2010), S. 143–163.

Peter Strohschneider: Höfische Textgeschichten. Über Selbstentwürfe vormoderner Literatur. Heidelberg 2014.

Rudolf Suntrup: Die Bedeutung der liturgischen Gebärden in lateinischen und deutschen Auslegungen des 9. bis 13. Jahrhunderts. München 1978.

Maarten Taveirne: Das Martyrium als imitatio Christi. Die literarische Gestaltung der spätantiken Märtyrerakten und -passionen nach der Passion Christi. In: Zeitschrift für Antikes Christentum 18,2 (2014), S. 167–203.

Friedrich H. Tenbruck: Freundschaft. Ein Beitrag zu einer Soziologie der persönlichen Beziehungen. In: KZfSS 16 (1964), S. 227–250.

Ferdinand Tönnies: Gemeinschaft und Gesellschaft. Abhandlung des Communismus und Socialismus als empirischer Culturformen. Berlin 1887.

Simon Tugwell: Notes on the life of St. Dominic. In: Archivum Fratrum Praedicatorum 68 (1998), S. 5–116.

Simon Tugwell: Introduction. In: Humberti de Romanis: Legendae Sancti Dominici. Hrsg. von Simon Tugwell. Rom 2008, S. 1–407.

Victor W. Turner: Das Ritual. Struktur und Anti-Struktur (*The Ritual Process. Structure and Anti-Structure*). Hrsg. von Sylvia M. Schomburg-Scherff. Frankfurt am Main 2005.

Dieter Veldtrup: Zwischen Eherecht und Familienpolitik. Studien zu den dynastischen Heiratsprojekten Karls IV. Warendorf 1988.

Jörg Voigt: Beginen im Spätmittelalter: Frauenfrömmigkeit in Thüringen und im Reich. Köln u.a. 2012.

Justin Vollmann: Wer wen wie behandeln soll. Formelhafte Moraldidaxe in mittelhochdeutscher Epik. In: Henrike Lähnemann und Sandra Linden (Hrsg.): Dichtung und Didaxe: Lehrhaftes Sprechen in der deutschen Literatur des Mittelalters. Berlin 2009, S. 56–72.

Hans Vorländer: Transzendenz und die Konstitution von Ordnungen. Eine Einführung in systematischer Absicht. In: Hans Vorländer (Hrsg.): Transzendenz und die Konstitution von Ordnungen. Berlin und Boston 2013, S. 1–42.

Peter Wagenknecht: Was ist Heteronormativität? Zu Geschichte und Gehalt des Begriffs. In: Jutta Hartmann u.a. (Hrsg.): Heteronormativität. Empirische Studien zu Geschlecht, Sexualität und Macht. Wiesbaden 2007. S. 17–34.

Paul Watzlawick u.a.: Menschliche Kommunikation. Formen, Störungen, Paradoxien. Bern u.a. 1972.

Max Weber: Wirtschaft und Gesellschaft. Grundriß der verstehenden Soziologie. Besorgt von Johannes Winkelmann. Tübingen 1972.

Max Weber: Die Wirtschaftsethik der Weltreligionen. Das antike Judentum. 2. Halbband. Hrsg. von Eckart Otto. Tübingen 2005.

Martina Wehrli-Johns: Das mittelalterliche Beginentum – Religiöse Frauenbewegung oder Sozialidee der Scholastik? In: dies. und Claudia Opitz (Hrsg.): Fromme Frauen oder Ketzerinnen? Leben und Verfolgung der Beginen im Mittelalter. Freiburg u.a. 1998, S. 25–51.

Stefan Weinfurter: Norbert von Xanten als Reformkanoniker und Stifter des Prämonstratenserordens. In: Kaspar Elm (Hrsg.): Norbert von Xanten. Adliger, Ordensstifter, Kirchenfürst. Köln 1984, S. 159–183.

Julia Weitbrecht: Keuschheit, Ehe und Eheflucht in legendarischen Texten: *Vita Malchi*, *Alexius* und *Gute Frau*. In: Werner Röcke und Julia Weitbrecht (Hrsg.): Askese und Identität in Spätantike, Mittelalter und Früher Neuzeit. Berlin und New York 2010, S. 131–156.

Julia Weitbrecht: Aus der Welt. Reise und Heiligung in Legenden und Jenseitsreisen der Spätantike und des Mittelalters. Heidelberg 2011.

Julia Weitbrecht: *Imitatio* und Imitabilität. Zur Medialität von Legende und Legendenspiel. In: PBB 134,2 (2012), S. 204–219.

Dorothea Weltecke: Gab es Vertrauen im Mittelalter? Methodische Überlegungen. In: Ute Frevert (Hrsg.): Vertrauen. Historische Annäherungen. Göttingen 2003, S. 67–89.

Achim Wesjohann: Flüchtigkeit und Bewahrung des Charisma, oder: War der heilige Dominikus etwa auch ein Charismatiker? In: Giancarlo Andenna,

Mirko Breitenstein und Gert Melville (Hrsg.): Charisma und religiöse Gemeinschaften im Mittelalter. Münster 2005, S. 227–260.

Achim Wesjohann: Mendikantische Gründungserzählungen im 13. und 14. Jahrhundert. Mythen als Element institutioneller Eigengeschichtsschreibung der mittelalterlichen Franziskaner, Dominikaner und Augustiner-Eremiten. Münster 2012.

Thomas Wetzstein: Heilige vor Gericht. Das Kanonisationsverfahren im europäischen Spätmittelalter. Köln, Weimar und Wien 2004.

William Thomas Whobrey: Exile and return. Heroic and spiritual journeys in Germanic literature. Stanford 1991.

Werner Williams-Krapp: Die deutschen und niederländischen Legendare des Mittelalters. Studien zu ihrer Überlieferungs-, Text- und Wirkungsgeschichte. Tübingen 1986.

Werner Williams-Krapp: Kultpflege und literarische Überlieferung. Zur deutschen Hagiographie der Dominikaner im 14. und 15. Jahrhundert. In: André Schnyder (Hrsg): Ist mir getroumet mîn leben? Vom Träumen und vom Anderssein. Festschrift für Karl-Ernst Geith zum 65. Geburtstag. Göppingen 1998, S. 147–173.

Silke Winst: Amicus und Amelius. Kriegerfreundschaft und Gewalt in mittelalterlicher Erzähltradition. Berlin und New York 2009.

Theodor Wolpers: Die englische Heiligenlegende des Mittelalters. Eine Formengeschichte des Legendenerzählens von der spätantiken lateinischen Tradition bis zur Mitte des 16. Jahrhunderts. Bonn 1964.

Ulrich Wyss: Theorie der mittelhochdeutschen Legendenepik. Erlangen 1973.

Lexika und Wörterbücher

Althochdeutsches Wörterbuch. Analyse der Wortfamilienstrukturen des Althochdeutschen, zugleich Grundlegung einer zukünftigen Strukturgeschichte des deutschen Wortschatzes. Bd. I, 1. Hrsg. von Jochen Splett. Berlin und New York 1993.

Duden: Deutsches Universalwörterbuch. Mannheim 2003.

Mittelhochdeutsches Wörterbuch. Mit Benutzung des Nachlasses von Georg Friedrich Benecke ausgearbeitet von Wilhelm Müller und Friedrich Zarncke. Bd. 3. Stuttgart 1990 [zuerst Leipzig 1854–1866].

Mittelhochdeutsches Handwörterbuch. Hrsg. von Matthias Lexer. Stuttgart 1992.

Online (zuletzt eingesehen am 12.08.2017)

Theodor Seidl: Heiligkeitsgesetz. 2009. online unter: http://www.bibelwissenschaft.de/stichwort/20857/.

http://reader.digitale-sammlungen.de/de/fs1/object/display/bsb11061631_00220.html.

http://w2.vatican.va/content/benedict-xvi/la/motu_proprio/documents/hf_ben_xvi_motu-proprio_20121110_latina-lingua.html.

http://www.ub.unibas.ch/cmsdata/spezialkataloge/poeba/poeba003100068.html.

http://digital.staatsbibliothek-berlin.de/werkansicht?PPN=PPN673002454&PHYSID=PHYS_0778&DMDID=DMDLOG_0001

https://digital.blb-karlsruhe.de/blbhs/content/pageview/1004820.

http://daten.digitale-sammlungen.de/bsb00103494/image_572.

http://www.handschriftencensus.de/5094.

http://www.handschriftencensus.de/5837.

http://www.handschriftencensus.de/6783.

http://www.handschriftencensus.de/7682.

http://www.handschriftencensus.de/9647.

http://www.handschriftencensus.de/16084.

Index